IMPRIMERIE DE H. FOURNIER,
RUE DE SEINE, Nº 14.

RECUEIL GÉNÉRAL

DES

ANCIENNES LOIS FRANÇAISES,

DEPUIS L'AN 420 JUSQU'A LA RÉVOLUTION DE 1789.

PAR MM.

JOURDAN, Docteur en droit, Avocat à la Cour royale de Paris ;
ISAMBERT, Avocat aux Conseils du Roi et à la Cour de Cassation ;
DECRUSY, ancien Avocat à la Cour royale de Paris.

« Voulons et Ordonnons qu'en chacune Chambre de nos Cours
« de Parlement, et semblablement ès Auditoires de nos Baillis et
« Senéchaux y ait un livre des Ordonnances, afin que si aucune
« difficulté y survenoit, on ait promptement recours à icelles. »

(Art. 79 de l'ord. Louis XII, mars 1493, 1er de Blois.)

DU 1er JANVIER 1785 AU 5 MAI 1789.

PARIS,

BELIN-LEPRIEUR, LIBRAIRE-ÉDITEUR,

QUAI DES AUGUSTINS, N° 55 ;

VERDIÈRE LIBRAIRE,

QUAI DES AUGUSTINS, N° 25.

——

AOUT 1827.

TROISIÈME RACE.

BRANCHE DES BOURBONS.

RÈGNE DE LOUIS XVI.

TOME VI DU RÈGNE.

DU 1ᵉʳ JANVIER 1785 AU 5 MAI 1789.

AVIS.

Pour terminer le règne de Louis XVI avec cette livraison, l'éditeur donne 77 feuilles au lieu de 6o. La livraison suivante aura 45 feuilles, non compris la table de ce règne qui y sera jointe.

ORDONNANCES

DES

BOURBONS.

SUITE DU RÈGNE DE

LOUIS XVI.

N° 2050. — ORDONNANCE *qui établit la dotation de l'institution du Mérite militaire, et sa distribution entre les dignitaires et les chevaliers* (1).

Versailles, 1ᵉʳ janvier 1785. (R. S. C. Code des ordres de chevalerie, pag. 300.)

S. M. s'est fait représenter l'ordonnance du feu roi, son aïeul, du 10 mars 1759, portant création d'un établissement, sous le titre du *Mérite militaire*, en faveur des officiers de ses troupes, nés dans des pays où la religion protestante est établie; et désirant concourir à la perfection d'une institution aussi glorieuse pour la mémoire du feu roi, qu'honorable pour les officiers à qui elle est destinée; elle a ordonné et ordonne ce qui suit :

1. Il sera acquis par le secrétaire d'état de la guerre, avec les fonds désignés par S. M., 52,000 liv. de rente sur les revenus du roi, au profit de l'institution du Mérite militaire exclusivement.

2. Cette somme de 52,000 l. sera répartie, savoir; 4,000 l. à chacun des deux grands-croix, créés par l'ordonnance du 10 mars 1759; 5,000 liv. à chacun des quatre commandeurs, créés par la même ordonnance, et le surplus en pensions de chevaliers, qui ne pourront excéder 800 liv., ni être au-dessous de 200 liv.

5. Les grands-croix et les commandeurs qui excèdent le nombre fixé par l'ordonnance du 10 mars 1759, pour l'une

_____

(1) Supprimé le 6 août 1791, rétabli le 28 novembre 1814.

et l'autre classe, n'étant réputés que surnuméraires, ne pourront prétendre à la pension affectée à ces dignités; mais S. M., qui les a jugés dignes de la décoration extérieure qu'ils portent, veut bien y ajouter un nouveau témoignage de satisfaction, en admettant les grands-croix surnuméraires à la jouissance de la pension créée par la présente ordonnance, pour les commandeurs; à l'égard des commandeurs surnuméraires, ils ne parviendront à la pension de leur dignité, qu'à mesure qu'il y en aura de vacantes, soit par promotion, soit par mort.

4. S. M. déclare au surplus que son intention est de ne pas remplacer les grands-croix et les commandeurs actuels surnuméraires; dont le nombre restera comme il est fixé par l'ordonnance du 10 mars 1759, et de rendre à la portion destinée aux pensions de chevaliers, les pensions de commandeurs, qu'elle veut bien accorder aux grands-croix surnuméraires.

5. Les pensions créées par la présente ordonnance ne seront accordées par S. M., que sur le rapport du secrétaire d'état de la guerre; et les officiers qui les auront obtenues n'en jouiront qu'à compter du 25 août de chaque année, sur des brevets ou provisions semblables aux brevets ou provisions qui s'expédient pour les pensions de l'ordre de Saint-Louis.

6. Les grands-croix, commandeurs et chevaliers de l'institution du Mérite militaire, qui quitteront le service du roi pour aller résider en pays étranger, ne continueront de jouir de leur pension, qu'autant qu'ils auront la permission expresse et par écrit de S. M., pour s'absenter.

7. Les rentes qui doivent être acquises, conformément à la présente ordonnance, seront reçues par le trésorier de l'ordre de Saint-Louis, avec celles qu'il reçoit déjà en cette qualité; et elles serviront à acquitter les pensions des grands-croix, des commandeurs et des chevaliers de l'institution du Mérite militaire, aux mêmes époques et dans la même forme que celles de l'ordre de Saint-Louis, en vertu de l'emploi qui en sera fait par un chapitre particulier, dans l'état arrêté chaque année par S. M., pour les pensions de l'ordre de Saint-Louis, au régime desquelles celles de l'institution du Mérite militaire seront assujetties.

8. Le trésorier de l'ordre de Saint-Louis ne fera point de compte particulier pour l'institution du Mérite militaire; mais chacun de ses comptes, pour l'ordre de Saint-Louis, contiendra un chapitre particulier de recette et un de dépense, uniquement affectés à l'institution du Mérite militaire. Le cha-

pitre de dépense sera divisé en trois articles; le premier pour les grands-croix, le second pour les commandeurs, et le troisième pour les chevaliers; ce dernier article sera subdivisé en autant de sections qu'il y aura de pensions différentes.

N° 2051. — ARRÊT du parlement qui ordonne qu'en cas d'absence ou d'empêchement des officiers du bailliage de Concressault, les fonctions desdits officiers seront dévolues au substitut du procureur général dans tous les cas où son ministère ne sera requis ni intéressé, et ordonne que les curés seront tenus de faire parapher les registres des baptêmes, mariages et sépultures, par le lieutenant-général ou premier officier du siège, sinon par le plus prochain juge royal qui aura été commis à cet effet par le lieutenant-général, et fait défenses de les faire parapher par les gradués et praticiens (1).

Paris, 4 janvier 1785. (R. S.)

N° 2052. — ARRÊT du conseil en interprétation de celui du 23 mai 1784, concernant la rentrée au profit de S. M. dans ceux de ses domaines situés en la généralité de Champagne, qui se trouvent engagés avec faculté de rachat perpétuel aux gens de main-morte, ainsi que dans ceux usurpés, recélés ou possédés par eux sans titre (2).

Versailles, 8 janvier 1785. (R. S C.)

N° 2053. — RÉGLEMENT provincial pour l'Artois, qui décide que l'action pour vices redhibitoires doit être intentée dans quinze jours pour les chevaux, huit pour les moutons, et quarante pour les autres animaux, et qui augmente de dix jours ces délais si les vices ne peuvent être constatés dans l'étendue de la province (3).

12 janvier 1785. (Chabert et Fromage, des lois sur la garantie des animaux.)

---

(1) V. décl. du 9 avril 1736. Le même jour le parlement homologue une ord. rendue par les officiers de la sénéchaussée de la Rochelle par l'exécution de cette déclaration.

(2) V. édit 1585, 1587, 2 septembre 1786.

(3) V. a. d. p. de Paris, 15 juin 1721, 7 septembre 1765, 26 juillet 1769, et 25 janvier 1781, n° 1439, tom. 4 du règne, pag. 419; de Rouen, 19 juillet 1713, 30 janvier 1728; de Dijon, 9 juin 1665; ord. de police 14 avril 1769; a. d. c. 16 juillet 1784, n° 1955, tom. 5 du règne, pag. 444. Coutume de Cambrai, tit. 21, art. 5; de Bar, tit. 14, art. 204; de Bassigny, art. 91; de Sens, art. 260, de Bourbonnais, chap. 22, art. 87; d'Orléans, tit. 19, chap. 3, § 3; de Bretagne, art. 295.

V. Bourjon, droit commun de France; nouveau Denisart, v° cas redhib.; Merlin, v° sifflage; Pothier, traité de la vente; Olivier de St.-Vast., t. 4, p. 485; Coquille, instit. au droit français.

N° 2034. — Arrêt *du conseil portant règlement pour les chasses aux loups* (1).

Versailles, 15 janvier 1785. (R. S. C.)

Le roi s'étant fait représenter, en son conseil, les édits, ordonnances et réglements concernant les chasses aux loups et autres bêtes nuisibles; lesdites lois en date des mois de janvier 1583, 1597 et 1600; juin 1601, juillet 1607 et août 1669; et les arrêts du conseil des 3 juin 1671 et 16 janvier 1677; les provisions du grand louvetier du 20 octobre 1602 et 9 décembre 1681; les arrêts du conseil des 26 février 1697, 14 janvier 1698; et notamment celui du 28 février 1775: et S. M. étant informée que nonobstant ces réglements il s'est encore élevé des difficultés et des conflits entre les sieurs grands-maîtres et officiers des eaux et forêts, le grand louvetier et officiers de la louveterie, et les sieurs intendants et commissaires départis. Et S. M. désirant prévenir ces difficultés, et fixer invariablement les formes les plus convenables, pour qu'à l'avenir les huées et battues, pour la destruction de ces animaux, soient faites de la manière la plus prompte, elle a résolu de faire connoître ses intentions à ce sujet: ouï le rapport, etc.

1. Maintient S. M. son grand louvetier dans le droit et faculté de chasser et faire chasser aux loups, louves, blaireaux et autres bêtes nuisibles, par lui, ses lieutenants, sergents louvetiers, et autres qu'il pourra commettre, à cor et à cri, force de chiens, et avec toutes sortes d'armes, bâtons et pièges, filets et engins, tant dedans que dehors les bois, buissons, forêts, en quelque lieu que ce soit du royaume, soit dans les terres et domaines appartenants à S. M., soit dans celles appartenantes aux ecclésiastiques, seigneurs et communautés.

2. Fait S. M. défenses à toutes autres personnes de quelque état et condition qu'elles soient, de chasser aux loups, louves, blaireaux et autres bêtes nuisibles, à l'exception des seigneurs hauts-justiciers, dans l'étendue de leurs terres, fiefs et seigneuries, sous peine de perdre leur fusil, filets et engins, et de 500 liv. d'amende.

3. Ordonne S. M. que lesdits lieutenants, sergents louvetiers, et autres que le grand louvetier jugera à propos de commettre, seront tenus de faire présenter leurs provisions ou commissions au greffe de la maîtrise des lieux pour lesquels

_____

(1) V. loi 11 ventôse an III; arrêté 19 pluviôse an V, loi 10 messidor an V.

ils auront été commis, pour y être enregistrées sans frais, sur l'attache du grand-maitre, sans que desdits enregistrement et attache on puisse induire que les officiers de la louveterie soient subordonnés à la jurisdiction des maîtrises, pour l'exercice de leurs fonctions.

4. Seront les lieutenants, officiers, sergents et gardes de la louveterie, tenus de faire autant de huées et battues pour la chasse aux loups, qu'il sera jugé nécessaire, lesquelles huées et battues ne pourront être faites qu'il n'y ait à la tête un ou plusieurs officiers de la louveterie.

5. Ne pourront lesdits officiers de la louveterie, conformément à l'arrêt du conseil du 28 février 1775, qui, à cet égard et en tout ce qui ne sera pas contraire au présent arrêt, sera exécuté selon sa forme et teneur, obliger les habitants des campagnes à marcher, ni les commander, pour des huées et battues aux loups, que sur une permission par écrit, ou sur les ordres des sieurs intendants et commissaires départis, entre le mains desquels ils prêteront serment de bien et fidèlement exercer leurs commissions.

6. Seront tenus lesdits officiers de la louveterie de prévenir les gardes des maîtrises des huées et battues aux loups dans les forêts du roi, afin qu'ils soient à portée de veiller à ce qu'il ne se commette aucun délit dans les bois de S. M., et qu'ils puissent, en cas de contravention, en dresser leurs procès-verbaux dans la forme ordinaire.

7. Seront pareillement tenus lesdits officiers de la louveterie, de faire avertir les gardes des seigneurs sur les terres desquels les battues devront être faites, afin qu'ils veillent à la conservation des bois et du gibier, et qu'ils aident au surplus les officiers de la louveterie, de la connoissance du local.

8. Lesdits lieutenants, officiers, sergents et gardes de la louveterie, veilleront exactement à ce que dans lesdites chasses du loup, il ne se passe rien de contraire aux ordonnances et réglements. Leur fait défenses, S. M., de tirer ou faire tirer pendant lesdites chasses, ou autrement détruire aucun gibier, à peine d'interdiction, et de plus grande peine s'il y échoit.

9. Les habitants des campagnes, lorsqu'ils seront convoqués, seront tenus, conformément aux ordonnances, d'assister auxdites battues, sous les peines qui seront prononcées par lesdits sieurs intendants et commissaires départis dans les provinces.

10. Défend S. M. aux officiers de la louveterie, d'exiger

aucune rétribution des habitants des campagnes, pour raison de leurs chasses; S. M. autorisant lesdits sieurs intendants à accorder des gratifications à ceux qui auront justifié des prises de loups.

11. Lesdits officiers de la louveterie seront tenus de remettre ou envoyer au grand-louvetier, copie des permissions qu'ils auront obtenues pour faire lesdites battues et huées, ou des ordres qui leur auront été donnés par lesdits sieurs intendants, ensemble les certificats par eux visés de leurs prises, le tout à peine, par lesdits officiers de la louveterie, de destitution de leurs commissions.

12. Pourront lesdits sieurs intendants, lorsqu'ils le jugeront nécessaire, ordonner des chasses ou battues générales: et à cet effet, commander une quantité suffisante d'hommes de chaque paroisse, pour, sous les ordres des officiers de la louveterie, faire lesdites chasses générales. Permet S. M. auxdits sieurs intendants, d'accorder des ordonnances de gratifications à ceux qui s'en seront rendus susceptibles.

13. Si les officiers de la louveterie d'une généralité ne suffisent pas en certaines circonstances, l'intendant de la province pourra appeler ceux des généralités limitrophes; et, sur ses certificats, les intendants de ces généralités limitrophes accorderont des ordonnances de gratifications aux officiers de la louveterie de leurs provinces, et ainsi réciproquement.

14. Si ces battues n'étoient pas encore suffisantes pour parvenir à la destruction des loups, le grand-louvetier fera passer un détachement de l'équipage, étant à la suite de la cour, pour seconder les officiers de la louveterie dans les provinces.

15. Les officiers de la louveterie étant assimilés aux commensaux de notre maison, seront tenus de faire enregistrer, comme par le passé, à notre cour des aides de Paris, leurs provisions.

16. Enjoint S. M. à tous ses officiers, justiciers et sujets, d'obéir auxdits officiers de la louveterie, dans leurs chasses du loup; de leur prêter et donner confort, aide et assistance quand ils en seront requis.

17. Veut S. M., que les lieutenants, officiers, sergents et gardes de la louveterie, jouissent de tous les privilèges, immunités et exemptions attribués à leurs offices, par les anciens réglements concernant la louveterie, et notamment de l'exemption de la taille personnelle, de la collecte, de tutèle, curatèle et de nomination à icelles, de la trésorerie des hôpitaux,

de marguillier et autres charges d'église, du logement des gens de guerre, guet et garde, patrouille, corvées, milice, avec faculté du port d'armes, et de porter et faire porter les couleurs de S. M.

18. Ordonne S. M. que le présent arrêt sera exécuté selon sa forme et teneur, dérogeant, en tant que de besoin, à tous édits, ordonnances, déclarations, arrêts et réglements; annulle tous jugements, sentences et ordonnances à ce contraires.

Nº 2055. — ARRÊT *du conseil portant défenses à tous propriétaires de maisons à Paris de pratiquer aucune ouverture ni communication avec les égouts pour l'écoulement des eaux et des latrines desdites maisons* (1).

Versailles, 22 janvier 1785.

Nº 2056. — ARRÊT *du conseil qui, déclare nuls les marchés à primes et engagements illicites, concernant les dividendes des actions de la caisse d'escompte et autres de pareil genre* (2).

Versailles, 24 janvier 1785. R. S. C.

Sur ce qui a été représenté au roi, par les commissaires députés des actionnaires de la caisse d'escompte, que depuis trois mois, et notamment dans les derniers jours du mois de décembre, il s'étoit fait sur les dividendes des actions de cette caisse, un trafic tellement désordonné, qu'il s'en étoit vendu quatre fois plus qu'il n'en existe réellement; que la preuve en étoit acquise et mise sous les yeux de S. M., par l'exhibition d'une grande quantité de marchés qui portent la réserve de leur inexécution; moyennant des primes payables comptant en proportion du prix plus ou moins fort que les dividendes pourroient acquérir; qu'ils croyoient de leur devoir de dénoncer à S. M. un abus qui pourroit compromettre la fortune de ses sujets, et auquel seul devoient être attribuées les discussions fâcheuses qui s'étoient élevées parmi les actionnaires, lesquelles cesseroient indubitablement, par la sévérité qu'ils supplioient S. M. d'employer pour proscrire et annuler des conventions également contraires à la bonne foi, au bon ordre et au crédit public : S. M. ayant donné une attention particulière à l'objet de cette requête, et s'étant fait rendre compte

_____

(1) En vigueur, on 1. 35 septembre 1814. Mars. 2—178.
(2) V. a. d. c. 21 janvier, 7 août, 2 octobre 1785, 21 septembre, 27 novembre, 12 décembre 1786, 14 juillet 1787; ord. 12 novembre 1823.

en son conseil, de tous les faits qui y sont relatifs, a reconnu qu'en effet les marchés qui ont eu lieu par rapport aux dividendes des actions de la caisse d'escompte du dernier semestre, sont d'autant plus intolérables, que, soit de la part des vendeurs, soit de celle des acheteurs, on a voulu se prévaloir insidieusement de connoissances qui promettant aux uns ou aux autres des avantages certains, rendoient les conditions inégales, et ne pouvoient produire que des gains illicites; que de pareils actes enfantés par un vil excès de cupidité, ont le caractère de ces jeux infidèles que la sagesse des lois du royaume a proscrits, et qu'ils tiennent à un esprit d'agiotage qui depuis quelque temps s'introduit et fait des progrès aussi nuisibles à l'intérêt du commerce et aux spéculations honnêtes, qu'au maintien de l'ordre public; que c'est ainsi qu'à l'occasion du dernier emprunt, on a vu négocier jusqu'à l'espérance d'y être admis, et s'élever ensuite des discussions scandaleuses sur la prétendue valeur d'engagements nécessairement illusoires; qu'aujourd'hui le même esprit et l'animosité qu'ils a produite entre ceux que l'avidité de gagner, ou la crainte de perdre, ont échauffés les uns contre les autres, est l'unique principe de la fermentation qui existe relativement à la nature et à l'étendue des bénéfices partageables à la fin de chaque semestre pour la fixation des dividendes; qu'au surplus quel que doive être le résultat de ces débats, il n'intéresse en rien ni la solidité de l'établissement de la caisse d'escompte qui en est absolument indépendante, ni la valeur des actions que la sage réserve d'une partie des bénéfices ne peut qu'améliorer : mais qu'il est très-important de réprimer un désordre dont la source excite la juste indignation de S. M., et de rétablir la tranquillité en réprouvant les actes qui ont fait naitre le trouble; à quoi voulant pourvoir. Vu la requête présentée à S. M. par les commissaires députés des actionnaires de la caisse d'escompte, et les pièces y annexées : ensemble la déclaration du 1er mars 1781. Ouï le rapport, etc.

1. Les édits, arrêts, ordonnances et réglements qui ont proscrit les marchés de primes sur la valeur des effets publics, les jeux de chances inégales, et tous pactes dont l'événement dépend de la volonté d'autrui, ou qui présentent des avantages certains à l'une des parties au préjudice de l'autre, seront exécutés selon leur forme et teneur, notamment la disposition de l'art. 2 de la déclaration du 1er mars 1781; en conséquence, S. M. déclare nuls et de nul effet tous marchés, jeux et pactes de ce genre : fait très-expresses inhibitions et défenses

à tous ses sujets d'en faire de semblables à l'avenir, et de donner aucune suite à ceux qui auroient eu lieu jusqu'à ce jour.

2. S. M. a pareillement annulé et annule tous engagements contractés sur des espérances ou prétendues promesses de déplacements d'argent ou d'admission de soumissions dans l'emprunt du mois de décembre dernier.

3. Déclare aussi nuls et de nul effet, tous marchés et engagements pour recevoir ou fournir à terme futur, des dividendes d'actions de la caisse d'escompte du semestre de juillet 1784, ou la valeur éventuelle d'iceux en espèces; fait défense S. M. à tous vendeurs ou acheteurs d'en suivre l'exécution. Ordonne que les primes qui ont pu être payées d'avance à l'occasion desdits marchés, seront restituées, et que celles promises demeureront sans effet. Evoque S. M., à elle et à son conseil, la connoissance de toutes contestations nées et à naître relativement aux objets mentionnés au présent article et au précédent, icelle interdisant à toutes ses cours et juges.

N° 2057. — ARRÊT *du parlement qui ordonne que les créanciers écrouants et recommandants seront tenus de consigner, entre les mains des greffiers ou geôliers des prisons de la ville de Paris, et par avance, la somme de 12 liv. 10 s. par mois pour la nourriture des prisonniers qu'ils feront arrêter ou recommander, à moins que les prisonniers ne déclarent sur le registre tenu par les greffiers ou geôliers, qu'il n'entendent recevoir de leurs créanciers aucuns deniers pour aliments.*

Paris, 1er février 1785. (R. S.)

N° 2058. — ORDONNANCE *du bureau des finances qui défend de stipuler dans les contrats de rente et autres translatifs de propriété et jouissance des terrains sis hors des limites de la ville de Paris, la clause et condition de les faire clore de murs, et d'y faire élever des bâtiments* (1).

Paris, 1er février 1785. (R. S.)

N° 2059. — RÈGLEMENT *concernant les droits, salaires et vacations des officiers d'amirauté, etc.*

Versailles, 13 février 1785. (Arch. du minist. de la marine.)

_____

(1) V. décl. des 18 juillet 1704, 29 janvier 1726, et 23 mars 1728. lett. pat. du 28 juillet 1786.

N° 2040. — LETTRES PATENTES *concernant le courtage et l'entrepôt des marchandises.*

Versailles, 16 février 1785. Reg. au parlement le 12 avril. (R. S. C.)

LOUIS, etc. Sur le compte qui nous a été rendu des plaintes de plusieurs négociants, de la requête des six corps des marchands de la ville de Paris, et des mémoires des différentes chambres du commerce de notre royaume, relativement aux obstacles que les prétentions de la ferme des messageries apportent à la liberté du transport des marchandises, nous étant fait représenter les différents édits, arrêts et réglements ci-devant rendus au sujet de l'exploitation des messageries, nous avons reconnu que le privilège exclusif qui leur a été accordé n'a jamais eu ni dû avoir d'autre objet que le transport des voyageurs, ainsi que des matières d'or et d'argent, et des paquets qui n'excèdent pas le poids de cinquante livres, que c'est uniquement pour le maintien de ce privilège et sur le motif de procurer au commerce une plus grande sûreté, que les fermiers des messageries avoient obtenu le droit d'y tenir des entrepôts à bureau ouvert, de les annoncer par des tableaux ou inscriptions, et d'avoir des balances ou fléaux ainsi que des registres; que néanmoins le commerce s'étant considérablement accru, et l'exercice du courtage de roulage n'ayant jamais été accordé aux messageries à titre de droit exclusif, il s'est établi successivement, dans les principales villes de notre royaume, un certain nombre de courtiers ou commissionnaires, auxquels les négociants, marchands et autres personnes qui ont des effets à envoyer d'un lieu dans un autre, sont dans l'usage de les confier pour les faire parvenir à leur destination; que c'est également à eux que les rouliers s'adressent pour trouver des chargements et traiter du prix des transports; qu'enfin leur utilité a prévalu sur les oppositions et les poursuites exercées par les fermiers des messageries contre ces commissionnaires à la faveur de quelques décisions du conseil mal interprétées: nous avons considéré que s'il est convenable de maintenir les messageries dans la jouissance des prérogatives et privilèges qui leur ont été concédés, il est encore plus important de les renfermer dans leurs justes bornes pour que le commerce ne puisse en souffrir, et qu'il l'est également de prévenir les abus que pourroit entraîner l'établissement d'entrepôts suspects, qui ne seroient pas à portée d'être surveillés; à quoi voulant pourvoir, vu lesdits mémoire et requête, ensemble l'avis des députés du commerce, et ouï le rapport, etc.; nous, étant dans notre conseil, avons ordonné que toutes lettres nécessaires seroient expédiées. A ces causes, de l'avis de notre conseil, qui a vu ledit arrêt dont extrait est ci-attaché, sous le contre-scel de notre chancellerie, et en interprétant en tant que de besoin les différents arrêts rendus sur le fait des messageries, notamment celui portant homologation du bail passé à Jean-Baptiste Fanuel le 20 décembre dernier, nous avons, etc., maintenons et gardons les fermiers desdites messageries dans le droit exclusif de transporter les voyageurs et les matières d'or et d'argent, ainsi que les ballots et paquets du poids de cinquante livres et au-dessous, les maintenons aussi dans le droit d'exercer le courtage du roulage, et de tenir des entrepôts, mais sans que ce droit soit exclusif, ni que sous prétexte d'icelui, ils puissent empêcher les commissionnaires, chargeurs et courtiers de tenir bureau ouvert à l'effet de recevoir en entrepôt les marchandises qui leur seront confiées, au-dessus du poids de cinquante livres, d'avoir sur leurs portes un tableau indicatif dudit entrepôt, de tenir les registres à l'effet d'y inscrire lesdites marchandises, et de se servir de fléaux et balances pour en constater le poids; voulons néanmoins que lesdits commissionnaires et courtiers ne puissent jouir de ladite faculté qu'après s'être fait inscrire au greffe du siège de police le plus prochain du lieu de leur résidence, et que cette inscription n'ait lieu que sur le vu d'un certificat, signé par quatre notables dudit lieu, par lequel ils attesteront leurs bonnes vie et mœurs; faisons défenses à toutes personnes de tenir de pareils entrepôts ailleurs que dans les villes et bourgs, et aux rouliers de déposer les marchandises qui leur seront confiées dans les auberges isolées sur les routes, nous réservant au surplus de faire par la suite sur tout ce qui concerne le courtage du roulage et l'entrepôt des marchandises, tel réglement que nous aviserons bon être, pour en favoriser de plus en plus la liberté et en écarter tous abus : enjoignons au sieur lieutenant-général de police et aux sieurs intendants et commissaires départis dans les provinces et généralités de notre royaume de tenir la main, chacun en ce qui les concerne, à l'exécution des présentes. Si vous mandons, etc.

N° 2041. — ORDONNANCE *de police concernant l'empilage et la mesure pour la livraison des bois de corde sur tous les ports des rivières de Seine, Yonne, Marne, Aisne, Oise, et autres rivières, canaux et ruisseaux y affluant* (1).

Paris, 16 février 1785. (Dupin, Code du comm. des bois et charbon, tom. 1 pag. 511.)

N° 2042. — LETTRES PATENTES *concernant les privilèges des commissaires des guerres* (2).

Versailles, 18 février 1785. (R. S.)

N° 2043. — SENTENCE *concernant le flottage en train, des bois de corde à brûler, sur les rivières d'Yonne et de Cure, ensemble la fourniture et conservation des chantiers et rouettes devant servir et être employées à la construction desdits trains* (3).

Paris, 18 février 1785. (Dupin, Code du comm. de bois et de charbon, tom. 1, pag. 516.

N° 2044. — ARRÊT *du parlement pour fixer l'âge passé lequel il ne sera plus permis aux écoliers de concourir pour les prix de l'université, et portant règlement à ce sujet* (4).

Paris, 21 février 1785. (R. S. C.

Vu par la cour la requête présentée par le procureur général du roi, contenant que la cour, par arrêt du 7 septembre 1784, auroit fixé l'âge passé lequel il ne seroit plus permis aux écoliers de concourir pour les prix de l'université de Paris; que l'université ayant fait des représentations à la cour sur aucunes des dispositions de cet arrêt, le procureur général du roi croit devoir proposer à la cour de statuer ce qu'il convient en conséquence desdites représentations : à ces causes requéroit le procureur général du roi qu'il plût à la cour ordonner que dans la classe de rhétorique il en sera usé à l'avenir comme par le passé, sans distinction d'âge des étudiants, et que les prix seront distribués auxdits étudiants, soit nouveaux, soit vétérans, suivant l'ancien usage; qu'aucun écolier ne pourra être admis aux compositions générales de l'université, si, au jour de la Saint-

_____

(1) V. décl. du 8 juillet 1784, n° 1949, t. 5 du règne, p. 437; instruction du 12 novembre 1785, a. d. c. 30 mai 1766, ord. de 1672, chap. 6, art.
(2) V. édits de novembre 1750, juillet 1766, décembre 1783, n° 168.
(3) V. régl. du bureau de la ville de 1730, et 1710; ord. 29 juin 1785, 24 janvier 1786 ; arrête du ministre des finances du 4 frimaire an XI.
(4) V. 7 septembre 1784, n° 1991, t. m 5 du règne, pag. 472.

Remi précédant lesdites compositions, il a atteint, savoir en sixième, l'âge de douze ans accomplis; en cinquième, l'âge de treize ans accomplis; en quatrième, l'âge de quatorze ans accomplis; en troisième, l'âge de quinze ans accomplis; et en seconde, l'âge de seize ans accomplis; ordonner que l'arrêt à intervenir sur la présente requête, sera notifié au tribunal de l'université et à celui de la faculté des arts, et notamment aux recteur et syndics de l'université, à l'effet par eux de veiller tant à son exécution, qu'à l'exécution de l'arrêt de la cour du 7 septembre 1784, en tout ce qui ne sera pas contraire aux dispositions de l'arrêt à intervenir sur la présente requête; comme aussi à l'effet par eux de continuer de s'occuper de tout ce qui contribuera à perfectionner un établissement aussi utile pour les lettres qu'honorable pour l'université; ordonner que l'arrêt qui interviendra sur la présente requête, sera imprimé, publié et affiché partout où besoin sera, et notamment dans tous les collèges de plein exercice de la ville de Paris, et envoyé aux bailliages et sénéchaussées du ressort, pour y être lu, publié et registré; et qu'il en sera, par le procureur général du roi, adressé plusieurs exemplaires aux recteur et syndic de l'université, pour qu'ils aient à le faire inscrire sur les registres du tribunal de l'université, en donner connoissance aux principaux professeurs et régents des dix collèges de plein exercice de ladite université. Ladite requête signée du procureur général du roi. Ouï le rapport de M⁰, etc., conseiller : tout considéré. La cour ordonne,

1. Que dans la classe de rhétorique il en sera usé à l'avenir comme par le passé, sans distinction d'âge des étudiants, et que les prix seront distribués auxdits étudiants, soit nouveaux, soit vétérans, suivant l'ancien usage.

2. Qu'aucun écolier ne pourra être admis aux compositions générales de l'université, si, au jour de saint Remi précédant lesdites compositions, il a atteint, savoir, en sixième, l'âge de douze ans accomplis; en cinquième, l'âge de treize ans accomplis; en quatrième, l'âge de quatorze ans accomplis; en troisième, l'âge de quinze ans accomplis; et en seconde, l'âge de seize ans accomplis.

3. Que le présent arrêt sera notifié au tribunal de l'université et à celui de la faculté des arts, et notamment aux recteur et syndic de l'université, à l'effet par eux de veiller, tant à son exécution, qu'à l'exécution de l'arrêt de la cour du 7 septembre 1784, en tout ce qui ne sera pas contraire aux dispositions du présent arrêt; comme aussi à l'effet par eux de

continuer de s'occuper de tout ce qui contribuera à perfectionner un établissement aussi utile pour les lettres qu'honorable pour l'université.

4. Que le présent arrêt sera imprimé, publié et affiché partout où besoin sera, et notamment dans tous les collèges de plein exercice de la ville de Paris, et envoyé aux bailliages et sénéchaussées du ressort, pour y être lu, publié et registré, et qu'il en sera, par le procureur général du roi, adressé plusieurs exemplaires aux recteur et syndic de l'université, pour qu'ils aient à le faire inscrire sur les registres du tribunal de l'université, en donner connoissance aux principaux, professeurs et régents desdits collèges de plein exercice de ladite université.

N° 2045. — TRAITÉ *entre la France et le duc des Deux-Ponts, qui renouvelle pour six années le traité d'union, de bonne correspondance et de subsides* (1).

23 février 1785. (Martens.)

N° 2046. — ARRÊT *du conseil qui autorise l'expédition d'un vaisseau pour la Chine* (2).

Versailles, 4 février (R. S. C.)

N° 2047. — ARRÊT *du parlement sur les testaments ou autres actes contenant des legs, aumônes ou dispositions au profit des pauvres, etc.* (3).

Paris, 28 février 1785. (R. S.)

La cour ordonne que les arrêts des 18 novembre 1662, 10 janvier 1668 et 7 septembre 1701, seront exécutés selon leur forme et teneur; en conséquence, qu'il sera enjoint à tous curés, vicaires, notaires et autres personnes publiques qui recevront des testaments et autres actes contenant des legs, aumônes ou dispositions au profit des pauvres, des prisonniers, des hôpitaux, églises et communautés, d'en donner avis au procureur général du roi, et à ses substituts dans les bailliages et sénéchaussées, aussitôt que lesdits testaments et autres actes auront lieu et seront venus à leur connoissance, et de remettre

---

(1) V. traité du 6 septembre 1774, 11 février 1776, n° 379, tom. 1 du règne, pag. 356; 5 juillet 1778, 26 février 1782, n° 1620, tom. 5 du règne, pag. 156.

(2) V. a. d. c. 2 février 1783, n° 1745, t. 5 du règne, p. 255, 8 déc. 1787.

(3) Le 24 du même mois, le parlement homologua une sentence rendue par les officiers du bailliage d'Orléans sur le même sujet.

entre les mains des substituts du procureur général du roi, dans les bailliages et sénéchaussées, des extraits en bonne forme desdits testaments et dispositions, pour faire ensuite les pour-suites nécessaires, à peine de répondre en leurs noms des dé-pens, dommages et intérêts; ordonne que les héritiers, exé-cuteurs-testamentaires, et tous autres qui auront connoissance desdits testaments et dispositions de dernière volonté, faites sous signatures privées, en feront leurs déclarations dans hui-taine aux substituts du procureur général du roi, à peine d'être condamnés en leurs noms au paiement du quadruple envers les pauvres, et d'être procédé contre eux pour les recélés, suivant la rigueur des ordonnances, et contre les notaires et autres personnes publiques, de 300 liv. d'amende, applicable moitié aux pauvres prisonniers, et l'autre moitié aux hôpitaux et Hôtels-Dieu des lieux; ordonne que le présent arrêt sera im-primé, lu, publié, l'audience tenante des bailliages et séné-chaussées, inscrit sur les registres desdits bailliages et séné-chaussées, et qu'il sera notifié, par les substituts du procureur général du roi, aux notaires, aux curés, vicaires et desservants des paroisses situées dans l'étendue du ressort de leurs sièges, et à tous autres qu'il appartiendra; enjoint aux substituts du pro-cureur général du roi de tenir la main à l'exécution de l'arrêt.

N° 2048. — ARRÊT *du parlement qui ordonne que dans les pa-roisses où il y a un pâtre commun, les habitants et cultiva-teurs de ladite paroisse seront tenus de mettre leurs bestiaux sous la conduite du pâtre commun, sans pouvoir par eux les faire conduire dans les champs à garde séparée* (1).

Paris, 28 février 1785. (R. S. C.)

Vu par la cour la requête présentée par le procureur général du roi, contenant qu'il a été informé que dans plusieurs pa-roisses du ressort d'icelle, des habitants refusent de mettre leurs bestiaux sous la conduite du pâtre commun, duquel refus il ne peut résulter que du dommage aux propriétaires et culti-vateurs des terres, attendu que quand il y a un pâtre commun, il est garant et responsable du dommage que les bestiaux confiés à sa garde peuvent faire aux terres ensemencées; au lieu que quand les bestiaux sont conduits dans les champs à garde séparée, les propriétaires et cultivateurs sont presque dans l'impossibilité de pouvoir exercer aucuns recours pour le dom-

___

(1) Aboli, loi 28 septembre, 6 octobre 1791.

mage qui leur est fait, dans l'incertitude si le dommage a été fait par les bestiaux conduits par le pâtre commun, ou par ceux conduits à garde séparée; que la cour, par deux arrêts qu'elle a rendus les 31 juillet 1779 et 3 juin 1785, sur des contestations qui s'étoient élevées entre des habitants pour raison de la garde séparée, a ordonné que les bestiaux des habitants seroient mis sous la conduite du pâtre commun; et comme il convient de pourvoir à ce qu'il n'y ait point de garde séparée pour les bestiaux, et qu'ils soient mis sous la conduite du pâtre commun, afin de prévenir et d'empêcher le dommage qui pourroit être fait dans les terres ensemencées, si la garde des bestiaux étoit faite séparément. A ces causes requéroit le procureur général du roi, etc. Ouï le rapport de M°. etc. conseiller : tout considéré.

La cour ordonne que dans les paroisses du ressort d'icelle où il y a un pâtre commun, les habitants et cultivateurs desdites paroisses seront tenus de mettre leurs bestiaux sous la conduite du pâtre commun, sans pouvoir par eux les faire conduire dans les champs à garde séparée, sous peine de telle amende qu'il appartiendra, qui sera prononcée contre eux par les officiers des justices des lieux, et de telle autre peine qu'il appartiendra; enjoint aux substituts du procureur général du roi dans les bailliages et sénéchaussées, et aux officiers des justices subalternes, de tenir la main à l'exécution du présent arrêt; enjoint pareillement aux syndics des paroisses de dénoncer les contrevenants, à peine de demeurer garants en leurs propres et privés noms du dommage qui seroit occasioné, lorsqu'il y auroit des bestiaux à garde séparée; ordonne que faute par les officiers des justices subalternes de faire les poursuites convenables contre les contrevenants, il y sera pourvu à la requête des substituts du procureur général du roi dans les sièges royaux, aux frais et dépens des domaines des hautes-justices; et que le présent arrêt sera imprimé, publié et affiché partout où besoin sera.

N° 2049. — ARRÊT *de la cour des aides concernant les formalités à remplir lors des saisies faites chez les redevables des droits du roi.*

Paris, 1ᵉʳ mars 1785. (R.S.)

N° 2050. — ARRÊT du conseil qui supprime une lettre et des observations insérées dans différents journaux sur l'exécution de l'art. 2 de la déclaration de 1724, portant peine de mort contre le vol domestique, et fait défenses aux auteurs, rédacteurs et directeurs des papiers publics d'y insérer aucunes dissertations ou lettres de qui que ce soit sur les matières de législation ou de jurisprudence, d'interpréter les lois et d'émettre aucunes assertions contraires auxdites lois et arrêts.

Versailles, 2 mars, 1785. (R. S. C.)

N° 2051. — ARRÊT du parlement portant que les notables et adjoints aux bureaux d'administration des collèges seront choisis parmi les nobles, les avocats et les chefs de famille âgés de 30 ans, domiciliés dans la ville, et que les deux premiers officiers municipaux seront membres du bureau (1).

Paris, 8 mars 1785. (R. S. C.)

N° 2052. — ARRÊT du conseil relatif à l'emplacement et aux revenus de la maison d'éducation et enseignement des sourds et muets (2).

Versailles, 25 mars 1785. (R. S.)

N° 2053. — ARRÊT du conseil concernant la balance du commerce.

Versailles, 29 mars 1785. (R. S.)

Le roi voulant perfectionner les vues qui ont déterminé le feu roi son auguste aïeul à établir un bureau destiné particulièrement à former les états de la balance du commerce de son royaume, et ayant reconnu nécessaire pour rendre cet établissement plus utile qu'il n'a été jusqu'à présent, de réunir avec plus de soin et d'une manière plus complète les moyens qui peuvent procurer une connoissance exacte de la situation du commerce, tant extérieur qu'intérieur, afin d'apercevoir par la combinaison de ses différents rapports, ce qu'il convient de faire pour son accroissement, S. M. a jugé à propos de charger deux personnes dont elle connoit la capacité et l'intelligence, de rassembler et mettre en ordre tous les matériaux et rensei-

---

(1) Édit de février 1763, a. d. c. 26 janvier 1765.
(2) V. a. d. c. 29 mars et 6 juillet 1773, 11 novembre 1778, n° 986, tom. 3 du règne; pag. 159; décrets des évêques d'Orléans et d'Amiens, 14 mars 1780, et 1er août 1781.

2

gnements qui peuvent à cet égard éclairer l'administration.
A quoi voulant pourvoir : ouï, etc. S. M. étant en son conseil, a fait choix des sieurs Boyetet, ci-devant chargé des affaires
de la marine et du commerce de France en Espagne; et Du-
pont, inspecteur général du commerce, chargé de la collection
et du dépôt des tarifs et des lois commerciales des nations étrangères, qu'elle a commis et commet pour faire chaque année
un tableau raisonné et circonstancié de la balance du commerce, tant extérieur qu'intérieur; rassembler à ce effet les
résumés des états d'exportation et d'importation qui leur seront
fournis par le bureau déjà chargé de leur rédaction; entretenir
toutes les correspondances et relations nécessaires pour acquérir une connoissance exacte de la situation du commerce du
royaume; faire leurs observations sur les gênes qu'il éprouve,
et sur les accroissements dont il est susceptible; rédiger sur les
différentes branches d'exportations actuelles ou possibles, des
mémoires qui puissent servir à indiquer les objets sur lesquels
l'administration intérieure du commerce devra porter son activité, et répandre des encouragements; en rendre compte au
contrôleur général des finances; et remettre aussi, tant au
ministre des affaires étrangères qu'à celui de la marine, les
états et tableaux de la balance du commerce, et généralement
tous les éclaircissements qui pourroient concerner leurs départements : et sera tous les ans fait rapport de leur travail à S. M.,
en son conseil royal du commerce, par le contrôleur général
des finances, pour être par elle réglé et ordonné ce qu'elle
jugera convenable pour l'avantage du commerce de son
royaume.

N° 2054. — ARRÊT *du conseil portant que le droit d'imprimer
la loi appartient aux imprimeurs pourvus du titre d'imprimeur
de S. M., et à ceux à qui les parlements, états, corps d
personnes chargés des ordres du roi en donneront commission.*

Versailles, 2 avril 1785. (R. S. C.)

N° 2055. — ARRÊT *du conseil qui ordonne que le curé, vicaire
ou desservant dans les paroisses et tous autres dépositaires des
registres des sépultures, seront tenus d'en donner communication aux préposés de l'administration du domaine à leur première réquisition, etc.* (1).

Versailles, 7 avril 1785. (R. S. C.)

_____

(1) Décl. 20 mars 1708; a. d. c. 12 juillet 1746.

N° 2056. — ARRÊT *du conseil portant établissement d'une nouvelle compagnie des Indes* (1).

Versailles, 14 avril 1785. (R. S. C.)

Le roi s'étant fait représenter l'arrêt rendu en son conseil le 13 août 1769, qui avoit suspendu l'exercice du privilège de la compagnie des Indes, et avoit permis à tous ses sujets d'y commencer librement jusqu'à ce qu'il en fût autrement ordonné, S. M., par le compte qu'elle s'est fait rendre du résultat des exportations de son royaume et des retours d'Asie depuis cette suspension, a reconnu que la concurrence, utile pour d'autres branches de commerce, ne pouvoit qu'être nuisible dans celle-ci; qu'en effet l'expérience avoit fait voir que les cargaisons d'Europe n'étant pas combinées entre elles ni proportionnées aux besoins des lieux de leur destination, s'y vendoient à bas prix, tandis que le concours des sujets de S. M. dans les marchés de l'Inde y surhaussoit le prix des achats : que d'un autre côté les importations en retours, composées de marchandises de mêmes espèces, sans mesure ni assortiments, avec excès dans quelques articles, et manque total sur d'autres, étoient aussi désavantageuses aux négociants qu'insuffisantes pour l'approvisionnement du royaume. En considérant qu'à ces inconvénients résultants du défaut d'ensemble se joint l'impossibilité que des particuliers aient des moyens assez étendus pour soutenir les hasards d'un commerce aussi éloigné, et les longues avances qu'il exige, S. M. s'est convaincue qu'il n'y avoit qu'une compagnie privilégiée qui, par ses ressources, son crédit, et l'appui d'une protection particulière, pût faire utilement le commerce des Indes et de la Chine; elle a en conséquence accepté la proposition qui lui a été faite par une association de négociants et capitalistes dont les facultés, le zèle et l'intelligence lui sont connus, d'exploiter seule, pendant un temps limité, le commerce de l'Asie, suivant les stipulations du dernier traité de paix, qui l'ont maintenu libre, sûr et indépendant. Les soins politiques, les frais de souveraineté et les gênes d'une administration trop compliquée, ayant été les principales causes des pertes que l'ancienne compagnie a souffertes, il a paru convenable que la nouvelle en fût entièrement dégagée, que l'on ne pût distraire ni son attention ni ses fonds de l'objet de

(1) Remboursement des actions ordonné loi 27 déc. 1790, 2 janvier 1791; suppression loi 17 vendémiaire, 26 germinal an II.

son commerce, et qu'elle fût régie librement par ses propres intéressés : S. M. s'est occupée en même temps des moyens de conserver aux îles de France et de Bourbon tous les avantages compatibles avec l'exercice du privilège qui fonde l'existence d'une compagnie, elle leur a permis le commerce d'Inde en Inde, la traite des noirs, le libre échange de leurs productions avec celles de l'Europe, et tout ce qui a paru nécessaire pour assurer l'approvisionnement et le soutien de cette colonie intéressante. A quoi voulant pourvoir : ouï le rapport, etc, le roi étant en son conseil, a ordonné et ordonne ce qui suit :

1. Le privilège de la compagnie des Indes et de la Chine, qui avoit été suspendu par arrêt du conseil d'état du roi du 13 août 1769, continuera de demeurer sans effet à l'égard de ladite compagnie ; voulant S. M. que la nouvelle association qui s'est formée avec son agrément pour le commerce de l'Asie soit et demeure subrogée pendant l'espace de sept années de paix à l'exercice dudit privilège, et qu'elle en jouisse sous la même dénomination.

2. L'ancienne compagnie des Indes ne pourra jouir, au préjudice de la nouvelle, d'aucuns droits, avantages ou prérogatives, ni exercer aucunes fonctions dépendantes dudit privilège, et ses directeurs n'expédieront désormais aucuns passe-ports en vertu des articles 1 et 2 de l'arrêt du 6 septembre 1769 ; ils continueront seulement de suivre les travaux de la liquidation et les autres opérations dont ils sont chargés conjointement avec les députés des actionnaires, tant pour le remboursement des actions que pour tout ce qui reste à régler des affaires de ladite compagnie.

3. Il sera permis à tous les sujets de S. M., de tel rang et qualité qu'ils soient, même aux étrangers, de s'intéresser en commandite, ainsi qu'il sera expliqué ci-après, dans la nouvelle compagnie des Indes, laquelle jouira du privilège de commercer seule, à l'exclusion de tous autres sujets du roi, soit par mer, soit par terre par caravannes ou autrement, depuis le cap de Bonne-Espérance jusque dans les mers des Indes orientales, côtes orientales d'Afrique, Madagascar, îles Maldives, mer Rouge, Mogol, Siam, la Chine, Cochinchine et le Japon, ainsi et de la même manière que la précédente compagnie en a joui.

4. Le privilège exclusif accordé à ladite compagnie aura lieu pendant sept années de paix, à compter du départ de sa première expédition pour l'Inde ; toutes les expéditions de ladite compagnie qui se feront d'Europe ou des lieux de sa con-

cession avant l'expiration des sept années, et qui arriveront à Lorient après cette époque, jouiront du privilège, ainsi que tous les retours qui proviendront de sa liquidation après l'expiration de son privilège. Si la guerre survenoit avant la révolution desdites sept années, les années de guerre ne seroient pas comptées, et à la paix, le privilège exclusif seroit prorogé pour le nombre d'années pendant lesquelles la guerre auroit duré.

5. Les îles de France et de Bourbon ne seront point comprises dans le privilège exclusif ci-dessus accordé; il sera permis à nos sujets d'approvisionner directement, des divers ports de notre royaume, lesdites îles, et d'importer en retour dans le port seul de Lorient les productions de leur sol; les marchandises qui y seront portées de nos ports d'Europe pour leur consommation ne pourront être exportées pour les parties de l'Inde comprises dans le privilège; et les marchandises ou productions qui y seront portées de l'Inde pour leur consommation ne pourront être chargées ni admises dans les ports de notre royaume, ni dans nos colonies de l'Amérique, ni aux côtes occidentales d'Afrique.

6. Le commerce d'Inde en Inde restera libre pour les habitants desdites îles de France et de Bourbon, sans néanmoins que ledit commerce puisse se faire par des navires partis d'Europe, à moins qu'ils ne soient constatés appartenir en totalité à des habitants nationaux desdites îles de France et de Bourbon, qu'ils y aient été déchargés et par eux expédiés de nouveau pour leur destination dans l'Inde, avec soumission de faire leur retour, désarmement et déchargement dans lesdites îles.

7. Ledit commerce d'Inde en Inde s'étendra aux mers orientales, au-delà du cap de Bonne-Espérance, à l'exception de la mer Rouge, de la Chine et du Japon; et pour assurer l'approvisionnement desdites îles de France et de Bourbon en marchandises de Chine, la compagnie des Indes sera tenue de faire relâcher chaque année à l'île de France un de ses vaisseaux en retour de Chine, lequel y déposera et vendra les toiles de Nankin et autres objets nécessaires pour l'habillement des troupes et les besoins desdites îles, aux prix qui seront fixés par un tarif que S. M. se réserve de régler en son conseil.

8. Les expéditions pour le commerce d'Inde en Inde se feront librement, à charge seulement de se pourvoir de passeports de ladite compagnie, lesquels seront, à la première réquisition, délivrés sans frais par ses préposés, suivant le

modèle qui sera imprimé; lesdits préposés pourront faire visiter les navires et confisquer au profit de la compagnie ceux dont les capitaines ne représenteroient pas ces passe-ports, qui ne pourront servir que pour un seul voyage; les armes, munitions, marchandises et tous autres effets qui seroient trouvés sur lesdits navires, seront compris dans la confiscation; ordonne S. M. à ses gouverneurs, commandants et autres, de prêter main-forte à la compagnie pour la saisie desdits navires lorsqu'ils en seront requis; et aux juges royaux desdites îles de tenir la main à l'exécution de la présente disposition.

9. Il ne pourra être entrepris directement d'Europe, par les particuliers, aucune traite de noirs à Madagascar ou ailleurs au-delà du cap de Bonne-Espérance, que sur les permissions qui seront accordées *gratis* par ladite compagnie des Indes, dans le cas où elle ne feroit pas elle-même ladite traite; et néanmoins il sera permis aux habitants nationaux et domiciliés aux îles de France et de Bourbon d'y armer et expédier leur navires pour la traite des noirs à Madagascar et sur les côtes orientales d'Afrique, au-delà du cap de Bonne-Espérance, soit pour les besoins desdites îles, soit pour les transporter dans les colonies françaises de l'Amérique, en se munissant de passeports de la compagnie des Indes, lesquels ne pourront leur être refusés, et seront délivrés sans frais à leur première réquisition, suivant le modèle qui sera imprimé et qui contiendra les clauses nécessaires pour la sûreté du commerce de ladite compagnie.

10. Les expéditions d'Europe du commerce particulier, destinées pour les îles de France et de Bourbon, ainsi que celles qui pourroient avoir lieu auxdites îles, en retour pour le port de Lorient, seront permises, à charge de se pourvoir également de passe-ports de la compagnie des Indes, lesquels seront délivrés *gratis* à la première réquisition et sans aucune formalité, comme il est prescrit par l'article 1er de l'arrêt du 6 septembre 1769, et les capitaines desdits navires seront tenus de représenter lesdits passe-ports aux commandants des îles de France et de Bourbon, et des différents comptoirs où ils relâcheront, ainsi qu'aux préposés de la compagnie.

11. Tout navire particulier qui aura été expédié des ports du royaume pour les îles de France et de Bourbon, sera obligé, lorsqu'il reviendra en Europe chargé en totalité ou en partie, de faire son retour et déchargement dans le port de Lorient exclusivement, mais dans le cas où il reviendroit desdites îles sur son lest et sans y avoir chargé aucunes marchandises quel-

conques, il pourra aller chercher un fret pour les ports de France dans les colonies de l'Amérique, ou faire son retour direct dans son port d'armement. Ceux qui seront armés et expédiés dans lesdites îles pour l'Europe ne pourront également être destinés que pour ledit port de Lorient, où ils seront tenus de faire leur déchargement, ainsi qu'il a toujours été observé pour le commerce particulier, et aucun navire français, autres que ceux appartenants aux sujets du roi résidants et domiciliés dans les îles de France et de Bourbon, ne pourra, sous aucun prétexte, au retour desdites îles, faire la traite des nègres sur les côtes d'Afrique, soit en-deçà, soit au-delà du cap de Bonne-Espérance.

12. Tous les armements particuliers commencés, complétés ou en route pour les mers des Indes, sur des permissions particulières, auront, à compter du jour du départ de leur port d'armement, vingt-quatre mois de délai pour faire leur commerce et retour dans le port seul de Lorient, et la vente de leurs chargements se fera à la suite de celle de la compagnie s'ils se trouvent en concurrence avec elle, et à dater de ce jour, il ne sera plus accordé de permissions pendant la durée ou prorogation du privilège : mais dans le cas de pertes de navires particuliers, ou autres accidents de force majeure qui seront constatés, la compagnie accordera les prolongations qu'elle reconnoîtra nécessaires, et alors elle recevra à fret sur ses vaisseaux les effets des particuliers qui auront éprouvé des retards, aux mêmes prix et conditions des navires qu'elle aura frétés pour son service pour l'allée et retour des Indes.

13. Les marchandises qui seront apportées de l'Inde à Lorient, par les navires nationaux, pour compte étranger, seront mises en entrepôt réel, et ne pourront être vendues qu'à la charge d'être exportées à l'étranger; les consignataires de ces marchandises seront tenus d'en faire déclaration, à leur arrivée, aux préposés de la compagnie, et aux receveurs des fermes, à peine de payer le quadruple des droits.

14. S. M. défend à tous ses sujets, de faire pendant la durée du privilège exclusif accordé à ladite compagnie, aucun commerce dans les lieux compris audit privilège, à peine de confiscation à son profit des navires, marchandises, armes, munitions et autres effets qui seroient sur lesdits navires : veut aussi S. M. que toutes marchandises venant des lieux compris dans le privilège exclusif de la compagnie, qui arriveroient en France sur des navires autres que ceux de ladite compagnie ou qu'elle auroit frétés, soient confisquées à son profit. S. M.

défend également à ceux de ses sujets qui auroient obtenu d'elle des passe-ports, ou des congés des amirautés pour des navigations permises, de se rendre ensuite dans les mers des Indes et de commercer dans les lieux de la concession, à peine de confiscation des navires, effets et marchandises, dont les deux tiers au profit de la compagnie, et l'autre au profit du dénonciateur; si les navires font leur retour dans des pays étrangers, afin d'éviter les peines ci-dessus prononcées, il sera procédé pour raison de cette contravention, contre les propriétaires et armateurs; et dans le cas où les navires ne pourroient être saisis, les contrevenants seront condamnés au paiement d'une somme équivalente à la valeur des navires et de leurs chargements, ainsi qu'à celle des intérêts et bénéfices, pour tenir lieu de confiscation.

15. Toutes les opérations de ladite compagnie, seront dirigées et régies par douze administrateurs, agréés par S. M., lesquels seront tenus, dans leurs départements, de se conformer à ce qui sera décidé par délibération dans les assemblées générales ou particulières, et d'établir la direction la plus sûre et la plus économique.

16. Les fonds nécessaires à l'exploitation du privilège exclusif accordé par le présent arrêt, sont fixés à 20,000,000, lesquels seront fournis, savoir; 6,000,000 par les douze administrateurs, à raison de 500,000 liv. pour chacun, ou 500 portions d'intérêt de 1000 liv. chaque; les 14,000,000 de surplus seront divisés en 14,000 portions d'intérêt de 1000 liv. chacune, pour lesquelles il sera donné des reconnoissances aux personnes qui voudront s'intéresser dans le commerce de la compagnie.

17. Chaque administrateur sera tenu de fournir 500,000 liv., en 500 portions d'intérêt de 1000 liv. chaque, pour former partie du fonds capital ci-dessus; et en cas de décès ou de retraite de l'un d'eux, il sera présenté par l'administration au contrôleur général des finances, trois personnes choisies à la pluralité des voix des autres administrateurs, parmi lesquels S. M. nommera; et le nouvel administrateur sera obligé de prendre les fonds de celui qu'il aura remplacé, au cours de la place qui aura précédé de quinze jours la retraite ou le décès de son prédécesseur; lequel cours sera constaté et certifié par trois administrateurs, et les héritiers du défunt ou l'administrateur qui se retirera, seront obligés d'y acquiescer.

18. La mise de 500,000 liv. de fonds à fournir par chaque administrateur, sera de rigueur; et aucun d'eux ne pourra.

sous aucun prétexte, se dispenser d'en compléter le paiement, aux époques et de la manière qu'il sera fixé par l'administration, à peine de destitution de sa place à la première assemblée d'administration qui suivra l'époque où les fonds auroient dû être faits, et dont elle rendra compte au contrôleur général des finances; et dans le cas où l'administration n'auroit pas fait exécuter la clause de rigueur ci-dessus, elle en demeurera garante et responsable envers les intéressés, auxquels elle fera bon du déficit, dont la somme sera répartie par contribution entre les membres de ladite administration, sauf son recours contre celui ou ceux qui seroient remplacés; ce qui aura lieu à la première assemblée d'administration.

19. Chaque administrateur sera tenu de conserver la propriété de 250 portions d'intérêt, lesquelles devront être remises dans le dépôt de la compagnie, désigné ci-après, et y rester déposées en son nom, tant qu'il sera administrateur.

20. Il sera ouvert à la caisse générale de ladite compagnie, un dépôt de portions d'intérêt, tant pour les administrateurs, que pour la sûreté des intéressés, et ces derniers pourront les en retirer toutes les fois qu'ils le voudront.

21. Les 20,000,000 de fonds fournis tant par les administrateurs, que par ceux qui auront pris des portions d'intérêt, seront et demeureront affectés et hypothéqués par privilège spécial à tous les engagements contractés par la compagnie.

22. Les fonds à fournir, tant par les administrateurs, que par les intéressés particuliers, seront versés entre les mains du caissier général nommé par l'administration, au fur et à mesure que les opérations de la compagnie l'exigeront, et aux termes qui seront fixés par l'administration, et le caissier général donnera des reconnoissances provisoires des sommes qu'il aura reçues en paiement des portions d'intérêt qu'il aura délivrées.

23. Les sieurs G., H. et C. à Paris; et les sieurs B. et C. à Lorient, seront chargés provisoirement, pour la compagnie, de recevoir les sommes qui composeront les premiers fonds des intéressés, pour en rendre compte à l'administration, et les tenir à sa disposition à sa première demande, et ils remettront à ceux qui désireront s'intéresser dans ladite compagnie, des reconnoissances portant promesse de délivrer le nombre des portions d'intérêt dont il leur aura été fourni la valeur dans le temps prescrit, à raison de 1000 liv. par portion, et n'excédant pas le nombre de 14,000 portions fixé par l'art. 16.

24. Les administrateurs arrêteront tous les ans, à commencer du mois de décembre 1787, le bilan général des affaires

de ladite compagnie, après quoi ils le remettront au contrôleur général des finances; et la minute, visée des administrateurs, restera déposée entre les mains de son caissier général, où chaque intéressé aura le droit d'en prendre la communication, et ce ne sera qu'après la remise du bilan, qu'il pourra être procédé à la fixation d'un dividende.

25. Pour parvenir à la fixation de ce dividende, il sera arrêté par les administrateurs, un compte détaillé des bénéfices nets qui auront été faits et réalisés dans les expéditions précédentes, déduction faite de tous frais d'administration, et des pertes s'il y en a, ou estimation de celles qui seroient à craindre, ainsi que des primes d'assurance pour tous les risques maritimes. Sur ces bénéfices nets que l'administration générale aura admis, elle aura la liberté de déterminer à la pluralité des suffrages, par scrutin, la somme qu'elle jugera à propos de répartir à titre de dividende sur chaque portion d'intérêt pour l'année courante; en conséquence, la première fixation se fera en décembre 1787, et ensuite d'année en année. Mais dans aucun cas le capital de ladite compagnie ne pourra être entamé par le dividende.

26. L'administration générale des affaires de ladite compagnie, sera établie à Paris, dans un hôtel à ce destiné, que S. M. lui accordera gratuitement, pendant le terme de son privilège, pour ses assemblées et bureaux : et le siège de son commerce principal, où se feront ses armements, expéditions, chargements, désarmements et ventes, sera dans le port de Lorient, exclusivement à tous autres; l'administration générale commettra, par voie de scrutin, quelques-uns de ses membres pour diriger dans ledit port les opérations de son commerce, et leurs fonctions et pouvoirs seront réglés par délibération de ladite administration.

27. Nul administrateur ne pourra donner sa voix, s'il n'est présent à l'assemblée, à l'exception de ceux qui se trouveront absents et employés pour le service de la compagnie, qui pourront le faire par procureurs choisis parmi les membres de l'administration seulement. Tout administrateur présent, propriétaire de 1000 portions d'intérêt, aura deux voix; il en aura trois s'il a déposé 1500 portions, et quatre s'il en a déposé 2000; sans qu'il puisse avoir un plus grand nombre de voix, quel que soit le nombre de ses portions d'intérêt.

28. L'administration générale aura à la pluralité des voix la nomination de toutes les places d'employés, de quelque grade qu'ils puissent être, soit de terre, soit de mer, tant en Europe

qu'aux Indes , et pourra les destituer et révoquer de la même manière et de sa seule autorité , le tout ainsi qu'elle le jugera nécessaire pour le bien et l'avantage de la compagnie.

29. L'administration sera tenue de faire couvrir par des assurances , autant qu'elle le pourra et que les circonstances l'exigeront , tous les risques de mer et de guerre de la compagnie , sans cependant que l'administration soit jamais responsable des capitaux qui n'auroient pas été assurés , ou de toute autre perte provenant des assurances.

30. Ladite compagnie sera autorisée à dresser et arrêter tels statuts et réglements qu'elle jugera les plus convenables pour la conduite et régie de son commerce , l'ordre et la sûreté des intérêts qui lui seront confiés , ainsi que pour son régime intérieur , tant en Europe que dans ses établissements , et partout où besoin sera.

31. S. M. protégera et défendra la compagnie , même en employant , s'il en étoit besoin , la force de ses armes pour la maintenir dans la liberté entière de son commerce , et empêcher qu'elle n'éprouve aucun trouble dans sa navigation et dans l'exercice de son privilège; elle lui fera fournir , en tout temps , les officiers-mariniers et matelots que ses expéditions exigeront.

32. Les administrateurs de la compagnie , et ses intéressés particuliers , ne pourront être inquiétés ni contraints en leurs personnes et biens , pour raison des affaires de ladite compagnie; et les effets à elle appartenants ne seront susceptibles d'aucune hypothèque pour les affaires particulières desdits administrateurs ou intéressés. Leurs portions d'intérêt ne pourront être valablement saisies qu'après l'expiration du privilège et la libération entière des dettes et engagements de la compagnie; mais il sera libre à tous créanciers des uns ou des autres , de saisir ou arrêter entre les mains de son caissier général , pendant la durée du privilège , leurs parts de bénéfice à répartir à titre de dividende.

33. Les administrateurs présideront tour-à-tour , et de trois mois en trois mois , dans les assemblées générales ou particulières où ils se trouveront , à commencer par le plus ancien; le président n'aura que sa voix comme administrateur; mais dans le cas où il y auroit égalité de voix , celle du président l'emportera et fixera la délibération.

34. Les portions d'intérêt de ladite compagnie seront imprimées conformément au modèle joint au présent , et seront numérotées depuis le n° 1er jusques et compris le n° 20,000 in-

clusivement; elles seront signées par le caissier général et par trois administrateurs.

35. S. M. cède et accorde gratuitement à ladite compagnie, pour tout le temps de la durée de son privilège, la jouissance dans le port de Lorient, des hôtels, magasins, caves, chantiers de construction, corderie, ateliers, pontons, ustensiles et facilités du port, et autres bâtiments et emplacements nécessaires à la construction, radoubs, équipements et armements de ses navires ou de ceux qu'elle frétera, ainsi que pour la réception et disposition de ses marchandises et effets d'exportation et d'importation. Veut S. M. que tous lesdits bâtiments, pontons, ateliers et autres, suivant la demande qui en sera faite par ladite compagnie, lui soient incessamment remis après avoir été réparés aux frais de S. M., qui demeurera chargée de les entretenir pour tout ce qui concerne les grosses réparations pendant la durée du privilège de ladite compagnie, à l'expiration duquel elle les rendra suivant l'état détaillé qui en sera dressé aussitôt après que lesdites réparations seront achevées, et au moment que la remise lui en sera faite.

36. Pour l'exécution du précédent article, il sera fixé, de concert entre le ministre de la marine et celui des finances, une ligne de démarcation dans le port de Lorient, qui séparera l'arsenal du roi d'avec la portion des port et quais qui seront cédés et abandonnés à la compagnie.

37. S. M. accorde pareillement à ladite compagnie la jouissance gratuite des bâtiments, magasins, ateliers, loges et comptoirs qui sont à sa possession dans les divers établissements au-delà du cap de Bonne-Espérance, et qui pourroient être nécessaires à ladite compagnie; et il en sera usé, pour les réparations et entretiens desdits bâtiments et comptoirs, ainsi et de la même manière qu'il en est ordonné pour ceux de Lorient par l'art. 35 du présent arrêt.

38. Les ventes des retours des Indes et de la Chine de ladite compagnie se feront publiquement au seul port de Lorient et à l'hôtel des ventes, à des époques qui seront annoncées d'avance; et comme le privilège exclusif accordé à ladite compagnie doit assurer une masse de retours suffisante pour l'approvisionnement du royaume, et même un excédant pour l'étranger, son administration s'occupera des moyens de bien apprécier la consommation intérieure, et d'étendre son commerce par de nouveaux débouchés autant que la prudence le permettra.

39. Il sera tenu tous les ans deux assemblées générales d'ad-

ministration en l'hôtel de la compagnie à Paris, l'une pour rendre compte des expéditions de sortie, et l'autre pour les retours et ventes; et il y sera en outre délibéré sur les affaires les plus importantes de la compagnie, lesquelles délibérations seront déposées à son secrétariat, où les intéressés pourront en prendre communication.

40. Ceux qui auront acheté des effets ou marchandises de la compagnie seront contraints au paiement de ce qu'ils devront comme pour les propres deniers et affaires de S. M.

41. Les employés de ladite compagnie jouiront des mêmes privilèges et prérogatives accordés aux employés de nos fermes et régies.

42. Si aucuns des administrateurs de ladite compagnie, capitaines, officiers et matelots de ses vaisseaux, employés et commis étoient pris par les sujets des princes et états avec lesquels S. M. pourroit se trouver en guerre, elle les fera retirer et échanger.

43. S. M. garantit la compagnie de toutes demandes et prétentions quelconques qui pourroient se former contre elle, soit en Europe ou aux Indes, provenant du privilège de l'ancienne compagnie des Indes.

44. Ladite compagnie pourra prendre tels renseignements qu'elle jugera à propos dans les archives de l'ancienne compagnie des Indes, et pour cet effet, les directeurs de sa liquidation et préposés, tant en Europe que dans les lieux de sa concession, tiendront à la disposition de l'administration de la nouvelle compagnie ou de ses préposés ses registres, journaux, correspondances, cartes et archives.

45. Le droit d'indult établi sur toutes marchandises provenant du commerce de l'Inde et de la Chine, sur le pied de 5 pour 100, et à 3 pour 100 sur celles du cru des îles de France et de Bourbon, demeurera supprimé, et ne pourra désormais être perçu que sur le retour des navires expédiés sur des permissions particulières de date antérieure à celle du 14 avril 1785.

46. Ladite compagnie jouira de tous les privilèges, avantages, franchises et exemptions de droits quelconques dont l'ancienne compagnie des Indes jouissoit à l'époque de la suspension de son privilège en 1769, même de l'exemption de ceux qui ont été établis depuis cette époque; il en sera dressé un état détaillé qui sera arrêté au conseil royal des finances: et S. M. se réserve de faire connoître alors ses intentions sur les articles qui auroient besoin d'être réglés ou interprétés,

comme aussi de modérer, en faveur de ladite compagnie, les droits imposés par le tarif de 1664 sur les marchandises de l'Inde et de la Chine à leur entrée dans les provinces des cinq grosses fermes, même d'affranchir totalement desdits droits les toiles destinées pour l'impression, et autres marchandises qui ne pourroient y être assujetties sans désavantage pour les manufactures et le commerce du royaume.

47. Les plombs et bulletins prescrits par l'article 6 de l'arrêt du conseil du 6 septembre 1769 continueront d'être apposés aux marchandises mentionnées en l'article 5 de l'arrêt du 29 novembre 1770 par les employés de la compagnie des Indes, concurremment avec les deux gardes-magasins des fermes, qui tiendront respectivement avec les préposés de la compagnie un registre en compte ouvert pour le plombage, à l'effet de quoi, les plombs, matrices et empreintes servant à former lesdits plombs et bulletins, seront immédiatement remis dans les magasins de la nouvelle compagnie à sa disposition, et il lui sera libre d'adopter tel autre nouveau plomb ou empreintes qu'elle jugera nécessaires pour prévenir l'introduction en fraude dans le royaume des marchandises de même espèce que celles provenant de son commerce.

48. Il en sera usé avec la ferme générale, pour toutes les marchandises des Indes et de la Chine, tant au poids qu'à la pièce, qui seront saisies provenant du commerce étranger, ainsi que pour les mousselines, toiles de coton, mouchoirs et toiles peintes étrangères, de la même manière que cela se pratiquoit avec l'ancienne compagnie des Indes.

49. Ladite compagnie jouira du *transit* par terre pour toutes les marchandises provenant de son commerce et propres pour la traite des noirs sur les côtes d'Afrique, en remplissant à cet égard les formalités qui seront prescrites, et ces marchandises seront désignées par un état qui sera arrêté contradictoirement avec la ferme générale.

50. Ladite compagnie aura la liberté d'exporter annuellement du royaume les matières d'or et d'argent qui lui seront nécessaires pour son commerce, et ce, nonobstant les défenses faites par les ordonnances contre tous transports d'or et d'argent en pays étrangers, dont nous la relevons; mais ses administrateurs seront tenus de faire connoître au contrôleur général des finances la valeur de leur exportation annuelle; et S. M. voulant la traiter favorablement, la dispense du tarif accordé au fermier général des messageries par son arrêt du 30 septembre 1785, concernant les transports des espèces

d'or et d'argent, et lui permet de faire avec ledit fermier général tels marchés et conventions à cet égard dont ils conviendront ensemble, lesquels auront leur exécution.

51. Les marchandises au poids et à la pièce de la même espèce que celles de la compagnie, dont l'entrée est admise dans le royaume, ne pourront à l'avenir y être introduites que lorsqu'elles seront accompagnées d'une permission de la compagnie des Indes, à l'exception des toiles de coton blanches, qui restent soumises, quant à présent, au régime des lettres patentes de 1759.

52. Toutes les marchandises au poids et à la pièce, de la même espèce que celles du commerce de la compagnie, qui arriveront dans le port franc de Lorient, seront sujettes à être déclarées à leur entrée dans ledit port, ainsi qu'il en est usé pour le tabac fabriqué; elles seront mises en entrepôt sous clef dans des magasins employés uniquement à les recevoir, et seront sujettes aux recensements et autres formalités prescrites par les réglements pour les entrepôts réels, afin d'en prévenir l'introduction dans le royaume, sans qu'à l'égard des marchandises étrangères, ni de celles qui proviendroient du commerce de la compagnie, la ville de Lorient puisse être regardée comme destination à l'étranger; et l'exemption des droits accordés à cette destination n'aura pas lieu pour celles desdites marchandises qui seront introduites dans ladite ville, mais seulement pour ce qui sera embarqué pour aller à l'étranger effectif, et déclaré comme y étant destiné.

53. Pourra ladite compagnie prendre pour ses armes l'écusson accordé à l'ancienne compagnie, dont S. M. lui concède la jouissance, pour s'en servir dans ses sceaux et cachets, et qu'elle pourra mettre et apposer partout où elle le jugera à propos.

54. Ladite compagnie ne pourra être tenue d'armer aucun de ses vaisseaux en guerre, ni faire aucun transport d'hommes ou d'effets pour compte du gouvernement.

55. S. M. fait défenses à toutes personnes, de quelque état et condition qu'elles soient, de charger ni faire charger sur les vaisseaux de la compagnie des Indes, ou ceux qu'elle auroit frétés, venant des pays de sa concession ou y allant, aucunes marchandises ni effets quelconques sans au préalable les avoir fait comprendre dans les factures du chargement, sur une permission par écrit, signée de ses administrateurs ou préposés à cet effet, à peine de confiscation à son profit, et de destitution du capitaine et officiers. Permet S. M. à ladite com-

pagnie des Indes de commettre telles personnes qu'elle jugera à propos pour en faire la perquisition et saisie sur ses vaisseaux, soit à leur départ de France, soit à leur arrivée des pays de sa concession, et ensuite de les faire vendre à son profit, sans qu'elle soit tenue d'en faire autrement juger ni prononcer la confiscation; sur le produit desquelles marchandises et effets elle pourra accorder, tant aux commis qu'aux dénonciateurs, telle gratification qu'elle jugera convenable.

56. Si à l'expiration du privilège accordé par le présent arrêt, et sur la demande en prorogation des administrateurs de ladite compagnie, S. M. ne jugeoit pas à propos de le proroger, il sera procédé à la vente de tous les effets quelconques appartenants à la compagnie, de la manière que l'administration le jugera le plus convenable à ses intérêts, laquelle sera seule chargée de la liquidation, pour le produit net, après l'extinction de tous ses engagements, tant en Europe qu'aux Indes, être partagé entre tous les intéressés, au *prorata* de l'intérêt de chacun.

57. Ordonne S. M. que le présent arrêt sera imprimé, publié et affiché partout où besoin sera, et que sur icelui, toutes lettres nécessaires seront expédiées.

N° 2057. — ARRÊT *du conseil, suivi de lettres patentes qui ordonnent une fabrication de cent mille marcs d'espèces de cuivre en la Monnoie de Metz* (1).

Versailles, 15 avril 1785. Reg. en la cour des monnoies le 7 mai. (R. S)

N° 2058. — ARRÊT *du conseil portant réglement pour assurer la fourniture qui doit être faite à la chambre syndicale de Paris de neuf exemplaires de tous les ouvrages imprimés ou gravés, et pour prévenir l'annonce par l'avis des papiers publics des ouvrages prohibés ou non permis* (2).

Versailles, 16 avril 1785. (R. S. C.)

Le roi étant informé des contraventions multipliées qui se commettent journellement aux réglements de la librairie, soit au sujet de la remise qui doit être faite à la chambre syndicale de Paris des exemplaires de tous les livres, estampes, cartes, œuvres de musique et autres ouvrages imprimés ou gravés, soit relativement à l'annonce qui s'en fait dans les papiers publics avant qu'ils aient été permis : et S. M. voulant que ces réglements soient plus exactement observés, elle a jugé devoir en renouveler les dispositions, et même y en ajouter quelques nouvelles. A quoi voulant pourvoir : ouï le rapport; le roi étant en son conseil, de l'avis de M. le garde des sceaux, a ordonné et ordonne ce qui suit :

1. Les édits de 1617, 1618 et 1686; les arrêts du conseil des 21 octobre 1618, 29 mars 1756, 17 mai 1672, 1ᵉʳ mai 1676, 31 janvier 1685, 17 octobre 1704, 9 mai 1707, 16 décembre 1715, et notamment les articles 101 et 108 du réglement de la librairie, du 28 février 1723, seront exécutés selon leur forme teneur; en conséquence, tous auteurs, libraires, imprimeurs, graveurs, marchands d'estampes et de cartes, compositeurs ou éditeurs, et marchands de musique, et autres personnes, de quelque qualité et condition qu'elles soient, même les archevêques et évêques, pour les usages de leurs diocèses; ensemble les académies, corps et communautés, maisons religieuses et autres qui obtiendront des priviléges, permissions du sceau ou des juges de police et autres, de quelque espèce qu'elles puissent être, pour l'impression ou réimpression, ou gravure des livres, estampes, musique, cartes, etc., remettront ou feront remettre à la chambre syndicale de Paris, neuf exemplaires brochés et complets desdits livres, estampes, musique, cartes, etc., pour lesquels ils auront obtenu privilège ou une permission quelconque.

2. Lesdits neuf exemplaires, dont trois pour la bibliothèque du roi, un pour celle de M. le chancelier, un pour celle de M. le garde des sceaux, un autre pour le censeur qui aura examiné l'ouvrage, et les trois autres pour la chambre syndicale, seront remis sans frais à ladite chambre huit jours après l'impression finie, à peine de déchéance du privilège ou de la permission, de confiscation de l'édition entière, et de 1,500 liv. d'amende; annule S. M. tous privilèges et toutes permissions dans lesquels il se trouveroit quelques dispositions à ce contraires.

3. A chaque fourniture qui sera faite à la chambre syndicale, les syndic et adjoints en donneront un certificat sans frais, dans lequel certificat ils feront mention du numéro, de la date, de l'espèce de permission qui aura été accordée pour l'ouvrage dont il s'agira, et en outre y désigneront, avec le titre dudit ouvrage, le nombre des volumes, le format, l'année de l'édition, le nom de l'auteur ou éditeur connu, ainsi que celui de l'imprimeur qui l'aura faite.

4. Dans le cas où il y auroit plusieurs auteurs ou plusieurs

3

libraires intéressés à un même ouvrage, ils seront tenus solidairement, et l'un d'eux pour le tout, de satisfaire à la remise
desdits neuf exemplaires, sauf à celui qui aura fait ladite fourniture à s'en faire tenir compte par ses co-intéressés; il en sera
de même à l'égard des graveurs, auteurs ou marchands de
musique, pour les ouvrages de leur profession, composition
ou commerce.

5. Les livres, estampes, cartes, ouvrages de musique et
autres ouvrages imprimés ou gravés, venant des pays étrangers, dont la vente aura été autorisée dans le royaume, seront
également sujets à la même obligation : enjoint à cet effet S. M.
aux officiers, tant de la chambre syndicale de Paris que de
celles des provinces, de retenir, lors des visites qu'ils feront
des caisses, balles, ballots et paquets d'ouvrages d'impression
ou de gravure, nationaux ou étrangers déposés dans leursdites
chambres, et dont toutefois la vente et distribution aura été
permise, lesdits neuf exemplaires, à peine de 500 liv. d'a-
mende, et d'être personnellement obligés de procurer à leurs
frais lesdits neuf exemplaires; ordonne de plus aux officiers
des chambres syndicales des provinces de faire passer au commencement de chaque année, à la chambre syndicale de Paris,
les exemplaires qu'ils auront ainsi retenus pendant le cours de
l'année précédente, sur lesquels les autorise S. M. à en retenir
alors un de chaque ouvrage pour leur chambre, de manière
que la chambre syndicale de Paris n'en aura en ce cas que
deux à son profit.

6. Entend néanmoins S. M., que si le nombre d'exemplaires
que l'on fera venir n'excède pas celui de cinquante, la chambre
syndicale, au lieu de neuf, n'en retiendra que quatre, dont un
pour la bibliothèque de S. M., un pour celle de M. le chancelier, un pour celle de M. le garde des sceaux, et le quatrième
pour la chambre syndicale ou de Paris ou de province qui sera
ladite retenue, sauf à compléter le nombre de neuf exemplaires
lors des envois subséquents.

7. Les syndic et adjoints de la chambre syndicale de Paris
tiendront un livre-journal particulier et à ce destiné, dans lequel ils enregistreront, jour par jour et sans aucun blanc ni
interligne, et avec les indications et renseignements mentionnés en l'article 3, tous les ouvrages à eux remis, ou qu'ils retiendront lors de leurs visites des balles, ballots et paquets
envoyés à ladite chambre; et ils continueront de faire porter
au commencement de chaque mois, en la bibliothèque de S. M.,
en celles de M. le chancelier et de M. le garde des sceaux, et

aux censeurs, les exemplaires qui leur sont dus, en en fournissant suivant l'usage un état extrait de leur registre et signé
d'eux : veut en outre qu'il soit loisible à l'inspecteur chargé
desdits recouvrements par M. le chancelier ou M. le garde des
sceaux, de prendre communication dudit registre, toutes fois
et quantes il le jugera nécessaire.

8. Ne pourront les auteurs vendre leurs ouvrages ni les distribuer, et les libraires, imprimeurs, graveurs et marchands
d'estampes ou de musique se charger de la vente ou distribution d'aucun ouvrage, soit pour le compte d'un auteur, imprimeur, graveur, ou d'un compositeur de musique, soit pour
toute autre personne que ce puisse être, que préalablement
ils n'aient en main, outre la permission d'imprimer ou graver,
vendre et distribuer, le certificat de la fourniture desdits neuf
exemplaires, le tout à peine de révocation de leurs privilèges
ou permissions, de saisie et confiscation des exemplaires, et
de 1,500 liv. d'amende, même de telle autre plus grande peine
qu'il appartiendra, suivant l'exigence des cas, s'il s'agissoit
d'ouvrages non permis ou défendus.

9. Veut également S. M. que tous les auteurs, éditeurs, libraires, imprimeurs et graveurs, ensemble les compositeurs
et marchands de musique qui proposent quelques ouvrages par
souscription, soit pour être imprimés, soit pour être gravés,
remettent à la chambre syndicale de Paris, et avant l'ouverture de la souscription, une soumission de fournir à ladite
chambre neuf exemplaires desdits ouvrages à mesure des livraisons qu'ils en feront au public; fait défenses à tous imprimeurs d'imprimer aucun projet de souscription s'il n'est revêtu
d'une permission de police, laquelle ne pourra être accordée
qu'après que la souscription aura été autorisée par M. le chancelier ou le garde des sceaux, et le privilège ou permission
scellé et enregistré, et ensuite de commencer d'imprimer l'ouvrage que la remise de ladite soumission n'ait été faite à la
chambre syndicale, à peine 500 liv. d'amende pour la première fois, et en cas de récidive, d'interdiction, même de plus
grandes peines s'il s'agissoit d'ouvrages prohibés ou non permis.

10. Seront pareillement obligés ceux qui auront des sou-
scriptions actuellement ouvertes de fournir à la chambre syndicale, quinze jours après la publication du présent arrêt, la
soumission prescrite par l'article précédent, et d'y remettre,
si fait n'a été, les neuf exemplaires prescrits de chacune des
livraisons par eux déjà fournies à leurs souscripteurs, et ce,
sous les peines ci-devant énoncées ; défend en conséquence

S. M. à tous imprimeurs de continuer l'impression dudit ouvrage, et à tous journalistes, auteurs, directeurs ou rédacteurs de gazettes et autres papiers publics, d'en annoncer la suite qu'il ne leur ait été justifié auparavant qu'il a été satisfait à la remise tant de la soumission que des volumes déjà publiés.

11. Pour faciliter et multiplier aux libraires et marchands d'estampes, de musique, cartes, etc., ainsi qu'aux auteurs, directeurs et rédacteurs de gazettes, journaux et autres feuilles périodiques, les moyens d'être assurés qu'un ouvrage est permis, et que la fourniture des exemplaires dus a été faite, il sera, à compter du 1ᵉʳ juillet prochain, formé sur le registre prescrit par l'article 7, tous les mardi et vendredi de chaque semaine, par les officiers de la chambre syndicale de Paris, un état, avec deux copies, contenant les indications et renseignements mentionnés aux articles 3 et 7 ci-dessus, de tous les ouvrages imprimés ou gravés qui auront été permis, et pour lesquels il aura été satisfait à ladite obligation; lequel état, duement signé et certifié, sera par eux remis au magistrat chargé par M. le chancelier ou garde des sceaux de la direction générale de la librairie; et lesdites deux copies, également signées et certifiées, seront envoyées, savoir, l'une à l'inspecteur chargé par M. le chancelier ou garde des sceaux du recouvrement desdits neuf exemplaires, et l'autre aux propriétaires du privilège du Journal des Savants; et seront lesdits propriétaires du Journal des Savants, tenus de publier sur-le-champ ledit état, à peine de déchéance de leur privilège, par la voie dudit journal, et subsidiairement par celle du Journal de Paris, ce dont en aucun cas ils ne pourront se dispenser, si ce n'est du consentement des auteurs, éditeurs ou autres ayant droit à la propriété de l'ouvrage non annoncé.

Et en même temps S. M. voulant d'autant mieux assurer la remise desdits neuf exemplaires, et en outre prévenir plus efficacement que par le passé la publicité des ouvrages prohibés ou non permis, a défendu et défend à tous auteurs et éditeurs, directeurs et rédacteurs des gazettes, journaux, affiches, feuilles périodiques et autres papiers publics, tant à Paris que dans les provinces, même de ceux étrangers, dont la distribution est permise dans le royaume, d'annoncer, sous tel prétexte que ce puisse être, aucun ouvrage imprimé ou gravé, national ou étranger, si ce n'est après qu'il aura été annoncé par le Journal des Savants, ou subsidiairement par celui de Paris, à peine d'être tenus, en leur propre et privé nom, d'acquitter ladite fourniture, et en outre, de 100 liv. d'amende pour la première contravention, de 300 liv. pour la seconde, et d'amende arbitraire, ainsi que de déchéance de leurs priviléges ou permissions pour la troisième, même de telle autre peine qu'il appartiendra, s'il s'agissoit d'ouvrages non permis ou prohibés.

13. Tous les auteurs, imprimeurs, libraires et autres, tant de Paris que des provinces, même des pays étrangers, qui ont obtenu depuis vingt années des priviléges ou permissions pour faire imprimer des livres ou graver des estampes, cartes et musique, et qui depuis ce temps n'ont pas fourni les exemplaires dus, seront tenus, conformément aux arrêts du conseil des 17 mai 1672, 31 janvier 1685, et autres subséquents, de rapporter et remettre, quinze jours après la publication du présent arrêt, lesdits exemplaires à la chambre syndicale de Paris; autrement et à faute de ce faire, et ledit délai expiré, ordonne S. M. aux syndic et adjoints de saisir tous les exemplaires dudit ouvrage qu'ils trouveront dans les magasins desdits auteurs, imprimeurs, libraires, marchands d'estampes, musique, cartes, etc., lesquels ouvrages seront confisqués au profit de ladite chambre, en satisfaisant par elle aux fournitures prescrites envers la bibliothèque de S. M. et celle de M. le chancelier et de M. le garde des sceaux, et envers les censeurs desdits ouvrages.

14. Ordonne S. M. aux syndic et adjoints, tant de la chambre royale et syndicale de Paris, que des autres chambres syndicales du royaume, et aux inspecteurs établis près lesdites chambres, notamment au sieur le Prince, chargé desdits recouvrements, de se conformer au présent arrêt, et de l'exécuter et faire exécuter en tout ce qui peut les concerner. Enjoint au sieur Lenoir, conseiller d'état, bibliothécaire de S. M., et lieutenant général de police à Paris, commissaire du conseil en cette partie; et aux sieurs intendants et commissaires départis dans les différentes provinces et généralités du royaume, d'y tenir la main, chacun en droit soi, et ce, nonobstant tous réglements précédents, auxquels S. M. a dérogé et déroge, en tant que de besoin, en ce qui seroit contraire aux dispositions contenues au présent arrêt, et ce nonobstant toutes oppositions ou empêchements quelconques, dont si aucun intervenoit, S. M. leur attribue la connoissance, sauf l'appel au conseil, et icelle interdit à toutes ses cours et autres juges.

N° 2059. — ARRÊT *du conseil concernant les travaux et curages des rivières de Blaise et affluents à Dreux.*

Versailles, 11 avril 1785. R. S.

Le roi étant informé qu'ayant été construit par ses ordres et à ses frais un pont sur la rivière de Blaise, qui passe dans les faubourgs de Saint-Denis et Saint-Martin de la ville de Dreux, il auroit été rendu par le bureau des finances de la généralité de Paris, le 1ᵉʳ octobre 1756, une ordonnance qui prescrivoit différents ouvrages à faire par les propriétaires riverains pour prévenir la dégradation dudit pont et les affouillements inévitables, qui altéroient sa solidité, lesquels avoient pour cause les anticipations faites par les riverains qui occasionoient le rétrécissement du lit de ladite rivière : que le bureau des finances, après un rapport de l'ingénieur des ponts et chaussées du 11 décembre 1765, auroit, par une seconde ordonnance du 14 février 1766, renouvelé les dispositions de celle du 1ᵉʳ octobre 1756, et ordonné différents ouvrages à faire par les propriétaires riverains; le tout suivant et conformément aux mesures et dimensions portées au plan qui seroit à cet effet dressé par ledit ingénieur : que plusieurs propriétaires riverains, au nombre de quarante-neuf, auroient été assignés et condamnés par autre ordonnance du bureau des finances du 22 décembre 1775, à exécuter celle du 1ᵉʳ octobre 1756; et en conséquence à abattre les arbres et enlever les terres qui nuisoient au cours de la rivière, tant au-dessus qu'au-dessous du pont étant sur ladite rivière, tellement que son lit ait au moins dans dans le fond trois toises de large du côté d'amont, et quatre toises du côté d'aval, non compris les talus : que toutes ces ordonnances qui avoient pour objet la conservation, tant d'un pont construit aux frais de S. M., et utile au public et à la ville de Dreux, que des routes de Chartres et du Mans, auroient dû recevoir leur pleine et entière exécution, mais que plusieurs habitants de ladite ville de Dreux ayant fait connoître par plusieurs mémoires que les inondations qu'ils éprouvoient provenoient non-seulement de ce que le lit de la rivière de Blaise n'avoit pas une largeur suffisante, mais encore de ce que le fossé servant de décharge à ladite rivière et au pont du faubourg Saint-Martin, route du Mans, n'étoit point assez ouvert, il auroit été dressé le 19 octobre 1785, par l'ingénieur des ponts et chaussées, un plan du local et un rapport, d'après lequel le bureau des finances auroit rendu, le 18 juin dernier, une ordonnance pour obliger les propriétaires riverains des rivières de Blaise, du Blairas et des Teinturiers, à donner au lit de ces rivières la largeur fixée par ledit rapport. Et S. M. considérant que, si la justice ordinaire et la police sur lesdites rivières appartiennent aux seigneurs hauts-justiciers des lieux, cependant les abus et usurpations dont il s'agit intéressent la solidité d'un pont et de chemins construits et entretenus par ses ordres et à ses frais, et qu'il est également urgent que les trésoriers de France étant spécialement chargés de veiller à la conservation des grandes routes et des ouvrages publics établis sur les rivières, l'ordonnance du 18 juin dernier devoit avoir son exécution. A quoi voulant pourvoir. Vu le rapport du sieur Lebrun, ingénieur des ponts et chaussées, du 19 octobre 1783, visé du sieur Perronnet, et le plan y joint : ouï le rapport, etc. Le roi étant en son conseil, a ordonné et ordonne que tous les propriétaires des héritages situés sur les bords des rivières de Blaise, du Blairas et des Teinturiers, dans les territoires de Dreux et de Garney, seront tenus, chacun en droit soi, dans le délai d'un mois, à compter du jour de l'affiche et publication du présent arrêt, d'arracher ou faire arracher tous arbres, arbustes et buissons plantés le long des deux rives desdites rivières, jusqu'à six pieds de distance, et qu'ils seront tenus de donner au lit de ces deux rivières la largeur portée audit rapport, en observant de former les berges et talus nécessaires ; leur fait défenses de plus à l'avenir rien planter ni construire plus près de six pieds desdites rivières : ordonne en outre que les officiers municipaux de la ville de Dreux seront tenus de faire construire une porte à bateau ou vanne au-dessus et près de leur moulin dit du Blairas, pour servir de décharge dans les grandes eaux ; le tout suivant qu'il leur sera indiqué et tracé par l'ingénieur des ponts et chaussées du département, sinon et à faute de ce faire dans le délai ci-dessus fixé, ordonne qu'il y sera mis ouvriers suffisants par l'entrepreneur de la route de Bretagne, auquel sera délivré exécutoire contre chacun des propriétaires riverains, par les officiers du bureau des finances, à raison des ouvrages étant à la charge de chacun d'eux. Enjoint, etc.

N° 2060. — Arrêt *du conseil portant que le commerce de Paris aura un député au conseil du commerce, qui sera élu tous les trois ans en la juridiction consulaire, et qui sera chargé de veiller à tout ce qui pourroit intéresser le commerce et les fabriques de Paris* (1).

Versailles, 27 avril 1785. (R. S.)

N° 2061. — Ordonnance *du bureau de la ville concernant la construction, et notamment l'épaisseur des trains de bois flotté à brûler pour la provision de cette ville* (2).

27 avril 1785. (Dupin, code du comm. de bois et de charbon.)

N° 2062. — Arrêt *du conseil, suivi de lettres patentes sur les droits de consulat, la chevalerie de Marseille, et les présents à faire aux puissances barbaresques.*

Versailles, 29 avril 1785. (R. S.)

Le roi s'étant fait rendre compte de la situation de la caisse confiée à la manutention de la chambre du commerce de Marseille, S. M. a reconnu qu'une perception plus régulière des droits qui lui sont attribués et les économies prescrites, ayant diminué les dépenses et considérablement augmenté la recette, la chambre étoit parvenue à acquitter ses dettes propres, successivement contractées pour les besoins du service du Levant et de Barbarie : S. M. a vu avec d'autant plus de plaisir les progrès de cette libération définitive, d'après les dernières dispositions qu'elle avoit faites, que le soulagement du commerce devoit en être la suite, et qu'elle procure à S. M. la satisfaction de réduire immédiatement à 3 pour 100 le droit de 5 pour 100, dont il avoit été indispensable de le charger, lorsqu'en 1776 toutes les impositions sur le commerce du Levant et de Barbarie furent réunies dans un droit unique, sous la dénomination de *droit de consulat;* en conséquence, S. M. a révoqué et révoque les arrêts de son conseil des 9 décembre 1776 et 27 novembre 1779, et tous autres rendus à ce sujet. Et voulant de nouveau pourvoir à la perception du droit de consulat : ouï le rapport; le roi étant en son conseil, a ordonné et ordonne ce qui suit :

---

(1) V. a. d. c. 19 juin 1700.
(2) V. ord. du 16 octobre 1785.

1. S. M. supprime la portion du droit de consulat, jusqu'à présent exigée sur les marchandises expédiées de Marseille en Levant et en Barbarie, laquelle étoit de 2 pour 100. Veut S. M. que la totalité du droit de consulat ne consiste plus à l'avenir, à compter du 1er juillet prochain, qu'en 3 pour 100, qu'on percevra sur les marchandises du Levant et de Barbarie qui arriveront à Marseille.

2. La chambre aura soin de faire dresser chaque mois un tarif de toutes les marchandises d'importation du Levant et de la Barbarie à Marseille, vérifié, attesté et signé par quatre courtiers accrédités, qui déclareront, sous serment, que tous les articles en sont évalués au prix courant sur la place; ce tarif sera régulièrement adressé au secrétaire d'état de la marine, et l'on se bornera à le renouveler avec les mêmes formalités, s'il n'y étoit survenu aucun changement d'un mois à l'autre. Il ne sera accordé d'autre réduction sur le prix des marchandises sujettes au droit de consulat que 25 pour 100 en tout. Cette bonification continuera à tenir lieu de toutes celles autrefois partiellement allouées sur le prix des marchandises, et elle sera défalquée sur le prix courant de la place, d'après le tarif.

3. Personne ne sera exempt de payer le droit de 3 pour 100 sur les marchandises d'importation; toutes les pacotilles, même celles des capitaines, y seront soumises.

4. Les capitaines, maitres ou patrons, avant leur départ pour les échelles du Levant et de Barbarie, déposeront à la chambre du commerce un manifeste de leur chargement, dans lequel seront spécifiés la quantité des marchandises, le nombre des balles, ballots et futailles, le poids, la mesure, la marque, le numéro et la consignation : S. M. défend que leurs expéditions leur soient délivrées avant qu'ils aient rempli cette formalité.

5. Tous les capitaines, maitres ou patrons des bâtiments français, à leur arrivée en Levant et en Barbarie, déposeront dans la chancellerie du consulat lesdits manifestes, qui seront vérifiés immédiatement par les chanceliers ou telles autres personnes que les consuls et vice-consuls dans les différentes échelles commettront à cet effet.

6. Le droit de consulat de 3 pour 100 sur les marchandises du Levant et de Barbarie qui arriveront à Marseille sera perçu, comme il l'a été jusqu'ici, par les préposés de la chambre du commerce, pour être versé dans la caisse dont elle a la manutention; elle continuera d'être chargée seule de payer les ap-

pointements des consuls et des différents officiers du roi dans
les échelles du Levant et de Barbarie, ainsi que toutes les
autres dépenses relatives à l'administration desdites échelles.

7. Les appointements des officiers du roi seront payés tous
les trois mois, par le trésorier de la chambre, sur leurs billets
à ordre ou mandats portant quittance, visés par les consuls
ou vice-consuls; si ces officiers préfèrent d'en recevoir la totalité ou partie sur les lieux même, ils s'en procureront personnellement la valeur au cours du change par des traites sur
leur fondé de procuration à Marseille, sans que, dans aucun
cas, il en puisse être fait mention dans les comptes des dépenses de l'échelle, gérées par les députés de la nation.

Les mandats des officiers du roi sous les ordres de l'ambassadeur de S. M. à Constantinople devront être revêtus de son
visa.

8. Les dépenses locales fixées pour les différentes échelles
dans l'état arrêté par S. M., seront payées par les députés de
la nation, sur les mandats des consuls ou vice-consuls.

Celles dénommées extraordinaires, également fixées dans
ledit état, seront déterminées par des délibérations de la nation et payées sur des mandats des consuls ou vice-consuls,
qui en spécifieront la somme, l'objet et l'emploi : permet
S. M. aux consuls et vice-consuls de donner pour dépenses ur-
gentes, sans délibération préalable de la nation, des mandats
de 15 liv. chacun, pourvu que le total desdits mandats ainsi
délivrés n'excède pas la somme de 200 liv. par an.

S. M. autorise son ambassadeur à Constantinople à disposer
sur ses mandats, comme il le jugera convenable pour le plus
grand avantage de la nation, de la somme assignée aux dépenses de son échelle.

9. Les présents aux puissances du pays, délibérés par la
nation, seront composés de préférence d'objets d'industrie fabriqués en France : les députés en feront l'achat, et le montant leur en sera alloué dans leurs comptes, sur les quittances
qu'ils en fourniront, visées par les consuls et vice-consuls.

10. Ils tiendront un registre dans lequel seront inscrites,
d'un côté, les sommes que la chambre du commerce leur aura
fournies pour toutes les dépenses locales de l'échelle, et de
l'autre les sommes payées en vertu de l'état arrêté par S. M.
et d'après les mandats des consuls et vice-consuls.

Ils rendront tous les trois mois leurs comptes de recette et
de dépense, qui, avec les pièces justificatives, seront examinés dans une assemblée de la nation tenue à cet effet, et en-

suite déposés dans la chancellerie. Ils en remettront une copie aux consuls ou vice-consuls, pour être envoyée au secrétaire d'état de la marine, et ils en adresseront une seconde copie, l'une et l'autre duement collationnée et légalisée, à la chambre du commerce de Marseille.

Nulle autre dépense que celles comprises sous la dénomination de *dépenses locales*, *fixes ou extraordinaires de l'échelle*, ne sera insérée dans lesdits comptes, dont le résultat définitif à la fin de chaque année ne sera approuvé par le secrétaire d'état de la marine qu'autant qu'elles n'auront pas excédé la somme fixée par S. M. Ses officiers tiendront la main à ce qu'on ne s'écarte point des bornes prescrites à cet égard.

11. Dans les échelles où il n'y a pas de corps de nation, le chancelier sera chargé de faire les dépenses portées dans l'état arrêté par S. M., sur les mandats du vice-consul, auquel il en rendra compte tous les trois mois. Le vice-consul adressera ses comptes, avec les pièces justificatives, au consul du département, qui les remettra aux députés pour faire article dans leur compte général.

12. La somme assignée par S. M. aux dépenses, tant fixes qu'extraordinaires de chaque échelle, sera payée tous les trois mois par le trésorier de la chambre du commerce, sur un billet à ordre ou mandat portant quittance des députés, visé par le consul ou vice-consul, et ces fonds seront versés par eux dans la caisse nationale, qui sera gardée dans la chancellerie, et fermera à trois clefs différentes, dont l'une demeurera entre les mains du chancelier, l'autre en celles du consul ou vice-consul, et la troisième en celles du premier député de la nation, en sorte que les fonds de cette caisse ne puissent en être retirés qu'en leur présence.

Toutes les formalités qui viennent d'être prescrites seront également observées dans le département de Constantinople, sous les ordres de l'ambassadeur de S. M.

13. Les députés de la nation dans chaque échelle tiendront compte à la chambre des fonds qui resteront dans la caisse nationale, après que les dépenses fixes et extraordinaires en auront été prélevées, et les officiers du roi donneront avis de cet excédant au secrétaire d'état de la marine.

14. Les députés tiendront leurs comptes en monnoie de France; ils évalueront la monnoie courante des échelles en livres tournois, tant pour la recette que pour la dépense; ils établiront cette évaluation sur le cours du change de l'échelle,

constaté par un certificat de deux notables négociants nommés par les officiers de S. M.

15. La chambre du commerce de Marseille adressera tous les trois mois au secrétaire d'état de la marine l'état détaillé du produit général du droit de consulat, et celui de toutes les dépenses relatives au service des échelles.

16. Les consuls et vice-consuls rendront compte au secrétaire d'état de la marine de l'exécution des dispositions du présent arrêt, ainsi que des contraventions qui pourroient être commises.

S. M. compte sur l'attention de son ambassadeur à y veiller, et à l'informer à cet égard de tout ce qui pourra intéresser son service.

Mande, etc.

N° 2063. — ARRÊT *du conseil, suivi de lettres patentes qui ordonnent une fabrication de soixante mille marcs d'espèces de cuivre en la Monnoie de Strasbourg* (1).

Versailles, 29 avril 1785. Reg. en la cour des monnoies le 11 juin. (R. S.)

N° 2064. — ARRÊT *du parlement sur l'élagage des arbres situés le long des chemins, dans le Perche, et sur les réparations desdits chemins.*

Paris, 29 avril 1785. (R. S.)

Vu par la cour la requête présentée par le procureur général du roi, contenant qu'il a été informé que les chemins de traverse de la province du Perche sont presque tous impraticables en tout temps, attendu qu'ils sont couverts par des branches d'arbres et par des haies d'une épaisseur considérable, ce qui cause une perte réelle aux propriétaires et cultivateurs, dont les grains, dans le temps de la moisson, ne peuvent être transportés sur des charrettes dans les granges sans que les épis du bled aient été altérés et endommagés par les branches des arbres et des épines; que le même inconvénient se trouve pour le transport des foins; que dans ces chemins il n'est pas possible que les fermiers et cultivateurs puissent faire faire à leurs chevaux et autres animaux autant de travail que si lesdits chemins étoient praticables, ce qui ne peut que retarder la récolte des foins et des grains, et occasioner une plus grande perte aux cultivateurs et fermiers, lorsque

----

(1) V. a. d. c. 7 avril 1785.

les moissons peuvent être en danger par les pluies; que dans les autres temps, et surtout dans l'hiver, les habitants de la campagne ne peuvent aller qu'avec beaucoup de peine dans les villes et bourgs pour y vendre leurs denrées, ce qui ne peut encore qu'occasioner de la perte aux gens de la campagne pour le comestible qu'il est de leur intérêt de vendre sans délai, et empêcher que les marchés soient garnis dans les villes et bourgs autant qu'ils devroient l'être; et comme il est du bien public et de l'intérêt des habitants de la province du perche qu'il soit pourvu à ce que les chemins de traverse, ainsi que ceux qui communiquent de paroisse à paroisse, soient rendus praticables. A ces causes requéroit le procureur général du roi, etc. Ouï le rapport, etc.

La cour ordonne que les propriétaires, fermiers et cultivateurs des terres et héritages situés dans la province du Perche seront tenus, à compter du mois de novembre 1785, de couper les branches d'arbres de toute espèce qui s'étendront sur les chemins vicinaux et de traverse, de réduire à quatre pieds de hauteur les haies qui bordent lesdits chemins, et de couper aussi toutes les branches d'épines et autres qui peuvent s'étendre sur lesdits chemins; ordonne que lesdits propriétaires, fermiers et cultivateurs seront tenus aussi, à compter du même mois de novembre, de relever, chacun en droit soi, les éboulements des terres qui se font dans lesdits chemins, et de les réparer, et de laisser auxdits chemins la largeur suffisante pour que les charrettes y puissent passer sans que les gens de pied et ceux qui sont à cheval soient obligés de rétrograder pour le passage des voitures et charrettes; ordonne que faute par les propriétaires, fermiers et cultivateurs de satisfaire au présent arrêt, il y sera pourvu à leurs frais et dépens, à la requête des substituts du procureur-général du roi dans les sièges royaux, et des procureurs fiscaux dans les justices subalternes, lesquels seront tenus de veiller à l'exécution du présent arrêt; ordonne que les syndics des paroisses seront tenus pareillement de veiller à l'exécution dudit arrêt, lequel sera imprimé, publié et affiché partout où besoin sera, et dont lecture sera faite chaque année, à la sortie des messes paroissiales, à la requête des substituts du procureur-général du roi dans les sièges royaux, et des procureurs fiscaux dans les justices subalternes.

Nº 2065. — ORDONNANCE *qui révoque les articles* 12, 13 *et* 15 *du titre III de l'ordonnance du* 5 *mars* 1781, *par lesquels les étrangers avoient été admis au commerce des sujets de S. M. au Levant et en Barbarie, et rétablit à cet égard les dispositions et règles portées par l'édit de mars* 1669, *les arrêts des* 29 *août* 1670, 15 *août* 1685, 20 *novembre* 1688, 3 *juillet* 1692, 10 *juillet* 1703, 16 *janvier* 1706, 22 *décembre* 1750, *et* 28 *janvier* 1760.

Versailles, 29 avril 1785. (R. S.)(1).

Nº 2066. — RÈGLEMENT *sur les formes à suivre dans le département de la marine et des colonies pour l'expédition des graces et avancements.*

Versailles, 29 avril 1785. (R. S.)

1º Le mémoire sera rédigé sur grand papier, plié en deux dans sa longueur. La date sera mise en tête, et l'objet de la demande sera désigné : d'un côté seront écrits les noms, surnoms, qualités, âge et services du demandeur, et de l'autre les motifs de la demande, comme ci-après :

Date de l'envoi du mémoire.

Infanterie, génie ou artillerie. | Le nom du régiment ou de la place.

Mémoire pour tel ou tel objet.

Les noms, surnoms, qualités, âge et serv ces du demandeur. | Les motifs de la demande.

Après les motifs de la demande, le demandeur signera son mémoire, et indiquera sa demeure s'il n'est pas attaché par un service actuel à un régiment ou à une place.

2º Si la demande est faite par un officier subalterne, il remettra son mémoire à son capitaine, qui, après avoir mis son attestation et ses observations, le fera passer au major, le major au lieutenant-colonel, le lieutenant-colonel au colonel; tous ces officiers mettront sur le mémoire leurs observations qu'ils signeront; le colonel le remettra ensuite au gouverneur

(1) Elle est datée dans Martens du 27.

ou commandant de la colonie, pour être adressé, s'il y a lieu, au secrétaire d'état ayant le département de la marine et des colonies. La même forme sera observée, quelque grade qu'ait le demandeur, dont le mémoire passera toujours successivement par les officiers des grades supérieurs au sien.

3° Il en sera usé de même pour les officiers des états-majors, dont les mémoires ne pourront être remis au gouverneur, que par les mains des majors, commandants particuliers et commandants en second, auxquels le demandeur se trouvera subordonné dans son service.

4° Quant aux personnes employées dans l'administration, commissaires généraux, ordonnateurs, commissaires ordinaires, contrôleurs, écrivains principaux et ordinaires, garde-magasins, commis aux écritures, et autres employés, ils remettront leurs mémoires, d'abord à l'officier du grade supérieur sous les ordres duquel ils serviront immédiatement; celui-ci les fera passer à l'administrateur auquel il sera directement subordonné, et successivement lesdits mémoires, avec les apostilles et observations signées de chaque intermédiaire dans l'ordre graduel de la subordination jusqu'à l'intendant ou ordonnateur, pour être par lui seul transmis, s'il y a lieu, avec son avis motivé, au secrétaire d'état ayant le département de la marine et des colonies : si l'objet de la demande exigeoit le concours des deux administrateurs, ils se réuniront pour la former en commun.

Cette marche invariable sera également suivie pour les officiers civils, officiers de ports, officiers de santé, de maréchaussée et tous autres, relativement à leurs supérieurs respectifs, de manière que lesdits mémoires, transmis et apostillés comme il est expliqué ci-dessus ne puissent jamais être adressés que par les administrateurs en chef.

5° Les officiers supérieurs dans toutes les parties seront tenus de faire mention dans leurs observations, des règles et des principes qui pourront être favorables ou contraires aux différentes demandes. Enjoint S. M. aux gouverneurs et commandants, ainsi qu'aux intendants et ordonnateurs, de n'adresser au secrétaire d'état ayant le département de la marine et des colonies, que les demandes qui, d'après les règles établies, seront jugées par eux admissibles; et lorsqu'elles auront été refusées une fois, elles ne seront plus renouvelées.

6° S. M. informée que souvent on ne passe en France, sous prétexte de maladie, que pour solliciter des graces, a décidé qu'aucuns officiers militaires, civils, ou d'administration, n'obtiendront ni avancement, ni graces, que lorsqu'ils seront de retour à leur service, et jamais pendant leur séjour en France par congé ou prolongation de congé, à l'exception de l'avancement graduel qui pourra leur appartenir, lorsqu'il sera proposé par les gouverneurs ou intendants pour la partie militaire ou d'administration. Fait S. M. défenses auxdits officiers étant en France, de présenter aucuns mémoires pour obtenir des graces : enjoint aux gouverneurs et intendants de n'apostiller que ceux qu'ils adresseront eux-mêmes; et leur défend de donner aux officiers et employés qui passeront en France, d'autres certificats que de bonne conduite.

7° Les gouverneurs et intendants n'adresseront les demandes de graces faites par les officiers et employés, qu'une fois par an. Ces expéditions partiront de manière à ce qu'elles parviennent en France dans la fin de décembre : celles des officiers des régiments et des milices, ne seront envoyées qu'avec les revues d'inspection. Les remplacements dans toutes les parties du service, seront proposés lorsque les vacances y donneront lieu.

8° Les officiers retirés du service en France, et qui auront quelques demandes à faire, feront parvenir leurs mémoires au secrétaire d'état ayant le département de la marine et des colonies, par l'officier général commandant dans la province qu'ils habiteront.

9° Tout mémoire qui ne sera pas dans la forme prescrite, sera rejeté et demeurera sans réponse.

N° 2067. — DÉCLARATION *qui ordonne que les décharges portées par les contrôleurs des rentes sur leurs registres de contrôle opéreront la décharge pleine et entière de leurs payeurs, et dérogeant à l'article 6 du chapitre 31 de l'ordonnance de 1672, dispense les payeurs et contrôleurs des rentes de fournir en jugement des notions précises sur les personnes et le domicile de ceux qui se présentent à leurs paiements pour recevoir les arrages desdites rentes.*

Versailles, 4 mai 1785. Reg. au parlement le 8 juillet. (R. S.)

N° 2068. — ARRÊT *du conseil qui ordonne que l'entreprise de l'entretien du pavé de Paris soit divisée entre deux adjudicataires, au rabais, et détermine les formalités.*

Versailles, 5 mai 1785. (R. S.)

Nº 2069. — ORDONNANCE *qui défend le port d'armes aux chasseurs, heiduques, nègres, et à tous autres gens de livrée et sans état.*

Versailles, 5 mai 1785. (R. S.)

Le roi étant informé des contraventions commises à ses ordonnances des 13 juin 1779 et 7 juillet 1782 (1), qui défendent le port d'armes, les épaulettes et cocardes, aux domestiques connus sous les dénominations de *chasseurs, heiduques* ou *nègres*, et à tous autres serviteurs et gens de livrée : et S. M. voulant que les dispositions desdites ordonnances soient observées exactement et sans aucune exception, et même que les maîtres des domestiques et gens de livrée qui n'étoient pas résidants à Paris lors de leur publication, né puissent en prétendre cause d'ignorance, elle a cru devoir les renouveler; en conséquence, S. M. fait très-expresses inhibitions et défenses aux domestiques connus sous les dénominations de *chasseurs* et *heiduques*, aux *nègres* et à tous autres serviteurs, gens de livrée, et à toutes personnes sans état, de porter, sous quelque prétexte que ce soit, aucunes armes, épées, couteaux de chasse, sabres, cannes, bâtons ou baguettes, à peine d'être emprisonnés sur-le-champ, poursuivis extraordinairement et punis corporellement, suivant la rigueur des ordonnances : leur défend pareillement S. M., sous peine de prison, de porter des épaulettes et cocardes; et à toutes personnes, de quelques qualités et conditions qu'elles soient, de faire porter lesdites armes, épaulettes et cocardes à leurs domestiques, à peine de désobéissance, et d'être civilement responsables des délits qui seront par eux commis. Veut S. M. qu'il lui soit rendu compte par le secrétaire d'état ayant le département de Paris, des noms et qualités des personnes dont les domestiques seroient trouvés portant lesdites armes, épaulettes et cocardes, pour y être par elle pourvu sur-le-champ. Enjoint, etc.

Nº 2070. — ORDONNANCE *de police concernant les bois à brûler, l'époque à laquelle ils doivent être rendus, chaque année, des ventes où ils auroient été exploités, sur les ports voisins d'icelles, et le martelage de ceux à jeter à flot et à mettre en trains.*

Paris, 6 mai 1785. (Dupin, Code du comm. de bois et charbon, tom. 1, p. 521.)

(1) V. n° 1116, tom. 4 du règne, pag. 94, et n° 1665, tom. 5 du règne, pag. 203.

N° 2071. — Réglement *des administrateurs de Cayenne sur les haltes ou ménageries* (1).

Cayenne, 7 mai 1785. Reg. au conseil le 11 mai 1785. (Coll. m. m. Code Cayenne, tom. 7, pag. 133.)

N° 2072. — Arrêt *du conseil portant que les pensions ne seront plus accordées qu'à mesure d'extinction* (2).

Versailles, 8 mai 1785. (R. S. C.)

N° 2073. — Réglement *qui étend aux arbres isolés et disséminés sur les terres, prés et autres héritages situés dans la distance prohibée, la défense imposée aux propriétaires de bois de faire des coupes sans que lesdits bois aient été préalablement visés par les agents de la marine.*

10 mai 1785. (Fournel, tom. 2, pag. 73.)

N° 2074. — Ordonnance *concernant la formation et la solde du corps d'infanterie de Mont-Réal.*

Versailles, 12 mai 1785. (Coll. d'ord. mil. Metz, 1786.)

N° 2075. — Arrêt *du conseil concernant la rareté des fourrages et les moyens de pourvoir à la conservation des bestiaux* (3).

Versailles, 17 mai 1785. (R. S.)

Sur le compte rendu au roi, des maux que l'aridité de la saison et la rareté des fourrages occasionent ou font craindre en différentes provinces de son royaume, S. M., toujours sensible aux besoins de ses sujets, et particulièrement attentive à ceux des cultivateurs, s'est occupée de tous les moyens d'adoucir cette calamité passagère, et d'obvier aux suites fâcheuses qui pourroient en résulter au préjudice de l'agriculture : dans cette vue, elle a résolu de suspendre pour quelque temps l'exécution des ordonnances qui défendent le parcours et vain pâturage dans les bois de ses domaines; de renouve-

---

(1) V. 22 novembre 1785.
(2) V. réglement 22 décembre 1776, n° 582, t. 2 du règne, p. 281; lett. pat. 8 novembre 1778, n° 976, t. 3 du règne, p. 450; décl. 7 janvier 1779, n° 1013, t. 4 du règne, p. 2.
(3) V. a. d p. 10 juillet 1785.

ler les réglements qui tendent à diminuer les consommations nuisibles à la reproduction de l'espèce; d'annoncer des ré- compenses et des encouragements pour exciter à conserver plus de bestiaux et à faire plus d'élèves; enfin, d'accorder tous les genres de secours qu'elle reconnoîtra être nécessaires, d'a- près le compte que chacun des intendants lui rendra des be- soins plus ou moins pressants de sa généralité. S. M. attend des sentiments dont ils sont animés, qu'ils rechercheront avec zèle, et lui feront connoître sans délai, les moyens convena- bles aux différentes parties des provinces confiées à leurs soins, soit pour y favoriser la multiplication des bestiaux, soit pour suppléer au défaut des nourritures ordinaires, par différentes ressources et cultures nouvelles, dont ils s'efforceront d'éten- dre la connoissance et de faciliter l'usage. Elle ne sauroit dou- ter qu'ils ne redoublent d'empressement pour l'exécution de ses volontés, lorsqu'elles se portent sur des objets qui intéres- sent aussi essentiellement le bien public et le soulagement de ses peuples. A quoi voulant pourvoir : ouï, etc.

1. S. M. a permis et permet aux habitants des campagnes, d'envoyer et conduire dans tous les bois de ses domaines, ainsi que dans ceux des communautés séculières et régulières. les chevaux et les bêtes à cornes seulement, et de les y faire pâ- turer jusqu'au 1er octobre prochain; à la réserve néanmoins des taillis dont les recrues ne sont pas encore défensables aux termes des ordonnances, arrêts et réglements, l'entrée des- quels continuera d'être interdite aux bestiaux. Enjoint S. M. aux grands-maîtres et autres officiers des maîtrises, de veiller exactement à ce que, sous prétexte de la présente permission, il ne soit commis aucun excès, abus ou délits dans lesdits bois: ordonne que toute communauté, dont les bestiaux séroient trouvés pâturant dans les taillis non défensables, soient de ce moment exclue de pouvoir user de la faculté ci-dessus accor- dée, et en cas de récidive, punie suivant la rigueur des ordon- nances.

2. Les déclarations, ordonnances et arrêts qui prescrivent l'âge avant lequel les veaux ne doivent être tués, vendus au marché, ni débités, seront exécutés dans tout le royaume; en conséquence fait S. M. itératives et très-expresses défenses à toutes personnes de vendre au marché, tuer et débiter des veaux au-dessous de l'âge de six semaines, à peine de 1000 liv. d'amende. Enjoint à tous officiers et juges de police d'y tenir la main, et de poursuivre les contrevenants suivant l'exigence des cas.

3. Ordonne S. M. aux intendants et commissaires départis dans les différentes provinces de son royaume où la disette des fourrages se fait le plus sentir, d'apporter tous leurs soins à la conservation des bestiaux, et de lui rendre compte des moyens qu'ils croiront convenable d'employer à cet effet dans les parties les plus souffrantes de leurs généralités; les autorise à annoncer des primes d'encouragement et des facilités, tant pour la multiplication et l'élève des bêtes à cornes, que pour mettre en usage de nouveaux genres de nourritures utiles aux bestiaux, notamment exciter à la culture des turneps ou grosses raves, et autres plantes propres à former des prairies artificielles, dont les graines seront distribuées gratuitement aux habitants des campagnes les moins aisés; l'intention de S. M. étant au surplus d'accorder, sur l'avis desdits sieurs intendants et d'après les mémoires qui seront par eux envoyés; tels secours qui seront jugés nécessaires pour ces différents objets; et il lui sera rendu compte en son conseil de l'emploi des fonds qu'elle y aura destinés : ordonne que le présent arrêt soit imprimé, publié et affiché partout où besoin sera.

N° 2076. — RÉGLEMENT *pour fixer les retenues sur les appointements et la solde des individus attachés au service de la marine et des colonies traités dans les hôpitaux.*

Versailles, 27 mai 1785. (Arch. du min. de la marine.)

N° 2077. — ARRÊT *du conseil portant suppression des droits sur les fourrages apportés des pays étrangers dans le royaume.*

Versailles, 27 mai 1785. (R. S.)

N° 2078. — INSTRUCTION *sur les moyens de suppléer à la disette des fourrages, et d'augmenter la subsistance des bestiaux, publiée par ordre du roi.*

(R. S. C.)

La disette des fourrages, suite de la sécheresse extrême qui règne depuis le commencement de l'année, ayant occasionné dans plusieurs provinces du royaume la perte d'une partie des bestiaux, et répandu dans toutes la crainte de ne pouvoir en conserver le nombre nécessaire pour l'agriculture, le gouvernement s'est occupé des moyens d'y pourvoir.

En même temps que S. M. a fait connoître ses vues bien-faisantes par l'arrêt du conseil qu'elle vient de rendre, il a paru convenable de rassembler dans un mémoire les différentes méthodes qui pourroient être employées utilement, selon les cantons, pour suppléer au défaut de nourriture ordinaire, et assurer partout la subsistance des bestiaux. On y indiquera, soit le parti qu'on peut tirer de quelques productions dédai-gnées dans les temps d'abondance, soit l'extension que peut recevoir la culture de plusieurs végétaux déjà connus dans quelques provinces, mais ignorés ou négligés dans d'autres.

Cette instruction peut servir non-seulement dans le moment actuel, mais encore pour l'avenir. Les mêmes circonstances venant à se représenter, on profitera de l'expérience acquise dans le cours de cette année pour se ménager des secours contre les mêmes inconvéniens; on reconnoîtra la nécessité de varier les cultures, et de ne pas toujours borner ses res-sources à un petit nombre de productions, ce qui expose la plupart des provinces aux malheurs de la disette, lorsque les saisons ne favorisent pas les productions exclusivement préfé-rées. La méthode d'alterner les cultures a le précieux avan-tage de rendre moins préjudiciable aux récoltes l'inclémence des saisons; une production prospère, par exemple, dans un temps humide qui seroit nuisible à l'autre, et ce n'est qu'en multipliant les moyens qu'on peut assurer la subsistance dans tous les cas. On va faire l'énumération de ceux qui paroissent devoir être employés, et on en développera ensuite l'usage par des articles particuliers.

Ces moyens sont, *la liberté de faire paître les bestiaux dans les bois, de cueillir l'herbe qui y croît, d'enlever la glandée; l'emploi de l'émondage des arbres, l'extraction des racines nu-tritives, la préparation de quelques végétaux, la récolte de plu-sieurs autres qu'on néglige ordinairement, l'extension de cultures propres à fournir une nourriture abondante, entre autres celles de la pomme de terre et des navets, particulièrement de ceux con-nus sous le nom de turneps; les prairies artificielles, le fauchage anticipé des prés, la conversion des jachères en prairies momen-tanées à la faveur du maïs et d'autres graines, le chaulage du grain, le parcage des moutons et autres bestiaux.*

C'est à la sagesse et à la prudence de MM. les intendants de choisir ce qui paroîtra le plus convenable, selon la nature du sol et le climat des provinces confiées à leur adminis-tration.

Pâturage dans les bois. Le roi vient de permettre le pâturage dans ses bois de l'âge où ils sont défensables; il y a lieu de croire que les seigneurs et les propriétaires imiteront cet exemple de bienfaisance, et MM. les intendants pourront les y exhorter; mais il est essentiel d'obvier, autant qu'il sera possible, aux abus qu'on pourroit faire de cette faculté, et au tort qui résulteroit pour la reproduction des bois, de laisser abroutir les jeunes taillis, dont les recrues encore récentes périroient si elles étoient exposées à la dent meurtrière des bestiaux. Cette permission doit être révoquée à l'égard des communautés qui ne veilleroient pas elles-mêmes à empêcher les bestiaux de se répandre dans les bois non défensables: l'arrêt le porte, et MM. les intendants feront connoître dans toutes les paroisses qu'elles sont intéressées à ne pas donner lieu de se repentir des sacrifices que S. M. veut bien faire pour les besoins présents.

Herbes des bois. Déjà plusieurs seigneurs et d'autres propriétaires ont permis le pâturage dans leurs bois; s'il en est qui croient devoir refuser cette permission, au moins accorderont-ils celle d'y couper de l'herbe, avec la précaution de ne pas confier cette opération à des enfants qui, hors d'état de distinguer les jeunes plants, pourroient, en les arrachant, nuire à la reproduction des bois.

Glandée. La glandée offre pour l'automne un secours dont il pourra être permis d'user pour le bétail, car chacun des moyens indiqués dans cette instruction seroit à lui seul une trop foible ressource, il n'y a que la réunion de plusieurs qui puisse suppléer, ainsi qu'on l'a observé, au malheur de la saison.

Quand le gland est abondant, on peut s'en approvisionner pour plusieurs années, avec la précaution de le sécher; dans cet état il se conserve; il suffiroit pour le donner aux animaux de le mettre tremper pendant quelques heures dans l'eau.

Émondage et feuilles des arbres. Dépouiller entièrement les arbres de feuilles, ce seroit nuire à leur accroissement et à leur conservation; mais l'expérience prouve qu'on peut sans inconvénient en retrancher les nouvelles pousses, qui, tendres, molles et flexibles, sont une nourriture excellente pour tous les bestiaux. Il y a peu d'arbres dont les feuilles et surtout ces jeunes pousses ne leur conviennent, souvent même ils les préfèrent aux fourrages ordinaires; le bœuf les aime autant que le foin et l'avoine. Les moutons de l'Angleterre, qui donnent la plus belle laine, sont nourris avec la feuille d'orme;

dans les provinces méridionales du royaume, on leur réserve pour l'hiver les extrémités de peupliers, dont on fait de petits fagots.

Le jeune lière est encore une nourriture qu'aime le mouton; on remarque qu'elle augmente le lait des brebis.

L'usage de récolter les pousses d'ormes, de peupliers, d'érable, de frêne, de charme, de micocoulier, de hêtre, etc., subsiste en Italie de temps immémorial; il existoit même assez généralement en France sous le règne de Henri IV.

On ne doit pas négliger les feuilles du tilleul, du platane, du chêne, ni même celles du marronnier d'Inde, observant seulement de mêler ces deux dernières avec d'autres espèces de feuillages.

Les pays découverts offrent à cet égard moins de ressources; on peut cependant y profiter des plantations formées sur les bords des grandes routes.

La récolte des feuilles faite dans les mois d'août et de septembre fournit un excellent fourrage pour l'hiver, mais leur conservation exige des procédés particuliers : le gouvernement s'empressera de les publier, et l'adoption de cette méthode en France promet une ressource précieuse dans l'économie rurale, car il est essentiel d'observer que ce n'est pas la rareté des fourrages ordinaires qui fait rechercher celui-ci en Italie, ce sont ses avantages.

Feuilles de la vigne. Dans les pays vignobles, où les pâturages sont ordinairement rares, on tire un parti d'autant plus avantageux du pampre ou feuillage de la vigne, qu'absorbant souvent en pure perte une partie de la sève, le retranchement en devient nécessaire : ce feuillage est même regardé dans l'art vété inaire comme très-salutaire aux animaux, qui d'ailleurs en sont fort avides.

Extraction des racines. Il est peu de sols qui, sans culture, ne produisent des racines nourrissantes : telles sont celles de quelques graminées, des chiendents, des réglisses sauvages, etc.; la partie sucrée que contiennent ces racines les fait rechercher par les animaux. On peut s'en procurer facilement, elles n'ont besoin que d'être lavées; on les mêlera seulement avec d'autres fourrages, parce qu'elles contiennent trop de parties nutritives sous un petit volume.

En Italie, on est dans l'usage de récolter ces racines, qui se vendent habituellement par petits faisceaux, sous le nom de gramiche, et se donnent aux bestiaux. Ce même usage a eu dans les provinces méridionales de la France, ces racines y sont connues sous le nom de *graménas* : dans les temps de disette, d'est la seule ressource dans l'Inde.

L'extraction de ces racines ne sauroit empêcher que le sol ne soit bientôt recouvert; car c'est en les éclaircissant qu'on en favorise la reproduction, leur excessive quantité épuisant et appauvrissant la terre. On doit sans doute moins compter sur ce moyen dans les cantons bien cultivés et qui offrent peu de friches. Les habitants de la campagne pourront y avoir recours, surtout dans les lieux inaccessibles aux troupeaux.

Préparation que peuvent recevoir quelques végétaux.

Genêts et ajoncs. Il y a plusieurs végétaux qui n'ont besoin, pour être utilement employés à la nourriture des bestiaux, que de la plus simple préparation.

Dans les parties de nos provinces méridionales où les prés ne sont pas communs, on recueille les diverses espèces de genêts, l'ajonc, etc. Les animaux ne pourroient que très-difficilement faire leur nourriture de ces arbustes, à cause de leur solidité; mais il suffit de les briser pour qu'ils les mangent avec plaisir.

Paille hachée. C'est pour ne négliger aucune ressource qu'on rappelle ici l'usage très-connu de la paille hachée; on en tire en Allemagne, au moyen de cette préparation, un parti très-économique, en la donnant aux chevaux, mouillée ou mêlée avec de l'avoine, ce qui diminue la consommation de ce grain.

Avoine mouillée. Un autre moyen d'économiser l'avoine, c'est de la faire tremper pendant quelques heures dans l'eau; il résulte des expériences faites sur cet usage, qu'on peut en diminuer la ration environ d'un tiers, ce qui seroit particulièrement avantageux dans la circonstance présente.

Les chevaux dont les dents sont usées mâchent très-imparfaitement l'avoine; d'autres la mangent avec tant d'avidité que la plus grande partie échappe à la mastication, et est en pure perte pour la digestion. Sa macération dans l'eau remédie à cet inconvénient, l'écorce s'amollit, le grain se gonfle, et les chevaux le mâchent et le digèrent mieux. Il ne seroit pas moins utile, pour remplir le même objet, de la moudre grossièrement.

Plantes potagères. Toutes les herbes et les plantes potagères, mais principalement les pommes de terre et les diverses espèces de choux et de navets, forment une excellente nourriture pour le bétail, et surtout pour les vaches, auxquelles elles procurent un lait abondant et de bonne qualité.

Il n'existe pas de nourriture tout à la fois plus substantielle, plus salutaire et plus agréable aux bestiaux que la carotte; le panais offre encore une excellente subsistance.

La citrouille ou potiron peut, si on réunit les circonstances les plus favorables à sa végétation, servir utilement dès cet automne à nourrir le bétail.

On ne sauroit trop multiplier toutes les espèces de choux, principalement le chou-vache; chaque jour on en détache les feuilles inférieures, ce qu'on continue de faire jusqu'aux fortes gelées.

Cette culture est connue dans quelques provinces de France, mais c'est en Angleterre qu'elle est plus particulièrement en vigueur; elle y favorise essentiellement la multiplication des bestiaux, l'abondance des engrais, et conséquemment le produit des récoltes. Quelques-unes de ces plantes, semées dans les champs qu'on vient de moissonner, produisent en automne; elles réussissent dans les terres légères, dans les jachères, qu'elles appauvrissent bien moins que les chardons et autres plantes voraces qui les couvrent ordinairement : d'ailleurs la racine de ces plantes étant pivotante, elles n'épuisent pas les sucs de la superficie du sol.

Pommes de terre. La pomme de terre poussant des tiges abondantes et chargées de feuilles, donne encore un bon fourrage, sans compter que ses tubercules sont recherchés par les animaux; mais il ne faut retrancher leur feuillage qu'à l'approche de la maturité.

C'est au moment présent qu'on tireroit le plus grand parti de cette culture, en s'y adonnant plus généralement. La pomme de terre pourroit remplacer les diverses substances dont on nourrit les bestiaux. Les chevaux la mangent volontiers, elle procure beaucoup de lait aux vaches, elle engraisse tous les animaux des basses cours; enfin, elle peut être substituée au son avec autant d'avantage que d'économie.

La pomme de terre commence à devenir rare dans les marchés; mais il est encore temps de planter l'espèce blanche, grosse et hâtive; c'est la plus féconde, la plus convenable à tous les terrains et à tous les aspects. Quatre mois au plus suffisent pour compléter sa végétation, et pourvu qu'elle reçoive de la pluie en juillet et en août, elle peut braver ensuite la plus grande sécheresse.

On publiera le résultat des expériences ordonnées par le

gouvernement sur les diverses espèces de pommes de terre connues, sur la préférence qu'on doit leur donner relativement aux usages auxquels on les destine; enfin la manière la plus simple et la plus facile de les préparer pour ceux d'entre les animaux qui ne la mangent point entière et crue.

La circonstance actuelle prouve combien il est intéressant de donner de l'extension à cette culture et à toutes celles qui peuvent suppléer aux fourrages dans les années de disette : car l'inconstance des saisons doit réveiller l'attention des cultivateurs, qui, dans presque toutes les provinces septentrionales, comptent trop exclusivement sur la récolte des foins et des avoines.

Turneps ou gros navets. On ne sauroit trop inviter à semer promptement l'espèce des gros navets, qu'on nomme en quelques endroits *turneps*. On en fait un grand usage en Flandre, en Alsace et dans l'Auvergne. Cette culture, comme on l'a déjà observé, fait une des principales richesses rurales-économiques de l'Angleterre; elle réussit, même dans les terrains maigres et légers.

On ne sème communément les turneps qu'à la fin de juillet, mais le besoin actuel l'exigeant, on peut le faire plus tôt, en destinant à cet effet les jachères que cette plante peut occuper sans déranger leur assolement, vu que cette plante n'appauvrit pas la terre; elle ne peut que l'ameublir.

Le gouvernement s'occupe de faire parvenir de la graine de turneps à ceux de MM. les intendants qui en demanderont pour être distribuée dans les campagnes : on y joindra une instruction imprimée sur la meilleure manière de cultiver cette plante et de la conserver pour en préparer la nourriture des bestiaux pendant l'hiver.

Navette d'été. En supposant que le colsa et la navette aient manqué cette année en quelques endroits, on peut les remplacer par la navette d'été; cette plante croît et mûrit en trois mois, et offre, ainsi que le colsa, après qu'on en a extrait l'huile, des marcs ou pains très-recherchés par les cultivateurs pour la nourriture des bestiaux pendant l'hiver.

Parti qu'on peut tirer des terres en jachères. Les terres en jachères offrent, dans la circonstance actuelle, une grande ressource : celle d'en former des prairies momentanées, en y semant les espèces de grains qui conviennent le plus à la qualité de la terre et dont on aura le plus d'approvisionnement : tels sont l'orge, le seigle, l'avoine, le sarrasin et toutes les espèces de semences légumineuses connues sous les noms de *dragées*, *grenailles* ou *bizailles*, qui sont un mélange de vesce, de lentilles, de fèves, etc.

L'objet qu'on se propose n'est pas la fructification de ces grains, mais au moins tous croîtront en herbe; et comme ce n'est pas une double récolte qu'on cherche à obtenir, on fauchera ces prairies à l'époque de la floraison, et on en obtiendra un fourrage excellent qu'on pourroit faire manger en vert aux bestiaux, ou conserver utilement pour l'hiver.

Dans quelques pays, l'avoine n'est cultivée que pour en faire du foin, qui dans cet état de fourrage est préféré à l'avoine en grain.

Les usages de plusieurs provinces et presque tous les baux interdisent le dessolement, ou assujettissent les terres à telle ou telle espèce de culture : mais les circonstances présentes semblent devoir lever ces entraves en général si préjudiciables aux progrès de l'agriculture; car, comme on l'observe en différents endroits de cette instruction, la plupart des procédés qu'on y indique, loin de nuire aux récoltes futures en grains, leur sont très-favorables.

Maïs. Le maïs, désigné sous les noms de *blé de Turquie*, de *blé d'Espagne*, *gros millet*, etc., est une des productions les plus fécondes. Les Européens qui vont former des établissements en Amérique, familiarisés à la culture du blé, s'y adonnent d'abord uniquement, mais bientôt ils y joignent celle du maïs, comme applicable à beaucoup plus d'usages que le froment. Le maïs seul peut, à toutes les époques de sa végétation, fournir à la subsistance du cultivateur et de ses bestiaux : ce grain, qui procure tant d'avantages aux provinces méridionales, mériteroit d'être plus généralement cultivé en France; aussi le gouvernement ne tardera point à faire publier un ouvrage qui réunira les connoissances acquises sur cette culture.

On peut semer actuellement le maïs dans les terres en jachères; il est encore temps d'y en répandre dans les champs qui ont rapporté du seigle, du lin, des navettes, avec l'attention de le semer plus dru que lorsqu'on veut en récolter le grain. En le coupant aux approches des gelées d'automne, il aura acquis sa plus grande hauteur : c'est un des meilleurs fourrages.

MM. les intendants peuvent tirer le maïs des provinces où on le cultive habituellement; il faut choisir l'espèce la plus hâtive, et prendre garde surtout que ce grain n'ait pas été desséché dans le four.

Chaulage. Le chaulage, utile dans tous les temps, devient, dans la circonstance actuelle, une opération précieuse : mais le chaulage qu'on recommande n'est pas, à beaucoup près, le même qui est usité dans la plupart des provinces où l'on se borne à arroser un tas de semence avec une eau de chaux faite sans proportions ni règles.

Pour remplir l'objet qu'on se propose en chaulant le grain, il faut le laisser tremper douze ou quinze heures dans une eau de chaux, dont la proportion soit d'une livre de chaux vive par sept ou huit pintes d'eau : la liqueur doit surnager le grain.

Le chaulage offre l'avantage de ne semer qu'à mi-semence; économie considérable qu'ont justifiée des expériences faites anciennement, négligées depuis, et qui viennent d'être renouvelées dans plusieurs provinces. En effet, le chaulage, en pénétrant le grain de toute l'humidité qu'il peut absorber, l'empêche de se dessécher et de périr en terre : il en hâte la germination, surtout dans les temps de sécheresse, il supplée aux pluies, aux rosées si désirables après les semailles, dans les cas où la terre est privée de leur influence salutaire.

La réunion de toutes ces circonstances favorables, fait que le grain a bientôt étendu ses racines, que n'étant point étouffé, qu'ayant plus d'air, un plus grand espace de terre, et conséquemment plus de sucs nourriciers, il prend plus de vigueur. Le chaulage enfin met le grain à l'abri des dégâts que font les oiseaux.

Précautions relatives au changement de nourriture.

Dans l'obligation de changer la nourriture des animaux, il faut ne le faire que par gradation, et ne commencer un nouveau régime qu'en le combinant avec l'ancien, dans des proportions relatives aux ressources locales. Ces précautions deviennent bien plus indispensables lorsqu'il faut passer à une nourriture entièrement nouvelle : un changement trop subit pourroit nuire aux bestiaux, en supposant même que ce nouvel aliment fût meilleur que celui auquel ils étoient accoutumés.

La constitution de l'atmosphère ayant une égale influence sur tous les êtres organisés, il est à craindre que les animaux n'éprouvent cette année quelques effets pernicieux de la sécheresse extraordinaire. Ce seroit à tort qu'on les imputeroit aux aliments proposés dans cette instruction, puisqu'ils sont déjà consacrés par une longue expérience.

Prairies artificielles. Rien ne prouve mieux l'utilité des prairies artificielles que le besoin présent : elles ont peu souffert ; les jeunes surtout, qui, étant plus garnies de feuilles, ont plus aisément conservé le peu d'humidité de la terre. Cette culture ne paroît pas être répandue en raison des avantages qu'on en retire, et il est bien à désirer qu'elle se propage. On ne s'étendra pas sur cet article qui a été traité dans plusieurs ouvrages fort connus.

Fauchage des prairies. Il convient de faucher dès-à-présent les prairies : la seconde coupe en sera plus belle et plus hâtive; surtout à l'approche du solstice d'été, qui amène ordinairement des pluies.

La coupe des foins n'est retardée que pour la conservation du gibier, mais dans le moment actuel cette considération ne sauroit balancer l'intérêt majeur de la conservation des bestiaux.

On observe qu'en général on fauche trop tard les prés en France, et qu'il y a sur cela des réglements et des préjugés nuisibles à l'abondance des fourrages.

Quand les prés ont manqué d'eau pendant le printemps, les plantes, quoique n'étant pas parvenues à toute leur hauteur, ont cependant acquis leur maturité; du moment où la floraison a lieu, la tige se dessèche, l'herbe n'a plus de sucs à tirer de la terre; elle la fatigue en pure perte pour la seconde coupe, et le foin est beaucoup plus dur et moins succulent : la coupe hâtive a donc beaucoup d'avantages, tant pour la bonté des foins, que pour l'abondance et la qualité des regains.

La liberté, toujours précieuse pour l'agriculture, se trouve à cet égard restreinte par différents usages, et quelquefois par des prétentions mal fondées. Il peut y avoir plus d'une considération à peser avant de se porter à corriger, ou à modifier par une règle générale ce qui s'observe actuellement dans les différentes parties du royaume, mais lorsque les besoins exigent des ressources extraordinaires, l'affranchissement de toute entrave peut être regardé comme un des moyens les plus efficaces; et l'intention de S. M. est de recevoir favorablement les propositions qui pourront lui être faites à cet égard.

Arrosement des prairies. Les habitants des climats brûlants doivent à leur industrie de souffrir peu de la sécheresse, si préjudiciable partout où la fécondité paroît uniquement subordonnée aux pluies du ciel.

Dans l'Inde et les provinces méridionales de la Chine, cette fécondité n'est due qu'aux arrosements. On emploie à cet effet une machine simple, peu coûteuse, et au moyen de laquelle un seul homme élève du sein des rivières environ huit muids d'eau par minute.

C'est une bascule sur laquelle on monte, et sans le moindre effort, en se promenant d'un bout à l'autre d'une pièce de bois garnie de deux balustrades ou ridelles, on enlève ou replonge alternativement un vaisseau d'environ deux muids, et on l'enlèveroit de quatre en faisant deux pas de plus; un crochet de fer saisit le vaisseau, le verse, et l'eau coule sur le terrain. Cette machine, comme on voit, n'est que la bascule de nos jardiniers, mais plus commode et plus utile.

Du parcage des moutons et des autres bestiaux. Les fourrages destinés en partie à nourrir les bestiaux, en partie à faire des engrais, méritent sous ce double rapport la plus grande attention. La disette de la paille, en diminuant les litières et conséquemment l'abondance des fumiers, influe sur les récoltes à venir. Les pailles de l'année dernière ayant été très-courtes, et celles de cette année pouvant l'être également, la reproduction en grains sera moins favorable; mais il est un moyen de forcer la végétation et de doubler les richesses, c'est le parcage des moutons et même des autres bestiaux; c'est l'adoption des procédés qui consistent à élever les moutons en plein air dans des parcs domestiques, lorsque le parcage dans les champs leur est interdit. Ce moyen de fumer les terres est très-économique, et peut être fort utile, cette année, contre le défaut d'engrais, et pour prévenir la diminution progressive des récoltes.

Le gouvernement va faire distribuer des instructions sommaires sur les avantages de parquer les bêtes à laine : cet usage, établi en Espagne et en Angleterre, doit réussir à plus forte raison en France, où la température est moins chaude qu'en Espagne, et dont le climat est plus beau et moins humide que celui de l'Angleterre.

En réunissant tous les moyens praticables en chaque canton, d'augmenter la masse de la subsistance des animaux, on remédiera à la rareté actuelle des fourrages, et on préviendra les suites fâcheuses qu'elle entraîneroit si l'on attendoit qu'elle devînt encore plus considérable; le besoin qui aiguise l'industrie, l'anéantit quand il est excessif.

On ne sauroit donc trop engager les cultivateurs à mettre à profit des ressources que l'expérience et l'observation leur présentent; il suffit de les mettre sur la voie, d'encourager leur activité, et de leur annoncer toutes les facilités qui pourront servir à la conservation des bestiaux.

Le zèle éclairé dont MM. les intendants des provinces sont animés, n'a pas besoin d'être excité pour ajouter aux divers moyens indiqués par cette instruction, tous ceux qui pourront être employés avec succès dans leur généralité.

N° 2079. — ARRÊT *du conseil qui ordonne la suppression des trente premiers volumes des œuvres complètes de Voltaire imprimées à Kehl.*

Versailles, 3 juin 1785. (R. S. C.)

N° 2080. — ARRÊT *du conseil portant homologation des statuts et réglements pour la direction des affaires et le régime de l'admistration intérieure de la compagnie des Indes* (1).

Versailles, 19 juin 1785. (R. S. C.)

N° 2081. — ARRÊT *du parlement concernant le pâturage des oies et dindes* (2).

Paris, 20 juin 1785. (R. S.)

Vu par la cour la requête présentée par le procureur général du roi, contenant que, par arrêts rendus les 21 mars 1782 (3), et 9 décembre 1785 (4), il a été ordonné que les habitants dans les marais du Poitou et tous particuliers demeurant dans les paroisses situées dans l'étendue du ressort des sièges royaux du Poitou, et les habitants des paroisses situées dans l'étendue du ressort du bailliage de Montfort-l'Amaury et des paroisses voisines, ne pourront avoir que la quantité d'oies qui leur sera fixée par les officiers des justices des lieux, et qu'ils ne pourront les mener pâturer que dans les cantons qui seront désignés à cet effet par les juges des lieux, sur l'indication qui en aura été faite par les syndics des paroisses ; a été fait défenses aux habitants des paroisses d'avoir une plus grande quantité d'oies que celle qui leur aura été permise, sous peine de 20 liv. d'amende, même de plus forte suivant les circonstances des cas, et d'être poursuivis extraordinairement ; a été ordonné que les oies qui seroient trouvées pâturant dans les blés ou dans les pâturages, autres que les pâturages qui auront été destinés pour la pâture desdits animaux, seront prises, enlevées et mises en fourrière pour être vendues, soit à la re-

____

(1) V. 29 décembre 1787.
(2) En vigueur.
(3) V. n° 1632, t. 5 du règne, p. 169.
(4) V. n° 1860, t. 5 du règne, p. 347.

quête des syndics des paroisses, soit à la requête des substituts du procureur-général du roi dans les sièges royaux, ou
des procureurs fiscaux dans les justices subalternes, et le prix
provenant de la vente, les frais de vente prélevés, ainsi que
les dommages intérêts qui pourroient être dus aux propriétaires et cultivateurs, acquis et confisqués au profit du roi ou
des hauts justiciers, lorsque les oies auront été prises faisant
du dégât dans l'étendue de leurs justices, et que les poursuites auront été faites à la requête des procureurs fiscaux desdites
justices; a été enjoint aux syndics des paroisses de dénoncer
les contrevenants, sous peine de 10 liv. d'amende; a été ordonné que, sur les dénonciations qui seront faites, soit par les
syndics des paroisses, soit par aucun des habitants des paroisses, soit par les propriétaires et cultivateurs, les poursuites
seront faites contre les contrevenants à la requête des substituts du procureur général du roi dans les sièges royaux ou des
procureurs fiscaux dans les justices subalternes; que le procureur général du roi a été informé qu'il y a des paroisses situées dans l'étendue de plusieurs bailliages du ressort de la
cour, dont les habitants élèvent une quantité prodigieuse d'oies
et de dindes; qu'ils mènent pâturer ces animaux dans les blés
non-seulement quand ils sont verts, mais encore quand ils
sont épiés et en maturité, et causent le plus grand dommage;
que ces animaux occasionent beaucoup de dommage dans les
pâturages par la fiente qu'ils y déposent, en sorte que les habitants qui ont des vaches et d'autres animaux ne peuvent tirer
aucun avantage des pâturages pour la nourriture de leurs bestiaux; et comme on doit pourvoir à ce que la récolte des blés soit
conservée aux cultivateurs et propriétaires, et à ce que les habitants, propriétaires et cultivateurs ne soient pas privés de la
pâture pour leurs chevaux, vaches et autres animaux, le procureur général proposera à la cour d'étendre les dispositions
des arrêts qu'elle a rendus le 21 mars 1782, et 9 décembre
1783, pour toutes les paroisses situées dans l'étendue des bailliages et sièges royaux du ressort de la cour où les habitants
élèvent et nourrissent des oies et des dindes. A ces causes requéroit le procureur général du roi qu'il plût à la cour ordonner, etc.; ladite requête signée du procureur général du roi:
ouï le rapport de M⁰ Lattaignant, conseiller. Tout considéré:

La cour ordonne que les arrêts des 21 mars 1782, et 9 décembre 1783, seront exécutés; en conséquence, que les habitants des paroisses situées dans l'étendue des bailliages et sièges
royaux du ressort de la cour où les habitants élèvent et nour-

rissent des oies et des dindes, ne pourront avoir que la quantité d'oies et de dindes qui leur sera fixée par les officiers des justices des lieux, et qu'ils ne pourront les mener pâturer que dans les cantons qui seront désignés à cet effet par les juges des lieux, sur l'indication qui en aura été faite par les syndics des paroisses; fait défense auxdits habitants d'avoir une plus grande quantité d'oies et de dindes que celle qui leur aura été permise, sous peine de 20 liv. d'amende, même de plus forte, suivant les circonstances des cas, et d'être poursuivis extraordinairement; ordonne que les oies et les dindes qui seront trouvés pâturant dans les blés, ou dans les pâturages autres que les pâturages qui auront été destinés pour la pature desdits animaux, seront pris, enlevés, et mis en fourrière pour être vendus, soit à la requête des syndics des paroisses, soit à la requête des substituts du procureur général du roi dans les sièges royaux ou des procureurs fiscaux dans les justices subalternes, et le prix proyenant de la vente, les frais de la vente prélevés, ainsi que les dommages-intérêts qui pourroient être dus aux cultivateurs et propriétaires, acquis et confisqués au profit du roi ou des hauts-justiciers, lorsque les oies et les dindes auront été pris faisant du dégât dans l'étendue de leurs justices, et que les poursuites auront été faites à la requête des procureurs fiscaux desdites justices; enjoint aux syndics des paroisses, sous peine de 10 liv. d'amende, de dénoncer les contrevenants; ordonne que, sur les dénonciations qui seront faites, soit par les syndics des paroisses, soit par aucuns des habitants des paroisses, soit par les propriétaires et cultivateurs, les poursuites seront faites contre les contrevenants à la requête des substituts du procureur général du roi dans les sièges royaux, ou des procureurs fiscaux dans les justices subalternes. Enjoint, etc.

N° 2082. — ARRÊT *de la cour des aides en interprétation de l'arrêté du 6 septembre 1784, concernant les formalités qui doivent être observées dans l'instruction des procédures criminelles.*

Paris, 21 juin 1785. (R. S.)

Nº 2083. — ARRÊT *du parlement qui autorise les officiers des bailliages et sénéchaussées, et les officiers des justices subalternes, de concert avec les officiers municipaux, syndics et principaux cultivateurs des paroisses, à rendre toutes ordonnances qu'il appartiendra pour la coupe des herbes, pour mettre les prairies en défense, à l'effet de pouvoir y récolter une seconde herbe, et pour faire arroser les prairies à peine la première herbe enlevée, suivant que la situation des lieux pourra le permettre.*

Paris, 23 juin 1785. (R S.)

Nº 2084. — ARRÊT *du conseil portant homologation du règlement des actionnaires de la caisse d'escompte pour la fixation des dividendes et de la réserve.*

Versailles, 26 juin 1785. (R S.)

Nº 2085. — ARRÊT *du conseil qui ordonne que dans les forêts et bois les plus voisins des ports, à l'exception des quarts de réserve, il sera fait délivrance aux entrepreneurs de flottage, des étoffes, rouelles et autres bois pour la construction des trains* (1).

Versailles, 29 juin 1785. (R. S. Dupin, code du comm de bois et charbon.)

Nº 2086. — LETTRES PATENTES *q i confirment et homologuent les délibérations de l'assemblée générale du clergé de France des 6 et 20 juin 1785, au sujet de la somme de 18 millions de don gratuit accordés à Sa Majesté par ladite assemblée.*

Versailles, 7 juillet 1785. reg en parlement le 19 juillet. (R. S.)

Nº 2087. — ORDONNANCE *de police concernant les transports et voitures de bois et charbons destinés pour la provision de Paris, de l'intérieur des forêts et ports flottables et navigables, et passage desdites voitures sur les chemins, terres, héritages, et le pacage des chevaux et bœufs y employés, tel qu'il est autorisé* (2).

Paris, 8 juillet 1785. (Dupin, code du comm. de bois et charbon, tom. 1. pag. 525.)

---

(1) V. ord. du 26 janvier 1784, nº 1880, tom. 5 du règne, pag. 360; a. d. c. 27 avril 1784, nº 1913, tom. 5 du règne, pag. 404; 18 février 1785. ci-dessus nº 2043, pag. 12, arrêté - floréal an IX, 4 frimaire an XI.

Un arrêt du 15 mai 1785 fait défenses à tous particuliers de prendre des rouelles de chantiers dans aucuns bois sans en avoir préalablement traité avec les propriétaires.

(2) V. ord. 1er octobre 1771, 8 juillet 1783.

Nº 2088. — ARRÊT *du conseil concernant les marchandises anglaises prohibées dans le royaume* (1).

Versailles, 17 juillet 1785. (R. S. C.)

Nº 2089. — ARRÊT *du parlement concernant les fourrages* (2).

Paris, 19 juillet 1785. (R. S.)

Vu par la cour la requête présentée par le procureur général du roi, contenant que, par l'arrêt que la cour a rendu le 23 juin dernier, les officiers de justice des lieux ont été autorisés à rendre toutes les ordonnances qu'il appartiendroit, pour faire mettre les prairies en réserve, à l'effet d'y pouvoir récolter une seconde herbe; que comme il pourroit arriver que des particuliers achetassent du foin, de la paille et autres fourrages au-delà de ce qui peut leur être nécessaire pour la nourriture et entretien de leurs chevaux et bestiaux, et qu'il convient de pourvoir à ce que les propriétaires, fermiers et cultivateurs soient fournis des fourrages dont ils peuvent avoir besoin pour la nourriture de leurs chevaux et bestiaux jusqu'à la récolte de l'année 1786 : à ces causes requéroit le procureur général du roi, etc. Ouï le rapport de Mᵉ L., conseiller : tout considéré.

La cour fait défenses à toutes personnes, de quelque qualité et condition qu'elles soient, de faire, jusqu'à la récolte de l'année 1786, aucuns achats en foin, paille ou autres fourrages, au-delà de la quantité nécessaire pour la nourriture et entretien de leurs chevaux et bestiaux, et proportionnellement à leurs exploitation et consommation personnelles, sous peine de 100 liv. d'amende, et de telle autre peine qu'il appartiendra, même de la saisie de l'excédant; ordonne que les propriétaires, fermiers, cultivateurs et principaux habitants des paroisses où il n'y a point de justices subalternes, seront appelés et convoqués devant les officiers des sièges royaux dans l'étendue desquels lesdites paroisses sont situées, et les propriétaires, fermiers, cultivateurs et principaux habitants des paroisses où il y a des justices subalternes, par-devant les officiers desdites justices, à l'effet de convenir de la quantité de chaque espèce de fourrages qui peut exister dans l'étendue de leurs paroisses, et de s'expliquer sur le prix auquel il con-

(1) V. 13 novembre 1785. 27 juin 1783.
(2) V. a. d. c. 27 mai 1785, et l'instruction qui suit, V. ci-dessus nº 2078,
pag. 52.

viendra de porter chaque espèce de fourrage, dont sera dressé procès-verbal par les juges, et sans frais; ordonne qu'en conséquence desdits procès-verbaux, les juges procéderont, aussi sans frais, à la taxe de chaque espèce de fourrage dans chaque paroisse, eu égard aux circonstances et ainsi qu'il appartiendra; ordonne que ceux qui auront des fourrages à vendre, seront tenus de les vendre aux propriétaires, fermiers et cultivateurs de leurs paroisses, qui en auront besoin pour leurs exploitation et consommation personnelles seulement, suivant la taxe qui en aura été faite, sans pouvoir les vendre à aucuns étrangers, qu'au refus des habitants de leur paroisse, lequel sera constaté par les juges des lieux, et sans frais; autorise les officiers des sièges royaux et des justices subalternes à rendre, pour l'exécution du présent arrêt, toutes les ordonnances requises et nécessaires, lesquelles seront exécutées par provision, nonobstant les oppositions qui pourroient y être formées, et l'appel qui pourroit en être interjeté. Enjoint aux substituts du procureur général du roi dans les sièges royaux, et aux procureurs fiscaux des justices subalternes, de tenir la main à l'exécution des arrêts et ordonnances qui pourroient être rendus en exécution d'icelui, et aux officiers et cavaliers de maréchaussée de prêter main-forte toutes fois et quantes ils en seront requis, pour l'exécution dudit arrêt et desdites ordonnances. Ordonne, etc.

N° 2090. — DÉCLARATION *concernant les droits des conservateurs des hypothèques sur les rentes* (1).

Versailles, 20 juillet 1785. Reg. en l'audience de France le 4 août. (R.S.

Louis, etc. Par notre édit du mois d'août et autres réglements de l'année dernière, nous avons pourvu tant à l'extinction successive, qu'au paiement exact et d'une manière uniforme, de toutes les rentes et autres charges de pareille nature, assignées sur nos revenus; et par une suite de l'ordre que nous avons établi dans cette partie, nous nous sommes fait représenter l'édit de création des conservateurs des hypothèques sur les rentes et augmentations de gages, du mois de mars 1673, et celui du mois de juillet 1685, contenant le tarif de leurs attributions. Nous avons reconnu que par leur institution, ces officiers chargés de la garantie envers les opposants, devoient jouir de droits relatifs tant à la valeur des rentes et autres

_____

(1) V. 14 septembre 1786, 28 août 1787, édit de mars 1788.

charges semblables, qu'au nombre des propriétaires; mais que la voie de la reconstitution ouverte aux rentiers par tous les édits de création depuis celui de mai 1751, et rendue commune à toutes les rentes par notre déclaration du 2 juillet 1765, ne nécessitant plus l'obtention de lettres de ratification, ces droits se trouvent dénaturés et considérablement diminués : considérant en outre que ces droits, tels qu'ils se perçoivent, ont l'inconvénient de charger les foibles parties de rentes possédées par plusieurs propriétaires, et d'élever fréquemment des contestations, nous nous sommes déterminés à établir un nouveau tarif, ayant également lieu pour les transmissions de propriété que pour les remboursements réels et fictifs, et gradué d'après la seule valeur de l'objet, quel qu'en soit le nombre des propriétaires. A ces causes, etc.

1. A compter du jour de la publication des présentes, voulons que pour tous droits de vérification d'oppositions et enregistrement de lettres de ratification, sur transports et autres actes translatifs de propriété des rentes, augmentations de gages et autres charges semblables assignées sur nos revenus, comme aussi pour les certificats qu'il n'existe point d'opposition lors des quittances passées à notre décharge, pour raison de remboursements réels et de reconstitution, il soit payé auxdits conservateurs des hypothèques un droit unique par chaque contrat, quel que soit le nombre des propriétaires, savoir : pour les parties au-dessous de 50 liv., 2 liv. ; pour celles de 50 liv. à 100 liv. exclusivement, 4 liv. ; de 100 liv. à 200 liv. *id.*, 8 liv. ; de 200 liv. à 300 liv. *id.*, 12 liv. ; de 300 liv. à 400 liv. *id.*, 16 liv. ; de 400 liv. à 500 liv. *id.*, 20 liv. ; de 500 liv. à 1000 liv. *id.*, 24 liv ; de 1000 liv. et au-dessus, 50 liv.

2. N'entendons néanmoins que pour les parties de 12 liv. et au-dessous, dont le remboursement est ordonné, il puisse être perçu plus de 50 sols, conformément à ce qui a été précédemment réglé à ce sujet.

3. Réitérons la dispense relative aux hypothèques, accordée aux étrangers par nos lettres patentes du 30 octobre 1764.

4. Le tarif annexé à l'édit de juillet 1685, sera au surplus exécuté en ce qui n'y est pas dérogé par ces présentes; en conséquence, maintenons les conservateurs des hypothèques dans les droits qui leur sont attribués pour la réception et enregistrement de chacune des oppositions formées sur les rentes et autres objets de pareille nature, ainsi que pour chaque cer-

tificat ou extrait , main-levée ou désistement desdites oppositions.

5. Avons confirmé et confirmons lesdits conservateurs des hypothèques dans tous les honneurs, titres, qualités, prérogatives, privilèges et exemptions à eux accordés par nos édits de février 1682, juillet 1685, décembre 1697, décembre 1758, et autres édits, déclarations et réglements, que nous voulons être observés selon leur forme et teneur. Si donnons en mandement, etc.

N° 2091. — DÉCLARATION *qui détermine la déduction qui sera faite sur les droits d'entrées à Paris relatif au café , au sucre et à la cire , pour la tare des tonneaux et emballages* (1).

Versailles, 25 juillet 1785. Reg. en la cour des aides le 10 août. . R. S.

N° 2092. — DÉCLARATION *portant que les huissiers du parlement et ceux de la chancellerie établis près de la cour feront seuls dans Paris, à peine de nullité, les premières significations et exécutions de tous arrêts , jugements ordinaires et autres actes émanés de la cour.*

Versailles, 27 juillet 1785. Reg. au parlement le 30 août. (R. S. C.)

N° 2093. — ÉDIT *qui supprime les six offices de receveurs particuliers des impositions de la ville de Paris* (2).

Versailles, juillet 1785. Reg. en parlement le 30 août. (R. S.)

N° 2094. — ÉDIT *portant suppression d'offices en la chancellerie établie près le conseil supérieur à Bastia* (3).

Versailles, juillet 1785. (Reg. en l'audience de France le 10 février 1786. (R. S.)

N° 2095. — DÉCLARATION *concernant les causes d'appellation comme d'abus et toutes celles de règles* (4).

Versailles, 1er août 1785. Reg. en parlement le 23 août. (R. S.)

---

(1) V. édit d'août 1781, décl. 31 mars 1784.
(2) Création par édit de janvier 1775.
(3) Création par édit de septembre 1769; finances fixées par a. d. c. du 13 mars 1770.
(4) Décl. 15 mars 1773, 28 août 1781, 17 août 1783, 1784, 12 mai 1776. Le même jour décl. sur les requêtes civiles.

N° 2096. — ARRÊT *du conseil qui renouvelle les ordonnances et réglements concernant la bourse, et proscrit les négociations à terme* (1).

Versailles, 7 août 1785. (R. S. C.)

Le roi est informé que depuis quelque temps, il s'est introduit dans la capitale un genre de marchés, ou de *compromis*, aussi dangereux pour les vendeurs que pour les acheteurs, par lesquels l'un s'engage à fournir, à des termes éloignés, des effets qu'il n'a pas, et l'autre se soumet à les payer sans en avoir les fonds, avec réserve de pouvoir exiger la livraison avant l'échéance, moyennant l'escompte : que ces engagements qui, dépourvus de cause et de réalité, n'ont, suivant la loi, aucune valeur, occasionent une infinité de manœuvres insidieuses, tendant à dénaturer momentanément le cours des effets publics, à donner aux uns une valeur exagérée, et à faire des autres un emploi capable de les décrier : qu'il en résulte un agiotage désordonné, que tout sage négociant réprouve, qui met au hasard les fortunes de ceux qui ont l'imprudence de s'y livrer, détourne les capitaux de placements plus solides et plus favorables à l'industrie nationale, excite la cupidité à poursuivre des gains immodérés et suspects, substitue un trafic illicite aux négociations permises, et pourroit compromettre le crédit dont la place de Paris jouit à si juste titre dans le reste de l'Europe : S. M., par une suite de l'attention qu'elle donne à tout ce qui intéresse la foi publique et la sûreté du commerce de son royaume, a voulu prévenir les suites pernicieuses que pourroit avoir un tel abus s'il subsistoit plus long-temps, et s'étant fait représenter les ordonnances et réglements rendus sur cette matière, notamment l'édit du mois de janvier 1723 et l'arrêt du conseil du 24 septembre 1724, elle a reconnu que ce n'est qu'en éludant leurs sages dispositions qui proscrivent toute négociation faite hors de la bourse et par des personnes sans qualité, qu'on est parvenu à établir dans des cafés et autres lieux ce jeu effréné, consistant en paris et compromis clandestins sur les effets publics, lequel, dans les pays même où il est toléré, paroit avilissant aux yeux de tout négociant ou banquier jaloux de conserver sa réputation. S. M. a donc jugé nécessaire, pour y remédier, de renou-

(1) V. a. d. c. des 24 janvier, 30 octobre 1785, 22 septembre, 27 novembre, 12 décembre 1786, 14 juillet 1787. — Ord. 12 novembre 1823.

veler les règles déjà prescrites par les anciennes lois, et d'ordonner que leur exécution sera maintenue avec la plus grande sévérité. A quoi voulant pourvoir : ouï le rapport, etc. : le roi étant en son conseil, a ordonné et ordonne ce qui suit :

1. Les édits de décembre 1705, août 1708, mai 1713, novembre 1714, août 1720, janvier 1723; les déclarations des 5 septembre 1709, 13 juillet 1714; les arrêts du conseil des 10 avril 1706, 24 septembre 1724 et 26 février 1726, seront exécutés selon leur forme et teneur : en conséquence fait S. M. défenses à toutes personnes de quelque état, qualité et condition qu'elles soient, sujets du roi ou étrangers, autres que les agents de change, de s'immiscer dans aucunes négociations publiques, de banque, de finance et de commerce.

2. Leur fait S. M. pareillement défenses de s'assembler à cet effet et de tenir aucun bureau, pour y traiter de semblables négociations, en aucun lieu public ou particulier, et notamment dans les cafés, à peine de prison, et de 6000 liv. d'amende applicables moitié aux dénonciateurs, l'autre moitié à l'hôpital général; et seront tenus les propriétaires, en cas qu'ils occupent leurs maisons, ou les principaux locataires, aussitôt qu'ils auront connoissance de l'usage qui en seroit fait en contravention au présent arrêt, d'en faire déclaration au commissaire du quartier, à peine de pareille amende applicable comme dessus.

3. Veut S. M. que, conformément aux dispositions des art. 17 et 18 de l'arrêt du 24 septembre 1724, les négociations d'effets royaux et autres effets publics ne puissent être faites validement que par l'entremise des agents de change, ni en d'autres lieux qu'à la bourse, où le cours d'iceux sera coté aux termes des réglements, par deux desdits agents de change : permet seulement aux courtiers de change, compris dans la liste arrêtée par le contrôleur général pour être admis dans la suite au nombre des agents de change, de suivre la bourse comme par le passé, et d'y négocier les lettres de change et billets au porteur.

4. Fait défenses S. M. auxdits agents de change, de coter à la bourse d'autres effets que les effets royaux et le cours des changes.

5. Leur défend de faire aucune négociation d'effets royaux ou autres papiers commerçables pour leur compte personnel, à peine de destitution et de 3000 liv. d'amende.

6. Ordonne aux agents de change, de signer et certifier les bordereaux de leurs négociations, et d'en tenir registre due-

ment paraphé, pour y recourir en cas de contestations; les déclare garants et responsables de la réalité desdites négociations et de la vérité des signatures, aux termes des ordonnances et réglements.

Déclare nuls S. M. les marchés et compromis d'effets royaux, et autres quelconques, qui se feroient à termes et sans livraison desdits effets, ou sans le dépôt réel d'iceux, constaté par acte duement contrôlé au moment même de la signature de l'engagement. Et néanmoins les marchés et compromis de ce genre, qui auroient été faits avant la publication du présent arrêt, auront leur exécution sous la condition expresse de les faire contrôler par le premier commis des finances, dans la huitaine, à compter de ladite publication, et de délivrer ou déposer par acte en bonne et due forme, dans l'espace de trois mois, les effets dont la livraison auroit été promise; passé lequel délai de trois mois, tous marchés et compromis d'effets livrables à terme seront et demeureront nuls et comme non avenus. Défend très-expressément S. M. d'en faire de semblables à l'avenir, à peine de 24,000 liv. d'amende au profit du dénonciateur, et d'être exclus pour toujours de l'entrée de la bourse, ou si c'étoient des banquiers, d'être rayés de la liste.

8. N'entend S. M., par la disposition de l'article 3, préjudicier à la faculté accordée aux marchands, négociants, banquiers et autres qui seront admis à la bourse, de négocier entre eux les lettres de change, billets au porteur ou à ordre, les actions de la nouvelle compagnie des Indes, et autres effets de commerce, sans l'entremise des agents de change, en se conformant aux arrêts du conseil des 24 septembre 1724, et 26 février 1726

9. Enjoint S. M. aux agents de change et courtiers admis à suivre la bourse, d'avertir des contraventions dont ils auroient connoissance au préjudice des dispositions du présent arrêt. Seront tenus les syndics et adjoints des agents de change d'y veiller avec exactitude et d'en rendre compte au lieutenant-général de police, auquel S. M. enjoint de tenir la main à l'exécution du présent arrêt, qui sera imprimé, publié et affiché partout où besoin sera, notamment aux portes et dans l'intérieur de la bourse : et seront sur le présent arrêt, toutes lettres patentes nécessaires expédiées.

N° 2097. — ARRÊT *du parlement qui ordonne que l'arrêt du 19 juillet 1785, ensemble les ordonnances, arrêts et réglemens portant défenses de faire aucuns monopoles ni accaparemens, seront exécutés sans qu'on puisse appliquer les dispositions de l'arrêt du 19 juillet à ceux qui sont chargés des approvisionnemens énoncés au présent arrêt ni aux propriétaires et cultivateurs qui ont et auront à vendre les farines, pailles et autres fourrages provenant de leur récoltes* (1).

Paris, 9 août 1785. (R. S. C.)

N° 2098. — ARRÊT *du conseil portant que le privilège accordé aux auteurs et à leurs hoirs à perpétuité, n'est pas applicable aux almanachs, journaux, et autres ouvrages périodiques, pour lesquels il ne durera que dix ans* (2).

Versailles, 12 août 1785. (R. S C.)

N° 2099. — ARRÊT *du conseil qui ordonne qu'il sera donné congé aux locataires des maisons appartenantes à la ville, sur les ponts, pour être, lesdites maisons, abattues.*

Versailles, 14 août 1785. (R. S. C.)

N° 2100. — ARRÊT *du conseil qui ordonne le remboursement des parties de rentes et autres charges annuelles de 12 à 20 liv. de produit* (3).

Versailles, 18 août 1785. (R. S.)

N° 2101. — DÉCLARATION *sur l'édit de septembre 1769, portant que les causes pures, personnelles, qui n'excèdent pas 40 liv. et qui sont portées dans les bailliages et sénéchaussées, seront jugées sommairement et en dernier ressort, sans qu'il soit nécessaire du ministère de procureur, et que les jugemens contiendront liquidation des dépens:*

Versailles, 22 août 1885. (R. S. C.)

N° 2102. — ORDONNANCE *de police portant défenses de faire, lors du débardage des bateaux chargés de bois à brûler, ni dans les chantiers, aucun triage, sous prétexte de l'approvisionnement des charrons, tourneurs et autres.*

Paris, 23 août 1785 (Mars, tom. 2, pag. 301. Dupin, code du comm. de bois et charbon, tom. 1, pag. 530.)

Faisons défenses à tous marchands de bois de faire, lors du

(1) V. a. d. p. 19 juillet 1785, n° 2089 ci-dessus, pag. 67.
(2) V. a d. c. 30 août 1777, n° 759, tom. 3 du règne. pag. 121. et 30 juillet 1778, ibidem n° 920 pag. 370.
(3) V. édit d'août et arrêt du 26 décembre 1785.

débardage des bateaux, aucune espèce de triage pour l'objet dont il s'agit, d'en former des piles particulières, sous prétexte de le mettre en réserve pour les charrons, tourneurs et autres ouvriers, de vendre et débiter de ce bois trié, soit à la mesure ordinaire, soit en détail, à qui que ce soit, et ce à peine de 5,000 liv. d'amende pour la première fois, et en cas de récidive d'être destitués de la faculté de faire le commerce de bois dans cette ville et sa banlieue.

Et faisons aussi défenses aux charrons, tourneurs et autres ouvriers, de s'approvisionner dans les chantiers pour les ouvrages de leur profession, sauf à eux à acheter du bois, ainsi que le public, à la mesure ordinaire, et à faire ensuite chez eux et non dans les chantiers, le choix des bûches propres aux travaux de leurs métiers.

Nº 2105. — TRAITÉ *définitif de limite entre la France et l'Espagne, pour établir une ligne divisoire aux Aldudes ou Quint-Royal et Val-Carlos dans la Navarre, et pour déterminer les limites des deux états en tous les lieux contentieux de cette partie des Pyrénées.*

Eli-sonde, 27 août 1785. (Martens Koch, 2 - 477.)

Le roi très-chrétien et le roi catholique, animés du désir de resserrer de plus en plus les liens du sang et de l'amitié qui les unissent si étroitement, et voulant que leurs sujets respectifs se ressentent des avantages de cette bonne harmonie, ont jugé à propos de détruire et d'anéantir le principe des querelles et des discussions qui subsistent entre leurs frontaliers respectifs sur les monts Pyrénées, et particulièrement entre les habitants de la vallée de Baygorry, de la ville de Saint-Jean-Pied-de-Port et du pays de Cize dans la Basse-Navarre, et ceux des vallées de Bastan, Erro, Val-Carlos, et de l'abbaye royale de Roncevaux dans la Haute-Navarre, à raison de la propriété et jouissance des Aldudes ou Quint-Royal et Val-Carlos, par une ligne divisoire, qui partage et sépare pour toujours les terres indivises des deux puissances, la propriété de ces vallées et la souveraineté des deux rois dans cette partie.

A cet effet, les commissaires départis soussignés, savoir, de la part de S. M. très-chrétienne, messire François-Marie comte d'Ornano, chevalier de l'ordre royal et militaire de Saint-Louis, maréchal de ses camps et armées; et, de la part de S. M. catholique, messire don Ventura de Caro, chevalier de Saint-Jean, maréchal de ses camps et armées, se sont transportés aux Aldudes ou Quint-Royal et à Val-Carlos, et ont parcouru, visité et reconnu toutes les terres des deux monarques sur cette frontière, pour remplir l'objet de leur commission, fixer en conséquence les points les plus convenables pour une démarcation claire et permanente, et faire cesser par ce moyen les causes de division qui ont subsisté jusqu'à présent entre les frontaliers respectifs. En conséquence les commissaires départis soussignés, après avoir examiné les droits des parties intéressées et leurs besoins réels, pris une entière connoissance des choses relativement aux Aldudes ou Quint-Royal et Val-Carlos, se réservant de continuer par la suite leur commission dans les autres parties des Pyrénées, et s'être duement communiqué leurs pleins-pouvoirs respectifs, dont les copies seront insérées à la suite du présent traité, et sans préjudice des droits de LL. MM. très-chrétienne et catholique, sont convenus des articles suivants.

1. Le pays des Aldudes ou Quint-Royal et Val-Carlos seront partagés et séparés par une ligne divisoire, qui commencera au col d'Yzpeguy, d'où elle aura sa direction vers Beorzu Bustan, par les cimes des montagnes qui versent les eaux dans les vallées de Baigorri des Aldudes et de Bastan, en suivant la ligne ancienne qui a toujours formé la division de leurs territoires respectifs. Depuis Beorzu-Bustan, et en abandonnant les versants, la démarcation suivra une ligne droite jusqu'à Yzterbeguy-Monhoa. Et de ce point il sera tiré une autre ligne droite à Lindus-Monhoa ou Lindus-Goiticoa, ces deux lignes traversant et coupant les montagnes, fondrières, ravins et ruisseaux intermédiaires qui jettent leurs eaux dans la principale rivière des Aldudes. Depuis Lindus-Monhoa ou Lindus-Goiticoa, la même ligne droite continuera et passera par le col de Lindus-Balsacoa, et aboutira à la cime la plus immédiate qui divise les versants de Val-Carlos et de Hayra, autrement Aguira; de manière qu'Yzpeguy, Beorzu-Bustan, Yzterbeguico-Monhoa, Lindus-Monhoa et la cime de Val-Carlos seront regardés comme les principaux points de la ligne de démarcation qui partagera et séparera perpétuellement à l'avenir le pays des Aldudes entre les frontaliers respectifs, et formera les souverainetés de la France et de l'Espagne. Depuis la cime de Val-Carlos, la ligne suivra par les sommités des versants de Val-Carlos et de Hayra ou Aguira jusqu'au haut de Mendimocha, d'où la ligne descendra par le ravin le plus méridional formé par les torrents de Mendimocha jusqu'à la jonction de ce même ravin avec celui qui descend d'Ureullu, et continuera

le long du ruisseau qui coule entre Madaria et Pagomeaca jusqu'à la petite cascade de sept degrés qui se trouve dans le principal ruisseau, avant d'arriver et à peu de distance d'une autre plus grande cascade, qui est aussi dans le même ruisseau, et qui se nomme Zurrustagaina. De la petite cascade dont il a été parlé, et en abandonnant le cours du ruisseau, la ligne continuera par la gauche, en croisant le côté méridional de la montagne et lieu appelé Ardance Saroya, par où passe le chemin de Lasse au Scel de Madaria, et en suivant ce même chemin par les parages appelés Lepozais et Portolecoburuya, jusqu'à la rivière principale de Val-Carlos; la ligne ci-dessus démarquée finissant au lieu de Pertolé à la rivière de Val-Carlos, la démarcation suivra, en remontant par le milieu de la rivière de Val-Carlos jusqu'à la jonction du ruisseau appelé Chaparreco-erreca à la même rivière de Val-Carlos, cette dernière servant de ligne de séparation entre Arneguy, paroisse du pays de Cize, d'avec Val-Carlos, et servant aussi de limite entre la France et l'Espagne. Et du confluent du ruisseau de Chaparreco-erreca et de la rivière de Val-Carlos, et du milieu de son lit, la ligne de démarcation suivra, en remontant presque directement le cours de ce même ruisseau de Chaparreco-erreca, en s'inclinant d'environ sept toises vers Arneguy, vis-à-vis de la source de ce ruisseau, par Iharceta à la pierre nommée Ahiléguipecoa; de là par les crêtes et les rochers des montagnes, la ligne se dirigera à Sorroy-Saharreco-Harri-Sabala, d'où elle suivra une ligne courbe par la fontaine appelée Harisondoco-itturia, et près d'une autre fontaine appelée Hegansaco-itturia, jusqu'au col d'Ubaraguicolephoa, et de ce dernier point directement à Anchoussa-harreco-cascoa. De ce dernier endroit la ligne descendra à Legarrelaco-erreca, et de là au ruisseau appelé Orreillaco-erreca. Elle remontera par-là jusqu'à sa jonction avec le ruisseau de Veroquellaco-erreca, et, en remontant de nouveau le long du cours de ce dernier ruisseau et vers sa source, la ligne ira jusqu'au lieu appelé Harilephocol-erreca, se dirigeant vers la partie supérieure du chemin qui d'Oudarolla conduit aux minières de fer d'Urrichola, laissant dans le territoire de la France les six bordes intermédiaires qui appartiennent à quelques habitants du pays de Cize, avec leurs dépendances immédiates, ainsi que la montagne d'Esquissamalda qu'environnent lesdits ruisseaux. De ce dernier point, la ligne suivra par le côté de la montagne et par le dessus du chemin dont il a été parlé, ainsi que par celui qui a été nouvellement pratiqué depuis les minières d'Orrichola à Orbaseita, coupant les terrains et bois Lastur à Orreillaco-erreca, et longeant ce même chemin jusqu'au petit ruisseau appelé Yraguico-erreca dans Arismechaca. De là la ligne remontera encore, en traversant Larteguico-menda et en s'inclinant vers la source du ruisseau d'Oreilla, jusqu'à ce qu'il joigne, auprès du scel de Lastey, le chemin royal qui mène de Roncevaux par le port d'Alto-Biscar à Saint-Jean-Pied-de-Port, et depuis sa jonction au chemin royal, la ligne sera continuée par le même chemin royal au col de Bentarte, et de là enfin à Irriburieta ou Asaldea, qui est le terme de séparation du pays de Cize et de la ville de Saint-Jean-Pied-de-Port en France d'avec les vallées de Val-Carlos, Erro et Abescoa en Espagne.

2. La ligne ci-dessus décrite, qui commence au col d'Izpeguy et se termine à Irriburieta, servira de limite aux deux royaumes, de manière que tout le terrain qui, depuis cette ligne dans les Aldudes ou Quint-Royal, Val-Carlos et Ondarolla, se trouve dans la partie de France, sera de la domination du roi très-chrétien, et celui qui se trouve dans la partie d'Espagne, de la domination du roi catholique; et par conséquent les sujets et habitants de l'une et de l'autre puissances ne pourront point dépasser les limites ci-dessus convenues, ni pour la jouissance et usufruit, ni pour la possession territoriale, pour quelque cause et sous quelque prétexte que ce soit; mais comme cette ligne de démarcation suit en plusieurs endroits le cours des eaux et la direction des chemins, et qu'elle traverse quelques fontaines, ainsi qu'il constera par les verbaux de l'apposition des bornes, il a été convenu que toutes les eaux et les fontaines qui sont sur la ligne seront communes entre les frontaliers des deux nations, soit pour leur propre usage, soit pour celui de leurs troupeaux, de quelque espèce qu'ils soient, de même que les chemins qui sont aussi sur la ligne, pour leur propre passage et celui de leur bétail.

3. Afin de prévenir toutes les disputes qui pourroient naître à raison de l'inégalité du terrain et de différents boyaux, fondrières, ravins et montagnes que la ligne de démarcation traverse, en formant des angles en certains endroits, et pour que, par le laps du temps, il n'y ait point de variation à cet égard, il a été convenu qu'on procédera dès ce moment au bornage de toute la ligne de démarcation convenue, à l'assistance des députés des communautés et autres parties intéressées et limitrophes des frontières respectives, afin qu'elles en aient connoissance, et en présence des notaires royaux de

l'une et de l'autre nations, et que l'on fera placer des bornes de pierre par des maçons, dans les endroits les plus convenables, pour marquer la direction de la ligne, avec du charbon dessous et deux garants aux deux coins de la borne, qui seront faits avec une pierre coupée en deux, selon l'usage, et distant chacun d'une demi-toise de la borne. Dans les endroits les plus remarquables, on sculptera une croix sur chaque côté de la borne qui sera en face des terres divisées. Les distances d'une borne à l'autre seront mesurées et marquées dans les verbaux de l'apposition des bornes, et dans le cas que la ligne suive quelques rivières ou ruisseaux dans la direction, ces rivières et ruisseaux serviront de démarcation, si on le trouve convenable.

4. Considérant que les faceries et la communauté dans la jouissance des herbes et des pacages, entre les voisins frontaliers de l'une et de l'autre nation, ont été très-préjudiciables au repos et à la tranquillité générale des frontières, puisqu'elles donnoient lieu à des voies de fait, à des représailles et à d'autres excès répréhensibles, et afin qu'à l'exemple de leurs souverains les sujets respectifs des deux puissances vivent, comme ils le doivent, en paix et en amitié, il a été convenu que toutes les faceries et communautés qui ont eu lieu jusqu'à présent dans les Aldudes ou Quint-Royal et à Val-Carlos seront et demeureront abolies et de nulle valeur, sans que qui que ce soit puisse, par la suite du temps, les rétablir ni les renouveler par aucun titre, ni à raison de bustes, scels et Quint-Royal, ni pour quelque autre cause et prétexte que ce soit, mais bien que tous les voisins, en commun et en particulier, devront se renfermer respectivement en la jouissance de la part et portion seulement qui leur échoit, par la présente démarcation, dans une entière indépendance réciproque.

5. Il a été convenu que les frontaliers de l'une et de l'autre nations auront la faculté d'affermer leurs pacages, non-seulement aux habitants de leur domination, mais encore à ceux de la nation voisine; mais que, dans ce dernier cas, ils seront assujettis aux règles suivantes : 1° Qu'ils ne pourront aliéner aucun droit territorial de la frontière, à peine de nullité; 2° que les actes qui se passeront dans cet objet ne pourront être faits que pour un an seulement; qu'il y sera fait mention expresse de la qualité et du nombre des troupeaux étrangers, du prix qu'ils paieront pour leur pacage, et du terrain qu'on affermera; 3° que ces actes seront présentés au tribunal supérieur de la province pour qu'il en ait connoissance et qu'il

puisse remédier de suite aux fautes que les contractants pourroient commettre au préjudice de leurs droits et de la conservation permanente des limites de la frontière; 4° que les propriétaires seuls de terres affermées pourront y édifier des cabanes ou autres habitations pour les pasteurs-fermiers, lesquels ne pourront les construire eux-mêmes, se servir des bois, ni causer le moindre dommage.

6. Comme il résulte des limites marquées par la présente démarcation, dans les Aldudes ou Quint-Royal et à Val-Carlos, que quelques maisons, bordes, champs cultivés et prés qui appartenoient jusqu'à présent aux sujets de S. M. très-chrétienne, restent dans la partie espagnole, et qu'au contraire quelques autres dont jouissoient les sujets espagnols restent dans la partie française, il a été accordé et convenu que le hameau d'Ondarolla, avec tout son territoire désigné dans l'article 1er, toutes les bordes, les champs, les mines, et toutes les autres propriétés qui se trouvent dans l'enceinte de sa démarcation seront et demeureront à l'Espagne et sous la domination de S. M. catholique, dans une entière indépendance de S. M. très-chrétienne, réservant cependant au chapitre de Bayonne les 100 liv. de rente qui lui sont dues par Ondarolla sur la dîme, et au marquis de Salha les droits seigneuriaux dont il jouit sur ce hameau, et qui consistent dans la perception du restant de la dîme, demeurant-néanmoins à S. M. catholique la faculté de racheter ces objets pour en disposer comme elle en avisera; tout comme, dans la partie de Val-Carlos, tout le territoire enclavé entre les lignes tirées depuis Mendimocha jusqu'à Pertolé, et depuis le rocher d'Urdia (en suivant le cours du ruisseau d'Eyhavie jusqu'à sa jonction avec la rivière qui descend de Val-Carlos, qui dépend du territoire et jurisdiction de Val-Carlos, et dans lequel les habitants de Lasse, sujets de S. M. très-chrétienne, ont des maisons, bordes et champs), passera, avec toutes ses possessions, sous la domination du roi de France; mais toutes les habitations et tous les champs français que la ligne divisoire a laissés du côté de Val-Carlos, seront de la domination du roi catholique, de même que toutes les maisons, bordes, terres et prés des habitants espagnols que la ligne divisoire englobe aux Aldudes dans la partie française, seront et demeureront sous la domination de S. M. très-chrétienne, et toutes celles qui seront dans la partie espagnole sous la domination de S. M. catholique, avec la réserve expresse de conserver aux curés d'Episnal, Viscarret, Misquiris et Linzuain de la vallée d'Erro, les dîmes

qu'ils ont perçues jusqu'à présent aux Aldudes, ou de les indemniser par un équivalent. On observera aussi la même règle pour tous ceux de l'une ou de l'autre nations qui se trouveront dans le même cas.

7. Afin d'éviter tout préjudice aux sujets des deux souverains établis ou qui possèdent des maisons, bordes, ou autres propriétés quelconques en dehors des limites de la présente démarcation, il a été convenu qu'ils auront une entière liberté de rester sous la domination dans laquelle ils se trouvent, ou de passer dans celle du souverain dans le territoire duquel se trouveront leurs possessions. Comme aussi il leur sera respectivement permis d'aliéner leurs possessions par vente, permutation ou à tout autre titre légal; et pour l'option entre ces deux partis, il leur sera accordé dix-huit mois de délai, à compter du jour de la ratification et de l'échange du présent traité, et sous la condition encore qu'ils ne seront point molestés dans leurs démarches pour l'aliénation, la vente ou la permutation de leurs biens, mais bien au contraire que les tribunaux de l'une et l'autre nations leur donneront toutes les facilités, les secours et les faveurs dont ils auront besoin pour parvenir à cette fin. Pendant le délai de dix-huit mois qui leur est accordé pour cette option, les propriétaires actuels pourront cultiver leurs possessions et en recueillir les fruits; mais ce titre ne leur donnera aucun droit de tenir aucune espèce de troupeaux dans les herbes et les pacages de la domination étrangère, ni de faire aucune coupe dans ses bois ni pour des besoins réels ni pour des besoins fictifs et supposés. Seulement il sera permis aux sujets de l'un des souverains qui, par l'effet du présent traité, seront placés sous la domination de l'autre, de jouir pendant le temps qu'ils traiteront de leurs translations avec leurs propres troupeaux, du pacage et des eaux du territoire dans lequel ils ont des possessions, jusqu'à ce qu'ils aient effectué leur translation, qui devra avoir lieu précisément dans ledit délai de dix-huit mois.

8. Pour qu'il n'y ait pas de doute ni de discussion dans l'aliénation, vente ou permutation des bordes, champs cultivés, prés, et de ce qu'on entend par ces objets, il a été convenu qu'on regardera pour bordes celles qui sont édifiées en murs de maçonneries et dont les couvertures sont existantes, sans que sous aucun prétexte on puisse considérer comme bordes les habitations des pasteurs qu'on appelle dans le pays échoelac, ni les cabanes couvertes de bois pour l'abri du bétail, ni enfin celles qui sont construites en pierres sèches sans mor-

tier, ou au moins sans une liaison d'argile. On entend par
champs cultivés ceux que l'on ensemence réellement et qui
produisent des fruits; et par prés, ceux uniquement où l'on
fauche du foin, mais nullement les terrains incultes et vagues,
quoiqu'ils fussent fermés en pierre ou en bois, et destinés à
être cultivés ou mis en prés. On ne pourra exiger aucun prix,
ni traiter de leur valeur pour les écholas couverts de bois, ni
pour les bordes en pierres sèches sans mortier, ni enfin pour
les terrains incultes, tous lesquels objets demeureront au souverain dans la partie duquel ils se trouvent, comme une dépen-
dance des terres divisées. On observera la même règle pour
les complants d'arbres sur les terres communes et ouvertes.

9. Il a été convenu que les habitants d'Ondarolla auront le
passage libre, avec toutes sortes de troupeaux, de leurs limites
particulières dans le territoire de Lastur qui reste à l'Espagne,
et pour tous les autres parages d'Arismehaca et d'Altobisca,
par les dépendances des bordes françaises d'Esquich-harre,
et par toute la montagne d'Esquissamalda, qui est encernée
et enclavée par les ruisseaux de Legarretaco-erreca, Oreillaco-
erreca et Veroquillaco-erreca, ainsi qu'il leur conviendra,
sans qu'à raison du passage qui leur est concédé ils puissent
laisser paître leurs troupeaux sur lesdits terrains.

10. Les sujets de LL. MM. très-chrétienne et catholique
qui confinent ou qui ont quelque intérêt dans les Aldudes ou
Quint-Royal et à Val-Carlos, devront perpétuellement par la
suite se conformer au présent traité, et en observer ponctuellement tous les articles, sans que, dans aucun temps ni sous
quelque prétexte que ce soit, ils puissent prétendre plus de
droits territoriaux ni de jouissances que ceux qui leur sont reconnus par le présent traité; toutes les conventions, les accords et les capitulations antérieures faites à ce sujet demeurant abrogées et de nulle force et valeur, quand même elles
seroient revêtues des ratifications de LL. MM. très-chrétienne
et catholique. Et en cas qu'aucun des sujets des deux souverains se permit de construire maisons, bordes ou autres édifices, ou de faire quelques défrichements ou clôtures hors des
bornes respectives, même du consentement et avec l'approbation des paroisses ou communautés dans le territoire desquelles seroient ces établissements, il encourra, par ce fait
seul, la perte de ses établissements et l'amende de 1,000 liv.
dont un tiers sera au profit du dénonciateur, et les autres applicables suivant les usages des lieux; et dans le cas où le délinquant ne paieroit point cette amende dans le délai d'un

mois, à compter du jour de la condamnation, il sera corporellement puni d'une peine équivalente, par le juge compétent,
dans le territoire duquel il aura commis le délit; à l'effet de
quoi le délinquant lui sera remis sans retard et sans aucune
difficulté par le juge sous la jurisdiction duquel il se trouvera,
dès l'instant qu'il sera réclamé.

11. Pour empêcher les désordres qui peuvent résulter de la
liberté qu'ont eue jusqu'à présent les frontaliers respectifs de
saisir et carnaller les troupeaux étrangers qui se trouvent dans
leurs pâturages, il est réservé par le présent article à LL. MM.
très-chrétienne et catholique de prendre à cet égard les précautions qui leur paroîtront les plus convenables, et de nommer dans cet objet les personnes qu'elles voudront charger de
pareilles exécutions, en leur prescrivant les formalités qu'elles
devront observer.

12. Il a été convenu que toutes les années, à partir de 1787,
et dans le mois d'août de chaque année, les paroisses frontières des deux nations visiteront toute la ligne de démarcation; à l'effet de quoi chacune d'elles devra nommer des députés, qui feront une reconnoissance de la partie de la ligne
qui les concerne, et qu'en retenant acte de l'état dans lequel
ils trouveront les bornes, ils en remettront le procès-verbal
au commandant de la province, qui ordonnera que l'on remplacera sans perte de temps les bornes qui, par le laps de temps
ou par l'entreprise de quelqu'un, pourroient se trouver égarées ou détruites; et dans le cas où l'on parviendroit à découvrir les auteurs d'un pareil délit, ils seront condamnés à dix
années de galères.

13. Le présent traité aura son exécution du premier jour
du mois de janvier 1786, et jusqu'alors tout restera dans le
même état qu'il est maintenant, sans aucune innovation de part
ni d'autre; et à cet effet, lesdits messires comte d'Ornano et
don Ventura de Caro s'obligent de retirer, dans le délai de trois
mois, à compter du jour de la date du présent traité, ou avant
s'il est possible, de leurs souverains respectifs les ratifications
nécessaires. La ratification de S. M. très-chrétienne sera remise à l'ambassadeur de S. M. catholique à la cour de France,
et celle de S. M. catholique à l'ambassadeur de S. M. très-
chrétienne à la cour d'Espagne, et un mois après les échanges
il sera enregistré; et on en donnera connoissance aux commandants et tribunaux respectifs qui doivent en connoître; il
sera enfin publié partout où besoin sera, avec les solennités

requises en pareil cas, afin qu'il ait une pleine et entière exécution.

En foi de quoi, etc.

N° 2104. — LETTRES PATENTES *concernant la comptabilité des recettes générales des finances* (1).

Versailles, 28 août 1785. Reg. en la chambre des comptes le 15 décembre. (R. S. C.)

N° 2105. — LETTRES PATENTES *portant établissement d'un hospice pour les vénériens* (2).

Versailles, août 1785. Reg. au parlement le 30 août. (R. S. C.)

N° 2106. — ORDONNANCE *de police concernant les provisions particulières en bois à brûler.*

Paris, 30 août 1785. (Dupin, cod. du comm. de bois et charbon, tom. pag. 533.)

N° 2107. — LETTRES PATENTES *portant que le juge auditeur à châtelet connoîtra jusqu'à 90 liv de toutes causes et matières par lui attribuées par la déclaration du 6 juillet 1683* (3).

Saint-Cloud, 1er septembre 1785. Reg. au parlement le 6 septembre (R.S.

N° 2108. — ARRÊT *du parlement qui ordonne l'exécution d'une ordonnance rendue par le lieutenant-général de police du châtelet de Paris, concernant les précautions à prendre tant pour la conduite que pour la tuerie des bœufs dans Paris* (4).

Paris, 2 septembre 1785. (R. S.)

Vu par la cour la requête présentée par le procureur-général du roi, à ce qu'il plût à la cour ordonner que l'ordonnance rendue par le lieutenant-général de police du châtelet de Paris, concernant les précautions à prendre, tant pour la conduite que pour la tuerie des bœufs dans Paris, sera homologuée pour être exécutée suivant sa forme et teneur; enjoindre aux officiers de police du châtelet de Paris de tenir la main à l'exécution de l'arrêt à intervenir et de ladite ordonnance; ordonner que l'arrêt à intervenir et ladite ordonnance seront imprimés

_____

(1) V. décl. 17 octobre 1779, 13 février 1780, édit janvier 1781, décl. 27 décembre 1782.

(2) V. lett. pat. mai 1781.

(3) V. édit de novembre 1774, 2 avril 1786.

(4) V. ord. de police 11 vendémiaire an X, 24 nivôse an XI.

més, lus, publiés et affichés partout où besoin sera. Ladite requête signée du procureur-général du roi. (*Suit la teneur de ladite ordonnance.*)

Extrait des minutes du greffe de la chambre de police du châtelet de Paris.

Sur ce qui nous a été remontré par le procureur du roi, que la conduite des bœufs dans Paris, qui se fait sans y employer les précautions suffisantes de la part de ceux qui en sont chargés, a dans tous les temps excité les craintes du public et donné lieu à différents accidents; que dernièrement encore un bœuf, s'étant séparé des autres qu'on conduisoit à l'abreuvoir, a parcouru plusieurs rues et blessé différentes personnes avant qu'il ait été possible de s'en rendre maître; qu'il est aussi arrivé que des bœufs mal attachés se sont échappés de la tuerie, et comme l'ordre et la sûreté publique sont essentiellement intéressés à ce qu'il soit pris des mesures convenables pour prévenir de nouveaux accidents qui seroient causés par la négligence des précautions prescrites par les réglements, il a cru devoir requérir qu'il nous plût y pourvoir. A ces causes, tout considéré, nous faisant droit sur le réquisitoire du procureur du roi, ordonnons que les arrêts et réglements concernant la conduite des bestiaux seront exécutés; faisons en conséquence défenses à tous conducteurs, aux bouchers, et à tous autres, de faire conduire aucune bande de bœufs dans l'intérieur de Paris, soit au retour des marchés, soit après le lotissage, sans être escortés de deux bouviers (1) ou garçons bouchers au moins, dont un placé derrière pour les chasser, et l'autre à la tète pour empêcher qu'il ne s'en détourne aucuns et veiller à la sûreté des passants; seront tenus tous les bouchers de faire mettre des entraves aux bœufs qu'ils feront conduire de leurs bouveries et écuries à l'abreuvoir ou partout ailleurs; leur défendons de les envoyer à l'abreuvoir pendant l'été après six heures, et en hiver passé huit heures du matin; enjoignons auxdits bouchers de faire mettre des entraves aux bœufs avant de les assommer dans leurs tueries (2), comme aussi de tenir lesdites tueries exactement closes et fermées; le tout à peine contre les contrevenants de 300 livres d'amende. Mandons aux commissaires au châtelet, etc.

(1) V. § 6, art. 3, loi du 24 août 1790. App. du C. P.; § 7, art. 475, C. P.
(2) Art. 2, ord. de pol. 11 septembre 1818.

Oui le rapport de M* Adrien-Louis Lefebvre, conseiller; tout considéré.

La cour a homologué et homologue ladite ordonnance de police pour être exécutée suivant sa forme et teneur; enjoint, etc.

N° 2109. — ARRÊT *du conseil concernant les traitements, pensions et gratifications attribués ou qui seront destinés aux savants et gens de lettres; et l'exécution des différents travaux littéraires ordonnés par S. M. et par les rois ses prédécesseurs.*

Saint-Cloud, 3 septembre 1785. R. S.)

Le roi s'étant fait rendre compte de l'état où se trouvent les différents travaux littéraires commencés par ses ordres ou par ceux des rois ses prédécesseurs, a cru devoir porter son attention sur les moyens de proportionner à leur utilité les bienfaits qui doivent en être la récompense, et d'empêcher qu'à l'avenir des salaires fixes attribués à l'entreprise d'un ouvrage n'en perpétuent l'objet au lieu d'en faciliter l'exécution. S. M., résolue d'assigner tous les ans un fonds destiné uniquement à étendre les progrès de l'instruction publique et à encourager les savants qui peuvent y contribuer, ne se propose aujourd'hui de surveiller davantage l'emploi des talents que pour pouvoir en accélérer les productions, en apprécier le mérite, et régler en conséquence la mesure de ses faveurs. Cette juste protection, qui honore le trône autant que les lettres, devenant ainsi plus utile en même temps que plus éclatante, augmentera l'émulation de ceux qui les cultivent, et donnera un nouveau prix aux graces que S. M. répandra sur eux avec autant de satisfaction qu'ils auront d'empressement à s'en rendre dignes. A quoi voulant pourvoir; ouï, etc.

1. Les savants et gens de lettres qui, en vertu d'ordres donnés par S. M. ou par le feu roi, sont chargés de travaux littéraires pour lesquels ils ont traitement, pension ou récompense, seront tenus d'adresser dans l'espace de trois mois, à dater du présent arrêt, au contrôleur général des finances, des mémoires signés d'eux, qui contiendront l'objet desdits travaux, la date des ordres qui les ont prescrits, et le montant des traitements, pensions ou gratifications qui y ont été attribués.

2. Ceux qui, n'étant plus chargés d'aucun ouvrage, jouissent de pensions ou traitements continués par forme de récompense, enverront aussi dans ledit terme au contrôleur général des finances un mémoire contenant la quotité, l'époque et les motifs desdits traitements ou pensions.

3. N'entend S. M. rien retrancher aux dons et graces accordés par elle ou par ses prédécesseurs aux gens de lettres ; mais pour faire parvenir le plus tôt qu'il sera possible à leur fin les ouvrages dont ces libéralités sont le prix, et assurer la plus juste distribution de celles qu'elle se propose d'accorder, S. M. ordonne que le sieur bibliothécaire du roi, et le magistrat chargé par M. le chancelier ou garde des sceaux de France de l'inspection de la librairie, prendront connoissance du progrès des travaux littéraires qui auront été ordonnés, des obstacles qui pourroient les retarder, ainsi que des secours qui leur seroient nécessaires, et en rendront compte à M. le chancelier ou garde des sceaux, au secrétaire d'état que l'objet du travail pourroit concerner, et au contrôleur général des finances, auxquels ils proposeront ce qu'ils croiront convenable pour accélérer lesdits travaux et les conduire à leur perfection.

4. Sur le vu des mémoires et comptes rendus mentionnés aux articles précédents, il sera dressé un état général des sommes à payer par le trésor royal pour encouragements, traitements, gratifications et pensions aux gens de lettres, d'après lequel état S. M. déterminera chaque année les sommes qui continueront d'y être employées, celles qu'elle jugera à propos d'y ajouter, et les remplacements de celles qui n'auroient plus d'objet.

5. Les nouvelles demandes qui auroient été faites en chaque département, et les mémoires envoyés au contrôleur général, tendant à obtenir des encouragements pour les gens de lettres, seront mis en même temps sous les yeux de S. M. ; et d'après leur réunion, S. M. fixera tous les ans, en son conseil, la somme totale qui sera destinée, tant pour lesdits travaux littéraires que pour les graces qu'elle voudra bien accorder aux talents les plus distingués.

N° 2110. — LETTRES PATENTES *portant attribution au parlement de Paris de l'affaire dite* affaire du collier.

Saint Cloud, 5 septembre 1785. R. S.

No 2111. — ARRÊT du conseil concernant les formalités à observer pour les constructions et reconstructions des bâtiments appartenants aux gens de main-morte, hôpitaux généraux et particuliers, maisons et écoles de charité, et les droits d'amortissement dus audit cas (1).

Saint-Cloud, 7 septembre 1785. (R. S. C.)

No 2112. — ARRÊT du conseil portant réglement pour l'administration des fabriques et pour celle des biens et revenus des charités des paroisses situées dans l'étendue du diocèse de Reims.

Paris, 7 septembre 1785. (R. S.)

No 2113. — LETTRES PATENTES qui ordonnent la démolition du bâtiment du pilori.

Versailles, 16 septembre 1785. Reg. en parlement le 24 janvier 1786. (R. S.)

No 2114. — ARRÊT du conseil qui prescrit les formalités qui devront être suivies par les commis des fermes pour la retenue des marchandises qu'ils croiront être déclarées au-dessous de leur valeur (2).

Saint-Cloud, 16 septembre 1785. (R. S.)

No 2115. — ARRÊT du conseil qui accorde des primes d'encouragement aux négociants français qui transporteront des morues sèches et de pêche nationale dans les Iles du Vent et Sous le Vent, ainsi que dans les ports d'Europe, tels que ceux d'Italie, d'Espagne et de Portugal (3).

Saint-Cloud, 18 septembre 1785. (R. S. C.)

No 2116. — ARRÊT du conseil qui homologue le réglement arrêté dans l'assemblée générale des actionnaires de la caisse d'escompte du 14 juillet dernier (4).

Saint-Cloud, 18 septembre 1785. (R. S. C.)

---

(1) V. a. d. c 21 janvier 1738.
(2) V. lett. pat. 2 août 1740, 27 septembre 1747.
(3) V. 9 mai 1775, 5 février 1786, 11 février 1787.
(4) Créée par a. d. c. 1er janv. 1767, supprimé par a. d. c. 21 mars 1769, recréée par 3e, 24 mars 1776; régularisée 7 mars 1779, 28 novembre 1781, 23 novembre 1783; définitivement supprimée par loi du 24 août 1793.

N° 2117. — MÉDIATION *de la France pour le traité entre l'empereur et les états-généraux* (1).

20 septembre 1785. (Martens.)

N° 2118, — ARRÊT *du conseil, suivi de lettres patentes qui ordonnent une fabrication de cinquante mille marcs d'espèces de cuivre en la Monnoie de Lyon* (2).

Saint-Cloud, 22 septembre 1785. Reg. en la cour des monnoies le 12 novembre. (R. S.)

N° 2119. — ARRÊT *du conseil concernant le commerce interlope des colonies* (3).

Versailles, 23 septembre 1785. (R. S.)

N° 2120. — ÉDIT *qui supprime quatre offices de substituts du procureur-général au parlement de Paris.*

Saint-Cloud, septembre 1785 1785. Reg. en parlement le 10 février 1786. (R. S.)

N° 2121. — ORDONNANCE *de police concernant la distribution des bois à brûler aux boulangers.*

Paris, 14 octobre 1785. (Dupin, code du comm. de bois et charbon, t. 1, pag. 542.)

N° 2122. — DÉCLARATION *portant fixation de la valeur de l'or relativement à l'argent, et de la proportion entre les monnoies de l'un et de l'autre métal, avec ordonnance d'une nouvelle fabrication des monnoies d'or* (4).

Fontainebleau, 3o octobre 1785. Reg. en la cour des monnoies le 21 novembre. (R. S. C.)

LOUIS, etc. L'attention vigilante que nous donnons à tout ce qui peut intéresser la fortune de nos sujets et le bien de notre état nous a fait apercevoir que le prix de l'or est augmenté depuis quelques années dans le commerce; que la proportion du marc d'or au marc d'argent étant restée la même dans notre royaume, n'est plus relative aujourd'hui à celle qui a été successivement adoptée en d'autres pays, et que nos monnoies d'or ont actuellement, comme métal, une valeur supérieure

(1) V. traité du 8 novembre.
(2) Édit d'août 1768, a. d. c 5 avril 1760, décl. 14 mars 1777.
(3) A d. c. 3o août 1784; lett. pat. octobre 1727; ord. 1er février 1766.
(4) V. 8-18 février, 31 mai, 3o décembre 1786, 7 décembre 1788.

à celle que leur dénomination exprime, et suivant laquelle on les échange contre nos monnoies d'argent, ce qui a fait naître la spéculation de les vendre à l'étranger, et présente en même temps l'appât d'un profit considérable à ceux qui se permettroient de les fondre au mépris de nos ordonnances.

Le préjudice qui en résulte pour plusieurs genres de commerce par la diminution déjà sensible de l'abondance des espèces d'or dans notre royaume, a rendu indispensable d'en ordonner la nouvelle fabrication, comme le seul moyen de remédier au mal, en faisant cesser son principe; mais en cédant à cette nécessité, notre premier soin et la première base de notre détermination ont été qu'elle ne pût causer la moindre perte aux possesseurs de nos monnoies d'or, qu'elle leur devint même avantageuse : et pour ne laisser aucun nuage sur cet objet important, nous avons voulu que le développement de toute l'opération, et la publication du tarif qui en présente les résultats, en manifestassent clairement la justice et l'exactitude.

La nouvelle monnoie d'or aura la même valeur numéraire que la monnoie actuelle; elle aura aussi le même titre de fin; il n'y aura de différence que dans la quantité de la matière, qui y sera réduite à sa juste proportion, et il sera tenu compte de cette différence aux possesseurs d'espèces d'or lorsqu'ils les rapporteront à nos hôtels des monnoies, notre intention étant qu'ils profitent du bénéfice de l'augmentation sur le prix de l'or.

Par une opération dirigée aussi équitablement, le rapport de nos monnoies d'or aux monnoies d'argent se trouvera rétabli dans la mesure qu'exige celle qui a lieu chez les autres nations, l'intérêt de les exporter disparoîtra, la tentation de les fondre ne sera plus excitée par l'appât du gain, notre royaume ne sera plus lésé dans l'échange des métaux, et il n'en pourra résulter ni dérangement dans la circulation, ni changement aucun dans le prix des productions et des marchandises, puisque toutes les valeurs se règlent relativement à l'argent, dont le cours sera toujours le même. A ces causes, etc.

1. Chaque marc d'or fin de vingt-quatre karats vaudra quinze marcs et demi d'argent fin de douze deniers, et sera reçu et payé dans nos monnoies et changes pour la somme de 828 liv. 12 s., valeur desdits quinze marcs et demi d'argent au prix actuel de 53 liv. 9 s. 2 d. le marc, fixé par le tarif de nos monnoies du mois de mai 1775.

2. Toutes nos monnoies d'or ayant cours actuellement, *louis*, *double-louis* et *demi-louis*, cesseront d'avoir cours à compter du 1ᵉʳ janvier prochain, et seront reçus et payés comptant en espèces dans nos monnoies et changes, à compter du jour de la publication de la présente déclaration, jusqu'au 1ᵉʳ avril prochain, sur le pied de 750 liv. le marc, ou 25 liv. le louis qui par l'usage n'auroit rien perdu de son poids, et sauf, en cas de diminution dans le poids, de faire sur ledit prix de 25 livres une diminution proportionnelle; ledit terme expiré, ils n'y seront plus reçus que sur le pied de 742 liv. 10 s. le marc, ou 24 liv. 15 s. par louis ayant son poids complet.

3. L'or, tant en lingots qu'en monnoies étrangères, apporté dans nos monnoies et changes, y sera payé en proportion de son titre de fin, sur le pied de 828 liv. 12 s. le marc fin, et 34 liv. 10 s. 6 d. le karat, conformément au tarif annexé à ces présentes, dans lequel les monnoies étrangères ont été portées sur le pied de ladite augmentation.

4. Il sera fabriqué de nouveaux louis d'or au même titre que ceux qui ont actuellement cours; chaque marc sera composé de trente-deux louis, afin qu'au moyen de l'augmentation survenue dans la valeur de l'or, chaque nouveau louis continue de valoir 24 liv. et ait précisément la même valeur en argent, lesquels louis porteront l'empreinte désignée dans la feuille attachée sous le contre-scel des présentes, et auront cours dans tout notre royaume pour 24 liv. pièce.

5. Le travail de la fabrication desdits louis sera fait aux mêmes remèdes de poids et de loi que nos monnoies d'or actuelles, et sera jugé en notre cour des monnoies, conformément à nos précédents édits et déclarations.

6. Voulons que la refonte et fabrication des louis soient faites dans nos monnoies de *Paris*, *Lyon*, *Metz*, *Bordeaux* et *Nantes* seulement; que les lingots ou espèces d'or étrangères qui pourront être apportés pendant cette nouvelle fabrication soient également remis exclusivement auxdites monnoies, et que nos autres monnoies ne puissent fabriquer aucun louis à la nouvelle empreinte jusqu'à ce qu'il en soit autrement ordonné.

Si donnons en mandement, etc.

Nouveau tarif de l'évaluation de toutes les monnoies d'or, leurs differentes dénominations et leurs prix.

Le marc d'or et ses divisions.	Sequins de Venise et sequins Foundoukri de Turquie.			Sequins de Gênes.			Sequins de Florence aux lys.			Sequins de Florence à l'effigie.		
	à 23 k. 29|32			à 23 k. 28|32			à 23 k. 27|32			à 23 k. 25|32		
1 Marc..	825l.	7s.	3d.	824l.	5s.	8d	823l.	4s.	1d.	821l.	»s.	11d
4 Onces.	412	13	7	412	2	10	411	12	»	410	10	5
2 Onces..	206	6	9	206	1	5	205	16	»	205	5	2
1 Once ..	103	3	4	103	»	8	102	18	»	102	12	7
4 Gros...	51	11	8	51	10	4	51	9	»	51	6	3
2 Gros...	25	15	10	25	15	2	25	14	6	25	13	1
1 Gros...	12	17	11	12	17	7	12	17	3	12	16	6
1 Denier.	4	5	11	4	5	10	4	5	9	4	5	6
12 Grains.	2	2	11	2	2	11	2	2	10	2	2	9
6 Grains.	1	1	5	1	1	5	1	1	5	1	1	4
1 Grain..	»	3	6	»	3	6	»	3	6	»	3	6

	Sequins de Piémont à l'annonciade.			Ducats d'Autriche, de Hongrie et de Bohème.			Francs à pieds et à ch. et agnelets de France.			Ducats de l'empereur de Hambourg de Francfort, et ducats fin de Danemarck		
	à 23 k. 21|32			à 23 k. 20|32			à 23 k. 18|32			à 23 k. 17|32		
1 Marc..	816l.	14s.	7d.	815l.	13s.	»d	813l.	9s.	10d	812l.	8s.	3d
4 Onces.	408	7	3	407	16	6	406	14	11	406	4	1
2 Onces..	204	3	7	203	18	3	203	7	5	203	2	»
1 Once ..	102	1	9	101	19	1	101	13	8	101	11	»
4 Gros...	51	»	10	50	19	6	50	16	10	50	15	6
2 Gros...	25	10	5	25	9	9	25	8	5	25	7	9
1 Gros...	12	15	2	12	14	10	12	14	2	12	13	10
1 Denier.	4	5	»	4	4	11	4	4	8	4	4	7
12 Grains.	2	2	6	2	2	5	2	2	4	2	2	3
6 Grains.	1	1	3	1	1	»	1	1	2	1	1	1
1 Grain..	»	3	3	»	3	6	»	3	6	»	3	6

Suite du tarif de l'évaluation de toutes les monnoies d'or, leurs différentes dénominations et leurs prix.

Le marc l'or et ses divisions.	Ducats ad legem imperii d'Allemagne et de Hollande, et ducats fins de Prusse. à 23 k. 15/32	Séquins de Malte, Ducats de Pologne et de Suède. à 23 k. 13/32	Ducats à l'aigle déployé de Russie. à 23 k. 11/32	Ducats de Hesse-Darmstadt, et à la Croix de Saint-André de Russie. à 23 k. 5/32
1 Marc..	810 l. 5 s. 2 d.	808 l. 2 s. » d.	805 l. 18 s. 10 d.	799 l. 9 s. 4 d.
4 Onces..	405 2 7	404 1 »	402 19 5	399 14 8
2 Onces..	202 11 3	202 » 6	201 9 8	199 17 4
1 Once...	101 5 7	101 » 3	100 14 10	99 18 8
4 Gros..	50 12 9	50 10 1	50 7 5	49 19 4
2 Gros...	25 6 4	25 5 »	25 3 8	24 19 8
1 Gros...	12 13 2	12 12 6	12 11 10	12 9 10
1 Denier.	4 4 2	4 4 2	4 3 11	4 3 3
12 Grains.	2 2 2	2 2 1	2 1 11	2 1 7
6 Grains.	1 1 1	1 1 »	1 » 11	1 » 9
1 Grain..	» 3 6	» 3 6	» 3 5	» 3 5

Le marc l'or et ses divisions.	Sequins de Rome. à 22 k. 21/32	Ecus d'or de France. à 22 k. 16/32	Souverains de Flandre et Pays-Bas Autrichiens, et impériales de Russie. à 21 k. 31/32	Guinées d'Angleterre, Portugaises et millerets de Portugal à 21 k. 30/32
1 Marc..	782 l. 4 s. 1 d.	776 l. 16 s. 3 d.	758 l. 9 s. 5 d.	757 l. 7 s. 10 d.
4 Onces..	391 2 »	388 8 1	379 4 8	378 13 11
2 Onces..	195 11 »	194 4 »	189 12 4	189 6 11
1 Once...	97 15 6	97 2 »	94 16 2	94 13 5
4 Gros..	48 17 9	48 11 »	47 8 8	47 6 8
2 Gros...	24 8 10	24 5 6	23 14 »	23 13 6
1 Gros...	12 4 5	12 2 9	11 17 »	11 16 8
1 Denier.	4 1 5	4 » 11	3 19 »	3 18 10
12 Grains.	2 » 8	2 » 5	1 19 6	1 19 5
6 Grains.	1 » 4	1 » 2	» 19 9	» 19 8
1 Grain..	» 3 4	» 3 4	» 3 3	» 3 3

Suite du tarif de l'évaluation de toutes les monnoies d'or, leurs differentes dénominations et leurs prix.

Le marc d'or et ses divisions.	Pistoles de Genève, de Florence, et Rider de Hollande.			Pistoles d'Espagne au balancier, aux armes, et à l'effigie avant 1772.			Pistoles du Mexique, Roupies d'or du Mogol.			Louis de France de toutes fabrications, avant 1726.		
	à 21 k. 29/32			à 21 k. 26/32			à 21 k. 29/32			à 21 k. 22/32		
1 Marc..	756 l.	6 s.	3 d.	753 l.	1 s.	6 d.	751 l.	19 s.	11 d.	748 l.	15 s.	2 d.
4 Onces.	378	3	1	376	10	9	375	19	11	374	7	7
2 Onces.	189	1	6	183	5	4	187	19	11	187	3	9
1 Once..	94	10	9	94	2	8	93	19	11	93	11	10
4 Gros..	47	5	4	47	1	4	46	19	11	46	15	11
2 Gros..	23	12	8	23	10	8	23	9	11	23	7	11
1 Gros..	11	16	4	11	15	4	11	14	11	11	13	11
1 Denier.	3	18	9	3	18	5	3	18	3	3	17	11
12 Grains	1	19	4	1	19	2	1	19	1	1	18	11
6 Grains.	»	19	8	»	19	7	»	19	6	1	18	11
1 Grain..	»	3	3	»	3	3	»	3	3	»	3	2

	Pistoles d'or de Piémont depuis 1755.			Florins de Brunswick.			Pistoles du Palatinat.			Pistoles du Pérou.		
	à 21 k. 21/32			à 21 k. 20/32			à 21 k. 18/32			à 21 k. 17/32		
1 Marc..	747 l.	13 s.	7 d.	746 l.	12 s.	» d.	744 l.	8 s.	10 d.	743 l.	7 s.	3 d.
4 Onces.	373	16	9	373	6	»	372	4	5	371	13	7
2 Onces.	186	18	4	186	13	»	185	2	2	185	16	9
1 Once..	93	9	2	93	6	6	93	1	1	92	18	4
4 Gros..	46	14	7	46	13	3	46	10	6	46	9	2
2 Gros..	23	7	3	23	6	7	23	5	3	23	4	7
1 Gros..	11	13	7	11	13	3	11	12	7	11	12	3
1 Denier.	3	17	10	3	17	9	3	17	6	3	17	5
12 Grains	1	18	11	1	18	10	1	18	9	1	18	8
6 Grains.	»	19	5	»	19	5	»	19	4	»	19	4
1 Grain..	»	3	2	»	3	2	»	3	2	»	3	2

Suite du tarif de l'évaluation de toutes les monnoies d'or, leurs différentes dénominations et leurs prix.

Le marc d'or et ses divisions.	Nouvelles pistoles d'Espagne, de la fabrication commencée en 1772.	Pièces à la rose de Florence, et vieilles pistoles de Piémont.	Albertus et écu d'or de Flandre et des Pays Bas Autrichiens.	Ducats courans de Danemarck onces de Naples et sequins de Tunis.
	à 21 k. 14/32	à 21 k. 13/32	à 21 k. 9/32	à 20 k. 29/32
1 Marc..	740 l. 2 s. 7 d.	739 l. 1 s. » d.	734 l. 14 s. 8 d.	721 l. 15 s. 9 d.
4 Onces..	370 1 3	369 10 6	367 7 4	360 17 10
2 Onces..	185 » 7	184 15 3	183 13 8	180 8 11
1 Once..	92 10 3	92 7 7	91 16 10	90 4 5
4 Gros..	46 5 1	46 3 9	45 18 5	45 2 2
2 Gros..	23 2 6	23 1 10	22 19 2	22 11 1
1 Gros..	11 11 3	11 10 11	11 9 7	11 5 6
1 Denier.	3 17 1	3 16 11	3 16 6	3 15 2
12 Grains.	1 18 6	1 18 5	1 18 3	1 17 7
6 Grains.	» 19 3	» 19 2	» 19 1	» 18 9
1 Grain.	» 3 2	» 3 2	» 3 2	» 3 1

	Onces de Sicile.	Keramabouck de Turquie.	Pagodes d'or au croissant des Indes	Pagodes d'or à l'étoile des Indes.
	à 20 k. 5/32	à 19 k. 21/32	à 19 k. 13/32	à 19 k. 5/32
1 Marc.	695 l. 1 s. 10 d.	681 l. 12 s. 7 d.	670 l. » s. » d.	661 l. 7 s. 4 d.
4 Onces..	347 18 11	339 6 3	335 » »	331 13 8
2 Onces..	173 19 5	169 13 1	167 10 »	165 6 10
1 Once..	86 19 8	84 16 6	83 15 »	82 13 5
4 Gros..	43 9 10	42 8 3	41 17 6	41 6 8
2 Gros..	21 14 11	21 4 1	20 18 9	20 13 4
1 Gros..	10 17 5	10 12 »	10 9 4	10 6 4
1 Denier.	3 12 5	3 10 8	3 9 9	3 8 10
12 Grains.	1 16 2	1 15 4	1 14 10	1 14 5
6 Grains.	» 18 1	» 17 8	» 17 5	» 17 2
1 Grain.	» 3 »	» 2 11	» 2 10	» 2 10

Suite du tarif de l'évaluation de toutes les monnoies d'or, leurs différentes dénominations et leurs prix.

Le marc d'or et ses divisions	Florins d'Hanovre.			Florins du Rhin et de Hesse-Darmstadt.			Florins du Palatinat, de Bavière et d'Anspach.			Florins de Bade-Dourlach.		
	à 18 k. 21/32			à 18 k. 17/32			à 18 k. 13/32			à 18 k. 5/32		
1 Marc	644 l.	2 s.	1 d.	639 l.	15 s.	9 d.	635 l.	9 s.	6 d.	626 l.	16 s.	10 d.
4 Onces	322	1	»	319	17	10	317	14	9	313	8	5
2 Onces	161	»	6	159	18	11	158	17	4	156	14	2
1 Once	80	10	3	79	19	5	79	8	8	78	7	1
4 Gros	40	5	1	39	9	8	39	14	4	39	3	6
2 Gros	20	2	6	19	9	10	19	17	2	19	11	9
1 Gros	10	1	3	9	19	11	9	18	7	9	15	10
1 Denier	3	7	1	3	6	7	3	6	2	3	5	3
12 Grains	1	13	6	1	13	3	1	13	1	1	12	7
6 Grains	»	16	9	»	16	7	»	16	6	»	16	3
1 Grain	»	2	9	»	2	9	»	2	9	»	2	8

ÉVALUATIONS

Des karats d'or fin. Sur le pied de 828 l. 12 s. le marc.				Des trente-deuxièmes de karats d'or fin. Sur le pied de 828 l. 12 s. le marc.			
1 vaut	34 l.	10 s.	6 d.	1 vaut	1 l.	1 s.	6 d.
2	69	1	»	2	2	3	1
3	103	11	6	3	3	4	8
4	138	2	»	4	4	6	3
5	172	12	6	5	5	7	10
6	207	3	»	6	6	9	5
7	241	13	6	7	7	11	»
8	276	4	»	8	8	12	5
9	310	14	6	9	9	14	2
10	345	5	»	10	10	15	9
11	379	15	6	11	11	17	4
12	414	6	»	12	12	18	11
13	448	16	6	13	14	»	6
14	483	7	»	14	15	2	1
15	517	17	6	15	16	3	8

Suite du tarif des évaluations.

ÉVALUATIONS.

Des karats d'or fin. Sur le pied de 828 l. 12 s. le marc.				Des trente-deuxième de karats d'or fin. Sur le pied de 828 l. 12 s. le marc.			
16 vaut	552 l.	8 s.	»d	16 vaut	17 l.	5 s.	3 d. »
17	586	18	6	17	18	6	9 45
18	621	9	»	18	19	8	4 42
19	655	19	6	19	20	9	11 39
20	690	10	»	20	21	11	6 36
21	725	»	6	21	22	13	1 33
22	759	11	»	22	23	14	8 30
23	794	1	6	23	24	16	3 27
24	828	12	»	24	25	17	10 24
				25	26	19	5 21
				26	28	1	» 18
				27	29	2	7 15
				28	30	4	2 12
				29	31	5	9 9
				30	32	7	4 6
				31	33	8	11 3
				32	34	10	6 »

Nº 2123. — ARRÊT du conseil portant qu'il sera établi une charge de directeur général des postes aux chevaux, relais et messageries, réunie à celle de directeur général des haras (1).

Fontainebleau, 30 octobre 1785. (R. S.)

Nº 2124. — LETTRES PATENTES sur la comptabilité des pensions, portant, art. 15, qu'elles ne sont cessibles ni saisissables (2).

Fontainebleau, 4 novembre 1785. Reg. en la chambre des comptes le 23 novembre. (R. S. C.)

Nº 2125. — TRAITÉ de paix entre l'empereur et les Provinces-Unies par la médiation de la France.

Fontainebleau, 8 novembre 1785. (R. S. C. Martens.)

(1) V. édit de création de décembre même année.
(2) V. décl. du 26 juin 1763, lett. pat. 8 novembre 1778, nº 976, t. 3 du règne, p. 450 ; décl. des 7 janvier et 8 août 1779, nºs 1013, 1161, t. 4 du règne, p. 2, 137.

N° 2126. — TRAITÉ d'alliance entre la France et les Provinces Unies (1).

Fontainebleau, 10 novembre 1785. (R. S. Martens.)

LOUIS, etc. Au nom de la très-sainte et indivisible Trinité, Père, Fils et Saint-Esprit. Ainsi soit-il. Soit notoire à tous ceux qu'il appartiendra ou peut appartenir en manière quelconque.

Les marques d'amitié et d'affection que S. M. le roi très-chrétien n'a cessé de donner aux provinces-unies des Pays-Bas, et les services qu'elle leur a rendus dans des circonstances importantes, ont consolidé la confiance de leurs hautes-puissances dans les principes de justice et de magnanimité de Sadite M. très-chrétienne, et elles leur ont inspiré le désir de s'attacher à elle par des liens propres à assurer d'une manière solide et permanente la tranquillité de la république.

S. M. très-chrétienne s'est portée d'autant plus volontiers à accueillir le vœu de leurs hautes-puissances, qu'elle prend un intérêt véritable à la prospérité des provinces-unies; et que l'union qu'il s'agit de contracter avec elles étant purement défensive, ne tendra au préjudice d'aucune autre puissance, et n'aura d'autre objet que de rendre plus stable la paix entre ses états et ceux de leurs hautes-puissances, et de contribuer en même temps au maintien de la tranquillité générale.

Pour remplir un but aussi salutaire, S. M. très-chrétienne a nommé et autorisé le très-illustre et très-excellent seigneur Charles Gravier, comte de Vergennes, baron de Welferding, etc., conseiller du roi en tous ses conseils, commandeur de ses ordres, chef du conseil royal des finances, conseiller d'état d'épée, ministre et secrétaire d'état et de ses commandements et finances; et les seigneurs états-généraux, les très-nobles et très-excellents seigneurs Matthieu Lestevenon, seigneur de Berkenroode et Stryen, député de la province de Hollande aux états-généraux, et leur ambassadeur à la cour de France; et Gérard Brantsen, bourguemestre et sénateur de la ville d'Arnheim, conseiller et grand-maître des monnoies de la république, député ordinaire à l'assemblée des états-généraux, et leur ambassadeur extraordinaire et plénipotentiaire près S. M. très-chrétienne; lesquels, après s'être communiqué leurs pleins-pouvoirs en bonne forme, et après

_____

(1) Ratifié par le roi le 15 décembre.

avoir conféré entre eux, sont convenus des articles suivants.

1. Il y aura une amitié et une union sincères et constantes entre S. M. très-chrétienne, ses héritiers et successeurs, et les provinces-unies des Pays-Bas.

Les hautes-parties contractantes apporteront en conséquence la plus grande attention à maintenir entre elles et leurs états et sujets respectifs une amitié et bonne correspondance réciproques, sans permettre que de part ni d'autre on commette aucune sorte d'hostilité pour quelque cause ou sous quelque prétexte que ce puisse être, en évitant tout ce qui pourroit à l'avenir altérer l'union et la bonne intelligence heureusement établies entre elles; et en donnant au contraire tous leurs soins à procurer en toute occasion, leur utilité, honneur et avantages mutuels.

2. Le roi très-chrétien et les seigneurs états-généraux se promettent de contribuer, autant qu'il sera en leur pouvoir, à leur sûreté respective, de se maintenir et conserver mutuellement en la tranquillité, paix et neutralité, ainsi que la possession actuelle de tous leurs états, domaines, franchises et libertés, et de se préserver l'un l'autre de toute aggression hostile, dans quelque partie du monde que ce puisse être; et pour d'autant mieux fixer l'étendue de la garantie dont se charge le roi très-chrétien, il est expressément convenu qu'elle comprendra nommément les traités de Munster de 1648 et d'Aix-la-Chapelle de 1748, sauf les dérogations que les deux traités ont éprouvées ou pourront éprouver à l'avenir.

3. En conséquence de l'engagement contracté par l'article précédent, les deux hautes-parties contractantes travailleront toujours de concert pour le maintien de la paix; et dans le cas où l'une d'elles seroit menacée d'une attaque, l'autre emploiera d'abord ses bons offices pour prévenir les hostilités et ramener les choses dans la voie de la conciliation.

4. Mais si les bons offices ci-dessus énoncés, n'ont pas l'effet désiré, dans ce cas, S. M. très-chrétienne et leurs hautes-puissances s'obligent dès-à-présent à se secourir mutuellement, tant par terre que par mer: pour quel effet le roi très-chrétien fournira à la république dix mille hommes d'infanterie, deux mille de cavalerie, douze vaisseaux de ligne et six frégates; et leurs hautes-puissances, dans le cas d'une guerre maritime, ou dans tous les cas où S. M. très-chrétienne éprouveroit des hostilités par mer, fourniront six vaisseaux de ligne et trois frégates; et dans le cas d'une attaque du territoire français, les états-généraux fourniront leur contingent

des troupes en argent, lequel sera évalué par un article ou convention séparé, à moins qu'ils ne préfèrent de le fournir en nature; l'évaluation se fera sur le pied suivant; savoir, cinq mille hommes d'infanterie et mille de cavalerie.

5. La puissance qui fournira les secours, soit en vaisseaux et frégates, soit en troupes, les paiera et entretiendra partout où son allié les fera agir; et la puissance requérante sera obligée, soit que lesdits vaisseaux, frégates et troupes restent peu ou long-temps dans ses ports, de les faire pourvoir de tout ce dont ils auront besoin, au même prix que s'ils lui appartenoient en propriété; il a été convenu que dans aucun cas lesdites troupes ou vaisseaux ne pourront être à la charge de la partie requérante, et qu'ils demeureront néanmoins à sa disposition pendant toute la durée de la guerre dans laquelle elle se trouvera engagée.

Le secours dont il s'agit, sera, quant à la police, sous les ordres du chef qui le commandera, et il ne pourra être employé séparément ni autrement que de concert avec ledit chef; quant aux opérations, il sera entièrement soumis aux ordres du commandant en chef de la puissance requérante.

6. Le roi très-chrétien et les seigneurs états-généraux s'obligent à tenir complets et bien armés les vaisseaux, frégates et troupes qu'ils fourniront réciproquement; de sorte qu'aussitôt que la puissance requise aura fourni les secours stipulés par l'art. 4, elle fera armer dans ses ports un nombre de vaisseaux de ligne et de frégates égal à celui énoncé dans le même article, pour remplacer sur-le-champ ceux qui pourroient être perdus par les événements de la guerre ou de la mer.

7. Dans le cas où les secours stipulés ci-dessus ne seroient pas suffisants pour la défense de la puissance requérante, et pour lui procurer une paix convenable, la puissance requise les augmentera successivement, selon les besoins de son allié; elle l'assistera même de toutes ses forces, si les circonstances le requièrent; mais il est convenu expressément que dans tous les cas le contingent des seigneurs états-généraux, en troupes de terre, n'excédera pas l'évaluation des vingt mille hommes d'infanterie et de quatre mille hommes de cavalerie; et la réserve faite dans l'art. 4, en faveur des seigneurs états-généraux, à l'égard des troupes de terre, aura son application.

8. Lorsqu'il se déclarera une guerre maritime à laquelle les deux hautes-parties contractantes ne prendront aucune part, elles se garantiront mutuellement la liberté des mers, conformément au principe qui veut que pavillon ami sauve marchan-

dise ennemie : sauf toutefois les exceptions énoncées dans les art. 19 et 20 du traité de commerce signé à Utrecht, le 11 avril 1713, entre la France et les Provinces-Unies, lesquels articles auront la même force et valeur que s'ils étoient insérés de mot à mot dans le présent traité.

9. Si (ce qu'à Dieu ne plaise) l'une des deux hautes-parties contractantes se trouve engagée dans une guerre à laquelle l'autre se trouvera dans le cas de prendre une part directe, elles concerteront entre elles les opérations qu'il conviendra de faire pour nuire à l'ennemi commun, et pour l'obliger à faire la paix; et elles ne pourront désarmer, faire ou recevoir les propositions de paix ou de trêves, que d'un commun accord; et dans le cas où il s'ouvriroit une négociation, elle ne pourra être commencée et suivie par l'une des deux hautes-parties contractantes sans la participation de l'autre, et elles se donneront successivement communication de tout ce qui se passera en ladite négociation.

10. Les deux hautes-parties contractantes, dans la vue de remplir efficacement les engagements qui font l'objet du présent traité, s'obligent d'entretenir, en tout temps, leurs forces en bon état, et elles auront la faculté de se demander réciproquement tous les éclaircissements qu'elles pourront désirer à cet égard; elles se confieront également l'état de défense où se trouveront leurs établissements militaires, et concerteront entre elles les moyens d'y pourvoir.

11. Les deux hautes-parties contractantes se communiqueront de bonne foi les engagements qui peuvent exister entre elles et d'autres puissances de l'Europe, lesquelles doivent demeurer dans toute leur intégrité; et elles se promettent de ne contracter à l'avenir aucune alliance et aucun engagement, de quelque nature qu'ils puissent être, qui seroient contraires directement ou indirectement au présent traité.

12. L'objet du présent traité étant non-seulement la sûreté et la tranquillité des deux hautes-parties contractantes, mais aussi le maintien de la paix générale, S. M. très-chrétienne et leurs hautes-puissances se sont réservé la liberté d'appeler de concert telles puissances qu'elles jugeront à propos, à participer et à accéder au présent traité.

13. Pour d'autant mieux cimenter la bonne correspondance et l'union entre les nations française et hollandaise, il est convenu, en attendant que les deux hautes-parties contractantes fassent entre elles un traité de commerce, que les sujets de la république seront traités en France, relativement au com-

merce et à la navigation, comme la nation la plus favorisée; il en sera usé de même dans les Provinces-Unies, à l'égard des sujets de S. M. très-chrétienne.

14. Les ratifications solennelles du présent traité, expédiées en bonne et due forme, seront échangées en la ville de Versailles, entre les hautes-parties contractantes, dans l'espace de six semaines, ou plus tôt si faire se peut, à compter du jour de la signature du présent traité.

En foi de quoi, nous soussignés, leurs ambassadeurs et ministres plénipotentiaires, avons signé de notre main et en leur nom le présent traité d'alliance, et y avons fait apposer le cachet de nos armes. (*Suivent les signatures.*)

Articles séparés.

1. Dans le cas où la puissance requérante voudra employer hors de l'Europe le secours qui devra lui être fourni, elle sera obligée d'en prévenir aussitôt qu'il sera possible, et au plus tard dans trois mois, la partie requise, afin que celle-ci puisse prendre ses mesures en conséquence.

2. En conséquence de l'art. 4 du traité d'alliance signé ce jour, les hautes-parties sont convenues que mille hommes d'infanterie seront évalués à 10,000 florins courants de Hollande, par mois; et mille hommes de cavalerie, à 30,000 florins, même valeur, également par mois.

3. En vertu de l'alliance contractée cejourd'hui, tant S. M. très-chrétienne que les seigneurs états-généraux, procureront et avanceront fidèlement le bien et la prospérité l'un de l'autre, par tout support, aide, conseils, assistance réelle en toutes occasions et en tout temps; et ne consentiront à aucuns traités ou négociations qui pourroient apporter du dommage à l'un ou à l'autre, mais les rompront et détourneront, et en donneront avis réciproquement avec soin et sincérité aussitôt qu'ils en auront connoissance.

4. Il est expressément convenu que la garantie stipulée par l'art. 2 du traité signé cejourd'hui, comprendra l'arrangement qui est fait sous la médiation du roi très-chrétien, entre S. M. l'empereur et les Provinces-Unies.

5. Les présents articles séparés auront la même force et vigueur que s'ils étoient insérés dans le corps du susdit traité d'alliance signé cejourd'hui. (*Suivent les signatures.*)

N° 2126. — ARRÊT *du conseil, suivi de lettres patentes qui or-*
donnent une fabrication de cinquante mille marcs d'espèces de
cuivre en la Monnoie d'Aix (1).

Fontainebleau, 10 novembre 1785. Reg. en la cour des monnoies le 7
décembre. (R. S.)

N° 2127. — ARRÊT *du conseil concernant les droits des changeurs*
de monnoies (2).

Fontainebleau, 10 novembre 1785. (R. S.)

N° 2128. — ARRÊT *du conseil portant nouveau réglement sur*
la marque des toiles peintes et imprimées dans le royaume.

Fontainebleau, 10 novembre 1785. (R. S. C.)

Le roi s'étant fait représenter, en son conseil, les arrêts des
5 septembre et 28 octobre 1759, portant réglement pour les
toiles peintes et imprimées dans le royaume, S. M. a reconnu
que ces lois, qui avoient pour objet de favoriser l'établissement d'une nouvelle branche d'industrie et de commerce,
sont insuffisantes aujourd'hui que les manufactures de toiles
peintes et imprimées se sont beaucoup multipliées, et qu'il seroit intéressant de réunir dans une même loi toutes les dispositions relatives à ce genre de fabrication, et de prescrire des
règles fixes et invariables, tant pour faire jouir les entrepreneurs de ces manufactures de la facilité qu'ont les autres fabricants et manufacturiers, de faire circuler leurs étoffes, que
pour assurer à ces toiles la réputation qu'elles ont acquise. A
quoi voulant pourvoir : ouï le rapport, etc.

1. Tout imprimeur ou fabricant de toiles peintes ou imprimées sera tenu, dans le délai d'un mois après la publication
du présent réglement, de se faire inscrire par nom, surnom
et demeure, sur un registre qui sera déposé au greffe de la
juridiction des manufactures dans le ressort de laquelle il sera
son domicile; et il lui sera délivré un extrait dudit enregistrement sur papier non timbré, par le greffier de la jurisdiction;
lequel ne pourra exiger plus de dix sous pour honoraires et frais
d'expédition.

2. Tous imprimeurs seront tenus de laisser à la tête et à la
queue de chaque pièce de toile qu'ils imprimeront, une bande
blanche de trois doigts de largeur, sur laquelle ils mettront

_____

(1) V. a. d. c. 16 février 1784. n° 1886, tom. 5 du règne. pag. 365.
(2) V. a. d. c. 15 septembre 1771.

du côté de l'impression la première lettre de leur nom, et sans abréviation leur surnom, ainsi que le lieu de leur demeure, avec ces mots, *grand* ou *petit teint*, suivant la qualité de la teinture de chaque pièce imprimée.

3. A compter du 1er janvier 1786, toutes les toiles peintes et imprimées seront, après qu'elles auront reçu tous leurs apprêts, portées aux bureaux de visite, où les gardes-jurés, ou préposés chargés du service desdits bureaux, appliqueront à la tête et à la queue de chaque pièce, la contre-marque ordonnée par l'arrêt du 18 avril 1782, et un plomb rond de neuf lignes de diamètre, portant d'un côté ces mots, *toiles peintes nationales*; et de l'autre, le *nom du bureau de visite*; il sera perçu un sou six deniers par chaque plomb, ou trois sous par pièce. Ordonne S. M. auxdits gardes-jurés ou préposés, dans le cas où ils suspecteroient la teinture ou impression de quelques-unes desdites toiles, d'en faire le débouilli; et en cas d'infidélité dans la marque de teinture appliquée par l'imprimeur, veut qu'il en soit dressé procès-verbal par lesdits gardes-jurés ou préposés; que ladite marque soit arrachée en vertu d'un jugement rendu dans les formes ordinaires; que le délinquant soit condamné en l'amende de 300 liv.; et qu'il soit substitué une autre marque conforme à la qualité reconnue du teint de la pièce.

4. A l'égard des toiles peintes fabriquées dans le royaume, et qui, à la susdite époque du 1er janvier 1786, se trouveront entre les mains des négociants et marchands, sans être revêtues d'aucuns plombs, ordonne S. M. que, dans un mois pour tout délai, à compter dudit jour, elles seront par eux présentées aux bureaux les plus prochains du lieu de leur domicile, pour y être, par grâce et sans tirer à conséquence pour l'avenir, revêtues des plombs qu'on est dans l'usage d'apposer dans lesdits bureaux; et où, passé ledit délai, il se trouveroit dans les magasins des négociants aucunes desdites toiles peintes ou imprimées, non revêtues desdits plombs, elles seront saisies et confisquées.

5. Veut S. M. que les coupons de toiles peintes et imprimées, extraits des pièces entières, soient pareillement portés aux bureaux de visite, pour y être revêtus, à l'un des bouts seulement, du plomb ci-dessus ordonné, au moyen duquel ils pourront circuler dans le royaume ou être exportés à l'étranger. Il sera perçu pour raison de l'apposition dudit plomb un sou six deniers par lesdits gardes-jurés ou préposés.

6. Ne seront considérés comme coupons que les pièces dont

la longueur n'excédera pas huit aunes; et audit cas, elles ne seront assujetties qu'à avoir un chef, et pourront n'être revêtues que d'un plomb, ainsi qu'il est ordonné ci-dessus.

7. Fait défenses S. M. à tous imprimeurs, négociants et marchands, d'exposer en vente, faire circuler dans le royaume, ou exporter chez l'étranger aucunes pièces ou coupons dépourvus des marques et plombs prescrits par les articles ci-dessus; à peine de saisie et confiscation desdites toiles, et de 50 liv. d'amende contre les contrevenants.

8. Enjoint S. M. aux sieurs intendants et commissaires départis dans les différentes généralités du royaume; aux juges des manufactures, aux inspecteurs, sous-inspecteurs, gardes-jurés et préposés dans lesdites manufactures, et aux commis et employés des fermes, de tenir, chacun en droit soi, la main à l'exécution du présent arrêt, lequel sera publié et affiché partout où besoin sera; dérogeant, autant que de besoin, à tous édits, déclarations, lettres patentes et arrêts qui y seraient contraires.

Nº 2129. — ARRÊT *du conseil qui suspend l'exécution de ceux des 10 et 22 mai 1723, ainsi que l'article 5 de l'ordonnance de 1687, et ordonne que l'affranchissement accordé par lettres patentes du mois d'avril 1717, et par l'art. 4 de ladite ordonnance de 1687, aura lieu en faveur des vins provenant des provinces de la Loire jusqu'à ce qu'il en soit autrement ordonné* (1).

Fontainebleau, 11 novembre 1785. (R. S.)

Nº 2130. — ARRÊT *du parlement concernant les mesures, cordage et empilage des bois sur les ports, et l'établissement et fonctions d'inspecteurs-contrôleurs auxdites mesures.*

Paris, 12 novembre 1785. (Dupin, Code du comm. de bois et charbon, tom. 1, pag. 544.)

Nº 2131. — INSTRUCTION *pour les inspecteurs-contrôleurs à la mise en état des bois sur les ports.*

12 novembre 1785. (Dupin, code du comm. de bois et charbon, tom. 1, pag. 548.)

_____

(1) V. ord. de février 1687, lett. pat. 10 et 22 mai 1723, avril 1717; a. d. c. mai 1758.

N° 2132. — Arrêt *du conseil qui permet aux fabricants étrangers de s'établir dans le royaume.*

Fontainebleau, 13 novembre 1785. (R. S. C.)

Le roi ayant été informé que plusieurs négociants et fabricants étrangers, précédemment accoutumés à importer et faire débiter dans le royaume différentes marchandises dont S. M. pour favoriser le commerce national, a prohibé l'introduction par les arrêts de son conseil des 10 et 17 juillet dernier, désireroient former en France des établissements pour y fabriquer des marchandises de la même espèce, s'il plaisoit à S. M. leur permettre d'y faire entrer, outre les instruments et matières premières nécessaires à ces établissements, les marchandises formant actuellement le fond de leurs magasins, lesquelles auroient été destinées pour le commerce de France, et si S. M. vouloit bien leur accorder dans son royaume les mêmes avantages dont ils jouissent dans leur patrie, ainsi que la liberté d'y retourner après un certain nombre d'années : S. M. trouvant les demandes de ces négociants conformes à ses vues pour le progrès du commerce, et voulant les traiter favorablement : ouï le rapport, etc.

1. S. M. permet à tous négociants et fabricants étrangers de former dans son royaume des établissements de toute espèce de fabriques de mousselines, de toiles blanches, de toiles peintes, d'étoffes de coton, de tannerie, de draperie et de toutes sortes de quincailleries, à condition qu'ils y prendront domicile et y fixeront leur résidence personnelle ; comme aussi à la charge que lesdits nouveaux établissements seront placés à la distance de sept lieues au moins de la frontière, et que ceux desdits négociants qui voudront jouir des avantages qui leur seront assurés par les articles suivants, seront tenus de faire, par-devant l'intendant de la province où ils auront jugé convenable de former lesdits établissements, leurs soumissions de les effectuer dans l'espace d'une année à compter du jour de cette soumission. Il en sera rendu compte par ledit intendant au contrôleur général des finances de S. M.

2. Accorde S. M. à ceux qui auront fait lesdites soumissions, l'exemption de tous droits d'entrée et de traites pour toutes les matières premières, telles que fils, cotons, ingrédients de teinture, cuivres, aciers, machines et outils nécessaires à leur établissement qu'ils tireront de l'étranger, même aussi pour les meubles qu'ils feront venir à l'usage de leurs maisons dans le terme prescrit pour compléter leurs établissements.

3. Accorde en outre S. M. aux négociants et fabricants étrangers qui formeront lesdits établissements, et aux ouvriers étrangers amenés par eux qui serviront à leur exploitation, l'exemption de toutes impositions personnelles pendant trois ans, celle de milice, de corvées et de logement de gens de guerre à toujours, et pour eux, leurs enfants nés et à naître et leurs descendants, la jouissance de leur état, la liberté de leurs usages en ce qui ne sera pas contraire aux lois du royaume, tous droits de succession, celui d'admission à la maîtrise dans les corps et communautés auxquels ils voudront être affiliés, l'affranchissement du droit d'aubaine, et la faculté d'acquérir tous héritages, terres, maisons et autres biens-fonds, ainsi que celle de les revendre et de retourner dans leur patrie après dix années de séjour en France.

4. Les négociants ou fabricants étrangers qui, en formant dans le royaume des établissements de manufactures, voudroient y transporter le fonds actuel des marchandises qu'ils avoient fabriquées dans la vue de les introduire en France, seront tenus, quant à celles précédemment prohibées et non mentionnées dans les articles suivants, d'obtenir une permission particulière de les introduire, à charge de payer les droits qui seront fixés par ladite permission.

5. Ceux qui voudront établir des fabriques de mousselines pourront faire entrer, par le seul bureau de Saint-Disier, la quantité de vingt pièces de mousseline de huit aunes par chaque métier qu'ils se seront soumis à établir, et autant par chaque ouvrier-fabricant, cardeuses, fileuse, brodeuse ou tisserand en mousseline qu'ils amèneront à leur suite dans le royaume, en payant 55 s. pour tous droits par chaque pièce de mousseline non brodée, et 100 s. par chaque pièce de mousseline brodée.

6. Ceux qui se seront obligés à monter des fabriques de toiles blanches pourront faire entrer par les bureaux de Saint-Disier ou de Jougues et du Pont-de-Beauvoisin, la quantité de vingt pièces de toiles blanches de quinze à seize aunes par chaque ouvrier-fabricant, cardeuse, fileuse ou tisserand étrangers qu'ils auront amenés dans le royaume pour travailler dans leurs fabriques, et dix pièces de plus pour chaque métier qu'ils auront pris l'engagement de monter, à la charge de payer dans lesdits bureaux les droits qui avoient lieu pour l'introduction desdites toiles avant l'arrêt du 10 juillet dernier.

7. Ceux qui auront fait la soumission d'établir des fabriques de toiles peintes seront admis à faire entrer par les mêmes

bureaux, une fois seulement, la quantité de cent trente pièces des mêmes aunages, dont trente au plus en toiles peintes, pour chaque table d'impression qu'ils se seront engagés à mettre en activité.

8. Les soumissions prescrites par l'article 1ᵉʳ seront faites dans la forme et suivant le modèle qui sera arrêté au conseil, et les négociants étrangers qui les souscriront seront tenus de donner une caution bonne, solvable et domiciliée en France, laquelle caution souscrira la soumission conjointement avec eux, et sera personnellement responsable des engagements qui y seront détaillés.

9. Tous négociants étrangers qui, en formant des établissements dans le royaume, voudront jouir de la permission d'y introduire les marchandises susdites, seront tenus de faire entrer les trois quarts des quantités dont l'introduction leur est permise dans l'espace de trois mois à compter du jour de la publication du présent arrêt, et de compléter ladite introduction dans les trois mois suivants; ils seront tenus également de mettre leurs établissements en activité dans l'espace d'une année, après laquelle les cautions ne seront déchargées de leurs obligations que sur le certificat de vérification faite par l'inspecteur des manufactures de la province, qui attestera que toutes les clauses des soumissions auront été fidèlement exécutées.

10. Lesdits fabricants étrangers qui se seroient établis dans les provinces qui sont à l'instar de l'étranger effectif, et ceux qui y sont déjà établis, pourront faire entrer dans le royaume en exemption de droits les toiles peintes qu'ils auront imprimées sur des toiles blanches tirées des fabriques de l'intérieur du royaume ou du commerce et des ventes de la compagnie des Indes, et même sur celles qui auroient été tissues et fabriquées dans lesdites provinces, à la charge par eux de justifier que les toiles blanches en sont provenues; faute de quoi lesdites toiles peintes resteront soumises à la prohibition portée par l'article 1ᵉʳ de l'arrêt du 10 juillet dernier. N'entend néanmoins S. M. priver les négociants ou fabricants desdites provinces de la faculté dont ils ont toujours joui de vendre à l'étranger les toiles d'origine étrangère, soit en blanc, soit après les avoir brodées ou imprimées. Et seront sur le présent arrêt toutes lettres nécessaires expédiées.

N° 2133. — **Arrêt** *du conseil portant que les réclamations relatives aux impositions de la ville de Paris seront jugées sommairement, sauf l'appel au conseil, par une commission établie près du lieutenant-général de police* (1).

Fontainebleau, 13 novembre 1785. (R. S. C.)

N° 2134. — **Réglement** *de police qui fait défenses aux jurés-compteurs de souffrir l'introduction des bois coursins, souches, bois morts et défectueux dans l'empilage des bois* (2).

Paris, 17 novembre 1785. (Fleurigeon, tom. 6, pag. 83.)

N° 2135. — **Arrêt** *du conseil portant réglement sur l'administration de la poste aux lettres, et sur celle des postes aux chevaux, relais et messageries* (3).

Versailles, 20 novembre 1785. (R. S. C.)

Le roi ayant jugé à propos de séparer l'administration de la poste aux lettres de celle des relais de poste et des messageries, et voulant régler les limites de chacune de ces administrations, ainsi que les fonctions respectives de ceux qui en seront chargés : ouï le rapport, etc.

1. Le directeur général des postes aux chevaux, relais et messageries de France tiendra le conseil de l'administration des postes aux chevaux en la manière accoutumée; ce conseil sera présidé en son absence par l'intendant des postes aux chevaux, relais et messageries, et toutes les affaires concernant ce service y seront rapportées et décidées par le directeur général, qui rendra compte à S. M., et prendra directement ses décisions lorsqu'il y aura lieu, à l'exception toutefois des crimes et délits, dont la connoissance appartiendra, soit aux baillages royaux et sénéchaussées royales, soit aux prévôts des maréchaux de France et sièges présidiaux, suivant la nature des cas.

2. Le service de la poste aux lettres, séparé de celui des relais de poste et des messageries, sera régi en chef par l'intendant-général de la poste aux lettres et courrier de France, qui rendra compte directement à S. M. de tout ce qui a rapport à

<hr>

(1) V. édit de mars 1784, n° 1922, t. 5 du règne, p. 401, 14, 18 janvier, 6 février, 15 juin 1786, 27 octobre 1787.
(2) V. art. 25, chap. 17, ord. du bureau de la ville de décembre 1672; instruction du 22 pluviôse an x.
(3) V. ord. 30 décembre 1814.

ce service, recevra ses ordres, et continuera de présider les assemblées des administrateurs des postes.

3. L'intendant général de la poste aux lettres connoîtra seul des plaintes qui seroient portées pour raison de surtaxe des lettres, et y fera droit suivant l'exigence des cas.

4. La nomination et l'expédition de tous les courriers ordinaires et extraordinaires appartiendra à l'intendant général de la poste aux lettres, qui conservera le droit de faire partir des courriers de dépêches toutes les fois que les circonstances l'exigeront : les maîtres de poste fourniront un ou deux chevaux à ces courriers, en payant le nombre de chevaux porté dans l'ordre de l'intendant général, ainsi que cela se pratique pour les courriers du cabinet, et ce, sur la simple représentation dudit ordre et sans qu'il soit besoin de passe-port du directeur général des relais de poste.

5. Le transport des malles aux lettres continuera de se faire *gratis* par les maîtres de poste, deux fois par semaine, moyennant 5 s. de guide, lesquels seront payés à l'ordinaire par les courriers aux postillons, sur toutes les routes où il est établi des grands courriers, même sur celles où il viendroit à en être établi par la suite pour faciliter le service public : les maîtres de poste continueront aussi de conduire gratuitement, une ou deux fois par an, les contrôleurs provinciaux des postes aux lettres dans l'étendue de leurs départements, et lorsqu'ils voyageront pour remplir leurs fonctions. Le roi confirme à cet effet les maîtres de poste dans la jouissance des privilèges qui leur ont été accordés, et des attributions qui leur sont réglées à titres de gages, dont ils seront payés sur les ordres du directeur général.

6. Le transport d'une troisième malle aux lettres, même d'un plus grand nombre par semaine, continuera de se faire sur les routes où cet établissement a lieu. Les maîtres de poste feront ce service au moyen de l'augmentation de salaire réglé, ainsi que cela s'est fait jusqu'à présent pour ceux qui y sont assujettis : il en sera de même sur les routes où les circonstances pourroient exiger par la suite qu'il fût établi un plus grand nombre d'ordinaires. Les ordres pour ce supplément de service seront donnés aux maîtres de poste par le directeur général, d'après la décision de S. M., dont l'intendant général de la poste aux lettres lui adressera une ampliation signée de lui.

7. Les maîtres de poste continueront de fournir des chevaux, de préférence à tous autres, aux courriers des malles aux let-

tres, et aux courriers du cabinet et des dépêches, ainsi qu'il est prescrit par les anciens réglements et ordonnances sur le fait des postes, que S. M. confirme en tant que de besoin ; défendant expressément auxdits maîtres de poste de retarder, sous aucun prétexte, le départ desdits courriers, à peine de destitution et de punition exemplaire, qui seront prononcées et décernées par le directeur général, lorsqu'il sera prouvé que le départ des courriers aura été différé par la faute des maîtres de poste.

8. Le directeur général veillera à l'exécution des ordonnances et réglements de police concernant le service des courriers de malles, notamment des réglements qui prescrivent qu'il y aura la nuit, dans chaque établissement de poste aux chevaux, de la lumière et un postillon de garde pour l'arrivée desdits courriers, et de tenir prêt le nombre de chevaux nécessaire pour le service des malles aux lettres, sans pouvoir en disposer pour aucuns autres courriers ou voyageurs.

9. Si un courrier est dans le cas de se plaindre d'un maître de poste pour un fait de police ordinaire, il adressera sa plainte à l'intendant général de la poste aux lettres, qui en donnera connoissance au directeur général des postes aux chevaux, relais et messageries, et lui proposera les moyens qu'il jugera les plus convenables pour remédier au désordre. Les maîtres de poste adresseront les plaintes qu'ils auroient à porter contre les courriers au directeur général des postes aux chevaux, qui en donnera également connoissance à l'intendant général de la poste aux lettres, avec son avis sur le parti à prendre pour faire cesser les sujets de plaintes.

10. Dans le cas où il surviendroit des contestations graves et des voies de fait entre les courriers et les maîtres de poste, le subdélégué, ou, à défaut du subdélégué, l'officier commandant de la maréchaussée, ou le maire ou syndic du lieu ou du village le plus voisin, sera requis de dresser procès-verbal des faits et dires de chacun des plaignants, duquel procès-verbal il sera fait deux expéditions, l'une pour être envoyée au directeur général des postes aux chevaux, relais et messageries, et l'autre à l'intendant général de la poste aux lettres, afin que, s'il y avoit lieu de faire punir exemplairement ou le maître de poste ou le courrier, le procès-verbal pût être envoyé par le directeur général de la poste aux chevaux, ou par l'intendant général de la poste aux lettres, à l'intendant de la province, lequel, après plus ample information, arbitreroit la punition à infliger au coupable, et en donneroit connoissance, soit au directeur gé-

néral de la poste aux chevaux, soit à l'intendant général de la poste aux lettres respectivement; et s'il y avoit lieu à revoir l'affaire, elle seroit par eux remise au secrétaire d'état de la province, pour, sur son rapport, y être statué définitivement par le roi en son conseil des dépêches.

11. Si un courrier chargé de la malle aux lettres, arrivant à un lieu de poste, étoit hors d'état de continuer sa route, sur sa demande le maître de poste fourniroit sur-le-champ un postillon de confiance, qui seroit payé par l'administration de la poste aux lettres, pour conduire la malle jusqu'à la première ville de résidence d'un directeur de la poste aux lettres, auquel il remettroit la malle qu'il aurait été chargé de conduire, et il lui en seroit délivré un reçu par ledit directeur, lequel seroit chargé de pourvoir à la conduite de cette malle jusqu'à sa destination.

12. Tous les fonds nécessaires pour subvenir aux dépenses de l'administration des relais de poste seront désormais fournis directement du trésor royal, à la réserve de ceux qui sont remis par différentes provinces, lesquels seront versés à la caisse à ce destinée, comme par le passé.

13. A compter de la même époque, la régie de la poste aux lettres ne fera plus aucun paiement pour les objets concernant l'administration des relais de poste, et versera directement au trésor royal les fonds qu'elle remettroit pour ce service.

14. Le droit d'expédier des estafettes sera réservé exclusivement au directeur général des relais de poste, et à l'intendant général de la poste aux lettres. Les estafettes ne pourront jamais être porteurs que de dépêches remises par ordres exprès du directeur général des postes aux chevaux, relais et messageries, ou de l'intendant général de la poste aux lettres.

15. Tous les officiers et employés de l'administration des postes aux chevaux, relais et messageries, seront, à compter du 1er janvier prochain, sous les ordres du directeur général, et secondairement sous ceux de l'intendant des postes aux chevaux, relais et messageries nommé par S. M. Les bureaux de cette administration cesseront d'être à l'hôtel de la poste aux lettres, et seront placés dans le lieu qui sera désigné par le directeur général : les appointements des officiers, des employés et des commis des bureaux seront payés des fonds à ce destinés, sur les états arrêtés par le directeur général.

16. A compter du 1er janvier prochain, la ferme des messageries sera séparée de la régie de la poste aux lettres, et n'aura plus aucun rapport avec l'administration de ce service.

sans que la distraction ordonnée puisse rien changer au traitement actuel des administrateurs des postes. A compter de la même époque, les fermiers des messageries verseront directement au trésor royal le prix de leur ferme.

17. Le directeur général des postes aux chevaux, relais et messageries, prendra connoissance du service des messageries en tant qu'il a rapport à celui des relais de poste, et en aura la police; il donnera aux maîtres de poste tous les ordres relatifs à ce service.

18. Tout ce qui concerne l'établissement, la comptabilité et la ferme ou régie des messageries continuera d'être subordonné au département des finances, et il en sera rendu compte au contrôleur général des finances par l'intendant des postes aux chevaux, relais et messageries, comme il l'étoit ci-devant par l'intendant général de la poste aux lettres. Les baux desdites messageries seront passés par le contrôleur général des finances, et homologués au conseil, à son rapport.

19. Les fermiers des messageries continueront pendant la durée de leur bail d'être chargés, comme entrepreneurs, du transport des malles aux lettres, auquel ils sont assujettis par une des conditions de leur bail, moyennant le prix y porté, dont le montant continuera d'être payé par quartier aux fermiers actuels des messageries par le caissier général de la régie de la poste aux lettres.

20. Le directeur général des postes, relais et messageries, donnera des ordres aux maîtres de poste pour que, dans les cas urgents, ils fournissent aux entrepreneurs du transport des malles aux lettres les chevaux qui leur sont nécessaires, à la charge par les entrepreneurs de les payer aux prix fixés par les ordonnances pour toutes les personnes qui voyagent en poste.

Nº 2136. — RÉGLEMENT *concernant les halles et ménageries* (1).

Cayenne, 22 novembre 1785. Reg. au conseil le même jour (Coll. m. m. Code Cayenne, tom. 7, pag. 203.)

Nº 2137. — ARRÊT *du conseil qui ordonne que les livres venant de l'étranger, passant par la France pour aller dans un autre pays étranger, seront dispensés d'être conduits à la chambre syndicale de Paris.*

Versailles, 23 novembre 1785. (R. S.

(1) V. 7 mai 1785.

8

N° 2138. — ARRÊT *de la cour des aides qui enjoint à tous courriers de la poste aux lettres de se rendre directement au bureau de la poste aux lettres aussitôt qu'ils arriveront dans une ville, sans pouvoir s'arrêter ni entrer auparavant dans aucunes maisons particulières.*

Paris, 25 novembre 1785. (R. S.)

N° 2139. — LETTRES PATENTES *qui permettent à M. le duc d'Orléans d'ouvrir un emprunt de 6,000,000 portant 240,000 livres de rentes survivancières ou tontines, et 135,000 livres de rentes viagères.*

Versailles, 27 novembre 1785. Reg. au parlement le 5 décembre. (R. S. C.)

N° 2140. — ARRÊT *du parlement sur la pâture des moutons et brebis dans les prairies des particuliers ou des communes.*

Paris, 30 novembre 1785. (R. S. C.)

Vu par la cour la requête présentée par le procureur général du roi, contenant que par arrêts des 23 janvier 1779 et 28 décembre 1780, il a été fait défenses à tous propriétaires, fermiers, cultivateurs, journaliers, habitants de la campagne, et autres, de mener paître en aucun temps les moutons et brebis dans les prairies, à moins que les prairies n'appartiennent aux propriétaires desdits moutons et brebis, et soient closes de murs ou de haies, le tout sous les peines portées par lesdits arrêts; que par un autre arrêt du 20 juin 1785, il a été ordonné que les habitants des paroisses situées dans l'étendue des bailliages et sièges royaux du ressort de la cour, où les habitants élèvent et nourrissent des oies et des dindes, ne pourront avoir que la quantité d'oies et de dindes qui leur sera fixée par les officiers des justices des lieux, et qu'ils ne pourront les mener pâturer que dans les cantons qui seront désignés à cet effet par les juges des lieux, sur l'indication qui en aura été faite par les syndics des paroisses; il a été fait défenses auxdits habitants d'avoir une plus grande quantité d'oies et de dindes que celle qui leur a été permise, sous peine de 20 liv. d'amende, même de plus forte, suivant les circonstances des cas, et d'être poursuivis extraordinairement; il a été ordonné que les oies et les dindes qui seront trouvées pâturant dans les blés ou dans les pâturages, autres que les pâturages qui auront été destinés pour la pâture desdits animaux, seront prises, enlevées et mises en fourrière, pour être vendues, soit à la

requête des syndics des paroisses, soit à la requête des substituts du procureur général du roi dans les sièges royaux, ou
des procureurs fiscaux dans les justices subalternes, et le prix
provenant de la vente, les frais de vente prélevés, ainsi que
les dommages-intérêts qui pourroient être dus aux cultivateurs
et propriétaires, acquis et confisqués au profit du roi ou des
hauts-justiciers, lorsque les oies et les dindes auront été prises
faisant du dégât dans l'étendue de leurs justices, et que les
poursuites auront été faites à la requête des procureurs fiscaux
desdites justices; il a été enjoint aux syndics des paroisses,
sous peine de 10 liv. d'amende, de dénoncer les contrevenants:
le procureur général du roi a été informé que dans plusieurs
paroisses les dispositions desdits arrêts ne sont point exécutées;
qu'on conduit indistinctement les chevaux, vaches, moutons,
oies, dindes et autres volailles paître dans les prés et communes; que l'herbe des communes ne peut servir aux habitants pour la nourriture de leurs chevaux, vaches et moutons,
lorsque les oies, dindes et autres volailles y pâturent; que les
habitants retirent aussi peu d'avantage de l'herbe des communes, lorsqu'on y mène paître indistinctement les moutons
et brebis, attendu que ces animaux pâturent jusqu'à la racine
de l'herbe et en arrachent une partie; enfin que dans les coutumes qui ne fixent point le temps où il ne doit point être permis
de mener les bestiaux dans les prairies jusqu'après la fauchai-
son, on conduit les bestiaux paître dans les prairies jusqu'à la
fin du mois d'avril, ce qui est très-nuisible à la crue de l'herbe,
et empêche que les propriétaires et fermiers retirent de leurs
prairies la quantité de foin qu'ils devroient y récolter; et
comme il est important qu'il soit statué par la cour sur cet
objet, et de faire procurer aux arrêts des 23 janvier 1779,
28 décembre 1780 et 20 juin 1785, leur pleine et entière
exécution: à ces causes requéroit le procureur général du roi
qu'il plaise à la cour ordonner, etc. Ouï le rapport de Me Pierre
Lattaignant, conseiller: tout considéré.

La cour ordonne que les arrêts du 23 janvier 1779 et 28
décembre 1780, seront exécutés; en conséquence fait défenses
à tous propriétaires, fermiers, cultivateurs, journaliers, habitants de la campagne, et autres, de mener paître, en aucun
temps, les moutons et brebis dans les prairies, à moins que
les prairies n'appartiennent aux propriétaires desdits moutons
et brebis, et soient closes de murs ou de haies; le tout sous
les peines portées par lesdits arrêts, sauf néanmoins l'exécution de l'arrêt du 9 mai 1783, pour les paroisses situées dans

le ressort des coutumes de Vermandois et de Vitry-le-Français,
qui continuera d'être exécuté, jusqu'à ce qu'autrement par la
cour il en ait été ordonné; ordonne que dans les paroisses où
il y a des communes, il sera désigné et fixé par les juges des
lieux, sur l'indication qui en aura été faite par les syndics des
paroisses, les cantons dans lesdites communes, pour y mener
paître les moutons et brebis, et les cantons pour y mener
paître les chevaux et vaches, sans qu'on puisse mener paître
les moutons et brebis dans les cantons destinés pour la pâture
des chevaux et vaches, ni les chevaux et vaches dans les cantons destinés pour la pâture des moutons et brebis, à peine de
20 liv. d'amende contre les contrevenants, du double en cas
de récidive, même d'être poursuivis extraordinairement; ordonne que dans les paroisses situées dans les coutumes qui ne
fixent point le temps où les prairies doivent être mises en réserve, il sera défendu de mener paître aucuns bestiaux dans
lesdites prairies après le 1er mars de chaque année, à moins
que les prairies n'appartiennent aux propriétaires desdits bestiaux, et soient closes de murs ou de haies, aussi à peine de
20 liv. d'amende contre les contrevenants, du double en cas
de récidive, et d'être poursuivis extraordinairement, sauf les
dommages-intérêts des propriétaires et fermiers; ordonne que
l'arrêt du 20 juin 1785 sera exécuté, et que les habitants qui
élèvent et nourrissent des oies, des dindes, et autres volailles
ne pourront les mener pâturer que dans les cantons qui auront été désignés par les juges des lieux, sur l'indication qui
en aura été faite par les syndics des paroisses, sans que lesdites
oies, dindes et autres volailles puissent être conduites à pâturer
dans les cantons destinés pour la pâture des moutons et brebis,
ainsi que dans les cantons destinés pour la pâture des chevaux
et vaches, ni en tout temps dans les prairies, à moins que les
prairies n'appartiennent aux propriétaires desdites oies, dindes
et autres volailles, et soient closes de murs, le tout sous les
peines portées par l'arrêt dudit jour 20 juin 1785; ordonne
que sur les dénonciations qui seront faites, soit par les syndics
des paroisses, soit par aucuns des habitants des paroisses, soit
par les propriétaires, fermiers et cultivateurs, les poursuites
seront faites contre les contrevenants, à la requête des substituts du procureur général du roi dans les sièges royaux, et
des procureurs fiscaux dans les justices subalternes; et que
faute par les procureurs fiscaux de faire les poursuites convenables, elles seront faites à la requête des substituts du procureur général du roi dans les sièges royaux, et les frais desdites

poursuites, en ce cas, prélevés sur les domaines des justices subalternes. Enjoint aux substituts du procureur général du roi dans les sièges royaux, aux officiers des justices des lieux, et aux syndics des paroisses, de tenir, chacun en droit soi, la main à l'exécution du présent arrêt „et aux officiers et cavaliers de maréchaussée de prêter main-forte, si besoin est, pour l'exécution dudit arrêt, lequel sera imprimé, publié et affiché partout où besoin sera, et lu chaque année, ainsi que les arrêts des 25 janvier 1779, 28 décembre 1780, et 20 juin 1785, dans les paroisses, à la sortie des messes paroissiales, à la diligence des substituts du procureur général du roi dans les sièges royaux, et des procureurs fiscaux des justices subalternes.

N° 2141. — ÉDIT portant réglement pour la fabrication des espèces et augmentation des droits des officiers des monnoies sur la conversion des matières d'or et d'argent (1).

Fontainebleau, novembre 1785. Reg. en la cour des monnoies le 1er février 1786. (R. S. C.)

N° 2142. — ARRÊT du conseil qui prescrit la forme et le diamètre des plombs pour la marque des draps et autres étoffes de laine, et qui ordonne que lesdits plombs, ainsi que les coins nécessaires, pour le service des bureaux de visite établis dans le royaume, seront fournis par l'administration.

Versailles, 7 décembre 1785.

N° 2143. — ARRÊT du parlement qui ordonne qu'il sera sursis, par provision, à l'exécution des lettres patentes (2) par lesquelles a été accordé le privilège exclusif de faire dans l'étendue du royaume pendant quinze années, par le moyen du ventilateur, la vidange des fosses d'aisance, puits et puisards.

Paris, 12 décembre 1785. (R. S.)

N° 2144. — ARRÊT du parlement qui ordonne qu'il sera sursis par provision à l'exercice du privilège exclusif accordé pour l'étamage, dans une nouvelle forme, des ustensiles de cuivre et autres (3).

Paris, 12 décembre 1785. R. S.

---

(1) V. édit de juin 1695, 24 août 1785, loi 7—14 septembre 1792, 6 juin 1813.
(2) Du 10 avril 1776, n° 436, t. 1er du règne, p. 527.
(3) Lett. pat. 28 juillet 1785, n° 1821, t. 5 du règne, p. 311.

N° 2145. — Arrêt du parlement qui ordonne l'exécution d'une ordonnance rendue par les officiers de police de Troyes, par laquelle il est fait défenses de couvrir de paille les maisons situées dans ladite ville et les faubourgs, à peine d'amende et de démolition des toits.

Paris, 13 décembre 1785. (R. S.)

N° 2146. — Arrêt de la cour des aides concernant la compétence des élections pour juger des actions en remboursement des impositions (1).

Paris, 16 décembre 1785. (R. S.)

N° 2147. — Arrêt du conseil qui accorde à la Gazette de France et au Journal de la Librairie le privilège d'annoncer avant les autres feuilles périodiques les ouvrages imprimés et gravés (2).

Versailles, 23 décembre 1785. (R. S. C. Gazette de France, 20 janv. 1786.

N° 2148. — Règlement général sur la fourniture du fourrage aux troupes à cheval.

Versailles, 25 décembre 1785. (R. S. C.)

N° 2149. — Ordonnance concernant ceux qui portent la croix de Saint-Louis, ou le ruban de cet ordre, sans titre.

Versailles, 29 décembre 1785. (R. S. C.)

S. M. étant informée que plusieurs personnes se permettoient de porter, sans titre, la croix de l'ordre royal et militaire de Saint-Louis, au mépris des dispositions prescrites par l'ordonnance du 11 juillet 1749; et que d'autres se décoroient du ruban de cet ordre, sans y avoir été admis, sous prétexte que ce cas n'avoit pas été prévu par cette ordonnance, elle a jugé qu'ils étoient également répréhensibles. Pour faire cesser ce double abus qui ne pourroit qu'avilir un ordre respectable, si on tardoit plus long-temps à y obvier, S. M. a cru devoir faire connoître ses intentions à ce sujet, et elle a en conséquence ordonné et ordonne ce qui suit :

1. Tout militaire pourvu du grade d'officier, ou tout gentilhomme qui portera la croix de Saint-Louis ou le ruban de cet ordre, sans avoir reçu cette décoration en vertu des ordres de

---

1) V. régl. 26 août 1452, art. 2 décembre 1544; décl. 13 avril 1761.
2 V. l. tt. pat. août 1761; a. d. c. 16 avril, 12 août 1785.

S. M., sera mis au conseil de guerre, et condamné à être dégradé des armes et de noblesse, et à subir vingt ans de prison, après lesquels il ne pourra exercer aucun emploi militaire.

2. Toute autre personne qui n'ét nt ni noble ni officier, contreviendra aux dispositions de l'art. 1er, sera aussi jugée par le conseil de guerre, et condamnée aux galères perpétuelles.

3. S. M. défend pareillement à toutes personnes, sans distinction, d'acheter ni de vendre aucune croix de Saint-Louis, à peine de six mois de prison, et de 500 liv. d'amende; et à tous orfèvres, joailliers, et autres ouvriers, de faire de ces croix, sans une permission par écrit du secrétaire d'état ayant le département de la guerre, ni d'en délivrer aucune qu'à ceux qui seront porteurs d'un ordre aussi par écrit dudit secrétaire d'état, à peine d'un an de prison, et de 2000 liv. d'amende. Ces amendes seront applicables, moitié au dénonciateur, et l'autre moitié à l'hôpital du lieu le plus prochain.

Mande, etc.

N° 2150. — ARRÊT *du parlement concernant la taxe provisoire des voitures pour le transport des bois à brûler selon les distances, dans l'intérieur de la ville et des faubourgs de Paris* (1).

Paris, 30 décembre 1785. (R. S.)

N° 2151. — ARRÊT *du parlement pour la coupe et l'exportation des bois destinés à l'approvisionnement de la ville de Paris* (2).

Paris, 30 décembre 1785. (Mars, 2—301. Dupin, code du comm. de bois et charbon, t. 1, p. 552.)

7. Et pour éviter qu'à l'avenir les mêmes retards et difficultés sur l'approvisionnement de la capitale ne se renouvellent, ordonnons que tous marchands et adjudicataires seront tenus d'informer le bureau de la ville de tous les bois dont ils se seront rendus adjudicataires; à l'effet de quoi ils remettront au greffe de la ville, ainsi qu'au procureur du roi et de la ville, dans un mois au plus tard après chaque adjudication, une déclaration signée d'eux, et certifiée véritable, laquelle indiquera, tant le nombre d'arpents dont la vente à leur profit se trouvera composée, que la quantité estimative de cordes de bois que chacun d'eux devra produire, ainsi que les différentes époques

_____

(1) V. arrêté du 27 ventôse an x.
(2) V. décision du 6 fructidor an ix.

où lesdits bois pourront successivement arriver à Paris, à peine, contre les contrevenants, de la confiscation des bois par déclarés dans le délai prescrit, et de 10,000 liv. d'amende dont un tiers sera adjugé au dénonciateur....

8. Lesdits marchands ou propriétaires seront tenus, suivant les dispositions des ordonnances de 1415 et de 1520, de faire sortir des lieux de vente tous les bois dont ils se seront rendus adjudicataires, et de les faire conduire sur les ports flottables, pour être, lesdits bois, transportés à Paris, soit en trains, soit par bateaux, et ce, dans l'intervalle de deux ans, à compter de la date de l'adjudication; savoir, la première année pour la coupe desdits bois, et la deuxième pour la vidange et le transport à Paris, et ledit temps des deux ans expiré, tous les bois restés dans les lieux de vente, seront confisqués, le tiers du prix adjugé au dénonciateur....

9. Dans le cas néanmoins où les besoins de l'approvisionnement exigeroient de promptes ressources, lesdits marchands et adjudicaires seront tenus, en conséquence des ordres qu'ils recevront de nous, et sans égard audit délai de deux ans, de faire couper sur-le-champ, et transporter sur les ports flottables, et de suite, sur ceux de Paris, tous les bois qui leur auront été adjugés, à peine de confiscation des bois restants, sur la valeur desquels seront prélevés les frais du transport à Paris, conformément à l'art. 10 de la dernière ordonnance de 1415....

10. Et pour la plus grande facilité et célérité dans les transports de ceux desdits bois qui seront destinés à être flottés, lesdits marchands veilleront à ce qu'ils soient voiturés dès le 1ᵉʳ novembre de chaque année et les piles déposées à l'avenir à quatre pieds de distance au plus des rives des ruisseaux où ils doivent être jetés à bûches perdues; et quant aux piles actuellement existantes, elles seront rapprochées desdits ruisseaux aux frais de la marchandise, de manière que les plus éloignées desdites rives ne soient pas toutefois au-delà de vingt à trente pieds, et déposées à la tête des ruisseaux où il est d'usage de les jeter à bûches perdues, et le plus à proximité d'iceux que faire se pourra, et, dans le cas où les charretiers affecteroient de décharger lesdits bois à une distance trop éloignée desdits ruisseaux, il en sera dressé procès-verbal à la réquisition de chaque entrepreneur de flottage; et sur l'envoi qui en sera fait au procureur du roi et de la ville, lesdits charretiers et voituriers seront condamnés d'après ses conclusions, à telle amende qui sera par nous jugée convenable, laquelle toutefois ne

pourra être moindre de 100 liv. d'amende par chaque contravention.

13. Lesdits bois affectés à la provision de Paris, tant ceux chargés en allèges que sur de grands bateaux, ou transportés en trains, ne pourront, sous aucun prétexte, et quelle que puisse être la destination qui leur sera donnée par les lettres de voiture, être déchargés et vendus en route, ni descendus au-dessous de la ville de Paris, sans que lesdits marchands, voituriers ou autres préposés à leur conduite, en aient obtenu la permission de nous, laquelle ne pourra être accordée que par écrit, et seulement d'après les plus fortes considérations, à peine, contre les contrevenants, de la confiscation des bois et de 3000 liv. d'amende, conformément aux arrêts du parlement des 10 juin 1635 et 22 juillet 1715.

14. L'épaisseur de chaque train qui sera fabriqué chaque année, depuis le 1er juin jusqu'au 1er novembre suivant, ne pourra être que de quatorze pouces, ou de quinze pouces au plus; il sera, audit cas, libre aux marchands de faire ajouter un dixième coupon à chaque port de leurs trains, à la charge, par eux, de faire fortifier lesdits trains dans le milieu, par des doubles liens; et faute par eux de le faire, ils ne pourront, sous tel prétexte que ce puisse être, prétendre ni répéter à titre de grace seulement aucune indemnité en cas d'accident.

15. Si aucuns desdits trains qui seront faits depuis le 1er juin jusqu'au 1er novembre, deviennent fondriers et se trouvent arrêtés en route, le subdélégué de la ville, en son absence le substitut du procureur du roi et de la ville le plus à proximité des lieux, sera tenu de s'y transporter sur-le-champ, de dresser procès-verbal de l'épaisseur exacte desdits trains et de la manière dont ils auront été construits; il sera ensuite retirer de l'eau et empiler sur les berges, les bois; et sur l'envoi qui nous sera fait des procès-verbaux, il sera par nous statué, ainsi qu'il appartiendra, sur les conclusions du procureur du roi et de la ville, soit pour l'indemnité à titre de grace seulement qui pourra être réclamée par les marchands, soit pour les condamner à une amende s'ils ne se sont pas conformés au présent jugement.

16. Quant aux trains qui seront fabriqués depuis le 1er novembre jusqu'au 1er mai de chaque année, l'épaisseur ne pourra être que de vingt pouces ou vingt-deux pouces au plus, et les marchands seront tenus au surplus de se conformer à ce qui est prescrit et ordonné par les deux articles précédents.

17. Faisons très-expresses inhibitions et défenses aux meu-

niers, maîtres de forges, et à tous propriétaires d'usines sur les rivières affluentes à la Seine, de laisser entrer dans leur bief les bois flottants; leur enjoignons de les fermer exactement, et d'ouvrir toutes leurs pelles aux approches de chaque flot, à peine de 500 liv. d'amende, et d'être poursuivis extraordinairement suivant l'exigence des cas.

18. Enjoignons pareillement aux gardes des pertuis de les tenir ouverts en tous temps, lorsque toutefois il y aura deux pieds d'eau en rivière; et quand les eaux plus basses exig'ront que lesdits pertuis soient fermés, lesdits gardes seront alors tenus de les ouvrir toutefois et quantes ils en seront requis; le tout à peine de 500 liv. d'amende, conformément à l'art. 5 du chap. 1er de l'ordonnance de 1672.

19. Lesdits bois, conduits et arrivés à Paris, seront de suite empilés dans les chantiers destinés à cet effet, et placés en théâtres séparés, lesquels ne pourront avoir au-delà de trente-deux pieds d'élévation, et les marchands seront tenus de les placer à une telle distance les uns des autres, que les commis préposés à la police desdits chantiers puissent circuler autour des piles, sur chacune desquelles les marchands seront tenus d'attacher une plaque ou pancarte indicative des qualités et prix des bois dont lesdites piles devront être composées, sans mélange d'aucune autre espèce que celle y désignée, à peine de 500 liv. d'amende.

N° 2152. — LETTRES PATENTES *concernant le pavé de Paris* (1).

Versailles, 30 décembre 1785.

N° 2153. — ÉDIT *portant séparation de l'administration des postes aux chevaux, relais et messageries, de celle des postes aux lettres, et établissement d'une direction générale des postes aux chevaux, relais et messageries* (2).

Versailles, décembre 1785.

N° 2154. — ORDONNANCE *pour diviser les forces navales en neuf escadres.*

Versailles, 1er janvier 1786. (Coll. d'ord. mil. Metz, 1786

(1) V. 2 août 1774, n° 31, t 1er du règne, p. 20, ord. 18 avril 1816.
(2) V. ci-dessus a. d. c. 30 octob. 1785, et édit de supp. d'août 17..

N° 2155. — ORDONNANCE *portant suppression des grades de capitaine de vaisseau et de port, capitaine de brûlot, enseigne de vaisseau et de port, lieutenant de frégate et capitaine de flûte, et création des grades de major et sous-lieutenant de vaisseau, et de lieutenant et sous-lieutenant de port.*

Versailles, 1er janvier 1786. (Coll d'ord. mil. Metz, 1786.)

N° 2156. — ORDONNANCE *concernant les officiers de la marine* (1).

Versailles, 1er janvier 1786. (Coll d'ord. mil. Metz, 1786.)

N° 2157. — ORDONNANCE *pour régler les appointements et l'uniforme des officiers de la marine.*

Versailles, 1er janvier 1786. (Coll d'ord. mil. Metz, 1786.)

N° 2158. — ORDONNANCE *concernant les montres et revues des officiers et entretenus de la marine.*

Versailles, 1er janvier 1786. (Coll d'ord. mil. Metz, 1786.)

N° 2159. — ORDONNANCE *qui supprime les compagnies des gardes du pavillon amiral, et celles des gardes de la marine, crée des élèves de la marine, et règle la forme de l'instruction et de l'avancement des jeunes gens destinés à entrer dans la marine.*

Versailles, 1er janvier 1786. (Coll. d'ord mil. Metz, 1786)

N° 2160. — ORDONNANCE *concernant les volontaires employés sur les vaisseaux de l'état.*

Versailles, 1er janvier 1786. (Coll d'ord. mil. Metz, 1786.)

N° 2161. — ORDONNANCE *concernant les officiers de port* (2).

Versailles, 1er janvier 1786. (Coll d'ord. mil. Metz, 1786.)

N° 2162. — ORDONNANCE *concernant les ingénieurs-constructeurs de la marine* (3).

Versailles, 1er janvier 1786. (Coll d'ord mil Metz, 1786.)

N° 2163. — ORDONNANCE *concernant l'artillerie de la marine.*

Versailles, 1er janvier 1786. (Coll. d'ord. mil. Metz, 1786)

(1) V. ord. 27 septembre 1776, n° 539, tom. 2 du règne, pag. 141; 20 août, 3 octobre 1781, n° 1942, 2013, tom. 5 du règne, pag. 457, 483.
(2) V. ord. 27 septembre 1776, n° 519, tom. 2 du règne, pag. 141.
(3) V. ord du 25 mars 1765, du 27 septembre 1776, n° 539, tom. 2 du règne, pag. 141.

N° 2164. — ORDONNANCE *pour établir des intendants ou commissaires attachés aux armées navales, escadres ou divisions, et des commis aux revues et aux approvisionnements à bord de chaque vaisseau, frégate ou autre bâtiment* (1).

Versailles, 1er janvier 1786. (Coll. d'ord. mil. Metz, 1786.)

N° 2165. — ORDONNANCE *portant création de neuf divisions de canonniers matelots sous le titre de Corps Royal de Canonniers matelots* (2).

Versailles, 1er janvier 1786. (Coll. d'ord. mil. Metz, 1786.)

N° 2166. — RÉGLEMENT *concernant les écoles d'hydrographie, et la réception des capitaines, maîtres ou patrons* (3).

Versailles, 1er janvier 1786. (Coll. d'ord. mil. Metz, 1786.)

N° 2167. — RÉGLEMENT *sur l'ordre, la police et la discipline des casernes des matelots* (4).

Versailles, 1er janvier 1786 (Coll. d'ord. mil. Metz, 1786.)

N° 2168. — RÉGLEMENT *sur la forme et la tenue des tables de loch et journaux à bord des vaisseaux, frégates, corvettes et autres bâtiments du roi.*

Versailles, 1er janvier 1786. (Coll. d'ord. mil. Metz, 1786.)

N° 2169. — RÉGLEMENT *sur le service particulier des officiers de quart à bord des vaisseaux.*

Versailles, 1er janvier 1786. (Coll d'ord. mil. Metz, 1786.)

N° 2170. — RÉGLEMENT *concernant le service des officiers de la marine à la mer.*

Versailles, 1er janvier 1786. (Coll. d'ord. mil. Metz, 1786.)

N° 2171. — RÉGLEMENT *sur le traitement des officiers à la mer.*

Versailles, 1er janvier 1786. (Coll. d'ord. mil. Metz, 1786.)

N° 2172. — RÉGLEMENT *sur l'ordre, la propreté et la salubrité à maintenir à bord des vaisseaux.*

Versailles, 1er janvier 1786. (Coll. d'ord. mil. Metz, 1786.)

---

(1) V. ord. 22 septembre 1776, n° 539, tom. 2 du règne, pag. 141.
(2) V. ord. 17 avril 1772, 4 février 1782.
(3) V. ord. d'août 1681 ; régl. du 15 août 1725.
(4) V. ord. du 31 octobre 1784, tit. 13, n° 2014, t. 5 du règne, p. 504

Nº 2173. — RÈGLEMENT *sur la discipline des équipages à bord, des vaisseaux.*

Versailles, 1ᵉʳ janvier 1786. (Coll. d'ord. mil. Metz, 1786.)

Nº 2174. — RÈGLEMENT *sur la formation des rôles de combat et de quart à bord des vaisseaux.*

Versailles, 1ᵉʳ janvier 1786. (Coll. d'ord. mil. Metz, 1786.)

Nº 2175. — RÈGLEMENT *sur les paies et les avancements de gens de mer.*

Versailles, 1ᵉʳ janvier 1786. (Coll. d'ord. mil. Metz, 1786.)

Nº 2176. — ORDONNANCE *concernant les officiers de port dans les colonies orientales et occidentales* (1).

Versailles, 1ᵉʳ janvier 1786. (R. S. C. Bajot, ann. 1817.)

S. M. ayant, par son ordonnance de ce jour, réglé la composition et les rangs des officiers de port, dans les ports et arsenaux du royaume ; et voulant y assimiler, autant qu'il sera possible, les officiers de port dans ses colonies orientales et occidentales, elle a ordonné et ordonne ce qui suit :

1. Les ports des colonies orientales et occidentales seront divisés en trois classes.

La première sera composée du Port-Louis à l'Ile de France, du Port-Royal à la Martinique, et du Cap à Saint-Domingue. Il sera établi dans chacun un capitaine et un lieutenant de port.

La seconde classe sera composée des ports de Pondichéry dans l'Inde, du Fort-Saint-Pierre à la Martinique, de la Basseterre et de la Pointe à Pitre à la Guadeloupe, du Port-au-Prince, des Cayes Saint-Louis et du môle Saint-Nicolas à Saint-Domingue : et il y sera établi des capitaines de port seulement.

La troisième classe contiendra les ports de Castries à Sainte-Lucie, de Scarborough à Tabago, de Cayenne dans la Guiane, du Fort-Louis au Sénégal, et de l'île Saint-Pierre de Terre-Neuve ; il n'y sera établi que des lieutenants de port titulaires.

2. Il ne pourra être nommé aux places de capitaines de port

_____

(1) En vigueur. Ord. 25 mai, 1ᵉʳ juillet 1814, 27 novembre 1815, art. 37, 31 janvier 1816, art. 104, 3 juillet 1822.
V. 28 janvier, 1ᵉʳ mai 1787, 29 juin, 13 juillet 1788.
Loi 12—25 novembre 1791.

de la première classe, que des sujets qui aient, au moins, depuis trois ans, le grade de sous-lieutenant dans la marine de S. M. Ils pourront ensuite obtenir successivement dans l'exercice de leurs fonctions les brevets de lieutenant de port et de sous-directeur de port.

3. Les places de capitaines de port de la seconde classe, ne seront accordées qu'à des sujets qui, par la nature de leurs services, seront susceptibles du brevet de sous-lieutenant de port en France, lequel leur sera expédié en même temps que celui de leur place titulaire de capitaine de port. Ils pourront ensuite obtenir, par ancienneté, la commission de lieutenant de port en France.

4. Il ne sera expédié que des brevets de lieutenant de port titulaire aux officiers employés en chef dans les ports de la troisième classe, et en second dans ceux de la première. Il leur sera ensuite accordé des commissions de sous-lieutenant de port en France lorsqu'ils en seront jugés dignes et sur les propositions des administrateurs; mais ils ne pourront, dans ces places, obtenir un grade supérieur.

5. Les officiers de port, qui seront jugés nécessaires dans les lieux non compris dans les trois classes de l'art. 1er, ne seront nommés que par les administrateurs, et ne pourront être pourvus d'aucun brevet ni commission de S. M.

6. Les officiers de port dans les colonies porteront l'uniforme des grades qu'ils auront obtenus dans le corps des officiers de port de France, mais ils ne jouiront que des appointements réglés pour leurs places par les états de dépenses qui seront arrêtés par S. M.; les autres porteront seulement l'uniforme d'élève de port.

Mande, etc.

Nº 2177. — ARRÊT du conseil souverain qui ordonne aux huissiers de se conformer aux dispositions de l'ordonn. de 1667, quand ils font des saisies-exécutions.

5 janvier 1786. (Code de la Martinique, tom. 3, pag. 6-8.)

Nº 2178. — RÈGLEMENT des administrateurs de Cayenne sur la vente des armes à feu, et des poudres portées dans la colonie par les différents capitaines de navire.

Cayenne, 7 janvier 1786. Reg. au conseil supérieur le même jour. (Coll. m. Code Cayenne, tom. 7, pag. 217.)

N° 2179. — RÈGLEMENT *des maréchaux de France sur la police et la discipline de la compagnie de la connétablie.*

Paris, 16 janvier 1786. (R. S.)

N° 2180. — RÈGLEMENT *des maréchaux de France pour l'exécution des ordonnances du tribunal.*

Paris, 16 janvier 1786. (R. S.)

N° 2181. — ARRÊT *du conseil qui approuve et confirme l'instruction en forme de règlement dressée par les ordres de S. M., touchant les opérations du bureau de direction établi par arrêt du 13 novembre 1785, pour les impositions de la ville de Paris, et sur les devoirs respectifs du directeur, du contrôleur principal et des contrôleurs ordinaires* (1).

Versailles, 18 janvier 1786. (R. S. C.)

Le roi ayant ordonné, par l'art. 3 de l'arrêt de son conseil du 13 novembre dernier, qu'il seroit établi un bureau de direction, tant pour la confection annuelle des différents rôles d'impositions de la ville de Paris, que pour la vérification des requêtes et mémoires en décharges ou modérations, qui auroient été présentés aux sieurs prévôt des marchands et lieutenant général de police; lequel bureau de direction seroit composé d'un directeur, d'un contrôleur principal, et de tel nombre de contrôleurs que S. M. jugeroit utile et nécessaire; S. M. a voulu qu'il fût rédigé une instruction, en forme de règlement, pour prescrire, dans le plus grand détail, les différentes opérations de ce bureau de direction, et les devoirs respectifs du directeur, du contrôleur principal et des contrôleurs ordinaires. Et S. M. jugeant nécessaire de faire connoître ses intentions sur l'exécution de ladite instruction : ouï le rapport, etc.; le roi étant en son conseil, en approuvant et confirmant l'instruction en forme de règlement, dressée par ses ordres, touchant les opérations de la direction établie pour les impositions de Paris, par l'arrêt du 13 novembre 1785; et sur les devoirs respectifs du directeur, du contrôleur principal et des contrôleurs ordinaires, laquelle demeurera annexée à la minute du présent arrêt, a ordonné et ordonne que ladite instruction, en forme de règlement, sera exécutée selon sa forme et teneur.

_____

(1) V. 13 et 30 décembre 1786.

N° 2182. — Instruction *sur les opérations du bureau de direction établi pour les impositions de Paris.*

Versailles, 18 janvier 1786. (R. S.)

Détails préliminaires sur chaque nature d'imposition.

Les diverses impositions de la ville de Paris sont partagées entre deux administrations; celle de M. le prévôt des marchands, et celle de M. le lieutenant général de police.

L'administration de M. le prévôt des marchands comprend la capitation bourgeoise; les vingtièmes des biens-fonds; les vingtièmes des offices et droits; et les vingtièmes d'industrie des particuliers qui ne sont point en communautés.

L'administration de M. le lieutenant général de police comprend la capitation; les vingtièmes d'industrie et la milice des corps et communautés; la milice des particuliers non en communautés, et le rachat des boues et lanternes.

Quant à la capitation de la cour, elle est sous les ordres immédiats du ministre, et c'est le roi qui prononce sur toutes les demandes qui y sont relatives.

Conformément à la déclaration du mois de mars 1701, les rôles, soit de la capitation bourgeoise, soit de la capitation des corps et communautés, sont annuellement formés sous les ordres des deux commissaires; mais ils sont arrêtés au conseil.

Pour ceux des vingtièmes et de la milice, qui sont également formés sous les ordres des deux commissaires, ils sont arrêtés et rendus exécutoires par ces magistrats eux-mêmes, chacun pour ce qui les concerne, en vertu des arrêts et règlements qui leur en ont spécialement attribué le pouvoir.

Par l'art. 4 de son arrêt du 13 novembre 1785, le roi a fait connoître que son intention étoit qu'il ne fût rien innové aux formes observées jusqu'à ce jour pour l'arrêté des différens rôles.

De la confection des rôles.

La confection annuelle des différents rôles d'impositions de la ville de Paris, est la première et la plus essentielle des opérations dont est chargé le bureau de direction établi par l'art. 3 de l'arrêt du 13 novembre 1785.

Le directeur, le contrôleur principal et les contrôleurs ordinaires, doivent tous concourir à cette opération, ainsi qu'il va être expliqué.

Les contrôleurs ordinaires devant commencer du 1ᵉʳ au 10 janvier au plus tard, suivant l'usage qui a toujours été observé pour les visites, le recensement de toutes les maisons de la ville de Paris et des particuliers qui les habitent, le directeur distribuera, au commencement de l'année, à chacun d'eux, les quartiers ou arrondissements qu'il jugera à propos de leur assigner, et ces visites seront terminées au 15 mars au plus tard.

Il sera donné à ces contrôleurs les instructions nécessaires pour qu'ils soient en état de s'occuper de ces visites avec l'exactitude, l'intelligence et la circonspection qu'elles exigent.

Pendant le cours de ces visites, les contrôleurs rapporteront chaque jour, à la direction, avant cinq heures du soir, les calepins, divisés par rues, sur lesquels ils auront inscrit les détails et renseignements pris par eux dans le courant de la journée; et ils ne pourront quitter le bureau de la direction, que, dans la même soirée, et pour les mêmes maisons qu'ils auront visitées dans le jour, les premières minutes, tant du rôle de la capitation bourgeoise, que celui des vingtièmes des biens-fonds, n'aient été formées sous les yeux du directeur, d'après les détails par eux recueillis et consignés dans leurs calepins.

Si quelque contrôleur ordinaire éprouvoit de la part de quelques propriétaires, ou autre personne, un refus de donner les déclarations et renseignements prescrits par les réglements, et notamment par l'arrêt du conseil du 24 février 1773, il s'efforcera de les y amener, en leur faisant connoître les dispositions des réglements, et s'il ne pouvoit y parvenir, il se retirera purement et simplement, et en référera, le même jour, au directeur et au contrôleur principal; ce dernier, après avoir pris les instructions du directeur, se présentera dès le lendemain chez le particulier refusant, avec le même contrôleur ordinaire, fera tout ce qu'il jugera le plus convenable pour amener à donner les détails auxquels l'obligent les réglements, et enfin dressera un procès-verbal de refus, pour, ce procès-verbal, rapporté ensuite à M. le prévôt des marchands, être par ce magistrat statué ce qu'il appartiendra.

Les visites étant absolument terminées à l'époque prescrite du 15 mars, et les minutes, tant du rôle de capitation que de celui des vingtièmes des biens-fonds, se trouvant ainsi mises au rôle, le directeur s'occupera de faire terminer promptement les expéditions nécessaires de ces rôles.

Le rôle de la capitation bourgeoise sera arrêté au conseil royal des finances, ainsi qu'il l'a été jusqu'à présent : à cet effet, le directeur fera faire, pour chaque département de receveur, sur la minute en projet de la direction, trois copies de cette minute, et les remettra toutes les trois à M. le prévôt des marchands; ce magistrat, après avoir examiné le travail, retiendra une de ces copies dans les bureaux, et fera passer les deux autres à M. de Vergennes, intendant au département des impositions.

L'une deviendra la minute originale, qui devra être arrêtée au conseil royal des finances, et déposée ensuite au greffe du conseil; la seconde, en sera l'expédition, qui devra être délivrée et signée par le greffier du conseil, pour servir au recouvrement.

Lorsque cette minute et l'expédition auront été revêtues de toutes les formes nécessaires, l'expédition sera renvoyée par M. de Vergennes, à M. le prévôt des marchands, qui la fera parvenir aux receveurs, par la voie du directeur, après avoir eu soin de faire porter la date de l'arrêté du rôle, sur la copie déposée dans les bureaux.

Pour les vingtièmes dont les rôles sont arrêtés par le commissaire du conseil, le directeur des impositions en fera former deux expéditions, aussi par chaque département de recette, non compris la minute matrice de la direction, et remettra ces deux expéditions à M. le prévôt des marchands, qui rendra l'une exécutoire et la fera repasser au directeur, et conservera l'autre pour minute dans ses bureaux.

Pendant l'opération de la confection des rôles, le contrôleur principal s'occupera de former, pour chacune des deux impositions, un état destiné à faire connoître toutes les différences en plus et en moins que les nouveaux rôles pourront présenter par comparaison à ceux de l'année précédente, ainsi que les cotes nouvelles et celles qui auront été supprimées; cet état, certifié véritable et signé de lui, sera remis au directeur, qui dans une colonne d'observations, en marge dudit état, expliquera, à chaque article, les motifs de ces différences, et remettra ensuite ce même état à M. le prévôt des marchands, en lui présentant les nouveaux rôles.

La confection du rôle des vingtièmes des offices et droits, presque toujours calqué sur celui de l'année précédente, n'exige point d'instruction particulière, non plus que celui du vingtième d'industrie des particuliers qui ne sont point en communauté, attendu qu'il est seulement question de noter dans les rôles de la capitation bourgeoise, ceux des particuliers cotisés dans ces rôles, qui sont susceptibles du vingtième d'in-

dustrie, et que le principal de cette dernière imposition est
réglé aux trois quarts du principal de la première.

À l'égard des rôles dépendant de l'administration de M. le
lieutenant général de police, ceux de la capitation des corps
et communautés sont la base de tous les autres. Ils seront
faits et rédigés sur les états de répartition, dressés par les
syndics et adjoints, conformément aux dispositions des arrêts
du conseil des 14 mars et 18 juillet 1779, 27 février 1780 et
4 février 1781.

Mais attendu les retards et inconvénients qui en sont résultés,
l'arrêt du conseil du 27 octobre 1781, qui avoit ordonné, qu'à
commencer de 1782, les receveurs des impositions de la ville
de Paris, feroient le recouvrement en détail de la capitation
des membres des corps et communautés, dont les syndics et
adjoints étoient précédemment chargés, cessera d'avoir son
exécution, à compter de l'année 1786. Les syndics et adjoints
feront eux-mêmes le recouvrement des impositions de tous les
particuliers dépendant de leurs corps, et en verseront le montant entre les mains des receveurs particuliers des finances,
ainsi que cela avoit lieu précédemment; les opérations seront
dès lors beaucoup moins compliquées.

En conséquence dès le mois de septembre de chaque année,
le directeur des impositions formera les rôles généraux des
corps et communautés, tant pour la capitation que pour les
vingtièmes, dans lesquels rôles chaque communauté sera
portée en masse pour la somme totale qu'elle devra acquitter.
Ces rôles étant arrêtés au conseil pour la capitation, et par
M. le lieutenant général de police pour les vingtièmes et les
milices, avant le 1er octobre, ce magistrat expédiera sur-le-
champ ses mandements pour chaque communauté, et pourra
tenir strictement la main à l'exécution de l'art. 5 de
l'arrêt du conseil du 14 mars 1779, qui enjoint aux gardes,
syndics et adjoints, de remettre le double signé d'eux, de leurs
états de répartition, au 15 du mois de janvier de chaque année
plus tard.

À fur et à mesure que ces états de répartition parviendront
à M. le lieutenant-général de police, ils seront renvoyés par
ce magistrat au directeur, qui, d'après les classes indiquées
sur ces états, formera pour chacun des corps et communautés,
1° le rôle de la capitation, 2° celui des vingtièmes d'industrie,
enfin celui des milices.

Tous ces rôles, qui seront arrêtés par M. le lieutenant-général de police, seront expédiés doubles, non compris la minute

de la direction. Une expédition sera déposée, comme minute, dans les bureaux de M. le lieutenant-général de police, et l'autre sera remise aux syndics et adjoints de chaque communauté pour leur recouvrement.

En présentant ces rôles à la signature de M. le lieutenant-général de police, le directeur remettra en même temps à ce magistrat les états de répartition des syndics et adjoints qui ne lui seront plus nécessaires.

Il reste à parler du rôle des milices des particuliers non en communauté; mais ce rôle sera formé facilement sur celui du vingtième d'industrie des mêmes particuliers non en communauté, attendu que ce seront les mêmes contribuables, et que comme le vingtième d'industrie est réglé aux trois quarts du principal de la capitation, de même l'imposition de la milice est réglée à raison du sixième.

Remise des rôles aux receveurs.

Tous les rôles ayant été signés et rendus exécutoires, seront renvoyés par les commissaires du conseil au directeur des impositions, lequel les fera passer à fur et à mesure aux receveurs particuliers, chacun pour ce qui concernera leur département.

Il informera en même temps les receveurs généraux, par un bordereau détaillé par départements, de la remise qu'il aura faite des rôles de chaque nature d'imposition aux receveurs particuliers.

Ceux-ci ayant reçu ces rôles, en accuseront le même jour la réception au directeur, et aussi le même jour en instruiront de leur côté les receveurs généraux.

Le directeur sera aussi tenu d'adresser au magistrat chargé du département des impositions un état du montant des différents rôles pour chaque nature d'imposition, en lui faisant connoître les divers motifs qui auront pu influer, en plus ou en moins, sur le montant de ces rôles.

Réponses des requêtes et mémoires.

Par l'article 2 de l'arrêt du conseil du 13 novembre 1783, il avoit été ordonné que les sieurs prévôt des marchands et lieutenant-général de police feroient respectivement le renvoi des mémoires et requêtes qui leur auroient été présentés au directeur des impositions, et ensuite, avec l'avis dudit directeur,

teur, à l'un ou à l'autre des deux maîtres des requêtes nommés commissaires, lesquels en feroient le rapport à la commission établie par cet arrêt, pour lesdits mémoires y être jugés sómmairement en première instance, et sauf l'appel au conseil.

Depuis, S. M. a considéré qu'une grande partie des demandes en décharges ou modérations sur la capitation bourgeoise, n'exigeant point beaucoup de discussion, il seroit convenable, pour accélérer l'expédition des affaires, de ne porter à la commission que les demandes de ceux des contribuables cotisés dans les rôles bourgeois dont la capitation excéderoit un taux déterminé; de sorte que toutes les taxes inférieures seroient jugées sommairement, sans le concours de la commission, par M. le prévôt des marchands.

En conséquence S. M. a ordonné, par l'arrêt du conseil du 14 janvier 1786, que M. le prévôt des marchands, après s'être procuré l'avis du directeur, statueroit sommairement et par jugement dernier, sur toutes les cotes de capitation qui n'excéderoient pas 25 liv. en principal; et qu'à l'égard de toutes les autres demandes relatives à des taxes supérieures à ladite somme, elles seroient portées par l'un ou l'autre des deux maîtres des requêtes, à la commission établie par l'arrêt du 13 novembre 1785, pour y être jugées sommairement, et sauf l'appel au conseil.

Mais avant toute décision quelconque, les requêtes et mémoires devant toujours être renvoyés au directeur des impositions pour qu'il donne son avis, le directeur fera porter ces requêtes et mémoires sur un registre des renvois, par ordre de date, et à fur et à mesure qu'ils lui parviendront.

Au-dessous du renvoi fait par le commissaire du conseil, le directeur inscrira le numéro donné à la requête, la date de l'enregistrement dans son bureau, et le nom du contrôleur qui sera chargé de vérifier le mémoire; ensuite il fera la distribution de ces mémoires entre les contrôleurs.

Il ne sera donné suite par le directeur à aucune requête qu'elle ne lui soit parvenue par le renvoi de M. le prévôt des marchands, et qu'elle ne porte en marge la mention et la date de ce renvoi.

De son côté, le contrôleur principal tiendra un registre alphabétique, sur lequel il fera le relevé de tous les mémoires qui auront été incrits sur le registre des renvois de la direction; ce second registre aura pour objet de faciliter les recherches des mémoires qui auront été présentés.

Ci-joints les modèles des deux registres, l'un chronologique pour le directeur, l'autre alphabétique pour le contrôleur principal.

Chacun des contrôleurs aura aussi un registre dans la même forme à peu près que celui de la direction, et dont le modèle est pareillement ci-joint, sur lequel il inscrira avec soin tous les mémoires qui lui auront été remis pour en faire son rapport.

Si dans les requêtes qui lui seront renvoyées, le directeur en remarquoit quelques-unes qui fussent plus délicates à traiter, soit par la nature de l'affaire en elle-même, soit par la qualité et le caractère des contribuables intéressés, il pourra charger le contrôleur principal d'en faire lui-même la vérification, comme il en eût chargé un simple contrôleur, si c'eût été une affaire ordinaire.

Les contrôleurs seront strictement obligés de passer au bureau de la direction tout le temps qu'ils n'auront pas employé en vérification.

Pour prévenir tout abus à cet égard, les contrôleurs seront divisés en deux colonnes : douze iront en vérification les mardi et vendredi matin; les douze autres les mercredi et samedi : par ce moyen, le bureau ne sera jamais dégarni, ni les opérations intérieures interrompues. Si un mémoire exigeoit une vérification prompte qui ne s'accordât point avec la distribution de temps qui vient d'être expliquée, le directeur autoriseroit spécialement le contrôleur à s'absenter pour faire cette vérification et venir en rendre compte sur-le-champ.

Chaque contrôleur rédigera son rapport sur une feuille séparée des mémoires, et signera ce rapport; il remettra ensuite le tout au contrôleur principal, qui, au bas de la réponse du contrôleur ordinaire, ajoutera ses observations personnelles, et les signera pareillement.

Si les détails donnés par le contrôleur ordinaire étoient incomplets, et que l'affaire exigeât une contre-vérification, le contrôleur principal, qui sera toujours chargé de ces sortes d'opérations, pourra en faire l'observation dans sa réponse au pied de celle du contrôleur ordinaire; mais il ne pourra aller en contre-vérification qu'il n'y ait été spécialement autorisé par le directeur.

Enfin le directeur, après avoir examiné le travail du contrôleur ordinaire et du contrôleur principal, rédigera son avis, et remettra le tout sous les yeux de M. le prévôt des marchands, en ayant soin, pour chaque travail qu'il présentera à ce magistrat, de distinguer, par une liasse particulière, toutes les affaires de capitation qui n'excèderont point 25 livres en principal.

Lorsqu'il aura été statué sur les différents mémoires, soit par M. le prévôt des marchands, soit par la commission, avec la plus grande diligence possible, les décisions et toutes les pièces seront renvoyées au directeur, qui rédigera les projets d'ordonnance, et les remettra, pour être signées, à M. le prévôt des marchands.

Quant aux mémoires et requêtes présentées par les membres des communautés d'arts et métiers pour les impositions dépendantes de l'administration de M. le lieutenant-général de police, tous ces mémoires et requêtes seront d'abord renvoyés par ce magistrat aux gardes, syndics et adjoints qui auront dressé l'état de répartition, et classé tous les contribuables de leur corps.

Les gardes, syndics et adjoints, donneront les motifs qui les auront déterminés à placer le contribuable réclamant dans telle ou telle classe, et lui donneront communication de leur réponse, pour que celui-ci puisse ensuite leur remettre sa réplique. Les syndics et adjoints remettront ensuite le tout à M. le lieutenant-général de police, qui statuera sur-le-champ si les parties se trouvent définitivement d'accord, et qui fera repasser sa décision et toutes les pièces au directeur des impositions, pour que celui-ci rédige et propose à ce magistrat les ordonnances nécessaires.

Si au contraire, d'après l'instruction contradictoire qui aura eu lieu, le contribuable réclamant et les gardes, syndics et adjoints, étoient contraires en faits, et que ces derniers soutinssent la taxe bonne, alors M. le lieutenant-général de police fera le renvoi du mémoire et pièces jointes au directeur, qui pourra se procurer de nouveaux renseignements par ses contrôleurs, et fera le travail nécessaire pour que l'instruction de l'affaire soit complète. M. le lieutenant-général de police en fera ensuite le renvoi à l'un ou à l'autre des deux maîtres des requêtes, nommés commissaires, pour que le rapport en soit fait à la commission.

Le directeur, en remettant son travail à M. le lieutenant-général de police, aura soin de distinguer, par deux liasses particulières, ses avis sur les affaires qui devront être portées à la commission, et les projets d'ordonnance sur celles qui auront été terminées par M. le lieutenant-général de police, les parties étant d'accord.

Les ordonnances signées, soit par M. le prévôt des marchands, soit par M. le lieutenant-général de police, étant renvoyées par ces magistrats au directeur, celui-ci les fera passer aux receveurs, qui lui en accuseront exactement la réception.

Il aura soin préalablement de les enregistrer dans ses bureaux, et à cet effet, le directeur fera tenir un registre pour chaque nature d'imposition, conforme aux modèles ci-joints, sur lequel la marche des affaires et leur décision seront successivement indiquées.

L'intention du conseil étant qu'aucune ordonnance ne soit admise dans les comptes qu'elle n'ait été quittancée, le délai de deux mois qui sera prescrit par lesdites ordonnances sera absolument de rigueur; mais pour mettre les contribuables en demeure, il leur sera envoyé de la direction l'avertissement dont les modèles sont ci-joints.

Lorsque les deux mois seront expirés, les receveurs seront tenus de renvoyer à la direction les ordonnances qui n'auront point été acquittées.

Le directeur sera tenu d'adresser à M. de Vergennes, intendant au département des impositions, avant le 10 de chaque mois, les états détaillés des décharges et modérations qui auront été accordées sur chaque nature d'imposition pendant le mois précédent. Ces états seront rédigés dans la forme ordinaire, et l'on en joint ici des modèles.

Ces états seront dépouillés sur les états généraux tenus dans le département des impositions, et les relevés qui en seront faits, mois par mois, seront communiqués à la fin de l'année au directeur des impositions, pour qu'il en reconnoisse l'exactitude; à la fin de l'exercice, la réunion de ces relevés fera connoître avec la plus grande précision le montant des décharges et modérations qui devront être allouées lors de la comptabilité : s'il existoit la plus légère différence, alors l'administration exigera qu'il lui en soit rendu compte.

Comptabilité.

Aux époques fixées pour la comptabilité, les receveurs particuliers seront tenus de remettre leurs comptes rédigés conformément au modèle imprimé suivi dans les différentes généralités.

Il sera dressé un compte séparé pour chaque nature d'imposition.

Le chapitre intitulé *Recette* sera composé du montant des différents rôles dont chaque receveur devra compter pour tel ou tel exercice.

Le chapitre des *Dépenses* sera composé, 1° des décharges réelles; 2° des décharges pour ordres de compte, desquelles il sera formé et arrêté des rôles de restes; 3° de l'article des différentes taxations et des gages.

Pour justifier le montant des décharges réelles, le receveur sera tenu de joindre à son compte, 1° toutes les ordonnances de décharges ou modérations qui auront été prononcées, rangées par ordre de date; 2° un bordereau détaillé de chacune desdites ordonnances.

Les décharges pour ordre de compte seront les sommes que le receveur de chaque département n'aura point encore pu recouvrer, et pour lesquelles le directeur formera de nouveaux rôles, dont le recouvrement sera donné au receveur des restes.

A l'égard des taxations, celles des gardes, syndics et adjoints seront calculées sur leur recouvrement net, déduction faite des charges et modérations; et celles des receveurs, aussi sur le net de leur recouvrement, déduction faite, tant des décharges et modérations que des taxations des gardes, syndics et adjoints.

Enfin le total de la dépense, soustrait du total de la recette, fera connoître la somme nette qui aura dû être versée à la recette générale.

Ces comptes seront remis en projet au directeur avec toutes les ordonnances de décharges à l'appui, et le bordereau desdites ordonnances. Son devoir est d'examiner toutes ces ordonnances de décharges et modérations pour les reconnoître et pour vérifier si elles ont été bien et duement quittancées.

Cette opération étant terminée, le directeur remettra les comptes aux commissaires du conseil, avec toutes les pièces à l'appui, et en adressera en même temps à M. de Vergennes un tableau détaillé; il enverra un semblable tableau au receveur général, et le préviendra du jour où il aura présenté ces comptes aux commissaires du conseil.

Toutes les pièces justificatives resteront déposées dans les bureaux des commissaires du conseil; et lorsque les comptes auront été par eux arrêtés triples, ils en feront passer une expédition au receveur particulier pour sa décharge; la seconde au receveur général des finances pour sa comptabilité, à laquelle sera joint à cet effet le bordereau détaillé des ordonnances de décharges et modérations arrêté et signé par le commissaire du conseil; et la troisième restera déposée dans les bureaux de M. le prévôt des marchands ou de M. le lieutenant général de police.

N° 2183. — LETTRES PATENTES *pour favoriser dans le royaume l'établissement des fabricants étrangers.*

Versailles, 19 janvier 1786 Reg. en parlement le 10 février. R. S. C.

LOUIS, etc.; étant informé que plusieurs négociants étrangers désiroient établir en France des fabriques de marchandises de l'espèce de celles dont nous avons prohibé l'introduction, s'il nous plaisoit leur permettre d'y faire entrer les instruments et matières premières nécessaires à ces établissements, et si nous voulions leur accorder dans le royaume les mêmes avantages dont ils jouissent dans leur patrie, ainsi que la liberté d'y retourner après un certain nombre d'années, nous avons trouvé les demandes de ces négociants conformes à nos vues pour le progrès du commerce national, et nous avons résolu de les traiter favorablement. A ces causes, etc.

1. Il sera permis à tous négociants et fabricants étrangers de former dans le royaume des établissements de fabriques de mousselines de toute espèce, de toiles blanches, de toiles peintes, d'étoffes de coton, de tanneries, de draperies, et de toutes sortes de quincailleries; à la charge que lesdits nouveaux établissements seront placés à la distance de sept lieues au moins de la frontière, et que ceux desdits négociants qui voudront jouir des avantages qui leur seront assurés par les articles suivants, feront, par-devant l'intendant de la province où ils auront jugé convenable de former lesdits établissements, la soumission de les effectuer dans l'espace d'une année, à compter du jour de cette soumission.

2. Nous exemptons ceux qui auront fait lesdites soumissions de tous droits d'entrée et de traites pour toutes les matières premières, fils, cotons, ingrédients de teinture, cuivres, aciers, machines et outils nécessaires à leurs établissements qu'ils tireront de l'étranger, même pour les meubles à l'usage de leurs maisons, dans le terme prescrit pour compléter lesdits établissements.

3. Nous accordons en outre aux négociants et fabricants étrangers qui formeront lesdits établissements, et aux ouvriers étrangers amenés par eux, et qui serviront à leur exploitation, l'exemption de toutes impositions personnelles pendant trois ans; celles de milice, de corvée et de logement de gens de guerre à toujours; celle de tous frais de réception dans les

communautés de marchands et artisans auxquels ils pourraient être affiliés; et pour eux, leurs enfants nés et à naître et leurs descendants, la jouissance de leur état, la liberté de leurs usages, en ce qui ne sera pas contraire aux lois du royaume; tous droits de succession, l'affranchissement du droit d'aubaine, et la faculté d'acquérir et de revendre tous héritages, terres, maisons et autres biens-fonds. Si vous mandons', etc.

N° 2184. — ARRÊT *du conseil portant réglement pour la marque et visite des toiles blanches et imprimées des manufactures d'Alsace* (1).

Versailles, 26 janvier 1786. (R.S.)

N° 2185: — ORDONNANCE *de police concernant le balayage et nettoiement devant les maisons, cours, jardins et autres emplacements de la ville et faubourgs de Paris* (2).

Paris, 28 janvier 1786. (R.S.)

Sur ce qui nous a été remontré par le procureur du roi, que quelques précautions qu'on puisse apporter pour faire faire exactement chaque jour l'enlèvement des boues, il n'est pas possible d'entretenir dans les rues et les faubourgs de la capitale, cette propreté toujours égale, non moins nécessaire à la salubrité de l'air qu'à la commodité des habitants, si les propriétaires et locataires ne sont pas également attentifs à faire, ou faire faire le service du balayage dont ils sont tenus indistinctement; qu'il regarde, en conséquence, comme un devoir de son ministère de nous proposer de rappeler les dispositions des arrêts, réglements et ordonnances rendus à ce sujet, de prendre les mesures nécessaires pour les faire exécuter, d'employer à cet effet la voie des avertissements et des contraintes, et de faire connaître que nul n'est exempt de ce service; qu'il seroit contraire à toute justice que des serviteurs ou domestiques pussent impunément manquer à leurs obligations, tandis que ceux qui ne peuvent se dispenser de faire eux-mêmes ce service se trouveroient exposés aux peines portées par les réglements; que toutes ces considérations lui ont paru de nature à faire la matière d'une nouvelle ordonnance. A ces causes, nous, faisant droit sur le réquisitoire du procureur du roi, ordonnons, etc.

(1) V. 23 février 1786, 11 février 1788, mars 1789, 13 novembre 1785.
(2) V. a. d. p. 30 avril 1663, édit de décembre 1666, ord. de police 3 février 1734, 25 avril 1744, 23 novembre 1750, 20 février 1759, 2 décemb. 1776, 6 novembre 1778, et 8 novembre 1780; art. 471 code pén., § 3, et 474; ord. de police du 26 janv. 1821. Mars, tom. 5, pag. 484, 488 et 495.

1. **Tous** les bourgeois et habitants de la ville et faubourg de Paris, de quelque état et condition qu'ils soient, seront tenus de faire balayer régulièrement au-devant de leurs maisons, cours, jardins et autres emplacements dépendants des lieux qu'ils occupent, jusqu'au ruisseau, même la moitié des chaussées, tous les matins, à sept heures en été, et avant huit heures en hiver; de relever les ordures et immondices à côté des murs de leurs maisons, et d'en faire des tas, afin que l'entrepreneur du nettoiement puisse les enlever; leur défendons de sortir les ordures provenant de leurs maisons, et de les déposer dans la rue après le passage des voitures de l'enlèvement; leur enjoignons, conformément à l'article 18 de l'arrêt de règlement du 30 avril 1663, de faire jeter, après le balayage, sur le pavé et dans le ruisseau au-devant de leurs maisons, la quantité d'eau nécessaire pour entretenir libre l'écoulement des ruisseaux.

2. **Seront** pareillement tenus lesdits habitants, dans les temps de neige et de gelées, de relever les neiges, de rompre et casser les glaces qui seront au-devant de leurs maisons et dans le ruisseau, de les mettre par tas le long des murs de leurs maisons, sans pouvoir porter celles de leurs cours dans les rues avant le dégel, et généralement de satisfaire à tout ce qui sera ordonné concernant le nettoiement des rues, soit par les commissaires au Châtelet, soit par des extraits des ordonnances de police, indicatifs du genre d'ouvrages que la variété du temps pourra exiger; lesquels extraits seront affichés partout où besoin sera, afin que personne n'en puisse prétendre cause d'ignorance; le tout à peine de cinquante livres d'amende pour chaque contravention au présent article et au précédent, et de plus grande peine si le cas y échet; pourront même, dans les cas de contravention, les suisses, portiers et autres domestiques, être emprisonnés, conformément à la disposition de l'article 18 dudit arrêt du parlement du 30 avril 1665.

3. **Défendons** pareillement à tous particuliers, de quelque état et condition qu'ils soient, de jeter, ni souffrir qu'il soit jeté dans les rues aucunes ordures de jardin, feuilles, immondices, cendres de lessive, ardoises, tuiles, tuileaux, raclures de cheminées, gravois, ni d'y mettre ou faire mettre aucuns fumiers, ni autres ordures, de quelque espèce qu'elles puissent être, à peine de vingt livres d'amende pour chaque contravention, et de plus grande en cas de récidive.

4. **Enjoignons** aux entrepreneurs du nettoiement de fournir exactement le nombre de tombereaux suffisant, en bon état,

...ayant des numéros, à l'effet de faire régulièrement tous les jours l'enlèvement des immondices dans toutes les rues de cette ville et faubourgs, lequel commencera à sept heures en été et à huit heures en hiver : d'avoir, pour le service de chaque tombereau, un charretier et un retrousseur, auxquels il fournira les pelles et balais nécessaires : enjoignons aux retrousseurs de se servir de balais pour relever les boues et immondices de chaque tas : défendons aux charretiers de charger dans leurs tombereaux les gravois et ordures qui ne doivent être enlevés que par les gravatiers, et de recevoir aucun salaire des habitants de cette ville, à peine contre lesdits charretiers et retrousseurs d'être emprisonnés.

5. Ne pourront les habitants de cette ville et faubourgs faire sortir de leurs cours et écuries, et placer dans la rue, aucuns fumiers, qu'au moment où ils pourront être enlevés : enjoignons aux habitants de la campagne, qui viennent les enlever, de faire ce service dans les premières heures de la journée, de balayer exactement les places où étaient lesdits fumiers après que leurs voitures seront chargées, de les contenir avec soin dans les voitures par des bannes et clayons, afin que dans le transport ils ne puissent se répandre sur le pavé. Pourront les habitants de la campagne venir prendre, comme par le passé, des boues dans les rues de Paris, pour fumer leurs terres, à la charge par eux d'enlever indistinctement tous les tas de boues, de les charger dans des voitures bien closes, et de se conformer d'ailleurs à ce qui est prescrit aux charretiers et retrousseurs ; le tout à peine de deux cents livres d'amende pour chaque contravention.

6. En ce qui concerne les ateliers de maçons et entrepreneurs de bâtiments, renouvelons les défenses de faire porter dans les rues et places de cette ville une plus grande quantité de matériaux que ce qu'ils pourront employer dans le cours de trois jours, ou d'une semaine au plus ; ainsi que les injonctions de faire balayer les ateliers, et relever les recoupes tous les jours, et avant la fin du travail des ouvriers, comme aussi de les faire enlever trois fois au moins par semaine ; le tout à peine de cinq cents livres d'amende.

7. Seront tenus ceux qui auront chez eux des gravois, poteries, bouteilles cassées, verres à vitres, morceaux de glaces, ou vieilles ferrailles, de les rassembler dans des paniers ou autres ustensiles pour les porter dans la rue, et de les mettre dans un tas séparé de celui des boues, sans pouvoir les mêler avec lesdites boues, ni les jeter par les fenêtres, le tout à peine

de 100 livres d'amende pour la première fois, et de plus grande en cas de récidive.

8. Faisons défenses à tous particuliers, de quelque état et condition qu'ils soient, de jeter par les fenêtres dans les rues, tant de jour que de nuit, aucunes eaux, urines, matières fécales, et autres matières ou ordures, de quelque nature qu'elles puissent être, à peine de trois cents livres d'amende, dont les pères et mères seront responsables pour leurs enfants, les maîtres pour leurs domestiques, et les marchands et artisans pour leurs apprentis et compagnons.

9. Mandons aux commissaires au Châtelet, et enjoignons aux inspecteurs de police, huissiers et autres officiers, de tenir la main à l'exécution de l'arrêt du parlement du 30 avril 1663, et de notre présente ordonnance; qui sera exécutée, nonobstant oppositions ou appellations quelconques, imprimée, lue, publiée et affichée partout où besoin sera, à ce que personne n'en ignore.

N°. 2186. — ORDONNANCE *de police concernant la liberté et la commodité de la voie publique* (1).

Paris, 28 janvier 1786. (R. S. Mars, 2—489 et 492.)

Sur ce qui nous a été remontré par le procureur du roi, que nonobstant la multiplicité des ordonnances et réglements de police concernant la liberté et la commodité de la voie publique, l'ancienneté de ces réglemens en a fait perdre de vue les dispositions; et, comme on ne peut trop exactement en maintenir l'exécution, qui a pour principal objet la sûreté des citoyens, il nous requiert d'y pourvoir. À ces causes,

1. Nous ordonnons que les réglements du 30 janvier 1356, novembre 1539, décembre 1607, 19 novembre 1666, 22 mars 1720, et les ordonnances de police, seront exécutés selon leur forme et teneur; en conséquence, enjoignons aux propriétaires, maîtres maçons, charpentiers et entrepreneurs de bâtimens, de renfermer, tailler et préparer dans l'intérieur desdits bâtiments, les pierres et matériaux destinés à iceux, autant que ledit intérieur en pourra contenir, à peine de 200 livres d'amende.

2. Nous faisons très-expresses inhibitions et défenses auxdits propriétaires, maçons, charpentiers, menuisiers, couvreurs,

---

(1) V. art. 471 code pén., § 4 et 474; ord. de pol. 24 avril 1817, et 8 février 1819.

et autres entrepreneurs de bâtiments, de faire décharger dans les rues et places de cette ville, des pierres de taille, moellons, charpente, et autres matériaux destinés aux constructions et réparations des bâtiments, que préalablement ils n'aient fait constater par les commissaires des quartiers qu'il n'est pas possible de les renfermer dans l'intérieur desdits bâtiments, et qu'ils n'aient obtenu desdits commissaires des emplacements pour lesdits matériaux; comme aussi d'en déposer ailleurs que dans ceux qui leur auront été assignés par lesdits commissaires: le tout sous la même peine de 200 livres d'amende.

3. Seront tenus, sous les mêmes peines, lesdits entrepreneurs de placer et retenir dans l'intérieur des bâtiments qu'ils démoliront, les pierres, bois, et autres matériaux en provenant; leur défendons de les sortir et déposer dans les rues, sauf à eux à se pourvoir de magasins suffisants pour les contenir.

4. Il ne pourra être mis dans les rues et places de cette ville plus grande quantité de pierres, moellons et charpente que ce qui pourra être employé dans le cours de trois jours, ou au plus de la semaine; et ce, dans le cas où il sera estimé par le commissaire du quartier, que le passage public n'en sera pas gêné et resserré, à l'exception néanmoins des matériaux destinés pour les édifices publics.

5. Les propriétaires, maîtres maçons, charpentiers et autres entrepreneurs, ne pourront faire sortir dans les rues et places les décombres, pierres, moellons, terres, gravois, ardoises, tuileaux, et autres matières provenant des démolitions des bâtiments, qu'autant qu'ils pourront les faire enlever dans le jour, en sorte qu'il n'en reste point pendant la nuit, sous peine de 200 livres d'amende.

6. Enjoignons, sous les mêmes peines, auxdits propriétaires, maîtres maçons, charpentiers, et autres entrepreneurs de bâtiments, de faire balayer tous les jours, aux heures prescrites par les règlements, les rues le long de leurs bâtiments et ateliers, de faire enlever les recoupes trois fois la semaine; et même plus souvent s'il est nécessaire, de manière que leurs ateliers n'en soient point engorgés; de faire ranger leurs pierres et matériaux, destinés aux constructions, le long des murs, sans cependant les appuyer contre iceux, et en laissant libres l'entrée des maisons et les appuis au-devant des boutiques, de telle sorte qu'il reste, autant qu'il sera possible, dans les rues, un espace de trois toises entièrement libre, afin que deux voitures puissent y passer de front; et,

dans le cas où ils ne pourroient pas laisser trois toises entièrement libres, les matériaux seront déposés dans des carrés,
entre lesquels on laissera des places vacantes pour ranger, au
besoin, de secondes voitures : le tout conformément aux permissions qui auront été délivrées par les commissaires du
Châtelet.

7. Seront tenus tous les tailleurs de pierre de ranger les
pierres qu'ils travailleront, de manière que les éclats et recoupes ne puissent causer aucune malpropreté dans les rues,
ni blesser les passants; leur enjoignons en conséquence de tourner la partie qu'ils tailleront du côté du mur le long duquel
seront déposés les pierres et matériaux; le tout à peine de 100
livres d'amende.

8. Ordonnons aux couvreurs d'observer les anciennes ordonnances; en conséquence, leur défendons de jeter les recoupes, plâtres et ardoises dans les rues, et leur enjoignons
de les descendre ou faire descendre par leurs ouvriers, sous
peine de 200 livres d'amende, même de plus grande peine s'il
y échet.

9. Enjoignons, sous les mêmes peines, aux maîtres couvreurs, faisant travailler aux couvertures des maisons, de faire
pendre au-devant d'icelles deux lattes en forme de croix, au
bout d'une corde, et d'attacher auxdites lattes un morceau de
drap d'une couleur voyante; leur enjoignons aussi, et à tous
autres qui font travailler dans le haut des maisons, lorsqu'il y
aura le moindre danger pour les passants, de faire tenir dans la
rue un homme pour avertir du travail, et prévenir les accidens
de pierres, plâtres, tuiles, et autres matériaux ou décombres,
qui pourraient échapper dans le cours de leurs travaux.

10. Faisons défenses à tous marchands épiciers, marchands
de vin, tonneliers, fruitiers, et à toutes personnes quelconques, sous la même peine, d'embarrasser les rues de ballots,
tonneaux, ni d'y faire travailler à la réparation d'iceux, comme
aussi d'y laisser aucuns paniers vides ou pleins de marchandises; leur enjoignons de faire décharger et serrer dans leurs
magasins et caves les marchandises qui leur arriveront, au
fur et mesure qu'elles auront été tirées de leurs caves, boutiques et magasins, en sorte que les rues n'en demeurent point
embarrassées.

11. Faisons défenses, sous les mêmes peines, à tous serruriers, tapissiers, layetiers, chaudronniers, bahutiers, et à tous
autres, de travailler dans les rues, et d'y établir des ateliers,
tables et tréteaux.

12. Faisons défenses, sous les mêmes peines de 200 livres d'amende, à tous sculpteurs, marbriers, menuisiers, serruriers, charpentiers, selliers, charrons, marchands de bois, tapissiers, fripiers et autres, de laisser sur le pavé au-devant de leurs maisons, sous quelque prétexte que ce soit, aucuns meubles, trains, carrosses, arbres, poutres, planches, et autres choses destinées à être travaillées, ni aucuns autres objets de leurs métiers et professions, même pour servir de montre.

13. Faisons défenses à tous loueurs de carrosses, charretiers et voituriers, sous les mêmes peines de 200 livres d'amende, de laisser exposés, tant de jour que de nuit, dans les rues et places de cette ville, aucuns carrosses, charrettes, chariots, coches et autres voitures.

14. Faisons aussi défenses à tous regratiers, regratières, à peine de 20 livres d'amende, et même de prison, d'établir boutique et étalalage dans les rues et places; leur enjoignons de se retirer dans les halles et marchés de cette ville, pour y faire leur commerce.

15. Défendons à tous propriétaires ou principaux locataires des maisons, de laisser étaler au-devant d'icelles lesdits regratiers ou regratières, et toutes autres personnes avec étalage quelconque, à peine de 200 livres d'amende.

16. L'ordonnance de police du 31 juillet 1779, portant défenses d'étaler dans les rues et places publiques de la ville de Paris, l'arrêt du parlement du 16 décembre suivant, portant homologation de ladite ordonnance, et les lettres patentes du mois de mai 1784, enregistrées au parlement le 27 dudit mois de mai, portant suppression des échoppes de la ville de Paris, seront exécutés selon leur forme et teneur; et en conséquence faisons défenses à toutes personnes de faire construire aucune échoppe, ni se placer dans aucune rue et place, avec planches, tables ou inventaires, à peine de 50 livres d'amende; et, à l'égard des propriétaires ou principaux locataires qui les souffriront devant leurs portes, sous peine de 200 livres d'amende.

17. Faisons défenses à tous marchands et loueurs de chevaux, d'essayer ni faire essayer leurs chevaux dans les rues et places de cette ville; leur enjoignons de se retirer dans le marché public et dans les endroits écartés qui sont à ce destinés, à peine de 200 livres d'amende.

18. Faisons défenses à tous charretiers de conduire leurs voitures et charrettes, étant montés sur leurs chevaux, qu'ils ne pourront en aucun cas faire courir ni trotter; leur enjoi-

guons de les conduire à pied ; le tout à peine de 50 livres d'amende, et même de prison.

19. Faisons défenses à toutes personnes de jouer, dans les rues et places publiques, au volant, aux quilles ni au bâtonnet, à peine de 200 livres.

20. Seront les pères et mères, maîtres et maîtresses, propriétaires, entrepreneurs et autres, civilement tenus garans et responsables pour leurs enfants, ouvriers, garçons, serviteurs ou domestiques, de toutes les peines portées par les différents articles de la présente ordonnance.

Mandons, etc.

N° 2187. — CONVENTION *entre la France et le Portugal, pour terminer le différend qui s'étoit élevé entre les deux monarchies sur la côte de Cobinde en Afrique, et pour fixer les limites du commerce français sur cette côte.*

Le Prado, 30 janvier 1786. (Koch, tom. 2, pag. 495.)

N° 2188. — DÉCLARATION *concernant les curés desservants à titre d'office* (1).

29 Janvier, 1786. (Carré, gouvernem des paroisses.)

N° 2189. — LETTRES PATENTES *qui autorisent une fondation de bienfaisance par l'ordre de Saint-Hubert* (2).

Versailles, janvier 1786. Reg. au parlement le 11 avril. (Code des ordres de chevalerie, pag. 479.)

N° 2190. — ORDONNANCE *portant réglement sur la police à observer sur les routes par les postillons de poste et les rouliers, charretiers et autres voituriers.*

Versailles, 4 février 1786. (R. S. Mars, 2—257.)

S. M. ayant été informée que plusieurs maîtres de postes se plaignent des violences et voies de fait que différents charretiers, rouliers ou autres conducteurs de voitures, exercent journellement sur les postillons, lorsque ceux-ci veulent exiger qu'ils leur cèdent le pavé ; que souvent même lesdits postillons en sont attendus et maltraités au retour ; qu'il résulte du refus de faire place à la poste, divers accidents pour les chevaux des maîtres de poste, et un retard préjudiciable à la célérité d'un service qui mérite une entière protection. Et jugeant à propos

---

(1) V. 15 décembre 1598, édit de 1698, loi du 8 avril 1802.
(2) Créé en mai 1416, par Louis Ier, duc de Bar ; confirmé 4 nov. 1605 ; entériné par le duc de Lorraine 27 octobre 1661, 12 juin 1718 ; maintenu par Stanislas, confirmé par Louis XV lors de la réunion de la Lorraine à la France. V. régl. du grand maître 1er avril 1816.

d'y pourvoir : S. M. a ordonné et ordonne que tous rouliers, charretiers, voituriers et autres, seront tenus de céder le pavé et de faire place à tous courriers et voyageurs allant en poste : leur fait S. M. expresses inhibitions et défenses de troubler à l'avenir, en quelque sorte et manière que ce puisse être, lesdits maîtres de poste et postillons dans leur service sur les routes, comme aussi d'exercer à l'avenir aucunes voies de fait, violences et mauvais traitements, à peine de 30 liv. d'amende payable sur-le-champ, et applicable un tiers aux pauvres du lieu de l'établissement de poste, et les deux autres tiers au profit des cavaliers de maréchaussée qui auront été employés à constater la contravention et à arrêter le contrevenant, même de punition corporelle, si le cas y échoit : pour ne laisser aux charretiers et voituriers aucun prétexte qui puisse les mettre dans le cas de causer le moindre accident, il leur est défendu, sous les mêmes peines, de quitter leurs chevaux et de marcher derrière leur voiture; si plusieurs voituriers se suivoient, il devra toujours s'en trouver un pour marcher à la tête de la première voiture; défendant également S. M. à tous postillons d'user, en cas de résistance de la part des voituriers, d'aucunes voies de fait ni de menaces de les frapper pour faire ranger les voitures qui s'opposeroient à leur passage, et voulant qu'ils se bornent à porter leurs plaintes contre ceux qui auroient refusé de leur faire place après en avoir été avertis : enjoint S. M. aux prévôts des maréchaussées, leurs lieutenants ou autres leurs officiers dans l'étendue de leurs départements, de recevoir les plaintes qui leur seront portées par lesdits maîtres de poste et postillons contre lesdits rouliers, charretiers, voituriers et tous autres, pour raison desdits troubles, voies de fait, violences et mauvais traitements, même de leur prêter main-forte au besoin, sur la réquisition qui leur en sera faite, tant pour prévenir lesdits accidents, que pour arrêter les contrevenants et assurer le service public. Mande et ordonne S. M. à tous gouverneurs, lieutenants généraux en ses provinces, gouverneurs particuliers et commandants de ses places, intendants et commissaires départis esdites provinces, d'y tenir la main chacun en droit soi, et de donner les ordres nécessaires pour l'exécution, renvoyant aux intendants des provinces la connoissance et le jugement sommaire, s'il y a lieu, de toutes les contestations relatives aux dispositions de la présente ordonnance, réservant celle des crimes et délits aux tribunaux auxquels il appartient d'en connoître : et sera la présente ordonnance lue, publiée et affichée partout où besoin sera, à ce que personne n'en ignore.

N° 2191. — **ARRÊT** *du conseil qui fixe les chargements de morue sèche de pêche nationale, à cinquante quintaux au moins, pour obtenir les primes d'encouragement accordées par arrêt du 18 septembre 1785.*

Versailles, 5 février 1786. (R. S.)

N° 2192. — **ARRÊT** *de la cour des monnoies qui défend à toutes personnes de quelque qualité et condition qu'elles soient, de faire le change des espèces d'or et d'argent, à peine d'être poursuivies extraordinairement en cas de récidive* (1).

Paris, 8 février 1786. (R. S.)

N° 2193. — **ARRÊT** *du parlement concernant l'échenillage des arbres.*

Paris, 9 février 1786. (R. S.)

Vu par la cour la requête présentée par le procureur général du roi, contenant qu'il a été informé que dans différents endroits, situés dans le ressort d'icelle, il y a beaucoup de toiles ou bourses, dans lesquelles sont renfermés des œufs de chenilles, qui paroissent sur les arbres, haies ou buissons, ce qui peut occasioner beaucoup de dommages aux fruits de la terre; et comme il est important de prévenir les inconvénients qui en peuvent résulter, le procureur général du roi proposera à la cour de renouveler la disposition des arrêts qu'elle a rendus en pareil cas : à ces causes, requéroit le procureur général du roi qu'il plaise à la cour ordonner, etc. Ouï le rapport, etc.

La cour ordonne que dans huitaine, à compter du jour de la publication du présent arrêt, tous propriétaires, fermiers, locataires ou autres, faisant valoir leurs propres héritages, ou exploitant ceux d'autrui, seront tenus, chacun en droit soi, d'écheniller ou faire écheniller les arbres étant sur lesdits héritages, à peine de 30 liv. d'amende, ou autre plus grande, s'il y échet, et d'être en outre responsables des dommages-intérêts des parties : ordonne pareillement que les bourses et toiles qui seront tirées des arbres, haies ou buissons, seront sur-le-champ brûlées dans un lieu de la campagne où il n'y aura aucun danger de communication de feu, soit pour les

_____

(2) V. décl. 30 octobre 1785, n° 2122 ci-dessus, pag. 89.

forêts, bois, landes et bruyères, soit pour les maisons ou bâtiments, arbres, fruitiers ou autres, en quelque manière que
ce soit, le tout sous les mêmes peines; les syndics des paroisses
tenus d'y veiller aussi sous les mêmes peines; les officiers,
tant royaux que subalternes, tenus de tenir la main à l'exécution du présent arrêt; et à cet effet ordonne que les ordonnances et jugements qui seront rendus par lesdits officiers
seront exécutés par provision, nonobstant oppositions ou appellations quelconques, et que l'arrêt sera imprimé et affiché
partout où besoin sera.

Nº 2194. — ORDRE du roi portant que les avances faites par les
trésoriers des colonies aux personnes y entretenues qui excèderont le traitement qui leur est alloué par les états du roi, seront rejetées des comptes des trésoriers qui en demeureront responsables.

Versailles, 11 février 1786. (Coll. m. m. code Cayenne, tom. 7 pag. 239.)

Nº 2195. — ARRÊT du conseil qui ordonne aux officiers des amirautés, de tenir la main à l'exécution de l'arrêt du 14 avril
1785, portant établissement d'une nouvelle compagnie des
Indes relativement aux passe-ports et aux congés à délivrer aux
amirautés.

Paris, 20 février 1786. (R. S.)

Nº 2196. — ARRÊT du conseil qui déclare nuls et de nul effet les
passe-ports illimités délivrés par l'ancienne compagnie des
Indes, aux négociants et armateurs, et leur fait défenses de
s'en servir (1).

Versailles, 21 février 1786. (R. S.)

Nº 2197. — ORDONNANCE de police concernant le commerce, le
transport, l'empilage dans les chantiers, et la vente des bois
de chauffage.

Paris, 21 février 1786. (Dupin, cod. du comm. de bois et charbon, t. 1,
p. 565.)

Nº 2198. — DÉCLARATION concernant les reconstitutions des
rentes (2).

Versailles, 23 février 1786. Reg. en parlement le 19 mai. (R. S.)

_____

(1) V. 3 mars 1789.
(2) V. 14, 17 septembre 1786; 28 août 1787, 3 mars, édit de mars 1788.
20 juin 1789.

N° 2199. — ÉDIT *portant suppression de la Monnoie d'Aix.*

Versailles, février 1786. Reg. en la cour des monnoies le 1ᵉʳ avril. (R. S.

N° 2200. — ÉDIT *portant établissement d'un hôtel des monnoies en la ville de Marseille.*

Versailles, février 1786. Reg. en la cour des monnoies le 1ᵉʳ avril. (R. S.

N° 2201. — ÉDIT *portant création de huit offices de receveurs particuliers des finances de la ville de Paris* (1).

Versailles, février 1786. Reg. en la chambre des comptes le 4 avril. (R. S.

N° 2202. — ÉDIT *portant interdiction du cumul des fonctions de notaire et procureur, et réduction des notaires et procureurs de la ville de Calais.*

Versailles, février 1786. Reg. en parlement le 22 août (R. S.)

N° 2203. — LETTRE *de M. de Castries qui permet l'importation du sel et de la bière par les étrangers, tant que le commerce français ne s'en plaindra pas.*

3 mars 1786. (Code de la Martinique, tom. 3, pag. 683.)

N° 2204. — ORDONNANCE *du bureau des finances concernant la direction du pavé de la ville, faubourgs et banlieue de Paris, portant entre autres choses, art. 2, que les entrepreneurs seront payés par tous les propriétaires de terrains, par privilège et préférence à tous créanciers, sur les mémoires arrêtés et visés par le trésorier de France, commissaire du conseil pour la direction générale du pavé de Paris, le tout sans aucuns frais de quelque nature qu'ils puissent être* (2).

Paris, 7 mars 1786. (R. S.)

N° 2205. — LETTRE *de M. de Castries sur les fraudes des poids et des qualités des sucres apportés en France.*

10 mars 1786. (Code de la Martinique, tom. 3, pag. 688.)

N° 2206. — ORDONNANCE *de police concernant les garçons épiciers.*

Paris, 11 mars 1786. (Mars, 2—251.)

3. Nul garçon ou pensionnaire ne pourra quitter son mar-

---

(1) V. édit de mars 1788.
(2) V. a. d. c. 30 décembre 1785.

chand qu'après l'avoir averti quinze jours avant sa sortie, duquel avertissement le marchand sera tenu de lui délivrer à l'instant un certificat à la suite, duquel il sera mention, après la quinzaine expirée, qu'il a rempli la formalité ci-dessus prescrite.

5. Lorsqu'un garçon ou pensionnaire sortira de chez son marchand, il sera tenu de s'en éloigner, et ne pourra entrer qu'après l'expiration d'une année dans les boutiques du même commerce, voisines de celles qu'il aura quittées, de manière qu'il y ait au moins dix maisons du même commerce entre celles qu'il aura quittées pendant le cours d'une année, et celle dans laquelle il se propose d'entrer.

7. Aucun marchand ne pourra sous aucun prétexte prendre chez lui un garçon ou pensionnaire, qu'après s'être fait représenter le dernier certificat dudit garçon ou pensionnaire, pour connaître s'il a été enregistré au bureau du corps des épiciers, et dans le cas où il auroit déjà demeuré chez quelques maîtres, s'il a obtenu le certificat de sortie prescrit par l'art. 3 ci-dessus.

9. Lorsqu'un garçon ou pensionnaire aura fait enregistrer au bureau son entrée dans une nouvelle boutique ou magasin, il sera tenu d'en remettre l'expédition à son nouveau maître, et ledit marchand en restera dépositaire tant que le garçon ou pensionnaire demeurera chez lui, pour le représenter aux gardes et adjoints lorsqu'il en sera requis.

13. Faisons défenses aux marchands dudit corps et aux garçons marchands ou pensionnaires, de contrevenir en aucune manière aux dispositions du présent réglement, à peine de 100 liv. d'amende contre les marchands, et de punition exemplaire contre les garçons.

Nº 2207. — RÉGLEMENT concernant la pêche de la tortue.

Cayenne, 13 mars 1786. Reg. au conseil le même jour. (Coll. m. m. Code Cayenne, tom. 7, pag. 243.)

Nº 2208. — ORDONNANCE portant réglement pour l'uniforme des officiers d'amirauté.

Versailles, 13 mars 1786. R. S.

N° 2209. — DÉCLARATION *concernant l'établissement des offices d'agents de change, créés pour la ville de Paris, par édit de janvier 1723 (1).*

Versailles, 19 mars 1786. Reg. en la chambre des comptes le 6 avril (R.S.

LOUIS, etc. Par le compte que nous nous sommes fait rendre de l'exécution des édits, arrêts et réglemens concernant les agens de change établis en différentes villes de notre royaume, nous avons reconnu que les uns exerçoient leurs fonctions comme pourvus d'offices, tels que ceux des villes de Lyon et de Bordeaux, et que d'autres ne les exerçoient qu'en vertu de simples commissions sans finance dont l'usage a été autorisé spécialement pour la ville de Paris par décision du 24 septembre 1784 : cependant l'étendue du commerce et l'importance des négociations qui se font maintenant dans notre capitale, nous ont paru exiger d'y donner aux agens de change une consistance plus solide, en faisant exécuter la loi qui les a établis en titre d'offices. La finance de leurs charges, telle qu'elle sera réglée par un rôle arrêté en notre conseil, sera un gage pour leurs opérations, augmentera la confiance du public par une nouvelle sûreté, et servira à écarter une foule d'aspirants sans bien et sans crédit. Dans cette vue, ainsi que pour faire cesser toutes négociations illicites et abusives faites par l'entremise de gens qui n'ont ni état ni qualité, nous avons résolu de réaliser l'établissement des soixante offices d'agens de change créés pour notre bonne ville de Paris par l'édit du mois de janvier 1723, de révoquer toutes commissions et permissions expédiées et délivrées à des agens et courtiers de change depuis 1724; comme aussi de prescrire les conditions auxquelles les offices d'agens de change pourront être levés et exercés à l'avenir. A ces causes, etc.

1. L'édit du mois de janvier 1723, portant création de soixante offices de nos conseillers-agens de change, banque et commerce dans notre bonne ville de Paris, sera exécuté; et la disposition de l'art. 19 de l'arrêt du 24 septembre 1724, portant qu'il sera commis à l'exercice desdits offices, sera et demeurera sans effet.

2. Avons en conséquence supprimé et supprimons toutes les commissions d'agens de change, qui auroient pu être expé

_____

(1) V. 4 novembre 1786, 28 janvier 1787.

diées depuis 1724. Voulons que ceux pourvus desdites commissions, ainsi que les courtiers qui ont obtenu l'entrée de la bourse et la permission d'y faire des négociations, ne puissent exercer à l'avenir, et passé le délai de deux mois, à compter du jour de la publication des présentes, aucunes des fonctions d'agents et courtiers de change, s'ils n'ont été admis à lever lesdits offices, ainsi qu'il sera expliqué ci-après.

3. Les agents de change pourvus de commissions seront admis de préférence, pendant deux mois, à lever lesdits offices en nos parties casuelles, en consignant le prix de la finance réglée par le rôle qui en sera arrêté en notre conseil : après lequel délai lesdits agents de change seront pareillement admis, pendant autre délai de deux mois, et au moyen de la même consignation, concurremment avec les courtiers compris aux états ci-devant arrêtés par le contrôleur général de nos finances; enfin, au défaut des agents et courtiers, et lesdits délais passés, seront encore admis à lever lesdits offices, les sujets reconnus capables, et à qui nous en aurons donné l'agrément, sur les certificats en bonne et due forme, qu'ils auront représentés.

4. En cas que l'un de ceux qui auront consigné, vienne à décéder avant qu'il ait été pourvu de l'un desdits offices, la somme consignée sera délivrée à ses héritiers, successeurs ou ayant cause, par le trésorier de nos revenus casuels, en rapportant sa quittance, et la main-levée des oppositions, si aucunes y a; ce qui aura pareillement lieu à l'égard de ceux qui voudroient retirer leur consignation avant d'avoir été pourvus de l'un desdits offices.

5. Les deniers consignés formeront le prix de l'office, après que les provisions de celui qui les aura consignés auront été scellées, et de ce jour ils seront réputés immobiliers et sujets à toute hypothèque. Pourront en conséquence, les créanciers du titulaire, former, entre les mains du garde des rôles, leurs oppositions sur ledit prix, procéder contre leur débiteur par voie de saisie réelle, le contraindre à donner sa démission, ou obtenir jugement qui en tiendra lieu, et poursuivre l'ordre et distribution dudit prix, en la manière accoutumée.

6. Aussitôt après le sceau des provisions, celui qui se sera démis de l'office, et ses représentants ou les héritiers, successeurs, ou ayant cause de l'officier décédé, retireront de nos revenus casuels, la somme consignée pour la finance, laquelle sera remise sans droits ni frais, par le trésorier de nosdits revenus, en justifiant des titres et qualités, et en rapportant un certificat des gardes des rôles, portant qu'il n'y a audit jour

aucune opposition subsistante entre leurs mains : ordonnons qu'après le sceau desdites provisions, il ne puisse être reçu aucune opposition sur ledit prix; et déclarons nulles et de nul effet celles qui auront été formées depuis.

7. En cas que celui dont nous aurons agréé la démission, ou ses représentants, et les héritiers, successeurs et ayant cause de l'officier décédé, veuillent retirer le prix dudit office sans attendre le sceau des provisions du successeur, voulons qu'ils puissent faire publier, le sceau tenant, ladite démission ou le décès; et que quinzaine après ladite publication, dont l'acte sera par eux remis dans le jour d'icelle, aux gardes des rôles, ledit prix leur soit délivré sans droits ni frais, et sans autre formalité, par le trésorier de nos revenus casuels, en lui justifiant de leurs titres et qualités, et en lui remettant un duplicata dudit acte de publication, visé desdits gardes des rôles, et leur certificat, portant qu'à l'expiration de la quinzaine, il n'y avoit entre leurs mains aucune opposition subsistante sur ledit prix. Ordonnons qu'après ladite quinzaine il n'en pourra être reçu par lesdits gardes des rôles, et déclarons nulles et de nul effet celles qui auront été formées après ledit délai.

8. Les oppositions qui auront été formées entre les mains des gardes des rôles, sur le prix desdits offices, dans les délais portés par les précédents articles, auront les mêmes effets que les oppositions au sceau; et seront au surplus exécutés les édits, déclarations, arrêts et règlements concernant lesdites oppositions, les fonctions desdits gardes des rôles, la saisie réelle des offices, et la distribution du prix d'iceux.

9. Lesdits offices d'agents de change seront tenus et possédés à titre de survivance; et il sera payé en nos parties casuelles, à chaque mutation, le seizième de la finance, qui tiendra lieu de fixation, avec les deux sous pour livre dudit seizième.

10. Avons attribué et attribuons auxdits agents de change, des gages au denier vingt-cinq de la finance consignée, dont l'emploi sera fait annuellement dans les états des finances de la généralité de Paris; les maintenons au surplus et les confirmons dans toutes les fonctions, prérogatives, émoluments et droits à eux accordés par l'édit de 1723, et par les édits précédents, et notamment dans le droit de faire exclusivement à tous autres, les négociations d'effets royaux et effets publics, qui ne peuvent l'être validement que par leur ministère et à la bourse.

11. Faisons défenses à toutes personnes, autres que les agents de change qui sont pourvus d'offices, même aux agents et courtiers ci-devant pourvus de commissions et permissions, de faire aucune des fonctions exclusivement à eux attribuées, ni de percevoir les droits desdits offices, sous aucun prétexte, soit de bénéfice, récompense, gratification ou autrement, à peine de restitution du quadruple des sommes reçues, et de 6,000 liv. d'amende, applicables; savoir, un tiers au dénonciateur, un tiers au profit de l'Hôtel-Dieu de Paris, et l'autre à celui de la compagnie desdits agents de change, sans que cette peine puisse être remise, modérée, ni réputée comminatoire. Permettons seulement à chacun desdits soixante agents de change, de se faire aider et assister dans ses négociations par un commis qui pourra faire les fonctions de courtier, auquel effet chaque agent de change présentera au contrôleur général de nos finances, un sujet qui sera admis auxdites fonctions, après qu'il en aura obtenu la permission, laquelle lui sera expédiée sans frais; à la charge par l'agent de change, de demeurer responsable des négociations qui seront faites par son commis-courtier, et qui ne pourront l'être que pour le compte dudit agent de change; et seront les noms desdits commis-courtiers, dont le nombre ne pourra excéder celui des agents de change, inscrits dans un tableau séparé de celui des agents de change, lequel sera affiché dans la salle de la bourse.

12. Attendu les provisions déjà expédiées en chancellerie aux agents de change pourvus de commissions, et qu'ils ont payé des frais de réception, et prêté le serment; voulons qu'ils soient dispensés de tous frais de nouvelles provisions, droits de marc d'or, de nouvelle réception, et même de prêter un nouveau serment : voulons en conséquence, que sur la quittance qui leur sera donnée par le trésorier de nos revenus casuels, de la finance qu'ils auront consignée entre ses mains, ils soient admis, à leur rang, à continuer les fonctions d'agent de change, et qu'ils jouissent, à compter du jour de la date de la quittance, des gages qui leur seront attribués, et de tous autres droits appartenants auxdits offices.

13. Seront au surplus les édits, ordonnances et réglements concernant la bourse, les fonctions d'agent de change, et les négociations d'effets royaux et d'effets publics, exécutés en tout ce qui n'est pas contraire aux présentes. Si donnons en mandement, etc.

N° 2210. — ORDONNANCE *qui défend aux garçons et compagnons de quelque profession, art et métier que ce soit, notamment aux garçons maréchaux, de s'attrouper, cabaler contre les maîtres et quitter leur travail, à peine de prison et même de punition corporelle.*

Versailles, 19 mars 1786. (R. S.)

N° 2211. — ARRÊT *du conseil portant réglement entre les pêcheurs français et étrangers de Marseille* (1).

Versailles, 20 mars 1786. (R. S.)

S. M. s'étant fait représenter les différents arrêts et réglements rendus entre les prud'hommes de Marseille et les pêcheurs catalans, napolitains et autres pêcheurs établis en ladite ville, ou fréquentant les mers de Marseille, elle a reconnu que malgré les dispositions desdits arrêts, tendantes à rétablir l'ordre et la tranquillité entre lesdits pêcheurs, les mêmes différends subsistent toujours; et S. M. considérant que s'il est avantageux pour la ville de Marseille d'y conserver la pêche du palangre, qui est pratiquée principalement par lesdits pêcheurs étrangers, il n'est pas moins de sa justice de réprimer les abus auxquels se livrent lesdits pêcheurs et de maintenir lesdits prud'hommes de Marseille dans leur jurisdiction, fondée sur les titres les plus authentiques, et dont l'utilité a été reconnue dans tous les temps, et dont l'exercice par rapport auxdits étrangers avoit été suspendu par l'article 2 de l'arrêt de réglement rendu au conseil le 29 mars 1776, S. M. auroit résolu en conséquence de réunir dans une seule loi toutes les ordonnances et réglements relatifs aux pêches qui sont en usage à Marseille et sur les côtes de Provence; mais en attendant, elle a cru devoir faire connoître ses intentions sur les conditions auxquelles lesdits pêcheurs étrangers pourront être admis à pêcher dans les mers de Marseille. A quoi voulant pourvoir; ouï le rapport, et tout considéré, le roi étant en son conseil, a ordonné et ordonne ce qui suit :

1. Les arrêts, ordonnances et réglements relatifs aux prud'hommes de Marseille, notamment ceux de 1726, 6 mars 1728, 25 février 1756, 16 mai 1753, et 11 février 1755, seront exécutés selon leur forme et teneur; dérogeant à cet effet S. M. aux dispositions de l'arrêt du conseil du 25 mars 1776.

(1). V. 18 novembre 1786.

en ce qu'il attribue à l'intendant et commissaire départi en Provence la connoissance des contestations nées et à naître sur le fait de la pêche entre lesdits pêcheurs étrangers et nationaux; veut et ordonne en conséquence S. M. , que lesdits prud'hommes élus en la manière accoutumée par la communauté de patrons-pêcheurs de Marseille, connoissent seuls, comme avant ledit arrêt, dans l'étendue des mers de Marseille, de la police de la pêche, et jugent souverainement, sans forme ni figure de procès, et sans écriture, ni appeler avocats ou procureurs, les contraventions qui pourront être commises par les pêcheurs étrangers fréquentant lesdites mers, ensemble les différends nés ou à naître entre lesdits pêcheurs français et catalans, et autres pêcheurs étrangers, lesquels seront assujettis, lorsqu'ils viendront pêcher à Marseille, à la même police, aux mêmes règles et aux mêmes impositions que les pêcheurs de Marseille, sans que lesdits pêcheurs étrangers puissent, en aucun cas, exciper de l'abonnement de 3 liv. par mois fait par ledit sieur intendant et commissaire départi en 1776, pour tenir lieu de la demi-part à laquelle ils avoient été assujettis par les arrêts du conseil des 6 mars 1728, 28 décembre 1729, et 16 mai 1738.

2. Tout pêcheur étranger qui arrivera à Marseille, dans le dessein d'y faire la pêche, sera tenu de se rendre, aussitôt son arrivée, à la maison commune des pêcheurs français, à l'effet d'y déclarer son nom, celui de son bateau, le nombre d'hommes dont son équipage sera composé, le temps qu'il se proposera de rester à Marseille et d'y faire la pêche, le lieu où il établira son domicile, et enfin le nom de la personne qui sera chargée de la vente du poisson provenant de ladite pêche : le tout à peine de confiscation du poisson que lesdits pêcheurs étrangers exposeront en vente à Marseille, ou dans aucune autre ville ou lieu de la province, en contravention aux dispositions du présent article; et seront lesdites déclarations inscrites sur un registre qui sera tenu à cet effet par le secrétaire de la communauté des pêcheurs, auquel il sera payé la somme de 10 s. par chaque déclaration; et il sera délivré *gratis* à chaque patron-pêcheur étranger, admis à faire la pêche dans les mers de Marseille, un certificat contenant l'extrait de ladite déclaration, signé du secrétaire de la communauté des pêcheurs, pour être représenté par lesdits patrons aux prud'hommes lors de leur visite et toutes fois qu'ils le jugeront à propos, à l'effet de quoi lesdits patrons étrangers seront tenus d'être toujours munis dudit certificat, à peine d'amende.

3. Dans la vue de favoriser et exciter la pêche dite du *palangre*, il sera permis à tous patrons étrangers exercés dans ladite pêche, d'amener leurs bateaux à Marseille et de s'y fixer, après toutefois qu'ils se seront fait inscrire au bureau des classes et au greffe de l'amirauté : veut et ordonne S. M. que lesdits pêcheurs fixés à Marseille soient considérés et traités comme ses propres sujets, et qu'en conséquence ils deviennent membres de la communauté des pêcheurs de Marseille, et qu'ils soient personnellement exempts pendant trois ans des taxes et charges imposées ou qui le seront à l'avenir sur les pêcheurs français ; comme aussi leur pêche soit exempte pendant le même espace de temps du paiement de la demi-part, dite de *Saint-Pierre* ; ordonne en outre S. M. qu'au bout desdites trois années, lesdits pêcheurs étrangers puissent parvenir aux charges de la communauté des pêcheurs français établis à Marseille, et être élus prud'hommes, le tout dans la forme et aux conditions portées par les statuts de ladite communauté des pêcheurs de Marseille.

4. Il sera libre auxdits patrons de bateaux palangriers de composer leur équipage d'un tiers, même de moitié, de matelots étrangers, et le surplus de français ; dérogeant S. M. à tous arrêts et règlements à ce contraires : et seront les patrons desdits bateaux palangriers exempts de service pendant le temps qu'ils feront la pêche du palangre ; et quant aux matelots français qui feront tout ou partie de l'équipage desdits bateaux, ils seront dispensés du service, soit sur les vaisseaux de S. M., soit dans les ports, lors des deux premières levées pour lesquelles ils devroient être commandés à leur tour.

5. Tout patron français qui voudra s'adonner à la pêche du palangre dans les mers de Marseille, recevra en don, après en avoir fait sa soumission au bureau des classes, un bateau palangrier, avec la faculté d'en composer l'équipage d'un tiers, même de moitié, de matelots étrangers accoutumés à cette pêche, nonobstant tous règlements à ce contraires, auxquels S. M. a expressément dérogé ; et seront lesdits patrons, ensemble les gens de leur équipage, exempts du service du roi, soit sur les vaisseaux de S. M., soit dans les ports, conformément à l'article précédent ; savoir, les patrons pendant tout le temps qu'ils feront la pêche du palangre en ladite qualité, et les matelots français lors des deux premières levées pour lesquelles ils devroient être commandés à leur tour : la pêche desdits bateaux palangriers sera également affranchie pendant trois ans de l'imposition de la demi-part dite *de Saint-Pierre*.

6. S. M. se réserve également de faire don d'un bateau palangrier à tout patron étranger qui viendra s'établir à Marseille
et y épousera une fille native de ladite ville, l'intention de S. M.
étant que lesdits patrons soient reçus membres de la communauté des pêcheurs français aussitôt après leurdit mariage, et
qu'ils soient exempts de tous frais de réception et droits y relatifs. Veut et ordonne en outre S. M. que lesdits patrons et les
gens de leur équipage jouissent des mêmes avantages que ceux
accordés aux patrons français par l'article précédent, comme
aussi que les bateaux qui seront donnés auxdits patrons étrangers, ensemble ceux mentionnés en l'article précédent, né
puissent être saisis par les créanciers desdits patrons pendant le
temps et espace de trois ans, à la charge toutefois par lesdits
patrons de ne pouvoir les employer à d'autre usage que celui
de la pêche du palangre, ni les vendre à leur profit, sous
quelque prétexte que ce puisse être, à peine de confiscation
des bateaux qui seroient trouvés employés à d'autre usage
qu'à ladite pêche du palangre, et d'amende à l'égard de ceux
desdits patrons qui auroient vendu lesdits bateaux à leur profit, et d'être déchus des avantages portés par le présent article. Se réservant au surplus S. M. de faire connoître incessamment ses intentions sur les formalités à remplir pour l'achat
desdits bateaux palangriers, et le don qui en sera fait ensuite
auxdits patrons français et étrangers, ainsi que sur la soumission à donner de leur part au bureau des classes, et portée
par l'article précédent.

7. Il sera permis à tous pêcheurs palangriers de s'établir en
dedans ou hors l'enceinte de Marseille, et de sortir du port ou
du lieu de leur établissement pour aller à la pêche, tous les
jours et aux heures qu'ils trouveront convenables, à l'exception toutefois des dimanches et fêtes, où ils ne pourront mettre
en mer qu'après l'heure de la grand'messe, et en outre à la
condition de ne partir, pour la pêche, qu'au coucher du soleil
la première fête de Pâques, celle de la Pentecôte, celle de
Noël, de la Fête-Dieu, de l'Assomption, et celle de saint
Pierre.

8. Les pêcheurs français et étrangers se conformeront au
surplus à toutes les règles prescrites pour la pêche du palangre, notamment par les articles 8, 9, 10, 11 et 12 du susdit arrêt du 29 mars 1776, et seront sur le présent arrêt toutes
lettres patentes nécessaires expédiées.

N° 2212. — **LETTRES PATENTES** *concernant les privilèges des conseillers-rapporteurs, et des secrétaires-greffiers du point d'honneur.* (1).

Versailles, 24 mars 1786. Reg. en la cour des aides le 10 mai. (R. S.)

N° 2213. — **LETTRES PATENTES** *portant érection en commission à vie des deux places réunies de garde des archives et de secrétaire des ordres du Saint-Esprit et de Saint-Michel.*

Versailles, 26 mars 1786. (Cod. des ordres de chevalerie, pag. 21.)

N° 2214. — **DÉCLARATION** *interprétative des lettres patentes du 1ᵉʳ septembre 1785, concernant le pouvoir du juge auditeur du Châtelet.*

Versailles, 2 avril 1786. Reg. en parlement le 5 mai. (R. S.)

N° 2215. — **LETTRE** *de M. de Castries, qui recommande de se rendre très-difficile pour accorder l'homologation des affranchissements faits par actes de dernière volonté.*

6 avril 1786 (Code de la Martinique, tom 3, pag. 690.)

N° 2216. — **ARRÊT** *du conseil qui fixe l'indemnité des propriétaires sur les fonds desquels on extrait la mine de fer* (2).

Versailles, 7 avril 1786 (R. S.)

Sur ce qui a été représenté au roi étant en son conseil, que l'indemnité fixée par l'article 9 du titre de la marque des fers de l'ordonnance de 1680, en faveur des propriétaires, sur les fonds desquels on extrait la mine de fer, n'étoit plus proportionnée aux dommages qu'ils éprouvoient, attendu les progrès du numéraire et l'augmentation survenue en conséquence dans la valeur des fonds; que la plupart des extracteurs croyant n'être tenus de payer, conformément audit article, qu'un sou par chaque tonneau de mine de cinq cents pesant, se refusoient ou négligeoient de combler les puits et fosses qu'ils abandonnoient, ce qui étoit aussi contraire à la sûreté publique qu'à l'intérêt des propriétaires; et S. M., considérant que si l'extraction de la mine de fer doit être encouragée à cause du besoin absolu de ce métal pour presque tous les arts et les usages de la société, le droit de propriété mérite toute sa protection, elle a jugé devoir régler ladite indemnité d'après la

(1) V. édit d'octobre 1704, de novembre 1707.
(2) Confirmé par lett. pat. du 17 juin; enreg. à la cour des aides le 9 juill.

progression du numéraire, et imposer expressément à tout extracteur l'obligation de combler les puits et fosses à mesure qu'il les abandonnera. A quoi voulant pourvoir; ouï le rapport, etc., le roi étant en son conseil, a ordonné et ordonne que les extracteurs de mines de fer paieront à l'avenir aux propriétaires des fonds 2 s. 6 d. pour chacun tonneau de mine de cinq cents pesant, dérogeant, quant à ce, audit article 9 du titre de la marque des fers, de l'ordonnance de 1680, qui continuera pour le surplus d'être exécutée selon sa forme et teneur. Ordonne en outre que lesdits extracteurs combleront les puits et fosses qu'ils auront ouverts à mesure qu'ils les abandonneront; sinon autorise lesdits propriétaires à les combler eux-mêmes aux frais desdits extracteurs. Enjoint aux sieurs intendants et commissaires départis dans les provinces et généralités du royaume de tenir la main à l'exécution du présent arrêt, qui sera publié et affiché partout où besoin sera, et sur lequel, si besoin est, toutes lettres nécessaires seront expédiées, etc.

N° 2217. — ARRÊT *du parlement concernant les collèges de l'université de Paris.*

Paris, 10 avril 1786. (R. S. C.)

La cour ordonne que, conformément aux statuts de la faculté des arts, arrêts et réglements de la cour, les principaux de chacun des collèges de l'université de Paris tiendront la main à tout ce qui est prescrit et ordonné par iceux tant en ce qui touche les exercices de la religion, l'instruction aux bonnes lettres, la correction des étudiants qui se comporteroient autrement qu'il n'est porté par lesdits statuts, arrêts et réglements, qu'en ce qui concerne le choix des livres qui peuvent être remis entre les mains des étudiants, et en général veilleront, tant par eux que par les régents, précepteurs et autres à qui ils en donneront la charge, à ce qu'il ne se passe rien dans les collèges auxquels ils sont préposés contre la décence et l'honnêteté des mœurs, et la discipline qui doit être observée dans l'université; ordonne pareillement que les devoirs de la subordination des professeurs et maîtres particuliers, ou autres, à l'égard des principaux, seront inviolablement gardés et entretenus; enjoint aux principaux et au syndic de l'université de veiller à ce qu'il ne soit fait aucun traité verbal sous seing-privé, ou par-devant notaires, entre un professeur sortant et son successeur, pour obtenir les démissions

des places de professeurs, ou pour se procurer les nomi-
tions à icelles; fait défenses expresses aux principaux de souf-
aucuns traités de cette espèce dans leur collège, ou de s'en
tremper d'aucunes espèces de conventions de ce genre dans
les autres collèges de l'université, et à tous autres membres
ou suppôts de l'université de s'y entremettre ou d'y concourir
directement ou indirectement; ordonne qu'en cas de contravention, il sera procédé contre les uns et les autres en la
cour à la requête du procureur général du roi, suivant l'exigence des cas, même par la voie extraordinaire s'il y échet,
et que les contrevenants seront destitués de leurs places de
principaux, professeurs, agrégés, et privés de toute entrée à
l'avenir dans l'université, ainsi que de toute participation aux
privilèges d'icelle, même de tout droit à la pension d'émérite,
s'ils avoient atteint le nombre d'années de régence requis
pour la mériter; ordonne que la nomination à la place de
professeur, pour l'obtention de laquelle il auroit été prouvé
et seroit jugé avoir été donné argent, ou fait aucuns traités ou
aucunes conventions du genre ci-dessus exprimé, sera et demeurera dévolue de plein droit à la nomination du tribunal
de la faculté des arts; ordonne que les professeurs seront tenus
de faire leurs classes avec exactitude, sans pouvoir s'en dispenser, si ce n'est pour cause de maladie ou pour autres empêchements légitimes, desquels causes et empêchements ils
seront tenus de justifier au principal du collège où ils exercent
la fonction de professeur; à l'effet de quoi ils seront tenus de
résider, conformément au réglement, sans qu'il leur soit loisible de rester dans les provinces ou hors de la capitale, s'ils
n'y sont retenus pour les causes et empêchements susdits,
dont ils feront apparoir auxdits principaux, et dont ceux-ci
informeront le recteur de l'université; ordonne pareillement
que les principaux résideront chacun dans leurs collèges, et
qu'ils assisteront aux offices, ainsi qu'aux exercices auxquels
ils sont tenus d'être présents, suivant les statuts particuliers
de la faculté des arts; qu'ils ne pourront faire aucune absence,
surtout de plusieurs jours, sans en avoir fait connoître la nécessité au recteur de l'université, lequel, dans le cas où l'absence devroit être de plus d'une semaine, sera tenu d'en référer
au tribunal de la faculté des arts pour obtenir son agrément;
fait défenses aux receveurs, vice-receveurs, ou autres receveurs des deniers de l'université, chargés de payer aux principaux et aux professeurs leurs émoluments, de les délivrer, à
moins que lesdits principaux ne soient munis d'un certificat

du recteur de l'université, portant attestation de leur résidence et assiduité, et lesdits professeurs d'un certificat du principal du collège auquel ils sont attachés, portant également attestation de leur résidence et de leur assiduité; lesquels certificats demeureront entre les mains desdits receveurs pour leur décharge; fait défenses à tous notaires du Châtelet et à tous autres de passer en minute ou en brevet aucun traité ou convention sur le fait des places de professeurs en l'université, sous telles peines qu'il appartiendra, même d'interdiction s'il y échet; ordonne que ceux desdits notaires qui auroient reçu des actes de cette qualité, ou qui en seroient dépositaires, seront tenus d'en envoyer des expéditions en forme au procureur général du roi; pour être par le procureur général du roi pris sur lesdits actes telles conclusions qu'il appartiendra, et par la cour ordonné ce que de raison; ordonne au surplus que les ordonnances, édits, déclarations, lettres patentes, statuts enregistrés en la cour, arrêts et réglements d'icelle, seront exécutés selon leur forme et teneur, et qu'en conséquence le recteur sera tenu de visiter, dans le cours de son rectorat, les collèges de l'université, dans lesquelles visites il sera accompagné du syndic et du greffier de l'université; pourra prendre dans son conseil, ou dans les membres des autres compagnies, ceux qu'il estimera les plus propres pour remplir une fonction si intéressante pour maintenir l'ordre et la discipline; et sera tenu de dresser procès-verbal de chaque visite, lequel sera signé par le recteur, syndic, greffier et autres assistants, dont expédition sera remise par le syndic au procureur général du roi, dans le courant du mois où la visite aura été faite; ordonne que le présent arrêt sera imprimé, et qu'il en sera, par le procureur général du roi, adressé plusieurs exemplaires aux recteur, syndic et greffier de l'université, pour qu'ils aient à le faire inscrire sur les registres du tribunal de la faculté des arts, en donner connoissance aux principaux, professeurs et régents de tous les collèges de plein exercice de ladite université et aux agrégés de la faculté des arts, à ce qu'ils n'en ignorent et aient à s'y conformer chacun en ce qui le concerne.

Nᵒ 2218. — LETTRES PATENTES relatives à la réciprocité à établir entre la France et la ville impériale de Francfort, par rapport à la jurisprudence des faillites.

Versailles, 11 avril 1786. Reg. en parlement le 5 mai. (R. S. C.)

LOUIS, etc. Le désir que nous avons d'écarter tous obstacles qui seroient nuisibles au commerce de nos sujets avec les habitants de la ville libre et impériale de Francfort-sur-le-Mein, nous a porté à écouter les propositions qui nous ont été faites par les bourgmestre et magistrats de ladite ville, d'écarter, dans les cas de faillite ou de déconfiture, toute différence entre les créanciers français et ceux originaires de ladite ville; et sur la promesse que nous avons faite auxdits bourgmestre et magistrats d'établir dans nos états, à l'égard des habitants de ladite ville, une jurisprudence semblable à celle qui seroit établie dans ladite ville, à l'égard de nos sujets, ils nous ont déclaré solennellement que le cas de déconfiture arrivant en la ville de Francfort, soit que les créanciers y viennent à contribution générale, ou qu'on ne les y appelle qu'en partie (si toutefois une contribution partielle peut avoir lieu suivant les lois), l'on ne prendra en considération que la qualité des créances; que dans la discussion qui en sera faite, et dans les jugements qui interviendront, on se conformera dans les tribunaux de ladite ville aux statuts d'icelle déjà existants, ou à faire par la suite, et, à leur défaut, aux lois générales de l'empire et au droit commun romain; que dans lesdites discussions on n'aura point d'égard à la qualité personnelle des demandeurs et des défendeurs, soit qu'ils soient bourgeois, habitants et manants de ladite ville, ou nos sujets, mais que dans tous ces cas nos sujets seront traités à l'égard desdits bourgeois et manants, sans aucune distinction; qu'il ne pourra être formé à Francfort aucune contribution partielle qu'autant qu'elle seroit autorisée par le droit commun romain; qu'enfin dans le cas où l'une ou l'autre partie demanderoit, soit dès le commencement de l'instance, soit par forme de révision, que les pièces de procès fussent transmises à une faculté de droit étrangère, afin d'y statuer ce que de droit, ou en cas d'appel aux tribunaux suprêmes de l'empire, lesdits bourgmestre et magistrats s'engagent à joindre toujours aux dossiers dont il écherra de faire le renvoi une copie de ladite déclaration de réciprocité. Par un juste retour de notre part, notre intention est de faire jouir les bourgeois, manants et habitants de la ville de Francfort, dans les cas de faillite et de déconfiture, des mêmes droits dont jouissent les régnicoles et nos propres et naturels sujets. A ces causes, etc.

1. Dans tous les cas de déconfiture ou de faillite arrivant en France, les bourgeois, habitants et manants de la ville libre et impériale de Francfort seront admis à contribution, où colloqués pour être payés selon la nature ou le rang de

leurs créances, par concurrence avec nos sujets, et sans aucune distinction, et il sera procédé auxdites contributions ou collocations conformément aux lois de notre royaume, et aux usages particuliers du lieu où la faillite sera ouverte.

2. Dans les cas de faillite et de déconfiture arrivant en la ville de Francfort, les jugements rendus par les tribunaux de ladite ville seront exécutés selon leur forme et teneur dans tous les pays, terres et seigneuries de notre obéissance, en se conformant, par ceux qui seroient porteurs desdits jugements, aux formalités prescrites par les ordonnances de notre royaume.

5. S'il arrivoit que sur des appels interjetés des jugements des tribunaux de ladite ville aux tribunaux suprêmes de l'empire, ou sur des demandes en révision commises à quelque faculté de droit d'Allemagne, il intervînt des décisions contraires aux droits acquis à nos sujets par la déclaration du magistrat de Francfort, nous nous réservons d'ordonner ce qu'au cas appartiendra pour le maintien de la réciprocité et l'avantage de nosdits sujets. Si donnons en mandement, etc.

N° 2219. — ORDONNANCE *de police concernant la cuisson des abatis de bestiaux à l'île des Cygnes* (1).

Paris, 11 avril 1786. (Mars, 2—320.)

3. Tous les abattis de bœufs, vaches et moutons, continueront d'être portés à l'île des Cygnes pour y être préparés et cuits à la manière accoutumée; à l'effet de quoi nous enjoignons à tous les bouchers de cette ville de livrer et faire livrer par leurs garçons, aux entrepreneurs de la cuisson, lesdits abattis en bon état, et de ne pas souffrir qu'ils soient détériorés; faisons défenses, sous peine d'amende, aux maîtres de la communauté des bouchers, et sous peine de prison aux garçons, de détériorer les pieds de bœufs; ordonnons qu'ils seront par eux livrés en totalité et coupés suivant l'usage, et d'après la manière prescrite par la délibération des bouchers du 18 décembre 1770.

4. La préparation et cuisson desdits abattis ne pourra être faite ailleurs qu'à l'île des Cygnes et dans les bâtiments à ce destinés; défendons aux tripiers, tripières et à telles autres personnes que ce soit, sous peine de 500 liv. d'amende, et de confiscation des chaudières et ustensiles, même de punition

_____

(1) V. ord. de police 28 mai 1812, 11 janvier 1813, 11 septembre 1818, art. 67, 18 novembre 1818, 25 novembre 1819.

exemplaire en cas de récidive, de cuire ou préparer, soit chez eux, soit dans les autres endroits de cette ville et faubourgs, les abatis de bœuf et de moutons ou partie d'iceux, sous tel prétexte que ce puisse être; leur enjoignons de les faire cuire et préparer par les entrepreneurs de la cuisson établie à l'île des Cygnes (1).

5. Ne pourront lesdites tripières, enlever chez les bouchers et vendre crus, que les cœurs et foies de bœufs, et les rognons de mouton, ainsi qu'elles l'ont fait ou dû faire jusqu'à ce jour; leur défendons sous peine de pareille amende de 500 liv., d'enlever, dégraisser ou détériorer les tétines de vaches, pieds de bœufs et toutes autres parties d'abatis, lesquels seront livrés complets et bien conditionnés aux cuiseurs; permettons néanmoins aux tripières d'enlever chez leurs bouchers, et retenir par-devers elles, douze têtes de moutons par cent, et de les vendre et débiter crues à leurs places; leur défendons d'en prendre ou retenir une plus grande quantité.

12. Défendons très-expressément aux garçons de l'échaudoir des entrepreneurs de la cuisson, leurs autres ouvriers et charretiers, d'exiger aucune rétribution des tripiers et tripières à titre de pour-boire ou autrement, même d'en recevoir quand il leur en seroit offert volontairement. Défendons pareillement aux tripiers et tripières, de leur en donner, sous tel prétexte que ce soit, à peine contre lesdits garçons, ouvriers ou charretiers d'être renvoyés de l'échaudoir, même de prison, et contre les tripiers et tripières, de 500 liv. d'amende et d'interdiction du commerce.

13. Enjoignons aux ouvriers de la triperie, de livrer à chacune des tripières les abattis à leur marque, sans préférence, de les traiter lors de ladite livraison, avec douceur et honnêteté; leur défendons sous peine de prison, de leur faire aucun tort, les injurier et les maltraiter.

17. Défendons aux entrepreneurs, d'exiger d'autres et plus grands prix que ceux ci-dessus fixés, à peine de restitution, et de 1000 liv. d'amende.

19. Seront au surplus les sentences et ordonnances des 12 avril 1741, 6 et 16 avril 1762, 14 avril et 12 octobre 1764, 29 mars 1765, 15 février 1768 et 5 octobre 1770, exécutées selon leur forme et teneur en tout ce qui ne sera pas contraire à la présente ordonnance.

---

(1) Art. 3, § 5, loi 24 août 1790. A. C. P.

No 2220. — ARRÊT *du conseil portant règlement pour la vente des marchandises provenant du commerce de l'Inde.*

Versailles, 13 avril 1786. (R. S.)

Nº 2221. — LETTRES PATENTES *pour l'enregistrement de la convention signée le* 19 *février* 1778, *entre S. M. et le margrave de Brandebourg-Auspach et Bareith, pour l'exemption du droit d'aubaine en faveur de leurs sujets respectifs.*

Versailles, 20 avril 1786. Reg. en la cour des aides, le 24 mai. (R. S.)

Nº 2222. — ARRÊT *du conseil portant règlement pour les calfats de Marseille.*

Versailles, 20 avril 1786. (R. S. C.)

S. M. s'étant fait représenter l'arrêt de son conseil du 14 octobre 1726, portant règlement pour les calfats de la ville de Marseille, elle a reconnu qu'une grande partie des dispositions dudit règlement a besoin d'être renouvelée ou interprétée, et que le meilleur moyen de faire cesser les différends qui existent depuis long-temps entre les armateurs, capitaines ou patrons de navires, et les prud'hommes des maîtres-calfats, seroit de réunir dans une seule loi tous les règlements relatifs à ladite communauté : S. M. auroit cru néanmoins qu'il seroit de sa justice de faire connoître provisoirement ses intentions sur quelques articles dudit règlement de 1726. A quoi voulant pourvoir : ouï le rapport, et tout considéré; le roi étant en son conseil, a ordonné et ordonne ce qui suit :

1. Nul ne pourra être reçu maître-calfat, qu'il n'ait travaillé pendant un an en qualité d'apprenti ou de compagnon charpentier, laquelle année lui sera comptée dans les cinq de travail qu'il doit faire avant que de pouvoir être reçu maître.

2. Les calfats forains pourront travailler dans le port de Marseille, avec le permis des classes de leur département, et être reçus maîtres, en remplissant les mêmes formalités que les calfats de Marseille, conformément à l'art. 25 du règlement du 14 octobre 1726.

3. Les maîtres-calfats éliront annuellement deux nouveaux prud'hommes, lesquels, avec les deux plus anciens, auront soin des affaires de la confrérie, et visiteront journellement le travail des ouvriers calfateurs, sans qu'il leur soit permis de

vaquer à aucun travail particulier; à l'effet de quoi il leur sera accordé, à titre de dédommagement, et pendant le temps de l'exercice de leurs fonctions seulement, une somme de 20 sous par jour sur chaque atelier de calfats, dont lesdits prud'-hommes délivreront à l'armateur un certificat de visite, qui demeurera annexé, comme pièce de bord, au congé ordonné par l'art 1er du titre des congés, de l'ordonnance de 1681, lequel ne pourra être délivré que sur le vu dudit certificat; et en cas d'abus ou de mal-façon de la part des calfats, lesdits prud'hommes en rendront incessamment compte au lieutenant général de l'amirauté, à peine d'en répondre en leur propre et privé nom, et il y sera statué par ledit lieutenant-général de l'amirauté, sur un simple mémoire, sommairement et sans frais.

4. Il sera libre à tous capitaines, patrons et propriétaires de bâtiments de mer, de choisir les chefs d'ouvrage et meneurs-d'œuvre qu'ils jugeront à propos; et à l'égard des ouvriers-calfateurs, il leur sera également libre de choisir la moitié du nombre d'ouvriers qui seront nécessaires pour servir sous lesdits chefs d'ouvrage et meneurs-d'œuvre; mais le surplus sera fourni par lesdits prud'hommes, sans que lesdits capitaines puissent les refuser. Le prix des journées desdits ouvriers sera fixé par lesdits prud'hommes, et en cas de difficulté il y sera statué par le lieutenant général de l'amirauté, sur un simple mémoire et sans frais.

5. Enjoint S. M. auxdits prud'hommes, de veiller, dans la distribution des ouvriers-calfateurs qu'ils feront aux propriétaires, capitaines ou patrons, à ce que l'atelier de calfatage ne soit pas composé en entier d'ouvriers foibles, pour la partie qui doit être fournie par lesdits prud'hommes, conformément à l'article précédent, et que cette sorte d'ouvriers soit répartie en proportion égale dans tous les ateliers.

6. Les chefs d'ouvrage et meneurs-d'œuvre, les maîtres-calfats, compagnons et apprentis, ne pourront être renvoyés avant la perfection de l'ouvrage, par les propriétaires, capitaines ou patrons, si ce n'est au cas de mal-façon ou d'inconduite, pour lesquels ils seront tenus de s'adresser au lieutenant général de l'amirauté, à l'effet d'y être statué, après avoir pris l'avis des prud'hommes, sur un simple mémoire, sommairement et sans frais.

7. Les ouvriers-calfateurs commenceront leur travail pendant l'hiver à six heures du matin, et finiront à la nuit; ils pourront prendre dans cette saison une heure et demie pour

leur repos; savoir, une demi-heure depuis huit heures et demie jusqu'à neuf, et une heure depuis midi jusqu'à une heure. Le travail pendant l'été commencera à cinq heures et demie du matin, et finira à sept heures du soir; les ouvriers pendant cette saison, prendront trois heures de repos par jour; savoir, de huit heures à neuf, de onze heures et demie à une heure, et de quatre heures à quatre heures et demie, ce qui sera observé les samedis et veilles de fêtes, comme les autres jours ouvrables.

8. Le prix des journées demeurera fixé de 3 liv. à 4 liv. pour chacun des chefs d'ouvrage; de 2 liv. 10 s. à 3 liv. pour chacun des meneurs-d'œuvre; de 2 liv. à 2 liv. 10 s. pour chacun des maîtres-calfats; de 20 s. à 30 s pour chaque compagnon; et de 10 s. à 20 s. pour chaque apprenti. Défend S. M. auxdits ouvriers d'en exiger davantage, à peine, pour la première fois, de restitution, et de 10 liv. d'amende en cas de récidive; et aux propriétaires, capitaines et patrons, de donner de plus forts salaires aux ouvriers, à peine, pour la première fois, de 30 liv. d'amende, et du double en cas de récidive.

9. Seront au surplus toutes les dispositions dudit réglement du 14 octobre 1726, exécutées selon leur forme et teneur, en tout ce à quoi il n'aura pas été dérogé par le présent arrêt; et seront sur icelui toutes lettres patentes nécessaires expédiées.

Nº 2223. — ARRÊT *du conseil portant réglement sur les fonctions et les travaux de la société royale de médecine, relativement aux épidémies.*

Versailles, 24 avril 1786. (R. S. C.)

Le roi s'étant fait rendre compte des différents moyens employés depuis son avénement à la couronne pour prévenir les épidémies et en arrêter les effets, S. M. a vu avec satisfaction que la société royale de médecine, à laquelle elle a accordé sa confiance sur des soins aussi importants, y avoit répondu avec le zèle et les lumières qu'elle devoit en attendre. En même temps que le roi croit devoir reconnoitre et récompenser ses services, S. M. a voulu rendre encore plus utiles les travaux de cette compagnie, en réglant la manière dont ils doivent être suivis, et celle dont elle devra, dans les différentes circonstances, répondre aux ordres et aux vues du gouvernement.

A quoi voulant pourvoir : ouï le rapport, etc.; le roi étant en son conseil, a ordonné et ordonne ce qui suit :

1. Veut S. M. que les associés ordinaires de la société royale de médecine soient assidus aux assemblées de cette compagnie, et qu'ils contribuent à la plus grande utilité de ses travaux, en lisant des mémoires dans ses assemblées, en se chargeant des rapports et examens pour lesquels ils seront nommés, en assistant aux divers comités dont ils pourront être membres; enfin en remplissant les diverses fonctions pour lesquelles la société jugera à propos de les commettre.

2. Il sera établi dans le sein de la société royale un comité composé du président de cette compagnie, du premier médecin du roi, en sa qualité d'inspecteur général des épidémies, conformément à l'article 2 des lettres patentes du mois d'août 1778; du vice-président, du directeur, du vice-directeur, du secrétaire perpétuel en sa qualité de commissaire-général pour les épidémies, conformément à l'article 3 de l'arrêt du conseil du 29 avril 1776, et de quatre associés ordinaires.

3. Lesdits quatre associés ordinaires seront élus, par la voie du scrutin, dans la première séance qui suivra la publication du présent règlement, et deux d'entre eux seront renouvelés de même chaque année dans la seconde séance qui suivra les fêtes de Pâques.

4. Les noms des membres de ce comité seront remis chaque année par le président de la société royale, tant au secrétaire d'état ayant la ville de Paris dans son département, qu'au contrôleur-général des finances.

5. Les fonctions de ce comité seront de veiller à ce que les recherches faites sur la topographie médicale du royaume, dont S. M. désire particulièrement l'avancement et la perfection, sur la température des saisons, celles sur l'histoire et le traitement des maladies épidémiques et contagieuses qui peuvent affecter les hommes et les bestiaux soient suivies avec l'activité et le soin que ces objets demandent, et de concourir avec le secrétaire perpétuel de la compagnie à la rédaction des ouvrages qui seront la suite de ces recherches, et qui doivent faire partie des recueils de la société royale.

6. Et attendu que la société royale est, dans son institution et par l'article 9 des lettres patentes du mois d'août 1778, essentiellement et particulièrement chargée de s'occuper des maladies épidémiques, l'intention de S. M. est que cette compagnie soit consultée sur tous les objets relatifs, soit à l'histoire, soit aux moyens préservatifs et curatifs des épidémies, et que, suivant

l'exigence des cas, le président de la société nomme des com-
saires pour en faire le rapport, ou qu'il en charge le comité
des épidémies.

7. Le roi voulant être continuellement instruit de la situation de son royaume relativement aux épidémies qui peuvent
affliger ses sujets, afin d'y apporter les secours les plus prompts
et les plus efficaces : et S. M. ayant fait donner aux intendants et commissaires départis dans les provinces les ordres
d'être à cet égard dans la correspondance la plus exacte avec
le contrôleur-général des finances, S. M. fera communiquer à
la société royale ces objets pour avoir son avis.

8. Si, pour arrêter l'effet des maladies épidémiques, les
circonstances demandoient, dans les provinces, la présence
et les secours de quelques membres de la société royale, le
ministre des finances, de concert avec le secrétaire d'état du
département, le feroit connoître à cette compagnie, en la
chargeant de présenter ceux de ses associés qui lui paroîtroient
pouvoir remplir les vues de S. M., et être chargés de l'exécution de ses ordres.

9. Toutes les fois que les intendants et commissaires départis dans les provinces chargeront les médecins ou chirurgiens choisis par eux de veiller au traitement d'une épidémie,
ils leur demanderont un compte exact de leurs observations
sur la nature de cette maladie : ces observations seront adressées par les intendants et commissaires départis au contrôleur-
général des finances, qui les enverra à la société royale de
médecine, pour être réunies par elle dans un corps complet
d'ouvrage; et s'il est nécessaire que quelques-unes de ces observations soient publiées dans un recueil ou journal particulier, ces divers écrits seront auparavant communiqués à la
société royale de médecine, pour être examinés par elle et
publiés sur son approbation.

10. Pour parvenir à établir des principes communs dans
tout le royaume, relativement aux épidémies, S. M. ordonne
que les intendants et commissaires départis dans les provinces
enverront incessamment au contrôleur-général des finances
des mémoires sur les moyens qu'ils emploient actuellement,
chacun dans leur généralité, pour combattre les épidémies,
sur ceux qu'ils croiront devoir y être substitués, sur les fonds
qui ont été appliqués chaque année à cet objet, depuis et compris l'année 1776, sur la manière dont ils ont été acquittés;
enfin sur les secours qu'ils peuvent attendre de l'amour du roi
pour ses peuples.

11. Le premier médecin du roi, en sa qualité d'inspecteur général des épidémies, et le secrétaire perpétuel, en sa qualité de commissaire général des épidémies, veilleront toujours particulièrement à tout ce qui concerne le traitement de ces maladies, ainsi qu'à l'exécution des ordres que S. M. fera donner pour en préserver ses états. Tous les objets relatifs aux épidémies et aux maladies contagieuses continueront d'être dans le département des finances, et renvoyés par lui à la société royale de médecine pour y être traités comme tous ceux dont elle est chargée, et dans le cas où les ordres nécessaires pourront concerner différents départements, ils seront concertés entre les secrétaires d'état et le contrôleur-général, sur le rapport qui leur sera fait par l'inspecteur général et le commissaire général des épidémies. Ledit commissaire général sera tenu de rendre compte, tous les trois mois, au ministre des finances de sa correspondance sur ces différents objets.

12. Les encouragements que S. M. a déjà accordés, et ceux qu'elle pourra encore donner à la société royale, ayant pour but de perfectionner ces travaux, d'exciter une émulation générale parmi les médecins et chirurgiens qui peuvent y concourir, et de réunir dans les mémoires et recueils de cette compagnie les diverses observations qu'ils auront occasion de faire dans les provinces, S. M. prendra les mesures convenables pour remplir ces vues d'utilité publique.

13. Le présent réglement sera lu dans la première assemblée de la société royale de médecine, qui suivra sa publication: et il sera inséré dans ses registres pour être exécuté suivant sa forme et teneur.

Nº 2224. — Arrêt *du parlement concernant le commerce de la marée* (1).

Paris, 10 mai 1786.

Nº 2225. — Arrêt *du conseil qui autorise les ateliers de charité, à prendre, sauf indemnité, les matériaux à eux nécessaires, dans les bois du roi et des particuliers, conformément à l'arrêt du conseil du 7 septembre* 1755.

Versailles, 11 mai 1786. (R. S.)

---

(1) V. arrêté des consuls 12 messidor an VIII; ord. de police du 9 frimaire an X. Mars, t. 2, p. 379. Fleurigeon, de la police, t. 1, p. 479 et suiv.

N° 2226. — RÈGLEMENT *concernant la sûreté des canots, piro-guets et autres embarcations, qui seront ou arriveront au dégra du port de Cayenne.*

Cayenne, 12 mai 1786. Reg. au conseil le 15 mai. (Coll. m. m. Code Cayenne, t. 7, pag. 265.)

N° 2227. — LETTRES PATENTES *qui ordonnent la recherche des îles, atterrissements, alluvions et relais des rivières de Gironde, Garonne et Dordogne, et prescrivent les règles pour la conces-sion de ces terrains* (1).

Versailles, 14 mai 1786. Reg. au parlement de Bordeaux le 30. (R. S.)

LOUIS, etc. L'intérêt de la conservation du domaine, qui est le patrimoine de l'état, nous détermina, en 1781, à prendre de justes mesures pour connoître les usurpations qui pouvoient avoir été commises à son préjudice sur les îles, îlots, atter-rissements, alluvions et relais formés, tant dans les rivières de Gironde et Dordogne que sur la côte de Médoc, depuis la pointe de la Grange jusqu'à Soulac; nous ordonnâmes en con-séquence, par un arrêt de notre conseil du 5 juillet de la même année, que par le grand-maître des eaux et forêts de Guienne il seroit procédé à la recherche et vérification de ces îles, îlots, atterrissements, alluvions et relais, et nous détermi-nâmes la forme dans laquelle les plans seroient levés, les procès-verbaux d'arpentage dressés, les parties appelées, ainsi que celle dans laquelle le grand-maître des eaux et forêts dresseroit procès-verbal de la représentation des titres, de leur application au local, et des dires respectifs, soit des par-ties intéressées, soit de la régie de nos domaines : sur la dé-nonciation qui vous fut faite de cet arrêt, notre procureur-général requit, et vous arrêtâtes, le 3 mai 1782, de nous adresser des remontrances, sur lesquelles vous auriez dû at-tendre notre réponse avec autant de respect que de confiance, et cependant vous vous permîtes non-seulement de surseoir provisoirement à l'exécution de l'arrêt de notre conseil, mais même de faire au grand-maître des eaux et forêts des défenses contraires aux ordres qu'il avoit reçus de nous. L'intérêt de notre domaine étoit compromis, et il se réunissoit à celui du maintien de notre autorité pour exiger la cassation de cet arrêt; nous la prononçâmes par l'arrêt de notre conseil du 31

(1) V. à ce sujet l'arrêt du parlement du 30, ci-après.

octobre 1783; nous en ordonnâmes la signification, tant à notre procureur-général qu'à votre greffe, et nous voulûmes en même temps vous faire connoître combien les alarmes que vous aviez conçues étoient vaines, et le zèle qui vous les avoit inspirées peu éclairé; nous chargeâmes notre garde des sceaux de vous instruire, comme il l'a fait par la lettre qu'il vous a écrite le même jour 31 octobre 1783, que notre intention étoit de donner la préférence aux offres des détenteurs à bonne foi, qui pourroient être maintenus sans inconvénient; que nous comptions que vous vous en rapporteriez sur ce point à notre justice, que c'étoit par ce motif que nous nous étions réservé de statuer sur les contestations qui pourroient survenir dans l'exécution de l'arrêt du 5 juillet 1781; qu'il étoit de notre sagesse de veiller nous-mêmes sur un acte d'administration que nous avions jugé nécessaire, et de choisir pour les opérations qu'il exigeoit les personnes qui devoient en être chargées; que nous n'avions point conféré à cet égard de juridiction au grand-maître; que nous l'avions seulement chargé de la rédaction d'un procès-verbal et de donner son avis; que l'administrateur du domaine n'auroit à faire que les observations qu'il croiroit utiles, et que nous connoîtrions, en notre conseil, des contestations qui pourroient s'élever, après avoir entendu l'inspecteur du domaine; que cette forme, constamment pratiquée en pareille matière, étoit la seule qui pût remplir les vues d'une administration sage, et se concilier avec les véritables intérêts des détenteurs; vous étiez donc instruits non-seulement des motifs qui avoient déterminé l'arrêt du 5 juillet 1781, mais encore des sentiments de justice et de bonté qui nous portoient à maintenir dans leur possession les détenteurs de bonne foi; et nous devions compter qu'éclairés par les détails dans lesquels nous avions permis à notre garde des sceaux d'entrer avec vous, vous éviteriez à l'avenir toute démarche contraire à nos vues, et tendante à retarder ou arrêter l'exécution de l'arrêt de notre conseil du 5 juillet 1781. Cependant notre procureur-général vous présente un nouveau réquisitoire dans lequel, quoique informé que nous avions bien voulu vous faire donner en réponse à vos remontrances une connoissance détaillée de nos dispositions et de notre volonté, il ne vous rappelle que l'arrêt du conseil du 31 octobre 1783; et supposant que vous n'avez reçu aucun éclaircissement sur les faits, il ajoute qu'il est sans exemple que nous ayons jamais répondu à des remontrances par des arrêts de cassation signifiés au greffe de notre parlement; ne pouvant ignorer que les

ordonnances lui font un devoir spécial de veiller à la conservation de notre domaine, il méconnoît les principes qui en
assurent l'inaliénabilité; et défenseur-né de ce même domaine,
il vous propose d'arrêter des opérations qui n'ont d'autre objet
que d'en connoître la consistance; vous avez par votre arrêt
du 21 avril 1784 adopté toutes ces erreurs; vous avez ordonné
l'exécution de votre arrêt du 5 mai 1782, vous avez de nouveau défendu celle des arrêts que nous avions rendus en notre
conseil; l'autorité que nous vous avons confiée principalement
pour faire respecter nos volontés, vous l'avez employée à les
rendre sans effet; d'un côté, vous avez tenu secrètes les instructions que nous vous avions fait transmettre, et qui étoient
les plus sûrs garants de la modération avec laquelle nous voulions que l'on procédât à la recherche des usurpations faites
sur notre domaine, et de la bonté avec laquelle nous étions
disposés à traiter les possesseurs de bonne foi; d'un autre
côté, vous avez rendu public, avec votre arrêt, le réquisitoire
le plus propre à répandre l'alarme dans l'esprit des peuples,
dont votre premier devoir seroit, s'il étoit nécessaire, de ra-
nimer la confiance et d'assurer la soumission par l'exemple de
la vôtre; vous n'avez pas dû vous attendre que nous laisse-
rions subsister le monument d'une conduite aussi répréhen-
sible; nous devions au maintien de notre autorité, nous devions même à la tranquillité publique de l'anéantir; nous l'avons
cassé par un arrêt de notre conseil du 16 octobre 1785; mais
en même temps que nous nous sommes proposé de vous rappeler aux principes dont vous n'auriez jamais dû vous écarter,
et de vous manifester nos intentions d'une manière qui ne pût
vous laisser aucun doute, nous avons aussi voulu faire connoître à nos sujets que vous ne les aviez instruits, ni des véritables motifs qui avoient déterminé les vérifications que nous
avions ordonnées, ni de l'effet qu'auroit cette opération;
qu'elle a également pour objet la conservation de notre domaine et la tranquillité de ceux qui justifieroient de leur propriété, puisqu'en constatant la consistance de tous les fonds
domaniaux, elle mettra pour toujours à l'abri de toute recherche ceux qui auront subi cette épreuve; que l'intention
dans laquelle nous sommes de traiter favorablement ceux qui,
possédant sans titre, mais de bonne foi, demanderoient, en
même temps qu'ils reconnoîtroient les droits du domaine, à
être maintenus dans leurs possessions, nous a portés à écarter
les formes et les jugements nécessairement rigoureux des
hommes pour leur substituer une opération tout entière

d'ordre et d'administration qui laissât l'exercice le plus libre à notre bienfaisance, et que nous nous sommes même proposé de faire tourner à l'avantage du pays et à différentes améliorations que son intérêt sollicite, les ressources pécuniaires qui pourroient résulter de cette opération; que ce plan doit être lui-même un sûr garant des ménagements que nous avons voulu qui fussent employés dans la vérification, que bien loin d'avoir permis que l'on portât aucune atteinte aux propriétés, nous n'avons pas même conçu le projet qu'on a supposé, sans fondement, de faire à aucune compagnie ni à aucun entrepreneur la concession des droits dans l'exercice desquels nous pourrions rentrer, mais que nous avons résolu de les exercer directement, et qu'en nous réservant la connoissance des vérifications par nous ordonnées, nous n'écouterons, pour en juger la légitimité, que le sentiment de notre justice; pour en régler l'effet, que les mouvements de notre bienfaisance, et pour déterminer l'emploi des produits, que le désir que nous aurons toujours d'assurer de plus en plus la prospérité d'une province aussi importante et qui nous est si chère que la Guienne. A ces causes, etc.

1. Il sera par le grand-maître des eaux et forêts de Guienne, que nous avons commis et commettons à cet effet, procédé sans délai à la vérification et recherche des îles, îlots, atterrissements, alluvions et relais formés dans les rivières de Gironde, Garonne et Dordogne, et sur la côte de Médoc, depuis la pointe de la Grange jusqu'à Soulac.

2. Voulons en conséquence, qu'à la requête, poursuite et diligence de François Melin, chargé de la régie et administration générale de nos domaines, il soit par tel ingénieur ou arpenteur qu'il plaira audit grand-maître de commettre, levé un plan et dressé un procès-verbal d'arpentage desdits terrains, en présence des intéressés, ou eux duement appelés par des affiches qui indiqueront le jour du transport de l'arpenteur sur les terrains, ainsi que le temps pendant lequel il vaquera auxdites opérations, et qui seront apposées par trois dimanches consécutifs aux portes des églises des paroisses respectives; lors duquel arpentage, tous lesdits intéressés prétendant droit sur lesdites terres, seront tenus, sous peine d'être déchus de leurs droits, de former leur réclamation et de présenter leurs titres.

3. Il sera dressé, par ledit grand-maître, procès-verbal desdites réclamations et représentations de titres, ensemble des réponses et observations du préposé de l'administration de

nos domaines, ainsi que de l'application qui pourra être faite des titres au local, si elle est requise et jugée nécessaire pour, lesdits plans et procès-verbaux envoyés et vus en notre conseil, avec l'avis dudit grand-maître, être par nous statué ce que notre justice et notre bonté nous suggéreront.

4. Les détenteurs sans titre d'aucunes portions desdits terrains, qui feront dans les trois mois de la date de l'enregistrement des présentes leur déclaration au greffe de la maîtrise de la quantité de terres qu'ils possèdent, et leur soumission de payer à l'avenir, et à compter du 1er janvier 1787, les cens et redevances qui seront réglés, lesdits cens emportant lods et ventes aux mutations suivant la coutume des lieux, seront confirmés dans leur possession et jouissance.

5. Nous préférerons, pour la concession des terrains dont personne n'est encore en possession, les offres de ceux des propriétaires riverains qui les auront faites par acte déposé au greffe de la maîtrise, dans le même délai de trois mois, à compter de la date de l'enregistrement des présentes, et qui y auront également joint leur soumission d'acquitter les redevances et cens qui seront fixés, lesdits cens emportant aussi lods et ventes à chaque mutation.

6. Les frais desdits plans et procès-verbaux seront réglés par ledit grand-maître, et le paiement en sera fait par l'administration générale de nos domaines.

7. En cas de contestation sur l'exécution de ces présentes, nous nous en sommes réservé la connoissance et à notre conseil, icelle vous interdisant et à tous autres juges, sous telles peines qu'il appartiendra. Si vous mandons, etc.

N° 2228. — ARRÊT *du conseil qui ordonne que l'article 5 de l'arrêt du conseil du 25 janvier 1724, portant injonction aux plâtriers de ne prendre sur les ports et chantiers de la ville de Paris, que des bois de déchirage de bateaux de bois blanc, de menuise et de rebut, sera exécuté sous les peines y portées* (1).

Versailles, 18 mai 1786. (R. S..)

N° 2229. — CONVENTION *avec le duc de Wirtemberg, relative aux limites du comté de Montbéliard, etc.*

21 mai 1786. (Martens, tom. 2. pag. 652.)

(1) V. 4 octobre 1786.

N° 2230. — *Arrêt du conseil concernant les raffineries de sucre établies dans les différents ports du royaume.*

Versailles, 25 mai 1786. (R. S.).

N° 2231. — *Arrêt du conseil qui défend d'employer à la préparation des grains destinés aux semences de l'opium, de l'arsenic, du cobalt, et des substances capables de nuire à la santé.*

Versailles, 26 mai 1786. (R. S. C.)

Le roi étant informé que la société royale d'agriculture a publié les procédés les plus efficaces pour la préparation des semences, par la voie d'instructions que le sieur contrôleur général des finances a pris soin de faire distribuer dans toutes les provinces du royaume; que ces procédés avoués par tous les bons agriculteurs, et consacrés par des expériences authentiques, ont été répandus par la voie des papiers publics; que cependant plusieurs cultivateurs, pensant qu'ils rempliroient le même objet, et surtout celui d'écarter les insectes de la semence mise en terre, en employant l'orpiment, l'arsenic, le cobalt, le vert-de-gris, pourroient se permettre de faire entrer quelques-unes de ces substances dans la préparation de leurs grains, sans prévoir les dangers qui pourroient en résulter, tandis que le simple chaulage composé de chaux vive et d'eau, surtout avec la précaution d'y laisser tremper le grain, est beaucoup plus efficace, et n'a pas les mêmes inconvénients : ouï le rapport, etc. ; Le roi étant en son conseil, a fait et fait inhibitions et défenses d'employer à la préparation des grains destinés aux semences, aucune recette où il entre de l'orpiment, de l'arsenic, du cobalt, du vert-de-gris, ou toute autre espèce de substance capable de nuire à la santé, à peine de 500 liv d'amende, même de plus grande peine s'il y échet. Enjoint aux sieurs intendants de tenir la main à l'exécution du présent arrêt, et de faire connoître de plus en plus les moyens exempts de tout danger qui ont été indiqués par la société royale d'agriculture, pour préserver les grains des insectes et des vices dont ils peuvent être attaqués.

N° 2232. — Protestation *du parlement contre les lettres patentes du 14 de ce mois.*

Bordeaux, 3o mai 17 6. (R. S.)

Vu par la cour, toutes les chambres assemblées, le procès-verbal de la transcription faite sur les registres de la cour par le sieur comte de Fumel; vu aussi les lettres patentes données à Versailles le 14 du présent mois, concernant les îles, îlots, atterrissements, alluvions et relais formés dans une partie des rivières de Gironde, Garonne et Dordogne.

Le procureur-général du roi ouï, et lui retiré :

La cour, considérant la position douloureuse où elle se trouve vis-à-vis du seigneur roi, et vis-à-vis des peuples de son ressort, depuis la publication des lettres patentes du 14 mai dernier, dans lesquelles on lui reproche d'avoir adopté de faux principes, d'avoir eu de mauvaises intentions, d'avoir employé l'autorité dont elle est revêtue à compromettre l'intérêt du domaine dudit seigneur roi; d'avoir donné aux peuples un exemple dangereux en lui laissant ignorer les intentions pleines de bienfaisance du souverain et les principes de justice qui l'animent; d'avoir pareillement voulu, en suspendant l'exécution des deux arrêts du conseil qui avoient pour objet la conservation de ce même domaine, favoriser des usurpations faites au préjudice du patrimoine de l'état; d'avoir manqué essentiellement à l'autorité royale, au respect et à la confiance que la cour doit audit seigneur roi; de s'être livrée à un zèle peu éclairé; d'avoir publié un réquisitoire et un arrêt propre à répandre l'alarme, et éteindre la confiance et la soumission dont la cour devoit l'exemple.

Considérant qu'il n'y a pas un seul mot dans ces lettres patentes qui ne tende à prouver le mécontentement dudit seigneur roi, à faire perdre aux peuples du ressort de la cour le respect qu'ils lui doivent, et la confiance qu'ils ont toujours eue dans sa justice, à présenter les magistrats qui la composent comme peu instruits et encore plus mal intentionnés, comme ayant abusé, au détriment de la chose publique, de l'autorité qui leur est confiée.

Considérant les inculpations faites plus particulièrement encore contre le magistrat chargé du ministère public, qui, par une expérience de près d'un demi-siècle, soutenue par les lumières et les talents les plus distingués, a mérité à juste titre la confiance publique.

Considérant que les principes présentés par le procureur-général du roi sont fondés sur les lois romaines, qui forment le droit essentiel de la province de Guiennne, sur les ordonnances du royaume, sur la doctrine des livres les plus accrédités, sur la jurisprudence universelle de tous les tribunaux de la France. Que ces monuments de la saine raison et de tout ce que les connoissances humaines peuvent avoir de plus assuré, s'accordent à décider que les grandes rivières sont le patrimoine public de l'état, parce qu'elles ne sont point susceptibles d'une propriété particulière; que si le souverain en retire les droits honorifiques et utiles, ce n'est que pour le prix des dépenses qu'il fait pour leur conservation, et pour les protéger dans l'intérêt commun. Qu'il n'est pas possible de comprendre les rivières dans la classe des objets purement domaniaux, et des héritages ordinaires qui en font partie; qu'elles sont un attribut de la puissance royale, incessibles, incommunicables; qu'elles ne peuvent jamais sortir des mains de celui qui règne sur la nation.

Que cette propriété publique se réduit à l'eau, au terrain sur lequel elle coule, au droit de pêche, aux îles qui se forment dans le sein de la rivière, et aux revenus casuels qui en dépendent.

Que tout ce qui est étranger à l'eau et au lit sur lequel elle coule demeure dans la classe des propriétés privées.

Que lorsque des terres, des sables et autres matières forment insensiblement et d'une manière imperceptible un accroissement le long des fonds contigus à la rivière, ce qui constitue l'alluvion proprement dite, cette alluvion appartient aux propriétaires du fonds auquel elle est accrue. Que la chose publique n'est jamais exposée à en souffrir, parce que ce que la rivière perd d'un côté, elle gagne nécessairement de l'autre; que si dans ce cas le particulier riverain agrandit sa possession, c'est au seul détriment de celui de la rive opposée, qu'il n'en résulte aucune injustice, parce que l'incertitude de la perte ou du gain, commune à toutes les propriétés qui avoisinent les rivières, établit un équilibre parfait qui impose silence à la raison elle-même.

Que ce n'est pas le moment de donner un plus grand développement à tous ces grands objets du droit public; que la cour se réserve de les mettre sous les yeux dudit seigneur roi d'une manière propre à convaincre sa sagesse des surprises qui lui ont été faites.

Considérant que les arrêts du conseil du 5 juillet 1781, du

31 octobre 1785, du 16 d'octobre 1785, et les lettres patentes
du 14 mai dernier, renversent tous les principes de la justice;
qu'ils détruisent les lois sacrées des propriétés; qu'ils menacent un nombre infini de citoyens qui jouissent, à la suite de
leurs auteurs, des fonds les plus précieux sous la garantie de
la loi et de plusieurs siècles d'une possession paisible; que
cette possession seule a plus de force et d'autorité que les titres
les plus exprès dont on demande la représentation.

Considérant que toutes les dispositions de ces lettres patentes
sont une preuve évidente de la surprise faite à la religion du
plus juste et du meilleur des rois; qu'elles sont le fruit d'un
système de déprédation qui fait gémir depuis long-temps tous
les gens de bien; d'un système soutenu par les ennemis du
bonheur public par des hommes que l'indignation universelle
s'accorderoit à proscrire, s'ils n'avoient eu l'adresse de se
couvrir d'un nom aussi cher qu'il est sacré, celui dudit seigneur roi.

Considérant que les habitants de tous les états qui ont des
propriétés sur les bords des rivières de Gironde, Garonne et
Dordogne, et particulièrement depuis la pointe de la Grange
jusqu'à Soulac, sont venus déposer leurs justes alarmes dans
le sein de la cour, lui demander de faire parvenir aux pieds du
trône la justice de leurs droits; de travailler à les préserver
de l'invasion qui les menace; que ceux qui possèdent des fonds
contigus à toutes les rivières de cette vaste province redoutent
un pareil sort, partagent les mêmes craintes.

Que cette atteinte portée à la liberté publique et aux propriétés intéresse tous les citoyens. Que si on commence à dépouiller les propriétaires dans l'étendue de vingt-deux lieues
de côte, on a tout à craindre pour les héritages de même nature qui bordent toutes les rivières navigables et flottables;
que si ce premier essai de la destruction des propriétés réussit,
on n'aura aucune digue à opposer à ses progrès; qu'il n'y aura
plus rien d'assuré; que le découragement universel s'empa-
rera des esprits et des cœurs; que le tableau qui s'offre à
l'imagination est trop alarmant pour qu'on puisse le suivre
dans tous ses aperçus.

Considérant que, dans cet état de choses, la religion de la
cour, son serment lui ont fait un devoir impérieux d'éclairer
l'autorité du roi, de lui faire connoître tout le mal qui alloit
s'opérer sous son nom, et en attendant de suspendre l'orage
qui paroît formé sur toutes les têtes; que la cour crut devoir,
par ses arrêts du 3 mai 1782, et du 21 avril 1784, arrêter les

coups irréparables que les mains ennemies de l'état étoient prêtes à frapper; qu'elle crut devoir, par ces actes conservatoires, éviter un grand malheur, et préserver ledit seigneur roi lui-même des regrets qu'on préparoit à son cœur paternel.

Que la cour, loin de pouvoir se repentir de la conduite qu'elle a tenue, la regardera toujours au contraire comme la preuve la plus marquée qu'elle peut donner de sa fidélité à conserver le dépôt des lois qui lui est confié, de son respect profond, de son attachement inviolable à la personne sacrée dudit seigneur roi; du tendre intérêt qu'elle ne cessera de prendre à la gloire, à la prospérité de son règne et à son bonheur particulier, qui ne sauroit exister si ses peuples languissoient dans le deuil et dans l'oppression.

Considérant que l'obéissance qu'elle doit aux volontés dudit seigneur roi ne doit pas être une obéissance aveugle et impassible; que la cour ne doit point se prêter à tolérer le mal lorsqu'elle le connoît; que dans ce cas, son obéissance elle-même deviendroit un crime, et la rendroit complice des malheurs publics; que la loi et le souverain n'exigent des magistrats qu'une obéissance filiale, toujours éclairée, toujours déterminée par le bonheur commun; que c'est cette même obéissance qui les porte à dénoncer au souverain les surprises qui lui sont faites, à le prémunir contre les pièges que l'on tend à sa sagesse, à conserver dans leur intégrité tous ses droits, et principalement le cœur de ses peuples, qui est son premier bien.

Considérant encore que toute interversion de l'ordre public est toujours funeste; que les évocations surtout annoncent assez ordinairement, sinon une injustice à couronner, du moins une faveur que la loi ne peut avouer; que les auteurs de ce projet d'invasion ont pensé qu'ils ne pouvoient parvenir sûrement à leur but, à consommer leurs coupables desseins qu'en dépouillant le parlement, qui est la cour féodale du roi, de la connoissance d'une matière aussi étendue, aussi essentielle, aussi privilégiée; qu'ils ont craint que la cour, imbue des vrais principes, éloignée de toutes les intrigues, accoutumée à voir de près les besoins du peuple, à peser dans la balance de la justice les droits du souverain et ceux de ses sujets, ne portât trop de lumières dans l'examen des contestations, et trop d'exactitude dans l'application des principes; qu'ils ont cherché à dépouiller la cour de la jurisdiction qui lui appartient essentiellement, et de lui subroger des juges plus destinés par état à prononcer sur des objets d'administration que sur des droits contentieux; qu'ils ont compris que la plus grande partie des habitans d'une province éloignée n'auroit ni le courage ni les facultés nécessaires pour se présenter devant un tribunal qui seroit forcé de la condamner d'après les lettres patentes qui excitent les justes réclamations de la cour.

Que pour colorer cette évocation, ils n'ont pas craint d'inculper le parlement aux yeux de son souverain.

Qu'un temps plus heureux viendra sans doute où la religion du seigneur roi sera éclairée, qu'alors la vérité et la justice reprendront leurs droits. Les magistrats, loin d'être en butte aux coups accablants et répétés de l'autorité, n'auront plus besoin d'entrer en justification, et trouveront leur sûreté et leur récompense dans leur seule vertu.

La cour a déclaré la transcription faite sur ses registres desdites lettres patentes par le sieur comte de Fumel, nulle, illégale, et incapable de produire aucun effet.

A arrêté qu'il sera fait au seigneur roi de très-humbles et très-respectueuses remontrances, à l'effet de le supplier de retirer lesdites lettres patentes; ordonne néanmoins, sous le bon plaisir dudit seigneur roi, que les arrêts de la cour, en date du 3 mai 1782 et 21 avril 1784, seront exécutés suivant leur forme et teneur : ce faisant, fait inhibitions et défenses, tant au grand-maître des eaux et forêts de Guienne qu'à tous autres, de procéder à l'exécution de la commission portée par lesdites lettres patentes. Ordonne que le présent arrêt sera imprimé et publié partout où besoin sera.

N° 2233. — ARRÊT *du conseil concernant le chargement des lettres et effets à la poste.*

Versailles, 31 mai 1786. (R. S.)

Vu par le roi, étant en son conseil, la déclaration du 8 juillet 1759, portant fixation d'un tarif pour la taxe des lettres dans toute l'étendue du royaume, par laquelle il auroit été expressément défendu, art. 5, 6 et 139, à toutes personnes d'insérer dans leurs paquets de lettres, et d'envoyer, par la voie des postes, aucune matière d'or, d'argent, bijoux, dentelles et autres objets de prix, à moins d'en être convenu de gré à gré avec les administrateurs et directeurs des postes, et en payant pour droit de port 5 pour 100 de la valeur desdits effets; il a été néanmoins permis à tous particuliers de faire charger toutes autres lettres, ou paquets de lettres et papiers, sans en déclarer le contenu, en payant un double droit de port ordonné par ledit tarif, à la charge par les administrateurs des

postes de rendre desdites lettres et paquets de lettres et
papiers, le cas de vol ou de force majeure excepté, sans que
jusqu'à présent il ait été statué sur le montant du dédommagement auquel peuvent prétendre ceux dont les lettres ainsi
chargées auroient été perdues, égarées ou anéanties par le
frottement des dépêches. Sur ce qui a été représenté que les
billets de la caisse d'escompte paroîtroient devoir être assimilés aux matières d'or et d'argent, dont ils ne sont que la représentation, et qui ne peuvent être insérés dans les dépêches
que de gré à gré, et en payant 5 pour 100 de la valeur pour
droit de port, S. M. jugeant que s'il est de son équité de ne
pas rendre responsable l'administration des postes des effets
qui pourroient être enlevés de ses mains par la force majeure,
il n'est pas moins de sa justice de fixer le dédommagement qui
seroit dû à ceux de ses sujets qui, par l'inadvertance des préposés des postes, auroient perdu des lettres ou paquets dont
ils auroient voulu assurer la remise, en payant le double port
fixé pour le chargement desdites lettres et paquets, et de faire
connoître que l'administration ne sera responsable de la valeur entière des effets ou billets de caisse insérés dans lesdites
lettres, qu'autant qu'il en auroit été fait déclaration et remise
à découvert, et que les administrateurs auroient consenti à
s'en charger, moyennant la remise de 5 pour 100. S. M. s'é-
tant fait représenter les arrêts du conseil des 3 décembre 1687,
18 mars 1715, 26 avril 1738, et 7 août 1755, par lesquels le
dédommagement à payer par les fermiers des messageries,
pour la perte des paquets qui leur sont confiés, sans déclaration ni évaluation du contenu, auroit été fixé à 150 liv., elle
auroit jugé convenable d'en étendre les dispositions aux lettres
ou paquets de papiers chargés par la voie des courriers, et
qui se trouveroient anéantis, égarés ou perdus. A quoi voulant
pourvoir : ouï le rapport, etc. : le roi étant en son conseil, a
ordonné et ordonne ce qui suit :

1. Renouvelle en tant que besoin, S. M., les défenses faites
par la déclaration du 8 juillet 1759, à toutes personnes de
mettre dans leurs paquets de lettres, et d'envoyer par la voie
des postes aucunes espèces, matière d'or ou d'argent, billets
de la caisse d'escompte ou autres effets, bijoux, dentelles, à
moins d'en être convenu de gré à gré avec les administrateurs, directeurs et préposés des postes, lesquels ne pourront
s'en charger et demeurer responsables de leur valeur entière
qu'après les avoir reconnues, et sous une remise de 5 pour 100
de leur valeur.

2. Veut S. M. que, conformément à l'article 6 de la même déclaration de 1759, tous particuliers continuent à avoir la liberté de faire charger des lettres, paquets de lettres ou papiers non remis à découvert, même ceux contenant des billets de la caisse d'escompte ou autres effets quelconques, en les consignant aux administrateurs, directeurs ou commis des postes, qui en chargeront leurs lettres d'avis, au moyen du paiement du double droit ordonné par le tarif annexé à ladite déclaration, et conformément à icelle; auquel cas lesdits administrateurs et préposés des postes seront, en cas de vol ou de force majeure, totalement déchargés desdites lettres et paquets, en rapportant procès-verbal des juges et officiers des lieux où le délit aura été commis; et si lesdites lettres, paquets, billets de caisse ou autres effets qui ne leur auroient pas été remis à découvert, et suivant ce qui est prescrit par l'article 1ᵉʳ du présent arrêt, venoient à être détruits, égarés ou perdus par l'inadvertance des préposés des postes, ou anéantis par le frottement des autres dépêches, lesdits administrateurs et préposés des postes ne seront tenus payer, à titre de dédommagement, que la somme de 150 liv. aux personnes qui auront fait charger lesdites lettres ou paquets, sans qu'il puisse être exigé d'eux aucun autre ni plus fort dédommagement, pour quelque cause que ce puisse être.

Nᵒ 2234. — ARRÊT *du parlement qui prescrit l'exécution d'une ordonnance rendue par les officiers de police de Poitiers concernant la tenue et la représentation des registres des fripiers et autres marchands achetant des effets, bijoux et marchandises vieilles et les précautions qu'ils doivent prendre lors de l'achat des marchandises, etc.*

Paris, 2 juin 1786. (R S. C.)

Nᵒ 2235. — ORDONNANCE *qui fixe le prix auquel doivent être reçues dans la Guiane, la piastre d'Espagne, le quadruple d'or d'Espagne, et la moëde d'or de Portugal.*

Versailles, 8 juin 1786. Reg. au conseil de Cayenne le 6 novembre. (Coll. m. m. Code Cayenne, tom. 7, p. 287.)

Nº 2236. — ARRÊT *du conseil qui ordonne la communication aux départements des cartes géographiques avant de les publier* (1).

Versailles, 10 juin 1786 (R. S. C.)

Le roi étant informé que des géographes, des graveurs, et même des particuliers, se permettent de faire graver et publier des cartes sans que les dessins manuscrits aient été soumis à un examen préalable qui en constate la fidélité et l'exactitude : que de cette liberté indéfinie, il résulte que les géographes français, en copiant des cartes étrangères, semblent consacrer ou du moins fortifier les erreurs que d'autres nations auroient commises concernant les limites des possessions respectives : que des cartes imparfaites dont on se sert pour diriger la route des vaisseaux exposent les sujets du roi aux plus grands dangers, en ce que n'ayant pas les connoissances nécessaires pour en vérifier par eux-mêmes l'exactitude, ils adoptent sans méfiance les erreurs et les infidélités qu'elles peuvent contenir; que même pour le commerce et la communication nécessaire des peuples entre eux, il importe que les cartes de terres fermes et des continents soient aussi exactes qu'il est possible. A quoi voulant pourvoir; le roi étant en son conseil, de l'avis de M. le garde des sceaux, a ordonné et ordonne, que tous géographes, graveurs et autres personnes quelconques, qui désireront faire graver, publier et débiter des cartes géographiques quelles qu'elles soient, ou même des plans des villes, ports, havres, baies, côtes, frontières ou autres, seront tenus d'en obtenir la permission de M. le chancelier ou garde des sceaux; et pour y parvenir, de remettre le dessin manuscrit ou gravé en épreuves desdites cartes ou plans, avec leurs fondements ou preuves à l'appui, afin qu'il en soit fait, avant d'accorder ladite permission, l'examen par celui des départements respectifs dont lesdites cartes intéresseront plus particulièrement l'administration. Fait en conséquence S. M. très-expresses inhibitions et défenses à tous géographes, graveurs et autres personnes quelconques, de graver, publier et débiter aucune carte ou plan géographique sans avoir rempli les susdites formalités, sous peine, contre les contrevenants, de 600 liv. d'amende et de la saisie et confiscation des cartes, plans, épreuves et planches gravées au mépris des présentes dispositions. Et sera le présent arrêt imprimé, publié, lu et affiché partout où besoin sera.

_____

(1) En vigueur. Ord. du 6 juin 1814, art. 12.

Nº 2237. — ARRÊT du conseil qui maintient les marchands et négociants dans l'exemption des droits pour les bois destinés à la construction des navires, et prescrit les formalités qui devront être suivies par les propriétaires pour jouir de ladite exemption (1).

Versailles, 10 juin 1786 (R. S.)

Nº 2238. — ARRÊT du parlement qui, entre autres dispositions, permet aux traiteurs-restaurateurs de recevoir du monde dans leurs salles, et y donner à manger jusqu'à onze heures en hiver et minuit en été, et ce sous la condition de ne donner à manger que dans les salles et de la manière usitée jusqu'à présent par les traiteurs et restaurateurs, sous les peines portées par ledit arrêt.

Paris, 28 juin 1786 (R. S.)

Nº 2239. — LETTRES PATENTES sur la réciprocité à établir entre la France et la principauté de Neufchâtel et Vallangin, relativement à la jurisprudence des faillites.

Versailles, 30 juin 1786. Rég au parlement le 1er août (R. S.)

Louis, etc. Les difficultés que la réintégration des masses discutées et liquidées en cas de faillites faites dans notre royaume, et l'exécution des jugements rendus dans nos tribunaux pour la distribution des deniers desdites masses ont éprouvées jusqu'à ce jour dans la principauté de Neuchâtel et Vallangin en Suisse, étant également préjudiciables au commerce de nos sujets et à celui des sujets de ladite principauté, nous avons pensé ne devoir rien négliger pour les faire cesser par l'effet des insinuations que nous leur avons fait faire ; les présidents et les gens du conseil d'état de ladite principauté nous ont déclaré que toutes les fois que dans des cas de faillites faites en France, soit les débiteurs faillis, soit les syndics de leur masse, n'auront pas saisi les tribunaux ordinaires de Neuchâtel sur des questions relatives à des effets réclamés pour faire partie desdites masses, ils ne manqueront jamais, sur les réquisitions qui leur en seront duement faites, de faire réintégrer dans lesdites masses les effets et biens meubles quelconques en dépendants qui se trouveront dans ladite principauté ; et qu'en se conformant à ce qui a été convenu par le traité d'alliance

(1) V. a. d. c. 19 avril 1668, 30 octobre 1770.

général conclu le 28 mai 1777 entre nous et le corps helvétique, ils continueront de rendre exécutoires, dans toute l'étendue dudit état, non-seulement les sentences et arrêts qui auront été compétemment prononcés en France relativement à la distribution des masses discutées ou liquidées par le juge du domicile du débiteur failli, mais encore tous autres jugements définitivement rendus en matière civile par les tribunaux souverains de notre royaume, comme s'ils avoient été rendus dans ladite principauté de Neufchâtel et Vallangin, sous la condition néanmoins que les citoyens, sujets et habitants dudit état éprouveront une exacte réciprocité dans l'étendue de notre royaume. L'esprit de justice dont nous serons toujours animé, nous a déterminé à nous rendre au vœu desdits présidents et gens du conseil d'état de ladite principauté, et d'expliquer solennellement à cet égard nos intentions. A ces causes, etc.

1. Dans les cas de faillites arrivant dans l'étendue de la principauté de Neufchâtel et Vallangin, lorsque les tribunaux de notre royaume n'auront pas été saisis, soit par les débiteurs faillis, soit par les syndics ou directeurs de leurs créanciers, des contestations relatives aux effets réclamés, pour faire partie des masses des biens desdits faillis, lesdits effets et biens meubles quelconques appartenants auxdites masses, qui se trouveront dans l'étendue de notre royaume, seront réintégrés dans lesdites masses, sur les réquisitions qui en seront dûment faites.

2. Les jugements qui auront été compétemment prononcés dans ledit état de Neufchâtel et Vallangin, relativement à la distribution des deniers des masses discutées ou liquidées par le juge du domicile du débiteur failli; ensemble tous autres jugements définitivement rendus en matière civile par des tribunaux souverains dudit état et principauté, seront exécutés dans notre royaume, en se conformant néanmoins, par ceux qui seront porteurs desdits jugements, aux formalités prescrites par les ordonnances de notre royaume. Si donnons en mandement, etc.

Nº 2240. — RÈGLEMENT *concernant les effets des bas-offi-ciers, des soldats et des canonniers matelots de la marine et des colonies qui meurent au service du roi sans tester, les parts de prise à la gratification non réclamée par les familles de ces mêmes officiers, et la part de prise des bas-officiers et soldats morts en désertant, ou qui ayant été congédiés, n'auroient pas réclamé ce qui leur appartient depuis leur réforme* (1).

Versailles, 1ᵉʳ juillet 1786. (R. S. C. Lebeau, Code des prises.)

Nº 2241. — ORDONNANCE *concernant la désertion* (2).

Versailles, 1ᵉʳ juillet 1786. (R. S. C.)

S. M. s'étant fait représenter les ordonnances précédemment rendues concernant la désertion, elle a jugé qu'il étoit de sa sagesse et de sa bonté, en même temps que de l'intérêt de son service, d'abroger ces différentes ordonnances, et d'établir contre les déserteurs un nouvel ordre de peines; elle a en conséquence ordonné et ordonne ce qui suit :

TITRE Iᵉʳ. *Des peines prononcées contre les déserteurs.*

1. S. M. considérant que la désertion est un crime contre l'État, et qu'il n'en est point de plus préjudiciable à son service, surtout s'il est commis pendant la guerre, son intention est que ceux qui s'en seront rendus coupables soient punis de mort, dans les cas et ainsi qu'il sera ordonné ci-après; que dans les cas moins graves, mais accompagnés de circonstances infamantes, ils soient condamnés, soit aux galères perpétuelles ou à temps, soit à être fouettés et marqués par le bourreau; et enfin que, lorsque la désertion ne sera point accompagnée de circonstances qui l'aggravent, elle soit punie des baguettes avec prolongation de service, ou seulement d'une prolongation de service.

2. Au moyen des peines mentionnées en l'article précédent, S. M. supprime celle de la chaîne, ainsi que les dépôts de renfermement des déserteurs, établis par ses ordonnances du 12 décembre 1775, qu'elle a abrogées et abroge, ainsi que toutes les ordonnances précédemment et postérieurement ren-

(1) V. loi du 13 29 juin 1791.
(2) V. loi 12 mai 1793, loi du 21 brum. an v; décret 8 vendém. an xiv; 3o novembre 1811, 2 février 1812, 22 décembre 1812.

dues concernant la désertion; voulant S. M. qu'elles soient regardées comme nulles et non avenues.

3. La punition des baguettes n'imprimera aucune flétrissure à ceux qui l'auront subie, et S. M. les conserve à son service. Il n'en sera pas de même de ceux qui, ayant aggravé encore le crime de leur désertion par des circonstances infamantes, ou qui, coupables d'actions qui auroient ce vil caractère, auront mérité d'être passés, les cavaliers, hussards, dragons ou chasseurs à cheval, par les courroies, et les soldats ou chasseurs à pied, par les bretelles de fusil : ils seront chassés avec une cartouche infamante, et déclarés à jamais indignes de servir dans les troupes de S. M.

4. La peine des baguettes ne sera jamais prononcée contre un déserteur, que par un jugement du conseil de guerre; et S. M. laisse à la prudence des juges qui le composeront, à ordonner qu'elle soit subie en un ou plusieurs jours, selon le nombre de tours auquel le coupable sera condamné. Cette punition aura lieu, le premier jour, dans le quartier et en présence du régiment dont il aura déserté et qui prendra les armes; les autres jours, il la subira à l'inspection de la garde de son régiment et en présence de sa compagnie. Si le régiment est divisé, le jugement sera exécuté dans le quartier de l'état-major.

5. Lorsqu'un déserteur devra subir la peine des baguettes, l'intention de S. M. est que l'on se conforme à l'instruction qui sera annexée à la présente ordonnance.

TITRE II. *Du retour volontaire des déserteurs.*

1. Si un soldat, cavalier, hussard, dragon ou chasseur, s'étant absenté de sa compagnie sans congé, n'est pas rentré dans les deux jours qui suivront celui où il aura manqué l'appel, et qu'il manque encore à l'appel du matin du troisième, il sera dès lors regardé comme déserteur, noté comme tel, du jour de son absence, sur le contrôle des signalements, et dénoncé aussitôt par le major au secrétaire d'état ayant le département de la guerre, pour que son signalement soit adressé à toutes les maréchaussées du royaume. Le major donnera directement avis de sa désertion au prévôt général du département dans lequel ce déserteur sera né ou aura ses parents, ainsi qu'aux officiers de maréchaussée des lieux où il présumera qu'il pourra s'être réfugié, afin que lesdits prévôts

néral et officiers de maréchaussée en fassent faire les plus promptes recherches.

2. Si un soldat, cavalier, hussard, dragon ou chasseur, au lieu de s'être absenté de sa compagnie, s'est absenté de sa garde ou de son détachement; qu'il ne soit pas rentré avec ladite garde ou détachement, et qu'il manque encore à l'appel du matin du lendemain, il sera dès lors regardé comme déserteur, et toutes les mesures détaillées dans l'article précédent auront leur effet et leur exécution.

3. Ce qui vient d'être prescrit relativement à la dénonciation de tout soldat, cavalier, hussard, dragon ou chasseur, qui se sera absenté sans permission ni congé, est indépendant des mesures immédiates et promptes qui seront prises pour l'arrêter, à l'instant même où l'on sera averti qu'il manque; et si dès lors il est arrêté, il subira les peines prononcées ci-après contre les déserteurs arrêtés. S. M. veut bien seulement exempter d'être jugé comme déserteur, et ne pas regarder comme tel, celui qui se repentira assez tôt pour rentrer à sa compagnie avant d'être dénoncé ou arrêté.

4. Ainsi tout soldat, cavalier, hussard, dragon ou chasseur qui, s'étant absenté sans congé, rentrera à sa compagnie avant les termes fixés par les art. 1ᵉʳ et 2, ne sera point jugé comme déserteur; et il sera puni seulement par la discipline du corps.

5. Celui qui rentrera volontairement à sa compagnie, mais après les termes qui viennent d'être fixés, éprouvera encore, dans les cas et ainsi qu'il sera expliqué ci-après, l'indulgence de S. M.; et elle ne lui imposera d'autre peine, que de réparer sa faute par un nombre plus ou moins grand d'années de service, dans le régiment où il l'aura commise.

6. Mais S. M. borne à trois mois pendant la paix, et à dix jours pendant la guerre, le temps qu'elle laisse aux regrets et aux remords des déserteurs; et au-delà de ces termes de trois mois ou de dix jours, comptés de celui de leur désertion, ils ne seront plus admis au retour volontaire.

7. Celui qui, ayant déserté pendant la paix, reviendra volontairement dans l'espace de dix jours, servira une année au-delà de son engagement.

8. S'il a déserté pendant la guerre, il fera quatre années de service au-delà de son engagement.

9. S'il a déserté à l'ennemi, il fera huit années de service au-delà de son engagement.

10. Mais s'il a déserté la veille ou le jour d'une bataille, ou

s'il a déserté d'un détachement de guerre, ou d'une place as siégée, ou d'une tranchée, soit qu'il ait été à l'ennemi ou qu'il soit rentré en France, il sera exclu du retour volontaire.

11. Celui qui ayant déserté pendant la paix, reviendra volontairement dans l'espace de trois mois, sera quatre années de service au-delà de son engagement.

12. S'il a escaladé des remparts, il sera huit années de service au-delà de son engagement.

13. S'il a emporté ses armes à feu, il sera de même huit années de service au-delà de son engagement.

14. S'il a déserté pendant la guerre avec les mêmes circonstances, c'est-à-dire, escaladé des remparts ou emporté ses armes à feu, et qu'il rentre dans les dix jours : il sera de même huit années de service au-delà de son engagement.

15. Celui qui aura déserté étant de service, pendant la paix, sera huit années de service au-delà de son engagement, s'il rentre dans l'espace de dix jours.

Il sera seize années de service au-delà de son engagement, s'il ne rentre qu'après l'espace de dix jours, mais dans celui de trois mois.

16. Celui qui aura déserté étant de service pendant la guerre, sera seize années de service au-delà de son engagement, s'il rentre dans les dix jours accordés pendant la guerre.

17. S'il a déserté étant en faction pendant la paix ou pendant la guerre, il est exclu du retour volontaire.

18. Tout déserteur qui aura été chef d'un complot de déserter, sera exclu du retour volontaire.

19. Tout déserteur qui aura volé ou emmené son cheval, ou d'autres chevaux, sera exclu du retour volontaire.

20. Tout déserteur qui aura déserté plus d'une fois, sera exclu du retour volontaire.

21. Tout bas officier qui aura déserté et trompé à ce point la confiance qu'on doit avoir en lui, sera exclu de la grace du retour volontaire.

22. Tout déserteur rentré volontairement à son régiment, et y jouissant de la grace du retour volontaire, conservera dans sa compagnie le rang qu'il y avoit; et il restera susceptible d'être par la suite fait bas officier, s'il le mérite par sa bonne conduite.

23. Lorsqu'un soldat, cavalier, hussard, dragon ou chasseur, ayant déserté, voudra profiter de la grace du retour volontaire, il se présentera au commissaire des guerres de la ville

où il se trouvera, ou de la ville la plus proche; ou, au défaut d'un commissaire des guerres, à un officier de maréchaussée; ou, s'il se trouve à Paris, au lieutenant-général de police. Il lui déclarera sa désertion de tel ou tel régiment, en en spécifiant la date et les circonstances, et il affirmera qu'il est dans l'intention de réparer sa faute et de rejoindre au plus tôt son régiment à ses frais. Le lieutenant-général de police de Paris, le commissaire des guerres ou l'officier de maréchaussée, à qui il se sera adressé, lui expédieront alors un certificat de sa déclaration, valable pour le nombre de jours dont il aura besoin pour faire sa route. Elle sera spécifiée au bas dudit certificat, moyennant lequel, et suivant exactement cette route, il ne pourra être arrêté.

24. Le certificat destiné à assurer le retour du déserteur à son régiment et à l'empêcher d'être arrêté pendant sa route, ne pourra cependant avoir l'effet d'étendre pour lui la grace du retour volontaire au-delà du terme de trois mois en temps de paix, ou de dix jours en temps de guerre, qui lui est accordé; et ce certificat ne pourra le préserver d'être arrêté dans sa route ou en arrivant à son régiment, lorsqu'il aura outre-passé ce terme.

25. Le soldat, cavalier, hussard, dragon ou chasseur ayant déserté, et qui arrivera à son régiment pour y demander la grace du retour volontaire, s'y présentera d'abord au premier poste, dont le commandant le fera conduire au principal poste de la garnison ou du quartier; il s'adressera au commandant de ce poste, à qui il déclarera l'objet de son retour; et celui-ci en rendra compte aussitôt au commandant de la place, et en fera instruire celui du régiment. Le soldat, cavalier, hussard, dragon ou chasseur, sera conduit en prison par les ordres du commandant de la place, pour y rester le temps nécessaire pour constater légalement, et ainsi qu'il sera prescrit ci-après, l'époque et les circonstances de la désertion, celle du retour et le temps de service que le déserteur sera obligé de faire en réparation de sa faute. Il sortira de prison aussitôt ces formes remplies.

26. Si le régiment que rejoint le soldat, cavalier, hussard, dragon ou chasseur qui a déserté, est à l'armée ou campé, le soldat fera la déclaration susdite au commandant du premier poste qu'il rencontrera; celui-ci en rendra compte au major-général, et d'après l'ordre qu'il en recevra, il fera conduire le susdit soldat à son régiment, où il sera détenu à la garde du

camp, pour y être soumis à ce qui est prescrit par l'article précédent.

27. Les dispositions de la présente ordonnance, tant dans les articles précédents que dans ceux qui suivront, relativement à la distinction de paix et de guerre, auront leur application, ainsi qu'il suit :

Toutes les fois qu'un régiment sera hors du royaume ou sur une frontière, dans le cas d'avoir à se garder contre l'ennemi, les déserteurs de ce régiment seront soumis aux peines ordonnées pour devoir avoir lieu pendant la guerre.

Conséquemment les déserteurs des régiments qui seront sur les côtes pendant une guerre de mer, seront soumis aux susdites peines.

Ceux des régiments qui resteront dans l'intérieur du royaume ou sur une frontière éloignée de celle où sera le théâtre de la guerre, subiront les peines ordonnées contre les déserteurs pendant la paix.

Mais si un déserteur de ces régiments veut profiter de la grace du retour volontaire, et que dans cet intervalle son régiment marche à l'armée ou se porte sur la frontière où sera le théâtre de la guerre; dès qu'il y sera arrivé, le déserteur ne sera plus admis au retour volontaire, qu'autant qu'il n'aura pas outre-passé le terme de dix jours, au-delà duquel cette grace n'est plus accordée pendant la guerre; mais les dix jours lui seront alors accordés, à compter de celui où le régiment sera arrivé à l'armée ou sur la frontière.

28. S. M. veut bien cependant accorder à tout déserteur de ses troupes qui, s'étant engagé dans un autre régiment, se déclarera, et dans quelque temps qu'il se déclare, la grace du retour volontaire, pourvu toutefois que sa désertion n'ait point été accompagnée de circonstances qui l'en excluent. Il fera sa déclaration au commandant de sa compagnie, qui en rendra compte au major, et celui-ci au commandant de son régiment. Le déserteur sera constitué prisonnier et conduit à son premier régiment, où il sera jugé dans la même forme que tous les déserteurs admis à profiter de la grace du retour volontaire; et il sera condamné, en réparation de sa faute, à huit années de service au-delà de son engagement.

TITRE III. *Des déserteurs arrêtés.*

1. S. M. n'ayant, par le titre précédent, imposé d'autres peines aux déserteurs de ses troupes qui y rentreront volon-

tairement dans le temps qu'elle leur prescrit, que de réparer leur faute par un nombre plus ou moins grand d'années de service, elle soumet aux peines suivantes ceux qui seront arrêtés sans avoir profité de cette grace, ou ceux qui, par les circonstances de leur désertion, seront indignes de l'obtenir.

2. Tout soldat, cavalier, hussard, dragon ou chasseur arrêté, ayant déserté pendant la paix, passera dix tours de baguettes par cent hommes, et il servira huit années au-delà de son engagement.

3. S'il a déserté pendant la guerre, il passera quinze tours de baguettes par deux cents hommes, et il servira seize années au-delà de son engagement.

4. S'il a déserté à l'ennemi, il sera passé par les armes.

5. S'il a déserté de l'armée la veille ou le jour d'une bataille, ou s'il a déserté d'un détachement de guerre ou d'une place assiégée, ou d'une tranchée, il sera fouetté par le bourreau, marqué d'un *P* à l'épaule, et condamné aux galères pour trente ans.

6. Si dans les mêmes circonstances il a déserté à l'ennemi, il sera pendu.

7. Tout soldat, cavalier, hussard, dragon ou chasseur arrêté, ayant déserté et escaladé des remparts, passera quinze tours de baguettes par deux cents hommes, et il servira dix années au-delà de son engagement, s'il a déserté pendant la paix :

Et si c'est pendant la guerre, il sera condamné à être pendu.

8. Tout soldat, cavalier, hussard, dragon ou chasseur arrêté, ayant déserté et emporté ses armes à feu, subira les mêmes peines prononcées par l'article ci-dessus.

9. Tout soldat, cavalier, hussard, dragon ou chasseur arrêté, ayant déserté étant de service pendant la paix, sera condamné aux galères pour quinze ans ;

Et aux galères perpétuelles s'il étoit en faction.

10. Tout soldat, cavalier, hussard, dragon ou chasseur arrêté, ayant déserté étant de service pendant la guerre, sera condamné à être pendu.

11. Tout déserteur pris les armes à la main contre les troupes du roi, ou enrôlé dans les troupes ennemies, sera condamné à avoir le poing coupé et à être pendu.

12. Tout soldat, cavalier, hussard, dragon ou chasseur arrêté, ayant déserté, et reconnu pour avoir été chef de complot, sera marqué par le bourreau d'un *D* sur l'épaule, et condamné aux galères perpétuelles.

13. Celui qui sera convaincu d'avoir été le chef d'un complot de déserter, quoique ce complot n'ait pas été exécuté, sera passé par les bretelles de fusil, si c'est un soldat ou chasseur à pied; ou par les courroies, si c'est un cavalier, hussard, dragon ou chasseur à cheval : il sera ensuite chassé avec une cartouche jaune.

14. Celui qui aura participé au complot de déserter et pris jour avec le chef, sans que ce complot ait été exécuté, passera cinq tours de baguettes par cent hommes, et il sera quatre années de service au-delà de son engagement.

15. Celui qui, sans avoir participé au complot de déserter, en aura eu connoissance et ne l'aura pas déclaré, recevra, trois jours de suite, cinquante coups de plat de sabre, et sera obligé de faire quatre années de service au-delà de son engagement.

16. S. M. accorde à tout soldat, cavalier, hussard, dragon ou chasseur qui fera la dénonciation d'un complot de déserter 100 liv. de gratification et son congé absolu. Cette somme lui sera payée et son congé absolu délivré aussitôt après les preuves acquises de la réalité du complot ; et le secrétaire d'état de la guerre, à qui ces preuves seront adressées, fera rembourser la susdite somme de 100 livres à la masse des recrues qui l'aura avancée.

10. Tout soldat, cavalier, hussard, dragon ou chasseur arrêté, ayant déserté et volé, sera fouetté par le bourreau, marqué à l'épaule des lettres *D* et *V*, et condamné aux galères perpétuelles.

18. Tout cavalier, hussard, dragon ou chasseur à cheval arrêté, ayant déserté avec son cheval, sera condamné aux peines ordonnées par l'article précédent, s'il a déserté pendant la paix : si c'est en temps de guerre il sera pendu.

19. Celui qui, en désertant, aura emmené un autre cheval que le sien, ou plusieurs chevaux, soit en temps de paix, soit en temps de guerre, sera pendu.

20. Si un déserteur est arrêté en se défendant à main armée contre la maréchaussée ou contre un détachement des troupes du roi, son procès lui sera fait par le prévôt, et il sera condamné à être pendu.

Mais si ce détachement des troupes du roi étoit de son régiment ou de sa garnison, il y seroit ramené pour être jugé par le conseil de guerre, et de même condamné à être pendu.

21. Si un déserteur est arrêté par des bourgeois ou paysans, ou par des employés des fermes, et qu'il se soit défendu contre

eux à main armée, il sera ramené à son régiment pour y passer quinze tours de baguettes par deux cents hommes, et il servira six années au-delà de la prolongation qu'il auroit encourue par sa seule désertion.

S'il avoit tué quelqu'un desdits bourgeois, paysans ou employés, il sera jugé par le prévôt et condamné à être pendu.

22. Tout déserteur arrêté déguisé passera dix tours de baguettes par deux cents hommes, et il servira douze années au-delà de son engagement.

23. Tout soldat, cavalier, hussard, dragon ou chasseur qui sera arrêté pour la seconde fois comme déserteur, sera condamné aux galères pour quinze ans.

24. Celui qui aura déserté plus de deux fois sera fouetté par le bourreau, marqué d'un *D* à l'épaule, et condamné aux galères perpétuelles.

25. Si un déserteur s'est engagé, qu'ensuite il ne se soit pas déclaré et qu'il n'ait pas profité de la grace de l'article 28 du titre 2, qui le fait participer à celle du retour volontaire, ledit déserteur, s'il est découvert dans le régiment où il se sera engagé, sera reconduit à son premier régiment, et il y sera condamné, si toutefois les circonstances de sa désertion ne lui ont pas fait encourir des peines plus fortes, à celle de quinze tours de baguettes par deux cents hommes; il servira ensuite seize années au-delà de l'engagement qu'il y avoit contracté.

26. Si le déserteur a escaladé des remparts, ou s'il a déserté avec des armes à feu, il sera condamné aux galères pour dix ans; pour vingt ans, s'il a déserté étant en faction : si c'est pendant la guerre qu'il a déserté avec ces mêmes circonstances, il sera pendu (1).

27. Si le déserteur, engagé et découvert dans un autre régiment, et reconduit en conséquence à son premier régiment, avoit volé, il seroit fouetté par le bourreau, marqué à l'épaule des lettres *D* et *V*, et condamné aux galères perpétuelles.

28. Toutes les fois qu'un déserteur sera dans le cas de subir une peine afflictive ou celle de mort par la main du bourreau, il sera dégradé des armes avant de la subir.

29. Toutes les fois que les circonstances compliquées de la désertion se rapporteront à la fois à différents articles de cette ordonnance, le déserteur sera jugé d'après les circonstances les plus graves, et condamné aux peines les plus fortes.

30. Tout soldat, cavalier, hussard, dragon ou chasseur

_____

(1) V. 29 de ce mois.

arrêté, et se trouvant dans le cas de faire une prolongation de service, sera mis à la queue de sa compagnie, et privé pendant huit ans de tout congé limité ou de sémestre. Il restera susceptible des hautes-paies et honneurs militaires à compter du premier jour de son nouveau service.

Titre IV. *Des soldats absents par congé ou sortant de l'hôpital, et des soldats de recrue.*

1. Les lois militaires de S. M. devant être suffisamment connues de ses troupes par le soin des officiers et bas officiers à en instruire les soldats de leurs compagnies et les hommes de recrue qu'ils engagent, elle a jugé inutile que ceux qui ne se rendroient pas à leurs compagnies, aux termes qui leur sont prescrits, ou suivant les routes qui leur sont données, fussent désormais sommés de le faire, et elle soumet ceux qui y manqueront aux peines ordonnées contre les déserteurs de ses troupes, avec les modifications qu'il a été de sa justice et de sa bonté d'y apporter, telles qu'elles seront exprimées ci-après.

2. Si un soldat, cavalier, hussard, dragon ou chasseur n'a pas rejoint à l'expiration d'un congé limité, qu'il ne puisse justifier son retard par un certificat de maladie en bonne forme, et que cependant il rentre à sa compagnie dans l'espace de trois mois, il profitera de la grace du retour volontaire. Il sera soumis aux formes prescrites pour les déserteurs à qui S. M. veut bien accorder cette grace; et il servira une année au-delà de son engagement s'il est rentré le premier mois; deux années s'il n'est rentré que dans le second mois; et trois années s'il n'est rentré que dans le troisième.

3. Au-delà du susdit terme de trois mois, à dater de l'expiration de son congé, aucun soldat, cavalier, hussard, dragon ou chasseur ne sera plus admis au retour volontaire, et s'il est arrêté il sera soumis aux peines portées au titre III contre les déserteurs arrêtés.

4. Si même il est arrêté dans le susdit intervalle de trois mois, et sans avoir profité de la grace du retour volontaire, il sera soumis aux mêmes peines portées contre les déserteurs arrêtés.

5. Veut S. M. qu'il en soit de même de tout soldat, cavalier, hussard, dragon ou chasseur qui, étant sorti de l'hôpital, n'aura pas rejoint le jour fixé par la route inscrite sur son billet de sortie de l'hôpital.

Si, n'ayant pas rejoint le jour fixé par cette route, et ne

pouvant justifier son retard par des certificats en bonne forme, il rentre dans l'espace de trois mois, il profitera de la grace du retour volontaire aux mêmes conditions prescrites dans l'article 2.

Au-delà du terme de trois mois, à dater du jour où il eût dû rejoindre, il ne sera plus admis au retour volontaire; et, s'il est arrêté, il sera soumis aux peines portées contre les déserteurs arrêtés.

Si même il l'est dans cet intervalle de trois mois, et sans avoir profité de la grace du retour volontaire, il sera soumis aux susdites peines.

6. Si le soldat, cavalier, hussard, dragon ou chasseur sorti de l'hôpital est arrêté, dans quelque temps que ce soit, hors de la route qui lui est prescrite par son billet de sortie de l'hôpital, il sera soumis aux peines portées contre les déserteurs arrêtés.

7. Tout homme de recrue qui, s'étant engagé dans les formes prescrites, aura disparu sans permission du lieu où il s'est engagé, s'il est repentant de sa faute et qu'il joigne son régiment dans l'espace de deux mois, à dater du jour où il a disparu, il y profitera de la grace du retour volontaire. Il sera tenu de faire une année de service au-delà de son engagement, qui ne courra que du jour où il aura joint son régiment.

Au-delà du terme de deux mois, ledit homme de recrue ne sera plus admis au retour volontaire.

8. S'il est arrêté, soit pendant ces deux mois et sans avoir profité de cette grace, soit après qu'ils seront expirés, il sera conduit à son régiment et obligé d'y servir deux années au-delà de son engagement.

9. Si l'homme de recrue, dans ce dernier cas, et arrêté, a déjà servi, l'intention de S. M. est qu'alors, devant être mieux instruit des ordonnances qu'il a transgressées, il soit plus fortement puni. Il subira cinq tours de baguettes par cent hommes, indépendamment des deux années de service qu'il sera tenu de faire d'après l'article précédent.

10. Si un homme de recrue, parti du lieu où il s'est engagé pour joindre son régiment avec un ou plusieurs autres recrues, s'est évadé de sa route, et que cependant il joigne son régiment dans l'espace de deux mois, à dater du jour où il s'est évadé, il y profitera de la grace du retour volontaire, et il servira deux années au-delà de son engagement.

S'il est arrêté pendant ces deux mois, ou après ce terme, il sera conduit à son régiment, et obligé d'y servir trois années au-delà de son engagement.

Et si ledit homme de recrue a déjà servi, il subira six tours de baguettes par cent hommes.

11. Si l'homme de recrue, parti du lieu où il s'est engagé, et muni d'une route qui fixe le jour où il doit arriver à son régiment, n'a pas suivi sa route et joint ce régiment audit jour; qu'il ne puisse pas justifier son retard par un certificat de maladie valable, et que cependant il joigne ensuite son régiment dans l'espace de deux mois, à dater du jour où il eût dû y arriver; il profitera, comme dans le cas de l'art. 10, et à la même condition de deux années de service, de la grace du retour volontaire.

Il sera de même trois années de service, s'il est arrêté;

Et s'il a déjà servi, il subira six tours de baguettes par cent hommes.

12. L'intention de S. M. est que lorsque les officiers, bas officiers et soldats qui auront engagé des hommes de recrue voudront les faire partir pour joindre leurs régiments, ils délivrent à chacun d'eux, s'il voyage seul, ou à celui qui les conduira, s'ils voyagent plusieurs ensemble, des routes indicatives des villes et lieux par lesquels ils devront passer pour se rendre aux garnisons ou quartiers de leurs régiments, fixant leurs journées de marche et le jour de leur arrivée, dont il sera en même temps fait note sur leurs engagements. Les états-majors des régiments auront soin de munir d'imprimés d'engagements et de routes dans la forme requise, les officiers, bas officiers et soldats qui iront en recrue, de même que les officiers de semestre qui seront tenus de faire des recrues. Le terme de deux mois, fixé au retour volontaire pour ceux qui seront dans le cas de profiter de cette grace, sera compté du jour qui leur aura été marqué sur leurs routes et sur leurs engagements pour joindre.

13. Lorsqu'un homme de recrue, soit qu'il se soit évadé ou qu'il n'ait pas joint son régiment au terme qui lui aura été fixé, voudra profiter de la grace du retour volontaire, il pourra se présenter au commissaire des guerres de la ville où il se trouvera, ou de la ville la plus proche; ou, au défaut d'un commissaire des guerres, à un officier de maréchaussée; ou, s'il se trouve à Paris, au lieutenant-général de police. Il lui déclarera son engagement, par qui et pour quel régiment; son évasion du lieu où il s'est engagé ou de sa route, ou son retard à rejoindre, et il spécifiera les dates et les circon-

stances. Il affirmera qu'il est dans l'intention de réparer sa
faute et de joindre son régiment au plus tôt et par le chemin
le plus court. Le lieutenant-général de police de Paris, le
commissaire des guerres ou l'officier de maréchaussée à qui il
se sera adressé, lui expédieront alors un certificat de sa déclaration, valable pour le nombre de jours dont il aura besoin
pour faire sa route; et e sera spécifiée au bas dudit certificat,
moyennant lequel, et suivant exactement cette route, il ne
pourra être arrêté.

14. Mais en conformité de ce qui est prescrit à l'art. 24 du
tit. II, concernant le retour volontaire, le certificat destiné à
empêcher que l'homme de recrue ne soit arrêté n'aura point
l'effet d'étendre pour lui la grace du retour volontaire, au-
delà des deux mois qui lui sont accordés, et ce certificat ne
pourra le préserver d'être arrêté lorsqu'il aura outre-passé ce
terme.

15. L'homme de recrue qui, n'ayant pas joint d'abord son
régiment le jour qui lui aura été fixé, profitera ensuite, dans
l'espace de deux mois, de la grace du retour volontaire, sera
soumis en arrivant à son régiment aux formes établies ci-après
tit. VI, pour constater cette grace et la prolongation de service qui devient la condition à laquelle elle lui est accordée.

16. Lorsqu'un homme de recrue se sera engagé pour deux
régiments, et qu'ayant joint celui pour lequel il aura contracté
le premier engagement, il y déclarera volontairement le second; il sera jugé ainsi qu'il sera établi par ledit tit. VI, pour
tout homme qui profite de la grace du retour volontaire, et
soumis à faire dans le premier régiment huit années de service
au-delà de son engagement. Ce régiment rendra à celui pour
lequel le second engagement aura été contracté la moitié du
prix fixé.

17. Si, au lieu de déclarer volontairement le second engagement, il est découvert; celui qui l'aura contracté passera
dix tours de baguettes par deux cents hommes, et servira,
comme il est dit ci-dessus, huit années de plus dans le premier régiment pour lequel il se sera engagé.

18. Si l'homme de recrue engagé pour deux régiments a
joint celui pour lequel il a contracté le second engagement et
qu'il s'y déclare, le major de ce régiment ayant reçu sa déclaration dans la forme prescrite par l'art. 13, lui expédiera un
certificat de cette déclaration, valable pour le nombre de
jours dont il aura besoin pour joindre son premier régiment;
et ledit homme de recrue, y arrivant au terme fixé par la

route qui sera spécifiée sur le certificat, y sera tenu à huit années de service au-delà de son engagement.

19. Si, au lieu de se déclarer, il est découvert, il sera conduit au régiment pour lequel il aura contracté le premier engagement; il y passera dix tours de baguettes par deux cents hommes, et y servira huit années au-delà de son engagement.

20. Si un homme de recrue, s'étant engagé pour deux régiments sans avoir joint aucun des deux, est découvert et arrêté dans le royaume; il sera conduit au premier régiment pour lequel il s'est engagé; il y passera dix tours de baguettes par deux cents hommes, et y servira huit années au-delà de son engagement.

21. Tout homme qui aura contracté plus de deux engagements ne sera plus reçu à une déclaration volontaire; et lorsqu'il sera arrêté, il sera condamné à être fouetté par le bourreau, marqué d'un *V* à l'épaule, et envoyé aux galères perpétuelles.

22. Si un homme de recrue en s'engageant, a donné un faux signalement, il aura un mois pour le déclarer; passé lequel terme, et s'il est découvert, il sera condamné à quinze tours de baguettes par cent hommes, et obligé de servir quatre années au-delà de son engagement.

23. S'il est reconnu qu'un homme de recrue ait donné un faux signalement pour se dérober aux poursuites de la justice; il sera conduit, pour y être jugé, dans les prisons du siège qui aura pris connoissance de son crime ou délit.

24. Tout soldat, cavalier, hussard, dragon ou chasseur ayant été réformé pour infirmités, ou chassé avec une cartouche jaune, et ne l'ayant pas déclaré en se présentant pour contracter un nouvel engagement, sera condamné; savoir: celui qui aura été réformé pour cause d'infirmités, à six semaines de cachot, et à être chassé avec une cartouche jaune; et celui qui aura déjà été chassé avec une cartouche jaune, à être fouetté par le bourreau, marqué de la lettre *E* comme escroc du prix d'un engagement, et envoyé aux galères perpétuelles.

25. S. M. ayant réglé, par les articles précédents de la présente ordonnance, les peines qui seront infligées aux soldats, cavaliers, hussards, dragons ou chasseurs qui se seront engagés pour plusieurs régiments, elle ordonne que les officiers qui leur auroient fait contracter un second engagement, ayant connoissance du premier, soient punis de deux mois de

prison; que les bas officiers soient cassés et mis à la queue de leurs compagnies, où ils serviront douze années au-delà de leur engagement; et que les soldats, cavaliers, hussards, dragons ou chasseurs soient condamnés à dix tours de baguettes par cent hommes, et à servir huit années au-delà de leurs engagements.

26. Un gentilhomme qui, en s'engageant, n'aura pas déclaré son état, pourra se faire connoître lorsqu'il le voudra, et jouir des privilèges de la noblesse; mais s'il ne fait sa déclaration qu'après avoir commis un délit, il sera sujet aux peines portées par les ordonnances contre tout soldat, cavalier, hussard, dragon ou chasseur.

TITRE V. *Des déserteurs des troupes provinciales.*

1. Tous garçons ou hommes veufs sans enfants, qui se trouveront dans le cas de tirer au sort pour la levée des soldats provinciaux, et qui ne comparoîtront pas devant les intendants et commissaires chargés de la levée, au jour qui aura été indiqué pour tirer, seront déclarés, de droit, soldats provinciaux, obligés comme tels, à six années de service, et à quatre années de plus pour n'avoir pas comparu au jour fixé. L'intention de S. M. est que les intendants en tiennent des états exacts, pour en faire faire la recherche aux frais des communautés.

2. Permet S. M. aux garçons ou hommes veufs auxquels le sort sera échu, de faire la recherche de ceux qui ayant dû se présenter, n'auront point paru pour tirer au sort, et de les indiquer au commandant de la maréchaussée; son intention étant que, sur la réquisition desdits garçons, ils soient arrêtés et contraints de servir, ainsi qu'il est dit ci-dessus, l'espace de quatre ans au-delà du terme ordinaire de six années; et que celui qui les aura fait arrêter, ne soit plus tenu de servir que trois ans au lieu de six; voulant S. M. que son congé absolu lui soit expédié après ledit terme de trois années.

3. Tout homme arrêté pour ne s'être pas présenté au tirage, sera mis en prison pendant un mois, et signalé sur le contrôle du régiment ou bataillon de garnison dont il doit faire partie; et il y sera fait mention de la prolongation de service qu'il doit subir en conséquence des art. 1ᵉʳ et 2 ci-dessus.

4. Si un soldat provincial ne s'est point rendu au quartier d'assemblée de son bataillon ou régiment à l'époque qui aura

été fixée et indiquée, et qu'il ne puisse justifier son retard ou son absence par un certificat de maladie valable, il sera enregistré au contrôle dudit bataillon ou régiment pour y servir quatre années au-delà des six années de service qu'il devoit y faire.

5. Les prolongations de service établies par les art. 2, 3 et 4, seront prononcées par les intendants, soit pour les garçons ou hommes veufs qui n'auront pas comparu au tirage, soit pour ceux qui, déjà inscrits soldats provinciaux, ne se seront pas rendus aux quartiers d'assemblée de leurs bataillons ou régiments, aux époques fixées.

6. Mais lorsque lesdits bataillons ou régiments provinciaux sortis de leurs quartiers, seront en garnison ou à l'armée, ou en route pour s'y rendre; ou seulement s'ils en ont reçu l'ordre et celui de se préparer à servir : ils seront dès lors soumis aux lois établies pour l'infanterie; et les soldats provinciaux seront jugés par les conseils de régiment ou de guerre, soit pour les prolongations de service, soit pour les peines plus graves qu'ils auroient encourues, et dans les formes établies pour les troupes réglées de S. M.

7. Ce qui vient d'être dit aura son application pour les régiments de grenadiers-royaux assemblés, dès qu'ils serviront ou auront l'ordre de servir.

8. Les soldats ou grenadiers des régiments provinciaux ou de grenadiers-royaux, qui se seront absentés de leurs bataillons ou régiments sans congé, seront admis au retour volontaire, dans les cas et ainsi qu'il est prescrit au titre II de la présente ordonnance; mais les soldats ou grenadiers des troupes provinciales ne seront astreints qu'à des prolongations de service moindres d'un quart que les soldats des troupes réglées, afin que ces prolongations soient proportionnées à l'obligation primitive de leur service.

9. Si les soldats ou grenadiers, ayant déserté des régiments provinciaux ou de grenadiers-royaux, n'ont pas profité de la grace du retour volontaire et qu'ils soient arrêtés; ils subiront les peines portées au titre III de la présente ordonnance contre les déserteurs arrêtés. S. M. diminue d'un quart, ainsi qu'il est dit dans l'article précédent et par les mêmes motifs, les prolongations de service auxquelles ils seront obligés.

Si les circonstances de leur désertion les ont exclus du retour volontaire; ils subiront de même, et selon les cas où ils se trouveront, les peines portées au titre III contre les déserteurs arrêtés.

10. Tout soldat des troupes provinciales qui se sera engagé pour les troupes réglées de S. M., sera rendu au bataillon ou régiment provincial dans lequel il devra servir.

S'il se déclare avant d'avoir joint le régiment pour lequel il se sera engagé, il sera tenu de servir quatre années dans les troupes provinciales au-delà des six années de service qu'il devroit y faire.

S'il ne se déclare qu'après avoir joint le régiment pour lequel il se sera engagé, il sera tenu à huit années de service au-delà de ses six années.

Enfin s'il ne se déclare point et qu'il soit découvert dans le régiment où il se sera engagé, il y sera condamné par le conseil de guerre à dix tours de baguettes par cent hommes; et après avoir subi cette peine, il sera conduit par la maréchaussée, de brigade en brigade, au chef-lieu de sa province. Le jugement du conseil de guerre sera remis à l'intendant, et le susdit soldat provincial obligé de faire dans son régiment ou bataillon une prolongation de service de dix années.

11. Veut et entend S. M. que les prévôts généraux de la maréchaussée et leurs lieutenants, connoissent des engagements qu'auront contractés les soldats provinciaux pour les troupes réglées.

Et si par l'instruction qui en sera faite par le prévôt général ou lieutenant de la maréchaussée du département où le soldat provincial se sera engagé, il est prouvé que les officiers ou recruteurs qui auront reçu son engagement, ont eu connoissance qu'il appartenoit aux troupes provinciales; veut S. M. qu'ils subissent les mêmes peines qu'elle a réglées pour les cas semblables par l'art. 25 du tit. IV.

12. S. M. étant informée qu'il y a des gens appelés *raccoleurs*, qui, ne tenant à aucun corps de ses troupes, font le métier de procurer des hommes aux recruteurs moyennant une rétribution, et qui excitent les soldats des troupes provinciales à s'engager, sans dire qu'ils appartiennent auxdites troupes; son intention est que, le cas arrivant, ces raccoleurs soient arrêtés, que leur procès leur soit fait par le prévôt, et qu'il soient condamnés aux galères pour dix ans.

TITRE VI. *De l'exécution de la présente ordonnance, et des jugements des déserteurs.*

1. S. M. ayant fait connoître par la présente ordonnance ses volontés concernant les déserteurs, et prononcé les peines

qu'elle ordonne, en même temps qu'elle leur a laissé des moyens de retour et de grace, s'ils se repentoient assez tôt de leur faute pour la réparer; son intention est qu'après les termes prescrits au retour volontaire expirés, c'est-à-dire après dix jours pendant la guerre, et trois mois pendant la paix; lesdits déserteurs soient jugés par contumace par le conseil de guerre, et condamnés, selon les cas où ils se trouveront, aux peines portées contre les déserteurs arrêtés.

2. Il en sera de même selon ce qui est établi au titre IV, des soldats qui, n'ayant pas rejoint à l'expiration de leurs congés limités ou après leur sortie de l'hôpital, devront être traités comme déserteurs, et ils seront jugés comme tels par contumace, après l'expiration du temps qui leur est accordé pour leur retour volontaire, s'ils n'en ont pas profité.

3. Les soldats que les circonstances de leur désertion auroient exclus du retour volontaire, seroient également jugés par contumace au bout de dix jours pendant la guerre, et de trois mois pendant la paix.

4. Les sentences des jugements par contumace seront aussitôt adressées au secrétaire d'état de la guerre, qui donnera de nouveaux ordres pour que les déserteurs condamnés soient arrêtés, et le prononcé de chaque jugement sera inscrit sur le contrôle du régiment au nom du soldat qui aura été jugé.

5. Les déserteurs qui seront arrêtés et ramenés à leurs régiments, soit qu'ils aient déjà été jugés par contumace, ou qu'ils ne l'aient point été, seront jugés contradictoirement par le conseil de guerre. La sentence sera envoyée au secrétaire d'état de la guerre, et il lui sera rendu compte de l'exécution.

6. S. M. permet que les déserteurs qui rentreront ou qui se déclareront volontairement, et qu'elle admet à profiter de la grace du retour volontaire, ne soient pas soumis au conseil de guerre, mais seulement à un conseil de leur régiment; et ce conseil sera composé du mestre-de-camp commandant, du lieutenant-colonel, du premier capitaine-commandant, du capitaine-commandant et du premier lieutenant de la compagnie du soldat déserté. Ces officiers, s'ils sont absents, seront suppléés par ceux qui les suivent. Le major fera l'information nécessaire, entendra des témoins s'il en est besoin, et lira, au conseil assemblé chez le commandant du régiment, le jour et à l'heure que celui-ci aura indiqués, l'instruction qu'il aura faite. Il lira ensuite son avis, motivé sur tel ou tel article de la présente ordonnance. Le déserteur, amené par deux bas-

officiers, sera mandé par le conseil de régiment, si les juges ont quelque question à lui faire; ils prononceront ensuite à la pluralité des voix, et le jugement qui en résultera sera écrit à la suite de l'instruction et des conclusions du major, et signé de tous les juges. Ce jugement sera lu au déserteur, que le conseil de régiment fera rentrer. S'il consiste à l'absoudre, en lui imposant seulement l'obligation d'une prolongation de service; cette prolongation de service à faire sera aussitôt inscrite par le major sur le contrôle du régiment, en présence et à l'article du susdit soldat, qui dès lors ne sera plus regardé comme déserteur, et il ne sera point ramené en prison par les bas officiers qui l'auront amené, mais au lieu de cela, conduit à sa compagnie.

Si le conseil du régiment avoit jugé que par les circonstances ou la date de sa désertion, le déserteur ne fût pas dans le cas d'être admis au retour volontaire; alors il seroit renvoyé en prison pour être soumis au jugement du conseil de guerre, et le commandant de la compagnie formeroit tout de suite une plainte motivée du jugement du conseil de régiment, pour tenir un conseil de guerre dans la forme ordinaire.

7. Il sera rendu compte du jugement du conseil de régiment au commandant de la place, à l'inspecteur et au secrétaire d'état de la guerre.

8. Les conseils de guerre continueront d'être tenus dans les formes prescrites par les précédentes ordonnances. Ils connoîtront de tous les cas de désertion où les déserteurs seront arrêtés, ainsi que des cas de retour volontaire où le conseil de régiment n'auroit pas jugé qu'ils dussent être admis à profiter de cette grace.

9. S. M. enjoint de la manière la plus expresse aux officiers, bas officiers et cavaliers de maréchaussée de faire des recherches les plus exactes des déserteurs dans les auberges, cabarets et lieux publics des villes; dans les bourgs, villages, hameaux, fermes, moulins, carrières et autres endroits de leurs districts; de les arrêter et conduire dans des prisons sûres; d'informer de leur capture le secrétaire d'état ayant le département de la guerre, et de lui donner avis pareillement des endroits privilégiés, châteaux, couvents, maisons ou autres lieux où ils auroient pu découvrir que se seroient réfugiés des déserteurs, afin que les ordres nécessaires pour les arrêter dans lesdits endroits puissent être expédiés et envoyés aussitôt auxdits officiers de maréchaussée, sauf le compte qui sera rendu à S. M. des noms des personnes qui auroient donné retraite

auxdits déserteurs, pour être par elle pourvu à leur punition.

10. Veut S. M. qu'il soit payé sans délai des fonds de l'extraordinaire des guerres une gratification de 50 liv. aux brigades de maréchaussée pour chaque capture de déserteur; et ce, indépendamment des frais de conduite aux régiments, lesquels leur seront remboursés des mêmes fonds, le tout sur les ordres du secrétaire d'état de la guerre et d'après les procès-verbaux de capture, interrogatoires et preuves de désertion, qui lui seront adressés par les prévôts généraux ou lieutenants de maréchaussée.

11. Veut pareillement S. M. que dans le cas où il seroit prouvé qu'un ou plusieurs officiers et cavaliers de maréchaussée auroient eu connoissance d'un déserteur qu'ils n'auroient point arrêté, ayant été à portée de le faire, ils soient cassés; de même que ceux qui, chargés de conduire un déserteur, l'auroient laissé évader.

Titre VII. *Dispositions à l'égard des déserteurs actuels.*

1. S. M. ayant, par son ordonnance du 17 décembre 1784, accordé une amnistie aux soldats, cavaliers, hussards, dragons et chasseurs qui ont déserté de ses troupes jusqu'au 1er janvier 1785 exclusivement, elle veut bien admettre ceux qui auront déserté depuis cette époque, à en faire leur déclaration dans le délai de trois mois, à compter de la date de la présente ordonnance, et à requérir les certificats mentionnés en l'article 3 du titre II, à l'effet de pouvoir rejoindre avec sûreté leurs régiments, où ils seront tenus de faire la prolongation de service de quatre ans, établie par l'article 11 du même titre. Tous ceux qui seront arrêtés après le délai de trois mois seront condamnés aux peines établies par la présente ordonnance, selon les cas où ils se trouveront.

2. S. M. considérant cependant que la plupart des déserteurs réfugiés en pays étranger ne pourroient pas profiter, dans le délai de trois mois, de la grace accordée par l'article précédent, elle proroge en leur faveur ce délai à six mois, passé lesquels, et s'ils viennent à être arrêtés, ils seront, comme ceux mentionnés audit article précédent, condamnés aux peines qui y sont indiquées; entendant au surplus S. M. qu'ils justifient par les passe-ports que leur auront délivrés ses ambassadeurs ou ministres dans les cours étrangères pour rentrer en France, qu'ils en étoient réellement sortis.

3. A l'égard de ceux qui sont dès à présent détenus à la

chaîne, l'intention de S. M. est qu'ils achèvent de subir la punition à laquelle ils ont été condamnés.

Mande, etc.

Nº 2242. — ARRÊT *du conseil qui fait défenses à toutes personnes
sans exception autres que les avocats au conseil du roi, de signer
ni faire imprimer aucune requête, mémoires, etc., dans les affaires portées ou à porter au conseil; et aux imprimeurs de
les imprimer si la minute n'en a été signée préalablement d'un
avocat aux conseils* (1).

Versailles, 2 juillet 1786. (R. S. C.)

Sur la requête présentée au roi, étant en son conseil, par
les doyen, syndics et collège des avocats aux conseils de S. M.,
contenant : que quoique S. M. ait bien voulu, sur leurs très-
humbles représentations, renouveler par des arrêts de son
conseil, les défenses faites par les anciennes ordonnances et
par les réglements publiés sur le fait de l'imprimerie et de la
librairie, à tous imprimeurs, d'imprimer aucuns mémoires au
sujet des affaires sur lesquelles les parties procèdent au conseil, sans qu'ils soient signés d'un des avocats en ses conseils,
et sans que le nom et la demeure de l'imprimeur y soient
marqués, à peine d'être procédé contre les contrevenants,
suivant la disposition des réglements; cependant il se répand
tous les jours dans le public, des mémoires imprimés dans-les-
dites affaires, sans signatures d'avocats aux conseils, et quelquefois même sans nom d'imprimeur : que l'édit de création
de leurs offices, les déclarations et arrêts qui ont fixé leurs
droits et dirigé leurs fonctions, prouvent suffisamment qu'ils
ont le droit exclusif de faire seuls toutes les instructions, de
faire seuls imprimer tous écrits sous quelque dénomination que
ce soit, dans les affaires portées au conseil : qu'en conséquence, ils supplient S. M. d'ordonner que les édits, déclarations, arrêts et réglements concernant leurs fonctions,
ensemble ceux rendus sur le fait de l'imprimerie et de la
librairie, et notamment l'arrêt du conseil d'état du 25 février 1758, seront exécutés selon leur forme et teneur. Vu
ladite requête : ouï le rapport; le roi étant en son conseil, de
l'avis de M. le garde des sceaux, a ordonné et ordonne : que
les édits, déclarations, arrêts et réglements concernant les
fonctions des avocats en ses conseils, et notamment les arrêts

(1) V. 14 juillet 1787, ord. 10 juillet 1814, 15 février 1815.

des 9 mars 1725, 7 mai 1725, 27 février et 17 octobre 1740, 27 novembre 1741, 10 décembre 1743, 24 mai 1745, 16 juin 1746, 24 juillet 1747, 24 octobre 1749, 4 septembre 1752, 25 février 1758, 30 avril 1759, 14 septembre 1761, 8 août 1770, seront exécutés selon leur forme et teneur : a fait et fait itératives défenses, tant aux parties qu'à toutes personnes, sans exception, autres que les avocats en ses conseils, de signer ni faire imprimer aucunes requêtes, mémoires, observations, extraits de pièces, consultations ou autres écrits, sous quelque titre et dénomination que ce puisse être, dans les affaires portées ou à porter en ses conseils, ou dans les commissions extraordinaires qui s'exécutent à la suite de ses conseils, sous les peines portées par les édits, déclarations et réglements : fait parcillement défenses à tous les imprimeurs de Paris et des autres villes du royaume, à peine de 1000 liv. d'amende applicable à l'hôpital général de Paris, et même d'interdiction en cas de récidive, d'imprimer aucunes requêtes, mémoires, observations, extraits de pièces, consultations ou autres écrits, sous quelque titre et dénomination que ce soit, et sans exception, donnés pour l'instruction des affaires portées ou à porter dans ses conseils, ou dans lesdites commissions extraordinaires, quand même lesdits écrits seroient signés de la partie, si la minute n'en a été signée préalablement d'un avocat en sesdits conseils, et sans le pouvoir mis au bas d'iceux par ledit avocat en sesdits conseils : défenses à tous libraires, colporteurs et autres, de vendre ou distribuer lesdits imprimés ou lesdites consultations; comme aussi à tous huissiers de les signifier, sous la peine de 1000 liv. d'amende, et même d'interdiction s'il y échet, suivant l'exigence des cas, contre lesdits huissiers : ordonne en outre que le présent arrêt sera lu à l'assemblée du collège des avocats en ses conseils, et transcrit sur ses registres, ainsi que sur ceux de la communauté des libraires et imprimeurs de Paris, et sur ceux des autres chambres syndicales de librairie et imprimerie du royaume, et qu'il sera en outre lu, publié et affiché partout où besoin sera : comme aussi enjoint au sieur lieutenant général de police de Paris, et aux sieurs intendants et commissaires départis dans les provinces, de tenir la main à son exécution.

N° 2243. — ARRÊT *du parlement qui fait défenses de se servir de la faux pour couper les blés.*

Paris, 2 juillet 1786. (R. S.)

Vu par la cour la requête présentée par le procureur général du roi, contenant qu'il a été informé que depuis quelques années des laboureurs et cultivateurs ont introduit dans l'étendue du ressort des bailliages de Laon et de Chartres, l'usage de faucher les blés au lieu de les scier; que cette manière de récolter a été défendue par différents arrêts, comme préjudiciable au public et aux cultivateurs eux-mêmes, parce que la faux agitant l'épi avec violence, en fait jaillir les grains qui sont en pleine maturité; et comme il est important de renouveler les dispositions des réglements sur cet objet : à ces causes, requéroit, etc. Ouï le rapport, etc.

La cour fait défenses à tous propriétaires, fermiers, laboureurs et cultivateurs, demeurants dans l'étendue du ressort des bailliages de Laon et de Chartres, de faucher ou faire faucher leurs blés, sous peine de 100 liv. d'amende contre chacun des contrevenants, et du double en cas de récidive; et enjoint aux officiers desdits bailliages de Laon et de Chartres, et des justices des lieux, de tenir la main à l'exécution du présent arrêt, même aux officiers et cavaliers de maréchaussée de prêter main-forte, si besoin est, pour ladite exécution, et aux syndics des paroisses de dénoncer les contrevenants aux substituts du procureur général du roi auxdits bailliages de Laon et de Chartres : ordonne que le présent arrêt sera imprimé, publié et affiché partout où besoin sera, notamment dans l'étendue du ressort desdits bailliages de Laon et de Chartres, et qu'à la requête des substituts du procureur général du roi auxdits sièges, et des procureurs-fiscaux des justices des lieux, lecture sera faite dudit arrêt, chaque année au commencement de juillet, à la porte des églises des paroisses, au sortir des messes paroissiales.

N° 2244. — DÉCLARATION *sur la juridiction des officiers des eaux et forêts relative aux coupes pour ventes de bois qui n'excèdent pas 50 liv., le mode d'instruction des causes, etc.* (1).

Versailles, 5 juillet 1786. (R. S.)

_____

(1) V. édit d'août 1783, n° 1837, tom. 5 du règne, pag. 325.

N° 2245. — ORDONNANCE *de police concernant le commerce des foins et pailles* (1).

Paris, 7 juillet 1786. (Mars, 2 · 367.)

2. Enjoignons aux propriétaires et marchands qui envoient du foin par la rivière à Paris, de le charger directement dans des petits bateaux appelés bachots ou couplages, ou dans les grands bateaux pour les conduire dans cette ville, et de les exposer en vente sur l s quais et ports accoutumés. Dans le cas où il seroit nécessaire de faner et de botteler le foin, voulons que le fanage et le bottelage soient faits à terre et au-devant desdits bateaux, et que les bottes aient le poids prescrit par les réglements; le tout à peine de 100 liv. d'amende et de confiscation du foin (2).

3. Les foins et pailles amenés à Paris par les laboureurs et autres marchands seront, comme par le passé, exposés en vente aux heures ordinaires, sur les places de la porte Saint-Martin et du faubourg Saint-Antoine, sans que les marchands puissent se permettre de les vendre dans les auberges et rues adjacentes auxdites places, sous peine, contre les contrevenants, de 200 liv. d'amende, dont les maîtres seront responsables (3).

4. Faisons très-expresses inhibitions et défenses aux propriétaires, fermiers, laboureurs, marchands de foin et autres qui amèneront ou feront amener, soit par la rivière ou par terre, de la marchandise de foin en cette ville, de la vendre, faire décharger ni entamer, sous quelque prétexte que ce soit, en chemin ni autre lieu que sur les ports et marchés à ce destinés. Faisons pareillement défenses à tous hôteliers, chandeliers, grainiers et autres particuliers, d'aller au-devant de ladite marchandise, de l'acheter, ni de donner des arrhes aux conducteurs, ou autrement empêcher que ladite marchandise soit conduite directement aux ports et marchés, où il sera libre à tous particuliers de l'acheter au prix courant du marché; le tout à peine, en cas de contravention, de saisie et de confiscation des foins, et de 100 liv. d'amende, tant contre le vendeur que contre l'acheteur solidairement (4).

---

(1) V. ord. de décembre 1672, arrêté du bureau central 1er frimaire an VI; ord. de police 23 messidor an X.
(2) Art. 419 C. P.
(3) Art. 419 C. P., loi du 24 août 1790, art. 3, § 3. App. C. P.
(4) *Idem.*

5. Seront tenus lesdits propriétaires, fermiers, laboureurs, marchands de foin et autres, de se conformer, pour le poids des bottes de foin, luzerne et paille, à ce qui est prescrit par les réglements. En conséquence ordonnons que depuis la Saint-Remi jusqu'à Pâques, la botte de foin, tant vieux que nouveau, sera du poids de 10, 11 et 12 livres; depuis Pâques jusqu'à la récolte, de 9, 10 et 11 livres; et depuis la récolte jusqu'à la Saint-Remi, chaque botte de foin nouveau sera du poids de 12, 13 et 14 livres, et chaque botte de foin vieux de 9, 10 et 11 livres; leur faisons défenses de diminuer ni d'excéder lesdits poids, d'altérer la qualité du foin par aucun mélange, soit avec du foin d'une qualité inférieure, soit avec de la litière ni autrement; le tout à peine de confiscation et de 500 liv. d'amende pour chaque contravention (1).

6. Ne pourront les grainiers, chandeliers et autres regrattiers de foin en acheter, ni les marchands, fermiers, laboureurs et autres leur en vendre au marché de la rue d'Enfer et celui de la rue Saint-Martin qu'après dix heures, depuis le 1er octobre jusqu'au 1er avril; et après neuf heures depuis le 1er avril jusqu'au 1er octobre; et au marché du faubourg Saint-Antoine, après trois heures de relevée depuis le 1er octobre jusqu'au 1er avril, et après quatre heures depuis le 1er avril jusqu'au 1er octobre; le tout à peine de confiscation et de 100 liv. d'amende, tant contre le vendeur que contre l'acheteur (2).

7. Faisons défenses à tous particuliers, hôteliers, maîtres d'hôtel, pourvoyeurs et autres, de mettre au-dessus du prix qui sera convenu entre ceux qui sont déjà en marché pour acheter et ceux qui en feront la vente, à peine de 100 liv. d'amende, même de punition exemplaire, si le cas y échet (3).

8. Défendons aux botteleurs de faire des bandes de société, ni d'entrer dans les bateaux, s'ils n'y sont appelés par les marchands ou particuliers qui auront fait amener du foin, ni en plus grand nombre que les marchands ou particuliers le désireront. Leur enjoignons de travailler promptement et incessamment, et de faire la bottellerie de la quantité et du poids ci-dessus prescrit, sans qu'ils puissent empêcher les marchands, particuliers et autres de faire faner, botteler et renfermer leurs foins, soit par leurs domestiques, soit par leurs

(1) Loi 24 août 1790, art. 3, § 4; loi 22 juillet 1791, tit. 1er, art. 20.
(2) Loi 24 août 1790, art. 3, § 3.
(3) Art. 419 C. P.

gagne-deniers ou autres personnes que bon leur semblera, à peine de punition corporelle (1).

9. Défendons pareillement à toutes personnes, de quelque état et condition qu'elles soient, de s'attrouper sur lesdits ports et places, d'injurier ni de troubler les inspecteurs de la marchandise de foin dans l'exercice de leurs fonctions, à peine de 300 liv. d'amende, et d'être procédé extraordinairement contre les contrevenants (2).

N° 2246. — DÉCLARATION *concernant les baux à cens dans le ressort de la coutume de Lorris-Montargis.*

Versailles, 14 juillet 1786. Reg. en parlement le 1er août. (R. S.)

LOUIS, etc. Étant informé qu'il s'est élevé des difficultés sur l'interprétation de l'article 4 du chapitre Ier de la coutume de Lorris-Montargis, rédigée en 1531; et que ces difficultés ont donné lieu à des contestations qu'il est du bien de la justice de prévenir, nous avons cru devoir fixer irrévocablement le sens de cet article de ladite coutume. A ces causes et autres à ce nous mouvant, de l'avis de notre conseil, et de notre certaine science, pleine puissance et autorité royale, nous avons dit et ordonné, et par ces présentes signées de notre main, disons et ordonnons, voulons et nous plaît que tous les héritages aliénés par baux à cens, avec deniers d'entrée dans le ressort de la coutume de Montargis avant le 18 novembre 1780, et sur lesquels il n'auroit été formé antérieurement aucunes demandes, soient réputés censuels entre les mains des preneurs; qu'ils soient tenus par eux en roture, et partagés comme tels dans leur succession, sans que lesdits baux puissent donner ouverture à nos droits ni à ceux des propriétaires de fiefs. Si donnons en mandement, etc.

N° 2247. — ARRÊT *du parlement qui défend dans certaines localités, de labourer les chaumes qui appartiennent aux pauvres avant le 15 septembre de chaque année* (3).

Paris, 21 juillet 1786. (R. S.)

N° 2248. — LETTRE *du ministre qui restreint les passages aux frais du roi, aux seuls individus brevetés, tant dans le militaire que dans l'administration.*

21 juillet 1786. (Coll. m. m. Code Cayenne, pag. 293.)

____

(1) Art. 419 C. P.
(2) Loi du 24 août précitée, art. 3, § 3, et C. P.
(3) V. autre arrêt du 3 août 1786. sur le même objet. (R. S.)

N° 2249. — LETTRES PATENTES *concernant les allurions, at-terrissements et relais formés sur les rives des rivières naviga-bles* (1).

Versailles, 28 juillet 1786. Reg. au parlement de Bordeaux le 29 juillet.
(R. S. C.)

LOUIS, etc. Par nos lettres patentes du 14 mai de la présente année, nous aurions jugé à propos de commettre le grand-maître des eaux et forêts de Guienne à l'effet de procéder à la vérification et recherche des îles, îlots, atterrissements, allu-rions et relais formés dans les rivières de Gironde, Garonne et Dordogne, et sur la côte de Médoc, depuis la pointe de la Grange jusqu'à Soulac. Nous aurions ordonné qu'à la requête et poursuite du préposé à l'administration de nos domaines, il seroit, par tel ingénieur ou arpenteur qu'il plairoit audit grand-maître de commettre, levé un plan et dressé un procès-verbal d'arpentage desdits terrains, en présence des intéressés, ou eux duement appelés, et ordonné que lesdits intéressés pré-tendant droit sur lesdites terres, seroient tenus de former leurs réclamations et de présenter leurs titres lors dudit arpentage, à peine d'être déchus de leurs droits, pour, desdites réclama-tions et représentations de titres, ensemble des réponses et observations du préposé à l'administration de nos domaines, ainsi que de l'application qui pourroit être faite desdits titres au local, si elle étoit requise et jugée nécessaire, être par ledit grand-maître dressé procès-verbal, et icelui envoyé et vu en notre conseil, avec l'avis dudit grand-maître, être par nous statué ce que notre justice et notre bonté nous suggéreroit. Nous aurions pareillement ordonné que les détenteurs sans titres d'aucunes portions desdits terrains, dans les trois mois de l'enregistrement de nosdites lettres patentes, seroient tenus de faire au greffe de la maîtrise leur déclaration de la quantité des terres qu'ils possèdent, et leur soumission de payer à l'a-venir, et à compter du 1er janvier 1787, les cens et redevances qui seroient réglés, emportant lods et ventes aux mutations, suivant la coutume des lieux, au moyen de quoi ils seroient confirmés dans leur possession et jouissance. Nous aurions aussi déclaré que, par rapport aux terrains dont personne n'est encore en possession, notre volonté étoit de les concéder par préférence à ceux des propriétaires riverains qui auroient

(1) V. ci-dessus n°° 2227, pag. 173. et 2232, pag. 179.

fait leurs offices par acte déposé au greffe de la maîtrise, dans le même délai de trois mois, à compter de la date de l'enregistrement de nosdites lettres patentes, et qui auroient également joint à leursdites offices leur soumission d'acquitter les redevances et cens qui seroient fixés, lesdits cens emportant lods et ventes à chaque mutation. Enfin nous aurions ordonné que le paiement des frais desdits plans et procès-verbaux seroit fait par l'administration générale de nos domaines; et en cas de contestations sur l'exécution de nosdites lettres patentes, nous nous en serions réservé la connoissance et à notre conseil. Nosdites lettres patentes, du 14 mai dernier, n'ayant pour objet que de confirmer la commission déjà donnée au grand-maître des eaux et forêts de Guienne par l'arrêt de notre conseil du 5 juillet 1781, et de faire cesser les obstacles que vous avez opposés à l'exécution de nos volontés par vos arrêts des 5 mai 1782, et 21 avril 1784, nonobstant la cassation desdits deux arrêts prononcée par nous en notre conseil, le 31 octobre 1783, et 16 octobre 1785, nous avons jugé qu'il étoit de notre sagesse de vous faire connoître nos volontés d'une manière plus particulière; et, comptant sur votre soumission, nous avons chargé le sieur comte de Fumel de nos ordres, à l'effet de faire procéder en sa présence, et de notre très-exprès commandement, à l'enregistrement et publication de nosdites lettres patentes du 14 mai dernier. Vous auriez, le 29 mai, protesté contre ce qui pourrait être fait en vertu de nosdits ordres, avant d'avoir pu connoître quel en seroit l'objet; et le 30 dudit mois de mai, aussitôt après l'enregistrement de nosdites lettres patentes, vous auriez encore protesté contre ledit enregistrement fait de notre très-exprès commandement; et non contents de ladite protestation, portée sur le registre secret de vos délibérations, vous auriez le même jour rendu arrêt par lequel vous vous seriez permis de déclarer la transcription faite sur vos registres de nosdites lettres patentes, de notre très-exprès commandement, nulle, illégale et incapable de produire aucun effet. Vous auriez arrêté de nous faire de très-humbles et très-respectueuses remontrances, et néanmoins ordonné l'exécution de vos arrêts des 5 mai 1782, et 21 avril 1784; ce faisant, fait inhibitions et défenses, tant au grand-maître des eaux et forêts de Guienne qu'à tous autres, de procéder à l'exécution de la commission portée par nosdites lettres patentes du 14 mai dernier. Enfin vous auriez ordonné que votredit arrêt seroit imprimé, publié et affiché partout où besoin seroit. Vous nous avez adressé vos remontrances le 30 juin dernier, et par l'examen que nous en avons fait, nous avons reconnu que, malgré la clarté et la précision avec lesquelles nos volontés sont exprimées dans l'arrêt de notre conseil du 5 juillet 1781, et dans nos lettres patentes du 14 mai dernier, vous en avez interprété les dispositions d'une manière absolument contraire à nos intentions, et que votre zèle vous a engagé à vous livrer à des illusions, desquelles il est de notre sagesse de dissiper jusqu'aux moindres traces. Mais en vous donnant ce nouveau témoignage de notre bonté, il est aussi de notre devoir de réprimer les actes que vous vous êtes permis de faire contre notre autorité, et de vous rappeler aux véritables principes qui doivent à l'avenir régler votre conduite, afin que vous ne perdiez jamais de vue que s'il est de votre devoir d'éclairer notre religion sur tout ce qui intéresse le bien de nos sujets, il ne vous est jamais permis, sous quelque prétexte que ce soit, de combattre notre autorité. Nous avons fait biffer en notre présence vos arrêts des 3 mai 1782 et 21 avril 1784, ainsi que les délibérations d'après lesquelles vous les aviez rendus, votre protestation du 29 mai dernier, celle du 30 du même mois, et votre arrêt dudit jour 30 mai. Il nous reste à expliquer nos intentions sur l'exécution de nos lettres patentes du 14 mai dernier. A ces causes, de l'avis de notre conseil et de notre certaine science, pleine puissance et autorité royale, nous avons par ces présentes, signées de notre main, ordonné et ordonnons que, sans avoir égard à votre arrêt du 30 mai dernier, que nous avons déclaré nul et comme non avenu, ainsi que vos protestations, arrêts et arrêtés précédents, l'enregistrement fait de notre très-exprès commandement, ledit jour 30 mai dernier, de nos lettres patentes du 14 mai dernier concernant la recherche et la vérification des îles, îlots, atterrissements, alluvions et relais formés dans les rivières de Gironde, Garonne et Dordogne, et sur la côte de Médoc, depuis la pointe de la Grange jusqu'à Soulac, sera exécuté suivant sa forme et teneur; ordonnons en conséquence au grand-maître des eaux et forêts de Guienne de procéder aux procès-verbaux et arpentages prescrits par nosdites lettres patentes, sans néanmoins que l'on puisse en induire que les alluvions, atterrissements et relais formés sur les bords desdites rivières, ni d'aucune rivière navigable, puissent appartenir à d'autres qu'aux propriétaires des fonds adjacents à la rive desdites rivières, et à nous lorsque la rive desdites rivières sera adjacente à des fonds de terre faisant partie de notre domaine : n'entendons que, sous prétexte de rechercher et de vérifier les terrains dépendants de notre domaine, on trouble les propriétaires dans la possession et jouissance des fiefs, terres, seigneuries et autres propriétés qu'ils possèdent d'ancienneté par eux ou par leurs auteurs, et que rien n'annonce faire partie de notre domaine. Voulons au surplus que les présentes lettres patentes, que nous avons fait transcrire en notre présence sur vos registres, soient lues, publiées, imprimées et affichées partout où besoin sera. Enjoignons à notre procureur-général d'en dresser des copies collationnées à tous les siéges de votre ressort pour être pareillement lues, publiées, enregistrées et exécutées suivant leur forme et teneur; car tel est notre bon plaisir.

Nº 2250. — INTERPRÉTATION de l'article 26 du titre 3 de l'ordonnance du 1ᵉʳ de ce mois (1).

Versailles, 29 juillet 1786. (R. S.)

S. M. étant informée que dans l'imprimé de son ordonnance du 1ᵉʳ de ce mois, concernant la désertion, après ces mots de l'article 26 du titre III : *pour vingt ans s'il a déserté étant*, ceux ci-après, lesquels existent dans l'original de ladite ordonnance qu'elle a signée, se trouvent omis : *de service; et perpétuelles s'il a déserté étant;* et S. M. voulant que ledit article 26 du titre III de son ordonnance concernant la désertion soit rétabli tel qu'elle l'a approuvé, elle a ordonné et ordonne qu'il soit lu et exécuté ainsi qu'il suit :

« Si ledit déserteur a escaladé des remparts, ou s'il a déserté avec des armes à feu, il sera condamné aux galères pour dix ans; pour vingt ans s'il a déserté étant de service, et perpétuelles s'il a déserté étant en faction. Si c'est pendant la guerre qu'il a déserté, avec ces mêmes circonstances, il sera pendu: »

Nº 2251. — LETTRES PATENTES *portant création du conseil de l'apanage de M. le duc d'Orléans.*

Versailles, juillet 1786. Reg. en la cour des aides le 9 août. (R. S.)

Nº 2252. — ORDONNANCE *concernant les mesures à prendre pour le transport des poudres dans le royaume.*

Versailles, 1ᵉʳ août 1786. (R. S. C.)

S. M. s'étant fait représenter l'ordonnance rendue le 21 mars 1758, concernant les transports de poudre, et voulant

(1) V. ci-dessus nº 2240.

faire connoître plus particulièrement ses intentions relativement aux précautions et aux sûretés qu'exigent tous ceux qui
s'exécutent dans le royaume, tant par terre que par eau, soit
que les poudres soient destinées pour les magasins et le service
de ses places, tant de terre que de mer, soit pour le compte de
la régie des poudres et salpêtres, celui des compagnies de commerce, armateurs, et pour l'usage de ses sujets, afin de prévenir, autant qu'il est possible, les accidents auxquels elles
peuvent être exposées pendant leur route, et plus particulièrement celui du feu, si dangereux pour l'intérêt public et le
bien du service, elle a ordonné et ordonne ce qui suit :

1. Toutes les poudres qui seront transportées dans le royaume,
soit par terre, soit par eau, seront escortées pendant leur route,
depuis le lieu de leur enlèvement jusqu'à celui de leur destination, par un nombre de cavaliers de maréchaussée suffisant
pour veiller à leur sûreté.

2. A la première réquisition des conducteurs des poudres,
munis des lettres de voitures et passe-ports nécessaires pour
justifier de leur mission, il sera commandé le nombre de cavaliers des brigades de maréchaussée, de proche en proche,
qui sera jugé convenable pour escorter les convois et voitures
de poudre depuis leur sortie des magasins des fabriques, places
ou arsenaux d'où elles auront été enlevées, jusqu'aux villes où
elles devront être remises pour le service de S. M., pour celui
de la régie, des compagnies de commerce, armateurs, ou pour
les besoins de ses sujets.

3. Il sera payé, pour les escortes qui seront faites par la
maréchaussée, à raison par jour de, savoir, à un maréchal-
des-logis 5 liv., à un brigadier 4 liv., et à chaque cavalier
3 liv.

4. Veut S. M. que dans les villes, bourgs, villages et autres
lieux du royaume où les poudres passeront la nuit, et où on
sera obligé de les faire séjourner par des cas imprévus, il soit
fourni, à défaut de troupes réglées, par les maires, échevins,
magistrats et syndics desdits lieux sur ce requis, sous peine de
désobéissance, une garde bourgeoise suffisante depuis le moment de l'arrivée des convois et voitures desdites poudres jusqu'à celui de leur départ, laquelle garde sera commandée par
un officier de la bourgeoisie.

5. Entend aussi S. M. qu'il soit fourni à la garde qui sera
ordonnée, bois et chandelles en tant que besoin sera, et des
logements le plus à portée qu'il sera possible des endroits qui
seront choisis par les conducteurs des poudres, hors de l'en-

cointe des villes, bourgs et villages, pour parquer lesdites voitures ou placer les bateaux, lesquels seront gardés tant de jour, s'ils séjournent, que de nuit, par les troupes réglées, ou à leur défaut, par une garde bourgeoise qui, pour les transports par eau, sera établie sur le rivage, et relevée aux heures convenables, ainsi qu'il se pratique ordinairement.

N° 2253. — ARRÊT *de réglement sur les fosses d'aisances* (1).

Paris, 5 août 1786 (Mars, 2 461.)

1. La cour ordonne que la vidange de toutes les fosses d'aisances et le curage de tous les puits et puisards ne pourront être faits que par les concessionnaires dans la ville et faubourgs de Paris; fait défenses à tous vidangeurs, maîtres maçons et autres, d'entreprendre de pareils ouvrages, à peine de 1,000 liv. d'amende, tant contre eux que contre les propriétaires ou principaux locataires qui les auroient requis, et à peine de prison contre les ouvriers vidangeurs (2).

2. Ordonne que les concessionnaires feront usage du ventilateur et des fourneaux toutes les fois que les circonstances et la nature du travail indiqueront la nécessité de réunir ces deux moyens, et que le local ne s'opposera pas à leur application; ordonne que dans le cas d'impossibilité ou de non nécessité du ventilateur, les concessionnaires seront tenus de le faire constater par un architecte qui sera nommé par le lieutenant-général de police, sur le rapport duquel ils en seront dispensés par un des commissaires du châtelet qui sera commis à cet effet par le lieutenant-général de police, et qu'à l'égard des fourneaux, il en sera toujours fait usage, à peine de 1,000 liv. d'amende contre les concessionnaires, et qu'aucuns propriétaires ne pourront empêcher, pour la vidange des fosses d'aisance, l'emploi du ventilateur et des fourneaux, ou des fourneaux seulement; à peine de 100 liv. d'amende (3).

L'article 3 porte que pendant l'été les concessionnaires ne seront tenus que d'alléger les grandes fosses d'aisance, telles que celles des prisons, colléges, hôpitaux, casernes et autres de ce genre, et qu'ils pourront en remettre la vidange à l'hiver. Et l'art. 4, le cas où il est prétendu que la vidange requiert célérité.

---

(1) V. lett. pat. 10 avril 1779, n° 1079, tom. 4 du règne, pag.
(2) Loi 24 août 1790, art. 3, § 5.
(3) *Idem.*

5. Ordonne que les concessionnaires seront tenus, sous la peine de 5o liv. d'amende, de remettre aux propriétaires ou locataires le toisé des matières enlevées huit jours au plus tard après la vidange des fosses, et que les propriétaires seront également tenus de faire vérifier le toisé dans la huitaine suivante, et que faute par eux d'avoir fait faire cette vérification dans lesdits délais, ils seront tenus de s'en rapporter au toisé qui leur aura été remis par lesdits concessionnaires.

L'article 6 porte que la vidange sera payée selon le tarif.

7. Ordonne que les concessionnaires seront tenus, sous peine de 5o liv. d'amende, de remettre tous les matins à l'officier de police qui sera commis pour veiller à l'exécution du présent arrêt un état des fosses dont le travail sera indiqué pour la nuit suivante, à l'effet par ledit officier de police de se rendre sur les différents ateliers pour en surveiller les travaux (1).

L'art. 8 prescrit d'avoir des tinettes, voitures et ouvriers en nombre suffisant (2).

9. Ordonne que les tinettes seront tenues en bon état et bien scellées, de manière que les matières y contenues ne puissent s'écouler; que les tinettes seront exactement lavées aussitôt qu'elles auront été vidées à la voirie, en sorte qu'elles soient propres lorsqu'on les rapportera en ville pour la continuation du travail, et ce, sous peine de 10 liv. d'amende pour chaque tinette trouvée défectueuse, et de prison contre les ouvriers qui auront négligé de les bien sceller et laver (3).

10. Ordonne que chaque voiture de tinettes sera garnie de trois traverses par devant et par derrière, afin de prévenir la chute des tinettes, et ce, sous peine de 5o liv. d'amende, et que les charretiers seront tenus d'avoir un maillet pour pouvoir refermer les tinettes remplies de matières qui se descelleront pendant le transport, et ce, à peine de prison (4).

11. Ordonne que lesdits concessionnaires ne pourront commencer qu'à dix heures du soir la vidange des fosses dont l'emplacement ne permettra l'usage ni des portes ni des cabinets, et qu'ils seront tenus de la cesser à sept heures en hiver, et ux en été; qu'ils ne pourront approvisionner les ateliers de tinettes que dans la journée du travail; leur enjoint de les faire

(1) Loi 24 août 1790, art. 3, § 5.
(2) Idem.
(3) Idem.
(4) Idem.

enlever et porter à la voirie dans le jour qui suivra la vidange
des fosses, le tout à peine de 50 liv. d'amende (1).

12. Ordonne que lesdits concessionnaires ne pourront faire
répandre ni matières ni eaux claires, autrement appelées
vannes, provenant des fosses, dans les rues, ni les faire jeter
dans les égouts ou dans la rivière, à peine de 500 livres d'a-
mende (2).

13. Ordonne que lesdits concessionnaires ne pourront faire
ouvrir les fosses les samedis et veilles de fêtes qu'autant que
la vidange pourra être achevée dans la même nuit, à peine de
200 liv. d'amende (3).

14. Ordonne que tous ouvriers vidangeurs étant inscrits sur
les registres des concessionnaires et à leurs gages, ne pourront
les quitter sans les avoir prévenus six semaines d'avance en
été, et dans les autres temps, quinze jours aussi d'avance.
Enjoint auxdits ouvriers de se rendre aux ateliers aussitôt qu'ils
en auront reçu l'ordre par leurs chefs; leur fait défenses d'in-
terrompre la vidange d'une fosse à laquelle ils seront employés, et de la quitter aux heures du travail; le tout sous
peine de prison (4).

15. Ordonne que les concessionnaires seront tenus de fournir par chaque atelier un sceau propre qui ne servira qu'à
puiser de l'eau, et le tout sous peine de 10 liv. d'amende, et
que les ouvriers ne pourront employer ce sceau à aucun autre
usage, ni puiser de l'eau dans les puits avec des sceaux ou
éponges des fosses, sous peine de prison (5).

16. Ordonne qu'il y aura toujours à la vidange de chaque
fosse un chef d'atelier qui fera faire l'ouverture de la fosse en
sa présence, et qui ne pourra faire crever la voûte lorsqu'il
n'en aura pas pu trouver la clef, sans y avoir été préalablement autorisé par un des commissaires au châtelet, qui aura
été commis à cet effet par le lieutenant-général de police (6).

17. Ordonne que ledit commis ou chef d'atelier sera tenu
d'être toujours présent, et de surveiller avec exactitude les
ouvriers, sans pouvoir s'absenter pendant les heures du travail, sous quelque prétexte que ce soit, sous peine de 10 liv.

(1) Loi 24 août 1790, art 3, § 3.
(2) Art. 3, § 1er et 5 de ladite loi, art. 471 C. P., § 6.
(3) § 5, art. 3, loi précitée.
(4) Idem.
(5) Idem.
(6) Idem.

d'amende; fait défenses aux ouvriers, sous peine de prison, de jeter des matières fécales dans les puits (1).

18. Ordonne au surplus que les lettres patentes du 10 avril 1779, registrées en notredite cour le 11 mai suivant, et l'arrêt du 10 mai 1780, seront exécutés; en conséquence, fait main-levée de la surséance, etc.

N° 2254. — ORDONNANCE *pour établir une école d'éducation militaire en faveur de cent enfants de soldats invalides* (2).

Versailles, 10 août 1786. (R. S. C.)

S. M. étant informée que la plupart des enfants des bas officiers et soldats auxquels elle a accordé les invalides ou des pensions dans les provinces, périssent souvent par l'impossibilité où sont leurs pères de les élever; et voulant étendre jusqu'à eux les effets de sa bienfaisance, elle a ordonné et ordonne ce qui suit:

1. Il sera établi à Liancourt, généralité de Soissons, une école où seront reçus les enfants de soldats invalides ou retirés dans les provinces avec pension, que S. M. veut bien faire élever. Elle en borne, jusqu'à nouvel ordre, le nombre à cent. Ces enfants ne pourront être admis que lorsqu'ils auront sept ans révolus.

2. Cette école portera le nom d'*Ecole des enfants de l'armée*.

3. S. M. nomme le sieur duc de Liancourt inspecteur de cette école.

4. Entend S. M. que le gouverneur de son hôtel royal des invalides soit chargé de choisir, de concert avec l'inspecteur, pour être admis à cette école, des sujets sains et bien constitués, et de les prendre parmi ceux qui ont le moins de ressources à attendre de leurs père et mère, et par préférence parmi les orphelins.

5. Veut S. M. qu'à défaut des enfants désignés par l'art. 1er, il puisse en être choisi parmi ceux des soldats, cavaliers, hussards, dragons et chasseurs, en donnant toujours la préférence à ceux qui ont moins de ressources.

6. Ces élèves seront commandés par un capitaine et un lieutenant invalides, ou ayant obtenu leur retraite, et surveillés par un détachement composé de deux sergents, quatre caporaux et dix bas officiers invalides.

7. Les officiers, bas officiers et soldats qui doivent être at-

(1) § 5, art. 3, loi précitée.
(2) V décrets 25 nivôse, an 11, 20 prairial an 12.

tachés à cette école seront choisis par le gouverneur de son
hôtel royal des Invalides, de concert avec l'inspecteur.

8. S. M. accorde 8 s. de solde par jour, qui seront toujours
payés au complet de cent enfants à compter du 1er janvier
dernier.

9. Indépendamment de la solde ci-dessus, il sera accordé
au complet de cent élèves, à compter de ladite époque, un
supplément de 2 s., aussi par jour, pour pourvoir aux dépenses du bois, de la lumière, du traitement des malades et
de toutes les dépenses non prévues.

10. Les officiers et bas-officiers invalides seront payés et
traités comme le sont ceux des compagnies de bas officiers détachées, d'après l'ordre qu'en donnera le secrétaire d'état de
la guerre.

11. Au moyen de 8 s. de solde accordée par l'article 8 à
chaque élève, il sera pourvu à leurs nourriture, habillement,
et à leur entretien de toute espèce. On leur enseignera à lire,
écrire, compter, et on leur fera apprendre un métier utile au
service de l'armée, afin que le défaut de taille ou les infirmités qui pourroient leur survenir ne les empêchent pas d'y servir utilement.

12. Le trésorier général de la guerre paiera la solde et le
supplément de 2 s. par jour tous les deux mois, sur la reconnoissance de l'inspecteur de l'école.

13. Entend S. M., que lorsque ces élèves auront seize ans
révolus, ils soient incorporés dans des régiments de l'armée
pour y servir huit ans; il sera payé par les corps qui les recevront 100 liv. pour chacun, dont 50 liv. seront versées dans
la caisse de l'administration de l'école, et 50 liv. seront employées à les pourvoir des effets qui leur seront nécessaires,
suivant l'ordonnance du 21 février 1779, et aux frais de route.

14. Dès qu'un élève quittera l'école sans permission, l'officier commandant en informera l'officier de maréchaussée
de l'arrondissement, qui emploiera pour le faire arrêter et
conduire audit officier-commandant les mêmes perquisitions
que pour un soldat déserteur, et qui donnera avis aux brigades
voisines de l'évasion de l'enfant.

15. L'inspecteur rendra compte au secrétaire d'état ayant
le département de la guerre, tous les six mois, au 1er janvier
et au 1er juillet de chaque année, de l'état de cette école.

16. L'uniforme desdits élèves sera composé d'un habit,
veste et culotte de tricot bleu de roi, revers, collet, parements
et doublure de même couleur, bouton blanc, portant l'em-

prélate d'une fleur-de-lis entourée des mots : *Enfant de l'ar-mée* ; il sera de plus fourni à chaque élève un gilet et une grande culotte de tricot, aussi bleu de roi, avec un chapeau bordé de laine noire.

17. S. M. se réserve de faire connoître ses intentions sur les formes de l'admission des élèves, l'administration et la police de cette école, par un réglement qu'elle se propose d'arrêter pour fixer ces objets.

N° 2255. — DÉCLARATION *concernant les causes d'appellation comme d'abus, et toutes celles de régales* (1).

Versailles, le 15 août 1786. Reg. en parlement le 22 août 1786. (R. S. C.)

N° 2256. — LETTRES PATENTES *concernant la taxe des droits des commissaires à Ternier.*

Versailles, 20 août 1786. Reg. au parlement le 5 septembre. (R. S.)

N° 2257. — ARRÊT *du conseil par lequel S. M. approuve l'offre faite par les sieurs Périer et compagnie, d'affecter un fonds de 4,000,000 aux assurances qu'ils donneront contre les incendies, et nomme un commissaire pour en surveiller le dépôt.*

Versailles, 20 août 1786. (R. S.)

N° 2258. — RÉGLEMENT *concernant l'introduction d'une espèce de coton à graines détachées, sous le nom de coton de la Gua-deloupe, qualité inférieure.*

Cayenne, 23 août 1786. Reg. au conseil le même jour. (Coll. m. m. Code Cayenne, tom. 7, pag. 313.)

N° 2259. — RÉGLEMENT *au sujet de l'usage des fusils dans les savannes, communes et ménageries.*

Cayenne, 23 août 1786. Reg. au conseil le même jour. (Coll. m. m. Code Cayenne, tom. 7 pag. 309.)

N° 2260. — RÉGLEMENT *sur le rocou.*

Cayenne, 23 août 1786. Reg. au conseil le même jour. (Coll. m. m. Code Cayenne, tom. 7, pag. 305.)

---

(1) V. 15 mars 1773, 24 août 1775, 12 mai 1776, 28 août 1781, 17 août 1783, 9 août 1784, 12 août 1785.
Le même jour décl. sur les requêtes civiles.

N° 2261. — ORDONNANCE *qui interdit l'approche des lieux destinés à la quarantaine à Marseille, à tous ceux qui ne seront pas dans le cas de la faire ou qui ne sont pas commis pour le bureau de santé* (1).

Versailles, 27 août 1786. (R. S. C.)

S. M. étant informée que des personnes, autres que celles qui sont employées au service de la santé, parcourent librement l'île de Pomègue, où est le port de la quarantaine, et s'approchent du rivage sur lequel est situé le lazaret de Marseille; et étant convaincue que cette fréquentation peut compromettre la santé publique par la facilité qu'elle donne de communiquer avec les objets qui sont soumis à la quarantaine, et qu'il est instant de pourvoir à de pareils abus, qui pourroient avoir les suites les plus dangereuses; elle a fait et fait très-expresses inhibitions et défenses à tous maitres, patrons et mariniers de bâtiments, bateaux, chaloupes, de quelque espèce que ce soit, des côtes de Provence, Languedoc, Roussillon, d'Espagne, de Gênes et des Deux-Siciles; et à toutes personnes, de quelque état et condition qu'elles soient, qui ne seront pas en purge, ou commises pour le service du bureau de la santé de Marseille, d'aborder l'île de Pomègue et son port, ni les environs des infirmeries du lazaret de Marseille, depuis la pointe de Portegalle jusqu'à celle de Saint-Martin-d'Arenc, et notamment de descendre sur le rocher dit l'*Emeraude*, sous quelque prétexte que ce puisse être, même ceux de pêche ou de bain, à peine d'une année de prison, de 300 liv. d'amende, de confiscation, tant des bâtiments que des filets, marchandises et autres effets qui y seront trouvés, et de plus grande s'il y échoit, suivant les circonstances des cas : voulant S. M. que tant lesdites amendes que le produit des confiscations soient appliqués, savoir, un tiers aux dénonciateurs ou à ceux qui feront la capture des contrevenants, un autre tiers aux hôpitaux de la ville de Marseille, et le dernier tiers aux réparations et augmentations des bâtiments des infirmeries : fait aussi défenses aux maitres et patrons des vaisseaux, barques et autres bâtiments étant en purge, et mouillés audit port de Pomègue, de souffrir l'approche d'autres bâtiments non sujets à quarantaine, sous les peines ci-dessus prononcées. Enjoint S. M. aux employés des fermes de Marseille, et à ceux répan-

_____

(1) En vigueur. Loi du 9 mai 1793; ord. 20 mars 1822.

dus sur la côte, qui auroient fait des saisies ou des visites à la mer, de n'aborder à terre qu'après avoir fait leur déclaration aux officiers de santé, et de ne se rendre sur l'île de Pomègue, dans les cas qui l'exigeront, qu'après s'être munis de la permission desdits officiers, qui leur donneront un garde s'il y a lieu. Enjoint aussi S. M. au commandant du château d'If de prescrire au corps-de-garde d'invalides qui servent la batterie de Pomègue d'empêcher l'abord sur l'île des personnes qui ne seront pas munies d'un ordre dudit commandant pour le service du roi, ou d'une permission du bureau de la santé pour le service de la quarantaine. Veut S. M. que les intendants de la santé de Marseille tiennent la main à l'exécution de la présente ordonnance, qu'ils la fassent signifier, lire, publier et afficher, à qui, et dans tous les lieux où besoin sera, à ce que personne n'en prétende cause d'ignorance.

No 2262. — ARRÊT *du conseil concernant la restauration des arènes de Nîmes.*

Versailles, 28 août 1786. (R. S. C.)

Vu par le roi, étant en son conseil, la délibération des états de Languedoc du 14 février dernier, par laquelle, pour opérer la restauration des arènes de la ville de Nîmes, l'un des plus beaux monuments qui restent de la grandeur des Romains, ils ont arrêté de supplier S. M. de vouloir bien concourir à la dépense, offrant d'y contribuer eux-mêmes jusqu'à concurrence de 150,000 liv., et la ville de Nîmes proposant de fournir pareille somme, suivant la délibération qu'elle en a prise le 24 du même mois; S. M. a jugé digne de l'accueil le plus favorable une entreprise qui doit rendre aux arts et à l'admiration publique un édifice célèbre, échappé aux ravages des guerres et du temps, mais dont l'antique magnificence est en quelque sorte déshonorée par les viles constructions qu'on y a élevées dans des siècles de barbarie. S. M. s'est portée d'autant plus volontiers à protéger et faciliter l'exécution de ce projet, qu'il en résultera pour la ville de Nîmes l'avantage d'être à l'avenir préservée des maladies meurtrières que l'insalubrité des masures qui obstruent aujourd'hui, tant l'intérieur que le pourtour extérieur des arènes, occasione fréquemment dans cette ville aussi intéressante par son commerce que par sa population. A quoi voulant pourvoir; ouï le rapport, etc.; le roi étant en son conseil, a approuvé et approuve la délibération des états de Languedoc du 14 février dernier, et celle de la ville de Nîmes du 24 du même mois : en conséquence, ordonne qu'il sera procédé au rétablissement des arènes de la ville de Nîmes, et à la démolition des maisons construites tant dans l'intérieur que dans le pourtour extérieur de cet édifice, le tout sur les ordres du sieur intendant et commissaire départi en ladite province, et sous la direction du sieur Raymond, architecte de S. M. ; à l'effet de quoi permet aux états de ladite province d'emprunter, conformément à ladite délibération, la somme de 150,000 liv., dont les intérêts seront prélevés sur les fonds de la caisse des prêts des diocèses, et qui sera délivrée en trois termes égaux, le premier après l'adjudication des ouvrages, le deuxième après la démolition des maisons, et le troisième après la confection desdits ouvrages : permet pareillement à la ville de Nîmes d'employer à cette dépense la même somme de 150,000 liv., S. M. l'autorisant à prendre ladite somme sur le fonds des subventions, ou à emprunter à défaut dudit fonds, en affectant sur lesdites subventions l'intérêt de l'emprunt, qui pourra être stipulé sans retenue, et à la charge de pourvoir au remboursement : ordonne en outre que sur les deniers qui doivent être versés au trésor royal par le trésorier des états de la province, il sera payé par ledit trésorier, et en vertu des ordonnances que rendra ledit sieur intendant, la somme de 150,000 liv. dont S. M. fait don pour être employée au rétablissement dudit édifice, et être délivrée dans les mêmes termes et aux mêmes conditions fixés par la délibération des états : ordonne S. M. que le produit des matériaux provenant des maisons qui seront démolies, servira au paiement de l'indemnité desdites maisons, dont l'estimation sera faite par l'architecte de la ville, et en cas de difficultés, par experts convenus ou nommés d'office par ledit sieur intendant, auquel S. M. attribue la connoissance des contestations qui pourroient s'élever à ce sujet, icelle interdisant à ses cours et autres juges; et seront les ordonnances dudit sieur intendant, exécutoires par provision, sauf l'appel au conseil.

N° 2263.—ARRÊT *de réglement du conseil supérieur de Cayenne qui confirme les notaires dans le droit de recevoir le serment des arbitres dans les opérations volontaires.*

Cayenne, 28 août 1786. (Coll. m. m. C. de Cayenne, tom. 7, pag. 317.)

N° 2264. — ARRÊTÉ *du conseil supérieur de Cayenne contenant réglement au sujet du prix des denrées de la colonie, échangées avec les marchandises qu'on y apporte, et ordonne qu'il sera nommé des commissaires pour fixer le prix du cours des denrées* (1).

Cayenne, 28 août 1786. (Coll. m. m. Code Cayenne, tom. 7, pag. 321 et 325.)

N° 2265. — DÉCLARATION *concernant l'office de commissaire aux saisies réelles, et les poursuites relatives aux créanciers sur la caisse desdites saisies* (2).

Versailles, 30 août 1786. Reg. en parlement le 15 février 1788. (R. S. C.)

N° 2266. — ARRÊT *du conseil portant confirmation des privilèges de l'ordre du Saint-Esprit, rétablissement de l'exemption du paiement des droits féodaux et seigneuriaux dans ses mouvances et restriction à l'acquisition seulement* (3).

30 août 1786. (R. S. Code des ordres de chevalerie, p. 21.)

N° 2267. — ARRÊT *du parlement sur les mesures des bois à brûler dans les différents ports.*

Paris, 30 août 1786. (Dupin, code de comm. de bois et de charbon.)

N° 2268. — DÉCLARATION *qui établit un nouveau régime sur les frontières des provinces rédimées, limitrophes des pays de gabelle.*

Versailles, 31 août 1786. Reg. en la cour des aides le 4 septembre. (R. S.)

N° 2269. — ÉDIT *portant révocation du privilège de ville d'arrêt personnel.*

Versailles, août 1786. Reg. au parlement de Paris le 22 août, de Grenoble le 11 décembre 1786. (R. S. C.)

LOUIS, etc. Les rois nos prédécesseurs, dans la vue d'assurer la tranquillité de tous leurs sujets sous la protection de l'autorité royale, accordèrent aux bourgeois et habitants de la plupart des villes qu'ils érigèrent en commune, le droit d'y arrêter et d'y retenir, jusqu'au paiement de leurs créances,

---

(1) V. réglement 8 mars 1775; le 12 mars 1788, il fut dérogé aux deux premiers articles. (V. tom. 7, pag. 487 et 489.)
(2) V. décl. 4 août 1758, édit juin 1775, n° 229, t. 1er du règne, pag. 193.
(3) Suppression par a. d. c. 29 décembre 1787.

leurs débiteurs forains : d'autres villes ont ensuite obtenu le
droit d'arrêter les meubles et effets de ces débiteurs; et il y a
des villes auxquelles l'un et l'autre privilèges ont été expressément accordés. De très-grands abus ont résulté du privilège
d'arrêt personnel, et ces abus augmentent tous les jours.
Non-seulement nos sujets, obligés de parcourir notre royaume
pour leur commerce ou pour d'autres affaires, sont arrêtés
dans des villes dont ils ignorent le privilège pour des dettes
purement civiles, contractées dans des provinces éloignées, et
payables dans ces provinces; mais des étrangers, réfugiés dans
nos états, sont emprisonnés à la requête de créanciers étrangers ou de bourgeois cessionnaires pour de simples billets sous-
crits en pays étrangers. Ainsi ce privilège, contraire à la
sûreté de nos sujets et au bien du commerce national, donne
encore lieu, sous le voile d'une cession souvent frauduleuse,
et qui ne peut, en aucun cas, couvrir le vice originaire de la
créance, de contrevenir à la maxime du droit public, qui refuse toute exécution aux contrats passés, et même aux jugements rendus en pays étrangers, avant que cette exécution
soit judiciairement ordonnée par nos juges ou par nos cours,
et il sert de prétexte pour violer même le droit d'asile, attribut de la souveraineté et principe du droit des gens, qui ne
permet pas que l'étranger réfugié dans un état y soit poursuivi, si ce n'est pour les actions qu'il y commet et pour les
engagements qu'il y contracte. Le moyen le plus assuré pour
tarir la source de ces abus, et pour éviter qu'ils ne renaissent
dans la suite sous des formes différentes, est de supprimer le
privilège même. La nécessité de la suppression dérive d'ailleurs
de l'esprit de son institution, établi pour donner aux bourgeois
des villes, alors confédérés contre les seigneurs voisins, le
pouvoir de se faire eux-mêmes, en arrêtant la personne de
leurs débiteurs, la justice que ces seigneurs leur refusoient;
ce privilège auroit dû cesser lorsque l'autorité royale, rentrée
dans ses droits, a été en état d'assurer la justice à tous ses
sujets; et si les ordonnances de notre royaume ont jusqu'à
présent toléré ce privilège, c'est que les lois ne peuvent tout
corriger à la fois, et qu'elles n'atteignent que par degrés à la
perfection. Mais en privant du privilège d'arrêt personnel les
villes qui sont en possession d'en jouir, nous croyons devoir
les confirmer dans le privilège d'arrêt réel, encore même
qu'elles ne l'aient pas expressément obtenu, soit pour leur
donner une sorte de dédommagement de la perte de l'autre
privilège, soit parce que la concession qui leur a été faite du

droit d'arrêter la personne, paroît à plus forte raison avoir compris et leur avoir attribué le droit d'arrêter les biens. Le privilège d'arrêt réel a aussi donné lieu à quelques abus; il a reçu dans plusieurs coutumes des extensions contraires aux lois qui l'ont établi, et préjudiciables au droit de propriété. Nous nous proposons de le rappeler au principe de son établissement, et dans cet esprit, de régler la qualité de la personne du créancier et la nature de la dette requise pour donner le droit de procéder à l'arrêt réel, la qualité des effets qui peuvent y être compris, et la forme judiciaire qui doit y être suivie. Ainsi, en révoquant le privilège de ville d'arrêt personnel, et en réglant celui de ville d'arrêt réel, nous maintiendrons la liberté civile et le droit de propriété de nos sujets, les maximes d'ordre public et d'ordre judiciaire, nous garantirons de toute atteinte le droit d'asile, et nous donnerons aux étrangers qui viennent résider dans notre royaume une nouvelle preuve de la protection que nous ne cesserons de leur accorder. A ces causes, etc.

1. Nous avons révoqué et révoquons le privilège de ville d'arrêt personnel : voulons qu'aucun débiteur forain ni étranger ne puisse être arrêté en vertu de ce privilège.

2. Les villes à qui le privilège d'arrêt personnel avoit été concédé jouiront du privilège d'arrêt réel, ou du droit d'arrêter les meubles du débiteur forain trouvés dans la ville et ses faubourgs, encore que ledit privilège ou droit ne leur ait pas été nommément accordé. Continueront pareillement les villes à qui le privilège d'arrêt réel seulement a été expressément accordé, de jouir dudit privilège.

3. Le privilège d'arrêt réel ne pourra, en aucun cas ni dans aucune ville, être exercé, si ce n'est par les bourgeois et habitants de la ville privilégiée.

4. Ledit privilège n'aura lieu que pour des dettes qui soient établies par écrit, et aient été contractées dans la ville privilégiée ou dans le territoire sur lequel le juge ordinaire de ladite ville exerce sa jurisdiction.

5. Une dette originairement contractée dans une ville privilégiée envers un forain, ne pourra, encore qu'elle soit cédée et transportée à un bourgeois, donner lieu au privilège d'arrêt.

6. Ne pourra pareillement une dette contractée dans une ville privilégiée, et envers un bourgeois d'une autre ville privilégiée, donner lieu au privilège d'arrêt ni dans l'une ni dans l'autre ville.

7. Ledit arrêt ne pourra être fait qu'en vertu d'une ordonnance du juge, portant permission d'y procéder.

8. Les meubles et effets trouvés dans les villes privilégiées et les faubourgs seront les seuls qui puissent être arrêtés en vertu dudit privilège, sans aucun droit de suite sur les meubles qui en seroient sortis.

9. Les meubles et effets que les articles 14, 15 et 16 du titre XXXIII de l'ordonnance de 1667 défendent de saisir, ne pourront être compris dans l'arrêt réel. Ne pourront pareillement y être comprises les denrées et marchandises portées aux marchés des villes privilégiées.

10. Il sera libre au forain dont les meubles et effets auront été arrêtés, de demander au poursuivant l'arrêt de donner caution pour les dépens, dommages et intérêts, et faute par ledit poursuivant de fournir ladite caution dans le délai qui sera fixé par le juge, main-levée de l'arrêt sera donnée.

11. Tout bourgeois ou habitant qui aura succombé dans la poursuite d'un arrêt réel, soit faute d'avoir donné caution ou autrement, sera déchu de son privilège, et il ne pourra en user à l'avenir.

12. Voulons que notre présent édit soit exécuté suivant sa forme et teneur, nonobstant toutes lois, coutumes, statuts et usages à ce contraires, auxquels nous avons expressément dérogé et dérogeons. Si donnons en mandement, etc.

N° 2270. — ARRÊT du parlement concernant les mendiants valides et invalides, et les moyens de pourvoir à la subsistance de ceux qui sont hors d'état de gagner leur vie (1).

Paris, 1er septembre 1786. (R. S.)

N° 2271. — DÉCLARATION concernant la portion congrue (2).

Versailles, 2 septembre 1786. Reg. au parlement de Paris, le 5 septembre, de Grenoble le 11 nov. 1786. (R. S. C. arch. du parl. de Grenoble.)

LOUIS, etc. Le feu roi, notre très-cher et très-honoré seigneur et aïeul, a, par son édit du mois de mai 1768, fixé la portion congrue des curés à 500 livres, et par notre déclaration du 12 mai 1768, nous avons fixé celle des vicaires à 250 liv.; mais la cherté progressive de tous les objets nécessaires à une honnête subsistance ayant affoibli l'appréciation fixée en argent par ledit édit et par ladite déclaration, nous avons vu avec satisfaction les assemblées du clergé de notre

____

(1) V. Édit de mars 1784, n° 1905, tom. 5 du règne, pag. 401.
(2) V. 17 octobre 1787, édit de décembre 1787, 28 février 1788.

royaume solliciter de notre bienfaisance et de notre autorité les moyens de venir au secours d'une classe de nos sujets si dignes de notre protection; nous nous sommes donc proposé d'augmenter une dotation devenue insuffisante. Mais en déterminant par une loi générale la nouvelle obligation des décimateurs envers les curés et vicaires à portion congrue, nous ne remplirions qu'imparfaitement nos vues si nous n'avions pas égard à la différence qui se trouve entre les divers diocèses, relativement à leurs besoins et aux ressources plus ou moins suffisantes qu'ils peuvent avoir pour y subvenir. Le compte que nous nous en sommes fait rendre nous a fait connoître qu'il y avoit beaucoup de paroisses dans lesquelles l'entière dîme n'équivaudroit pas au montant de la portion congrue; que même dans le nombre des curés qui auroient droit de jouir de cette prestation, il s'en trouveroit plusieurs, surtout dans les villes, qui auroient besoin d'un secours plus considérable, à raison des dépenses auxquelles les exposent des circonstances locales, que l'état de plusieurs décimateurs, précieux à conserver, tels que les chapitres de cathédrales, les hôpitaux, les séminaires et les collèges, seroit notablement détérioré par l'obligation d'acquitter une nouvelle augmentation; qu'il seroit nécessaire de préparer des fonds pour procurer des pensions de retraite aux ministres des autels que l'âge ou les infirmités mettroient hors d'état de continuer avec fruit leurs fonctions; qu'il seroit convenable de venir au secours de plusieurs fabriques, spécialement par un emploi plus utile des biens attachés aux consorces et confraternités; des objets aussi variés ne peuvent être réglés par une mesure commune; et nous avons jugé qu'il falloit y employer des moyens appropriés à l'état de chaque diocèse. Plusieurs ordonnances des rois nos prédécesseurs indiquent la suppression, réunion et partage des bénéfices et établissements les moins importants, comme la voie la plus naturelle de pourvoir aux besoins de ce genre : il nous a donc paru nécessaire d'interposer notre autorité, à l'effet de faciliter et d'assurer le succès des moyens les plus convenables de consommer un ouvrage aussi digne de notre justice que de notre zèle pour la religion, et de notre amour pour nos sujets. A ces causes, etc.

1. La portion congrue des curés et vicaires perpétuels de notre royaume sera et demeurera fixée à la somme de 700 liv. à compter du 1er janvier prochain.

2. La portion congrue des vicaires sera et demeurera fixée à la somme de 350 liv., aussi à compter du 1er janvier pro-

chain, sans que les décimateurs, curés ou non curés, puissent être tenus de payer d'autres vicaires que ceux que les archevêques ou évêques diocésains jugeront convenable et utile d'établir ou de conserver.

3. Les décimateurs, autres que les curés, seront et demeureront tenus des portions congrues desdits vicaires dans toutes les paroisses où ils sont dans l'usage actuel de les acquitter, quand bien même les curés desdites paroisses ne se réduiroient pas eux-mêmes à la portion congrue; et ne pourront les curés qui sont en usage de payer leurs vicaires en tout ou en partie, s'en décharger sur les décimateurs ecclésiastiques ou laïques, si ce n'est en optant pour eux-mêmes la portion congrue portée en l'article 1ᵉʳ.

4. Les curés ne pourront ni résigner ni permuter leur bénéfice avec réserve de pension, à moins qu'il ne reste au nouveau titulaire le montant net de ladite portion congrue après ladite pension acquittée, non compris le casuel et les fondations; et seront en tous cas les pensions réservées en contravention de la présente disposition, réduites par nos baillis et sénéchaux, et autres juges des cas royaux, ressortissant nuement à nos cours de parlement, sauf l'appel en nosdites cours.

5. Exhortons les archevêques et évêques de notre royaume, et néanmoins leur enjoignons de procéder incessamment, suivant les formes requises et accoutumées, par voies d'union de bénéfices-cures ou non cures, ou autres biens ecclésiastiques, à l'exception toutefois des bénéfices et cures dépendants de patronage laïque, à la dotation des curés et vicaires, auxquels l'abandon total des dîmes n'assure pas un revenu équivalent à la portion congrue, et notamment à la dotation des cures de villes; comme aussi à l'amélioration ultérieure des cures qui jouissent d'un revenu égal à la portion congrue, lorsque les circonstances locales paroîtront l'exiger; et seront encore les dites unions utilement employées, soit à assurer d'équitables indemnités aux établissements qui en paroîtront susceptibles, soit à procurer des pensions de retraite aux anciens curés, vicaires et autres prêtres que l'âge ou les infirmités contraignent à quitter les fonctions du ministère.

6. Exhortons pareillement les archevêques et évêques, et néanmoins leur enjoignons de procéder incessamment, dans leurs diocèses, aux suppressions, translations et unions de cures qu'ils estimeront convenables, et notamment dans les villes ou bourgs où il s'en trouvera plusieurs dont la population seroit moindre de deux mille paroissiens de tout âge, et

ce, sans préjudice des oppositions des seigneurs, des communautés d'habitants, des paroissiens, et des patrons ou collateurs, lesquelles oppositions seront en tout cas, s'il en survient, jugées en la manière ordinaire, conformément aux lois et ordonnances : n'entendons néanmoins que la disposition du présent article puisse être appliquée aux cures dépendantes du patronage laïque, ni à celles des seigneurs qui ne peuvent avoir séance aux états de leurs provinces que lorsqu'ils sont seigneurs de paroisses.

7. Les patrons et collateurs ecclésiastiques des bénéfices dont nous avons cru devoir autoriser la suppression pour remplir les objets ci-dessus mentionnés, seront entendus en la forme ordinaire, sans néanmoins que leur consentement puisse être réputé nécessaire, même à l'égard des bénéfices réguliers, ni leur refus, empêcher l'effet desdites suppressions ; dérogeant quant à ce à l'article 18 de l'édit du mois de décembre 1606; et seront les oppositions desdits patrons ou collateurs, ou de tous autres, s'il en survient, jugées en la forme ordinaire, et conformément aux lois et ordonnances.

8. Seront pareillement entendus, en la forme ordinaire, les communautés d'habitants, marguilliers ou fabriciens qui auroient quelques droits de patronage, sans néanmoins que leur refus puisse empêcher les suppressions des consorces, fraternités ou obiteries, en titres de bénéfices, dépendants desdites communautés d'habitants, marguilliers ou fabriciens, ou dont il nous auroit paru convenable d'autoriser la suppression, soit pour améliorer le sort des curés ou vicaires desdites paroisses, soit pour accroître la dotation de leurs fabriques, et leurs oppositions, s'il en survient, seront jugées en la manière accoutumée.

9. Ne pourront les bénéfices dont nous aurons approuvé la suppression pour remplir les objets ci-dessus mentionnés, être, à compter du jour de la présentation des lettres patentes que nous adresserons à nos cours à cet effet, résignés ni permutés, ni même, en cas de vacance, conférés ou impétrés, sans néanmoins que les biens en provenant et les revenus d'iceux puissent tourner au profit des œuvres auxquelles ils seront destinés, qu'en vertu des décrets des archevêques ou évêques diocésains, et duement revêtus de lettres patentes enregistrées en nos cours.

10. Les contestations qui pourront naître au sujet de l'exécution de notre présente déclaration, même celles qui pourroient s'élever à raison des oppositions dont il est parlé ci-

dessus, seront portées en première instance devant nos baillis et sénéchaux, et autres juges des cas royaux, ressortissant nuement en nos cours de parlement, sans que l'appel des sentences et jugements par eux rendus en cette matière puissent être relevés ailleurs qu'en nosdites cours de parlement, et ce nonobstant toutes évocations qui auroient été accordées par le passé ou qui pourroient l'être par la suite, à tous ordres, congrégations, corps, communautés ou particuliers; et seront au surplus toutes les dispositions de l'édit du mois de mai 1768, concernant les portions congrues, fidèlement exécutées en tout ce qui ne seroit pas contraire à la présente déclaration. Si donnons en mandement, etc.

N° 2272. — ORDONNANCE *concernant la formation et la solde du régiment des carabiniers de Monsieur* (1).

Versailles, 3 septembre 1786. (Coll. d'ord. mil. Metz; 1787.)

N° 2273. — ARRÊT *du parlement qui ordonne l'exécution d'une sentence rendue le 28 avril 1786, par la chambre des bâtiments, concernant les carriers et plâtriers, et la fabrication du plâtre* (2).

Paris, 7 septembre 1786. (R. S. Mars, 2—374.)

1. La chambre ordonne : que les carriers ne pourront vendre ni débiter aucunes pierres de taille moyeuses et filardreuses, sauf à eux à les réduire en moellons.

2. Que les plâtriers ne pourront fabriquer leur plâtre qu'avec moellons et recoupes, sans pouvoir y mêler la poussière desdites recoupes ou toute autre, marne ni autres matières étrangères; leur fait défenses de tenir et entasser aucunes de ces poussières et matières étrangères dans l'avoisinement et aux approches de leurs fours et culées; leur enjoint de les enlever et jeter aux décharges.

3. Qu'à cet effet ils seront tenus de paver en grès les aires de leurs fours et leurs culées; leur fait défenses de composer lesdites aires de recoupes et autres matières qui, par l'effet des terrages et battages, pourroient se mêler avec les plâtres.

4. Qu'ils seront tenus de faire cuire suffisamment le plâtre avant de le pouvoir battre, leur enjoint de retirer à cet effet des cuissons avant le battage, ceux des moellons qui ne se trou-

_____

(1) V. ord. 25 juillet 1784, n° 1959, tom. 5 du règne, pag. 448.
(2) V. ord. de 1317; lett. pat. 3 avril 1574; lett. pat. 17 mai 1595, 17 mai 1598, 12 mars 1601, 20 mai 1722; décl. 23 janvier 1779, 20 mai 1782.

veroient pas suffisamment cuits, et de les rejeter pour les cuissons suivantes.

5. Qu'ils seront tenus de tenir le plâtre cuit et battu à l'abri de la pluie, et à cet effet, de couvrir leurs fours et culées, soit en tuiles, soit en planches d'épaisseur suffisante et bien rainées les unes dans les autres, et même en paille, avec perches et liens suffisants, les culées seulement construites momentanément pour suivre les exploitations des masses de pierre, en telle sorte que la pluie ne puisse pas pénétrer sur le plâtre cuit et battu, comme aussi de couvrir d'une toile ou banne suffisante, chacune des voitures dans lesquelles ils feront transporter le plâtre.

6. Qu'ils seront tenus de livrer le plâtre battu à mesure bonne et loyale de deux boisseaux pour chaque sac, et de les faire conduire directement aux personnes et ateliers pour qui chaque voiture sera destinée, sans pouvoir dans le transport, soit par eux ou leurs voituriers, en détourner aucuns sacs, sous tel prétexte que ce puisse être, à l'effet de quoi seront tenus de délivrer à leurs voituriers un écrit ou bulletin contenant la destination de chacune des voitures, la quantité pour chaque destination; leur fait défenses à cet effet de donner et livrer à leurs voituriers, charretiers et ouvriers, aucuns sacs de plâtre, soit à titre de paiement, soit à titre de pour-boire, ou à quelque autre titre que ce soit, faisant défenses auxdits charretiers, voituriers et ouvriers de vendre par eux-mêmes aucuns sacs de plâtre, à toutes personnes de les acheter d'eux, et de détourner leurs voitures des lieux de leur destination, ou s'emparer de tout ou partie du plâtre qu'elles contiendront.

7. Pour d'autant plus assurer l'exécution de tout ce que dessus, seront tenus ceux qui voudront faire à l'avenir le commerce du plâtre, de prêter serment en la chambre, de se conformer à tout ce que dessus avant de pouvoir s'y immiscer, et de déclarer au greffe de la chambre leurs noms, qualités et demeures, et les numéros qu'ils entendent mettre dans le lieu le plus apparent de chacun des fours et culées qui leur appartiendront; enjoint à tous ceux qui font actuellement le commerce de plâtre, et qui voudront le continuer, de prêter le même serment dans le mois de la publication des présentes, lequel serment sera reçu sans frais.

8. Enjoint aux syndic, adjoints de la communauté des maîtres maçons et aux commissaires de police nommés et commis tous les mois par la chambre, pour faire la police des plâtres, de tenir la main à l'exécution de tout ce que dessus,

et aux maîtres maçons ou propriétaires qui font travailler à leur journée, de les aider, dans le besoin, de mesure à plâtre, qu'aux termes des réglements, ils sont tenus d'avoir dans chacun de leurs ateliers, et aux carriere, plâtriers, leurs ouvriers, charretiers et voituriers de souffrir lesdites visites, en exécution des sentences de la chambre, et aux termes de l'article 55 des lettres patentes de 1782.

N° 2274. — ÉDIT *qui ordonne la démolition des maisons construites sur les ponts de Paris, la construction du pont à la place Louis XV, et de la nouvelle salle d'Opéra.*

Versailles, septembre 1786. Reg. au parlement le 7 septembre. (R. S.)

N° 2275. — ARRÊT *du conseil au sujet de l'introduction des noirs par le commerce national et étranger.*

10 septembre 1786. Reg. au conseil supérieur de Cayenne le 19 mai 1787. (Coll. m. m. Code Cayenne, tom. 7, pag. 333.)

N° 2276. — DÉCRET *sur les invalides retirés à domicile.*

Versailles, 11 septembre 1786. Reg. cour des aides le 11 octobre. (R. S.)

LOUIS, etc. Informé que les officiers et bas officiers invalides, ainsi que les soldats invalides qui se sont retirés dans nos provinces, soit avec la pension, soit par grand congé, ou enfin ceux qui n'ayant point encore les invalides, jouissent de la pension actuellement connue sous la dénomination de récompense militaire, sont souvent troublés dans les privilèges et exemptions que le feu roi notre très-honoré seigneur et aïeul, leur avoit accordés ; nous avons jugé que le moyen le plus sûr de les garantir à l'avenir de toutes ces difficultés étoit de faire connoître, par une loi précise et uniquement relative à cet objet, les privilèges et exemptions dont nous voulons les faire jouir, en fixant en même temps les formalités qu'ils seront tenus de remplir pour que l'on ne puisse, dans aucun cas, leur en contester la jouissance. Nous sommes bien convaincus que les autres classes de nos sujets, loin d'envier à d'anciens soldats qui ont si long-temps contribué de leur sang et de leur personne à la défense de l'état, l'exemption de toute imposition personnelle, dans laquelle nous les confirmons à l'exemple de notre auguste aïeul et prédécesseur, applaudiront aux mesures que nous prenons pour leur faciliter dans leur vieillesse les moyens de subsister, et pour qu'ils puissent surtout jouir dans leur retraite, du repos

et de la tranquillité que tant de fatigues et de travaux leur ont
si bien mérités. A ces causes, etc.

1. Tout officier, bas officier, ou soldat qui ayant été admis
à l'hôtel royal des Invalides, se retirera dans l'une de nos
provinces avec un ordre de pension, ou un grand congé, ou qui
aura obtenu en se retirant du service, la récompense militaire,
sera libre de fixer son domicile dans tel lieu de notre royaume
qu'il choisira, et pareillement libre de changer de résidence
quand il le jugera à propos, en se conformant seulement aux
formalités prescrites à cet égard par nos ordonnances militaires.

2. Les officiers et bas officiers et soldats invalides retirés dans
les provinces avec pension, ou par grand congé, et ceux retirés
du service avec la récompense militaire, seront tenus pour
jouir des privilèges et exemptions ci-après exprimés, de faire
enregistrer au greffe de l'élection dans laquelle ils seront domiciliés, les certificats de pension ou grand congé, ou les brevets
de récompense militaire qui leur auront été expédiés, voulons
qu'il soit procédé audit enregistrement sur leur simple réquisition et sans aucuns frais quelconques par le greffier de l'élection, lequel fera mention, aussi sans frais dudit enregistrement,
au dos desdits certificats ou brevets.

3. Les officiers, bas officiers et soldats mentionnés dans les
deux articles précédents, représenteront ensuite leurs certificats de pension, ou grand congé, ou leurs brevets de récompense militaire, aux maire et échevins ou au syndic de la
communauté, et les feront viser au-dessous de la mention de
l'enregistrement fait à l'élection par lesdits maire et échevins
dans les villes, et par le syndic et deux notables habitant
dans les bourgs et villages.

4. Ils seront tenus de remplir les formalités ci-dessus prescrites, avant le 1er octobre qui suivra le jour de leur arrivée
dans lesdites villes ou communautés; voulons toutefois que dans
le cas où ledit mois d'octobre étant commencé, ils arriveroient
dans lesdites communautés, avant que les rôles de l'année suivante fussent encore formés, on ne puisse sous ce prétexte ni
sous aucun autre, les comprendre dans lesdits premiers rôles.

5. A l'égard de celles de nos provinces dans lesquelles le régime des impositions diffère de celui des pays d'élections, les
susdits officiers, bas officiers et soldats mentionnés dans les
art. 1 et 2 précédents, se conformeront pour que leurs droits
aux privilèges et exemptions ci-après exprimés, soient bien et
dûment reconnus des habitants des paroisses où ils fixeront

leur résidence, aux instructions que nous voulons leur être données à cet effet par les subdélégués de nos intendants et commissaires départis dans lesdites provinces.

6. Dans les pays de taille personnelle, les officiers, bas officiers et soldats invalides retirés dans les provinces avec pension ou par grand congé, et ceux retirés du service, avec la récompense militaire, jouiront de l'exemption de la taille personnelle; voulons aussi qu'ils soient exempts de la taille industrielle pour raison de trafic et industrie auxquels ils pourroient se livrer, tant dans les pays de taille personnelle que dans ceux de taille réelle, où une portion déterminée de l'imposition porte sur l'industrie : ceux qui seront domiciliés dans nos provinces de pays conquis, et toutes autres de notre obéissance, seront de même exempts de toute cotisation personnelle et industrielle aux rôles des impositions représentatives de la taille dans lesdites provinces, telles que subvention, aide, subside, donation ou imposition ordinaire. Voulons, enfin, que lesdits officiers invalides ne puissent être assujettis à aucune autre capitation que celle qui leur est retenue par nos trésoriers généraux des dépenses de la guerre, et que les bas officiers et soldats ci-dessus désignés continuent d'être exempts de capitation et de toute autre imposition personnelle.

7. Mais s'ils exploitent des héritages à eux appartenants en propre, dans des paroisses sujettes à la taille, ou s'ils prennent le bien d'autrui à ferme, à titre d'adjudication ou autrement, ils seront sujets à la taille d'exploitation dans les paroisses où lesdits biens seront situés, et acquitteront toutes les impositions, accessoires de ladite taille d'exploitation. Voulons au surplus, qu'audit cas, ils jouissent du privilège d'être taxés d'office par les sieurs intendants et commissaires départis à raison desdites exploitations, dans la même proportion toutefois que les autres taillables, faisant très-expresses inhibitions et défenses à tous asséieurs, consuls et collecteurs, de les imposer à de plus fortes sommes que celles auxquelles ils auront été taxés d'office par les sieurs intendants et commissaire départis, sous peine, par les collecteurs, d'en demeurer responsables en leur propre et privé nom, sauf auxdits collecteurs, dans le cas où ils croiroient que la religion desdits sieurs intendants auroit été surprise, ou n'auroit pas été suffisamment éclairée, à se retirer par-devant eux, et à leur fournir des mémoires, à l'effet de rectifier les erreurs qui auroient pu s'introduire dans le réglement desdites taxes.

8. Ne pourront, en aucun cas, lesdits officiers, bas officiers

et soldats ci-dessus désignés, prétendre à aucune exemption relativement aux impositions réelles qui doivent être acquittées par tous les propriétaires des biens fonds et droits réels, sans aucune distinction.

9. Lesdits officiers, bas officiers et soldats seront exempts du logement de gens de guerre, corvées en nature, tutèle, curatèle, collecte et autres charges publiques.

10. Ceux de nos anciens officiers non nobles retirés du service avec des pensions sur notre trésor royal; les bas officiers et soldats qui ont obtenu et jouissent encore des récompenses précédemment connues sous la dénomination de solde et demi-solde, auxquelles ont succédé celles aujourd'hui désignées sous le titre de récompense militaire; enfin les grenadiers à cheval qui peuvent encore exister, jouiront leur vie durant, de toutes les exemptions que nous avons accordées par les articles précédents aux officiers, bas officiers et soldats qui se seront retirés des invalides avec pension, ou par grand congé, ou retirés du service, avec la récompense militaire, en se conformant, toutefois, aux formalités que nous avons prescrites par les art. 2, 3 et 4 de notre présente déclaration. Si donnons en mandement, etc.

N° 2277. — ARRÊT *du conseil sur la gravure de la musique.*

Versailles, 15 septembre 1786. Reg. à la chambre syndicale le 10 octobre. (R. S.)

Le roi s'étant fait rendre compte, en son conseil, des mémoires présentés par les auteurs, compositeurs et marchands de musique, à l'effet d'arrêter le cours des contrefaçons qui nuisent aux droits des artistes et aux progrès de l'art, surtout depuis que les ouvrages de ce genre sont assez recherchés pour réveiller la cupidité et animer à la fraude; S. M. ayant reconnu que par ces abus les droits de la propriété sont de jour en jour moins respectés, et que les talents sont dépouillés de leurs productions : à quoi voulant pourvoir; le roi étant en son conseil, de l'avis de M. le garde des sceaux, a ordonné et ordonne ce qui suit :

1. Les auteurs et éditeurs qui désireront faire graver des ouvrages de musique, avec paroles ou sans paroles, ne pourront le faire sans avoir obtenu de M. le garde des sceaux la permission ou le privilège du sceau, conformément aux ordonnances et réglements établis pour la librairie; et il ne sera accordé, pour lesdits ouvrages, aucun privilège du sceau ou

aucune permission aux marchands éditeurs, qu'en justifiant
par eux de la cession qui leur en aura été faite par les auteurs
ou propriétaires, ou qu'autant qu'ils se présenteront les premiers, lorsqu'il s'agira de faire imprimer ou graver dans le
royaume la musique qui, sans être une contrefaçon, aura déjà
été gravée ou imprimée en pays étrangers.

2. Tous ceux qui auront obtenu des privilèges ou permissions pour imprimer, graver et vendre ou faire vendre de la
musique nationale ou étrangère, seront tenus d'en fournir pour
les bibliothèques publiques, neuf exemplaires à la chambre
syndicale des libraires et imprimeurs, ou de les envoyer franc
de port, et ce avant d'en vendre ou distribuer aucun autre
exemplaire.

3. Nul graveur ne gravera de la musique qu'il ne se soit
fait représenter la permission ou le privilège du sceau, qu'il
sera tenu de graver en tête de l'œuvre, en y ajoutant sa marque
distinctive et son nom à la fin de l'œuvre.

4. Nul imprimeur en taille-douce ne tirera de la musique
qu'autant que les formalités ci-devant prescrites se trouveront
remplies sur la planche même, et qu'après avoir été en personne, ou avoir envoyé par billet signé de lui, faire sa déclaration au bureau du timbre, dont il sera parlé ci-après à
l'art. 12 et suivant; dans laquelle déclaration il désignera
l'œuvre de musique qu'il va imprimer, la personne qui lui aura
remis la planche, et pour laquelle il va tirer, ainsi que le
nombre des exemplaires qu'il tirera.

5. Aucun auteur, compositeur ou éditeur de musique n'en
distribuera ou fera distribuer d'imprimée ou de gravée qu'il
n'en ait signé les exemplaires, et qu'il n'y ait fait apposer le
timbre qui se trouvera ordonné et établi par le présent arrêt.

6. Aucun marchand ne vendra de la musique imprimée ou
gravée qu'il ne se soit assuré que toutes ces précautions et formalités ont été observées.

7. Nul ne fera le commerce de musique qu'il ne soit inscrit
comme marchand de musique à la chambre syndicale de la
librairie, dans l'arrondissement de laquelle il sera établi ou
voudra s'établir; et tout marchand de musique paiera pour
cette inscription le même prix que les fondeurs de caractères,
sans toutefois acquérir d'autres droits par cet acte, que celui
de faire le commerce de musique. Il sera tenu en outre de
présenter un certificat valable de bonnes vie et mœurs, lequel
sera transcrit sur le registre tenu à cet effet, et dont sera donné
copie avec l'acte d'inscription, signée par les syndic et adjoints,

et sera la liste desdits marchands ainsi que leur demeure, imprimée à la suite de celle des fondeurs de caractères.

8. N'entend S. M. empêcher les auteurs de faire graver, imprimer et vendre par eux-mêmes la musique de leur composition, pourvu néanmoins qu'ils en obtiennent préalablement la permission de M. le garde des sceaux; qu'ils fournissent à la chambre syndicale les neuf exemplaires qui doivent y être fournis, et qu'ils se conforment aux autres formalités ordonnées ci-après; et dans le cas où ils voudroient vendre d'autre musique imprimée ou gravée que celle de leur composition, ils seront tenus de se conformer aux formalités prescrites dans l'article ci-dessus.

9. Tout marchand de musique non libraire qui fera le commerce de librairie, sera puni par la confiscation et une amende de 500 liv. au profit de la chambre syndicale; comme aussi quiconque fera le commerce de musique sans en avoir obtenu le droit, sera sujet aux mêmes peines, et le produit en appartiendra au bureau du timbre dont il sera fait mention ci-après.

10. Les officiers de la chambre syndicale de la librairie feront chez les marchands, graveurs et imprimeurs en musique, les visites qu'ils croiront convenir, ou dont ils seront requis par les intéressés pour voir, examiner et vérifier les œuvres de musique qui s'y trouveront; saisir et suspendre les articles où l'on n'aura pas observé les réglements; et dans les villes et lieux où il n'y a point de chambre syndicale, les intéressés pourront requérir le juge du lieu exerçant la police, de faire lesdites visites suivant les formes accoutumées.

11. Les marchands de musique paieront chaque année aux officiers de la chambre syndicale, pour tous droits de visite, la somme de six livres.

12. Il y aura à l'école royale de déclamation et de chant à Paris, un bureau établi pour timbrer toute pièce de musique gravée ou imprimée que l'on voudra mettre en vente; à ce bureau assistera toujours un professeur de ladite école royale, qui sera tenu d'y faire le service tous les jours ouvrables, depuis dix heures du matin jusqu'à deux heures après midi.

13. Toute pièce de musique gravée ou imprimée sera, avant d'être exposée en vente ni distribuée, portée à ce bureau, pour y être timbrée par celui qui sera préposé à cet effet; et toute musique qui se trouvera exposée en vente, ou qui sera prouvée avoir été vendue ou distribuée après la publication du présent arrêt, sans avoir été soumise à cette formalité,

sera saisie, et le contrevenant condamné à l'amende de 3,000 livres.

14. Il y aura au bureau deux timbres, l'un portant le mot, *musique*, et servant pour timbrer les exemplaires de musique qui seront imprimés ou gravés après la publication du présent arrêt; et l'autre portant ces mots, *ancienne musique*, et servant à timbrer toute musique imprimée ou gravée avant ladite publication.

15. Toute musique qui devra être timbrée du premier timbre, paiera deux sous pour livre du prix de sa valeur de marchand à marchand, si elle a été gravée dans le royaume; et toute celle qui sera timbrée du second timbre, paiera un sou pour livre du prix de sa valeur de marchand à marchand; excepté néanmoins S. M., de ce tarif, les journaux de musique, qui ne paieront que le sou pour livre du prix marchand de l'abonnement, et ne pourront être distribués sans avoir été timbrés; comme aussi la musique qui se trouvera à vendre chez des particuliers, soit après décès, soit autrement par autorité de justice, laquelle ne paiera que six deniers par livre, sur l'estimation faite par experts, et sera timbrée avant de pouvoir être mise en vente.

16. Toute musique gravée en pays étranger, entrant dans le royaume pour y être vendue et débitée, paiera toujours et sans exception et distinction, les deux sous pour livre du prix de sa valeur, et le dixième en sus.

17. Tous ceux qui auront de la musique à faire timbrer, pourront n'en faire timbrer à chaque fois que le nombre d'exemplaires qu'ils voudront alors vendre ou distribuer, pourvu qu'ils fassent inventorier le surplus par les préposés à la marque du timbre, lesquels scelleront le surplus pour être représenté dans le même état lorsque les propriétaires voudront en faire timbrer et vendre la totalité ou seulement une partie; et ces parties ainsi scellées, seront déposées au bureau du timbre, si mieux n'aime le propriétaire se soumettre à les représenter dans le même état, et les scellés bien entiers.

18. Le bureau du timbre sera tenu de timbrer *gratis* les vingt premiers exemplaires de toute pièce de musique qui sera gravée après la publication du présent arrêt; comme aussi d'inventorier et sceller gratuitement les exemplaires dont on voudra différer la vente, conformément à la faculté donnée en l'article ci-dessus.

19. Défend S. M. à toute personne, à peine d'amende de 3,000 liv., de contrefaire aucune pièce de musique; défend pa-

reillement d'en graver aucune avant d'avoir observé les formalités ci-dessus prescrites; et en cas de contravention, veut S. M. que la saisie soit faite sur simples exemplaires aussi bien que sur planches.

20. Toute musique venant de l'étranger sera plombée au premier bureau frontière où elle sera présentée, et expédiée par acquit à caution pour la chambre syndicale de Paris, qui sera tenue d'en faire la visite, et la renvoyer ensuite au bureau du timbre, afin d'y être timbrée avant d'être rendue à sa destination.

21. Enjoint S. M., à tous les préposés des fermes, tant aux frontières que dans l'intérieur du royaume, de s'opposer à toute introduction frauduleuse de livres, musique, planches ou caractères; leur enjoint de saisir les ballots ou paquets entrant ou circulant en fraude, et de les déposer ou expédier, plombés ou ficelés, avec acquit à caution, à la chambre syndicale la plus prochaine du lieu de la saisie, pour y être procédé, par l'inspecteur et les officiers de ladite chambre, suivant les formes ordinaires, à la visite et confiscation, s'il y a lieu, desdits livres, musique, planches et caractères.

22. Le produit de toutes les saisies de musique qui seront faites, sera attribué, savoir un quart aux employés des fermes, lorsqu'ils auront eu part à la saisie; un quart à la chambre syndicale dans laquelle le dépôt aura été fait, ou la moitié si la saisie a été faite par les officiers de ladite chambre, et le surplus à l'école royale de déclamation et de chant, déduction préalablement faite des frais légitimement faits.

23. Tout graveur qui voudra graver de la musique, sera tenu de communiquer d'avance au bureau du timbre, la marque distinctive qu'il veut employer pour reconnoître ses ouvrages.

24. Défend S. M. de contrefaire les timbres, la marque du graveur ou les signatures, à peine de faux, de 3,000 liv. d'amende, de confiscation, et d'être poursuivi extraordinairement, et puni suivant l'exigence des cas.

25. Veut S. M. que le produit du timbre, ainsi que celui des amendes et confiscations ci-dessus ordonnées au profit du bureau du timbre, soient employés à l'entretien de l'école royale de déclamation et de chant établie dans la ville de Paris. Enjoint S. M. au sieur lieutenant-général de police de Paris, et aux sieurs intendants et commissaires départis dans les différentes généralités du royaume, de tenir la main, chacun en ce qui le concerne, à l'exécution du présent arrêt, qui sera im

primé, publié et affiché partout où besoin sera, et transcrit
sur les registres de toutes les chambres syndicales du royaume.

N° 2278. — ARRÊT *du conseil qui porte à* 40,000,000 *les fonds
de la compagnie des Indes, et qui prolonge à quinze années
de paix la durée de son privilège, fixé à sept années par l'arrêt
du conseil du* 14 *avril* 1785 (1).

Versailles, 21 septembre 1786. (R. S.)

N° 2279. — ARRÊT *du conseil contre l'agiotage à la bourse* (2).

Versailles, 22 septembre 1786. (R. S.)

Le roi s'étant fait rendre compte de tout ce qui concerne
le cours des effets publics, S. M. n'a pu voir sans une vraie
peine, que nonobstant les sages mesures qu'elle avoit ordonnées l'année dernière pour réprimer les excès de l'agiotage, ce
désordre, aussi nuisible au commerce dont il détourne les
fonds, qu'aux négociations honnêtes dont il trouble toutes les
combinaisons, s'efforçoit encore depuis quelque temps de se
reproduire sous des formes qui, pour être différentes de celles
déjà proscrites, n'ont guère moins d'inconvénients. Les défenses portées par l'arrêt rendu en son conseil le 7 août 1785.
ont, à la vérité, anéanti l'usage de ces compromis illusoires,
inventés par la cupidité, et qui présentoient des pièges à la
bonne foi, des ressources à l'intrigue, et des écueils à tous
les gens avides de fortune; mais l'intérêt, toujours ingénieux à
s'affranchir de ce qui le captive, a trouvé moyen d'éluder
le réglement qui interdit tout marché d'effets royaux ou publics, sans livraison ou dépôt réel des objets vendus : des reconnoissances concertées, des déclarations annulées par des
contre-lettres et des dépôts fictifs, voilent aujourd'hui les contraventions, et rendent fort difficile d'en découvrir la trame.
S. M. instruite des abus qui se perpétuent à l'aide de ces divers déguisements, a jugé à propos pour y apporter un nouvel
obstacle, d'ajouter aux prohibitions précédentes, celle de faire
à l'avenir aucun marché d'effets ayant cours à la bourse, dont
la livraison se trouveroit différée au-delà d'un terme qu'elle a
fixé d'après ce qui s'observe dans les plus grandes places de
commerce des pays étrangers : mais quelle que puisse être l'ef-
ficacité de cette nouvelle mesure, pour arrêter le cours des

(1) V. 29 décembre 1787.
(2) V. 12 décembre 1786, 14 juillet 1787.

spéculations désordonnées qui font gémir les gens sensés, S. M. doit compter encore plus sur l'impression salutaire que fera sans doute sur tous les esprits le témoignage public du mécontentement qu'elle auroit de la conduite de ceux qui continueroient de s'y livrer, et la résolution qu'elle a prise de les éloigner à jamais de tout emploi ou charge de finance. A quoi voulant pourvoir : ouï le rapport, etc.; le roi étant en son conseil, a ordonné et ordonne : Que les arrêts de son conseil des 7 août et 2 octobre 1785, seront exécutés, et notamment l'art. 7 du premier desdits arrêts, qui *déclare nuls les marchés et compromis d'effets royaux et autres quelconques, qui se feroient à terme, sans livraison desdits effets, ou sans le dépôt réel d'iceux.* Veut, en outre, S. M. qu'il ne puisse être fait à l'avenir aucun marché d'effets royaux ou autres effets publics ayant cours à la bourse, pour être livrés à un terme plus éloigné que celui de deux mois, à compter du jour de sa date; déclare nuls tous ceux qui seroient à plus long terme : ordonne que tous marchés desdits effets seront signés de l'agent de change, par le ministère de qui la négociation aura été faite, aussi à peine de nullité. Enjoint S. M. aux agents de change, d'inscrire sur leurs registres, lesdits marchés à leur véritable date, sans pouvoir par eux se prêter à rien de contraire aux dispositions du présent arrêt, à peine d'une amende de 10,000 liv., et d'interdiction. Evoque S. M. à elle et à son conseil, la connoissance des contestations nées et à naître au sujet des marchés à terme et compromis d'effets royaux, ou autres effets publics ayant cours à la bourse, ainsi que de toutes contestations concernant les négociations desdits effets, faites par le ministère des agents de change et de leurs commis pour eux; comme aussi de celles de même genre qui auroient été induement faites par gens sans caractère ni qualités; et icelles circonstances et dépendances, a renvoyé et renvoie par-devant les sieurs Lenoir, Vidaud de la Tour et de Flesselles, conseillers d'état; Thiroux de Crosne, Raillard de Granvelle, Tourteau d'Orvilliers et Alexandre, maîtres des requêtes, pour être par lesdits sieurs commissaires au nombre de trois au moins, statué sommairement et sans frais sur lesdites contestations, et prononcé, sur les contraventions, tant audit arrêt qu'à ceux des 7 août et 2 octobre 1785, par voie d'amende ou autrement, ainsi qu'il appartiendra; S. M. leur attribuant toute cour, juridiction et connoissance, icelle interdisant à ses cours et juges. Seront au surplus les arrêts et réglements concernant la bourse, exécutés dans toutes leurs dispositions. Ordonne que le présent arrêt sera imprimé, publié et affiché partout où besoin sera : enjoint au sieur lieutenant-général de police, de tenir la main à son exécution.

N° 2280. — ARRÊT *du conseil relatif aux postes* (1).

25 septembre 1786. (Martens.)

N° 2281. — TRAITÉ *de navigation et de commerce entre la France et la Grande-Bretagne* (2).

Versailles, 26 septembre 1786. Ratifié le 10 novembre. (R. S.)

LOUIS, etc. Comme notre cher et bien-aimé le sieur Gérard de Rayneval, notre conseiller d'état et chevalier de l'ordre royal de Charles III, en vertu du plein-pouvoir que nous lui en avons donné, auroit conclu, arrêté et signé le 26 du mois de septembre dernier, à Versailles, avec le sieur Eden, membre des conseils privés de notre très-cher et très-amé frère le roi de la Grande-Bretagne, et son envoyé extraordinaire et ministre plénipotentiaire près de nous, également muni de son plein-pouvoir, le traité de navigation et de commerce, dont la teneur s'ensuit :

S. M. très-chrétienne et S. M. britannique, étant également animées du désir non-seulement de consolider la bonne harmonie qui subsiste actuellement entre elles, mais aussi d'en étendre les heureux effets sur leurs sujets respectifs, ont pensé que les moyens les plus efficaces pour remplir ces objets, conformément à l'art. 18 du traité de paix signé le 6 septembre 1783, étoient d'adopter un système de commerce qui eût pour fondement la réciprocité et la convenance mutuelle, et qui en faisant cesser l'état de prohibition et les droits prohibitifs qui ont existé depuis près d'un siècle entre les deux nations, procurât de part et d'autre les avantages les plus solides aux productions et à l'industrie nationales, et détruisît la contrebande, qui est aussi nuisible au revenu public qu'au commerce légitime, qui seul mérite d'être protégé. Pour cet effet leurs susdites majestés ont nommé pour leurs commissaires et pléni-

---

(1) V. 14 mars 1784.
(2) Rompu le 1er mars 1793.
V. traité d'Utrech en 1713. art. 19; 15 juin, 31 août 1787, 1er février 1793, 13 floréal an II, art. 2; traité du 30 mai 1814, 7 mars 1815, 20 novembre .... art. 1er; loi du 28 avril 1816, art. 48 et 51.
Le 15 janvier de cette année, conventions explicatives.

potentiaires; savoir : le roi très-chrétien, le sieur Joseph-Mathias Gerard de Rayneval, chevalier, conseiller d'état, chevalier de l'ordre royal de Charles III; et le roi de la Grande-Bretagne, le sieur Guillaume Eden, membre de ses conseils privés dans la Grande-Bretagne et en Irlande, membre de son parlement Britannique, et son envoyé extraordinaire et ministre plénipotentiaire auprès de S. M. très-chrétienne, lesquels, après avoir échangé leurs pleins-pouvoirs respectifs, sont convenus des articles suivants :

1. Il a été convenu et accordé entre le sérénissime et très-puissant roi très-chrétien, et le sérénissime et très-puissant roi de la Grande-Bretagne, qu'il y ait entre les sujets de part et d'autre une liberté réciproque, et en toutes manières absolue, de navigation et de commerce, dans tous et chacun des royaumes, états, provinces et terres de l'obéissance de LL. MM. en Europe; pour toutes et chacunes sortes de marchandises, dans les lieux, aux conditions, en la manière et en la forme qu'il est réglé et établi dans les articles suivants.

2. Pour assurer à l'avenir le commerce et l'amitié entre les sujets de leursdites majestés, et afin que cette bonne correspondance soit à l'abri de tout trouble et de toute inquiétude, il a été convenu et accordé que si quelque jour il survient quelque mauvaise intelligence, interruption d'amitié, ou rupture entre les couronnes de LL. MM., ce qu'à Dieu ne plaise (laquelle rupture ne sera censée exister que lors du rappel ou du renvoi des ambassadeurs et ministres respectifs), les sujets des deux parties qui demeureront dans les états l'une de l'autre, auront la faculté d'y continuer leur séjour et leur négoce, sans qu'ils puissent être troublés en aucune manière, tant qu'ils se comporteront paisiblement et qu'ils ne se permettront rien contre les lois et les ordonnances; et dans le cas où leur conduite les rendroit suspects, et que les gouvernements respectifs se trouveroient obligés de leur ordonner de se retirer, il leur sera accordé pour cette fin, un terme de douze mois, afin qu'ils puissent se retirer avec leurs effets et leurs facultés, confiés tant aux particuliers qu'au public : bien entendu que cette faveur ne pourra être réclamée par ceux qui se permettront une conduite contraire à l'ordre public.

3. On est aussi convenu, et il a été arrêté que les sujets et habitants des royaumes, provinces et états de LL. MM., n'exerceront à l'avenir aucuns actes d'hostilités ni violences les uns contre les autres, tant sur mer que sur terre, fleuves, rivières, ports et rades, sous quelque nom et prétexte que ce

soit, en sorte que les sujets de part et d'autre ne pourront
prendre aucune patente, commission ou instruction pour armements particuliers, et faire la course en mer, ni lettres vulgairement appelées *de représailles* de quelque prince ou état
ennemis de l'un ou de l'autre, ni troubler, molester, empêcher ou endommager, en quelque manière que ce soit, en
vertu ou sous prétexte de telles patentes, commissions ou lettres de représailles, les sujets et habitants susdits du roi très-
chrétien, ou du roi de la Grande-Bretagne, ni faire ces sortes
d'armements, ou de s'en servir pour aller en mer; et seront
à cette fin, toutes et quantes fois qu'il sera requis de part et
d'autre dans toutes les terres, pays et domaines quels qu'ils
soient, tant de part que d'autre, renouvelées et publiées des
défenses étroites et expresses d'user en aucune manière de
telles commissions ou lettres de représailles sous les plus grandes
peines qui puissent être ordonnées contre les infracteurs, outre
la restitution et la satisfaction entière dont ils seront tenus
envers ceux auxquels ils auront causé quelque dommage; et ne
seront données à l'avenir par l'une des deux hautes parties
contractantes, au préjudice et au dommage des sujets de
l'autre, aucunes lettres de représailles, si ce n'est seulement
au cas de refus ou de délai de justice, lequel refus ou délai
de justice ne sera pas tenu pour vérifié, si la requête de celui
qui demande lesdites lettres de représailles n'est communiquée
au ministre qui se trouvera sur les lieux de la part du prince
contre les sujets duquel elles doivent être données, afin que
dans le terme de quatre mois, ou plus tôt s'il se peut, il puisse
faire connoître le contraire, ou procurer la juste satisfaction
qui sera due.

4. Il sera libre aux sujets et habitants des états respectifs
des deux souverains d'entrer et d'aller librement et sûrement,
sans permission ni sauf-conduit général ou spécial, soit par
terre ou par mer, et enfin par quelque chemin que ce soit,
dans les royaumes, états, provinces, terres, îles, villes,
bourgs, places murées ou non murées, fortifiées ou non fortifiées, ports et domaines de l'un et de l'autre souverain, situés en Europe, quels qu'ils puissent être, et d'en revenir, d'y
séjourner ou d'y passer et d'y acheter aussi et acquérir à leur
choix toutes les choses nécessaires pour leur subsistance et
pour leur usage, et ils seront traités réciproquement avec
toute sorte de bienveillance et de faveur, bien entendu néanmoins que dans toutes ces choses ils se comporteront et se con-
duiront conformément à ce qui est prescrit par les lois et par

les ordonnances, qu'ils vivront les uns avec les autres en amis et paisiblement, et qu'ils entretiendront par leur bonne intelligence, l'union réciproque.

5. Il sera libre et permis aux sujets de leursdites majestés réciproquement, d'aborder avec leurs vaisseaux, aussi bien qu'avec leurs marchandises et les effets dont ils seront chargés, et dont le commerce et le transport ne sont point défendus par les lois de l'un ou de l'autre royaume, et d'entrer dans les terres, états, villes, ports, lieux et rivières de part et d'autre situés en Europe, d'y fréquenter, séjourner et demeurer sans aucune limitation de temps, même d'y louer des maisons, ou de loger chez d'autres, d'acheter où ils jugeront à propos toute sorte de marchandises permises, soit de la première main, soit du marchand, et en quelque manière que ce puisse être, soit dans les places et marchés publics où sont exposées les marchandises, et dans les foires, soit dans tout autre endroit où ces marchandises se fabriquent ou se vendent: il leur sera aussi permis de serrer et de garder dans leurs magasins ou entrepôts les marchandises apportées d'ailleurs, et de les exposer ensuite en vente, sans être obligés en aucune façon de porter leurs marchandises susdites dans les marchés et dans les foires, si ce n'est de leur bon gré et de leur bonne volonté; et ne pourront lesdits sujets pour raison de la liberté de commerce ou pour toute autre cause que ce soit, être chargés d'aucun impôt ou droits, à l'exception de ceux qui devront être payés pour leurs navires ou pour leurs marchandises, conformément à ce qui est réglé par le présent traité, ou de ce qui sera payé par les propres sujets des deux parties contractantes; il leur sera aussi permis de sortir de l'un et de l'autre royaume quand ils le voudront, et d'aller où ils jugeront à propos par terre ou par mer, par les rivières et eaux douces, et aussi ils pourront amener leurs femmes, enfants, domestiques, aussi bien que leurs marchandises, facultés, biens et effets achetés ou apportés, après avoir payé les droits accoutumés, nonobstant toute loi, privilège, concession, immunités ou coutumes à ce contraires en façon quelconque; et quant à ce qui concerne la religion, les sujets des deux couronnes jouiront d'une entière liberté; ils ne pourront être contraints d'assister aux offices divins, soit dans les églises ou ailleurs; mais au contraire il leur sera permis, sans aucun empêchement, de faire en particulier, dans leur propre maison, les exercices de leur religion, suivant leur usage. On ne refusera point de part ni d'autre la permission d'enterrer dans les

lieux convenables qui seront désignés à cet effet, les corps des sujets de l'un et de l'autre royaume, décédés dans l'étendue de la domination de l'autre; et il ne sera apporté aucun trouble à la sépulture des morts. Les lois et les statuts de l'un et de l'autre royaume demeureront dans leur force et vigueur, et seront exactement exécutés, soit que ces lois et statuts regardent le commerce et la navigation, ou qu'ils concernent quelques autres droits, à la réserve seulement des cas auxquels il est dérogé par les articles du présent traité.

6. Pour fixer d'une manière invariable le pied sur lequel le commerce sera établi entre les deux nations, les deux hautes parties contractantes ont jugé à propos de régler les droits sur certaines denrées et marchandises. Elles sont convenues en conséquence du tarif suivant; savoir:

1° Les vins de France importés en droiture de France dans la Grande-Bretagne, ne paieront dans aucun cas, pas de plus gros droits que ceux que paient présentement les vins de Portugal.

Les vins de France importés directement de France en Irlande ne paieront point de plus gros droits que ceux qu'ils paient actuellement.

2° Les vinaigres de France, au lieu de 67 liv 5 schellings 3 s. et douze vingtièmes de sous sterling par tonneau qu'ils paient à présent, ne paieront à l'avenir, dans la Grande-Bretagne, pas de plus gros droits que 32 liv. 18 schellings 10 s. et seize vingtièmes de sous sterling par tonneau.

3° Les eaux-de-vie de France, au lieu de 9 schellings 6 s. douze vingtièmes de sous sterling, ne paieront à l'avenir dans la Grande-Bretagne, que 7 schellings sterling par gallon, faisant quatre quartes, mesure d'Angleterre.

4° Les huiles d'olive, venant directement de France, ne paieront pas à l'avenir un plus fort droit que paient actuellement celles des nations les plus favorisées.

5° La bière paiera mutuellement un droit de 30 p. 100 de la valeur.

6° On classera les droits sur la quincaillerie et la tabletterie (en anglais *hardware*, *cutlery*, *cabinet-ware and turnery*), et tous les ouvrages gros et menus, de fer, d'acier, de cuivre et d'airain, et le plus haut droit ne passera pas 10 p. 100 de la valeur.

7° Les cotons de toutes espèces, fabriqués dans les états des deux souverains en Europe, ainsi que les lainages, tant tricotés que tissus, y compris la bonneterie (en anglais *hosery* paieront de part et d'autre un droit d'entrée de 12 p. 100 de la valeur. On excepte tous les ouvrages de coton et de laine mêlés de soie, lesquels demeureront prohibés de part et d'autre.

8° Les toiles de batistes et de linons (en anglais *cambricks and lawns*) paieront de part et d'autre un droit d'entrée de 5 schellings, ou 6 liv. tournois par demi-pièce de 7 trois quarts verges d'Angleterre (*yards*), et les toiles de lin et de chanvre, fabriquées dans les états des deux souverains en Europe, ne paieront point de plus forts droits, tant en France que dans la Grande-Bretagne, que les toiles fabriquées en Hollande et en Flandre, importées dans la Grande-Bretagne, paient actuellement.

Et les toiles de lin et de chanvre fabriquées en France et en Irlande, ne paieront mutuellement point de plus forts droits que les toiles fabriquées en Hollande, importées en Irlande, paient à présent.

9° La sellerie paiera mutuellement un droit d'entrée de 15 p. 100 de la valeur.

10° Les gazes de toutes espèces paieront mutuellement 10 p. 100 de la valeur.

11° Les modes composées de mousselines, linons, batistes, gazes de toutes espèces (en anglais *millinery*) et de tous les autres articles admis par le présent tarif, paieront mutuellement un droit de 12 p. 100 de la valeur; et s'il y entre des articles non énoncés audit tarif, ils ne paieront pas de plus forts droits que ceux que paient pour les mêmes articles les nations les plus favorisées.

12° La porcelaine, la faïence et la poterie paieront mutuellement 12 pour cent de la valeur.

13° Les glaces et la verrerie seront admises de part et d'autre moyennant un droit de 12 pour cent de la valeur.

S. M. britannique se réserve la faculté de compenser par des droits additionnels sur les marchandises ci-dessous énoncées, les droits intérieurs actuellement imposés sur les manufactures ou ceux d'entrée qui sont levés sur les matières premières; savoir, sur les toiles de toutes espèces teintes ou peintes, sur la bière, sur la verrerie, sur les glaces et sur les fers.

Et S. M. très-chrétienne se réserve aussi la faculté d'en user de même à l'égard des marchandises suivantes; savoir, sur les cotons, sur les fers et sur la bière.

Pour d'autant mieux assurer la perception exacte des droits énoncés audit tarif payables sur la valeur, elles conviendront entre elles, non-seulement de la forme des déclarations, mais aussi des moyens propres à prévenir la fraude sur la véritable valeur desdites denrées et marchandises.

Et s'il se trouve par la suite qu'il s'est glissé dans le tarif ci-dessus des erreurs contraires aux principes qui lui ont servi de base, les deux souverains s'entendront de bonne foi pour les redresser (1).

7. Les droits énoncés ci-dessus ne pourront être échangés que d'un commun accord, et les marchandises qui n'y sont pas énoncées acquitteront dans les états des deux souverains les droits d'entrée et de sortie dus dans chacun desdits états par les nations européennes les plus favorisées à la date du présent traité; et les navires appartenants aux sujets desdits états auront aussi dans l'un et dans l'autre tous les privilèges et avantages accordés à ceux des nations européennes les plus favorisées.

Et l'intention des deux hautes parties contractantes étant que leurs sujets respectifs soient les uns chez les autres sur un pied aussi avantageux que ceux des autres nations européennes, elles conviennent que dans le cas où elles accorderoient dans la suite de nouveaux avantages de navigation et de commerce à quelque autre nation européenne, elles y feront participer mutuellement leursdits sujets, sans préjudice toutefois des avantages qu'elles se réservent; savoir, la France en faveur de l'Espagne, en conséquence de l'article 24 du pacte de famille signé le 10 mai 1761; et l'Angleterre, selon ce qu'elle a pratiqué en conformité et en conséquence de la convention de 1703, signée entre l'Angleterre et le Portugal.

Et afin que chacun puisse savoir certainement en quoi consistent les susdits impôts, douanes et droits d'entrée et de sortie, quels qu'ils soient, on est convenu qu'il y aura dans les lieux publics, tant à Rouen et dans les autres villes marchandes de France, qu'à Londres et dans les autres villes marchandes de l'obéissance du roi de la Grande-Bretagne, des tarifs qui indiquent les impôts, douanes et droits accoutumés, afin que l'on y puisse avoir recours toutes les fois qu'il s'élèvera quelque différend à l'occasion de ces impôts, douanes et droits qui ne pourront se lever que conformément à ce qui sera clairement expliqué dans les susdits tarifs et selon leur sens naturel; et si quelque officier ou quelqu'un en son nom, sous quelque prétexte que ce soit, exige et reçoit publique-

(1) V. 13 juin 1788.

ment ou en particulier directement ou indirectement, d'un marchand ou d'un autre aucune somme d'argent ou quelque autre chose que ce soit, à raison de droit dû, d'impôt, de visite ou de compensation, même sous le nom de don fait volontairement, ou sous quelque autre prétexte que ce soit, au-delà ou autrement qu'il n'est marqué ci-dessus, en ce cas, si ledit officier ou son substitut étant accusé devant le juge compétent du lieu où la faute a été commise, s'en trouve convaincu, il donnera une satisfaction entière à la partie lésée; et il sera même puni de la peine due et prescrite par les lois.

8. A l'avenir aucune des marchandises exportées respectivement des pays de l'obéissance de LL. MM., ne seront assujetties à la visite ou à la confiscation, sous quelque prétexte que ce soit, de fraude ou de défectuosité dans la fabrique ou travail, ou pour quelque défaut que ce soit. On laissera une entière liberté au vendeur et à l'acheteur de stipuler et d'en faire le prix, ainsi qu'ils le trouveront à propos, nonobstant toutes lois, statuts, édits, arrêts, privilèges, concessions ou usages.

9. Comme il y a plusieurs genres de marchandises de celles qui seront apportées ou importées en France par les sujets de la Grande-Bretagne, qui sont enfermées dans des tonneaux, dans des caisses ou dans des emballages, dont les droits se paient au poids, on est convenu qu'en ce cas, lesdits droits seront seulement exigés par proportion au poids effectif de la marchandise, et qu'on fera une diminution du poids des tonneaux, des caisses et emballages, de la même manière qu'il a été pratiqué et qu'il se pratique actuellement en Angleterre.

10. Il est encore convenu que si quelque inadvertance ou faute avoit été commise par quelque maître de navire, l'interprète, le procureur ou autre chargé de ses affaires, en faisant la déclaration de sa cargaison, le navire pour cela ni sa cargaison ne seront point sujets à confiscation; il sera même loisible au propriétaire des effets qui auront été omis dans la liste ou déclaration fournie par le maître du navire, en payant les droits en usage suivant la pancarte, de les retirer, pourvu toutefois qu'il n'y ait pas une apparence manifeste de fraude; et pour cause de cette omission, les marchands ni les maîtres de navires ni les marchandises, ne pourront être sujets à aucune peine, pourvu que les effets omis dans la déclaration n'aient pas encore été mis à terre avant d'avoir fait ladite déclaration.

11. Dans le cas où l'une des deux hautes parties contrac-

tantes jugera à propos d'établir des prohibitions ou d'augmenter les droits à l'entrée sur quelque denrée ou marchandise du cru ou de la manufacture de l'autre, non énoncée dans le tarif, ces prohibitions ou augmentations seront générales, et comprendront les mêmes denrées ou marchandises des autres nations européennes les plus favorisées, aussi bien que celles de l'un ou l'autre état; et dans le cas où l'une des deux parties contractantes accordera soit la suppression des prohibitions, soit une diminution de droits en faveur d'une autre nation européenne sur quelque denrée ou marchandise de son cru ou manufacture, soit à l'entrée, soit à la sortie, ces suppressions ou diminutions seront communes aux sujets de l'autre partie, à condition que celle-ci accordera aux sujets de l'autre l'entrée et la sortie des mêmes denrées et marchandises sous les mêmes droits, exceptant toujours les cas réservés dans l'art. 7 du présent traité.

12. Et d'autant qu'il s'est autrefois établi un usage, lequel n'est autorisé par aucune loi, dans quelques lieux de France et de la Grande-Bretagne, suivant lequel les Français ont payé en Angleterre une espèce de capitation nommée en langue du pays *headmoney*, et les Anglais le même droit en France sous le titre d'*argent du chef*, il est convenu que cet impôt ne s'exigera plus de part ni d'autre, ni sous l'ancien nom, ni sous quelque autre nom que ce puisse être.

13. Si l'une des hautes parties contractantes a accordé ou accorde des primes (en anglais *baunties*) pour encourager l'exportation des articles du cru du sol ou du produit des manufactures nationales, il sera permis à l'autre d'ajouter aux droits déjà imposés en vertu du présent traité, sur lesdites denrées et marchandises importées dans ses états, un droit d'entrée équivalent à ladite prime : bien entendu que cette stipulation ne s'étendra pas sur la restitution des droits et impôts (en anglais *drawback*), laquelle a lieu en cas d'exportation.

14. Les avantages accordés par le présent traité aux sujets de S. M. britannique, auront leur effet en tant qu'ils concernent le royaume de la Grande-Bretagne, aussitôt que des lois y seront passées pour assurer aux sujets de S. M. très-chrétienne la jouissance réciproque des avantages qui leur sont accordés par le présent traité; et les avantages accordés par tous ces articles, excepté le tarif, auront leur effet pour ce qui concerne le royaume d'Irlande, aussitôt que des lois y seront passées pour assurer aux sujets de S. M. très-chrétienne la jouissance réciproque des avantages qui leur sont accordés

par ce traité ; et pareillement les avantages accordés par le tarif auront leur effet en tant qu'ils concernent ledit royaume , aussitôt que des lois y seront passées pour donner effet audit tarif.

15. Il a été convenu que les navires appartenants à des sujets de S. M. britannique venant dans les états de S. M. très-chrétienne des ports de la Grande-Bretagne , d'Irlande ou de quelque autre port étranger, ne paieront point le droit de fret ni aucun autre droit semblable ; pareillement les navires français seront exempts dans les états de S. M. britannique du droit de cinq schellings ou de tout autre droit ou charge semblable.

16. Il ne sera pas permis aux armateurs étrangers qui ne seront pas sujets de l'une ou de l'autre couronne , et qui auront commission de quelque autre prince ou état ennemi de l'un ou de l'autre, d'armer leurs vaisseaux dans les ports de l'un et de l'autre desdits deux royaumes , d'y vendre ce qu'ils auront pris ou de changer en quelque manière que ce soit; ni d'acheter même d'autres vivres que ceux qui leur seront nécessaires pour parvenir au port le plus prochain du prince dont ils auront obtenu des commissions.

17. Lorsqu'il arrivera quelque différend entre un capitaine de navire et ses matelots dans les ports de l'un ou de l'autre royaume , pour raison de salaires dus auxdits matelots ou pour quelque autre cause civile que ce soit , le magistrat du lieu exigera seulement du défendeur de donner au demandeur sa déclaration par écrit , attestée par le magistrat , par laquelle il promettra de répondre dans sa patrie sur l'affaire dont il s'agira par-devant un juge compétent , au moyen de quoi il ne sera pas permis aux matelots d'abandonner le vaisseau ni d'apporter quelque empêchement au capitaine du navire dans la continuation de son voyage. Il sera aussi permis aux marchands de l'un ou de l'autre royaume de tenir dans les lieux de leur domicile ou partout ailleurs où bon leur semblera , des livres de compte et de commerce , et d'entretenir aussi correspondance de lettres dans la langue ou dans l'idiome qu'ils jugeront à propos , sans qu'on puisse les inquiéter ni les rechercher en aucune manière pour ce sujet; et s'il leur étoit nécessaire pour terminer quelque procès ou différend, de produire leurs livres de comptes, en ce cas ils seront obligés de les apporter en entier en justice, sans toutefois qu'il soit permis au juge de prendre connoissance dans lesdits livres d'autres ar-

17

ticles que de ceux seulement qui regarderont l'affaire dont il s'agit, ou qui seront nécessaires pour établir la foi de ces livres; et il ne sera pas permis de les enlever des mains de leurs propriétaires, ni de les retenir sous quelque prétexte que ce soit, excepté seulement dans le cas de banqueroute. Les sujets de la Grande-Bretagne ne seront pas tenus de se servir de papier timbré pour leurs livres, leurs lettres et les autres pièces qui regarderont le commerce, à la réserve de leur journal, qui, pour faire foi en justice, devra être coté et paraphé *gratis* par le juge, conformément aux lois établies en France, qui y assujettissent tous les marchands.

18. Il a été statué de plus, et l'on est convenu qu'il soit entièrement libre à tous les marchands, capitaines de vaisseaux et autres sujets du roi de la Grande-Bretagne dans tous les états de S. M. très-chrétienne en Europe, de traiter leurs affaires par eux-mêmes ou d'en charger qui bon leur semblera, et ils ne seront tenus de se servir d'aucun interprète ou facteur, ni de leur payer aucun salaire, si ce n'est qu'ils veulent s'en servir. En outre les maîtres des vaisseaux ne seront point tenus de se servir pour charger ou décharger leurs navires, de personnes établies à cet effet par l'autorité publique, soit à Bordeaux, soit ailleurs; mais il leur sera entièrement libre de charger ou décharger leurs vaisseaux par eux-mêmes, ou de se servir de ceux qu'il leur plaira pour les charger ou les décharger, sans payer aucun salaire à quelque autre personne que ce puisse être. Ils ne seront point tenus aussi de décharger dans les navires d'autrui ou de recevoir dans les leurs quelques marchandises que ce soit, ni d'attendre leur chargement plus long-temps qu'ils le jugeront à propos. Et tous les sujets du roi très-chrétien jouiront pareillement et seront en possession des mêmes priviléges et libertés dans tous les états de S. M. britannique en Europe.

19. On ne pourra obliger les vaisseaux chargés des deux parties passant sur les côtes l'une de l'autre, et que la tempête aura obligés de relâcher dans les rades ou ports, ou qui y auront pris terre de quelque autre manière que ce soit, d'y décharger leurs marchandises en tout ou en partie, ou de payer quelques droits, à moins qu'ils ne les y déchargent de leur bon gré et qu'ils n'en vendent quelque partie. Il sera cependant libre, après en avoir obtenu la permission de ceux qui ont la direction des affaires maritimes, de décharger ou de vendre une petite partie du chargement, seulement pour acheter les vivres ou les choses nécessaires pour le radoub du

vaisseau; et dans ce cas on ne pourra exiger de droits pour tout le chargement, mais seulement pour la petite partie qui aura été déchargée ou vendue.

20. Il sera permis à tous les sujets du roi très-chrétien et du roi de la Grande-Bretagne, de naviguer avec leurs vaisseaux en toute sûreté et liberté, et sans distinction de ceux à qui les marchandises de leurs chargements appartiendront, de quelque port que ce soit, dans les lieux qui sont déjà, ou qui seront ci-après en guerre avec le roi très-chrétien, ou avec le roi de la Grande-Bretagne. Il sera aussi permis auxdits sujets de naviguer et de négocier avec leurs vaisseaux et marchandises avec la même liberté et sûreté des lieux, ports et endroits appartenants aux ennemis des deux parties ou de l'une d'elles, sans être aucunement inquiétés ni troublés, et d'aller directement, non-seulement desdits lieux ennemis à un lieu neutre, mais encore d'un lieu ennemi à un autre lieu ennemi; soit qu'ils soient sous la jurisdiction d'un même ou de différents princes. Et comme il a été stipulé par rapport aux navires et aux marchandises, et que l'on regardera comme libre tout ce qui sera trouvé sur les vaisseaux appartenants aux sujets de l'un et de l'autre royaume, quoique tout le chargement, ou une partie de ce même chargement, appartienne aux ennemis de LL. MM., à l'exception cependant des marchandises de contrebande; lesquelles étant interceptées, il sera procédé conformément à l'esprit des articles suivants; de même il a été convenu que cette même liberté doit s'étendre aussi aux personnes qui naviguent sur un vaisseau libre, de manière que, quoiqu'elles soient ennemies des deux parties, ou de l'une d'elles, elles ne seront point tirées du vaisseau libre, si ce n'est que ce fussent des gens de guerre actuellement au service desdits ennemis, et se transportant pour être employés comme militaires dans leurs flottes ou dans leurs armées.

21. Cette liberté de navigation et de commerce s'étendra à toute sorte de marchandises, à la réserve seulement de celles qui seront exprimées dans l'article suivant, et désignées sous le nom de *marchandises de contrebande.*

22. On comprendra sous ce nom de *marchandises de contre-bande* ou *défendues*, les armes, canons, arquebuses, mortiers, pétards, bombes, grenades, saucisses, cercles poissés, affûts, fourchettes, bandoulières, poudre à canon, mèches, salpêtre, balles, piques, épées, morions, casques, cuirasses, hallebardes, javelines, fourreaux de pistolets, baudriers, chevaux avec leurs harnois, et tous autres semblables genres

d'armes et d'instruments de guerre servant à l'usage des troupes.

23. On ne mettra point au nombre des marchandises défendues celles qui suivent; savoir toutes sortes de draps et tous autres ouvrages de manufacture de laine, de lin, de soie, de coton et de toute autre matière; tous genres d'habillemens avec les choses qui servent ordinairement à les faire; or, argent monnoyé ou non monnoyé, étain, fer, plomb, cuivre, laiton, charbon à fourneau, blé, orge, et toute autre sorte de grains et de légumes, le tabac, toutes sortes d'aromates, chairs salées et fumées, poissons salés, fromages et beurre, bière, huiles, vins, sucre, toutes sortes de sels et de provisions, servant à la nourriture et à la subsistance des hommes; tous genres de coton, cordages, câbles, voiles, toile propre à faire des voiles, chanvre, suif, goudron, brai et résine; ancres et partie d'ancre, quelles qu'elles puissent être; mâts de navires, planches, madriers, poutres de toutes sortes d'arbres, et de toutes les autres choses nécessaires pour construire ou pour radouber les vaisseaux. On ne regardera pas non plus comme marchandises de contrebande, celles qui n'auront pas pris la forme de quelque instrument ou attirail servant à l'usage de la guerre sur terre ou sur mer, encore moins celles qui sont préparées ou travaillées pour tout autre usage. Toutes ces choses seront censées marchandises non défendues, de même que toutes celles qui ne sont pas comprises, et spécialement désignées dans l'article précédent, en sorte qu'elles pourront être librement transportées par les sujets des deux royaumes, même dans les lieux ennemis; excepté seulement dans des places assiégées, bloquées et investies.

24. Mais pour éviter et prévenir la discorde et toutes sortes d'inimitiés de part et d'autre, il a été convenu qu'en cas que l'une des deux parties se trouvât engagée en guerre, les vaisseaux et les bâtiments appartenants aux sujets de l'autre partie devront être munis de lettres de mer qui contiendront le nom, la propriété et la grandeur du vaisseau, de même que le nom et le lieu de l'habitation du maître ou du capitaine de ce vaisseau; en sorte qu'il paroisse que ce vaisseau appartient véritablement et réellement aux sujets de l'une ou de l'autre partie: et ces lettres de mer seront accordées et conçues dans la forme annexée au présent traité. Elles seront aussi renouvelées chaque année, s'il arrive que le vaisseau revienne dans le cours de l'an. Il a été aussi convenu que ces sortes de vais-

seaux chargés ne devront pas être seulement munis des lettres de mer ci-dessus mentionnées, mais encore des certificats contenant les espèces de la charge, le lieu d'où le vaisseau est parti, et celui de sa destination, afin que l'on puisse connoître s'il ne porte aucune des marchandises défendues, ou de contrebande spécifiées dans l'art. 22 de ce traité. Lesquels certificats seront expédiés par les officiers du lieu d'où le vaisseau sortira selon la coutume. Il sera libre aussi, si on le désire, et si on le juge à propos, d'exprimer dans lesdites lettres à qui appartiennent les marchandises.

25. Les vaisseaux des sujets et habitants des royaumes respectifs arrivant sur quelque côte de l'un ou de l'autre, sans cependant vouloir entrer dans le port, ou y étant entrés, et ne voulant pas débarquer ou rompre leurs charges, ne seront point obligés de rendre compte de leurs chargements qu'au cas qu'il y eût des indices certains qui les rendissent suspects de porter aux ennemis de l'une des deux hautes parties contractantes, des marchandises défendues appelées de *contrebande*.

26. Si les vaisseaux desdits sujets ou habitants des états respectifs de LL. SS. MM., étoient rencontrés faisant route sur les côtes ou en pleine mer, par quelque vaisseau de guerre de LL. SS. MM. ou par quelques vaisseaux armés par des particuliers, lesdits vaisseaux de guerre ou armateurs particuliers, pour éviter tout désordre, demeureront hors de la portée du canon; et pourront envoyer leurs chaloupes au bord du vaisseau marchand qu'ils auront rencontré, et y entrer seulement au nombre de deux ou trois hommes à qui seront montrées par le maître ou capitaine de ce vaisseau ou bâtiment, les lettres de mer qui contiennent la preuve de la propriété du vaisseau, et conçues dans la forme annexée au présent traité; et il sera libre au vaisseau qui les aura montrées de poursuivre sa route, sans qu'il soit permis de le molester, et visiter en façon quelconque, ou de lui donner la chasse, ou de l'obliger à se détourner du lieu de sa destination.

27. Le bâtiment marchand appartenant aux sujets de l'une des deux hautes parties contractantes qui aura résolu d'aller dans un port ennemi de l'autre, et dont le voyage et l'espèce des marchandises de son chargement seront justement soupçonnés, sera tenu de produire en pleine mer, aussi bien que dans les ports et rades, non-seulement ses lettres de mer, mais aussi des certificats qui marquent que ses marchandises ne sont pas du nombre de celles qui ont été défendues, et qui sont énoncées dans l'art. 22 de ce traité.

28. Si par l'exhibition des certificats susdits, contenant un état du chargement, l'autre partie y trouve quelques-unes de ces sortes de marchandises défendues et déclarées de contrebande par l'art. 22 de ce traité, et qui soient destinées pour un port de l'obéissance de ses ennemis, il ne sera pas permis de rompre ni d'ouvrir les écoutilles, caisses, coffres, balles, tonneaux et autres vases trouvés sur ce navire, ni d'en détourner la moindre partie des marchandises, soit que ce vaisseau appartienne aux sujets de la France ou à ceux de la Grande-Bretagne, à moins que son chargement n'ait été mis à terre en la présence des officiers de l'amirauté, et qu'il n'ait été par eux fait inventaire desdites marchandises. Elles ne pourront aussi être vendues, échangées, ou autrement aliénées de quelque manière que ce puisse être, qu'après que le procès aura été fait dans les règles et selon les lois et les coutumes, contre ces marchandises défendues, et que les juges de l'amirauté respectivement les auront confisquées par sentence, à la réserve néanmoins, tant du vaisseau même que des autres marchandises qui y auront été trouvées et qui, en vertu de ce traité, doivent être censées libres, et sans qu'elles puissent être retenues sous prétexte qu'elles seroient chargées avec des marchandises défendues, et encore moins être confisquées comme une prise légitime; et supposé que lesdites marchandises de contrebande, ne faisant qu'une partie de la charge, le patron du vaisseau agréât, consentit et offrit de les livrer au vaisseau qui les a découvertes, en ce cas celui-ci après avoir reçu les marchandises de bonne prise, sera tenu de laisser aller aussitôt le bâtiment; et ne l'empêchera en aucune manière de poursuivre sa route vers le lieu de sa destination.

29. Il a été au contraire convenu et accordé que tout ce qui se trouvera chargé par les sujets et habitants de part et d'autre, en un navire appartenant aux ennemis de l'autre, bien que ce ne fût pas des marchandises de contrebande, sera confisqué comme s'il appartenoit à l'ennemi même, excepté les marchandises et effets qui auront été chargés dans ce vaisseau avant la déclaration de la guerre, ou l'ordre général des représailles, ou même depuis la déclaration, pourvu que c'ait été dans les termes qui suivent, à savoir, de deux mois après cette déclaration ou l'ordre des représailles, si elles ont été chargées dans quelque port et lieu compris dans l'espace qui est entre Archangel, Saint-Pétersbourg et les Sorlingues; et entre les Sorlingues et la ville de Gibraltar; de dix semaines dans la mer Méditerranée, et de huit mois dans tous les autres

pays ou lieux du monde, de manière que les marchandises des sujets de l'un et l'autre prince, tant celles qui sont de contrebande, que les autres qui auront été chargées, ainsi qu'il est dit, sur quelque vaisseau ennemi, avant la guerre ou même depuis sa déclaration, dans les temps et les termes susdits, ne seront en aucune manière sujettes à confiscation, mais seront sans délai et de bonne foi rendues aux propriétaires qui les redemanderont, en sorte néanmoins qu'il ne soit nullement permis de porter ensuite ces marchandises dans les ports ennemis, si elles sont de contrebande.

30. Et pour pourvoir plus amplement à la sûreté réciproque des sujets de LL. SS. MM., afin qu'il ne leur soit fait aucun préjudice par les vaisseaux de guerre de l'autre partie, ou par d'autres armés aux dépens des particuliers, il sera fait défenses à tous capitaines des vaisseaux du roi très-chrétien et du roi de la Grande-Bretagne, et à tous leurs sujets, de faire aucun dommage ou insulte à ceux de l'autre partie, et au cas qu'ils y contreviennent, ils en seront punis, et de plus ils seront tenus et obligés en leurs personnes et en leurs biens de réparer tous les dommages et intérêts, de quelque nature qu'ils soient, et d'y satisfaire.

31. Et pour cette cause, chaque capitaine des vaisseaux armés en guerre par des particuliers, sera tenu et obligé à l'avenir, avant que de recevoir ses patentes ou ses commissions spéciales, de donner, par-devant un juge compétent, caution bonne et suffisante de personnes solvables qui n'aient aucun intérêt dans ledit vaisseau, et qui s'obligent, chacune solidairement, pour la somme de 36,000 liv. tournois, ou de 1,500 liv. sterling; et si ce vaisseau est monté de plus de 150 matelots ou soldats, pour la somme de 72,000 liv. tournois, ou de 3,000 liv. sterling, pour répondre solidairement de tous les dommages et torts que lui, ses officiers, ou autres étant à son service, pourroient faire en leur course contre la teneur du présent traité, et contre les édits faits de part et d'autre en vertu du même traité par LL. SS. MM., sous peine aussi de révocation et de cassation desdites patentes et commissions.

32. LL. MM. susdites voulant respectivement traiter dans leurs états les sujets l'une de l'autre aussi favorablement que s'ils étoient leurs propres sujets, donneront les ordres nécessaires et efficaces pour faire rendre les jugements et arrêts concernant les prises, dans la cour de l'amirauté, selon les règles de la justice et de l'équité, et conformément à ce qui

est prescrit par ce traité, par des juges qui soient au-dessus
de tout soupçon, et qui n'aient aucun intérêt au fait dont il
est question.

33. Et quand par les lettres de mer et les certificats, il apparoîtra suffisamment de la qualité du vaisseau et de celle de
ses marchandises et de son maître, il ne sera point permis
aux commandants des vaisseaux armés en guerre, sous quelque
prétexte que ce soit, de faire aucune autre vérification. Mais
si quelque navire marchand se trouvoit dépourvu de ses lettres de mer ou de certificats, il pourra alors être examiné
par un juge compétent, de façon cependant que si, par
d'autres indices et documents, il se trouve qu'il appartienne
véritablement aux sujets d'un desdits souverains, et qu'il
ne contienne aucune marchandise de contrebande destinée
pour l'ennemi de l'un d'eux, il ne devra point être confisqué,
mais il sera relâché avec sa charge, afin qu'il poursuive son
voyage.

S'il arrive que le maître de navire dénommé dans les lettres
de mer soit mort, ou qu'ayant été autrement ôté, il s'en
trouve quelque autre à sa place, le vaisseau ne laissera pas
d'avoir la même sûreté avec son chargement, et les lettres de
mer auront la même vertu.

34. Il a été d'ailleurs réglé et arrêté que les bâtiments de
l'une des deux nations repris par des armateurs de l'autre seront rendus au premier propriétaire s'ils n'ont pas été en la
puissance de l'ennemi durant l'espace de vingt-quatre heures,
à charge par ledit propriétaire de payer le tiers de la valeur
du bâtiment repris, ainsi que de sa cargaison, canons et apparaux; lequel tiers sera estimé à l'amiable par les parties intéressées, sinon et faute de pouvoir convenir entre elles, elles
s'adresseront aux officiers de l'amirauté du lieu où le corsaire
repreneur aura conduit le bâtiment repris.

Si le bâtiment repris a été en la puissance de l'ennemi au-
delà de vingt-quatre heures, il appartiendra en entier à l'armateur repreneur.

Dans le cas où un bâtiment aura été repris par un vaisseau
ou bâtiment de guerre appartenant à S. M. très-chrétienne ou
à S. M. britannique, il sera rendu au premier propriétaire en
payant le 30e de la valeur du bâtiment, de la cargaison, des
canons et apparaux, s'il a été repris dans les vingt-quatre
heures, et le 10e s'il a été repris après les vingt-quatre heures;
lesquelles sommes seront distribuées à titre de gratification
aux équipages des vaisseaux repreneurs : l'estimation des 30e

et 10⁰ᵉ mentionnés ci-dessus sera réglée conformément à ce qui est convenu au commencement de cet article.

35. Toutes les fois que les ambassadeurs de LL. MM. susdites, tant d'une part que de l'autre, ou quelque autre de leurs ministres publics qui résideront à la cour de l'autre prince, se plaindront de l'injustice des sentences qui auront été rendues, LL. MM. respectivement les feront revoir et examiner en leur conseil, à moins que ledit conseil n'en eût déjà décidé, afin que l'on connoisse avec certitude si les ordonnances et les précautions prescrites au présent traité auront été suivies et observées. Leursdites MM. auront soin pareillement d'y faire pourvoir pleinement, et de faire rendre justice dans l'espace de trois mois à chacun de ceux qui la demanderont; et néanmoins, avant ou après le premier jugement et pendant la révision, les effets qui seront en litige ne pourront être en aucune manière vendus ni déchargés, si ce n'est du consentement des parties intéressées, pour éviter toute sorte de dommage, et il sera rendu de part et d'autre des lois pour l'exécution du présent article.

36. S'il s'élève des différends sur la validité des prises, en sorte qu'il soit nécessaire d'en venir à une décision juridique, le juge ordonnera que les effets soient déchargés, qu'on en prenne un inventaire et qu'on en fasse l'estimation, et l'on exigera des sûretés respectivement, du capteur, de payer les frais, au cas que le navire ne fût point trouvé de bonne prise; du demandeur, de payer la valeur de la prise, au cas qu'elle soit trouvée valide; et ces sûretés étant données de part et d'autre, la prise sera livrée au demandeur : mais si le demandeur refuse de donner des sûretés suffisantes, le juge ordonnera que la prise soit livrée au capteur, après avoir reçu de sa part des sûretés bonnes et suffisantes qu'il paiera la valeur entière de ladite prise, au cas qu'elle soit jugée illégale; et l'exécution de la sentence du juge ne pourra point être suspendue en vertu d'aucun appel lorsque la partie contre laquelle un tel appel sera fait, soit le demandeur, soit le capteur, aura donné des sûretés suffisantes qu'il restituera le vaisseau, ou les effets, ou bien la valeur dudit vaisseau ou effets à la partie appelante, au cas que la sentence fût rendue en sa faveur.

37. S'il arrive que des vaisseaux de guerre ou des navires marchands, contraints par la tempête ou autres accidents, échouent contre des rochers ou des écueils sur les côtes de l'une des hautes parties contractantes, qu'ils s'y brisent et qu'ils y fassent naufrage, tout ce qui aura été sauvé des vais-

seaux, de leurs agrès et apparaux, effets ou marchandises, ou le prix qui en sera provenu, le tout étant réclamé par les propriétaires ou autres ayant charge et pouvoir de leur part, sera restitué de bonne foi, en payant seulement les frais qui auront été faits pour les sauver, ainsi qu'il aura été réglé par l'une et l'autre partie pour le droit de sauvetage, sauf cependant les droits et coutumes de l'une et de l'autre nation, lesquels on s'occupera à abolir ou au moins à modifier dans le cas où ils seroient contraires à ce qui est convenu par le présent article. Et leursdites MM., de part et d'autre, interposeront leur autorité pour faire châtier sévèrement ceux de leurs sujets qui auront inhumainement profité d'un pareil malheur.

38. Les sujets de part et d'autre pourront se servir de tels avocats, procureurs, notaires, solliciteurs et facteurs que bon leur semblera, à l'effet de quoi cesdits avocats et autres susdits seront commis par les juges ordinaires lorsqu'il en sera besoin, et que lesdits juges en seront requis.

39. Et pour plus grande sûreté et liberté du commerce et de la navigation, on est convenu en outre que ni le roi très-chrétien, ni le roi de la Grande-Bretagne, non-seulement ne recevront dans aucunes de leurs rades, ports, villes ou places, des pirates ou des forbans quels qu'ils puissent être, et ne souffriront qu'aucun de leurs sujets, citoyens et habitants de part et d'autre, les reçoivent et protègent dans ces mêmes ports, les retirent dans leurs maisons ou les aident en façon quelconque; mais encore ils feront arrêter et punir toutes ces sortes de pirates et de forbans, et tous ceux qui les auront reçus, cachés ou aidés, des peines qu'ils auront méritées, pour inspirer de la crainte et servir d'exemple aux autres; et tous leurs vaisseaux, les effets et marchandises enlevés par eux et conduits dans les ports de l'un ou de l'autre royaume, seront arrêtés autant qu'il pourra s'en découvrir, et seront rendus à leurs propriétaires ou à leurs facteurs ayant leurs pouvoirs ou procuration par écrit, après avoir prouvé la propriété devant les juges de l'amirauté par des certificats suffisants, quand bien même ces effets seroient passés en d'autres mains par vente, s'il est prouvé que les acheteurs ont su ou dû savoir que ce toit des effets enlevés en piraterie; et généralement tous les vaisseaux et marchandises de quelque nature qu'ils soient, qui seront pris en pleine mer, seront conduits dans quelque port de l'un ou de l'autre souverain, et seront confiés à la garde des officiers de ce même port pour être rendus entiers au véri-

table propriétaire, aussitôt qu'il sera dûment et suffisamment reconnu.

40. Les vaisseaux de guerre de LL. MM. et ceux qui auront été armés en guerre par leurs sujets, pourront en toute liberté conduire où bon leur semblera les vaisseaux et les marchandises qu'ils auront pris sur les ennemis, sans être obligés de payer aucun droit, soit aux sieurs amiraux, soit aux juges, quels qu'ils soient; sans qu'aussi lesdites prises qui abordent et entrent dans les ports de leursdites MM., puissent être arrêtées ou saisies, ni que les visiteurs ou autres officiers des lieux puissent les visiter et prendre connoissance de la validité desdites prises; en outre, il leur sera permis de mettre à la voile en quelque temps que ce soit, de partir et d'emmener les prises au lieu porté par les commissions ou patentes que les capitaines desdits navires de guerre seront obligés de faire apparoir; et au contraire, il ne sera donné ni asile ni retraite dans leurs ports à ceux qui auront fait des prises sur les sujets de l'une ou de l'autre de LL. MM.; mais y étant entrés par nécessité de tempêtes ou de périls de la mer, on emploiera fortement les soins nécessaires, afin qu'ils en sortent et s'en retirent le plus tôt qu'il sera possible, autant que cela ne sera point contraire aux traités antérieurs faits à cet égard avec d'autres souverains ou états.

41. Leursdites MM. ne souffriront point que sur les côtes, à la portée du canon, et dans les ports et rivières de leur obéissance, des navires et des marchandises des sujets de l'autre soient pris par des vaisseaux de guerre ou par d'autres qui seront pourvus de patentes de quelque prince, république ou villes quelconque; et au cas que cela arrive, l'une et l'autre partie emploieront leurs forces unies pour faire réparer le dommage causé.

42. Que s'il est prouvé que celui qui aura fait une prise ait employé quelque genre de torture contre le capitaine, l'équipage ou autres personnes qui se seront trouvées dans quelque vaisseau appartenant aux sujets de l'autre partie, en ce cas, non-seulement ce vaisseau et les personnes, marchandises de et effets, quels qu'ils puissent être, seront relâchés aussitôt sans aucun délai et remises en pleine liberté; mais même ceux qui seront convaincus d'un crime si énorme, aussi bien que leurs complices, seront punis des plus grandes peines et proportionnées à leurs fautes, ce que le roi très-chrétien et le roi de la Grande-Bretagne s'obligent réciproquement de faire observer, sans aucun égard pour quelque personne que ce soit.

43. Il sera libre respectivement à LL. MM. d'établir, dans les royaumes et pays de l'une et de l'autre, pour la commodité de leurs sujets qui y négocient, des consuls nationaux qui jouiront du droit, immunité et liberté qui leur appartiennent à raison de leurs exercices et fonctions, et l'on conviendra dans la suite des lieux où l'on pourra établir lesdits consuls, ainsi que de la nature et de l'étendue de leurs fonctions. La convention relative à cet objet sera faite immédiatement après la signature du présent traité, et sera censée en faire partie.

44. Il est aussi convenu que dans tout ce qui concerne la charge et la décharge des vaisseaux, la sûreté des marchandises, effets et biens, les successions des biens mobiliers, comme aussi la protection des individus, leur liberté personnelle et l'administration de la justice, les sujets des deux hautes parties contractantes auront dans les états respectifs les mêmes privilèges, liberté et droits que la nation la plus favorisée.

45. S'il survenoit à l'avenir, par inadvertance ou autrement, quelques inobservations ou contraventions au présent traité de part ou d'autre, l'amitié et la bonne intelligence ne seront pas d'abord rompus pour cela, mais ce traité subsistera et aura son entier effet, et l'on procurera des remèdes convenables pour lever les inconvénients, comme aussi pour faire réparer les contraventions; et si les sujets de l'un ou de l'autre royaume sont pris en faute, ils seront seuls punis et sévèrement châtiés.

46. S. M. très-chrétienne et S. M. britannique se sont conservé la faculté de revoir et d'examiner de nouveau les différentes stipulations de ce traité après le terme de douze années, à compter du jour où il aura été passé respectivement en Angleterre et en Irlande des lois pour son exécution; de proposer de faire tels changements que le temps et les circonstances pourront avoir rendus convenables ou nécessaires pour les intérêts du commerce de leurs sujets respectifs; et cette révision devra être effectuée dans l'espace de douze mois, après lequel temps le présent traité sera de nul effet, sans cependant que la bonne harmonie et la correspondance amicale entre les deux nations en souffrent aucune altération.

47. Le présent traité sera ratifié et confirmé par S. M. très-chrétienne et par S. M. britannique, deux mois, ou plus tôt si faire se peut, après l'échange des signatures entre les plénipotentiaires.

N° 2282. — ARRÊT *du conseil portant que les contestations entre les propriétaires de terrains et les commissaires des mines, seront portées devant l'intendant, sauf l'appel au conseil* (1).

Versailles, 29 septembre 1786. (R. S.)

N° 2283. — RÉGLEMENT *arrêté par le roi pour l'habillement et l'équipement de ses troupes.*

1er octobre 1786. (Coll. d'ord. mil. Metz, 1787.)

N° 2284. — ARRÊT *du conseil suivi de lettres patentes qui fixent le nombre des agents de change à Paris, leur accordent l'hérédité et les autorisent à se servir de commis accrédités* (2).

Versailles, 4 novembre 1786. Reg. à la chambre des comptes le 6 novemb. (R. S.)

N° 2285. — ARRÊT *du conseil qui ordonne l'essai pendant trois ans, de la conversion de la corvée en une prestation en argent* (3).

Fontainebleau, 6 novembre 1786. (R. S.)

N° 2286. — ARRÊT *du conseil qui autorise l'établissement d'une compagnie d'assurance contre l'incendie.*

Fontainebleau, 6 novembre 1786. (R. S. C.)

N° 2287. — RÉGLEMENT *concernant la recherche et le radoub des armes de guerre à l'usage de la marine.*

Fontainebleau, 6 novembre 1786. (Bajot.)

N° 2288. — ARRÊT *du conseil concernant la compagnie du Sénégal et de la Guienne.*

Fontainebleau, 10 novembre 1786. Reg. provisoirement au conseil de Cayenne suivant l'arrêt du 27 mai 1788. (Coll. m. m. Code Cayenne, tom. 7, pag. 353.)

N° 2289. — ORDONNANCE *concernant les procureurs et les économes gérants des habitants, situés aux Iles du Vent.*

Fontainebleau, 15 novembre 1786. Reg. au conseil souverain. (Code de la Martinique, tom. 3, pag. 696.)

---

(1) V. a. d. c. 19 mars 1783.
(2) V. édit de janvier 1723; décl. 19 mars 1786, 28 janvier 1787.
(3) V. édit de 1776; décl. 13 février 1780; 5 mars 1787.

N° 2290. — ARRÊT *du conseil supérieur de Cayenne qui fait dé-*
fenses de porter des couteaux en forme de poignards, pistolets
de poche, cannes et bâtons creux, qui renferment des baïon-
nettes, etc.

Cayenne, 15 novembre 1786. (Coll. m. m. Code Cayenne, t. 7, p. 355.

N° 2291. — CONVENTION *pour constater les droits que le duc*
de Deux-Ponts pourroit exercer dans ses états situés en
Alsace.

15 novembre 1786. (Cock.)

N° 2292. — CONVENTION *qui fixe les limites de la France avec*
le duc de Deux-Ponts.

15 novembre 1786. (Cock.)

N° 2293. — CONVENTION *avec le duc de Deux-Ponts, expli-*
cative des déclarations du 10 mai 1766, et du 11 février
1776 (1).

Versailles, 15 novembre 1786. (Cock.)

N° 2294. — LETTRE *du ministre en vertu de laquelle les corres-*
pondants des armateurs doivent déposer en espèces au bureau
des classes, des fonds nécessaires pour le parfait paiement des
équipages.

24 novembre 1786. (Coll. m. m. Code Cayenne, tom. 7, pag. 361.

N° 2295. — ORDONNANCE *portant réglement sur la fonte, l'épreuve*
et la réception des canons de fer destinés au service de l'artil-
lerie de la marine, et sur l'administration des fonderies.

Versailles, 26 novembre 1786. (Bajot.)

N° 2296. — ARRÊT *du parlement portant que les curés, no-*
taires et autres ayant connoissance de legs pieux, en donneront
avis au ministère public.

Paris, 27 novembre 1786. (R. S. C.)

_____

(1) V. n° 379, tom. 1er du règne, pag. 356.
Le même jour, la France donna une déclaration interprétative de l'art. 1
de la susdite convention.

N° 2297. — ARRÊT *du parlement qui fait défenses aux cabaretiers et aubergistes de donner à boire les dimanches et fêtes pendant le service divin, ni en tout temps après huit heures du soir en hiver, et en été après dix, à l'exception des voyageurs.*

Paris, 27 novembre 1786. (R. S. Mars, 1—702.).

La cour ordonne que les ordonnances et arrêts de règlement concernant les cabarets, seront exécutés selon leur forme et teneur; en conséquence fait défenses aux cabaretiers et aubergistes de donner à boire les dimanches et fêtes, pendant le service divin, ni en tous temps après huit heures du soir en hiver, et en été après dix heures du soir, à qui que ce soit, à l'exception des voyageurs, à peine de 100 liv. d'amende contre les cabaretiers et aubergistes résidant dans la ville de Civray, et dans les autres villes qui peuvent être situées dans l'étendue de la sénéchaussée de Civray, de 20 liv. contre chacun de ceux qui seront trouvés à boire chez lesdits cabaretiers et aubergistes; de 20 liv. d'amende contre les cabaretiers et aubergistes résidant dans les campagnes, et de 5 liv. contre chacun de ceux qui seront pareillement trouvés à boire chez lesdits cabaretiers et aubergistes; du double en cas de récidive, même d'être les contrevenants poursuivis extraordinairement, suivant l'exigence des cas; enjoint aux substituts du procureur général du roi, et aux officiers des justices des lieux, de tenir la main à l'exécution du présent arrêt; aux officiers et cavaliers de maréchaussée de prêter main-forte, si besoin est, pour l'exécution du présent arrêt, lequel sera imprimé, lu et publié l'audience tenante de la sénéchaussée de Civray et des justices des lieux, et inscrit sur les registres de ladite sénéchaussée et desdites justices, et affiché partout où besoin sera; ordonne que chaque année il en sera fait lecture, au sortir des messes paroissiales, à la requête du substitut du procureur général du roi de ladite sénéchaussée de Civray et des procureurs fiscaux des justices des lieux.

N° 2298. — LETTRES PATENTES *concernant la réciprocité à établir entre la France et les états de Bâle, par rapport à la jurisprudence des faillites.*

Versailles, 6 décembre 1786. Reg. au parlement le 19 janvier 1787.

(R. S. C.)

Nº 2299. — ARRÊT *du conseil souverain sur les mesures à*
prendre contre la maladie de la lèpre.

10 décembre 1786. (Code de la Martinique, tom. 3, pag. 715.)

Nº 2300. — RÉGLEMENT *pour les paquebots des correspondances*
avec les colonies (1).

Versailles, 14 décembre 1786. (R. S. Code de la Martinique, t. 3, p. 711.

S. M. s'étant réservé de faire connoitre ses intentions, relativement à la police intérieure des paquebots établis par arrêt
de son conseil du 14 décembre 1786, et de fixer le tarif des
droits qui devront être perçus, tant sur les passagers que sur
les marchandises qui pourroient être chargées sur lesdits paquebots, elle a ordonné et ordonne ce qui suit :

1. Le tarif annexé au présent réglement servira de base pour
la perception des droits, tant sur les passagers que sur les marchandises qui pourront y être embarquées.

2. Les douze paquebots destinés pour les îles de l'Amérique, partiront les 1ᵉʳ de chaque mois alternativement des
ports du Havre et de Bordeaux ; ils se rendront en droiture à
Saint-Pierre de la Martinique, y resteront cinq jours, passeront à la Basse-Terre de la Guadeloupe, où ils resteront trois
jours, et de là se rendront au Cap-Français, dans l'île Saint-
Domingue, d'où ils feront voile pour leur retour au port de
leur départ, le 1ᵉʳ du quatrième mois de l'époque de leur
expédition.

3. Les lettres pour Sainte-Lucie et Tabago seront remises ;
savoir : celles de Sainte-Lucie, au directeur de la Martinique,
qui se chargera de les faire passer sans délai à leurs destinations respectives ; celles de Tabago, au directeur de la Guadeloupe.

4. Les quatre paquebots destinés pour les îles de France et
de Bourbon, partiront aux époques suivantes, savoir : deux
le 15 janvier et le 15 juillet du port de Bordeaux, et deux
le 15 avril et le 15 octobre du port du Havre ; il leur sera
permis de relâcher au cap de Bonne-Espérance ou à Falsbey,
suivant la saison ; entend néanmoins S. M. qu'ils ne puissent

_____

(1) V. 20 décembre 1786, 5 juillet 1788.
Le même jour, un arrêt du conseil ordonna l'établissement de 24 paquebots pour communiquer avec les colonies françaises aux îles du Vent et
sous le Vent, les îles de France et de Bourbon, et les États-Unis de l'Amérique.

y rester plus de huit jours. Ils se rendront de là en droiture à l'île de France, d'où ils repartiront le 1er du septième mois de leur départ, pour se rendre au port dont ils auront été expédiés. A leur retour lesdits paquebots relâcheront à l'île de Bourbon et y passeront huit jours; et pourront de même, si cela est jugé nécessaire, relâcher au cap de Bonne-Espérance ou à Falsbey.

5. Les huit expéditions destinées pour les États-Unis de l'Amérique se feront toutes du port du Havre, les 10 février, 25 mars, 10 mai, 25 juin, 10 août, 25 septembre, 10 novembre, 25 décembre. Les bâtiments se rendront en droiture à New-Yorck, d'où ils partiront le soixante-quinzième jour qui suivra l'époque de leur expédition, pour se rendre au port d'où ils seront partis.

6. Si, par un événement quelconque, l'arrivée d'un paquebot au lieu de sa destination se trouvoit postérieure à celle fixée pour son départ dudit lieu, l'intention de S. M. est qu'il en parte huit jours après son arrivée, sans que ce départ retardé puisse influer sur ceux qui devront le suivre.

7. Pour donner une plus grande facilité aux différentes classes de personnes qui voudront faire usage des paquebots, il sera établi trois différents traitements pour le passage : le premier, à la table du capitaine; le second à celle de l'officier de la marine marchande, chirurgien et volontaire; et le troisième à la ration.

8. Les personnes qui désireront passer sur lesdits paquebots pour se rendre au lieu de leur destination, seront tenues d'en faire la déclaration au directeur des paquebots du port où ils voudront s'embarquer, lequel, après avoir reçu le montant de leur passage, sur le pied du tarif annexé au présent réglement, leur délivrera un permis d'embarquement qui contiendra le numéro de la chambre qui leur sera destinée, et la table qu'ils auront choisie. Il ne pourra y avoir que vingt-trois passagers par bâtiment, nombre que S. M. a fixé comme le plus considérable qu'elle veut être embarqué sur chacun desdits paquebots.

9. Chacun des passagers de la première table jouira d'un port-permis de trois malles; ceux de la seconde table de deux; et ceux à la ration d'une; chacune desdites malles ne devant peser plus de deux cents livres, ni cuber plus de quatre pieds et demi; le surplus des effets que chaque passager pourroit embarquer, devant être soumis à payer le fret sur le prix du tarif.

10. Tout particulier qui désirera embarquer des marchandises à bord d'un paquebot, devra également en faire déclaration au directeur du port de l'embarquement, lequel, après les avoir fait cuber et reçu le prix du fret fixé par le tarif, délivrera un permis d'embarquement qui contiendra acte de la déclaration et indication des marchandises qui devront être embarquées.

11. Fait S. M. défense aux capitaines des paquebots d'y laisser embarquer aucunes personnes ni marchandises quelconques, sans avoir vu et vérifié le permis ordonné par les précédents articles.

12. L'état des passagers embarqués et des marchandises reçues à bord dans la forme ci-dessus prescrite, sera constaté par l'officier-marchand embarqué pour quatrième officier sur ces expéditions, et il sera tenu d'en faire un état général dans la forme annexée au présent règlement; lequel état, à l'arrivée d'un paquebot dans un port quelconque, sera porté par le même officier de la marine marchande, au bureau des fermes, pour par lui être faite la déclaration en conformité des arrêts, ordonnances et règlements.

13. Les capitaines des paquebots seront tenus de faire exactement leur journal dans la forme prescrite par l'ordonnance de la marine du 1ᵉʳ janvier 1786, et d'envoyer, aussitôt leur arrivée, ledit journal au secrétaire d'état ayant le département de la marine et des colonies; et dans le cas où, pendant le cours de leur navigation, ils auroient éprouvé quelques avaries qui auront dû être constatées par des procès-verbaux et mentionnées dans ledit journal, ils en déposeront l'extrait certifié et signé d'eux au greffe de l'amirauté, en y joignant lesdits procès-verbaux : S. M. voulant que ledit extrait soit considéré comme un *rapport*, à l'effet de servir au besoin de qui il appartiendra.

14. La direction des paquebots sera confiée, dans les ports tant de France que des Colonies, à des agents ou directeurs qui seront nommés à cet effet, sous l'autorité des commissaires ordonnateurs des ports du Havre et de Bordeaux, des administrateurs en chef des colonies, tant orientales qu'occidentales, et des consuls dans les Etats-Unis de l'Amérique; et les capitaines des paquebots seront tenus de se conformer aux ordres qui leur parviendront par ladite direction, sur tout ce qui est relatif au service desdits paquebots.

15. Pour assurer l'exactitude de la correspondance, tant publique que particulière, que S. M. s'est proposé d'établir

avec ses colonies, tant orientales qu'occidentales, par le départ et le retour successif des paquebots, S. M. fait défense aux gouverneurs, intendants et commandants desdites colonies, et aux commandants des différentes stations, de retarder, sous aucun prétexte que ce soit, le départ d'un paquebot après l'époque fixée; et à cet effet, S. M. recommande aux administrateurs en chef et commandants des stations dans ses différentes colonies, de réunir à la fin de chaque mois toutes leurs dépêches, afin que se trouvant rassemblées lors du passage du paquebot, elles ne puissent servir de prétexte à aucun retardement.

16. Défend S. M., à tous capitaines et officiers de paquebots, de se charger, ni de souffrir qu'aucune personne de leur bord se charge d'aucunes lettres séparées, autres que celles qui leur seront remises par la direction des postes, à peine d'en être personnellement responsables, et punis par la privation de leur emploi. Leur fait également défenses S. M., de se mêler d'aucun commerce, et leur enjoint de se conformer aux ordonnances et réglements rendus sur le service de mer, le 1er janvier 1786, et particulièrement de maintenir l'ordre, la discipline et la propreté à bord des bâtiments qui leur auront été confiés.

17. Veut S. M. que le présent réglement soit exécuté selon sa forme et teneur, dérogeant à toutes les ordonnances et réglements à ce contraires.

Nº 2301. — RÉGLEMENT *sur la caisse des gens de mer* (1).

Versailles, 15 décembre 1786.

Nº 2302. — RÉGLEMENT *concernant les dispositions à suivre par la marine en exécution des ordonnances et arrêts précédemment rendus sur les martelages et achats d'arbres propres à son service.*

Versailles, 16 décembre 1786. (Arch. du ministère de la marine.)

S. M. s'étant fait rendre compte des différentes plaintes qui ont été successivement formées par les propriétaires des bois dans lesquels les commissaires et les ingénieurs de la marine

---

(1) D'après les Annales maritimes publiées par M. Bajot, vol. de 1816, prem. partie, pag. 322, il semble être remis en vigueur par l'ord. du 17 juillet 1816, art. 34.
Il ne se trouve pas dans les archives du ministère de la marine.

ont marqué des arbres pour la construction et le radoub de
ses vaisseaux, elle a jugé convenable, pour concilier le bien
de son service avec les droits de propriété de ses sujets, d'expliquer et de fixer les dispositions des ordonnances et des arrêts
précédemment rendus sur cette matière importante, de manière qu'elles puissent être généralement entendues et invariablement suivies par la marine dans le cours des martelages et
des achats d'arbres propres à son service. En conséquence S. M.
a ordonné et ordonne ce qui suit :

1. L'ordonnance de 1669, et les arrêts du conseil des 28
septembre 1700, 23 juillet 1748, 23 juillet 1754, 1er mars
1757 et 3 février 1767, concernant les martelages des arbres
nécessaires au service de la marine, seront exécutés dans toute
leur forme et teneur.

2. Toutes les provinces du royaume, dont les bois peuvent
avoir un débouché par la mer, seront partagées en neuf départements, conformément à l'état ci-annexé. Il sera départi
dans chacun un ingénieur-constructeur de la marine, et il n'y
sera admis qu'un seul fournisseur.

3. L'ingénieur-constructeur dressera, suivant le modèle qui
lui en sera remis, un procès-verbal de chaque martelage qu'il
exécutera. Ce procès-verbal sera fait double. Une expédition
sera remise au propriétaire des bois, et l'autre restera déposée
au greffe de la maîtrise particulière des eaux et forêts.

4. Il surveillera les martelages, tant par lui-même que par
les contre-maîtres-charpentiers servant sous ses ordres; et en
cas de contravention aux défenses portées par les arrêts du 23
juillet 1748, il en dressera procès-verbal et en fera la dénonciation aux officiers de la maîtrise particulière des eaux et forêts, ainsi qu'il le lui est enjoint par ce même arrêt.

5. Lorsqu'il aura marqué des arbres pour le service de la
marine dans les forêts du roi ou dans les bois des ecclésiastiques et gens de main-morte, il tiendra la main à ce que l'adjudicataire du département se conforme aux termes de vidanges
prescrits par le cahier des charges; dans le cas contraire, il
rendra compte au secrétaire d'état de la marine des raisons
d'impossibilité.

6. S. M. jugeant nécessaire d'interpréter l'art. 2, titre XXV
de l'ordonnance de 1669, et les art. 3, 4 et 9 de l'arrêt de
1700, elle ordonne qu'il ne sera ni marqué ni abattu extraordinairement aucun arbre pour le service de la marine, hors
des ventes, tant dans les forêts du roi que dans celles des gens
de main-morte, et qu'il en sera usé de même dans les bois des

particuliers qui n'auront pas été mis en déclaration de coupe, mais s'il s'y trouvoit quelques arbres d'une nécessité urgente pour le service de la marine, et qu'on ne pût trouver ailleurs de quoi les remplacer, dans ce cas seulement on mettroit à exécution les articles cités ci-dessus. En toute autre circonstance les ingénieurs-constructeurs se borneront à prendre des notes exactes des lieux où ces sortes d'arbres rares se trouveront situés, de leurs proportions et de leurs contours, en désignant la pièce de construction qu'ils seront en état de produire, afin d'y avoir recours au besoin.

7. L'ingénieur-constructeur fixera sa résidence dans le lieu le plus à portée de la demeure de l'adjudicataire, afin de faciliter, par ce rapprochement, les communications nécessaires pour la prompte exploitation des bois, et les secours que pourront exiger les besoins, plaintes et autres incidents de ce service.

8. L'adjudicataire sera obligé d'avoir son domicile dans le département même, ou d'y faire résider son représentant; il s'approchera du centre autant qu'il sera possible.

9. Il ne pourra traiter avec les propriétaires des bois qui auront été marqués que sous l'inspection, de l'ingénieur-constructeur du département, et ses achats seront toujours faits dans un an au plus tard, à compter du jour du procès-verbal de martelage.

10. La vente des bois sera toujours faite de gré à gré, soit par pied cube, soit par pied d'arbre, au choix des propriétaires: si la première de ces deux manières est préférée, comme étant la plus convenable pour le vendeur et l'acheteur, le cube provenant desdits arbres sera constaté par le mesurage qui en sera fait de concert par les deux parties.

11. En cas de contestation sur le prix des arbres, le propriétaire en donnera avis à l'ingénieur-constructeur, lequel prendra connoissance du différend et sera autorisé à obliger le fournisseur de donner un juste prix, soit du pied cube des bois, soit de chaque pied d'arbres, afin que les offres de l'adjudicataire ne soient point disproportionnées à la valeur réelle desdits bois, et aux prix du marché qu'il aura fait lui-même avec le roi.

12. Le prix à déterminer dans cette circonstance par l'ingénieur-constructeur sera réglé par lui d'après le compte de clerc-à-maitre qu'il formera à cet effet.

13. Si le propriétaire des arbres marqués ne se contentoit pas du prix qui aura été ainsi réglé par l'ingénieur-construc-

leur, les deux parties se pourvoiront, conformément à l'art. 6 de l'arrêt du conseil du 28 septembre 1700, devant l'intendant de justice de la province où le subdélégué, dans le ressort duquel lesdits arbres seront situés. L'adjudicataire ne pourra se dispenser de répondre et d'obéir à toutes les sommations qui lui seront faites en conséquence.

14. L'adjudicataire sera seul en droit de traiter des arbres marqués dans l'étendue du département auquel il se trouvera fixé. Cependant lorsqu'un propriétaire voudra fournir lui-même au roi ceux de ses bois qui auront été marqués pour le service de la marine, et qu'il pourra compléter un assortiment de six mille pieds cubes au moins, il lui sera permis de le faire définitivement, en livrant ses bois dans les ports qui lui seront désignés en son propre et privé nom, et aux mêmes prix et conditions que ceux de l'adjudicataire. Mais S. M., considérant que les arbres se trouvent épars et ne sont point rassemblés en corps de forêts dans les provinces de la Provence, du Haut-Languedoc, du Dauphiné et du Vivarais, qui forment le sixième département, et sont affectés à l'approvisionnement du port de Toulon, elle consent que les propriétaires des bois situés dans l'une de ces quatre provinces, qui pourront compléter un assortiment de trois mille pieds cubes seulement avec les arbres qui auront été marqués pour le service de la marine, aient la liberté de les livrer en leur propre et privé nom au port de Toulon, aux mêmes conditions que ci-dessus.

15. Lorsqu'un propriétaire se sera déterminé à cette fourniture, il lui suffira de remettre sa soumission double à l'ingénieur-constructeur du département, lequel en gardera devers lui une des deux expéditions et adressera l'autre à l'ordonnateur du port pour lequel cette fourniture sera destinée.

16. Cette soumission portera :

« Le S... de la paroisse de... province de... s'oblige envers le roi de fournir et livrer au port de... dans l'espace de... mois, à compter de la date de la présente soumission, les bois de construction qui pourront provenir des... pieds d'arbres qui lui ont été marqués du marteau de la marine, suivant le procès-verbal du... et montant, selon l'estimation, à la quantité de... pieds cubes, aux conditions et prix stipulés par le marché général des bois de construction, et par la soumission particulière du fournisseur du département des bois de... dont font partie les arbres susdits, ainsi que de la propriété du soussigné. »

17. Afin que les autres propriétaires sachent à qui s'adresser pour la vente des arbres qui auront été marqués dans leurs possessions du marteau de la marine, et dans quel temps l'achat doit en être fait, on ajoutera par forme de *postscriptum*, sur l'expédition du procès-verbal qui devra rester dans leurs mains :

« Le sieur... s'adressera pour la vente des arbres mentionnés au présent procès-verbal, au sieur... fournisseur pour la marine du département des bois de.... demeurant à.... lequel est tenu d'en traiter de gré à gré dans un an au plus tard, à compter de ce jour, à défaut de quoi ledit sieur... en informera M. ... ingénieur-constructeur, demeurant à... pour que, sans plus de délai, il soit pourvu à l'achat desdits arbres. »

18. A compter du 1er janvier 1788, tous les marchés qui seront alors existants pour fourniture des bois de construction tirés du royaume, seront et demeureront résiliés. Si cependant il se trouvait quelque fournisseur qui, par la nature particulière de son entreprise, fût fondé à réclamer contre cette résiliation générale, il en sera rendu compte au secrétaire d'état de la marine, qui l'exceptera s'il le juge convenable.

19. A la même époque du 1er janvier 1788, il n'existera plus dans tous les ports qu'un seul traité général pour les fournitures de bois de construction du royaume. Ce traité général contiendra toutes les conditions relatives à ces fournitures, excepté seulement les prix qui seront établis dans les soumissions particulières.

20. Il sera en même temps dressé pour les bois de construction un nouveau tarif, qui, comme celui de 1765, sera règle unique et générale pour tous les ports.

21. La fourniture des bois de construction de chaque département sera adjugée aux marchands de bois du pays ou à telles autres personnes qui, après avoir pris connoissance des charges portées dans le traité général et des dispositions contenues au présent réglement, proposeront les prix les plus modérés et les conditions les plus avantageuses pour le roi.

22. Il ne sera admis au concours de ces adjudications que des personnes sûres, capables et bien accréditées, lesquelles présenteront d'ailleurs un associé, que ses ressources et sa probité bien connues puissent faire admettre comme bonne et valable caution.

23. La durée de ces entreprises ou traités avec le roi sera toujours de six années consécutives, en sorte que la première,

commençant au 1er janvier 1788, ne finira qu'au dernier décembre 1793.

24. Les fournisseurs des départements du Ponent qui auront traité spécialement pour un port de l'Océan, et qui néanmoins recevroient ordre du secrétaire d'état de la marine, de faire passer la totalité ou une partie de leur fourniture dans un autre port qui leur sera indiqué, seront tenus de s'y conformer, sauf à compter avec eux de la plus ou moins value du fret.

25. Après l'adjudication qui sera faite des bois de construction de l'un des neuf départements des bois du royaume, l'adjudicataire sera reçu à donner sa soumission, par laquelle il s'engagera envers le roi d'exécuter cette entreprise conformément aux clauses et aux prix stipulés par cette même soumission, ainsi qu'aux autres conditions portées par le traité général et aux dispositions du présent règlement qui y sont relatives.

26. Les ingénieurs-constructeurs de chaque département suivront avec la plus grande attention les diverses opérations du service tel qu'il vient d'être réglé. Et pour les mettre en état d'en rendre avec ordre un compte satisfaisant, il leur sera délivré à chacun un registre imprimé, coté et paraphé, dans lequel ils porteront exactement et avec détail tous les procès-verbaux de martelage qu'ils auront faits, ainsi que les circonstances essentiellement relatives à ces opérations.

27. Pour soumettre toutes les parties d'un service aussi essentiel à une inspection réelle et constante, il sera établi dans les bureaux du secrétaire d'état de la marine, un double des registres ci-dessus par chaque département. Ils seront formés d'après les états de situation que les ingénieurs-constructeurs adresseront tous les deux mois au secrétaire d'état de la marine, conformément au modèle qui leur en sera fourni.

28. Les ingénieurs-constructeurs recevront d'ailleurs des instructions particulières qui régleront la conduite qu'ils auront à suivre pendant la durée de leur mission.

Mande et ordonne, etc.

No 2303. — ARRÊT *du conseil concernant les remboursements des effets de l'emprunt de 30,000,000 fait par les prévôt des marchands et échevins de la ville de Paris, en exécution de l'édit de septembre dernier.*

Versailles, 17 décembre 1786. (R. S.)

N° 2504. — ARRÊT *du conseil concernant l'établissement des paquebots pour la correspondance avec les colonies françaises et les États-Unis de l'Amérique* (1).

Versailles, 20 décembre 1786. (R. S.)

Vu par le roi, étant en son conseil, l'arrêt rendu en icelui le 28 juin 1783, portant établissement des paquebots pour communiquer avec les États-Unis de l'Amérique; le réglement du 5 juillet 1783, par lequel S. M. auroit établi un tarif des droits dus pour le port des lettres allant et venant de France à New-Yorck par la voie desdits paquebots; celui rendu le 14 décembre 1786, par lequel il a été reconnu que s'il étoit du bien du commerce national d'établir sa correspondance avec les États-Unis de l'Amérique, il ne l'étoit pas moins d'en procurer une pareille avec les colonies françaises, et en conséquence a été ordonné qu'il seroit établi des paquebots pour transporter les lettres nées en France ou passant par la France, destinées pour les colonies de Tabago, la Martinique, la Guadeloupe, Saint-Domingue, îles de France et de Bourbon, ainsi que celles destinées pour les États-Unis de l'Amérique, et rapporter par la même voie celles venant desdites colonies et de New-Yorck, destinées pour la France et pour les pays étrangers; et un tarif pour fixer le port de toutes les lettres transportées par la voie de ces paquebots. A quoi voulant pourvoir : ouï le rapport, etc., le roi étant en son conseil, a ordonné et ordonne ce qui suit :

1. Toutes les lettres et paquets de papier destinés pour les colonies de Tabago, la Martinique, la Guadeloupe, Saint-Domingue, les îles de France et de Bourbon, et les États-Unis de l'Amérique, ou arrivant en France desdites colonies, seront assujettis au paiement fixé par le tarif ci-après, pour raison du transport par mer seulement.

2. Elles seront transportées aux frais des postes de France, depuis le lieu où elles seront remises dans ses bureaux jusqu'au Havre et Bordeaux, lieux de leur départ, par les paquebots à ce destinés, moyennant le port fixé par le tarif de 1759, auquel sera ajouté celui établi par le présent arrêt pour le transport par la voie des paquebots. Il en sera usé de même pour lettres venant des colonies par la voie du Havre et de Bordeaux, quelque destination qu'elles puissent avoir, sans cepen-

(1) V. 5 juillet 1788.

dant qu'il soit nécessaire, dans l'un ou l'autre cas, d'avoir recours à la voie de l'affranchissement que volontairement, la totalité desdits ports devant être acquittée au moment de la remise des lettres par ceux à qui elles seront adressées ou en France ou dans les colonies; celles seulement pour l'Amérique du nord continueront à devoir être affranchies.

3. Toutes les lettres destinées pour les colonies françaises, ainsi que pour les États-Unis de l'Amérique, nées en France ou venant des pays étrangers, seront envoyées au Havre et à Bordeaux pour y être réunies et transportées par les paquebots qui y seront établis, à l'effet de quoi les directeurs des postes du Havre et de Bordeaux les feront insérer dans une malle à ce destinée, cachetée du sceau des postes, et remettre au capitaine du paquebot en tour de partir, et en retireront une reconnoissance, pour le transport en être fait par ledit paquebot, et la remise au préposé de l'administration des postes dans les colonies, lequel en fournira sa décharge au capitaine dudit paquebot au moment de sa remise. Il en sera usé de même pour toutes les lettres venant desdites colonies et des États-Unis de l'Amérique destinées pour la France et pour les pays étrangers.

4. Il sera néanmoins permis à tous particuliers de faire partir ses lettres et paquets par tous les vaisseaux marchands, de quelque port du royaume ou de nos colonies qu'ils partent, à la charge de faire mettre leurs lettres et paquets dans la boîte ordinaire des lettres, en les timbrant du nom du vaisseau par lequel ils désirent qu'ils soient envoyés, ainsi que de celui du lieu où ledit bâtiment sera en charge, pour être, par les soins des directeurs des postes du royaume, adressés au port d'où le bâtiment choisi devra partir, et être, par les soins du directeur dudit port, réunis dans une malle à ce destinée, cachetée du cachet des postes, et confiée au capitaine du vaisseau marchand sur son reçu, transportée par ledit vaisseau, et remise au préposé de l'administration des postes dans nos colonies, qui en donnera sa décharge au capitaine dudit vaisseau marchand, pour être, à son retour, remise au directeur du port d'où il étoit parti.

5. Il sera permis à tout capitaine de vaisseau marchand de faire transporter *gratis* les lettres et paquets de lettres concernant son propre service et celui de ses commettants, jusqu'à la concurrence du poids de vingt onces, à la charge de remettre également toutes lesdites lettres au directeur des postes du lieu de son départ, qui sera tenu d'en faire un paquet sé-

ré, timbré *service du capitaine*, et de les joindre aux autres dépêches, pour lui être remis *gratis* par les préposés de l'administration des postes, à son arrivée à sa destination. Jouira également tout capitaine de vaisseau marchand d'une remise de la part de l'administration des postes, de 15 s. par livre du poids des paquets de lettres qui lui seront confiés par les directeurs de ladite administration, et payée à leur arrivée à leurs destinations.

6. Dans le cas où quelque capitaine de vaisseau marchand se permettroit de transporter ou faire transporter quelques lettres sans s'être conformé aux présentes dispositions, il sera puni, pour la première contravention constatée, à la diligence de l'administration des postes, par une suspension de deux ans de ses fonctions de capitaine; et en cas de récidive, il sera déclaré incapable de commander.

7. Les gazettes et papiers publics pourront être envoyés concurremment avec les lettres, et ne paieront qu'un port double de celui qu'ils paient par abonnement pour circuler dans l'intérieur du royaume, à la charge d'être mis ou envoyés sous bande.

8. Il sera libre à l'administration des postes d'établir des correspondants ou employés dans les colonies, pour remettre aux préposés de l'administration des postes intérieures desdites colonies, les lettres arrivant par la voie des paquebots ou vaisseaux marchands, au moyen du remboursement du port dont lesdites lettres se trouveront taxées, et recevoir celles qui lui seront remises par lesdits préposés, les réunir à celles qui lui seront remises directement, destinées pour la France ou les pays étrangers, lesquels seront sous la protection immédiate des gouverneurs généraux et intendants des colonies, et y jouiront de tous les privilèges et avantages attachés à l'état de directeur des postes en France, même de tous ceux accordés jusqu'à ce jour aux directeurs des postes dans lesdites colonies, sans que pour cela il soit apporté aucun changement à l'administration et distribution des lettres dans l'intérieur desdites colonies, et aux droits qui en peuvent résulter à leur profit. (*Suit le tarif.*)

N° 2305. — ARRÊT *de la cour des aides portant règlement sur l'enregistrement des titres des privilégiés aux élections* (1).

Paris, 20 décembre 1786. (Arch. du ministère de la marine.)

---

1 V. édit de mai 1702, de juillet 1703.

N° 2306. — CONVENTION *avec l'Espagne relativement à la contrebande* (1).

Madrid, 24 décembre 1786. (Martens, tom. 6, pag. 227.)

LL. MM. très-chrétienne et catholique, également animées du désir de resserrer de plus en plus les liens qui les unissent, de favoriser le commerce légitime de leurs sujets respectifs, et de prévenir les abus contraires à leurs intentions, qui pourroient naître de part ou d'autre, ont résolu de modifier ou révoquer quelques-unes des dispositions de leurs conventions précédentes, et d'en ajouter de nouvelles qui leur ont paru le plus propres à remplir cet objet. A cet effet, S. M. très-chrétienne a nommé et autorisé de ses pleins-pouvoirs son excellence M. le duc de Vauguyon, prince de Carency, pair de France, chevalier commandeur de ses ordres, brigadier de ses armées, et son ambassadeur extraordinaire et plénipotentiaire auprès de S. M. catholique : et S. M. catholique son excellence don Joseph Monino, comte de Florida-Blanca, chevalier, grand-croix de l'ordre de Charles III, son conseiller d'état, premier secrétaire d'état et de dépêches, lesquels étant bien instruits des intentions de leurs souverains respectifs, après s'être communiqué leurs pleins-pouvoirs, sont convenus des articles suivants :

1. Tous les articles de cette convention seront réciproques.

2. Toute contrebande en sel, tabac, et généralement en marchandises prohibées, sans aucune exception, chargée dans les navires qui se trouveront dans les ports respectifs, sera sujette à confiscation, si elle n'a pas été déclarée dans le temps prescrit par l'art. 4 de la convention du 2 janvier 1768. Le bâtiment et le surplus de la cargaison ne seront ni saisis ni arrêtés ; et le capitaine, les officiers et l'équipage, ne seront ni punis, ni molestés en aucune manière, mais seront remis à la disposition des consuls ou vice-consuls de la nation des bâtiments et capitaines, pour être procédé entre eux suivant les ordres de leur cour, qui fera part de la punition des délinquants, ou des mesures prises pour empêcher la continuation de leurs délits en cas semblables : observant que, dans les cas de récidive, la cour qui devra faire punir les coupables, aug-

---

(1) Ratifiée par le roi de France, le 12 juin 1787.
Elle paroît maintenue par le traité du 20 juillet 1814, art. add. V. cependant circul. du 15 janvier 1815, 17, 28 mars, 20 septembre 1817.

mentera les peines et en donnera communication à l'autre cour. Tout ce qui est énoncé au présent article, s'entendra de la contrebande faite dans les ports de chargement ou déchargement où il y a des bureaux de douane, dans lesquels ports les navires des deux nations seront entrés pour faire le commerce, avant leurs passe-ports et papiers de mer en bonne et due forme.

3. L'or et l'argent qui se trouveront en monnoie d'Espagne à bord d'un vaisseau français dans les ports d'Espagne, ne seront sujets à aucune confiscation, lorsqu'ils seront accompagnés d'un certificat du consul espagnol établi dans un port de France ou dans un port d'une autre nation, qui attestera que ledit or ou argent en monnoie d'Espagne a été réellement chargé dans ledit port, ou lorsqu'il y aura à bord un *guya* qui constatera que l'extraction en a été légitimement faite des ports d'Espagne; et dans le cas où on découvriroit des falsifications dans les *guyas* ou certificats, ou lorsqu'on auroit outrepassé le temps qui y aura été fixé, on procédera à la confiscation et au châtiment des délinquants, en prenant auparavant les mesures nécessaires pour la preuve et la vérification du délit, sans détenir pour cela le navire, le capitaine, l'équipage et le restant de la cargaison. Bien entendu que les sommes d'or ou d'argent, ainsi certifiées ou accompagnées de *guyas*, comme il a été dit, seront déclarées dans les termes convenus par les traités et conventions, sous peine de confiscation.

4. Quant aux bâtiments venant directement des colonies françaises de l'Amérique ou des Indes, dans un des ports d'Espagne, dans le cas d'une relâche forcée avec de l'or ou de l'argent espagnol, les capitaines devront en faire la déclaration à leur arrivée dans ledit port, et prendront à leur départ un *guya* de la douane, sans payer pour ledit *guya*, ni pour ledit argent ou or aucuns droits. Quant à ceux venant de l'Amérique ou des Indes espagnoles, avec de l'or ou de l'argent espagnol, dans le cas d'une permission extraordinaire, les capitaines devront porter avec eux le registre dudit or ou argent.

5. La confiscation de l'or et de l'argent n'entraînera jamais celle du bâtiment, ni du surplus de la cargaison, ni la punition du capitaine, des officiers et de l'équipage; mais ledit bâtiment avec le surplus de la cargaison, sans avoir été ni arrêté ni saisi, et ledit capitaine, lesdits officiers et équipage sans avoir été molestés en aucune manière, seront remis aux

consuls ou vice-consuls de leur nation, conformément à l'art.
de cette convention; observant que, dans le cas de récidive,
la cour qui devra faire punir les coupables, augmentera les
peines, et en donnera communication à l'autre cour. Tout ce
qui est énoncé au présent article n'aura lieu que dans les ports
de chargement ou déchargement, et dans lesquels il y a des
bureaux de douane.

6. A l'égard de la contrebande que tenteraient de faire des
bâtiments près les côtes et embouchures de rivières, dans les
calles, anses et baies, autres que les ports destinés et appropriés au commerce, si un bâtiment est surpris en jetant ou
ayant jeté l'ancre dans lesdites côtes, calles, anses ou baies
(sauf les cas de relâche forcée, pourvu qu'il n'y ait pas de
preuves que ce soit un prétexte, et dans lesquels cas le capitaine devra faire avertir les employés des douanes les plus
voisins, en leur déclarant les marchandises de contrebande
qu'il a à bord, et lesdits employés se conduire à son égard
comme il est expliqué dans l'art. 10 de cette convention),
ledit bâtiment sera visité par les employés des douanes, et
s'ils y trouvent de la contrebande, elle sera saisie et confis-
quée, et le capitaine, l'équipage, le reste de la cargaison, et
le bâtiment, seront jugés selon la loi de chaque pays, comme
les nationaux qui auraient été surpris dans le même cas. Si le
capitaine ou une partie de l'équipage est surpris dans des
barques ou canots, faisant la contrebande dans lesdits côtes,
calles, anses ou baies, quoique le bâtiment ne soit pas à
l'ancre, il en sera usé à l'égard de ceux qui seront saisis dans
les barques ou canots, et à l'égard desdits barques ou canots,
ainsi qu'il vient d'être dit dans ce même article.

7. Les administrateurs des douanes pourront exiger que les
articles déclarés de contrebande, et même ceux déclarés de
transit, si l'on soupçonne qu'ils contiennent des marchandises
prohibées, soient manifestés au départ dans le même état où
ils étoient à l'époque de la visite; et même qu'ils soient déposés dans un magasin à deux serrures différentes, dont une
clef sera dans les mains de l'administrateur, et l'autre dans
celles du capitaine, pour être lesdits articles rendus et rem-
barqués sans frais ni droits.

8. Dans la déclaration que les capitaines des navires espagnols ou français doivent donner de leur chargement, ils
doivent spécifier le nombre de balles, caisses, paquets ou tonneaux que contient le navire; mais comme il se peut qu'ils
ignorent ce qui est renfermé dans lesdits balles, caisses, pa-

quets ou tonneaux, ils énonceront en gros la qualité de ceux qu'ils connoîtront, et déclareront ignorer la qualité de ceux qu'ils ne connoîtront pas.

9. Les capitaines seront obligés de comprendre dans la déclaration du chargement de leurs navires, le tabac nécessaire à leur consommation et à celle de l'équipage; si la quantité en paroît trop forte, on pourra exiger que le surplus de ce qui sera jugé nécessaire à ladite consommation, soit mis en dépôt à terre pour leur départ, sans frais ni droits.

10. Les capitaines de navires français et espagnols, qui par relâche forcée entreront dans une rivière navigable, ou dans un port de France ou d'Espagne, autre que celui de leur destination, seront obligés de faire la déclaration de leur chargement. Les officiers de la douane auront le droit d'entrer à bord, jusqu'au nombre de trois, aussitôt après leur arrivée; cependant ils resteront sur le port, et se borneront à veiller à ce que l'on ne sorte du navire d'autres marchandises que celles que le capitaine sera forcé de vendre pour payer les vivres dont il aura besoin, et les réparations du navire et les marchandises qui seront débarquées pour tel effet, seront sujettes à la visite et au paiement des droits établis.

11. La visite des navires se fera conformément aux art. 4 et 6 de la convention de 1768. Les chambres des capitaines, leurs coffres et ceux de l'équipage, pourront être visités, afin que l'on puisse découvrir les marchandises de contrebande, mais les effets et hardes à leur usage ne pourront être sujets à confiscation.

12. Pour éviter toute discussion sur le temps, dans lequel les officiers ou gardes de la douane peuvent, conformément à la disposition des art. 4, 5 et 6 de la convention de 1768, se rendre à bord des navires français et espagnols qui arrivent dans les ports de chacune des deux puissances, on déclare qu'ils pourront se rendre à bord à l'instant que les services arrivent, même avant qu'ils fassent la déclaration de leur chargement, pour laquelle il leur est accordé le terme de vingt-quatre heures, en se conformant pour le surplus aux dispositions des art. 4, 5 et 6 de la convention de 1768.

13. Dans les cas où il arriveroit des naufrages de navires espagnols ou français, les officiers de la marine et de l'amirauté, ainsi que ceux de la douane, et les gardes de pataches des deux royaumes, seront obligés de donner avis du passage où le naufrage sera arrivé, aux consuls de la nation du département respectif, afin qu'ils fassent les fonctions qui leur ap-

partiennent, sans que lesdits officiers puissent s'en mêler, à peine d'être punis.

14. Lorsque les sujets espagnols passeront d'Espagne en France, ils ne seront pas molestés à leur entrée en France pour l'argent et espèces quelconques, effets, hardes, bijoux de leur usage, pour lesquels ils ne paieront aucuns droits. Ils ne seront pas non plus inquiétés pour les armes défendues et autres effets prohibés qu'on trouvera sur leurs personnes, et dont on se contentera d'empêcher l'introduction, en leur laissant la liberté de les renvoyer. Il en sera usé de même à l'égard des sujets français passant de France en Espagne, à leur entrée en Espagne.

15. Les commandants, les intendants des provinces, et les directeurs et administrateurs des revenus des deux couronnes, protègeront et donneront toute aide et assistance aux employés des fermes des deux couronnes, et à leurs subordonnés qui sont établis sur la frontière, pour empêcher la contrebande et arrêter les personnes qui la font. Quand les contrebandiers espagnols, après s'être permis la contrebande dans le territoire d'Espagne, et s'être réfugiés dans le territoire français, seront réclamés par l'administration espagnole, ils seront rendus. Cet article sera entièrement réciproque à l'égard des contrebandiers français.

16. Tous les sujets français qui auront fait en Espagne la contrebande, de quelque espèce que ce soit, dans l'espace de quatre lieues de distance de la frontière, seront rendus pour la première fois, avec les preuves des délits, pour être jugés selon les lois françaises. Il en sera de même à l'égard des sujets espagnols qui auront fait la contrebande en France, de quelque espèce qu'elle soit, dans l'espace de quatre lieues de distance de la frontière; et ceux desdits contrebandiers qui auroient commis des vols, des homicides ou des actes de violence ou de résistance contre la justice, les rondes ou les troupes; et ceux qui, après avoir été rendus une première fois, retomberoient de nouveau dans le même délit, seront seuls exceptés de la disposition du présent article.

17. Les rondes ou brigades des fermes, placées sur les frontières des deux royaumes, concerteront entre elles leur travail, et se soutiendront réciproquement.

18. Les pataches et barques destinées pour les deux couronnes pour ce qui concerne les fermes, concerteront leur travail, et se soutiendront également.

19. On ne permettra point dans l'étendue de quatre lieues

au moins de la frontière des deux royaumes, d'autres magasins ou entrepôts de tabac et de sel, que ceux établis par
chaque souverain pour la vente et la consommation de leurs
propres vaisseaux; on se concertera même sur les moyens d'é-
loigner davantage, s'il est possible, lesdits magasins et entrepôts, afin d'éviter mutuellement cette occasion de contrebande, et après avoir pris connoissance de ceux qui existent
présentement, les employés et administrateurs respectifs des
fermes ou douanes, qui seront trouvés en contravention, seront
sévèrement punis.

20. Les intendants, directeurs, administrateurs des fermes,
et les consuls des deux nations, se communiqueront les avis
qu'ils auront des navires chargés de contrebande, et des personnes adonnées à ce commerce, qui passeront d'un royaume
à l'autre, et concerteront les moyens de les arrêter.

21. Pour prévenir les erreurs des juges et employés respectifs, ainsi que des capitaines, négociants et autres intéressés
dans la cargaison des navires, on annexera ultérieurement à la
présente convention, la liste des objets et marchandises prohibés respectivement; et les changements qui pourroient être
faits à cet égard, seront également ajoutés ultérieurement à la
présente convention.

22. Si l'une ou l'autre puissance accordoit sur les objets
de cette convention une faveur plus étendue à quelques nations étrangères, elle deviendra sur-le-champ commune à
l'une et à l'autre.

23. Les juges et employés respectifs qui contreviendroient
aux dispositions de la présente convention, ainsi que de celles
qui y sont rappelées et confirmées, seront très-sérieusement
réprimés dans tous les cas, et ils seront soumis à des dédommagements proportionnés aux torts qu'ils auront pu occasioner, lorsqu'ils ne pourront pas administrer la preuve qu'ils
ont eue des motifs suffisants de croire qu'ils ne contrevenoient
pas aux dispositions desdits articles, en se conduisant ainsi
qu'ils l'ont fait.

24. La présente convention sera imprimée, publiée et enregistrée dans les conseils et tribunaux respectifs et compétents des deux royaumes. Celle de 1768 sera également imprimée, publiée et enregistrée dans les mêmes conseils et
tribunaux, et subsistera pour tous les points auxquels il n'a pas
été dérogé dans celle-ci. Celle de 1774 (1), quant aux forma-

_____

(1) Elle est du 27 décembre. V. n° 114; tom. 1er du règne, pag. 113.

lités des passe-ports et certificats énoncés dans les art. 2, 3, 4, 5, 6 et 9, et quant aux manifestes, visites, confiscations de monnoies, effets et marchandises prohibés, et punitions des contrebandiers énoncés dans les art. 1, 7, 8, 9, 10, 12, 13, 17, 18, 19, 21, sera précisément réduite aux termes, règles et modifications exprimés dans la présente convention. Quant aux autres points de ladite convention de 1774 qui ne concernent pas lesdites formalités, manifestes, visites, confiscations de monnoie, effets et marchandises prohibés, et punition des contrebandiers, ils subsisteront autant qu'ils ne seront pas contraires à ce qui est expressément déclaré, amplié ou modifié par la présente convention.

25. La présente convention sera ratifiée par LL. MM. très chrétienne et catholique; et les ratifications échangées dans le terme d'un mois, ou plus tôt, si faire se peut.

En foi de quoi, etc.

N° 2307. — Règlement *sur la pêche à Marseille* (1).

29 décembre 1786.

N° 2308. — Traité *de navigation et de commerce entre la France et la Russie* (2).

Saint-Pétersbourg, 11 janvier 1787 (nouveau style), et 31 décembre 1786 (vieux style). (R. S. C. Martens, t. 3 — 1.)

S. M. le roi de France et S. M. l'impératrice de toutes les Russies, désirant encourager le commerce et la navigation directs entre leurs sujets respectifs par la confection d'un traité d'amitié, de commerce et navigation, ont choisi et nommé à cet effet pour leurs plénipotentiaires, savoir, S. M. le roi de France et de Navarre, le sieur Louis-Philippe, comte de Ségur, chevalier de l'ordre royal et militaire de Saint-Louis, commandeur des ordres de Saint-Lazare et de Notre-Dame-du-Mont-Carmel, membre de l'association américaine de Cincinnatus, colonel de dragons, son ministre plénipotentiaire auprès de

(1) V. Décret 8—12 décembre 1790; arrêté 23 messidor an IX, 3 nivôse an X.
V. édit d'août 1681, sect. 6, art. 4 ord. 1669, tit. 21, art. 2, 16 mai 1733, 9 mars 1787.
(2) En vigueur. Arrêt de cassation 21 brumaire an XIII, 15 juillet 1811.
V. traité du 30 mai 1814, du 20 novembre 1815. Merlin. additions. jugement, § 7. Favard, v° traité politique.

S. M. l'impératrice de toutes les Russies; et S. M. l'impératrice de toutes les Russies, le sieur Jean, comte d'Ostermann, son vice-chancelier, conseiller privé actuel, sénateur et chevalier des ordres de Saint-André, de Saint-Alexandre-Newsky, grand-croix de celui de Saint-Wladimir de la première classe et de Sainte-Anne; le sieur Alexandre, comte Woronzow, conseiller privé actuel, sénateur-président du collège de commerce, chambellan actuel et chevalier de l'ordre de Saint-Alexandre-Newsky, et grand-croix de celui de Saint-Wladimir de la première classe; le sieur Alexandre, comte de Bezborodko, premier maître de sa cour, conseiller privé, directeur-général des postes, et chevalier de l'ordre de Saint-Alexandre-Newsky, et grand-croix de celui de Saint-Wladimir de la première classe; et le sieur Arcadie de Marcoff, conseiller d'état actuel, membre du collège des affaires étrangères et grand-croix de l'ordre de Saint-Wladimir de la seconde classe; lesquels plénipotentiaires, après s'être respectivement communiqué leurs pleins-pouvoirs, sont entrés en conférence, et ayant mûrement discuté la matière, ont conclu et arrêté les articles suivants:

1. Il y aura une paix perpétuelle, bonne intelligence et sincère amitié entre S. M. le roi de France et S. M. l'impératrice de toutes les Russies, leurs héritiers et successeurs de part et d'autre, ainsi qu'entre leurs sujets respectifs. A cet effet, les hautes parties contractantes s'engagent tant pour elles-mêmes que pour leurs héritiers et successeurs, et leurs sujets, sans aucune exception, non-seulement à éviter tout ce pourroit tourner à leur préjudice respectif, mais encore à se donner mutuellement des témoignages d'affection et de bienveillance, tant par terre que par mer et dans les eaux douces, à s'entr'aider par toutes sortes de secours et de bons offices, en ce qui concerne le commerce et la navigation.

2. Les sujets français jouiront en Russie, ainsi que les sujets russes en France, d'une liberté de commerce conformément aux lois et réglements qui subsistent dans les deux monarchies, sans qu'on puisse les troubler ni inquiéter en aucune manière.

3. Une parfaite liberté de conscience sera accordée aux sujets français en Russie, conformément aux principes d'une entière tolérance qu'on y accorde à toutes les religions. Ils pourront librement s'acquitter des devoirs et vaquer au culte de leur religion, tant dans leurs maisons que dans les églises publiques qui y sont établies, sans éprouver jamais la moindre difficulté à cet égard. Les sujets russes en France jouiront

également d'une parfaite liberté du culte de leur religion dans leurs propres maisons, à l'égal des autres nations qui ont des traités de commerce avec la France.

4. Les deux puissances contractantes accordent à leurs sujets respectifs, dans tous les pays de leur domination ou la navigation et le commerce sont permis, les droits, franchises et exemptions dont y jouissent les nations européennes les plus favorisées, et veulent qu'en conséquence ils profitent de tous les avantages au moyen desquels leur commerce pourra s'étendre et fleurir, de façon cependant qu'à l'exception des susdits droits, franchises et prérogatives, autant qu'elles leur seront nommément accordées ci-dessous, ils soient soumis dans leur commerce et trafic aux tarifs, ordonnances et lois établies dans les états respectifs.

5. Dans tous les ports et grandes villes de commerce des états respectifs, dont l'entrée et le commerce sont ouverts aux nations européennes, les deux puissances contractantes pourront établir des consuls généraux, consuls et vice-consuls, qui jouiront de part et d'autre des privilèges, prérogatives et immunités attachées à ces places dans le pays de leur résidence; mais pour ce qui regarde le jugement de leurs affaires, et relativement aux tribunaux des lieux où ils résident, ils seront traités comme ceux des nations les plus favorisées avec lesquelles les deux puissances ont des traités de commerce. Les susdits consuls généraux, consuls ou vice-consuls, ne pourront point être choisis à l'avenir parmi les sujets nés de la puissance chez laquelle ils doivent résider, à moins qu'ils n'aient obtenu une permission expresse de pouvoir être accrédités auprès d'elle en cette qualité. Au reste, cette exception ne sauroit avoir un effet rétroactif à l'égard de ceux qui auroient été nommés aux susdites places avant la confection du présent traité.

6. Les consuls généraux, consuls ou vice-consuls des deux puissances contractantes auront respectivement l'autorité exclusive sur les équipages des navires de leur nation dans les ports de leur résidence, tant pour la police générale des gens de mer que pour la discussion et le jugement des contestations qui pourront s'élever entre les équipages.

7. Lorsque les sujets commerçants de l'une ou de l'autre des puissances contractantes auront entre eux des procès ou autres affaires à régler, ils pourront, d'un consentement mutuel, s'adresser à leurs propres consuls, et les décisions de ceux-ci seront non-seulement valables et légales, mais ils au-

ront le droit de demander, en cas de besoin, main-forte au
gouvernement pour faire exécuter leur sentence. Si l'une des
deux parties ne consentoit pas à recourir à l'autorité de son
propre consul, elle pourra s'adresser aux tribunaux ordinaires
du lieu de sa résidence, et toutes les deux seront tenues de s'y
soumettre. En cas d'avarie sur un bâtiment français, si les
Français seuls en ont souffert, les consuls généraux, consuls
ou vice-consuls de France en prendront connoissance, et seront chargés de régler ce qui y aura rapport; de même si,
dans ce cas, les Russes sont seuls à souffrir des avaries survenues dans un bâtiment russe, les consuls généraux, consuls
ou vice-consuls russes en prendront connoissance, et seront
chargés de régler ce qui y aura rapport.

8. Toutes les affaires des marchands français trafiquant en
Russie seront soumises aux tribunaux établis pour les affaires
des négociants, où elles seront jugées promptement d'après
les lois qui y sont en vigueur, ainsi que cela se pratique avec
les autres nations qui ont des traités de commerce avec la cour
de Russie. Les sujets russes dans les états de S. M. très-chrétienne seront également sous la protection des lois du royaume,
et traités à cet égard comme les autres nations qui ont des traités
de commerce avec la France.

9. Les sujets des hautes parties contractantes pourront
s'assembler avec leurs consuls en corps de factorie, et faire
entre eux, pour l'intérêt commun de la factorie, les arrangements qui leur conviendront, en tant qu'ils n'auront rien de
contraires aux lois, statuts et réglements du pays ou de l'endroit où ils seront établis.

10. Les sujets des hautes parties contractantes paieront pour
leurs marchandises, les douanes et autres droits fixés par les
tarifs actuellement en force, ou qui existeront à l'avenir dans
les états respectifs; mais, pour encourager le commerce des
sujets russes avec la France, S. M. très-chrétienne leur accorde
en totalité l'exemption du droit de fret établi dans les ports de
son royaume sur les navires étrangers, si ce n'est lorsque les
navires russes chargeront des marchandises de France dans un
port de France pour les transporter dans un autre port du
même royaume, et les y déchargeront, auquel cas lesdits navires acquitteront le droit dont il s'agit aussi long-temps que
les autres nations seront obligées de l'acquitter. En réciprocité
de cet avantage, S. M. impériale voulant aussi de son côté promouvoir la navigation directe des sujets français avec ses états,
leur accorde la prérogative de pouvoir acquitter les droits de

douanes, dans toute l'étendue de son empire, en monnoie courante de Russie, sans être assujettis à les payer comme ci-devant en rixdalers, de façon que pour chaque rixdaler il ne sera exigé d'eux que 125 copecs; mais la susdite facilité n'aura point lieu dans le port de Riga, où les sujets russes eux-mêmes doivent payer les droits de douane, pour toute espèce de marchandises, en rixdalers effectifs.

11. Afin de favoriser encore plus particulièrement le commerce direct entre les provinces méridionales des états respectifs, S. M. très-chrétienne entend que les denrées et marchandises russes venant des ports de la mer Noire dans celui de Marseille ou autres, soient exemptes du droit de 20 pour 100 et de 10 s. par livre, qui sont ensemble 30 pour 100 que les étrangers sont obligés de payer pour les marchandises du Levant qu'ils y introduisent, à condition que les capitaines des bâtiments russes fourniront la preuve authentique par des certificats des consuls ou vice-consuls de France, ou à leur défaut des douaniers ou juges locaux, que ces denrées ou marchandises sont du cru de la Russie et ont été expédiées desdits ports, et non d'aucune place de la domination de la Porte ottomane.

Il est convenu que les vaisseaux russes, expédiés des ports de la mer Noire, ne pourront aborder que dans ceux de Marseille et de Toulon, les seuls où il soit permis de se présenter.

Quant aux droits qui se perçoivent dans les ports de la Méditerranée sur les vaisseaux et les marchandises étrangères, le roi très-chrétien déclare que les bâtiments russes venant de la mer Noire seront traités à l'égal des français.

En faveur de cet avantage, S. M. I. s'engage à faire participer les négociants français à celui accordé à ses sujets par le sixième article de son édit du 27 septembre 1782, servant d'introduction au tarif général des douanes de Russie, énoncé en ces termes : « Quoique ce tarif général doive servir aussi pour tous nos ports situés sur la mer Noire et sur celle d'Asoph, cependant nous diminuons dans lesdits ports d'un quart les droits fixés par ce tarif, afin d'y encourager le commerce de nos sujets et des nations avec lesquelles nous stipulerons à cet égard des avantages réciproques, en compensation des prérogatives qu'elles accorderont à notre commerce, excluant cependant de cette diminution les marchandises nommément spécifiées dans le présent tarif, comme devant payer les mêmes droits dans les ports de la mer Noire que dans les autres douanes de notre empire, aussi bien que celles pour lesquelles le présent tarif détermine les droits particuliers dans les ports de la mer Noire. »

12. S. M. très-chrétienne, pour contribuer de son mieux à l'extension du commerce et de la navigation directe des sujets de S. M. I. dans les états de sa domination, leur accorde encore les avantages suivants :

1° Les fers de Russie en barres ou en assortiment, lorsqu'ils seront importés sur des vaisseaux français ou russes, ne seront assujettis qu'aux mêmes droits que paient ou paieront les fers de la nation européenne la plus favorisée.

2° Les suifs en pain, et 3° les cires jaunes et blanches, en balles et en grain, venant de Russie, jouiront d'une diminution de 20 pour 100 sur les droits d'entrée que paient aujourd'hui en France les susdites denrées par le tarif actuel. Il est entendu que cette diminution n'aura lieu que lorsque ces denrées seront transportées sur des navires français ou russes.

En compensation de cet avantage, S. M. l'impératrice de Russie accorde, 1° que tous les vins de France, hors ceux de Bourgogne et de Champagne, qui seront importés en Russie par les ports de la mer Baltique et la mer Blanche, sur des navires français ou russes, et pour le compte des sujets respectifs, y jouiront d'une diminution de 3 roubles de droits d'entrée sur chaque oxhofft ou barrique de 240 bouteilles, de manière qu'au lieu de 15 roubles qu'en vertu du tarif général ces vins ont payés jusqu'ici par oxhofft, ils ne paieront à l'avenir que 12 roubles, et lorsque cesdits vins entreront en Russie par les ports de la mer Noire et sous la même condition d'être propriété française ou russe, et chargés sur des navires appartenants à l'une ou à l'autre nation, ils jouiront, outre la diminution susdite, du bénéfice de 25 pour 100 que le tarif général accorde pour l'encouragement du commerce des ports de la mer Noire, et par conséquent les droits d'entrée de ces vins y seront réduits à 9 roubles par oxhofft; il s'ensuit qu'aussitôt que les vins en question cesseront d'être propriété française ou russe, ou qu'ils seront importés dans les ports de Russie sur des navires étrangers, ils ne pourront plus participer aux avantages susmentionnés, mais ils seront strictement assujettis au tarif général.

2° Les vins de Champagne et de Bourgogne jouiront d'une diminution de 10 copecks par bouteille, de droits d'entrée, dans les ports de la mer Baltique et de la mer Blanche; de sorte que le premier de ces vins qui, d'après le tarif général, a payé jusqu'ici 60 copecks par bouteille, ne paiera plus que

50 copecks, et l'autre sera porté de 50 à 40 copecks par bouteille. Il sera, outre cela, accordé à ces vins, en sus de ladite diminution, le bénéfice de 25 pour 100 pour les ports de la mer Noire, moyennant lequel les droits d'entrée pour le Champagne y seront réduits à 37 et demi copecks par bouteille, et ceux de Bourgogne à 50 copecks par bouteille; dans l'un toutefois comme dans l'autre cas, cette importation se fera également sur des navires français ou russes et pour le compte des sujets respectifs, puisque si ces vins n'étoient pas de la propriété de l'une ou de l'autre nation, ou qu'ils fussent importés sur des navires étrangers, ils seront absolument soumis au tarif général.

5° Les savons de Marseille, que les sujets français importeront dans les états de Russie, jouiront pareillement d'une diminution de droits; de sorte qu'au lieu de 6 roubles par poud qu'ils ont payés jusqu'à présent, ils ne seront plus soumis qu'à la même taxe que paient actuellement les savons pareils de Venise et de Turquie, savoir, un rouble par poud.

13. Le but des hautes parties contractantes, en accordant les avantages stipulés dans les articles précédents 10, 11 et 12 étant uniquement d'encourager le commerce et la navigation directs entre les deux monarchies, les sujets respectifs ne jouiront desdites prérogatives et exemptions qu'à condition de prouver la propriété de leurs marchandises par des certificats en due forme, et les deux puissances contractantes s'engagent réciproquement à publier chacune de son côté une défense expresse à leurs sujets d'abuser de ces avantages, en se donnant pour propriétaires de navires ou de marchandises qui ne leur appartiendroient pas, sous peine à celui ou à ceux qui auroient ainsi fraudé les droits, en prêtant leur nom à quelque autre négociant étranger, d'être traités selon la rigueur des lois et réglements émanés à cet égard dans les états respectifs.

14. Pour constater la propriété russe des marchandises importées en France, on devra produire des certificats des consuls généraux, consuls ou vice-consuls de France résidant en Russie, rédigés en due forme; mais si le navire a fait voile d'un port où il n'y ait pas de consul général, consul ou vice-consul de France, on se contentera d'un certificat de la douane ou du magistrat du lieu d'où le navire aura été expédié. Lesdits consuls généraux, consuls ou vice-consuls ne pourront rien exiger au-delà d'un rouble pour l'expédition, soit d'un tel certificat, soit d'un acquit à caution ou autre document nécessaire: pour constater pareillement la propriété française des mar-

chandises importées en Russie, on devra produire des certificats en due forme des consuls généraux, consuls ou vice-consuls de Russie résidant en France; mais si le navire a fait voile d'un port où il n'y ait pas de consul général, consul ou vice-consul de Russie, on se contentera de pareils certificats, soit du magistrat du lieu, soit de la douane ou de telle autre personne préposée à cet effet. Les consuls généraux, consuls ou vice-consuls de Russie en France, ne pourront rien exiger au-delà de la valeur d'un rouble réduit en monnoie de France pour l'expédition d'un tel certificat ou autre document de cette espèce.

15. Les hautes parties contractantes conviennent que leurs consuls généraux, consuls ou vice-consuls, négociants et marchands qui ne seront point naturalisés, jouiront réciproquement dans les deux états de toutes les exemptions d'impôts et charges personnelles dont jouissent ou jouiront dans les mêmes états les consuls généraux, consuls ou vice-consuls, négociants et marchands de la nation la plus favorisée.

Les sujets respectifs qui obtiendront des lettres de naturalité ou le droit de bourgeoisie, soit en France, soit en Russie, seront tenus à supporter les mêmes charges et taxes imposées sur les sujets nés de l'état; attendu qu'ils jouiront aussi d'une parfaite égalité d'avantage avec ceux-ci.

16. Les nations qui sont liées avec la France par des traités de commerce étant affranchies du droit d'aubaine dans les états de S. M. très-chrétienne, elle consent que les sujets russes ne soient pas réputés aubains en France, et conséquemment ils seront exempts du droit d'aubaine ou autre droit semblable, sous quelle dénomination qu'il puisse être : ils pourront librement disposer par testament, donation ou autrement, de leurs biens meubles et immeubles, en faveur de telles personnes que bon leur semblera, et lesdits biens délaissés par la mort d'un sujet russe seront dévolus sans le moindre obstacle à ses héritiers légitime par testament, ou *ab intestat*, soit qu'ils résident en France ou ailleurs, sans qu'ils aient besoin d'obtenir des lettres de naturalité, et sans que l'effet de cette concession puisse leur être contesté ou empêché, sous quelque prétexte que ce soit. Ils seront également exempts du droit de détraction ou autre de ce genre aussi long-temps qu'il n'en sera point établi de pareils dans les états de S. M. l'impératrice de toutes les Russies. Les susdits héritiers présents, ainsi que les exécuteurs testamentaires, pourront se mettre en possession de l'héritage dès qu'ils auront également satisfait aux formalités

prescrites par les lois de S. M. très-chrétienne, et ils disposeront selon leur bon plaisir de l'héritage qui leur sera échu, après avoir acquitté les autres droits établis par les lois et non désignés dans le présent article.

Mais si les héritiers étoient absents ou mineurs, et par conséquent hors d'état de faire valoir leurs droits, dans ce cas, l'inventaire de toute la succession devra être fait sous l'autorité des juges du lieu par un notaire public, accompagné du consul ou vice-consul de Russie, s'il y en a un dans l'endroit, et sous l'inspection du procureur du roi ou du procureur fiscal; et s'il n'y avoit pas de consul ou vice-consul dans l'endroit, on appellera comme témoins deux personnes dignes de foi. Après ce préalable, la succession sera déposée entre les mains du consul ou vice-consul, ou à son défaut, entre les mains de deux personnes désignées par le procureur du roi ou le procureur fiscal, afin que lesdits biens soient gardés pour les légitimes héritiers ou véritables propriétaires. En cas qu'il y ait des mineurs, et qu'il ne se présentât en France aucun parent qui pût remplir par provision la tutèle ou curatèle, elle sera confiée au consul ou vice-consul de Russie, ou à son défaut, à une personne désignée par le procureur du roi ou le procureur fiscal, jusqu'à ce que les parents du défunt aient nommé un tuteur ou curateur; dans le cas où il s'élèveroit des contestations sur l'héritage d'un Russe mort en France, les tribunaux du lieu où les biens du défunt se trouveront, devront juger le procès suivant les lois de la France.

Quoique les Russes doivent jouir en France de tous les droits attachés à la propriété, de même que les Français, et l'acquérir par les mêmes voies légitimes, sans avoir besoin de lettres de naturalité pendant le temps de leur séjour dans le royaume, ils ne pourront néanmoins, conformément aux lois établies pour les étrangers, posséder aucun office, dignités, bénéfices, ni remplir aucune fonction publique, à moins d'avoir obtenu des lettres patentes à ce nécessaires, dûment enregistrées dans les cours souveraines du royaume.

Bien que le droit d'aubaine n'existe pas en Russie, S. M. l'impératrice de toutes les Russies, afin de prévenir tout doute quelconque à cet égard, s'engage à faire jouir, dans toute l'étendue de son empire, les sujets du roi très-chrétien d'une entière et parfaite réciprocité, relativement aux stipulations renfermées dans le présent article.

17. Pour prévenir les fraudes des droits de douane, soit par la contrebande, soit de quelque autre manière, les hautes

parties contractantes conviennent réciproquement, que, pour tout ce qui regarde la visite des navires marchands, les déclarations des marchandises, le temps de les présenter, la manière de les vérifier, et en général pour tout ce qui concerne les précautions à prendre contre la contrebande et les peines à infliger aux contrebandiers, l'on observera dans chaque pays, les lois, règlements et coutumes qui y sont établis ou qu'on y établira à l'avenir. Dans tous les cas susmentionnés, les deux puissances contractantes s'engagent réciproquement à ne pas traiter les sujets respectifs avec plus de rigueur que ne le sont leurs propres sujets lorsqu'ils tombent dans les mêmes contraventions.

18. Lorsque les navires français ou russes seront obligés, soit par des tempêtes, soit pour se soustraire à la poursuite des ennemis ou de quelque pirate, ou enfin pour quelque autre accident, de se réfugier dans les ports des états respectifs, ils pourront s'y radouber, se pourvoir de toutes les choses nécessaires et se mettre en mer librement, sans subir la moindre visite, ni payer aucuns droits de douane ni d'entrée, excepté seulement les droits de fanaux et de ports, pourvu que, pendant leur séjour dans ces ports, on ne tire aucune marchandise desdits navires, encore plus qu'on n'expose quoi que ce soit en vente; mais si le maître ou patron d'un tel navire jugeoit à propos de vendre quelque marchandise, il sera tenu à se conformer aux lois, ordonnances et tarifs de l'endroit où il aura abordé.

19. Les vaisseaux de guerre des deux puissances contractantes trouveront également dans les états respectifs, les rades, rivières, ports et havres ouverts, pour entrer ou sortir, demeurer à l'ancre tant qu'il leur sera nécessaire, sans subir aucune visite, en se conformant aux lois générales de police, et à celles des bureaux de santé établis dans les états respectifs. Dans les ports fortifiés des villes où il y a garnison, il ne pourra pas entrer plus de cinq vaisseaux de guerre à la fois, à moins qu'on n'en ait obtenu la permission pour un plus grand nombre. On facilitera auxdits vaisseaux de guerre les moyens de se ravitailler et radouber dans les ports respectifs, en leur fournissant les vivres et rafraîchissements au prix courant, francs et libres de droits de douane, ainsi que les agrès, bois, cordages et apparaux qui leur seront nécessaires, au prix courant des arsenaux des états respectifs, autant que le besoin pressant de l'état n'y mettra point un obstacle légitime.

20. Les hautes-parties contractantes, pour éviter toutes

les difficultés auxquelles les différents pavillons et les différents grades des officiers donnent lieu, lorsqu'il est question des saluts en mer ou à l'entrée des ports, sont convenues de déclarer qu'à l'avenir les saluts n'auront plus lieu ni en mer, ni à l'entrée des ports, entre les vaisseaux des deux nations, de quelque espèce qu'ils soient, et quel que soit le grade des officiers qui les commanderont.

21. Aucun vaisseau de guerre d'une des puissances contractantes, ni personne de son équipage, ne pourra être arrêté dans les ports de l'autre puissance. Les commandants desdits vaisseaux devront s'abstenir scrupuleusement de donner aucun asile sur leur bord aux déserteurs, contrebandiers, fugitifs, quels qu'ils soient, criminels ou malfaiteurs, et ne devront faire aucune difficulté de les livrer à la réquisition du gouvernement.

22. Aucun bâtiment marchand des sujets respectifs, ni personne de son équipage, ne pourra être arrêté, ni les marchandises saisies dans les ports de l'autre puissance, excepté le cas de saisie ou d'arrêt de justice, soit pour dettes personnelles contractées dans le pays même par les propriétaires du navire ou de sa cargaison, soit pour avoir reçu à bord des marchandises déclarées contrebande par le tarif des douanes, soit pour y avoir recelé des effets qui y auroient été cachés par des banqueroutiers ou autres débiteurs, au préjudice de leurs créanciers légitimes, soit pour avoir voulu favoriser la fuite ou l'évasion de quelque déserteur des troupes de terre ou de mer, de contrebandier, ou de quelque autre individu que ce soit qui ne seroit pas muni d'un passe-port légal, de tels fugitifs devant être remis au gouvernement, aussi bien que les criminels qui auroient pu se réfugier sur un tel navire; mais le gouvernement, dans les états respectifs, apportera une attention particulière à ce que lesdits navires ne soient pas retenus plus long-temps qu'il ne sera absolument nécessaire. Dans tous les cas susmentionnés, ainsi qu'à l'égard des délits personnels, chacun sera soumis aux peines établies par les lois du pays où le navire et l'équipage auront abordé, et l'on y procédera selon les formes judiciaires de l'endroit où le délit aura été commis.

23. Si un matelot déserte de son vaisseau, il sera livré à la réquisition du maître ou patron de l'équipage auquel il appartiendra; et en cas de rébellion, le propriétaire du navire ou le patron de l'équipage pourra requérir main-forte pour ranger les révoltés à leur devoir, ce que le gouvernement, dans le

états respectifs, devra s'empresser de lui accorder, ainsi que tous les secours dont il pourroit avoir besoin pour continuer son voyage sans risque et sans retard.

24. Les navires de l'une des hautes-parties contractantes né pourront, sous aucun prétexte, être contraints, en temps de de guerre, de servir dans les flottes ou escadres de l'autre, ni se charger d'aucun transport.

25. Les vaisseaux français ou russes, ainsi que leur équipage, tant matelots que passagers, soit nationaux, soit même sujets d'une puissance étrangère, recevront, dans les états respectifs, toute l'assistance et protection qu'on doit attendre d'une puissance amie; et aucun individu appartenant à l'équipage desdits navires, non plus que les passagers, ne pourra être forcé d'entrer malgré lui au service de l'autre puissance; ne pourront cependant rester à l'abri de cette dernière franchise les sujets de chacune des deux puissances contractantes qui se trouveront à bord appartenants à l'autre, lesquels sujets elles seront toujours libres de réclamer.

26. Lorsqu'une des hautes-parties contractantes sera en guerre contre d'autres états, les sujets de l'autre puissance contractante n'en continueront pas moins leur navigation et leur commerce avec ces mêmes états, pourvu qu'ils s'astreignent à ne point leur fournir les effets réputés *contrebande*, comme il sera spécifié ci-après. S. M. très-chrétienne saisit avec plaisir cette occasion de faire connoître la parfaite conformité de ses principes sur le cas dont il s'agit, avec ceux que S. M. l'impératrice de toutes les Russies a manifestés pour la sûreté et l'avantage du commerce des nations neutres, dans sa déclaration du 28 février 1780.

27. Les hautes-parties contractantes s'engagent en conséquence, lorsqu'elles seront en guerre avec quelque puissance que ce soit, à observer scrupuleusement les principes fondamentaux des droits du commerce et de la navigation marchande des peuples neutres, et nommément les quatre axiomes suivants:

1° Que les vaisseaux neutres pourront naviguer librement de port en port et sur les côtes des nations en guerre.

2° Que les effets appartenants aux sujets des puissances en guerre, seront libres sur les vaisseaux neutres, à l'exception de la contrebande de guerre, comme il sera détaillé ci-après.

3° Que, pour déterminer ce qui caractérise un port bloqué, on n'accordera cette dénomination qu'à celui qui sera attaqué par un nombre de vaisseaux proportionné à la force de la place, et qui en seront suffisamment proches, pour qu'il y ait un danger évident d'entrer dans ledit port.

4° Que les vaisseaux neutres ne pourront être arrêtés que sur de justes causes et des faits évidents; qu'ils seront jugés sans retard; que la procédure sera uniforme, prompte et égale; et qu'outre les dédommagements qu'on accordera toujours à ceux qui en auront souffert sans avoir été en faute, il sera donné une satisfaction complète pour l'insulte faite au pavillon.

28. En conséquence de ces principes, les hautes-parties contractantes s'engagent réciproquement, en cas que l'une d'entre elles fût en guerre contre quelque puissance que ce soit, de n'attaquer jamais les vaisseaux de ses ennemis, que hors de la portée du canon des côtes de son allié. Elles s'obligent de même mutuellement d'observer la plus parfaite neutralité dans les ports, havres, golfes et autres eaux comprises sous le nom d'eaux closes, qui leur appartiennent respectivement.

29. On comprendra sous le nom de marchandises de contrebande de guerre ou défendues, les armes à feu, canons, arquebuses, fusils, mortiers, pétards, bombes, grenades, saucisses, cercles poissés, affûts, fourchettes, bandoulières, poudre à canon, mèches, salpêtre, balles, piques, épées, morions, casques, cuirasses, hallebardes, javelines, fourreaux de pistolets, baudriers, selles et brides, et tous autres semblables genres d'armes et d'instruments de guerre servant à l'usage des troupes. On en excepte cependant la quantité qui peut être nécessaire pour la défense du navire et de ceux qui en composent l'équipage. Mais tous les effets et marchandises qui ne sont pas nommément spécifiés dans le présent article, passeront librement sans être assujettis à la moindre difficulté, et ne pourront jamais être réputés munitions de guerre ou navales, ni sujets par conséquent à être confisqués.

30. Quoique, par l'art. 29, la contrebande de guerre soit si clairement exprimée, que tout ce qui n'y est pas nommément spécifié, doit être entièrement libre et à l'abri de toute saisie; cependant les hautes-parties contractantes, voulant ne laisser aucun doute sur de telles matières, jugent à propos de stipuler qu'en cas de guerre de l'une d'entre elles contre quelque autre état que ce soit, les sujets de l'autre puissance contractante qui sera restée neutre dans cette guerre, pourront librement acheter ou faire construire pour leur propre compte et en quelque temps que ce soit, autant de navires qu'ils voudront

hez la puissance en guerre avec l'autre partie contractante, sans être assujettis à aucune difficulté de la part de celle-ci, condition que lesdits navires soient munis de tous les documents nécessaires pour constater la propriété légale des sujets de la puissance neutre.

51. Lorsqu'une des deux puissances contractantes sera engagée dans une guerre contre quelque autre état, ses vaisseaux de guerre ou armateurs particuliers auront le droit de faire la visite des navires marchands appartenants aux sujets de l'autre puissance contractante, qu'il rencontreront naviguant sans escorte sur côtes ou en pleine mer. Mais en même temps qu'il est expressément défendu à ces derniers de jeter aucun papier en mer dans un tel cas, il n'est pas moins strictement ordonné auxdits vaisseaux de guerre ou armateurs, de ne jamais s'approcher desdits navires marchands qu'à la distance au plus de la demi-portée du canon; et afin de prévenir tout désordre et violence, les hautes-parties contractantes conviennent que les premiers ne pourront jamais envoyer au-delà de deux ou trois hommes dans leurs chaloupes à bord des derniers, pour faire examiner les passe-ports et lettres de mer qui constateront la propriété et les chargements desdits navires marchands. Et pour mieux prévenir tous accidents, les hautes-parties contractantes sont convenues réciproquement de se communiquer la forme des documents et des lettres de mer, et d'en joindre les modèles aux ratifications.

Mais, en cas que ces navires marchands fussent escortés par un ou plusieurs vaisseaux de guerre, la simple déclaration de l'officier-commandant de l'escorte, que lesdits navires n'ont à bord aucune contrebande de guerre, devra suffire pour qu'aucune visite n'ait lieu.

52. Dès qu'il aura apparu, par l'inspection des documents des navires marchands rencontrés en mer, ou par l'assurance verbale de l'officier commandant leur escorte, qu'ils ne sont point chargés de contrebande de guerre, ils pourront aussitôt continuer librement leur route. Mais si, malgré cela, lesdits navires marchands étoient molestés ou endommagés de quelque manière que ce soit par les vaisseaux de guerre ou armateurs de la puissance belligérante, les commandants de ces derniers répondront en leur personne et en leurs biens de toutes les pertes et dommages qu'ils auront occasionés; et il sera de plus accordé une réparation suffisante pour l'insulte faite au pavillon.

55. En cas qu'un tel navire marchand, ainsi visité en mer,

eût à bord de la contrebande de guerre, il ne sera point permis de briser les écoutilles, ni d'ouvrir aucune caisse, coffre, malle, ballots ou tonneaux, ni déranger quoi que ce soit dudit navire. Le patron dudit bâtiment pourra même, s'il le juge à propos, livrer sur-le-champ la contrebande de guerre à son capteur, lequel devra se contenter de cet abandon volontaire, sans retenir, molester ni indiquer en aucune manière le navire ni l'équipage, qui pourra, dès ce moment même, poursuivre sa route en toute liberté. Mais s'il refuse de livrer la contrebande de guerre dont il seroit chargé, le capteur aura seulement le droit de l'emmener dans un port où l'on instruira son procès devant les juges de l'amirauté, selon les lois et formes judiciaires de cet endroit, et après qu'on aura rendu là-dessus une sentence définitive, les seules marchandises reconnues pour contrebande de guerre seront confisquées, et tous les autres effets non désignés dans l'art. 29 seront fidèlement rendus; il ne sera pas permis d'en retenir quoi que ce soit, sous prétexte de frais ou d'amende.

Le patron d'un tel navire, ou son représentant, ne sera point obligé d'attendre malgré lui la fin de la procédure; mais il pourra se mettre en mer librement avec son vaisseau, tout son équipage et le reste de sa cargaison, aussitôt qu'il aura livré volontairement la contrebande de guerre qu'il avoit à bord.

34. En cas de guerre de l'une des hautes parties contractantes contre quelque autre état, les sujets de ses ennemis qui se trouveront au service de la puissance contractante qui sera restée neutre dans cette guerre, où ceux d'entre eux qui seront naturalisés ou auront acquis le droit de bourgeoisie dans ses états, même pendant la guerre, seront envisagés par l'autre partie belligérante et traités sur le même pied que les sujets nés de la puissance neutre, sans la moindre différence entre les uns et les autres.

35. Si les navires des sujets des hautes parties contractantes échouoient ou faisoient naufrage sur les côtes des états respectifs, on s'empressera de leur donner tous les secours et assistances possibles, tant à l'égard des navires et effets qu'envers les personnes qui composeront l'équipage. A cet effet, on avisera le plus promptement qu'il sera possible le consul ou vice-consul de la nation du navire naufragé, et on lui remettra à lui ou à son agent, la direction du sauvetage; et où il ne se trouveroit ni consul ni vice-consul, les officiers préposés de l'endroit veilleront audit sauvetage, et y procéderont en tous

points de la manière usitée à l'égard des sujets même du pays, en n'exigeant rien au-delà des frais et droits auxquels ceux-ci sont assujettis en pareil cas sur leurs propres côtes, et on procédera de part et d'autre avec le plus grand soin, pour que chaque effet sauvé d'un tel navire naufragé ou échoué soit fidèlement rendu au légitime propriétaire.

36. Les procès et autres affaires civiles concernant les sujets commerçants respectifs seront réglés et jugés par les tribunaux du pays auxquels ressortissent les affaires du commerce des nations avec lesquelles les hautes parties contractantes ont des traités de commerce. Ces tribunaux leur rendront la plus prompte et plus exacte justice, conformément aux lois et formes judiciaires prescrites aux susdits tribunaux. Les sujets respectifs pourront confier le soin de leurs causes à tels avocats, procureurs ou notaires que bon leur semblera, pourvu qu'ils soient avoués par le gouvernement.

37. Lorsque les marchands français et russes feront enregistrer aux douanes respectives leurs contrats ou marchés pour ventes ou achats de marchandises par leur commis, expéditeurs ou autres gens employés par eux, les douanes où ces contrats s'enregistreront devront soigneusement examiner si ceux qui contractent pour le compte de leurs commettans sont munis par ceux-ci d'ordres ou pleins-pouvoirs en bonne forme, auquel cas lesdits commettants seront responsables comme s'ils avoient contracté eux-mêmes en personne ; mais si lesdits commis, expéditeurs ou autres gens employés par les susdits marchands ne sont pas munis d'ordres ou pleins-pouvoirs suffisants, ils ne devront pas en être crus sur leur parole, et quoique les douanes soient dans l'obligation d'y veiller, les contractants ne seront pas moins tenus de prendre garde eux-mêmes que les accords ou contrats qu'ils feront ensemble n'outrepassent pas les termes de procurations ou pleins-pouvoirs confiés par les propriétaires des marchandises, ces derniers n'étant tenus à répondre que de l'objet et de la valeur énoncés dans leurs pleins-pouvoirs.

38. Les hautes parties contractantes s'engagent réciproquement à accorder toute l'assistance possible aux sujets respectifs contre ceux qui n'auront pas rempli les engagements d'un contrat fait et enregistré selon les lois et formes prescrites ; et le gouvernement de part et d'autre emploiera, en cas de besoin, l'autorité nécessaire pour obliger les parties à comparoître en justice dans les endroits où lesdits contrats auront été

conclus et enregistrés, et pour procurer l'exacte et entière exécution de tout ce qu'on y aura stipulé.

39. On prendra réciproquement toutes les précautions nécessaires pour que le brac soit confié à des gens connus par leur intelligence et probité, afin de mettre les sujets respectifs à l'abri du mauvais choix des marchandises et des emballages frauduleux; et chaque fois qu'il y aura des preuves suffisantes de mauvaise foi, contravention ou négligence de la part des bracqueurs ou gens préposés à cet effet, ils en répondront en leur personne et leurs biens, et seront obligés de bonifier les pertes qu'ils auront causées.

40. Les marchands français établis ou qui s'établiront en Russie peuvent et pourront acquitter les marchandises qu'ils y achètent en la même monnoie courante de Russie qu'ils reçoivent pour leurs marchandises vendues, à moins que dans les contrats ou accords faits entre le vendeur et l'acheteur, il n'ait été stipulé le contraire : ceci doit s'entendre réciproquement de même pour les marchands russes établis ou qui s'établiront en France.

41. Les sujets respectifs auront pleine liberté de tenir dans les endroits où ils seront domiciliés, leurs livres de commerce en telle langue qu'ils voudront, sans que l'on puisse rien leur prescrire à cet égard, et l'on ne pourra jamais exiger d'eux de produire leurs livres de compte ou de commerce, excepté pour leur justification en cas de banqueroute ou de procès; mais dans ce dernier cas, ils ne seront obligés de présenter que les articles nécessaires à l'éclaircissement de l'affaire dont il sera question.

42. S'il arrivait qu'un sujet français établi en Russie, ou un sujet russe établi en France, fît banqueroute, l'autorité des magistrats et des tribunaux du lieu sera requise par les créanciers pour nommer les curateurs de la masse, auxquels seront confiés tous les effets, livres et papiers de celui qui aura fait banqueroute. Les consuls ou vice-consuls respectifs pourront intervenir dans ces affaires pour les créanciers et débiteurs de leur nation absents, en attendant que ceux-ci aient envoyé leurs procurations; et il sera donné copie des actes qui pourront intéresser les sujets de leur souverain, afin qu'ils soient en état de leur en faire parvenir la connoissance. Lesdits créanciers pourront aussi former des assemblées pour prendre entre eux les arrangements qui leur conviendront concernant la distribution de ladite masse. Dans ces assemblées, le suffrage de ceux des créanciers qui auront à prétendre aux deux tiers de

la masse sera toujours prépondérant, et les autres créanciers seront obligés de s'y soumettre; mais quant aux sujets respectifs qui auront été naturalisés, ou auront acquis le droit de bourgeoisie dans les états de l'autre puissance contractante, ils seront soumis, en cas de banqueroute, comme dans toutes les autres affaires, aux lois, ordonnances et statuts du pays où ils seront naturalisés.

43. Les marchands français établis ou qui s'établiront en Russie pourront bâtir, acheter, vendre et louer des maisons dans toutes les villes de l'empire qui n'ont pas de privilèges municipaux ou droits de bourgeoisie contraires à ces acquisitions. Toutes maisons possédées et habitées par les marchands français à Saint-Pétersbourg, Moscou, Archangel, Cherson, Sevastopol et Théodosia seront exemptes de tout logement aussi long-temps qu'elles leur appartiendront et qu'ils y logeront eux-mêmes; mais quant à celles qu'ils donneront ou prendront à loyer, elles seront assujetties aux charges et logements prescrits pour ces endroits. Les marchands français pourront aussi s'établir dans les autres villes de l'empire de Russie; mais les maisons qu'ils y bâtiront ou achèteront ne jouiront pas des exemptions accordées seulement dans les six villes dénommées ci-dessus; cependant si S. M. l'impératrice de toutes les Russies jugeoit à propos, par la suite, de faire une ordonnance générale pour acquitter en argent la fourniture des quartiers, les marchands français y seront assujettis comme les autres.

S. M. très-chrétienne s'engage réciproquement à accorder aux marchands russes établis ou qui s'établiront en France la même permission et les mêmes exemptions qui sont stipulées par le présent article en faveur des Français en Russie, et aux mêmes conditions exprimées ci-dessus, en désignant les villes de Paris, Rouen, Bordeaux, Marseille, Cette et Toulon, pour y faire jouir les marchands russes des mêmes prérogatives accordées aux Français dans celles de Saint-Pétersbourg, Moscou, Archangel, Cherson, Sevastopol et Théodosia.

44. Lorsque les sujets de l'une des puissances contractantes voudront se retirer des états de l'autre puissance contractante, ils pourront le faire librement quand bon leur semblera, sans éprouver le moindre obstacle de la part du gouvernement, qui leur accordera, avec les précautions prescrites, les passeports en usage pour quitter le pays et emporter librement les biens qu'ils auront apportés ou acquis, après s'être assuré qu'ils auront satisfait à toutes leurs dettes, ainsi qu'aux droits

fixés par les lois, statuts et ordonnances du pays qu'ils voudront quitter.

45. Afin de promouvoir d'autant mieux le commerce des deux nations, il est convenu que, dans le cas où la guerre surviendroit entre les hautes parties contractantes (ce qu'à Dieu ne plaise), il sera accordé de part et d'autre au moins l'espace d'une année, après la déclaration de guerre, aux sujets commerçants respectifs, pour rassembler, transporter ou vendre leurs effets ou marchandises, pour se rendre, dans cette vue, partout où ils jugeront à propos; et s'il leur étoit enlevé ou confisqué quelque chose sous prétexte de la guerre contre leur souverain, ou s'il leur étoit fait quelque injustice durant la susdite année dans les états de la puissance ennemie, il sera donné à cet égard une pleine et entière satisfaction. Ceci doit s'entendre pareillement de ceux des sujets respectifs qui seroient au service de la puissance ennemie : il sera libre aux uns et aux autres de se retirer dès qu'ils auront acquitté leurs dettes, et ils pourront, avant leur départ, disposer selon leur bon plaisir et convenance, de ceux de leurs effets dont ils n'auroient pu se défaire, ainsi que des dettes qu'ils auroient à prétendre, leurs débiteurs étant tenus de les acquitter comme s'il n'y avoit pas eu de rupture.

46. Le présent traité d'amitié et de commerce durera douze années, et toutes les stipulations en seront religieusement observées de part et d'autre durant cet espace de temps. Mais comme les hautes parties contractantes ont également à cœur de perpétuer les liaisons d'amitié et de commerce qu'elles viennent de contracter, tant entre elles qu'entre leurs sujets respectifs, elles se réservent de convenir de sa prolongation, ou d'en contracter un nouveau avant l'expiration de ce terme.

47. S. M. le roi très-chrétien et S. M. l'impératrice de toutes les Russies s'engagent à ratifier le présent traité, et les ratifications en bonne et due forme en seront échangées dans l'espace de trois mois, à compter du jour de la date de la signature, ou plus tôt si faire se peut.

N° 2309. — ARRÊT *du conseil qui défend de donner le nom de bourreaux aux exécuteurs de haute-justice.*

Versailles, 12 janvier 1787. (R. S. C.)

N° 2310. — RÈGLEMENT *pour l'académie royale de musique* (1).

Versailles, 13 janvier 1787. (R. S. C.)

S. M. s'étant fait représenter l'arrêt de son conseil du 13 mars 1784, portant règlement pour son académie royale de musique, et S. M. s'étant fait rendre compte de l'exécution de l'art. 14 dudit arrêt, en ce qui concerne les ouvrages nouveaux, elle a reconnu qu'il s'est introduit à cet égard quelques abus, auxquels il est nécessaire de remédier. A quoi voulant pourvoir, S. M. a ordonné et ordonne ce qui suit :

1. Il est expressément enjoint au directeur et au comité de l'académie royale de musique, de ne recevoir à l'avenir et de n'établir sur le théâtre de ladite académie, aucun opéra en trois actes et plus, à moins qu'il n'ait l'étendue convenable pour remplir seul la durée ordinaire du spectacle.

2. Il est pareillement défendu au directeur et au comité de ladite académie, d'agréer et d'accepter à l'avenir comme opéra nouveau, aucun poëme lyrique qui puisse être réclamé en tout ou en partie par un autre théâtre, soit pour le fond de l'intrigue, soit pour des scènes entières ou pour des imitations serviles de pièces déjà connues et jouées.

3. Veut S. M. qu'aucun ouvrage lyrique ne soit admis à être répété que lorsqu'il sera entièrement fini dans toutes les parties de chant, d'orchestre et de ballets; faisant S. M. défenses au directeur et au comité de ladite académie, de se prêter en aucune manière à ce que les auteurs et compositeurs qui ont des ouvrages à proposer, n'en présentent que des plans, et à ce qu'ils en fassent faire les essais aux dépens de l'administration de ladite académie : enjoint, etc.

N° 2311. — CONVENTION *additionnelle et explicative du traité de commerce avec l'Angleterre* (2).

Versailles, 15 janvier 1787. (R. S. C. Martens.)

Le roi très-chrétien et le roi de la Grande-Bretagne voulant, conformément aux art. 6 et 43 du traité de navigation et de commerce signé à Versailles le 26 septembre 1786, éclaircir certains points sur lesquels on s'est réservé de convenir : LL. MM. très-chrétienne et britannique, toujours disposées à

(1) V. n° 1872 et 1895, tom. 5 du règne, pag. 353 et 370.
(2) Les lett. pat. portant ratification sont du 28.

resserrer plus particulièrement l'heureuse intelligence qui les unit, ont nommé pour cet effet leurs plénipotentiaires respectifs; savoir, de la part de S. M. très-chrétienne, le sieur comte de Vergennes, ministre et secrétaire d'état ayant le département des affaires étrangères, et chef de son conseil royal des finances; et de la part de S. M. britannique, le sieur Guillaume Eden, membre de ses conseils privés dans la Grande-Bretagne et en Irlande, membre de son parlement britannique, et son envoyé extraordinaire et ministre plénipotentiaire près S. M. très-chrétienne, lesquels, après s'être communiqué leurs pleins-pouvoirs respectifs, sont convenus des articles suivants :

1. LL. MM. ayant statué dans l'art. 6 dudit traité, « qu'on classera les droits sur la quincaillerie et la tabletterie (en anglais, *hard-ware*, *cutlery*, *cabinet-ware* et *turnery*), et sur tous les ouvrages gros et menus de fer, d'acier, de cuivre et d'airain, et que le plus haut droit ne passera pas dix pour cent de la valeur; » il est convenu que la tabletterie (en anglais, *cabinet-ware* et *turnery*), et tout ce qui est compris sous ces dénominations, de même que les instruments de musique, paieront dix pour cent de leur valeur.

Tous les articles composés de fer ou d'acier, purs ou mélangés, ou travaillés ou montés avec d'autres substances, dont la valeur ne sera pas au-dessus de 60 liv. tournois, ou de cinquante schellings le quintal, paieront seulement cinq pour cent de leur valeur; et tous les autres objets, comme boutons, boucles, couteaux, ciseaux, et tous les différents articles compris dans la quincaillerie (en anglais, *hard-ware* et *cutlery*), ainsi que tous autres ouvrages de fer et d'acier, de cuivre et d'airain, purs ou mélangés, ou travaillés ou montés avec d'autres substances, paieront dix pour cent de leur valeur.

Si l'un des deux souverains juge à propos d'admettre lesdits articles, ou quelques-uns seulement de quelque autre nation, à raison de leur utilité, sous un droit plus modéré, il fera participer audit rabais les sujets de l'autre souverain, afin qu'aucune nation étrangère n'ait sur ce point de préférence à leur préjudice.

Par les ouvrages de fer, d'acier, de cuivre et d'airain, on n'entend point le fer en barre, le fer en gueuse (en anglais, *bar-iron* et *pig-iron*), et en général aucune sorte de fer, d'acier, de cuivre ou d'airain, qui sont dans l'état de matière première.

2. LL. MM. ayant aussi statué dans l'art. 6, « que, pour d'autant mieux assurer la perception exacte des droits énoncés au tarif, payables sur la valeur des marchandises, elles conviendront entre elles, non-seulement de la forme des déclarations, mais aussi des moyens propres à prévenir la fraude sur la véritable valeur desdites denrées et marchandises; » il est convenu que chaque déclaration sera donnée par écrit, et signée par le marchand, le propriétaire ou le facteur qui répond des marchandises à leur entrée, laquelle déclaration contiendra un détail exact desdites marchandises et de leurs emballages, des marques, numéros et chiffres, du contenu de chaque ballot ou caisse; attestera qu'elles sont du produit du sol ou des manufactures du royaume d'où elles sont importées; elle fera mention de la juste et véritable valeur desdites marchandises, afin d'en payer les droits en conséquence. Que les officiers de la douane où la déclaration sera faite, auront la liberté de faire telle visite qu'ils jugeront à propos desdites marchandises, à leur descente à terre, non-seulement pour constater les faits exposés dans ladite déclaration, que les marchandises sont le produit du pays y mentionné, et que l'exposé de leur valeur et quantité est exact; mais aussi pour prévenir l'introduction clandestine d'autres marchandises dans les mêmes ballots ou caisses; bien entendu cependant que lesdites visites seront faites avec tous les égards possibles, pour la commodité des commerçants, et pour la conservation desdites marchandises.

Si les officiers des douanes ne sont pas contents de l'estimation faite dans ladite déclaration de la valeur desdites marchandises, ils auront la liberté, avec le consentement du chef de la douane du port, ou de tel autre officier nommé pour cet effet, de prendre lesdites marchandises suivant l'estimation faite par la déclaration, en accordant au marchand ou propriétaire un excédant de dix pour cent, et lui restituant ce qu'il pourroit avoir payé pour les droits sur lesdites marchandises.

Dans ce cas, le montant en sera payé sans délai, par la douane du port, s'il s'agit d'objets dont la valeur n'excède pas 480 liv. tournois ou 20 liv. sterlings, et dans quinze jours au plus tard, si leur valeur excède ladite somme.

Et s'il arrive qu'il y ait des doutes, ou sur la valeur desdites marchandises, ou sur le pays dont elles sont le produit, les officiers de la douane du port donneront leur décision là-dessus avec la plus grande expédition possible, et le temps employé à cet effet n'excédera en aucun cas l'espace de huit jours dans les ports où les officiers ayant la régie principale des droits sont établis, ni celui de quinze jours dans quel autre port que ce soit.

Il est supposé et entendu que les marchandises admises par le présent traité, sont respectivement du cru du sol ou du produit des manufactures des états des deux souverains en Europe.

Pour obliger les commerçants à être exacts dans les déclarations requises par le présent article, ainsi que pour prévenir tout doute qui pourroit s'élever sur la partie de l'art. 10 dudit traité, qui porte que, « s'il y a une omission d'effets dans la déclaration fournie par le maître du navire, ils ne seront pas sujets à la confiscation, à moins qu'il n'y ait une apparence manifeste de fraude, » il est entendu que, dans un tel cas, lesdits effets seront confisqués, à moins que des preuves satisfaisantes ne soient données aux officiers de la douane qu'il n'y avoit aucune intention de fraude.

3. Pour prévenir l'introduction des toiles de coton manufacturées dans les Indes orientales, ou dans d'autres pays, comme si elles l'étoient dans les états respectifs des deux souverains en Europe, il est convenu que les toiles de coton manufacturées dans lesdits états, pour être exportées de l'un chez l'autre respectivement, auront aux deux bouts de chaque pièce, une marque particulière déterminée de concert par les deux gouvernements, tissue avec l'étoffe, de laquelle marque les gouvernements respectifs donneront avis neuf mois d'avance aux manufacturiers, et ladite marque sera changée de temps en temps, selon que le cas l'exigera. Il est aussi convenu que, jusqu'à ce que ladite précaution puisse être mise en effet, lesdites toiles de coton, exportées mutuellement, seront accompagnées d'un certificat des officiers de la douane, ou de tel autre officier nommé à cet effet, pour attester qu'elles ont été fabriquées dans le pays qui les exporte, et aussi qu'elles sont revêtues des marques déjà prescrites dans les pays respectifs, pour distinguer de telles toiles de celles qui viennent d'autres pays.

4. En réglant les droits sur les batistes et les linons, on a entendu que leur largeur n'excédera point, pour les batistes, sept huitièmes de verge, mesure d'Angleterre (environ trois quarts d'aune de France); et pour les linons, une verge et un quart, mesure d'Angleterre (une aune de France); et si dans la suite on en fait d'une largeur qui excède celles-ci, ils paieront un droit de dix pour cent de leur valeur.

5. Il est également convenu que ce qui est stipulé dans

l'art. 18 du traité ne sera pas censé déroger aux privilèges, réglements et usages déjà établis dans les villes ou ports des états respectifs des deux souverains. Et aussi que, par l'art. 25 dudit traité, on n'entend point qu'il ait rapport à autre chose, sinon aux vaisseaux suspects de porter, en temps de guerre, aux ennemis de l'une ou de l'autre des hautes-parties contractantes, des articles défendus, appelés de *contrebande*; et ledit article ne pourra empêcher les visites des officiers des douanes, pour prévenir le commerce illicite dans les états respectifs.

6. LL. MM. ayant statué, par l'art. 43 dudit traité, de déterminer la nature et l'étendue des fonctions des consuls, « et qu'une convention relative à cet objet seroit faite immédiatement après la signature du présent traité, et seroit censée en faire partie; » il est convenu qu'on rédigera cette convention ultérieure dans l'espace de deux mois, et qu'en attendant, les consuls généraux, les consuls et les vice-consuls se conformeront aux usages déjà pratiqués relativement au consulat, dans les états respectifs des deux souverains; et qu'ils auront tous les privilèges, droits et immunités que leur qualité suppose, et qui sont donnés aux consuls généraux, consuls et vice-consuls de la nation la plus favorisée.

7. Il sera libre aux sujets de S. M. britannique de poursuivre en France leurs débiteurs, pour le recouvrement de dettes contractées dans les états de sadite M. ou ailleurs en Europe, et d'y intenter action contre eux, en se conformant aux voies de droit usitées dans le royaume; bien entendu que le même usage aura lieu pour les Français dans les états européens de S. M. britannique.

8. Les articles de la présente convention seront ratifiés et confirmés par S. M. très-chrétienne et par S. M. britannique, dans un mois, ou plus tôt, si faire se peut, après l'échange des signatures entre les plénipotentiaires.

Nº 2312. — LETTRES PATENTES *portant établissement d'une manufacture royale d'horlogerie à Paris.*

Versailles, 17 janvier 1787. Reg. en la cour des monnoies le 31. (R. S. C.)

Nº 2313. — ARRÊT *du conseil concernant la manufacture royale et autres manufactures de porcelaine du royaume* (1).

Versailles, 17 janvier 1787. (R. S. C.)

Vu par le roi, étant en son conseil, l'arrêt rendu en icelui

(1) V. nº 1922, tom. 5 du règne, pag. 406.

le 16 mai 1784, portant confirmation des privilèges accordés à la manufacture royale de porcelaines de France, et règlement pour les autres manufactures de porcelaines établies dans le royaume; vu pareillement les mémoires et représentations des entrepreneurs de celles desdites manufactures qui existent tant dans la ville que dans les faubourgs de Paris, particulièrement de ceux de la manufacture dite d'*Angoulême* : et S. M. considérant que si quelques-uns de ces derniers établissements se sont distingués par le succès de leurs efforts, et la faveur que le public accorde à leurs ouvrages, il en est d'autres qui languissent, et qu'en général leur nombre est devenu trop considérable, elle auroit jugé nécessaire de le restreindre, et de fixer en même temps d'une manière plus précise les modifications que les circonstances paroissent exiger dans l'exercice des privilèges accordés à la manufacture royale de France. A quoi voulant pourvoir : ouï le rapport, etc. ; le roi étant en son conseil, a ordonné et ordonne ce qui suit :

1. Tous les entrepreneurs de manufactures de porcelaines, établies tant dans la ville et faubourgs de Paris que dans la distance de trente lieues de ladite ville, autres que ceux dont les établissements ont été formés antérieurement au 16 mai 1784, seront tenus de remettre entre les mains du contrôleur général des finances les titres en vertu desquels ils se sont établis, et ce dans le délai de trois mois, à compter de la date du présent arrêt; passé lequel délai ils ne pourront, sous quelque prétexte que ce puisse être, continuer l'exploitation de leur établissemennt jusqu'à ce qu'il en soit autrement ordonné. Fait S. M. très-expresses inhibitions et défenses à toutes personnes d'en former de pareils à l'avenir sans y avoir été spécialement autorisées par arrêt rendu en son conseil, sur le rapport qui lui sera fait par son contrôleur général des finances, après avoir pris l'avis du commissaire de S. M. pour la manufacture royale de porcelaines de France, à qui la demande sera communiquée.

2. Toute personne qui ayant obtenu, même antérieurement au 16 mai 1784, la permission d'établir une manufacture de porcelaines, n'en aura pas fait usage, ou qui, après l'avoir établie, en aura cessé l'exploitation, ne pourra la reprendre sans y être autorisée de la manière et dans la forme ci-dessus prescrite.

5. Fait S. M. inhibitions et défenses aux entrepreneurs des manufactures établies antérieurement à ladite époque du 16 mai 1784, et qui sont actuellement en activité, de céder et

transporter le droit qu'elle leur accorde d'en continuer l'exploitation à d'autres qu'à leurs enfants et descendants en ligne directe, à moins que les personnes auxquelles ils se proposent de faire lesdites cessions et transports n'aient préalablement obtenu un arrêt qui les autorise à exploiter lesdits établissements.

4. Fait pareillement défenses S. M. à tous entrepreneurs de manufactures de porcelaines de fabriquer aucuns des objets réservés à la manufacture royale par l'arrêt du 16 mai 1784, à moins qu'ils n'en aient valablement obtenu la permission, laquelle ne pourra leur être accordée qu'après que la perfection de leur fabrication aura été constatée dans un concours qui aura lieu tous les ans à cet effet, en présence des commissaires choisis par S. M.; et néanmoins les manufactures de la reine, de Monsieur, de M. le comte d'Artois et de M. le duc d'Angoulême seront reconnues dès à présent comme ayant satisfait à ladite épreuve, et jouiront en conséquence de ladite permission, sauf et excepté que lesdites manufactures, ni aucune autre établie ou qui pourroit s'établir par la suite, ne pourront fabriquer aucuns ouvrages à fonds d'or ni aucuns ouvrages de grand luxe, tels que les tableaux de porcelaine et les ouvrages de sculpture, soit vases, figures ou groupes excédant dix-huit pouces de hauteur, non compris les socles, lesquels demeureront réservés à la manufacture royale de porcelaine de France exclusivement à toute autre.

5. Défend S. M. à tous entrepreneurs de manufactures de porcelaines établies dans son royaume, de contrefaire aucunes figures, groupes et animaux de porcelaine qui auroient été fabriqués dans sa manufacture de France, à peine de saisie, confiscation et de 3,000 liv. d'amende; leur enjoint expressément de mettre sur chacune des pièces qu'ils fabriqueront une marque très-distinctement énonciative de la dénomination de leur fabrique et de leur demeure.

6. Lesdits entrepreneurs seront tenus de faire travailler dans les ateliers de leurs manufactures tous les ouvriers qu'ils emploieront, et ne pourront, sous quelque prétexte que ce puisse être, donner aucun ouvrage à travailler en ville.

7. Fait pareillement défenses aux faïenciers, colporteurs ou autres particuliers de faire monter des moufles pour cuire des couleurs sur des porcelaines; comme aussi de tenir en magasin, vendre ou colporter aucunes marchandises non marquées; de contrefaire ou d'altérer les marques dont elles auroient été

revêtues, et ce à peine de 3,000 liv. d'amende, d'interdiction de leur commerce, et même de prison.

8. Fait également défenses S. M., sous peine de 3,000 liv. d'amende, auxdits faïenciers, colporteurs et autres, de faire peindre ou décorer aucunes marchandises blanches provenant, soit de la manufacture de France, soit de tout autre établissement pareil, comme aussi de cuire ou faire cuire dans leurs fours aucunes figures imitant le biscuit.

9. Maintient au surplus S. M. sa manufacture royale de porcelaines de France dans les droits et privilèges qui lui ont été accordés par les arrêts et réglements précédemment rendus, lesquels seront exécutés dans toutes leurs dispositions qui ne seront point contraires à celles du présent arrêt.

N° 2314. — LETTRES PATENTES *portant abolition du droit d'aubaine en faveur des sujets du roi d'Angleterre* (1).

Versailles, 18 janvier 1787. Reg. au parlement de Paris le 31 mars; de Grenoble le 26 avril. (R. S. C. Gaschon, pag. 11.)

LOUIS, etc. Ayant conclu un traité de commerce et de navigation avec notre très-cher et très-amé frère le roi de la Grande-Bretagne pour faciliter et augmenter les relations de commerce et autres entre nos sujets respectifs, et désirant d'établir des principes fixes et certains concernant l'abolition du droit d'aubaine, dans les cas où quelque succession écherroit aux sujets de notredit frère dans nos états en Europe, nous n'avons pas voulu différer de faire connoître nos intentions à cet égard. A ces causes, etc.

1. Nous avons aboli et abolissons, en faveur des sujets de notre très-cher et très-amé frère le roi de la Grande-Bretagne, le droit connu sous le nom de droit d'aubaine, relativement aux successions mobiliaires et immobiliaires, qui, soit par testament, soit *ab intestat*, pourront s'ouvrir en leur faveur, dans nos états situés en Europe.

2. En conséquence, il sera permis à tous les sujets du roi de la Grande-Bretagne, tant commerçants qu'autres, sans aucune distinction, qui voyageront, séjourneront ou seront domiciliés dans le royaume, de léguer ou donner, soit par testament, par donation ou autre disposition quelconque, reconnue

_____

(1) V. code civil, art. 11, 726, 912; loi du 14 juillet 1819.

valable et légitime dans le lieu où lesdites dispositions auront
été faites, toutes les marchandises, effets, argent, dettes
actives et autres biens mobiliers et immobiliers qui se trouveront ou devront leur appartenir en France au jour de leur
décès.

3. Pareillement si quelque sujet de notredit frère, soit qu'il
ait été domicilié en France ou qu'il n'y eût fait qu'un séjour
passager, venoit à y décéder *ab intestat*, ses héritiers légitimes
pourront y recueillir librement sa succession, non-seulement
dans le cas où ils voudront s'établir en France, mais aussi dans
celui où ils voudront transporter lesdits biens et effets ou leur
valeur hors du royaume.

4. Lesdits sujets du roi de la Grande-Bretagne, leurs procureurs et mandataires, et leurs tuteurs et curateurs, pourront réclamer lesdits biens et effets, se les faire remettre, les
régir et administrer, et donner toutes décharges valables, en
justifiant seulement de leurs titres et qualités.

5. Lorsqu'il s'élèvera des contestations sur la validité d'un
testament ou d'une autre disposition, elles seront décidées par
les juges compétents des endroits où le testateur ou l'auteur
desdites dispositions sera décédé, conformément aux lois, statuts et usages reçus et autorisés dans le lieu où lesdites dispositions auront été faites, soit que ce lieu dépende de notre domination, ou qu'il soit soumis à une domination étrangère; en
sorte que si lesdits actes se trouvent revêtus des conditions et
des formalités requises pour leur validité dans le lieu de leur
confection, ils auront leur plein effet, quand même ces actes
seroient soumis dans le royaume à des formalités plus grandes
et à des règles différentes qu'ils ne le sont dans le pays où ils
auront été rédigés.

6. Si quelque sujet de notredit frère se présentant dans notre
royaume comme héritier légitime d'un autre de ses sujets mort
ab intestat, cette qualité lui étoit contestée, le différend sera
décidé, s'il est question d'une succession mobiliaire, par le
juge du lieu du domicile, conformément aux lois de la Grande-
Bretagne, et quant aux successions immobiliaires, suivant les
lois, us et coutumes du lieu où l'immeuble est situé.

7. Pour donner à notredit frère une nouvelle preuve de l'intention où nous sommes de resserrer de plus en plus les liaisons
d'amitié et de bonne correspondance, si heureusement rétablie
entre nous, et d'en faire rejaillir les effets sur ses sujets, nous
permettons à sesdits sujets d'acquérir des maisons et biens-
fonds dans notre royaume, à condition par eux de se confor-

mer aux règles y établies par rapport à la possession desdits biens, relativement auxquels ils seront traités comme nos sujets naturels, tant en ce qui leur sera favorable que quant aux charges et conditions qui peuvent leur être imposées. Il leur sera de même libre de vendre lesdits biens quand et comme ils le jugeront à propos, en se conformant aux droits et usages établis.

8. Les déclarons habiles à recueillir les successions, héritages et biens qui leur seront laissés par testament ou *ab intestat* par nos sujets; voulons qu'à cet égard il ne soit fait aucune différence entre eux et nosdits sujets, et qu'en cas de contestation, lesdites successions, héritages et biens qui leur auront été laissés dans les terres et pays de notre domination en Europe, soient adjugés à ceux à qui ils devront appartenir, soit par la loi du sang, soit par testament, suivant les us et coutumes du lieu où lesdites successions seront ouvertes.

9. Voulons et ordonnons qu'il ne soit perçu, pour notre compte, aucun droit de retenue ou de détraction sur la succession des sujets de la Grande-Bretagne qui décéderont en France; défendons aux seigneurs hauts-justiciers d'exiger aucun droit et détraction, ni aucun autre, sur la succession de ceux qui seront décédés dans leur justice.

10. Les successions de nos sujets qui écherront à des sujets de notredit frère, seront soumises seulement à la retenue, au profit de notre domaine, de 10 pour 100 de la valeur de ladite succession, sous le titre de *denier de détraction*; le tout sans préjudice des seigneurs hauts-justiciers ou autres qui justifieront, par titres valables, que ledit droit de détraction leur appartient.

11. N'entendons porter, par ces présentes, aucune atteinte aux lois et réglements subsistants dans notre royaume concernant l'émigration de nos sujets, lesquels continueront d'être exécutés suivant leur forme et teneur.

12. Voulons que le contenu en nos lettres sorte son plein et entier effet, à compter du 1er janvier de la présente année, et ce, nonobstant toutes lois, statuts, édits, coutumes ou droit d'aubaine à ce contraires, auxquels nous avons dérogé et dérogeons en tant que besoin seroit. Si donnons en mandement, etc.

N° 2315. — ARRÊT *du conseil sur la marque des toiles* (1).

Versailles, 19 janvier 1787. (R. S. Mars, tom. 1, pag. 598.)

Sur ce qui a été représenté au roi, étant en son conseil, que dans plusieurs lieux de fabriques du royaume les marchands sont dans l'usage abusif de mettre sur les toiles qu'ils ont dans leurs boutiques et magasins une marque portant leur nom, celui du lieu de leur demeure avec les lettres *F A B*; et que sous cette indication vague, qui ne signifie ni fabrique ni fabricant, on fait passer dans le commerce, comme provenant d'une fabrique accréditée, des marchandises d'une fabrique inférieure, S. M. a cru devoir prendre des mesures propres à assurer à chacune la réputation qu'elle s'est acquise, et à empêcher que le consommateur ne soit trompé. À quoi voulant pourvoir; ouï le rapport, etc.; le roi étant en son conseil, a ordonné et ordonne ce qui suit :

1. Les lettres patentes des 5 mai 1779 et 28 juin 1780 seront exécutées selon leur forme et teneur; en conséquence tous les fabricants seront tenus d'appliquer sur les toiles par eux fabriquées une marque portant en caractères distincts et lisibles leurs noms, leurs surnoms, et celui du lieu de leur demeure, sans aucune abréviation, à peine de 50 liv. d'amende. Fait défenses S. M. à tous marchands ou négociants de mettre sur lesdites toiles aucunes marques, de quelque nature que ce puisse être, et notamment les mots *fabrique* ou *fabricant* en abrégé ou en toutes lettres, à peine de saisie et confiscation des toiles et de 100 liv. d'amende.

2. Tout fabricant sera tenu, dans le délai de trois mois à compter de la date du présent arrêt, de représenter aux gardes, jurés ou préposés chargés du service du bureau où il est dans l'usage de faire marquer les toiles de sa fabrique la marque qu'il y applique, pour, par lesdits gardes, jurés ou préposés, être pris une empreinte de ladite marque sur un registre à ce destiné, et y avoir recours au besoin; pourront néanmoins lesdits fabricants changer leur marque toutes et quantes fois ils jugeront à propos, en consignant sur le registre du bureau de visite une empreinte de leur nouvelle marque.

3. Enjoint S. M. aux sieurs intendants et commissaires départis dans les différentes généralités du royaume, aux juges

_____

(1) V. n°ˢ 1092 et 1372, tom. 4 du règne, pag. 77 et 357.

des manufactures, inspecteurs et sous-inspecteurs, gardes, jurés ou préposés, de tenir, chacun en droit soi, la main à l'exécution du présent arrêt, qui sera imprimé, lu, publié et affiché partout où besoin sera, et sur lequel toutes lettres patentes nécessaires seront expédiées.

N° 2316. — ARRÊT *du conseil qui ordonne que les inspecteurs des manufactures de toutes les provinces et généralités du royaume, auront entrée, séance et voix délibérative en toutes les assemblées concernant lesdites manufactures, tant en jugement que dehors; à la charge par eux, si fait n'a été, de prêter serment par-devant les juges des manufactures* (1).

Versailles, 27 janvier 1787. (R. S.)

N° 2317. — RÉGLEMENT *concernant les élèves de la marine* (2).

Versailles, 28 janvier 1787. (R. S. C.)

S. M. ayant réglé, par son ordonnance du 1er janvier 1786, portant création des élèves de la marine, que les gardes du pavillon amiral et de la marine existants à cette époque, seroient conservés dans la nouvelle formation, en qualité d'élèves de la première classe; et ne voulant pas néanmoins que cette grace qui leur a été accordée, dispense ceux d'entre eux qui ne sont pas suffisamment instruits, d'acquérir les connoissances pratiques que l'ordonnance exige des élèves de la première classe, elle a jugé à propos d'établir que les élèves qui sont des promotions des années 1782, 1783 et suivantes, seront assujettis à suivre successivement tous les travaux des ateliers des ports, et subiront ensuite des examens sur les différents objets d'instruction auxquels ils auront été appliqués; en conséquence, elle a chargé les commandants des ports de faire exécuter le réglement suivant :

1. Les élèves de la première classe des promotions de 1782, 1783 et suivantes, présents aux départements, seront répartis par les commandans des ports, dans les différents ateliers des trois directions, et seront attachés successivement à tous les ateliers pour en suivre les travaux.

2. Lesdits élèves seront tenus de se rendre dans le port à huit heures et demie du matin en hiver, et à huit heures en été, et

____

(1) V. a. d. c. 29 mai 1691; instruction générale donnée aux commis préposés à l'inspection des manufactures, 1680.
(2) V. décret du 11 septembre 1810, sur les aspirants.

n'en sortiront qu'à onze heures du matin. Ils s'y rendront pareillement le soir à deux heures, et n'en sortiront qu'à quatre heures en hiver, et à cinq heures en été.

3. Ils seront alors sous l'autorité des directeurs et sous-directeurs des détails auxquels ils seront attachés. Lesdits directeurs et sous-directeurs veilleront à ce que les élèves soient assidus aux travaux et emploient utilement leur temps pour acquérir les connoissances relatives à leur direction. Les commandants d'escadres, et sous leurs ordres, les majors d'escadres qui sont particulièrement chargés de veiller à la conduite desdits élèves tiendront soigneusement la main à ce qu'ils se rendent exactement dans le port aux heures qui ont été ci-dessus prescrites; et les directeurs et sous-directeurs s'assureront par eux-mêmes, si les élèves destinés pour leur direction y sont présents; et en cas d'absence de quelqu'un desdits élèves, ils en feront prévenir le commandant de son escadre.

4. Les commandants des ports nommeront dans chaque atelier, ou feront nommer, par les directeurs, des maîtres ou autres personnes qui seront chargés particulièrement d'expliquer aux élèves les parties des travaux de leur atelier, et de leur donner toutes les instructions et éclaircissements dont ils auront besoin. Les directeurs et sous-directeurs veilleront à ce que lesdits maîtres remplissent avec zèle et assiduité ce qui leur aura été prescrit à cet égard, et se feront rendre compte par eux du progrès des élèves.

5. Les élèves seront attachés successivement aux trois directions du port, des constructions et de l'artillerie.

6. Ceux qui seront attachés à la direction du port, suivront successivement les ateliers de la garniture, de la corderie, de la voilerie, de la tonnellerie et de la poulierie, ainsi que les mouvemens journaliers du port,

Les élèves attachés à la garniture étudieront toutes les parties du gréement, les différents nœuds et amarrages, la longueur que doivent avoir les manœuvres, la manière de fourrer les manœuvres dormantes et d'estroper les poulies.

Ceux employés à la corderie s'occuperont à connoître les différentes qualités du chanvre, la manière de le peigner, de le filer et de goudronner le fil de carret, la diminution du poids du chanvre après qu'il est peigné, la quantité de goudron qu'il prend, la fabrication de chaque espèce de cordage et la quantité de commettage qu'on lui donne. Ils s'instruiront pareillement des expériences qui font connoître le degré de force de chaque cordage.

Les élèves employés à la voilerie s'appliqueront à connoître la qualité de toiles, leur trame, le poids qu'elles doivent avoir, la quantité de fils qui doit entrer dans la chaîne, les toiles dont on fait les basses voiles, les huniers, les perroquets et les menues voiles, la coupe qu'on leur donne, leurs surfaces, la hauteur de chaque ris, la grosseur des ralingues, l'endroit où doivent être frappées les pattes de bouline, les palanquins, les cargues-points, cargues-fonds et fausses cargues; la quantité de toile qui entre dans chaque espèce de voile, pour tous les rangs de bâtiment, et ce qu'il faut de fil pour les coudre.

Ceux employés à la tonnellerie s'occuperont à connoître la qualité du merrain dont on fait les meilleures pièces, les proportions que doivent avoir les longailles et les foncailles, la quantité de cercles qu'on emploie à chaque pièce, leur poids et le poids total des pièces; le prix auquel elles reviennent, la quantité de journées d'ouvriers nécessaire pour faire chaque pièce de différente espèce, et le nombre de ceux qui peuvent être employés en même temps à une pièce.

Les élèves employés à la poulierie s'instruiront sur l'espèce et la qualité du bois qu'on emploie à faire les caisses, rouets et essieux de poulies, sur les différentes espèces de poulies, sur leur usage, sur la manière de ferrer celles qui le sont, le poids du fer qu'on y met, et en général le poids de chaque espèce de poulie. Ils s'instruiront pareillement sur l'espèce et la qualité du bois qu'on emploie pour les pompes, sur la manière de les ferrer, sur les différentes pompes dont on fait usage, et sur les prix auxquels elles reviennent, ainsi que les différentes espèces de poulies.

Les élèves seront tenus, indépendamment de leurs occupations ordinaires dans les ateliers ci-dessus, d'assister à toutes les mises des bâtiments, soit du port dans la rade, soit de la rade dans le port, suivant les ordres du directeur du port qui aura soin de désigner à cet effet un certain nombre à toutes leurs entrées ou sorties des bassins; à tous les mâtages ou démâtages, à toutes les carènes, soit sur l'eau, soit dans les bassins, ayant soin principalement de suivre la mise des apparaux pour abattre sur l'eau. Ils suivront pareillement les amarrages ou démarrages des bâtiments dans le port, s'instruiront de la quantité d'eau qu'il y a dans les différents postes qu'occupent les vaisseaux à haute et basse mer, dans les grandes, moyennes et mortes-eaux, et connoîtront les sondes et courans de la rade, ainsi que l'établissement de la marée.

7. Les élèves employés dans la direction de la construction

suivront les bâtiments en construction, les refontes et radoubs, l'atelier des mâtures, des hunes et des cabestans, les forges et la recette des bois.

Ils s'appliqueront à connoître la nomenclature des principales pièces qui forment la carcasse des bâtiments, leurs liaisons entre elles, leurs dimensions ordinaires, selon les rangs des bâtiments et l'épaisseur du bordage et vaigrage, la qualité du bois, ce à quoi chaque pièce peut être propre, selon sa configuration; le prix du pied cube de bois droit, de bois tors et des courbes, selon leurs différents usages; l'espèce et la qualité du bois propre pour faire les meilleurs gournables, et la quantité qu'il en entre dans chaque bâtiment, le poids du pied cube de bois, la quantité de fer, l'espèce et la proportion des chevilles, clous, courbes, crocs, pitons, etc. Ils assisteront exactement au tracé des plans dans la salle des gabarits. Ils verront quelle est la quantité d'étoupes qu'on met dans les coutures des bâtimens neufs, selon l'épaisseur des bordages; la manière de faire remplir et pataracer les coutures et les écarts; et lorsqu'il devra être lancé un vaisseau à l'eau, ils suivront avec la plus grande attention, tout le travail de l'appareil.

Dans les refontes et radoubs, les élèves s'instruiront de la manière d'acorer les bâtiments sur les chantiers, des moyens qu'on employe pour ôter ou diminuer leur arc, des nouvelles liaisons qu'on y ajoute; et enfin tout le travail des refontes.

Ceux qui seront employés à l'atelier de la mâture, suivront le travail des pièces d'assemblage qui doivent composer les bas mâts ou basses vergues, et la manière de faire les adents. Ils apprendront à connoître la qualité que le bois doit avoir pour faire la meilleure mâture, et s'instruiront des proportions des mâts et vergues pour les différents rangs de vaisseaux; la qualité et les proportions des cercles de fer qu'on y employe, et la manière de les forger et billarder. Ils s'instruiront pareillement du prix des mâts, suivant leurs proportions et de la manière de les mesurer; de la quantité d'ouvriers nécessaire pour faire un mât d'assemblage ou autre, et du temps qu'ils doivent y employer. Les élèves suivront également les ateliers des hunes et des cabestans.

Ceux qui seront attachés aux forges des constructions, s'appliqueront à connoître la qualité du fer, son emploi, sa valeur, et ce qu'un feu peut fabriquer de chaque espèce d'ouvrage dans un jour, ainsi que le charbon qu'il consomme et la quantité d'ouvriers qu'il employe.

Enfin, les élèves employés à la recette des bois s'appliqueront à connoître l'espèce et la qualité des bois, la manière de s'assurer de leur bonté, et les causes de rebut ou d'admission; la manière de les distinguer en différentes classes, suivant leurs dimensions; ce à quoi chaque pièce est propre, et sa valeur selon sa configuration, dimension ou espèce.

8. Les élèves attachés à la direction de l'artillerie suivront les exercices de théorie et pratique, et s'instruiront des proportions des canons de chaque calibre, des diamètres des boulets et des proportions des mitrailles, de la manière de fabriquer les artifices des charges d'épreuve et de combat, du nombre d'hommes nécessaire pour servir un canon de chaque calibre, de tout ce qui entre dans la garniture d'un canon, tant en poulies qu'en palans et braques, et du poids de cette garniture, de la manière d'embarquer les pièces, de les débarquer, de les remonter sur les affûts et de dégager les lumières.

Ils s'appliqueront à connoître l'espèce et la qualité du bois propre à faire les flasques, essieux et rouets d'affûts, les proportions de toutes les parties de l'affût, suivant les différents calibres, ainsi que leur assemblage, leurs liaisons et leur poids, tant en bois qu'en fer, enfin la quantité de journées nécessaire pour faire un affût de chaque calibre; le nombre d'ouvriers qui peuvent être employés en même temps au même affût, et le prix auquel chaque affût revient.

Ils suivront le travail des forces de l'artillerie, connoîtront la quantité des différentes pièces de fer qui peut se fabriquer en un jour par chaque feu, la quantité de charbon consommée et enfin le prix de chaque pièce fabriquée.

Ils suivront aussi tous les travaux et mouvements d'artillerie dans le port et l'entretien des armes, et apprendront à connoître leur qualité, leur poids et leur valeur.

9. Lorsqu'un élève aura suivi tous les ateliers d'une direction, et que, d'après les comptes rendus au directeur, il se trouvera suffisamment instruit de tous les travaux de chaque atelier, il en demandera un certificat audit directeur pour le présenter au commandant de son escadre, lequel le présentera à son tour au commandant du port et celui-ci nommera des officiers ou autres pour examiner ledit élève en sa présence, et s'il le juge suffisamment instruit, il lui en délivrera un certificat et lui donnera l'ordre de suivre les travaux d'une autre direction.

10. S. M. charge le commandant et le directeur général de chaque port de veiller à ce que les directeurs et sous-directeurs

des détails, et les commandants et majors des escadres exécutent avec zèle et exactitude les articles du présent règlement, chacun en ce qui le concerne.

N° 2518. — RÉGLEMENT *sur l'entretien et la conservation des vaisseaux, et sur le service des officiers de marine dans les ports.*

Versailles, 28 janvier 1787. (R. S. C.)

L'intention de S. M. étant de charger spécialement les officiers répartis dans les différentes escadres entretenues dans les ports de Brest, Toulon et Rochefort, de l'entretien, la garde et la conservation des vaisseaux affectés à chacune de ces mêmes escadres, et d'assigner auxdits officiers les fonctions qu'ils auront à remplir dans ses arsenaux, elle a ordonné et ordonne ce qui suit :

1. Les vaisseaux seront, autant qu'il se pourra, amarrés par les deuxièmes et troisièmes sabords de l'arrière, plutôt que par les écubiers et sabords de poupe, afin de soulager ces parties. L'officier de port et le maître entretenu, nommés pour la visite des vaisseaux de chaque escadre, visiteront journellement les amarres.

2. Les câbles et chaines d'amarrage seront visités deux fois par an, par un officier de port, en présence d'un officier de l'escadre dont dépendra l'amarrage : on renouvellera leurs fourrures ; et si les câbles paroissent échauffés, on les changera et on en mettra d'autres à la place.

3. Dans le port de Brest, on placera les vaisseaux par escadre, ainsi qu'il est prescrit par *l'article 7* de l'ordonnance concernant la division des forces navales : lorsque les vaisseaux seront amarrés deux à deux, on observera qu'il y ait entre eux la distance que le local pourra permettre, pour faciliter la circulation de l'air.

Dans le port de Rochefort, on placera autant que faire se pourra, sur le même amarrage un vaisseau, une frégate et une corvette de la même escadre ; les corps morts seront supportés par le vaisseau.

On continuera de suivre dans le port de Toulon, l'usage qui y est établi et que nécessite le local, en observant de réunir les vaisseaux et frégates de la même escadre.

4. Tous les bâtiments désarmés dans le port, seront munis de baches, de seaux de cuir ou de bois et de bailles, pour parer aux accidents du feu. Ils seront en outre munis d'une pompe

portative qui sera tenue en état, et visitée chaque jour par le maître calfat de l'escadre, préposé à cette visite, en présence de l'officier qui doit y assister, ainsi qu'il sera réglé ci-après.

5. Il sera établi dans les ports de Toulon et de Rochefort, cinq bateaux à pompes, pareils à ceux de Brest, pour servir à arroser les vaisseaux. Ces bateaux seront distribués de la manière la plus convenable, pour l'usage auquel on les destine, et pour les besoins journaliers.

6. Les vaisseaux, frégates et autres bâtiments qui auront navigué dans les mers chaudes, et qui viendront désarmer dans les ports de Toulon et de Brest, seront chauffés, calfatés et brayés huit jours au plus tard après leur arrivée, s'ils ne sont pas doublés en cuivre, afin de faire périr les vers qui auroient piqué leur carène. Le port de Rochefort, dont la rivière a la propriété de détruire les vers, sera excepté de cette disposition.

7. Les vaisseaux, frégates, corvettes et autres bâtiments désarmés dans le port, et qui ne seront point doublés en cuivre, seront carénés, savoir; à Brest, tous les trois ans; à Toulon, tous les quatre ans; et à Rochefort, tous les cinq ans. Le directeur du port tiendra un registre sur lequel sera inscrite l'époque à laquelle chaque bâtiment aura reçu une carène de port.

8. Les vaisseaux, frégates, corvettes et autres bâtiments désarmés dans le port, seront calfatés au mois d'octobre et au mois d'avril de chaque année. Ils seront peints ou goudronnés à ces mêmes époques. Le commandant d'escadre aura soin de requérir l'exécution de cette disposition.

9. Pour obvier autant qu'il sera possible à l'arc que prennent les bâtiments désarmés, le directeur de port les tiendra toujours : savoir; le vaisseau à trois ponts, à 10 pieds de batterie; ceux de 80, à 8 id.; ceux de 74, à 7 id. 6 pouces; les frégates de 18, à 8 id.; celles de 12, à 7 id. 6 pouces.

Le directeur des constructions réglera la distribution du lest dans la cale, et aura soin de faire placer sur l'étrave et sur l'étambot des vaisseaux et frégates des taquets qui indiquent le point où ils doivent être calés, et les commandants de l'escadre veilleront à ce que ces dispositions soient exactement suivies.

10. Les affûts de chaque bâtiment désarmé seront placés de chaque bord debout dans les entreponts, les uns à côté des autres et éloignés de six pieds des sabords. Ils seront peints tous les trois ans.

11. On observera avec attention de ne laisser à bord des vaisseaux désarmés aucuns fardeaux qui pourroient les charger dans les hauts.

12. Les vaisseaux et frégates seront soutenús sur les ponts et dans les entreponts, par des étançons ou épontilles, placés de distance en distance sous les baux.

13. Tous les vaisseaux, frégates et corvettes de chaque escadre seront démâtés à leurs désarmements dans les ports, et leurs mâts seront placés avec soin dans des magasins bien aérés, à l'abri de l'humidité et de l'ardeur du soleil. Les flûtes et gabarres resteront mâtées; mais leurs mâts seront visités de temps à autre avec la plus grande attention; on en ôtera les coins afin de faciliter la circulation de l'air dans la partie comprise dans l'étambrai, et la tête en sera couverte, de manière que l'eau ne puisse pénétrer par les cercles et roustures.

14. Toutes les menues mâtures, ainsi que les barres, chouquets de hune et de perroquets appartenants aux vaisseaux et autres bâtiments désarmés, qui, à défaut d'emplacement, ne pourront pas être déposés dans les magasins particuliers, resteront à bord de leurs bâtiments respectifs, où on les placera le plus à l'abri possible des injures de l'air, et où ils seront soigneusement visités par les officiers de service de l'escadre de laquelle lesdits bâtiments feront partie.

15. Il ne sera conservé que deux pompes montées à bord des vaisseaux désarmés; les autres seront ôtées de leurs places pour être placées dans les entreponts ou sous les gaillards.

16. Les chaloupes et canots seront toujours conservés à bord des bâtiments auxquels ils appartiennent et recouverts d'un prélart pour les préserver de l'humidité et de la pluie. Les officiers de service de chaque escadre veilleront à leur conservation. Le directeur du port sera chargé de celle de tous les autres canots et chaloupes destinés pour le service journalier du port.

17. On fera ajouter à l'ouverture des dalots de chaque bâtiment des bouts de jumelles ou gouttières qui aient assez de saillie pour que les eaux du pont en s'écoulant ne tombent pas sur les côtés du vaisseau; on adaptera une manche de toile à chacune desdites gouttières. Le cul-de-lampe des bouteilles sera enlevé et les portes en resteront fermées.

18. Les écoutilles du premier pont seront toujours tenues ouvertes, afin de laisser un libre passage à l'air dans toutes les parties intérieures du vaisseau, et elles seront entourées de garde-corps pour prévenir les accidents. Celles du second pont

seront pareillement tenues ouvertes, et il y sera établi par-
dessus des dos d'ânes, formés de planches et couverts de
prélarts.

19. Il sera établi au pied de chaque mât des manches à vent
pour faciliter la circulation de l'air dans la partie intérieure
du vaisseau; à cet effet, on ouvrira les cloisons des soutes à
pain et à poudre et toutes autres cloisons pleines.

20. Les sabords de la seconde batterie et autres qui n'auront
point de mantelets, seront fermés par des panneaux en planches, afin d'empêcher les eaux de pluie de tomber sur les
feuillets et de pourrir la tête des membres par leur filtration.

21. Il sera prescrit aux gardiens d'ouvrir pendant les jours
de beau temps les sabords de la première batterie et d'ôter
les prélarts de dessus les caillebotis, panneaux et autres ouvertures. Ils suspendront les manches à vent aussi souvent que le
temps pourra le permettre. Les vaisseaux de ligne seront
pourvus de trois de ces manches, les frégates de deux, et tous
les autres bâtiments d'une seule.

On observera d'assujettir les mantelets des sabords de la
première batterie par deux gournables de même longueur, qui
les tiendront également ouverts et empêcheront les pentures
de s'affaisser.

22. On fera suspendre par les sabords des vaisseaux et autres
bâtiments, lorsque leur position l'exigera, des tronçons de
câbles pour défendre leurs côtés de l'abordage et du frottement
et choc des chaloupes, pontons et autres bâtiments qui traver-
seront le port ou qui seront amarrés aux vaisseaux.

23. Les ordonnances ayant défendu, sous peine de mort,
aux gardiens de faire du feu dans le vaisseau ou autre bâtiment,
on ne pourra dans aucun cas s'y servir de lumière qu'en présence d'un officier. Cette lumière sera toujours tenue dans un
fanal et gardée par un canonnier-matelot.

24. Il leur est ordonné de balayer promptement les neiges
qui seront tombées sur le vaisseau, sur les amarres, câbles
ou autres cordages, et de balayer au moins tous les deux jours
les chambres, dunettes, gaillards, ponts et précintes du
vaisseau.

25. Défend S. M. auxdits gardiens de loger dans les
chambres destinées aux officiers, et leur permet seulement
de loger dans la sainte-barbe ou entrepont.

26. Les prélarts et brayes seront peints et enduits de goudron aux mois d'avril et d'octobre de chaque année, pour les
tenir bien étanchés. On fera placer sur les caillebotis des che-

vrons de planches en dos d'âne et ils seront couverts, ainsi que les écubiers, panneaux et escaliers, de prélarts attachés avec des tresses clouées, afin d'empêcher qu'ils ne soient arrachés par les vents. La tête de l'étrave sera couverte de la même manière. On observera de lacer sur les bords de la partie intérieure du passavent les prélarts destinés à couvrir les chaloupes et canots.

27. Tous les vaisseaux, frégates, corvettes et autres bâtiments désarmés dans les ports, seront garnis de tentes de l'avant à l'arrière, depuis le 1er mai jusqu'au 15 septembre, dans les ports de Brest et de Rochefort; dans celui de Toulon jusqu'au 15 octobre. Ces tentes seront à ces époques ployées, serrées, après avoir été bien séchées et portées dans le magasin général de chaque bâtiment.

28. Le lest de pierre, de retour de la campagne, sera toujours retiré du vaisseau au désarmement, et lavé à plusieurs reprises si, à défaut de lest de fer, on étoit obligé de le rembarquer.

29. Il ne sera employé, pour tenir les mâts de flûtes et gabarres désarmées, que des haubans hors de service, ainsi que tout le gréement dont sera garni le vaisseau amiral de chaque port.

30. Le commandant de chaque escadre nommera chaque semaine deux lieutenants et deux sous-lieutenants de vaisseau, qui seront chargés de faire la visite des vaisseaux et autres bâtiments de son escadre, et de veiller particulièrement à ce qui peut intéresser leur sûreté et conservation. Une moitié de ces bâtiments sera confiée à un desdits lieutenants et un sous-lieutenant, et l'autre moitié aux deux autres officiers.

31. Lesdits officiers veilleront à ce que les gardiens ne laissent pas séjourner les eaux de pluie sur les ponts, qu'ils visitent les pompes chaque jour et vident exactement l'eau qui pourroit s'introduire dans la cale. Ils veilleront pareillement à ce que les maîtres calfats entretenus fassent journellement la visite des vaisseaux.

32. Ils seront en outre tenus, pendant leur semaine de service, de faire une fois la visite exacte et détaillée de chaque vaisseau ou autre bâtiment, en observant scrupuleusement toutes les parties du vaisseau, et examinant celles qui sont en état de dégradation et qui ont besoin de réparation plus ou moins urgente. Ils seront accompagnés dans leur visite d'un maître d'équipage, d'un maître charpentier et d'un maître calfat entretenus, attachés à l'escadre, ainsi que d'un maître canonnier de la division dépendante de l'escadre.

33. Lesdits officiers rendront compte chaque jour aux majors de leurs escadres respectives des visites qu'ils auront faites et de leurs observations sur l'état actuel de conservation ou de dépérissement des vaisseaux de leur escadre; les majors transmettront ces observations aux commandants des escadres, et ceux-ci au commandant en second, qui en rendra compte au commandant du port.

34. Le commandant de chaque escadre sera tenu aussi de faire une fois par semaine la visite des vaisseaux et autres bâtiments de son escadre, et il sera accompagné dans sa visite par les officiers chargés de veiller sur lesdits vaisseaux; il visitera pareillement les mâtures, chaloupes et canots appartenants à ces vaisseaux.

35. Il fera tous les quinze jours la visite des magasins particuliers des vaisseaux et autres bâtiments de son escadre désarmés dans le port; et une fois par an, dans la belle saison, il fera sortir de ces magasins les voiles, cordages, mâtures et autres objets appartenants auxdits bâtiments, afin de s'assurer que les cordages et les voiles ne s'échauffent pas, et de connoître ce qui aura besoin d'être renouvelé ou remplacé. Un maître entretenu de chaque détail, attaché à l'escadre, assistera à cette visite. Le garde-magasin y sera toujours présent par lui ou par un de ses commis.

36. Le major d'escadre secondera le commandant de l'escadre dont il fera partie dans toutes les opérations relatives à l'entretien, visite et conservation des bâtiments de l'escadre désarmés dans le port.

Il fera de fréquentes visites à bord desdits bâtiments; et assistera toujours à celles des magasins particuliers des vaisseaux de son escadre, pour s'assurer si tout y est tenu dans l'ordre prescrit.

37. Le commandant de chaque escadre remettra, le 1er de chaque mois, au directeur général, pour être transmis au commandant du port, un état visé par lui et signé des officiers de service de son escadre, dans lequel seront contenues toutes les observations qui auront été faites par lesdits officiers sur l'état actuel des vaisseaux et sur les objets qui leur paroissent avoir besoin de réparation et d'entretien. Le commandant d'escadre donnera en même temps par écrit les observations que lui et le major de son escadre auront eu occasion de faire dans leurs visites particulières, et le commandant du port formera de tous ces états particuliers un état général, qu'il enverra tous

les trois mois au secrétaire d'état ayant le département de la marine.

58. Ledit commandant se conformera exactement, pour l'entretien et la conservation des vaisseaux désarmés, à tout ce qui est prescrit par le présent réglement.

39. Chaque commandant d'escadre inscrira sur un registre particulier les ordres, tant écrits que verbaux, qu'il aura reçus du commandant du port, et sur un second registre les noms des officiers qu'il aura nommés pour faire la visite des vaisseaux désarmés de son escadre. Il remettra tous les mois au major général de la marine la liste nominative de ces officiers, afin que ce dernier puisse connoître ceux des officiers de chaque escadre qui resteront pour la garde de l'arsenal et le service à la suite des directions.

40. Le commandant du port emploiera successivement les lieutenants et sous-lieutenants de vaisseaux de chaque escadre qui ne seront pas destinés au service de la mer ni à celui de leur escadre dans le port, à suivre les constructions, refontes et radoubs sous les ordres des directeurs et sous-directeurs de ces détails. Il sera tenu à cet effet par le major général un registre des officiers de chaque escadre destinés à ce service, afin que tous y soient successivement employés.

41. Tous les officiers des différentes escadres se rendront tous les jours, à onze heures, chez le commandant de leur escadre, pour lui rendre compte et prendre ses ordres; et les commandants des escadres se rendront ensuite chez le commandant du port pour lui rendre compte de tous les objets qui leur sont confiés. Il y aura tous les jours un comité qui se tiendra à midi, et sera composé du directeur général, du major général de la marine, des commandants et des majors d'escadre, des directeurs et sous-directeurs. Aucun autre officier n'y sera admis.

Nº 2319.. — LETTRES PATENTES *portant défense d'introduire dans les vins, cidres et autres boissons quelconques, la céruse, la litharge, et toutes autres préparations de plomb ou de cuivre* (1).

Versailles, 5 février 1787. Reg. en parlement le 17. (R. S. C.)

Louis, etc. Nous sommes informé que, sous prétexte de clarifier les vins et les cidres, ou d'en corriger l'acidité, plusieurs

_____

(1) Art. 318, 475 et suiv. C. P.

particuliers y insèrent de la céruse ou de la litharge ; que cet usage s'est particulièrement introduit en la province de Normandie dans la fabrication des cidres ; que l'on a même reconnu quelquefois, dans quelques-unes de ces boissons, la présence du cuivre, soit qu'il y en eût été ajouté à dessein, soit plutôt que son mélange fût l'effet d'un simple accident, le cuivre ni aucune de ses préparations n'ayant la propriété de rétablir les cidres aigres ; l'attention particulière que nous portons à tout ce qui peut intéresser la vie ou la santé de nos sujets, exige que nous les préservions, par une loi émanée de notre sagesse, des dangers qui résulteroient pour eux de l'emploi d'ingrédiens reconnus véritables poisons, et de l'usage des boissons dans lesquelles on les auroit fait entrer. A ces causes, etc. ; défendons à toutes personnes de quelque état et condition qu'elles soient, propriétaires, fermiers, vignerons, marchands ou autres, même à ceux qui composent les boissons pour leur consommation personnelle seulement, d'introduire dans les vins, cidres et autres boissons quelconques, la céruse, la litharge ou toute autre préparation de plomb ou de cuivre, soit à l'instant de la fabrication desdites boissons, soit après leur fabrication, sous quelque cause et prétexte que ce soit, même dans la vue de les corriger ou améliorer ; ordonnons que ceux qui seront atteints et convaincus d'avoir introduit dans les boissons lesdites matières et préparations, ou d'avoir vendu, débité et donné à boire les boissons qu'ils savoient en être viciées, seront condamnés, sur la poursuite du ministère public, à trois années de galères et à 1000 liv. d'amende, dont moitié sera au profit du dénonciateur, ordonnons pareillement que lesdites boissons reconnues viciées seront jetées et répandues de manière qu'elles soit entièrement soustraites à la consommation. Si donnons en mandement, etc.

N° 2520. — **Lettres patentes** *portant établissement d'un corps d'ingénieurs en instruments d'optique, de physique et de mathématique.*

Versailles, 7 février 1787. Reg. en parlement le 19 mai. (R. S. C.)

Louis, etc. Les professions d'ingénieurs en instruments d'optique, de physique et de mathématique, tenant plus particulièrement aux sciences qu'aux arts mécaniques, et ne pouvant néanmoins s'exercer dans toutes leurs parties, à cause des gênes que pourroient leur opposer les maîtres de plusieurs communautés rétablies par notre édit du mois d'août 1776, nous avons cru qu'il étoit à propos de les en affranchir, et que pour exciter par des distinctions honorables, ceux qui s'attachent à des professions si nécessaires aux progrès de la physique, de l'astronomie et de la navigation, il convenoit d'en former un corps particulier, composé d'un nombre limité d'artistes, dont le mérite aura été reconnu par notre académie des sciences, et auxquels, sur la présentation qu'elle nous en fera, nous accorderons pour l'exercice de leurs talents toute la liberté qui pourra se concilier avec les vues de bon ordre que nous voulons maintenir parmi les diverses classes de nos sujets. A ces causes, etc.

1. Il sera par nous fait choix parmi les artistes qui nous seront présentés par l'académie des sciences, comme s'étant le plus distingués dans la fabrication des instruments d'optique, de mathématique, de physique, et autres ouvrages à l'usage des sciences, du nombre de vingt-quatre sujets au plus, lesquels formeront entre eux un corps, et jouiront des droits, privilèges et facultés ci-après énoncés, sous la dénomination d'ingénieurs en instruments d'optique, de mathématique, de physique, et autres ouvrages à l'usage des sciences.

2. Chacun desdits ingénieurs sera pourvu d'un brevet qui lui sera expédié en la forme ordinaire, par le secrétaire d'état, ayant le département des académies; et lorsqu'un desdits ingénieurs ainsi brevetés, laissera la place vacante, il sera remplacé de la même manière, sur la présentation de l'académie, sans que, dans aucun cas, et sous quelque prétexte que ce soit, lesdits ingénieurs qui, suivant les circonstances, pourront être moins de vingt-quatre, puissent jamais excéder ce nombre, ni être remplacés autrement que sur la présentation de l'académie.

3. Ledit corps sera régi et administré par un syndic et un adjoint, qui géreront pendant deux ans, la première en qualité d'adjoint, et la seconde en qualité de syndic. Ils seront nommés par nous pour le première fois seulement, et ils seront ensuite élus à la pluralité des voix, par les membres dudit corps. Le premier syndic, par nous nommé, n'exercera que pendant une année.

4. Lesdits ingénieurs jouiront de la faculté de faire fabriquer et vendre librement tous les instruments d'optique, de mathématique et de physique, ainsi que les diverses pièces dont lesdits ouvrages sont composés, pour la fabrication desquels ils pourront employer toutes sortes de matières, et se servir de toute espèce d'outils sans aucune exception.

5. Défenses sont faites à tous gardes et syndics des corps et communautés d'arts et métiers, de troubler ni inquiéter lesdits ingénieurs dans l'exercice des privilèges et facultés à eux accordés par l'article précédent, sous peine de tels dommages-intérêts qu'il appartiendra.

6. Ne pourront néanmoins, lesdits ingénieurs, sous prétexte des facultés à eux accordées par l'article 4, et qu'ils n'auront le droit d'exercer que concurremment avec les corps et communautés, chacun pour ce qui les concerne, entreprendre sur les autres droits desdits corps et communautés non exprimés par ledit article 4, sous peine de saisie et confiscation des ouvrages, outils et marchandises trouvés en contravention, et de tels dommages-intérêts qu'il appartiendra, envers lesdits corps et communautés.

7. Lesdits ingénieurs pourront, lors des saisies qui seront faites sur eux, faire intervenir le syndic ou l'adjoint de leur corps, pour faire sur lesdites saisies telles représentations et requisitions qu'ils jugeront convenables, sans néanmoins, que, sous prétexte d'appeler ledit syndic ou l'adjoint, la partie saisie puisse prétendre qu'il doive être supercédé aux opérations relatives à la saisie.

8. Lesdits ingénieurs pourront être choisis parmi les membres des communautés; il leur sera pareillement permis de se faire recevoir dans les corps et communautés, à l'effet de cumuler, si bon leur semble, avec leur état, les commerces ou les professions qui peuvent être analogues à leurs talents. Si vous mandons, etc.

N° 2321. — RÉGLEMENT *sur le commerce des colonies françaises en Amérique.*

Versailles, 11 février 1787. (R. S. C. Code de la Martinique, t. 5, pag. 13.

Le roi ayant reconnu que par le laps de temps, les dispositions de l'arrêt rendu en son conseil le 1er mars 1744, concernant le commerce des colonies française en Amérique, sont tombées dans l'oubli, d'où il est résulté des abus qui portent également préjudice aux négocians des ports du royaume et aux habitants desdites colonies, par la disproportion qui existe entre les jauges actuellement adoptées, et celles qui ont été prescrites par ledit arrêt, pour les barils, barillages et barriques destinés à l'importation et à l'exportation des marchandises et denrées; ayant encore réconnu S. M. qu'il étoit nécessaire, pour la facilité des exportations, de faire quelque changement à l'article 10 du même arrêt, en ce qui concerne la continence des barriques de sucre, et de prescrire à Tabago l'usage du poids de marc, pour éviter les difficultés qui s'élèvent journellement dans cette île, où on se sert du poids anglais, elle a arrêté le présent règlement :

1. Les dispositions de l'arrêt du conseil d'état du 1er mars 1744, portant règlement sur le commerce des colonies françaises de l'Amérique, continueront d'être exécutées selon leur forme et teneur, en ce qui ne sera pas contraire au présent règlement.

2. Afin de donner au commerce le temps de consommer les barils, barillages et barriques dont il peut être approvisionné, veut bien S. M. que l'exécution des articles 1, 2, 3, 4 et 5 du susdit arrêt du 1er mars 1744, soit suspendue jusqu'au 1er janvier 1788; mais elle veut et entend qu'ils soient exécutés dans toute leur rigueur, envers tous capitaines de navires, armateurs ou autres qui partiront des ports du royaume après cette époque, pour aller aux îles et colonies françaises de l'Amérique : les barils de bœuf resteront néanmoins fixés à deux cents livres de viande non désossée.

3. Considérant d'un côté que la jauge de la barrique de sucre, fixée à la continence de mille livres pesant, par l'article 10 du susdit arrêt, étoit insuffisante, que de l'autre il résulte des pertes considérables de ce que cette continence est actuellement à dix-huit cents livres et même deux mille livres pesant; et voulant établir pour lesdites barriques une jauge moyenne qui facilite l'arrimage des vaisseaux, ordonne S. M., d'après les représentations qui lui ont été faites, et par les mêmes motifs énoncés en l'article précédent, qu'à compter du 1er janvier 1788, les habitants des colonies seront tenus de faire fabriquer leurs barriques, de manière qu'elles ne contiennent pas moins de quinze cents livres ni plus de seize cents livres de sucre de toutes qualités, y compris la tare, sous les peines portées audit article 10 : autorise pour cet effet S. M., les administrateurs respectifs des colonies, à rendre des ordonnances qui déterminent les dimensions desdites barriques, et la forme des matricules dont les habitants sucriers seront tenus de se pourvoir.

4. L'usage des poids anglais à Tabago, occasionant journellement des méprises et des difficultés qui nuisent à la célérité des opérations du commerce, le poids de marc y sera substitué à compter du jour de l'enregistrement du présent règlement. Mande et ordonne S. M., etc.

N° 2322. — ARRÊT *du conseil suivi de lettres patentes portant que l'établissement de la manufacture des cristaux de Sèvres sera transférée au Creuzet.*

Versailles, 18 février 1787. (R. S.)

N° 2323. — REMONTRANCES *contre l'arrêt du conseil qui ordonne aux parlemens d'envoyer à des époques déterminées des comptes rendus des procès jugés en matières criminelles.*

Bayonne, 20 février 1787. (Histoire du parlement par Dufey, t. 2. p. 420.

N° 2324. — LETTRES PATENTES *qui cèdent à M. le duc d'Orléans le droit de nommer le nom de chacune des villes et de chacun des bourgs du Dauphiné où ce droit n'appartient pas à des seigneurs particuliers.*

Versailles, 3 mars 1787. Reg. au parlement de Grenoble le 5 juillet. (Arch. du parlement de Grenoble.)

N° 2325. — LETTRES PATENTES *sur arrêt au sujet des délits qui peuvent être commis par suite des pâturages des chevaux et bœufs, dans les prés fauchés, bruyères, etc.*

Versailles, 3 mars 1787. Reg. en parlement le 19 mai (R. S. C.)

Louis, etc. Par arrêt cejourd'hui rendu en notre conseil d'état, nous y étant, et pour les causes y contenues, nous aurions, en confirmant aux voituriers connus sous le nom de *Thiérachiens* la faculté dont ils ont ci-devant joui de faire paître leurs chevaux et bœufs dans les communes, prés fauchés, bruyères, et ordonné qu'en cas de dommages par eux commis dans les héritages en valeur, il en seroit dressé procès-verbal dans les vingt-quatre heures ; et à l'effet d'en constater les auteurs, nous aurions autorisé les juges, officiers publics, même, en cas de besoin, les propriétaires, à arrêter un ou plusieurs chevaux ou bœufs desdits voituriers, et à les mettre en fourrière, à la charge néanmoins de les remettre à leurs maîtres aussitôt après la rédaction du procès-verbal dans les vingt-quatre heures, sans pouvoir les y retenir plus long-temps ; comme aussi aurions ordonné que les voituriers auxquels lesdits chevaux ou bœufs seroient reconnus appartenir, et les marchands qui les auroient employés, seroient personnellement et solidairement responsables des indemnités qui seroient prononcées pour raison desdits délits ; à l'effet de quoi nous aurions attribué au bureau de notre ville de Paris en première instance, sauf l'appel par-devant vous, toutes les demandes en indemnité qui pourroient être faites par les propriétaires et cultivateurs contre lesdits voituriers ou marchands, le tout suivant qu'il est plus au long porté audit arrêt, sur lequel nous aurions ordonné que toutes lettres nécessaires seroient expédiées. A ces causes, etc.

1. Les voituriers connus sous le nom de *Thiérachiens* continueront, comme par le passé, à jouir de la faculté de faire paître leurs chevaux et bœufs dans les communes, prés fauchés, bruyères, chaumes, friches, ainsi que sur le bord des bois, forêts et grands chemins; faisant défenses à toutes personnes, de quelque état et condition qu'elles soient, de les y troubler, à la charge par lesdits voituriers de veiller exactement à la garde de leurs chevaux et bœufs, de manière à ne causer aucuns dommages dans les terres emblavées, ni dans les héritages en valeur.

2. Lorsqu'il aura été commis quelque délit, il en sera dressé procès-verbal dans les vingt-quatre heures par le premier juge ou officier public sur ce requis, et à l'effet d'en constater les auteurs, nous autorisons lesdits juges et officiers publics, même, en cas de besoin, les particuliers qui auroient souffert le dommage, à arrêter un ou plusieurs chevaux ou bœufs, et à les mettre en fourrière; ordonnons à cet effet à tous officiers et cavaliers de maréchaussée de leur prêter main-forte dès qu'ils en seront requis.

3. Aussitôt après la rédaction du procès-verbal dans le délai de vingt-quatre heures prescrit par l'article précédent, lesdits chevaux ou bœufs seront remis à leurs maîtres, sans que, pour quelque prétexte que ce soit, ils puissent être tenus en fourrière plus long-temps, et seront les expéditions desdits procès-verbaux adressées sans délai au procureur du roi et de la ville de Paris.

4. Les voituriers auxquels lesdits chevaux ou bœufs seront reconnus appartenir, et les marchands qui les auront employés, seront personnellement et solidairement responsables des indemnités qui seront prononcées pour raison desdits délits.

5. Les propriétaires et cultivateurs qui seront dans le cas de requérir de pareilles indemnités seront tenus de se pourvoir contre lesdits voituriers ou marchands en première instance, et sauf l'appel par-devant vous, au bureau de ladite ville, auquel nous avons, comme par le passé, attribué toute cour et jurisdiction à cet effet, icelle interdisant à tous nos

22

autres juges, à peine de nullité des procédures qui pourroient être faites devant eux. Si vous mandons, etc.

N° 2326. — ARRÊT *du conseil sur l'administration des grands chemins en Béarn* (1).

Versailles, 7 mars 1787. (R. S.)

N° 2327. — ARRÊT *du conseil suivi de lettres patentes portant suppression des saintes chapelles.*

Versailles, 11 mars 1787. (R. S. C.)

N° 2328. — LETTRES PATENTES *concernant l'insinuation des donations qui auront pour objet des actions des tontines constituées sur la maison d'Orléans.*

Versailles, 20 mars 1787. Reg. au parlement le 19 mai. (R. S. C.

N° 2329. — ORDONNANCE *concernant la compagnie des gardes de la porte* (2).

Versailles, 22 mars 1787. (R. S.)

N° 2330. — ÉDIT *portant rétablissement du siège de la conservation des privilèges royaux de l'université de Poitiers* (5).

Versailles, mars 1787. Reg. en parlement le 11 mars 1788. (R. S.)

N° 2331. — ARRÊT *du conseil concernant la marque en plomb à apposer sur les mousselines nationales.*

Versailles, 1er avril 1787. (R. S. C.)

Le roi étant informé qu'il se fabrique des mousselines dans plusieurs lieux du royaume, et que ces marchandises, qui doivent, comme toutes les toiles et les étoffes de fabrication nationale, porter un caractère de leur nationalité, ne sauroient, à raison de leur légèreté et de leur finesse, être revêtues ni de l'empreinte qui s'applique sur les toiles, ni du plomb qu'on appose aux étoffes. A quoi voulant pourvoir; ouï le rapport, etc.; le roi étant en son conseil, a ordonné et ordonne ce qui suit :

1. Les fabricants de mousselines seront tenus de mettre,

----

(1) V. a. d. c. 26 mai 1705, 3 mai 1720, 19 juin 1721, 24 juin 1747, 19 mai 1772, 6 novembre 1785, n° 2285, pag. 269.
(2) V. ord. du 8 avril 1779, n° 1075, tom. 4 du règne, pag. 65; édit d'octobre 1785.
(3) V. édit de mai 1774.

soit à l'aiguille ou sur le métier, soit avec de l'huile ou du noir de fumée, suivant qu'il leur sera plus commode, leur nom et celui du lieu de leur demeure, à la tête et à la queue de chaque pièce desdites mousselines qu'ils auront fabriquées, comme aussi de porter lesdites mousselines au sortir du métier; et avant que de les envoyer au blanchissage, au bureau de visite et de marque le plus prochain du lieu de leur domicile, à l'effet d'y être apposé par les gardes-jurés ou préposés, avec de l'huile et du noir de fumée, l'empreinte d'un chiffre portant les lettres initiales du nom du lieu où le bureau sera établi. Veut en outre S. M. que lesdits fabricants soient tenus de rapporter lesdites mousselines, au sortir du blanchissage, auxdits bureaux de visite, pour, l'empreinte dont elles auront été revêtues, être reconnue par lesdits gardes-jurés ou préposés, et y être substitué, à la tête et à la queue de chaque pièce, un petit plomb de six lignes de diamètre, portant d'un côté les armes du roi, avec ces mots en légende, *mousseline nationale*, et de l'autre, le nom du bureau de visite, et qu'il soit payé un sou pour chacun desdits plombs.

2. Les pièces et coupons de mousselines, soit écrues, soit blanches, qui seront trouvées sur les curanderies, dans les boutiques et magasins des marchands dans les foires et marchés sans être revêtues des marques ou plombs prescrits par l'article ci-dessus, seront saisies par les gardes-jurés ou préposés, qui en poursuivront la confiscation, et les contrevenants seront en outre condamnés en 50 liv. d'amende.

3. Enjoint S. M. aux sieurs intendants et commissaires départis dans les provinces du royaume, aux juges des manufactures, aux inspecteurs, sous-inspecteurs, gardes-jurés ou préposés, de tenir, chacun en droit soi, la main à l'exécution du présent arrêt, qui sera imprimé, lu, publié et affiché partout où besoin sera.

Nº 2352. — ABRÈT *de la cour des monnoies portant réglement général pour le commerce des matières et marchandises d'or et d'argent.*

Versailles, 21 avril 1787. (R. S. C.)

LOUIS, etc. Savoir faisons que, vu par notredite cour le réquisitoire de notre procureur général, contenant que notredite cour, par son arrêt du 31 janvier dernier, en ordonnant l'exécution des édits, déclarations, arrêts et réglements concernant le commerce des ouvrages d'or et d'argent, auroit fait défenses à tous marchands, ouvriers et autres gens sans titre ni qualité, sous quelque dénomination et sous quelque prétexte que ce soit, de vendre, acheter, troquer ou débiter aucuns ouvrages, bijoux et autres marchandises d'or et d'argent qu'ils n'aient justifié des permissions à eux accordées et dûment enregistrées en cour; néanmoins il est informé qu'au mépris de ces réglements un nombre considérable de colporteurs, juifs et autres, s'ingèrent de faire publiquement le commerce d'ouvrages d'or et d'argent, et que, n'étant soumis à aucune inspection, ils abusent de la confiance publique en vendant des ouvrages à bas titre et marqués de faux poinçons; que pour maintenir l'exécution des différents réglements intervenus à ce sujet, et prévenir les abus qui se multiplient dans les provinces, il seroit nécessaire de rendre une loi générale qui rétablisse la sûreté du commerce et la confiance publique. Pourquoi requéroit notredit procureur général qu'il plût à notredite cour rendre un arrêt de réglement qui établit des règles certaines et invariables pour tous ceux qui sont ou se prétendent autorisés à faire le commerce des matières, bijoux et marchandises d'or et d'argent dans toute l'étendue du ressort de la cour. Ledit réquisitoire signé de notre procureur général : ouï le rapport de Me Claude-Hyacinthe-Denys de Leau, conseiller à ce commis, tout considéré; notredite cour ordonne que nos ordonnances, édits, déclarations, arrêts et réglements de 1551, 1554, 1570, 1635, 1638, 8 juillet 1643, 11 septembre 1671, 30 décembre 1679, 1721, 1722, 10 mars 1741, 4 mai 1748, 20 janvier 1759, 27 novembre 1771, 25 avril 1778, 6 mai 1781, et 31 janvier 1787, seront exécutés selon leur forme et teneur : en conséquence, art. 1er. Ne pourront les graveurs, horlogers, fourbisseurs d'épées, couteliers, et autres marchands et artisans employant les matières d'or et d'argent, dans toutes les villes et lieux de notre royaume, fondre et travailler lesdites matières, qu'au préalable ils n'aient prêté serment en la cour ou au siège des monnoies dans le ressort duquel ils sont établis, fait insculper le poinçon dont ils entendent marquer leurs ouvrages, et fait élection de domicile. Art. 2. Seront tenus lesdits artistes de travailler leurs ouvrages aux titres prescrits par nos ordonnances, et d'acheter chez les maîtres orfèvres les matières qu'ils emploieront; comme aussi de porter au bureau de leur jurande, ou de celle la plus prochaine, tous lesdits ouvrages, pour y être essayés et contre-marqués, s'il y a lieu, et de se conformer au surplus aux réglements. Art. 3. Les jurés-gardes

des communautés desdits artistes, après leur élection, se présenteront au siège de la monnoie de leur ressort, à l'effet de la faire confirmer et de prêter serment en tel cas requis ; et à l'égard de ceux desdits artistes qui sont établis dans les villes et bourgs où il n'y a point de jurande, ils seront tenus de se conformer aux dispositions des articles 1er et 2 précédents. Art. 4. Enjoint notredite cour à tous marchands merciers, bijoutiers et autres qui se prétendent autorisés par privilèges ou autrement à faire le commerce des ouvrages d'or et d'argent, de se présenter, dans un mois pour tout délai, au siège de la monnoie de leur ressort, à l'effet de représenter les titres en vertu desquels ils font ledit commerce, et de faire élection de domicile au greffe dudit siège. Art. 5. Fait notredite cour très-expresses inhibitions et défenses à tous juifs, colporteurs, revendeurs forains, et à tous gens sans qualité, sous quelque dénomination que ce soit, de vendre, acheter, troquer ou autrement débiter aucuns ouvrages, bijoux, vaisselles et autres marchandises d'or et d'argent généralement quelconques, tant en chambres qu'en boutiques ou échoppes, et dans les rues, foires et places publiques, sous quelque prétexte que ce soit, qu'ils n'aient justifié et fait apparoir de permissions dûment enregistrées en notre cour, à peine, contre chacun des contrevenants, de confiscation des ouvrages, bijoux et marchandises dont ils seront trouvés saisis, de 500 livres d'amende, même d'être poursuivis extraordinairement, si le cas y échoit. Art. 6. Tous les artistes dénommés au présent arrêt seront tenus de souffrir les visites des officiers des sièges de nos monnoies, chacun en leur détroit et ressort, et des jurés-gardes orfèvres, que notre cour autorise à dresser des procès-verbaux des contraventions qui pourront se commettre par lesdits artistes en ce qui concerne le titre, la marque, vente et emploi des marchandises et ouvrages d'or et d'argent, lesquels procès-verbaux seront portés devant les officiers du siège dans le ressort duquel ils auront été dressés, pour être par eux jugés en la manière accoutumée, sauf l'appel en notre cour. Art. 7. Et sera le présent arrêt imprimé, lu, publié et affiché partout où besoin sera, et copies collationnées d'icelui envoyées, à la diligence de notre procureur général, dans tous les sièges de nos monnoies pour y être exécuté selon sa forme et teneur. Enjoint aux substituts de notre procureur général esdits sièges d'y tenir la main, et d'en certifier notredite cour au mois. Si mandons, etc.

N° 2533. — ORDONNANCE *pour attacher aux escadres les entre-*
tenus de la marine, aumôniers, chirurgiens, maîtres d'équi-
pages, etc.

Versailles, 1er mai 1787. (R. S. C.)

S. M. voulant que les différentes classes d'entretenus pour
la mer soient réparties également entre les neuf escadres composant ses forces navales, elle a ordonné et ordonne ce qui
suit :

1. Les différentes classes d'entretenus destinés pour la mer,
composées d'aumôniers, de chirurgiens, maîtres d'équipages,
maîtres-pilotes, charpentiers, calfats et voiliers, seront réparties également dans les neuf escadres établies par l'ordonnance
du 1er janvier 1786, et seront à l'avenir sous l'autorité du
commandant du port et sous les ordres immédiats des commandants des escadres auxquelles ils seront attachés.

2. Il sera attaché deux aumôniers à la suite de chaque escadre en temps de paix ; S. M. se réservant d'en augmenter le
nombre, suivant les circonstances et les besoins du service.

3. Les aumôniers attachés aux escadres, quoique sous l'autorité du commandant du port et sous les ordres immédiats
des commandants des escadres auxquelles ils seront attachés,
n'en reconnoîtront pas moins l'autorité des supérieurs ecclésiastiques ordinaires dans chaque port ; ils continueront,
comme ci-devant, à faire le service de l'hôpital. Leurs appointements seront de 800 liv. par an.

4. Il sera attaché en temps de paix à la suite de chaque escadre, six chirurgiens ordinaires, trois seconds et cinq aides ;
S. M. se réservant d'en augmenter le nombre en temps de
guerre, suivant les circonstances et les besoins du service.

5. Les chirurgiens ordinaires, seconds et aides-chirurgiens,
attachés aux escadres, seront à l'avenir sous l'autorité du commandant du port et aux ordres immédiats des commandants
des escadres auxquels ils seront attachés ; ils continueront
néanmoins à être subordonnés au chirurgien-major du port,
et rempliront aux hôpitaux les mêmes fonctions que celles auxquelles ils étoient assujettis avant la publication de la présente
ordonnance ; ils ne pourront s'absenter du port, sans la permission dudit chirurgien-major, et sans en avoir l'agrément du
commandant de l'escadre dont ils feront partie.

6. Les trois premiers chirurgiens ordinaires de chaque escadre jouiront de 1,500 liv. d'appointements, et les trois autres

de 1,200 liv.; les seconds chirurgiens de chaque escadre jouiront de 800 liv. d'appointements par an, les trois premiers
aides-chirurgiens de 480 liv., et les deux autres de 560 liv.

7. Les chirurgiens ordinaires, seconds et aides-chirurgiens,
continueront à porter l'uniforme qui leur a été accordé. Ils y
ajouteront le collet de la couleur de l'escadre à laquelle ils seront attachés.

8. Il sera attaché à chaque escadre, en paix comme en
guerre, cinq maîtres d'équipages, entretenus sous l'autorité
du commandant du port, et sous les ordres immédiats du commandant de l'escadre dont ils feront partie.

9. Le premier maître d'équipage entretenu de chaque escadre, sera payé à raison de 70 liv. par mois, les deux suivants
à 60 liv., et les deux derniers à 50 liv.

10. L'uniforme des maîtres-d'équipage sera composé d'un
habit, veste, culotte et parements de drap bleu-de-roi, doublure de serge bleue, avec le bouton timbré d'un ancre. Ils
porteront le collet de la couleur de l'escadre à laquelle ils seront affectés, et un trèfle en or sur l'épaule droite.

11. Les maîtres d'équipage entretenus à la suite des escadres,
rouleront entre eux dans chaque port pour parvenir à la haute-
paie, et le plus ancien de toutes les escadres d'un département
passera à la place de maître d'équipage amiral, quand elle
viendra à vaquer; et lorsqu'il viendra à vaquer une place de
maître d'équipage entretenu à la suite d'une escadre, il sera
procédé à son remplacement dans la forme prescrite au tit. 18,
art. 412 de l'ordonnance du 27 septembre 1776.

12. Les maîtres d'équipage entretenus à la suite de chaque
escadre, seront employés dans le port à la visite des bâtiments
de leur escadre, ils accompagneront toujours les officiers des
escadres dans les visites journalières des vaisseaux, frégates et
autres bâtiments qui en dépendent; ils accompagneront également le commandant d'escadre dans la visite des magasins particuliers des vaisseaux et autres bâtiments appartenants à son
escadre; ils en examineront les effets avec le plus grand soin.
Lesdits maîtres entretenus apporteront une attention particulière à la propreté des bâtiments flottants, à leurs amarres,
gréements, et à tout ce qui est de leur détail.

13. Il sera attaché à chaque escadre, en paix comme en
guerre, cinq maîtres-pilotes entretenus, sous l'autorité du
commandant du port et sous les ordres immédiats du commandant de l'escadre dont ils feront partie.

14. Le premier pilote entretenu de chaque escadre, sera payé

à 70 liv. par mois; les deux suivants à 60 liv., et les deux derniers à 50 liv.

15. L'uniforme des maîtres-pilotes sera composé d'un habit, veste, culotte et parements de drap bleu-de-roi, doublure de serge bleue, les boutons timbrés d'une ancre; le collet de la couleur attachée à l'escadre dont ils feront partie, et un trefle en or sur l'épaule gauche.

16. Les maîtres-pilotes entretenus à la suite des escadres, rouleront entre eux dans chaque port, pour parvenir à la haute-paie; et le plus ancien des escadres d'un département passera à la place de pilote-amiral quand elle viendra à vaquer. Lorsqu'il viendra à vaquer une place de maître-pilote entretenu à la suite d'une escadre, il sera procédé à son remplacement, conformément à ce qui est prescrit article 412, titre 18 de l'ordonnance du 27 septembre 1776.

17. Il y aura par semaine un pilote entretenu de chaque escadre, nommé par le directeur général du port, pour assister aux leçons de l'école d'hydrographie; il sera chargé particulièrement de faire faire les règles d'arithmétique aux moins avancés des élèves de ladite école.

18. Tous les premier et troisième lundis de chaque mois, les maîtres-pilotes entretenus, attachés aux escadres, présents dans le port, et qui ne seront point employés au service de l'escadre dont ils feront partie, se rendront à huit heures du matin à l'école d'hydrographie, pour avoir des conférences publiques avec le professeur sur tous les objets de leur art, particulièrement sur le détail de l'entrée des ports et rades, sur leur étendue, leur profondeur, la qualité des fonds, la manière d'y mouiller et d'y affourcher les navires, les vents qui y règnent le plus fréquemment, la connoissance des côtes, leur gissement, et sur les observations astronomiques. Le pilote-amiral du port sera tenu d'assister à ces conférences pour y maintenir l'ordre et la décence.

19. Il sera attaché à chaque escadre, en paix comme en guerre, trois maîtres-charpentiers entretenus pour la mer, sous l'autorité du commandant du port, et sous les ordres immédiats du commandant de l'escadre dont ils feront partie.

20. Le premier maître entretenu de chaque escadre sera payé à raison de 50 liv. par mois, et les deux autres à 45 liv.

21. L'uniforme des maîtres-charpentiers entretenus, sera composé d'un habit, veste, culotte et parements drap bleu-de-roi, doublure de serge-bleue, avec un bouton de cuivre doré

uni; le collet de la couleur de l'escadre à laquelle ils seront
attachés, et un trefle en argent sur l'épaule droite.

22. Les maîtres-charpentiers entretenus à la suite des escadres, rouleront entre eux dans chaque port, pour parvenir à
la haute-paie, et seront habiles à parvenir, suivant le degré de
leur mérite et de leur talent, aux places de maîtres-charpentiers
entretenus pour le port. L'intention de S. M. étant qu'une place
de maître-charpentier entretenu pour les travaux des arsenaux,
sur deux de vacantes, soit remplie par un maître-charpentier
entretenu à la suite des escadres.

23. Lorsqu'il viendra à vaquer une place de maître-charpentier entretenu à la suite des escadres, il sera procédé à son
remplacement, conformément à ce qui est prescrit à l'art. 412
du titre 18 de l'ordonnance du 27 septembre 1776.

24. Les maîtres-charpentiers entretenus à la suite des escadres, seront employés dans le port à la visite des bâtiments
désarmés. Un d'eux accompagnera toujours l'officier de l'escadre chargé de la visite des vaisseaux, frégates et autres bâtiments. Il apportera la plus grande attention à la conservation
du corps du vaisseau et de la mâture, dont il fera de fréquentes
visites sous les hangards où elle aura été déposée.

25. Lorsque les maîtres-charpentiers entretenus à la suite
des escadres, ne seront point employés au service desdites escadres, le directeur général du port leur donnera l'ordre de se
rendre au bureau de la direction des constructions, et ils seront distribués aux ouvrages de construction ou de radoub
pour surveiller et diriger les ouvriers qui y seront employés.

26. Il sera attaché à chaque escadre, en paix comme en
guerre, trois maîtres-calfats entretenus sous l'autorité du commandant du port, et sous les ordres immédiats du commandant
de l'escadre dont ils feront partie.

27. Le premier maître-calfat entretenu de chaque escadre,
sera payé à raison de 50 liv. par mois, les deux suivants à
45 liv.

28. L'uniforme des maîtres-calfats sera absolument le même
de celui des maîtres-charpentiers, à l'exception du trefle en
argent qu'ils porteront sur l'épaule gauche.

29. Les maîtres-calfats entretenus à la suite des escadres,
rouleront entre eux dans chaque port pour parvenir à la haute-
paie. Ils seront habiles à parvenir; suivant le degré de leur
mérite et leurs talents, aux places de maîtres-calfats entretenus pour le port. L'intention de S. M. étant qu'il soit accordé une place de maître-calfat entretenu pour les travaux des

arsenaux, sur deux vacantes, aux maîtres-calfats entretenus à la suite des escadres.

30. Lorsqu'il viendra à vaquer une place de maître-calfat entretenu à la suite des escadres, il sera procédé à son remplacement conformément à ce qui est prescrit par l'article 4 titre 18 de l'ordonnance du 27 septembre 1776.

31. Les maîtres-calfats, entretenus à la suite des escadres, seront employés dans le port à la visite des bâtiments désarmés. Un d'eux accompagnera toujours l'officier chargé de la visite des vaisseaux, frégates, et autres bâtiments appartenant à l'escadre. Il apportera la plus grande attention et le plus grand soin à la conservation et à l'entretien desdits bâtiments, il visitera les pompes, les coutures, l'état du calfatage, et tout ce qui est relatif à son détail.

32. Lorsque les maîtres-calfats, entretenus à la suite des escadres, ne seront point employés au service desdites escadres, le directeur général du port leur donnera l'ordre de se rendre au bureau de la direction des constructions, et ils seront destinés aux différents travaux de leur ressort dans l'arsenal.

33. Il sera attaché à chaque escadre, en paix comme en guerre, un maître-voilier, entretenu sous l'autorité du commandant du port, et sous les ordres immédiats du commandant de l'escadre à laquelle il sera attaché.

34. Les maîtres-voiliers, attachés à la première, sixième et huitième escadres, seront payés à 50 liv. par mois, et ceux attachés aux autres escadres, seront payés à 45 liv.

35. L'uniforme des maîtres-voiliers sera le même que celui des maîtres-charpentiers et calfats, à l'exception qu'ils ne porteront sur l'épaule aucune marque distinctive.

36. Le maître-voilier entretenu à la suite de chaque escadre, étant dans le port, s'occupera de l'entretien et de la conservation des voiles des bâtiments désarmés.

37. L'intention de S. M. est de conserver, comme surnuméraires à la suite des escadres, et aux appointements dont ils jouissent actuellement, les entretenus des différentes classes dont le nombre excéderait celui fixé pour toutes les escadres, et lesdits surnuméraires serviront à remplacer les titulaires, à mesure qu'il viendra à vaquer des places.

38. Il sera créé une compagnie de trente gardiens de vaisseau par escadre, qui seront choisis parmi les anciens marins, canonniers, matelots ou ouvriers qui par leurs services auront mérité cette marque de confiance. Ils seront payés 50 liv. par

mois, non compris les soldes ou demi-soldes qu'ils auront pu mériter dans le service qu'ils auront rempli avant d'avoir été agréés pour gardiens.

39. Les trente gardiens de vaisseau de chaque escadre seront fixement attachés dans les ports et distribués suivant le besoin, par l'officier commandant l'escadre, sur les bâtiments désarmés qui feront partie de ladite escadre.

40. La nomination de ces gardiens de vaisseau appartiendra au conseil de marine, ainsi que toutes celles des différents entretenus, en suivant à cet égard ce qui est prescrit par l'article 412 de l'ordonnance du 27 septembre 1776.

41. Il sera fourni, tous les deux ans, à chaque gardien de vaisseau, par le magasin général, un surtout de la livrée de S. M., à laquelle on ajoutera un collet de la couleur de l'escadre dont ledit gardien fera partie.

42. Les gardiens de vaisseau de chaque escadre seront sous les ordres du commandant et du major d'escadre, qui tiendront la main à ce qu'ils ne découchent jamais du vaisseau dont la garde leur sera confiée, et qu'ils remplissent exactement le service auquel ils sont assujettis par le réglement du 18 janvier 1787, concernant l'entretien et la conservation des vaisseaux désarmés dans les ports.

43. Veut S. M. que la présente ordonnance soit exécutée selon sa forme et teneur, dérogeant à toutes ordonnances, décisions et réglements à ce contraires.

Nᵒ 2334. — LETTRES PATENTES *concernant la mention de ne savoir écrire ni signer dans les actes des notaires du Lyonnais.*

Versailles, 4 mai 1787. Reg. en parlement le 19. (R. S.)

Nᵒ 2335. — RÉGLEMENT *concernant les élèves constructeurs des ports marchands.*

Versailles, 6 mai 1787. (R. S. C.)

S. M. considérant qu'il est important pour le commerce de ses sujets de perfectionner l'art de la construction des bâtiments du commerce, a reconnu que le moyen le plus sûr pour y parvenir est de pourvoir à l'instruction des jeunes gens qui se destinent à l'état de constructeur dans les ports marchands; et voulant à cet effet qu'ils puissent acquérir les connoissances relatives à leur art dans l'école établie à Paris pour les ingénieurs de sa marine, elle a ordonné et ordonne ce qui suit :

1. Il y aura à l'avenir à l'école des élèves-ingénieurs de la

marine établie à Paris, cinq places d'élèves-constructeurs, qui seront remplies par pareil nombre de sujets envoyés des ports marchands.

2. Lesdits sujets seront présentés par les chambres de commerce des principales villes maritimes, lesquelles jouiront de cet avantage chacune à leur tour et suivant l'ordre qui sera arrêté par S. M.

3. Lorsqu'il vaquera une des cinq places d'élèves-constructeurs, il en sera donné avis à la chambre de commerce qui devra présenter les sujets, et ladite chambre assemblée la choisira, à la pluralité des voix, parmi ceux qui s'appliquent à l'art de la construction, et qui donnent le plus d'espérance, ou qui ont déjà acquis le plus d'instruction. Lesdits sujets seront pris dans les ports qui seront désignés, et seront âgés au moins de dix-huit ans.

4. Le secrétaire d'état ayant le département de la marine fera examiner les sujets présentés dans le port de leur résidence, ou dans un port voisin, par l'un des examinateurs des écoles d'hydrographie, auquel il sera donné un ordre particulier à cet effet. Celui desdits sujets qui, dans son examen, aura fait preuve de plus de talent ou de connoissances, recevra ordre de se rendre à Paris pour être admis à l'école, et il lui sera payé pour les frais de son voyage une conduite proportionnée à la distance des lieux.

5. Les élèves-constructeurs admis à l'école jouiront, pendant tout le temps qu'ils y resteront, d'une paie de 900 liv. par an. Ils seront instruits par les maîtres attachés à l'école dans toutes les parties des mathématiques et du dessin qui peuvent être utiles à leur état, et seront sous l'autorité de l'inspecteur de l'école et du gouverneur des élèves.

6. Les maîtres de mathématiques montreront auxdits élèves les éléments d'arithmétique et de géométrie, comme aussi les principes de mécanique et d'hydraulique, et ils leur enseigneront ensuite à faire tous les calculs relatifs au déplacement et à la stabilité des vaisseaux. Les maîtres de dessin leur montreront à former des plans de vaisseau et à tracer, purement et correctement, les différentes lignes qui entrent dans la composition de ces plans.

7. Après un an de séjour à l'école, les élèves-constructeurs seront examinés par l'examinateur des élèves sur les éléments d'arithmétique et de géométrie, et ceux qui ne répondront pas d'une manière satisfaisante, seront renvoyés de ladite école; il en sera de même de ceux qui, après avoir subi cet

xamen, se négligeront dans leurs études et ne montreront pas oute l'application convenable.

Lorsqu'un sujet sera renvoyé de l'école, il sera remplacé ar celui que présentera la chambre de commerce qui se trouvera la première à nommer.

8. Lesdits élèves subiront, après deux ans, un second examen sur la mécanique et sur l'hydraulique, et ils seront tenus, ix mois après ce second examen, de présenter des plans de bâtiments de course correctement dessinés et accompagnés de tous es calculs du déplacement et de la stabilité; après quoi ils eront envoyés dans leurs ports respectifs avec un certificat l'inspecteur de l'école, qui constatera le degré d'instruction qu'ils auront acquis pendant leur séjour à l'école, lequel certificat ils seront tenus de présenter à la chambre de commerce.

9. Les sujets qui auront obtenu ledit certificat seront autorisés à construire des navires dans tous les ports du royaume sans être obligés à aucune réception, ni à prendre des lettres de l'amirauté; mais ils seront tenus de présenter le susdit certificat à l'amirauté dans le district de laquelle ils voudront travailler.

N° 2336. — ÉDIT *portant création de* 6,000,000 *de rentes viagères.*

Versailles, mai 1787. Reg. en parlement le 7. (R. S.)

N° 2337. — ORDRE *du roi par lequel sont nommés premiers colons à Cayenne les habitants qui se sont distingués dans la culture des terres basses* (1).

Versailles, mai 1787. Reg. au conseil le 30 novembre. (Coll. m. m. Code Cayenne, tom. 7, pag. 421.)

N° 2338. — ARRÊT *du parlement contenant des mesures pour préserver des vers les vignes de Champagne.*

Paris, 24 mai 1787. (R. S.)

La cour ordonne que tous vignerons et propriétaires de vignes dans le territoire d'Épernay, et dans les autres territoires de la Champagne, seront tenus de ramasser exactement, lors de

---

(1) D'après la lettre du ministre du même jour, ceux qui ont le titre de premier colon, entre les privilèges y accordés, sont censés fondateurs de la colonie; ils ont le pas dans les assemblées et autres cérémonies publiques, et jouissent d'une considération qui leur mérite la préférence dans les charges ou les emplois de la colonie.

l'ébourgeonnement et de la taille de leurs vignes, les b̄
geons et brins en provenant, de les mettre à sur et me̅
dans des sacs, et de porter ensuite ces mêmes sacs chez c̄
sans que, sous quelque prétexte que ce puisse être; le̅
bourgeons et brins, ou les sacs qui les renfermeront, puiss̄
être laissés dans les vignes, sentiers ou chemins y aboutiss̄
à peine de 50 liv. d'amende et de telle autre peine qu'il app̄
tiendra; enjoint aux gardes-messiers et aux syndics des ȳ
roisses de tenir la main à l'exécution du présent arrêt, de d̄
noncer les contrevenants, et de ramasser eux-mêmes ou fā
ramasser lesdits bourgeons et brins pour les faire brûler ē
suite chez eux, le tout aux frais et dépens des contrevenants;
enjoint aux substituts du procureur général du roi, tant ū
bailliage d'Épernay que des autres sièges royaux, dans l'éte̅
due desquels il y a des vignobles, et aux officiers des justic̄
des lieux, de tenir, chacun en droit soi, la main à l'exécutio̅
du présent arrêt, lequel sera imprimé, publié et affiché par
tout où besoin sera, et dont lecture sera faite chaque anné̄
à la requête des substituts du procureur général du roi, ē
des procureurs fiscaux des justices subalternes, au sortir de̅
messes paroissiales le premier dimanche du mois de mai de
chaque année.

N° 2339. — ARRÊT *du parlement qui ordonne l'exécution d'u̅*
ordonnance rendue par les officiers du Châtelet de Paris, l̄
4 mai 1787, contenant réglement pour maintenir le bon ord̄
dans les ventes qui se font par autorité de justice (1).

Paris, 24 mai 1787. (R. S. mars, 2—338.)

Sur ce qui nous a été remontré par le procureur du roi
que les réglements et ordonnances de police qui ont eu pou̅
objet d'assurer la tranquillité et le bon ordre qui doivent ré
gner dans les ventes publiques d'effets mobiliers, d'en bann̄
les fraudes qui s'y pratiquent, et de maintenir dans les borne̅
de la décence ceux qui les fréquentent par état, notamment
les brocanteurs et revendeuses; étant négligées par les uns ē
peut-être inconnues, aux autres, il seroit nécessaire d'en re̅
nouveler les dispositions, de les réunir sous un seul point de
vue, et même d'en expliquer quelques-unes d'une manière plus
étendue, afin d'arrêter le cours d'une foule d'abus également
contraires à l'ordre public, et préjudiciables à l'intérêt des

(1) Art. 412 C. P.

opriétaires ; qu'en effet il est venu à la connoissance dudit
cureur du roi que nombre de brocanteurs et autres
marchands sans crédit fréquentent les ventes, n'y viennent
que dans le dessein d'y être nuisibles ; qu'ils s'associent entre
eux pour se faire adjuger à vil prix les meubles et effets exposés en vente, qu'à cet effet ils s'emparent du devant des tables destinées à exposer les effets, qu'ils en éloignent les bourgeois et les injurient, et qu'ensuite ils partagent entre eux, à
titre de révision, le bénéfice qui doit résulter de leur conni-
vence et de leur fraude ; que ceux qui ne sont point de leur
association, ou qui s'opposent à leurs mauvaises intentions,
sont exposés à leurs injures et à leurs emportements ; qu'ils ne
distinguent ni marchands ni bourgeois, cherchent toujours à
écarter ceux qui leur font obstacle ; que si cependant ils se
trouvent contre-balancés par un nombre de personnes bien intentionnées, ils menacent de quitter la vente où ils se trouvent, provoquent les autres marchands à la quitter, et se retirent en effet sans aucun égard pour les représentations de
l'huissier-priseur qui procède à la vente ; que lorsqu'il s'agit
de recevoir les enchères, des particuliers insolvables s'empressent de couvrir les enchères pour acheter à crédit ; et si
l'huissier-priseur fait quelques observations à ce sujet, une
multitude de voix s'élèvent pour assurer que celui qui se présente est solvable, sans que personne veuille répondre de sa
solvabilité ; que si l'huissier-priseur se permet de retenir les
effets qu'il vient d'adjuger à un particulier qui ne paie pas
comptant, et dont la solvabilité ne lui est pas connue, alors ces
marchands et brocanteurs mal intentionnés prennent le fait et
cause de l'adjudicataire, se répandent en propos indécents
contre l'huissier-priseur, et veulent en quelque sorte lui faire
violence par leurs emportements et leurs clameurs ; que souvent même, sans avoir aucun droit à un effet qui vient d'être
adjugé à une personne qui leur est étrangère, ils le lui arrachent des mains avec violence, sous le prétexte qu'ils ont mis
la dernière enchère, et quoique ce prétexte soit faux, ils ne
manquent jamais d'être soutenus dans leurs prétentions par
leurs complices ; qu'indépendamment de toutes ces fraudes et
manœuvres, les brocanteurs et marchands sans crédit se comportent avec la plus grande indécence dans les ventes, qu'ils
se répandent en invectives les uns contre les autres, et souvent
même contre les intéressés à la chose ; qu'ils jettent, sans aucune précaution, les habits, linges, hardes ou effets précieux,
affectant, si c'est la nuit, de les faire tomber sur les lu-

mières pour les éteindre ; et si ce sont des bijoux, de cherch
à les détériorer, soit pour les avoir à meilleur compte,
pour porter un préjudice notable à ceux qui pourroient
être les derniers enchérisseurs ; que de là il résulte beauc
de confusion et de désordre dans les ventes, ce qui donne
à des rixes, et même à des vols fréquents ; que tous ces
exigent que l'on y apporte un prompt remède, et qu'il dev
nécessaire de sévir avec rigueur contre les délinquants ; qu'
plus longue impunité ne feroit que les enhardir de plus en
dans leurs entreprises ; que leur cupidité et leur audace,
insubordination, leur mépris pour les règles et leurs infr
tions multipliées aux lois et ordonnances de police sont p
venus à un degré qui les rend intolérables et qui doit exc
contre eux la vigilance du ministère public ; pourquoi le
procureur du roi a requis qu'il fût sur ce par nous pourvu. Ac
causes, vu les sentences et ordonnances de police des 15
1721, 15 décembre 1727, 21 mai 1751, 21 novembre 1761,
septembre 1767, et 17 mars 1769, et l'arrêt du parlement
18 décembre 1764, qui homologue l'ordonnance de police d
dit jour 21 novembre 1761 : et tout considéré.

Nous, faisant droit sur le réquisitoire du procureur du ro
ordonnons :

1. Que les arrêts et réglements du parlement, sentences
ordonnances de police seront exécutés selon leur forme et t
neur ; en conséquence faisons défenses à tous marchand t
pissiers, fripiers, brocanteurs et brocanteuses, revendeurs
revendeuses et chaudronniers, de former dorénavant ent
eux, sous le titre de lotissement, revidage, révision, et so
tels autres titres et dénominations que ce soit et puisse êtr
aucune association qui ait pour objet de se procurer un g
illicite sur les marchandises, meubles et effets mobiliers exp
sés dans les ventes publiques, et qui leur seront adjugés ; à pein
de 500 liv. d'amende contre chacun des contrevenants, do
moitié appartiendra au dénonciateur, de déchéance de la mai
trise à l'égard de ceux qui seront maîtres ; et à l'égard des pr
vilégiés, de destitution de leurs privilèges.

2. Leur faisons pareillement défenses de lotir, revider ou r
vendre entre eux les marchandises, meubles et effets dont i
se sont rendus adjudicataires, soit dans les cabarets ou mai
sons particulières, soit dans tel autre lieu que ce puisse être
et ce sous les mêmes peines que dessus, et en outre, à pein
de saisie et confiscation desdites marchandises et effets.

5. Leur défendons en outre de s'emparer du devant de

tables où se font les ventes, et de pratiquer aucunes manœuvres pour accaparer les effets et se les faire adjuger à vil prix; leur enjoignons de laisser l'approche des tables libre aux bourgeois et autres personnes qui se présenteront, et de ne point mépriser et détériorer les meubles et effets qui seront exposés en vente, ni injurier ceux qui enchériront sur eux, à peine de 100 liv. d'amende, et de toutes pertes, dépens, dommages et intérêts envers qui il appartiendra.

4. Enjoignons auxdits marchands, tapissiers, fripiers, brocanteurs et brocanteuses, revendeurs et revendeuses, chaudronniers et autres fréquentant habituellement les ventes, de s'y comporter avec décence et tranquillité; leur faisons défenses d'injurier et insulter les officiers qui procèdent auxdites ventes, et d'exciter aucuns troubles ni aucunes rixes et émeutes, à peine de 200 liv. d'amende contre chacun des contrevenants, même de plus grande peine si le cas y échet.

5. Et, en cas de contravention aux articles 1 et 2 de la présente ordonnance, enjoignons aux huissiers-priseurs qui auront procédé aux ventes de dresser des procès-verbaux des noms et demeures des contrevenants, et des infractions et contraventions qui auront été par eux commises, et qui viendront à la connoissance desdits huissiers-priseurs, lesquels procès-verbaux ils feront signer par les parties qui auront requis la vente, ou autres personnes présentes, pour, iceux communiqués au procureur du roi, être par lui requis et par nous statué et ordonné ce qu'il appartiendra, et lors desdits procès-verbaux, autorisons lesdits huissiers-priseurs à saisir les effets qui pourroient se trouver au revidage, lotissement, révision ou revente, et y établir séquestre aux frais de la chose, même de les faire enlever pour les séquestrer, à l'effet de quoi leur permettons de requérir, si besoin est, aide et main-forte de la garde.

6. Comme aussi, en cas de contravention aux art. 3 et 4, autorisons les huissiers-priseurs qui procèderont aux ventes à faire arrêter sur-le-champ les délinquants s'il y a lieu; à l'effet de quoi tous officiers du guet et de police prêteront main-forte et assisteront lesdits huissiers-priseurs lorsqu'ils en seront par eux requis, lesquels officiers du guet et de police pourront dans lesdits cas s'introduire avec main-forte dans les maisons et endroits où l'on procèdera aux ventes, sur la première réquisition des huissiers-priseurs et sans qu'il soit besoin de l'assistance d'un commissaire, à la charge néanmoins par lesdits huissiers-priseurs de dresser procès-verbal des contraventions

dans la forme prescrite par l'article ci-dessus, et de faire conduire les contrevenants ou délinquants chez le premier commissaire, pour être par lui pareillement dressé procès-verbal et statué provisoirement ce qu'il appartiendra.

7. Mandons aux commissaires au châtelet, et enjoignons aux officiers de police, de tenir la main à l'exécution de la présente ordonnance, qui sera imprimée, lue, publiée et affichée dans tous les lieux ordinaires et accoutumés de la ville, faubourgs et banlieue de Paris, et partout ailleurs où besoin sera, et notamment dans les lieux où se feront les ventes, à l'effet de quoi il sera posé un tableau sur lequel sera attaché un exemplaire de la présente ordonnance, après néanmoins qu'elle aura été homologuée en la cour, pour quoi le procureur du roi se pourvoira.

N° 2340. — CONVENTION *avec le prince Nassau Saarbruck relative à un régiment de cavalerie au service de France* (1).

26 mai 1787. (Cock.)

N° 2341. — TRAITÉ *entre la France et le duc des Deux-Ponts, touchant les bailliages de Cleburg et de Catharinembourg.*

Mai, 1787. (Martens, tom. 7, préface. Cock.)

N° 2342. — RÉGLEMENT *pour la formation du conseil royal des finances et du commerce.*

Versailles, 5 juin 1787. (R. S. C.)

S. M. considérant que le conseil des finances et celui du commerce, tels qu'ils sont actuellement, ne peuvent remplir les vues qu'elle a annoncées aux notables de son royaume être dans l'intention de suivre, pour assurer et maintenir le bon ordre dans toutes les parties de l'administration, elle a jugé à propos de leur substituer un conseil royal des finances et du commerce, qui sera composé des personnes qu'elle aura jugées les plus dignes de sa confiance, et auquel conseil seront portées les affaires les plus importantes concernant la finance et le commerce. S. M. trouvera quelque économie dans la réunion de ces deux conseils en un seul; elle rapprochera des affaires qui doivent être liées et déterminées d'après les mêmes principes, et surtout elle espère trouver, dans la consistance et l'activité qu'elle donnera à ce conseil, l'avantage de se pré-

---

(1) Il y a une convention semblable du 13 août 1777, sur le régiment de Nassau, et du 8 juillet 1787 sur le régiment Liégeois.

server des erreurs, des surprises et des variations auxquelles une grande administration est exposée.

1. Toutes les opérations de finances et de commerce qui étoient ou devoient être ci-devant portées au conseil royal des finances et au conseil royal du commerce, le seront à l'avenir à un seul et même conseil, qui sera appelé le *conseil royal des finances et du commerce.*

2. Ledit conseil sera composé du chancelier ou garde des sceaux; du chef du conseil royal des finances et du commerce; des ministres d'état; du contrôleur général des finances, et de deux conseillers d'état.

3. Lorsqu'il s'agira d'affaires de commerce, le secrétaire d'état ayant le département de la marine y sera toujours appelé, quand même il n'auroit pas la qualité de ministre.

4. Tous ceux qui entreront au conseil royal des finances et du commerce, soit qu'ils en soient membres, soit qu'ils n'y soient appelés qu'à raison de certaines affaires, observeront entre eux l'ordre de séance établi suivant les principes et les usages du conseil.

5. Le conseil royal des finances et du commerce s'assemblera aussi souvent qu'il sera nécessaire, et jamais moins d'une fois par mois.

6. Le chef du conseil royal des finances et du commerce tiendra chez lui, aussi souvent qu'il sera nécessaire, et jamais moins d'une fois tous les quinze jours, un comité avec le contrôleur général des finances, les deux conseillers d'état membres dudit conseil, et telles autres personnes qu'il appartiendra, soit faisant partie dudit conseil, soit ayant part à l'administration des finances et du commerce pour préparer les matières qui pourront être portées au conseil.

7. Les emprunts, les impôts, les affaires principales concernant les domaines du roi et les divers revenus publics, et généralement toutes les grandes opérations de finance seront portées audit conseil.

8. Tous les ans la distribution des fonds entre les différents départements sera faite au même conseil.

9. Pour que cette distribution des revenus publics entre les différents départements soit faite avec justice et proportion, l'état de la dépense que chaque ordonnateur jugera nécessaire pour le cours de l'année qui doit suivre, après avoir été préalablement communiqué au contrôleur général des finances, sera rapporté séparément, en une ou plusieurs fois, au conseil royal des finances et du commerce par les secrétaires d'état

des affaires étrangères, de la guerre et de la marine pour toutes les dépenses de leurs départements respectifs, et par le secrétaire d'état de la maison du roi pour toutes les dépenses comprises dans l'état de ladite maison. Lesdits secrétaires d'état seront à cet effet, s'ils n'étoient pas ministres, appelés audit conseil lorsqu'il sera question de rapporter lesdites dépenses: toutes les autres seront rapportées par le contrôleur général; se réservant S. M. d'appeler audit conseil, si elle le juge nécessaire, les ordonnateurs particuliers pour en recevoir les éclaircissements qu'elle voudra leur demander; et lorsque tous les états auront été examinés et discutés, le roi déterminera les fonds qui seront assignés à chaque département.

10. Si dans le cours de l'année il survient quelque dépense imprévue dans un département, l'ordonnateur qu'elle regardera fera, de même qu'il est prescrit ci-dessus, remettre au conseil royal des finances et du commerce l'état des fonds qui lui seront nécessaires, et il y sera statué par S. M. après que la demande aura été comparée avec les moyens d'y satisfaire.

11. L'état des fonds de l'année suivante sera toujours fait et arrêté au conseil royal des finances et du commerce dans le mois de décembre, et rendu public par la voie de l'impression.

La vérification des dépenses sera faite au mois de janvier ou de février de chaque année.

12. Un registre sera tenu de tout ce qui aura été déterminé par le roi au conseil royal des finances et du commerce. Ce registre sera rédigé par le contrôleur général, qui le présentera au roi à la séance suivante pour être approuvé et signé par S. M.

13. Le chancelier ou garde des sceaux, le chef du conseil royal des finances et du commerce, les ministres d'état, le contrôleur général des finances, jouissant déjà d'un traitement à raison de leurs places, et toutes autres personnes qui, à cause d'une charge, fonction ou emploi déterminé, pourroient par la suite obtenir l'honneur d'entrer au conseil royal des finances et du commerce, ne pourront prétendre, sous prétexte de cette admission, aucuns gages ni traitements particuliers, en sorte que les deux conseillers d'état seront désormais les seuls membres du conseil à qui il sera accordé un traitement.

14. S. M. voulant donner une preuve de sa satisfaction aux sieurs Boutin et Lenoir, ci-devant conseillers au conseil royal des finances, ainsi qu'aux sieurs de La Michodière, de Montyon et de Montholon, ci-devant conseillers au conseil

royal du commerce, son intention est qu'ils continuent de jouir des traitements qui leur ont été accordés à raison de leur entrée auxdits conseils, jusqu'à ce que S. M., en les employant, comme elle se le propose, leur ait procuré un traitement équivalent ou supérieur.

N° 2343. — RÉGLEMENT *pour l'administration des finances du roi et du commerce* (1).

Versailles, 5 juin 1787. (R.S.C.)

Le roi ayant, par son réglement de cejourd'hui, déterminé la formation de son conseil royal des finances et du commerce, S. M. s'est fait rendre compte du nombre et de la composition des divers bureaux et départements qui ont été établis pour l'instruction et administration des affaires de finance et de commerce, et ayant reconnu qu'il en résultoit un état de dépense considérable que les conjonctures présentes ne pouvoient plus comporter, elle a jugé, non sans regret, à cause des services qu'elle reconnoît avec satisfaction lui avoir été rendus par les magistrats qui en ont été chargés jusqu'à présent, qu'elle devoit en ce moment à ses peuples le sacrifice de réformer l'ordre actuel et de le simplifier le plus qu'il seroit possible, sans toutefois nuire au bien du service ni à l'expédition des affaires.

En conséquence, après avoir examiné l'étendue du travail nécessaire, elle a pensé qu'il pouvoit être exécuté en le répartissant à quatre départements pour la finance, à la tête de chacun desquels elle préposeroit un magistrat de son conseil, sous le titre d'*intendant des finances*, l'édit du mois de juin 1777, qui a supprimé les offices de ce nom, subsistant néanmoins dans son entier ; et à un seul pour le commerce, qu'elle conféroit aussi à un magistrat de son conseil, sous le titre d'*intendant du commerce*. A quoi voulant pourvoir ; S. M. a fait et arrêté le présent réglement.

1. Les commissions d'intendants de département et d'intendants du commerce actuellement existantes seront et demeureront dès à présent révoquées et supprimées, et tous les appointements, gages et traitements qui ont été réglés et fixés à ce titre, seront en conséquence rayés et retranchés de l'état des finances à compter du 1er janvier prochain, S. M. se réservant de donner aux magistrats qui en ont été pourvus de nouvelles marques de sa confiance à mesure que les circonstances le lui permettront.

---

(1) V. 27 octobre 1787.

2. Tous les différents départements, aussi à compter de ce jour, seront réduits au nombre de cinq, savoir, quatre pour la finance, dont le travail sera réparti à quatre magistrats de conseil, qui auront le titre d'*intendants des finances*, et un seul pour le commerce, qui sera aussi confié à un magistrat de conseil, sous le titre d'*intendant du commerce*. Les uns et les autres s'acquitteront, sous les ordres du contrôleur général des finances, des fonctions qui leur seront confiées, aux mêmes rang et honneurs que les intendants de départements, supprimés par le présent réglement. Se réserve S. M. de leur régler le traitement qu'elle jugera nécessaire.

3. Lesdits quatre intendants des finances et l'intendant du commerce seront égaux entre eux ; et il ne sera observé à leur égard d'autre ordre et distinction que conformément à leur rang au conseil.

Pour cette fois ils seront choisis parmi les intendants actuels des départements et du commerce : et par la suite ils seront pris de préférence parmi ceux des commissaires départis dans les provinces que S. M. jugera à propos de choisir, sans néanmoins que lesdites places d'intendants des finances et du commerce puissent être conservées par eux lorsqu'ils parviendront au rang de conseiller d'état.

4. Il sera à chacun desdits intendants des finances et du commerce expédié une commission particulière contenant le détail des parties d'administration du travail et instruction desquelles ils seront chargés.

5. Le comité d'administration et tous les départements particuliers confiés à d'autres personnes, même à des magistrats du conseil, demeureront également et dès à présent supprimés. En conséquence, les traitements qui avoient été réglés, tant à cause du comité d'administration qu'à raison desdits départemens, seront retranchés des états de dépense à compter du 1er janvier prochain, se réservant S. M. de donner aux personnes auxquelles ils avoient été accordés des marques de sa satisfaction.

6. Les quatre départements de finance comprendront :

L'un, tous les objets confiés à l'administration des domaines et bois, et droits domaniaux, les péages, passages, pontonnages, bacs, pêcheries et moulins, hallages, minages, havages et autres objets de ce genre, et l'exécution des arrêts des 6 août 1777, 15 août et 11 septembre 1779, et 5 mai 1785.

Le second, les objets confiés à la ferme générale, soit à titre de bail, soit à titre de régie; et ceux confiés à la régie générale des aides et droits y réunis.

Le troisième, les impositions, les municipalités, les octrois et finances des villes, les bureaux des finances.

Et le quatrième, les ponts et chaussées, les travaux des ports de commerce, la police du roulage, et en outre les hôpitaux, les prisons, les dépôts de mendicité, et la distribution gratuite des remèdes dans les provinces.

Le département du commerce aura tous les objets actuellement répartis aux quatre intendants du commerce.

Le contrôleur général se réservera immédiatement les parties casuelles, les mines, les loteries, la compagnie des Indes, les monnoies, les écoles de médecine vétérinaire, les épizooties, le travail relatif aux subsistances, les assemblées provinciales, les forges de la Chaussade, les fonderies à la manière anglaise, l'établissement des cristaux de la reine à Montcenis, les affaires de la Corse, la balance du commerce, les poudres et salpêtres, les étapes, les convois militaires, les messageries, etc., et généralement toutes les parties non comprises dans lesdits cinq départements, quoique présentement non exprimées.

7. Les intendants des finances et celui du commerce seront, ensemble ou séparément, selon que les circonstances l'exigeront, appelés au comité qui, aux termes du réglement de ce jour, fait pour le conseil royal des finances et du commerce, doit se tenir, tous les quinze jours au moins, chez le chef dudit conseil, avec le contrôleur général et les deux conseillers d'état, membres de ce conseil, et ils y rapporteront les grandes affaires de leur département qui doivent être portées audit comité.

8. Les affaires contentieuses de chaque département continueront d'être renvoyées par le contrôleur général devant les conseillers d'état composant le comité contentieux.

Quatre maîtres des requêtes seront attachés audit comité pour y rapporter les affaires qui devront y être portées, suivant la distribution qui leur en sera faite par le président du comité, auquel néanmoins il sera loisible, en cas de nécessité, de confier quelques affaires à tels autres maîtres des requêtes qu'il jugera convenable. A l'effet de quoi supprime, dès à présent, S. M., au-delà dudit nombre de quatre, toutes les places de maîtres des requêtes-rapporteurs, maîtres des requêtes surnuméraires, et maîtres des requêtes adjoints qui avoient été établis près le comité contentieux, ainsi que tous les traitements qui ont été attribués à chacun d'eux, lesquels seront retranchés des états de dépense, à compter du 1er janvier prochain.

9. Les avis du comité contentieux seront remis au contrôleur général, et les arrêts seront rendus sur le rapport du président du comité, à moins toutefois que l'affaire ne fût telle qu'il dût en être rendu compte à S. M.

N° 2344. — ARRÊT *du conseil qui supprime l'ouvrage intitulé:* Lettre du comte de Mirabeau, sur l'administration de M. Necker.

Versailles, 6 juin 1787. (R. S.)

N° 2345. — ORDONNANCE *de police concernant le commerce de charbon de bois* (1).

Paris, 8 juin 1787. (Mars, tom. 2, pag. 347.)

Enjoignons, jusqu'à ce qu'il en soit autrement ordonné, à tous plumets, porteurs de charges à cou, chacun à son tour et rang, de porter directement chez le consommateur, soit du bateau en vente, ou de la place du faubourg Saint-Antoine, les voies de charbon qui y auront été achetées. Leur faisons défenses de les déposer ailleurs, en quelque endroit que ce soit, à peine de trois mois d'interdiction de travail sur les ports et à ladite place de vente, pour la première fois, et de plus grande peine en cas de récidive; d'exiger des bourgeois aucunes et plus fortes sommes que celle fixée et comprise dans le prix de chaque voie de charbon; d'en conduire en charrettes, sous aucun prétexte; d'en faire aucun entrepôt ou dépôt, à peine de 50 liv. d'amende, dont le tiers appartiendra au dénonciateur, et même de prison, de saisie et confiscation des charbons et sacs, charrettes, chevaux et harnois, lesquels seront vendus sur la première exposition, pour, sur le prix en provenant, l'amende et tous frais prélevés, être le surplus, si surplus il y a, remis à la caisse de la ville.

Faisons très-expresses inhibitions et défenses à toutes personnes généralement quelconques, de donner aucune retraite auxdits plumets chargés de sacs de charbon ou braise, etc., et de se prêter à de pareils entrepôts, sous tel prétexte que ce soit, à peine de 300 liv. d'amende, et à plus grande peine en cas de récidive (2).

_____

(1) V. ord. de police 2 décembre 1812.
(2) §3 et 5, art. 3, loi du 24 août 1790; A. C. P.

Nº 2346. — **Lettres patentes** *qui permettent aux proprié-* *taires de fiefs régis par la coutume générale d'Artois, et situés* *dans la mouvance du roi, d'éclisser ou démembrer ces fiefs.*

Versailles, 14 juin 1787 (R. S.)

Nº 2347. — **Déclaration** *pour la liberté du commerce des* *grains* (1).

Versailles, 17 juin 1787. Reg. en parlement le 25. (R. S. C.)

Louis, etc. Dès les premiers instants de notre avénement au trône, notre principale attention s'est portée sur ce qui intéresse la production des grains et leur commerce dans le royaume. Nous avons reconnu qu'encourager leur culture et faciliter leur circulation dans toutes les provinces, c'étoit le moyen d'en assurer l'abondance et de les faire arriver partout où le besoin s'en feroit sentir; que ce double avantage ne pou- voit être que le résultat de la liberté; qu'elle seule étoit con- forme aux principes de la justice, puisque le droit de disposer à son gré des productions que l'on a fait naître par ses avances et ses travaux, fait partie essentielle de la propriété; qu'elle seule aussi pouvoit entretenir habituellement un prix favorable aux différentes classes de citoyens, qu'elle en prévenoit les variations trop rapides, et qu'elle préservoit du monopole, qui devient rigoureusement impossible, lorsque chaque vendeur peut jouir de la concurrence de tous les acheteurs, et chaque acheteur de celle de tous les vendeurs.

Ces principes ont dicté l'arrêt que nous avons rendu en notre conseil le 13 septembre 1774, et nos lettres patentes expédiées sur son contenu le 2 novembre de la même année; nous y avons ordonné que le commerce des grains et des farines joui- roit d'une entière liberté dans l'intérieur de notre royaume, et nous nous sommes réservé de statuer sur la liberté de la vente à l'étranger lorsque les circonstances seroient devenues plus favorables.

Ce qui survint à cette occasion, ne servit qu'à nous ap- prendre que si les disettes réelles sont fort rares, des alarmes populaires peuvent en produire momentanément l'apparence, et qu'il est d'une sage administration de se tenir en état de remédier promptement aux maux que l'opinion égarée pourroit produire.

_____

(1) V. 7 septembre 1788.

Dès l'année suivante, la récolte ayant été généralement abondante dans nos états, la permission d'exporter des grains à l'étranger nous fut demandée de toutes parts. Nous l'accordâmes par notre déclaration du 10 février 1776, sous les mêmes règles qui avoient été adoptées par le feu roi, notre auguste aïeul, dans l'édit du mois de juillet 1764 : et y ajoutant même encore plus de facilité, nous ordonnâmes, par nos lettres patentes du 25 mai, et par notre déclaration du mois de septembre de la même année, que la sortie des grains à l'étranger auroit lieu ou seroit suspendue d'elle-même, suivant que le prix des blés seroit au-dessus ou au-dessous de 12 liv. 10 s. le quintal.

Quelques inquiétudes s'étant élevées sur la récolte de 1777, l'exportation des grains fut interdite au mois de septembre de la même année, et dans le cours de la suivante. Depuis, l'exportation des grains a été différentes fois permise ou défendue par voie d'administration.

Nous avons consacré ce temps à l'expérience et à de mûres considérations sur le passé. Il n'est pas rare que les vérités politiques aient besoin du temps et de la discussion pour acquérir une sorte de maturité ; ce n'est qu'insensiblement que les préjugés s'affoiblissent, que les fausses lumières se dissipent, et que l'intérêt, connu inséparable de la vérité, finit par prévaloir et subjuguer tous les esprits. Il est maintenant reconnu, comme nous nous en sommes convaincu, que les mêmes principes qui réclament la liberté de la circulation des grains dans l'intérieur de notre royaume, sollicitent aussi celle de leur commerce avec l'étranger ; que la défense de les exporter, quand leur prix s'élève au-dessus d'un certain terme, est inutile, puisqu'ils restent d'eux-mêmes partout où ils deviennent trop chers ; qu'elle est même nuisible, puisqu'elle effraie les esprits, qu'elle presse les achats dans l'intérieur, qu'elle resserre le commerce, qu'elle repousse l'importation, enfin que toute hausse de prix déterminée par la loi pouvant être provoquée pendant plusieurs marchés consécutifs par des manœuvres coupables, elle ne sauroit indiquer ni le moment où l'exportation pourroit sembler dangereuse, ni celui où elle est encore nécessaire ; et que c'étoit aux inconvéniens de cette disposition qu'on devoit attribuer les atteintes portées à l'exécution et aux vues de l'édit de juillet 1764, et des lois subséquentes.

Nous avons en conséquence jugé que le temps étoit venu de fixer les principes sur cette matière, et de déclarer que la liberté du commerce des grains doit être regardée comme

l'état habituel et ordinaire dans notre royaume, sans néanmoins que nous cessions jamais de veiller à la subsistance de
nos peuples, avec tous les soins qu'exige cet objet essentiel
de notre sollicitude paternelle. Les moyens que nous avons
pris pour être toujours instruits du véritable état des récoltes,
et continuellement en mesure de pourvoir, dans les premiers
moments, aux besoins subits et passagers, doivent suffire pour
rassurer les esprits les plus prompts à s'alarmer; et cependant
ces moyens, toujours conformes à nos principes, toujours
analogues aux circonstances, sont tels, qu'ils ne pourront ja
mais inquiéter le commerçant, ni troubler en aucune sorte
ses opérations. Si nous nous sommes réservé de suspendre
l'exportation par des défenses locales, ce ne sera que quand
elles auront été reconnues nécessaires, et qu'elles nous auront
été demandées, soit par quelques-uns de nos états, soit par
quelques-unes de nos assemblées provinciales que nous venons
d'établir, ou par leur commission intermédiaire; et ces défenses, qui seront des exceptions momentanées à la règle générale, ne pourront jamais nuire aux provinces qui ne les
auront pas demandées, et ne pourront jamais être portées
pour plus d'un an, sauf à les renouveler, si la continuation
des besoins l'exigeoit et nous en faisoit solliciter par les mêmes
provinces qui les auroient obtenus.

A ces causes, etc.; à compter du jour de la publication de
la présente déclaration, il soit libre pour toujours et à toutes
personnes de quelque état et condition qu'elles soient, de faire
le commerce des grains et des farines de province à province
dans tout l'intérieur de notre royaume : permettons pareillement à tous nos sujets de faire ledit commerce avec l'étranger
par tous nos ports et par tous les passages de nos frontières
où il y a bureau de nos droits de traite : nous réservant néanmoins de suspendre la liberté de ladite exportation hors du
royaume, pour celles de nos provinces où les états et assemblées provinciales qui seroient dans le cas d'obtenir, nous auront demandé ladite suspension, et lorsque nous en aurons
reconnu nous-même la nécessité, sans que ladite suspension
puisse, audit cas, s'appliquer aux autres provinces pour lesquelles elle n'auroit pas été demandée et reconnue nécessaire.
Ne sera non plus ladite suspension ordonnée pour un plus long
temps que celui d'une année, sauf à la prolonger par une
nouvelle décision, dans le cas où la continuation des besoins
l'exigeroit, et que la demande en seroit renouvelée par lesdits
états ou lesdites assemblées provinciales. Avons dérogé et dé-

rogeons aux dispositions de tous édits, déclarations, arrêts et réglements qui seroient contraires à notre présente déclaration, et spécialement aux dispositions de l'édit de juillet 1764, de notre déclaration du 10 février 1776, de nos lettres patentes du 25 mai suivant, et de notre déclaration du mois de septembre de la même année, par lesquels il avoit été réglé que l'exportation seroit permise ou défendue, suivant que le prix des grains seroit au-dessus ou au-dessous d'un certain terme : voulons que pour le surplus, et en tout ce qui favorise la liberté du commerce, lesdites lois aient leur entière exécution. Si donnons en mandement, etc.

N° 2348. — ORDONNANCE *portant établissement aux îles de la Martinique et de la Guadeloupe, d'une assemblée coloniale et d'un comité en dépendant, avec suppression des chambres d'agriculture.*

Versailles, 17 juin 1787. Reg. au conseil supérieur. (Code de la Martinique, tom. 5, pag. 33.)

N° 2349. — ARRÊT *du conseil qui fixe l'établissement de quatre nouveaux hôpitaux pour la ville de Paris, à l'hôpital Saint-Louis, à l'hôpital Sainte-Anne, aux hospitalières de la Roquette, et à l'abbaye de Sainte-Périne, à Chaillot.*

Versailles, 22 juin 1787. (R. S.)

N° 2350. — ÉDIT *portant création d'assemblées provinciales et municipales.*

Versailles, juin 1787. (R. S. C.)

LOUIS, etc. Les heureux effets qu'ont produits les administrations provinciales établies par forme d'essai dans les provinces de Haute-Guienne et de Berri, ayant rempli les espérances que nous en avions conçues, nous avions jugé qu'il étoit temps d'étendre le même bienfait aux autres provinces de notre royaume, nous avions été confirmé dans cette résolution par les délibérations unanimes des notables que nous avons appellés auprès de nous, et qui, en nous faisant d'utiles observations sur la forme de cet établissement, nous ont supplié avec instance de ne pas différer à faire jouir tous nos sujets des avantages sans nombre qu'il doit produire : nous déférons à leur vœu avec satisfaction; et tandis que par un meilleur ordre dans les finances, et par la plus grande économie dans les dépenses, nous travaillerons à diminuer la masse des impôts, nous espérons qu'une institution bien combinée en allégera le poids par une plus exacte répartition, et rendra facile l'exécution des plans que nous avons formés pour la félicité publique. A ces causes, etc.

1. Il sera, dans toutes les provinces de notre royaume où il n'y a point d'états provinciaux, et suivant la division qui sera par nous déterminée, incessamment établi une ou plusieurs assemblées provinciales, et, suivant que les circonstances locales l'exigeront, des assemblées particulières de districts et de communautés, et pendant les intervalles de la tenue desdites assemblées, des commissions intermédiaires, les unes et les autres composées d'aucuns de nos sujets des trois ordres payant les impositions foncières ou personnelles dans lesdites provinces, districts et communautés, et ce dans le nombre qui sera par nous fixé proportionnellement à la force et à l'étendue desdites provinces, districts et communautés, sans néanmoins que le nombre des personnes choisies dans les deux premiers ordres puisse surpasser le nombre des personnes choisies par le tiers-état, et les voix seront recueillies par tête alternativement entre les membres des différents ordres.

2. Lesdites assemblées provinciales seront par elles-mêmes, ou par les assemblées ou commissions qui leur seront subordonnées, chargées, sous notre autorité et celle de notre conseil, de la répartition et assiette de toutes les impositions foncières et personnelles, tant de celles dont le produit doit être porté en notre trésor royal, que de celles qui ont ou auront lieu pour chemins, ouvrages publics, indemnités, encouragements, réparations d'églises et de presbytères, et autres dépenses quelconques propres auxdites provinces, ou aux districts et communautés qui en dépendent. Voulons que lesdites dépenses, soit qu'elles soient communes auxdites provinces, soit qu'elles soient particulières à quelques districts ou communautés, soient, suivant leur nature, délibérées ou suivies, approuvées ou surveillées par lesdites assemblées provinciales, ou par les assemblées ou commissions qui leur seront subordonnées, leur attribuant, sous notre autorité et surveillance, ainsi qu'il sera par nous déterminé, tous les pouvoirs et facultés à ce nécessaires.

3. Les procureurs-syndics qui seront établis près de chacune desdites assemblées provinciales et de districts, pourront, en leurs noms et comme leurs représentants, présenter toutes requêtes, former toutes demandes, et introduire toutes instances par-devant les juges qui en doivent connoître, et même intervenir dans toutes les affaires générales ou particulières qui pourront intéresser lesdites provinces ou districts, et les

poursuivre au nom desdites assemblées., après toutefois qu'ils y auront été autorisés par elles ou par les commissions intermédiaires.

4. La présidence desdites assemblées et commissions intermédiaires sera toujours confiée à un membre du clergé ou de la noblesse, et elle ne pourra jamais être perpétuelle.

5. Il sera loisible auxdites assemblées provinciales de nous faire toutes représentations et de nous adresser tels projets qu'elles jugeront utiles au bien de nos peuples, sans cependant que, sous prétexte desdites représentations ou projets, l'assiette et le recouvrement des impositions établies, ou qui pourront l'être, puissent, à raison desdites représentations ou projets, éprouver aucun obstacle ni delai. Voulons dès-à-présent qu'il y soit audit cas procédé dans la forme actuellement existante.

6. Nous nous réservons de déterminer, par des réglements particuliers, ce qui regarde la première convocation desdites assemblées, leur composition et celles des commissions intermédiaires, ainsi que leur police et tout ce qui peut concerner leur organisation et leurs fonctions, et ce conformément à ce qui est prescrit par ces présentes, et à ce que pourront exiger les besoins particuliers, coutumes et usages desdites provinces. Si donnons en mandement, etc.

N° 2351. — RÉGLEMENT *sur la formation et la composition des assemblées qui auront lieu dans la province de Champagne en vertu de l'édit portant création des assemblées provinciales* (1).

Versailles, 23 juin 1787. (R. S.)

Le roi ayant, par son édit de ce mois, ordonné qu'il seroit incessamment établi dans les provinces et généralités de son royaume différentes assemblées, suivant la forme qui sera déterminée par S. M., elle a résolu de faire connoître ses inten-

---

(1) Tous les réglements sont semblables, à quelques changements près. Le 5 juillet il parut deux réglements pour les trois évêchés, et le Soissonnais; le 8, quatre réglements pour Amiens, l'Auvergne, l'Ile de France, la Lorraine et Bar; le 12, cinq réglements pour l'Alsace, l'Auch, le Hainaut, le Limousin et le Poitou; le 15, trois réglements pour Alençon, Caen et Rouen; le 18, deux réglements pour Orléans et Tours; le 30, pour Lyon; le 15 août pour le Roussillon; le 4 septembre pour le Dauphiné; le 18 novembre pour Versailles; le 13 juillet pour le Nivernais; le 10 août 1788, pour le Bourbonnais.

Un arrêt du conseil du 21 septembre 1787, fixa l'ouverture d'une deuxième assemblée provinciale pour le Hainaut.

tions sur la formation et la composition de celles qui auront
lieu dans la province de Champagne. Les dispositions que S. M.
a suivies sont généralement conformes à l'esprit qui a dirigé
les délibérations des notables de son royaume qu'elle a appelés
auprès d'elle; mais en les adoptant, et malgré les avantages
qu'elle s'en promet, S. M. n'entend pas les regarder comme
irrévocablement déterminées; elle sait que les meilleures insti-
tutions ne se perfectionnent qu'avec le temps, et comme il
n'en est point qui doive plus influer sur le bonheur de ses sujets que celle des assemblées provinciales, elle se réserve de
faire à ces premiers arrangements tous les changements que
l'expérience lui fera juger nécessaires; c'est en conséquence
qu'elle a voulu que les premières assemblées dont elle ordonne
l'établissement restent, pendant trois ans, telles qu'elles seront composées pour la première fois : ce délai mettra S. M.
à portée de juger des effets qu'elles auront produits, et d'assurer ensuite la consistance et la perfection qu'elles doivent
avoir; en conséquence S. M. a ordonné et ordonne ce qui suit :

L'administration de la province de Champagne sera divisée
entre trois espèces d'assemblées différentes, une municipale,
une d'élection et une provinciale.

L'assemblée provinciale se tiendra dans la ville de Châlons-
sur-Marne; celle de l'élection dans le chef-lieu; enfin les assemblées municipales dans les villes et les paroisses qu'elles
représentent.

Elles seront élémentaires les unes des autres, dans ce sens que
les membres de l'assemblée de la province seront choisis parmi
ceux des assemblées d'élection; et ceux-ci pareillement parmi
ceux qui composeront les assemblées municipales.

Elles auront toutes leur base constitutive dans ce dernier
élément formé dans les villes et paroisses.

Assemblées municipales. 1. Dans toutes les communautés
de Champagne où il n'y a pas actuellement d'assemblée municipale, il en sera formé une conformément à ce qui va être prescrit, S. M. n'entendant pas changer pour le moment la forme
et l'administration des municipalités établies.

2. L'assemblée municipale qui aura lieu dans les communautés de la province de Champagne où il n'y a point de municipalité établie sera composée du seigneur de la paroisse et du
curé, qui en feront toujours partie, et de trois, six ou neuf membres choisis par la communauté, c'est-à-dire de trois; si la
communauté contient moins de cent feux; de six, si elle en
contient deux cents, et de neuf, si elle en contient davantage.

3. Lorsqu'il y aura plusieurs seigneurs de la même paroisse, il seront alternativement, et pour une année chacun, membres de l'assemblée municipale, en cas que la seigneurie de la paroisse soit entre eux également partagée; si au contraire la seigneurie est inégalement partagée, celui qui en possédera la moitié sera de deux années une membre de ladite assemblée; celui qui en possédera un tiers, de trois années une, et les autres qui en posséderont une moindre partie seront tenus d'en choisir un d'entre eux pour les représenter; et pour faire ledit choix, chacun aura autant de voix qu'il aura de portions de seigneurie.

4. Il y aura en outre dans lesdites assemblées un syndic qui aura voix délibérative, et qui sera chargé de l'exécution des résolutions qui auront été délibérées par l'assemblée, et qui n'auront pas été exécutées par elle.

5. Le syndic et les membres électifs de ladite assemblée seront élus par l'assemblée de toute la paroisse convoquée à cet effet.

6. L'assemblée de la paroisse sera composée de tous ceux qui paieront 10 livres et au-dessus, dans ladite paroisse, d'imposition foncière ou personnelle, de quelque état et condition qu'ils soient.

7. Ladite assemblée paroissiale se tiendra cette année le premier dimanche d'août, et les années suivantes, le premier dimanche d'octobre, à l'issue de vêpres.

8. Cette assemblée paroissiale sera présidée par le syndic; le seigneur et le curé n'y assisteront pas.

9. Le syndic recueillera les voix, et celui qui en réunira le plus sera le premier élu membre de l'assemblée municipale, et il sera de même procédé successivement à l'élection des autres.

10. Ces élections, et toutes celles qui seront mentionnées dans le présent réglement, se feront par la voie du scrutin.

11. Toute personne noble ou non noble, ayant vingt-cinq ans accomplis, étant domiciliée dans la paroisse au moins depuis un an, et payant au moins 30 liv. d'impositions foncières ou personnelles, pourra être élue membre de l'assemblée municipale.

12. Chaque année, après les trois premières années révolues, un tiers des membres choisis par l'assemblée municipale se retirera et sera remplacé par un autre tiers nommé par l'assemblé paroissiale; le sort décidera les deux premières années de ceux qui devront se retirer, ensuite l'ancienneté.

13. Nul membre de l'assemblée municipale ne pourra être réélu qu'après deux ans d'intervalle. Le syndic sera élu tous les trois ans, et pourra être continué neuf ans, mais toujours par une nouvelle élection.

14. Le seigneur présidera l'assemblée municipale; en son absence le syndic. Le seigneur qui ne se trouvera pas à l'assemblée pourra s'y faire représenter par un fondé de procuration qui se placera à la droite du président: les corps laïques ou ecclésiastiques qui seront seigneurs seront représentés de même par un fondé de procuration.

15. Le curé siégera à la gauche du président, et le syndic à la droite quand il ne présidera pas; les autres membres de l'assemblée siégeront entre eux suivant la date de leur élection.

16. L'assemblée municipale élira un greffier qui sera aussi celui de l'assemblée paroissiale; il pourra être révoqué à volonté par l'assemblée municipale.

Assemblée d'élection. 1. La généralité de Champagne étant partagée en douze élections, il sera établi dans chacune une assemblée particulière.

2. Nul ne pourra être de ces assemblées, s'il n'a été membre d'une assemblée municipale, soit de droit comme le seigneur ecclésiastique ou laïque et le curé, soit par élection comme ceux qui auront été choisis par les assemblées paroissiales. Les premiers représenteront le clergé et la noblesse, les autres le tiers-état.

3. Dans les villes ou paroisses dans lesquelles il y a des municipalités établies, les députés desdites villes ou paroisses aux assemblées d'élection seront pris dans les membres de ladite municipalité, ainsi que parmi les seigneurs et curés desdites villes et paroisses, et ce, jusqu'à ce qu'il en ait été autrement ordonné.

4. Les fondés de procuration des seigneurs laïques à une assemblée municipale pourront aussi, si le seigneur qu'ils représentent n'est pas lui-même de l'assemblée d'élection, et un seul pour chaque seigneur, quand même il aurait plusieurs seigneuries, être nommés pour y assister, pourvu qu'ils soient nobles, et qu'ils possèdent au moins 1,000 liv. de revenu dans l'élection.

5. Lorsqu'une seigneurie sera possédée par des corps et communautés, un des membres desdits corps et communautés, pourvu qu'il soit noble ou ecclésiastique, pourra, à ce titre, être membre desdites assemblées d'élection, sans néan-

moins que le même corps puisse avoir plus d'un député à la même assemblée.

6. Lesdites assemblées seront composées de vingt-quatre personnes, dont douze prises en nombre égal parmi les ecclésiastiques et les seigneurs laïques ou gentilshommes les représentants, et douze parmi les députés des villes et des paroisses.

7. Ces vingt-quatre personnes seront prises dans six arrondissements entre lesquels chaque élection sera divisée, et qui enverront chacune à l'assemblée, ainsi qu'il sera dit ci-après, quatre députés, et sera cette division faite par la première assemblée d'élection.

8. La première assemblée d'élection se tiendra au jour qui sera indiqué par les personnes que nous nommerons ci-après pour former l'assemblée provinciale.

9. Les mêmes personnes nommeront la moitié des membres de ceux qui doivent composer l'assemblée d'élection, et ceux-ci se compléteront au nombre qui est ci-dessus exprimé.

10. Quand les assemblées d'élection seront formées, elles resteront composées des mêmes personnes pendant les années 1788, 1789 et 1790.

11. Ce temps expiré, les assemblées se régénéreront en la forme suivante :

Un quart sortira chaque année par le sort, en 1791, 1792 et 1793, et après, suivant l'ancienneté, de manière néanmoins que par année il sorte toujours un membre de chaque arrondissement.

Pour remplacer celui qui sortira, il se formera une assemblée représentative des paroisses de chaque arrondissement.

Cette assemblée sera composée des seigneurs, des curés et des syndics desdites paroisses, et de deux députés pris dans l'assemblée municipale, et choisis à cet effet par l'assemblée paroissiale.

Ces cinq députés se rendront au lieu où se tiendra l'assemblée d'arrondissement, et qui sera déterminé par l'assemblée d'élection, et ils éliront le député à l'assemblée d'élection dans le même ordre que celui qui sera dans le cas d'en sortir.

Cette assemblée d'arrondissement sera présidée alternativement par celui des seigneurs ecclésiastiques ou laïques qui devra siéger le premier, suivant l'ordre ci-après établi.

En cas d'absence du seigneur, la présidence sera dévolue au syndic le plus anciennement élu, et en cas d'égalité dans l'élection, au plus ancien d'âge.

12. En cas qu'il ne se trouve pas de seigneur, ni même de personne fondée de la procuration des seigneurs qui puisse être députée à l'assemblée d'élection, il sera libre d'en choisir dans un autre arrondissement, mais de la même élection.

13. La composition des assemblées d'élection sera tellement ordonnée, que les membres du clergé et de la noblesse, ou du tiers-état, seront, le moins qu'il sera possible, tirés de la même paroisse, et la paroisse dont sera celui qui sortira de l'assemblée, ne pourra pas en fournir du même ordre qu'après un an au moins révolu.

14. Les députés des paroisses seront, autant qu'il se pourrra, toujours pris moitié dans les villes et moitié dans les paroisses de campagne.

15. La présidence sera dévolue à un membre du clergé ou de la noblesse indifféremment; ce président sera nommé la première fois par S. M.; il restera quatre ans président, après quoi, et tous les quatre ans, le roi choisira celui que S. M. jugera convenable entre deux membres du clergé et deux de la noblesse qui lui auront été proposés par l'assemblée après avoir réuni la pluralité des suffrages.

16. L'ordre des séances sera tel, que les ecclésiastiques seront à droite du président, les seigneurs laïques à gauche, et les représentants le tiers-états en face.

17. En l'absence du président, l'assemblée, s'il est ecclésiastique, sera présidée par le premier des seigneurs laïques, et s'il est laïque, par le premier des ecclésiastiques.

18. Les ecclésiastiques garderont entre eux l'ordre accoutumé dans leurs séances.

19. Les seigneurs laïques siégeront suivant l'ancienneté de leur admission, et l'âge décidera entre ceux qui seront admis le même jour.

20. Les séances entre le tiers-état seront suivant l'ordre des paroisses, qui sera déterminé d'après leur contribution.

21. Les voix seront prises par tête et de manière qu'on prendra la voix d'un ecclésiastique, ensuite celle d'un seigneur laïque, ensuite deux voix du tiers, et ainsi de suite jusqu'à la fin. Le président opinera le dernier et aura voix prépondérante en cas de partage. Ce qui est du président de cette assemblée aura lieu pour toutes les assemblées ou commissions dont il est question dans le présent réglement.

22. Lesdites assemblées d'élection auront deux syndics, un pris parmi les représentants du clergé et de la noblesse, et l'autre parmi les représentants du tiers. Les deux syndics se-

ront trois ans en place, et pourront être continués pendant neuf années, mais toujours par une nouvelle élection, après trois ans accomplis, et de manière cependant que les deux ne soient pas changés à la fois.

23. Il y aura de plus un greffier qui sera nommé par l'assemblée, et révocable à sa volonté.

24. Pendant l'intervalle des assemblées d'élection, il y aura une commission intermédiaire composée d'un membre du clergé, d'un de la noblesse, et de deux du tiers-état, qui, avec les syndics, seront chargés de toutes les affaires que l'assemblée leur aura confiées.

25. Le greffier de l'assemblée sera aussi le greffier de cette commission intermédiaire.

26. Le président de l'assemblée d'élection présidera aussi, quand il sera présent, cette commission intermédiaire.

27. En son absence, elle sera présidée par celui des représentants du clergé et de la noblesse, qui sera nommé de ladite commission, et ce, suivant que le président sera de l'ordre du clergé ou de la noblesse, ainsi qu'il a été dit ci-dessus.

28. Les membres de ladite commission seront élus par l'assemblée; les premiers resteront les mêmes pendant trois ans, après lesquels un sortira chaque année, d'abord par le sort, ensuite par ancienneté, et sera remplacé dans son ordre par l'assemblée.

29. Ladite commission intermédiaire rendra compte à l'assemblée, par l'organe des syndics, de tout ce qui aura été fait par elle dans le cours de l'année.

Assemblées provinciales. 1. L'assemblée provinciale de Champagne se tiendra pour la première fois le 4 du mois d'août.

.2. Elle sera composée du sieur archevêque de Reims, que S. M. a nommé président, et des vingt-trois personnes qu'elle se propose de nommer à cet effet, et qui seront prises, savoir, cinq parmi les ecclésiastiques, six parmi les seigneurs laïques, et douze pour la représentation du tiers-état.

3. Le sieur archevêque de Reims et les autres personnes nommées dans l'article précédent, nommeront vingt-quatre autres personnes pour former le nombre de quarante-huit dont ladite assemblée sera composée.

4. Ils nommeront pareillement les onze personnes qui, avec le président que le roi aura nommé, commenceront à former les assemblées d'élection qui doivent ensuite nommer les autres membres desdites assemblées.

5. Ils nommeront pareillement deux syndics; un sera pris parmi les représentants du clergé et de la noblesse, et l'autre parmi les représentants du tiers-état, et un greffier.

6. Ils nommeront aussi une commission intermédiaire, composée du président de l'assemblée, des deux syndics, d'un membre du clergé, d'un de la noblesse, et de deux du tiers-état.

7. Des quarante-huit membres dont sera composée l'assemblée provinciale, vingt-quatre seront ecclésiastiques et seigneurs laïques ou gentilshommes les représentants; les uns et les autres en nombre égal, et vingt-quatre pris dans les députés des villes et des paroisses, et de manière que quatre soient toujours pris dans chaque élection, et que dans ces quatre il y en ait toujours un du clergé, un de la noblesse et deux du tiers-état.

8. Parmi les membres de ladite assemblée, il ne pourra jamais s'en trouver deux de la même paroisse.

9. La première formation faite restera fixe pendant les trois premières années, et ce terme expiré, l'assemblée sera régénérée par le procédé suivant.

10. Un quart se retirera par le sort en 1791, 1792 et 1793, et ensuite par ancienneté : ce quart qui se retirera chaque année sera tellement distribué entre les élections, qu'il sorte un député de chaque élection, et ce député qui sortira sera remplacé dans son ordre par un autre de la même élection, et nommé à cet effet par l'assemblée d'élection.

11. Celui qui aura été élu par l'assemblée d'élection pour assister à l'assemblée provinciale pourra rester membre de l'assemblée d'élection, et ainsi être tout à la fois ou n'être pas partie des deux assemblées; mais les membres de la commission intermédiaire des assemblées d'élection ne pourront être membres de la commission intermédiaire de l'assemblée provinciale.

12. Tout membre de l'assemblée provinciale qui aura cessé d'en être pourra être réélu, après toutefois qu'il aura été une année membre de l'assemblée d'élection.

13. En cas qu'un membre de l'assemblée provinciale meure ou se retire avant que son temps soit expiré, il sera remplacé dans son ordre par l'assemblée d'élection, et celui qui le remplacera ne fera que remplir le temps qui restoit à parcourir à celui qu'il aura remplacé.

14. Le président de l'assemblée provinciale restera quatre ans président.

15. Ce terme expiré, le roi nommera un autre président pris parmi quatre des présidents des élections, dont deux du clergé et deux de la noblesse, qui lui seront présentés par l'assemblée provinciale.

16. Ce qui a été dit des élections, des rangs, ainsi que des syndics, des greffiers et de la commission intermédiaire pour les assemblées d'élections, aura également lieu pour les rangs, les syndics, les greffiers, et la commission intermédiaire de l'assemblée provinciale.

17. Les assemblées municipales d'élections, ainsi que les commissions intermédiaires qui en dépendent, seront soumises et subordonnées à l'assemblée provinciale et à la commission intermédiaire qui la représentera, ainsi qu'il sera plus amplement déterminé par S. M.

18. S. M. se réserve pareillement de déterminer d'une manière particulière les fonctions de ces diverses assemblées et leurs relations avec le commissaire départi dans ladite province; elle entend qu'en attendant qu'elle se soit plus amplement expliquée, les réglements faits par elle à ce sujet pour l'assemblée provinciale du Berry soient provisionnellement suivis, ainsi qu'ils se comportent.

N° 2352. — Déclaration *pour la conversion de la corvée en une prestation en argent* (1).

Versailles, 27 juin 1787. Reg. en parlement le 28. (R. S. C)

Louis, etc. Nous avons précédemment ordonné l'essai pendant trois ans de la conversion de la corvée en nature pour la construction et l'entretien des grandes routes, en une prestation en argent.

Notre intention dans cet essai étoit de nous assurer encore davantage du vœu général de la nation en faveur de ce nouveau régime, qui s'étoit déjà de lui-même introduit dans plusieurs de nos provinces.

Il ne peut plus aujourd'hui nous rester le moindre doute sur la préférence qu'il mérite, puisqu'il vient de réunir tous les suffrages des notables de notre royaume, que nous avions appelés auprès de nous pour nous éclairer sur les véritables intérêts de nos peuples.

En conséquence nous avons résolu d'abolir dès-à-présent

(1) V. loi du 28 juillet 1824.

et pour jamais la corvée en nature, et de lui substituer une simple prestation ou contribution pécuniaire.

Les assemblées provinciales créées par notre édit registré le 22 de ce mois, vont être incessamment établies dans les différentes parties de notre royaume.

Chargées sous notre autorité et surveillance, et sous l'inspection de notre conseil, de tout ce qui regarde la confection et les réparations des chemins royaux et des autres ouvrages publics, ces assemblées nous proposeront, dès leurs premières séances, les mesures qui leur paroîtront les plus avantageuses, tant pour ces divers travaux en eux-mêmes, que pour la forme et le montant de l'imposition qu'il sera nécessaire d'y affecter, et qui seront autorisés par nous.

Mais comme les assemblées provinciales ne pourront s'occuper de ces différents objets que pour l'année prochaine 1788, nous croyons indispensable de faire, pour l'année présente, plusieurs dispositions, sans lesquelles les chemins ou autres ouvrages publics, ci-devant entrepris ou entretenus par le moyen de la corvée, éprouveroient des retards et des dépérissements également préjudiciables aux communications du commerce et au bien général de nos sujets. A ces causes, etc.

1. A l'avenir, et à commencer de la présente année, tous les travaux relatifs tant à la confection qu'à l'entretien des grandes routes et autres ouvrages publics en dépendants, seront exécutés dans tout le royaume, au moyen d'une prestation ou contribution en argent représentative de la corvée, que nous avons supprimée et supprimons par ces présentes.

2. Les assemblées provinciales, établies par notre édit registré le 22 de ce mois, seront, à commencer du 1er janvier 1788, chargées, sous notre autorité et surveillance, de tout ce qui concerne la contribution représentative de la corvée, la confection et l'entretien des chemins et grandes routes, chacune dans les district et arrondissement qui leur seront par nous fixés.

3. A compter du jour de l'enregistrement et publication des présentes, jusqu'au 1er janvier 1788, il sera par nous pourvu à tout ce qui peut avoir rapport aux confections et entretiens des grandes routes de notre royaume, au moyen d'une addition au brevet général de la taille, dont la répartition sera faite sans distinction sur tous les sujets taillables, ou tenus de la capitation roturière, sans néanmoins que ladite contribution additionnelle puisse excéder le sixième de la taille, des impositions accessoires, et de la capitation roturière réunies pour les biens taillables, non plus que les trois cinquièmes de ladite capita-

tion roturière, par rapport aux villes et communautés franches et abonnées, ainsi que dans les pays de taille réelle.

4. Les deniers provenants de la contribution de chaque ville ou communauté seront, jusqu'audit jour 1er janvier 1788, et jusqu'à ce qu'il en ait été par nous autrement ordonné sur les demandes des assemblées provinciales, levés, en vertu d'un rôle séparé, par les mêmes collecteurs chargés du recouvrement des impositions ordinaires, lesquels jouiront des six deniers pour livres de taxations, pour leur tenir lieu et les indemniser de tous frais de confection de rôle et de perception, et seront, les deniers provenant dudit recouvrement, versés directement des mains desdits collecteurs dans celles des entrepreneurs et adjudicataires pour la confection et l'entretien des routes.

Nº 2353. — Édit *portant suppression du droit d'ancrage sur les navires français, etc.* (1).

Versailles, juin 1787. Reg. au parlement le 28. (R.S.)

Nº 2354. — Arrêté *du parlement à l'occasion de l'enregistrement de l'édit sur le timbre.*

Paris, 6 juillet 1787. (Histoire des parlements par Dufey, tom. 2, p. 358.

Sire, votre parlement, délibérant sur la déclaration du timbre, a reconnu dans le préambule que V. M. ne s'est déterminée qu'à regret à présenter cette charge si onéreuse pour ses sujets, que comme une ressource nécessaire pour couvrir le déficit qu'on a cru apercevoir dans l'état des finances.

Animé du désir de donner à V. M. des preuves de son zèle, de son dévouement, et obligé par devoir de représenter les intérêts du peuple, inséparables de ceux de V. M., votre parlement ne peut s'empêcher de lui faire connaître qu'il lui est impossible de le convaincre, après cinq années de paix, de la nécessité de l'impôt, qu'en vérifiant le déficit qu'on a présenté à V. M.

Pénétré des vues de justice et de bonté que V. M. ne cesse de manifester lorsqu'il est question du bonheur de ses sujets, votre parlement supplie très-respectueusement V. M. de lui faire remettre les états de recettes et de dépenses, ainsi que l'état des retranchements, économies et bonifications que V. M. a eu la bonté d'annoncer dans sa déclaration. C'est avec d'au-

(1) V. S, 19 décembre 1787, 30 mai 1788, 25 juin 1789.

tant plus de confiance que votre parlement porte cette respec-
tueuse supplication au pied du trône, que V. M. a daigné
annoncer à l'assemblée des notables, et renouveler dans le
préambule de la déclaration sur le timbre, l'engagement de
rendre public, à la fin de cette année, l'état des recettes et
dépenses; elle en a même expliqué les motifs. Son intention
est que les peuples soient convaincus de la nécessité des moyens
qu'elle met en usage, et du rapport actuel de ces moyens avec
les besoins de l'état.

Mais s'il est vrai que les peuples doivent être convaincus
après l'enregistrement, il paraît indispensable que votre parlement le soit auparavant, la conviction ne devant pas seulement
suivre la vérification, mais la déterminer.

Nº 2355. — LETTRE *de M. de Castries sur l'établissement d'une
assemblée coloniale et d'un comité intermédiaire en dépendant.*

7 juillet 1787. (Code de la Martinique, tom. 5, pag. 47.)

Nº 2356. — ARRÊT *du parlement portant réglement pour les baux
judiciaires des biens saisis réellement et pour le tiercement desdits baux.*

Paris, 11 juillet 1787. (R. S. C.)

Vu par la cour la requête présentée par le procureur général
du roi, contenant qu'il a été informé que dans les poursuites
qui se font par décret des biens saisis réellement, il se commet
des abus relativement aux adjudications des baux judiciaires
desdits biens; que les procureurs se rendent souvent adjudicataires desdits baux pour eux, sous des noms interposés, nonobstant les défenses portées par l'arrêt du 22 juillet 1690, ou
pour des personnes non domiciliées ou insolvables, ce qui
oblige de faire procéder à de nouveaux baux sur folles enchères,
qui occasionent beaucoup de frais et de diminution dans le prix
desdits baux; que les mêmes abus se passent aussi pour les
tiercements des baux judiciaires; que d'ailleurs les procédures
qui ont été faites jusqu'à présent pour lesdits tiercements sont
trop compliquées, et donnent lieu à des frais qu'il est de l'intérêt de toutes les parties de simplifier; et comme il convient
de renouveler les défenses portées par l'arrêt du 22 juillet 1690,
et de prescrire ce qui doit être observé pour l'adjudication des
baux judiciaires et les tiercements desdits baux : A ces causes
requéroit le procureur général du roi qu'il plût à la cour, etc.
Oui le rapport de Mᵉ B. conseiller; tout considéré.

La cour, art. 1er, fait défenses à tous procureurs de prendre directement ni indirectement aucuns baux judiciaires des biens inmeubles saisis réellement ou séquestrés par autorité de justice, dans les jurisdictions où ils sont établis, et de s'en rendre cautions, si ce n'est à l'égard des biens à la saisie-réelle desquels ils se trouveront opposants en leurs noms et qualités de créanciers de leur chef, auquel cas seulement ils pourront faire enchérir et se rendre cautions des adjudicataires; fait pareillement défenses auxdits procureurs d'enchérir les baux judiciaires sur les pouvoirs qui leur seront donnés par les parties saisies ou leurs domestiques, ou prête-noms, ou pour des particuliers insolvables et non domiciliés, ni pour des mineurs de vingt-cinq ans, ou pour des septuagénaires, le tout à peine d'être garants en leurs propres et privés noms du prix desdits baux judiciaires et accessoires, et sous les autres peines portées par l'arrêt du 22 juillet 1690, qui sera exécuté selon sa forme et teneur. 2° Ordonne que les procureurs seront tenus de faire leurs déclarations au profit de ceux pour qui ils auroient enchéri, et de les faire signifier aux commissaires aux saisies-réelles, dans trois jours, à compter de celui de l'adjudication, avec les noms et demeures des cautions, et élection de domicile chez lesdits procureurs, même de faire recevoir lesdites cautions et la soumission d'icelles, huitaine après; faute de quoi et lesdits délais passés, que lesdits procureurs seront réputés adjudicataires pour leur compte, et qu'il sera, en la manière ordinaire, procédé à une nouvelle adjudication à leur folle enchère, à leurs périls et risques, dépens, dommages-intérêts, sur une simple sommation et remise. 3° Que faute par les personnes au profit desquelles lesdites déclarations auront été faites, et leurs cautions, de satisfaire aux charges de l'adjudication, dans les délais y portés, il sera passé outre à la nouvelle adjudication, à la folle enchère desdits adjudicataires, à leurs périls et risques, dépens, dommages-intérêts, aussi sur une simple sommation et remise signifiées à leurs procureurs. 4° Que les tiercements des baux judiciaires seront faits à l'avenir par un simple acte mis au greffe de la jurisdiction où se poursuit le décret, dans lequel les procureurs seront tenus de déclarer les noms, qualités et demeures du tierceur et de celui qu'il entendra donner pour caution, avec élection de domicile chez lesdits procureurs, et que lesdits tiercements ne pourront être faits que pour des personnes connues, domiciliées et solvables. 5° Que ledit acte de tiercement sera signifié tant aux commissaires aux saisies-réelles, qu'au procureur poursuivant, au procureur plus ancien, et à celui de la partie saisie, si aucuns y a, avec copie des titres justificatifs de la solvabilité de la caution, à peine de nullité dudit tiercement. 6° Que lorsque le tierceur aura fait signifier son tiercement, et donné copie des titres justificatifs de la solvabilité de sa caution, il sera fait sommation audit commissaire aux saisies-réelles et au procureur poursuivant, et autres parties intéressées, de se trouver en la maison du juge qui aura adjugé le bail, pour y faire recevoir le tiercement et la caution; à l'effet de quoi il prendra l'ordonnance dudit juge pour assigner aux jour et heure qui seront par lui indiqués; et que, si le tiercement et la caution sont reçus, aussitôt après la signification qui aura été faite audit commissaire du procès-verbal de réception de caution et acte de soumission, il sera alors procédé à un nouveau bail sur ledit tiercement en la manière accoutumée. Ordonne que si lesdits tiercements et cautions sont rejetés, le tierceur sera condamné aux dépens, et que le bail adjugé continuera d'être exécuté. 7° Ordonne qu'entre plusieurs tierceurs du même bail, et au même prix, le premier sera préféré à diligences égales, et que les frais de tiercement, ceux légitimement faits sur icelui, ensemble ceux du fermier judiciaire, pour le coût de son bail et accessoires d'icelui, seront à la charge du tierceur ou autre adjudicataire sur tiercement, et remboursés par ledit adjudicataire dans la huitaine du jour de son adjudication. 8° Fait défenses de former à l'avenir aucune demande afin d'être reçu audit tiercement, et de faire aucune autre procédure que celle ci-dessus prescrite, à peine de nullité: ordonne que le présent arrêt sera imprimé, qu'il sera lu et publié à la communauté des avocats et procureurs de la cour, et inscrit sur les registres de ladite communauté; que copie collationnée en sera envoyée au substitut du procureur général du roi au châtelet de Paris, pour y être notifié à la communauté des procureurs audit siège; ordonne pareillement que copies collationnées dudit arrêt seront envoyées aux substituts du procureur général du roi dans les bailliages et sièges du ressort de la cour, à l'effet d'être lu et publié dans lesdits sièges. Enjoint auxdits substituts de tenir la main et de veiller l'exécution dudit arrêt.

N° 2357. — ARRÊT *du conseil portant réglement pour les nou-*
veaux dessins que les fabricants d'étoffes de soieries et de dorure
du royaume, auront composés ou fait composer.

Versailles, 14 juillet 1787. (R. S.)

Le roi s'étant fait représenter, en son conseil, les requêtes
et mémoires des corps et communautés des fabricans de Tours
et de Lyon sur les atteintes portées à leurs propriétés et à l'intérêt général des manufactures par la copie et contrefaction
des dessins, S. M. auroit reconnu que la supériorité qu'ont
acquise les manufactures de soieries de son royaume, est principalement due à l'invention, la correction et le bon goût des
dessins; que l'émulation qui anime les fabricants et dessinateurs s'anéantiroit, s'ils n'étoient assurés de recueillir les fruits
de leurs travaux; que cette certitude, d'accord avec les droits
de la propriété, a maintenu jusqu'à présent ce genre de fabrication, et lui a mérité la préférence dans les pays étrangers,
Elle auroit, en conséquence, jugé nécessaire, pour lui conserver
tous ses avantages, d'étendre aux autres manufactures de soieries
de son royaume les réglements faits en 1737 et 1744 pour celle
de Lyon, sur la copie et contrefaction des dessins, et en donnant
aux véritables inventeurs la faculté de constater à l'avenir d'une
manière sûre et invariable leur propriété, et exciter de plus en
plus les talents par une jouissance exclusive, proportionnée dans
sa durée aux frais et mérite de l'invention. A quoi voulant pourvoir : vu l'avis des députés du commerce. Ouï le rapport, etc. Le
roi étant en son conseil, a ordonné et ordonne ce qui suit :

1. Les fabricants qui auront composé ou fait composer de
nouveaux dessins, auront seuls, exclusivement à tous autres,
le droit de les faire exécuter en étoffes de soie, soie et dorures,
ou mélangées de soie; la durée de ce privilège sera de quinze
années pour les étoffes destinées aux ameublements et orne-
ments d'église, et de six pour celles brochées et façonnées servant à l'habillement ou autre usage, le tout à compter du jour
auquel ils auront rempli les formalités ci-après prescrites.

2. Fait S. M. défenses à tous ouvriers de vendre, donner
ni prêter, pour quelque cause et sous quelque prétexte que ce
soit, les dessins qui leur auront été confiés pour fabriquer, à
peine de cent livres d'amende, de déchéance de la maitrise,
s'il y échéoit, même de punition corporelle; au paiement de
laquelle amende ils seront contraints par corps, en vertu du
jugement des juges auxquels est attribuée, par les réglements,
la police et la connoisssance des causes des manufactures.

3. Défend également S. M. à tous dessinateurs et autres personnes, quelles qu'elles soient, de lever et copier, faire lever et copier, directement ou indirectement, et en quelque façon que ce puisse être, aucun dessin sur des étoffes, tant vieilles que neuves, ni sur les cartes des dessins desdites étoffes, à peine de 1000 liv. contre le dessinateur qui auroit levé ou copié lesdits dessins, et de pareille amende contre celui qui les lui auroit fait lever ou copier, et en outre de confiscation des étoffes fabriquées sur des dessins levés ou copiés, ladite confiscation applicable, moitié au profit de la communauté dont sera membre le fabricant dont le dessin aura été levé ou copié, et moitié au profit dudit fabricant ou marchand.

4. Les ouvrages faits à la marche avec une chaîne vulgairement appelée *poil*, seront censés dessins, et en conséquence compris dans les défenses portées dans les deux art. précédens, comme ceux qui se font à la tire et au bouton.

5. Les fabricants qui auront inventé ou fait faire un dessin, et qui désireront s'en conserver l'exécution, seront tenus pour les dessins nouveaux qui seront faits, à compter du jour de la publication du présent arrêt, d'en présenter l'esquisse originale, ou un échantillon à leur choix au bureau de leur communauté, dont sera dressé procès-verbal de description, sans frais, par les syndics jurés-gardes en exercice, sur un registre tenu à cet effet et paraphé par eux ou par le syndic et garde de semestre, lequel procès-verbal contiendra les nom, raison et demeure du maître et marchand fabricant qui voudra, comme auteur et inventeur desdits dessins ou étoffe, faire constater sa propriété, la date de l'année, du mois et du jour à laquelle il aura présenté son dessin ou l'échantillon. Tous les procès-verbaux seront de suite et sans blanc; le numéro sera mis en marge de l'acte qui sera dressé sur le registre, le cachet de la communauté et celui du propriétaire seront apposés à l'instant de la rédaction sur l'esquisse du dessin ou sur l'échantillon, lequel restera entre les mains du propriétaire, et sur ce carré sera fait mention du procès-verbal par extrait, et de son numéro certifiés par le syndic de semestre pour y avoir recours au besoin. Sera libre le maître et marchand fabricant de se faire délivrer copie en entier du procès-verbal, en payant 2 liv. pour tous droits.

6. Faute par les fabricants d'avoir rempli les formalités prescrites par l'art. précédent, avant la mise en vente des étoffes fabriquées suivant de nouveaux dessins, ils seront et demeureront déchus de toutes réclamations.

7. Les fabricants qui auront rempli les formalités prescrites par l'art. 5, seront censés propriétaires uniques des dessins qu'ils auront présentés au bureau de leur communauté, en conséquence il leur sera libre de poursuivre par-devant les juges de la police des arts et métiers du domicile des contrevenants, tant sur ceux qui feroient lever, copier ou calquer les mêmes dessins que ceux qui les feroient exécuter, de requérir contre eux la prononciation des peines portées par les art. 2, 3, et 4 ci-dessus, et la confiscation des étoffes, tant sur le fabricant qui le feroit exécuter, que sur tout marchand qui les exposeroit en vente, sauf le recours des marchands pour la valeur des marchandises et dommages et intérêts qui pourroient leur être dus contre le fabricant qui auroit vendu les étoffes fabriquées sur dessins levés, copiés ou calqués.

8. Défend S. M. à tout fabricant de faire exécuter en étoffe de soie, en étoffe de soie et dorure, ou en étoffe mélangée de soie, aucun dessin exécuté en papier peint ou autrement, sans s'être assuré si le dessin exécuté en papier ne l'a pas déjà été en étoffe; en conséquence, le fabricant qui exécuteroit en étoffe un dessin de papier déjà imité d'après l'étoffe, sera contrevenant à l'art. 5, et encourra les peines y portées.

9. Enjoint S. M. au sieur lieutenant de police de la ville de Paris, aux sieurs intendants et commissaires départis dans les différentes généralités, ainsi qu'aux sieurs prévôt des marchands et échevins de la ville de Lyon, lieutenant de police, juges des manufactures de Tours et autres, aux gardes, syndics et adjoints des communautés, et à tous qu'il appartiendra, de tenir la main, chacun en droit soi, à l'exécution du présent arrêt, sur lequel toutes lettres nécessaires seront expédiées, et qui sera imprimé, lu, publié et affiché partout où besoin sera.

N° 2358. — ARRÊT *du conseil qui renvoie devant les juges ordinaires les instances relatives aux marchés illicites d'effets publics, et ordonne qu'aucuns papiers et effets des compagnies et associations particulières, ne pourront être négociés à la bourse, que comme des billets et lettres-de-change entre particuliers* (1).

Versailles, 14 juillet 1787. (R. S. C.)

Le roi s'étant fait représenter, en son conseil, les arrêts des 7 août et 2 octobre 1785 et 22 septembre 1786, par lesquels

---

(1) V. ci-dessus les n°s 2096 et 2279 pag. 71 et 246.

renouvelant les ordonnances et réglements concernant la bourse, S. M. avoit proscrit les négociations abusives qui s'y faisoient, et évoqué à elle et à son conseil toutes les contestations nées et à naître, au sujet desdites négociations; et S. M. étant informée que, malgré les dispositions desdits arrêts, l'agiotage qu'elle avoit voulu réprimer, se perpétue et s'étend encore tous les jours, elle a cru devoir changer quelques-unes des dispositions desdits arrêts, et y en ajouter d'autres qui allassent autant qu'il est possible à la source du mal, et en prévinssent encore plus certainement les suites.

S. M. a en effet reconnu que ce n'étoit pas par sa surveillance directe et celle de son conseil, que l'agiotage pouvoit être arrêté. Si ceux qui s'y livrent emploient, pour assurer leur gain, des moyens contraires à la probité et proscrits par les lois, les tribunaux ordinaires sont leurs juges naturels et suffisent pour les réprimer. S'ils n'emploient pas des moyens illicites, ils sont encore condamnables; mais semblables à ceux dont les actions sont contraires aux mœurs, sans être contraires aux lois, ils doivent être abandonnés aux remords, à la honte, et aux malheurs que, malgré quelques exemples rares, entraînent tôt ou tard des spéculations auxquelles une extrême avidité ne permet pas de mettre des mesures. Mais en même temps que le roi ne veut gêner les actions de ses sujets, que conformément à la loi, et qu'il est dans l'intention de S. M. de renvoyer aux tribunaux ordinaires les jugements de celles qu'elle défend, il est de sa sagesse et même de sa justice, d'ôter aux spéculations qui offensent l'honnêteté publique, toute facilité et tout aliment, et surtout de ne leur pas permettre cette espèce de publicité qui ne doit être accordée par le gouvernement, qu'à celles qu'il est dans le cas d'approuver.

D'après ces principes, S. M. ayant considéré que l'agiotage portoit principalement sur les papiers et les effets des compagnies et associations particulières dont les profits incertains, et calculés d'après la seule avidité, donnoient lieu à des spéculations hasardées, elle a jugé convenable de restreindre dans de justes bornes la négociation qui est faite de ces papiers et effets dans la bourse de Paris, et même d'interdire dans les journaux et papiers publics la publication du cours qu'ils peuvent avoir. Cette publication peut être regardée comme une sorte d'autorisation capable d'induire en erreur les sujets du roi, en leur faisant confondre, comme également solides, tous les effets auxquels elle s'étend; et la bourse qui, par son institution. doit être le théâtre de la bonne foi et de la confiance, ne doit pas offrir le spectacle d'un jeu indiscret et ruineux, également préjudiciable au crédit public et à la fortune des particuliers.

A quoi voulant pourvoir : Ouï le rapport, etc., le roi étant en son conseil, a révoqué et révoque la commission établie par l'arrêt du 22 septembre 1786; ce faisant, et renouvelant en tant que de besoin, les réglements contre les marchés illicites et ceux qui y participent, a renvoyé et renvoie tout ce qui regarde l'exécution desdits réglements, ainsi que les instances et affaires qui peuvent s'élever à raison desdits marchés, par-devant les juges qui en doivent connaître. Veut en outre S. M. qu'à l'exception des actions de la caisse d'escompte, aucuns des papiers et effets des compagnies et associations particulières existants ou qui peuvent exister par la suite, ne puissent être négociés à la bourse de Paris, que comme les billets et lettres de change entre particuliers, et qu'en conséquence lesdits papiers et effets n'y puissent être criés et cotés, n'y jouir d'aucuns des avantages qui n'appartiennent et ne doivent appartenir qu'aux effets royaux. Veut aussi S. M. que le cours desdits papiers et effets des compagnies et associations particulières, ne puisse être inséré dans les journaux et papiers publics. Défend S. M. à tous agents de change ou courtiers de change et à tous autres, de s'immiscer dans ladite bourse de la négociation desdits papiers autrement qu'il n'est prescrit par le présent arrêt. Veut au surplus S. M. que la bourse soit incessamment disposée de la manière la plus convenable pour y entretenir le bon ordre et la facilité des négociations, et que toutes les ordonnances et les réglements de police qui concernent ladite bourse et lesdites négociations, soient exécutés suivant leur forme et teneur. Enjoint S. M. etc.

N° 2359. — ARRÊT *du parlement qui ordonne l'exécution d'une ordonnance rendue par les officiers de police de Paris, concernant les cochers de places, les cochers de remises, les gagnedeniers, commissionnaires ou porte-falots, et les loueurs de carrosses de place* (1).

Paris, 17 juillet 1787. (R. S. Mars, 2—496 et suiv.)

Sur ce qui nous a été remontré par le procureur du roi qu'il résulte des mémoires présentés par les propriétaires du privilège du droit sur les carrosses de place et par les loueurs, que

____

(1) V. 1er juillet 1774; ord. de police 11 vendémiaire an IX, 25 juill. 1808, 10 et 11 mai 1810, 4 mai 1813, 4 février 1815.

leurs cochers retiennent une partie du prix de leurs courses, qu'ils emportent presque toujours celui de la dernière journée lorsqu'ils les quittent; qu'ils sont souvent en double sur leurs sièges, et même qu'ils abandonnent leurs carrosses à des gens qui ne savent pas conduire pour se livrer au jeu et à la boisson; qu'ils se portent à des excès envers le public, surtout envers les femmes qui se trouvent seules dans leurs voitures; qu'ils retiennent l'argent et les effets oubliés dans leurs voitures; que ces abus et désordres prennent leur source dans la facilité que trouvent les cochers de se placer chez les loueurs sans être connus et sans justifier de leur fidélité et bonne conduite; qu'il importe, pour y mettre ordre, de renouveler les règlements concernant les carrosses de place, et d'assujettir les cochers à des formalités qui puissent les faire connoître lorsqu'ils changeront de maitre : pourquoi il requiert qu'il y soit par nous pourvu.

Nous, faisant droit sur le réquisitoire du procureur du roi, ordonnons que les arrêts et règlements de la cour, ordonnances et sentences de police concernant les carrosses de place seront exécutés selon leur forme et teneur; en conséquence :

1. Ordonnons qu'il sera incessamment établi un bureau de classement des cochers de place, rue du faubourg Saint-Denis, dans les bâtiments de la régie des propriétaires du privilège du droit sur les carrosses de place, où tous les cochers et apprentis cochers de place seront tenus, sous peine de prison, d'aller, dans la quinzaine de la publication de la présente ordonnance, se faire inscrire et déclarer leurs noms, surnoms, âges, pays et demeures; ceux qui sont actuellement occupés déclareront le nom du loueur de carrosses chez lequel ils sont; et ceux sans ouvrage, le nom du dernier loueur de carrosses qu'ils auront servi, lesquelles déclarations seront inscrites sur un registre tenu à cet effet, et par nous coté et paraphé.

2. Il sera délivré à chacun desdits cochers de place un livret ou petit registre, coté et paraphé par le commissaire chargé du département desdits cochers de place, en tête duquel livret sera fait copie entière dudit enregistrement.

3. Aucun cocher ne pourra, sous peine de prison, quitter le loueur de carrosses au service duquel il sera qu'après l'avoir averti trois jours avant sa sortie, duquel avertissement le loueur de carrosses sera tenu de faire mention sur le livret dudit cocher en sa présence, et lors de sa sortie, le loueur de carrosses

sera pareillement tenu de certifier à la suite de ladite mention que ledit cocher a observé ledit délai, et de déclarer s'il a été satisfait ou non de sa conduite.

4. Dans le cas où le loueur de carrosses refuseroit de faire mention de l'avertissement, ou de délivrer le certificat de congé, et où le cocher prétendroit que la déclaration portée audit certificat ne seroit pas exacte, ledit cocher pourra se retirer devant le commissaire ayant le département, qui, après avoir entendu le loueur de carrosses et le cocher, les réglera, si faire se peut, sinon nous en fera son rapport.

5. Les loueurs de carrosses ne pourront, sous aucun prétexte, prendre à leur service aucun cocher sans s'être fait représenter son livret, pour connoître s'il a été enregistré au bureau de classement, et s'il a obtenu le certificat de congé du dernier loueur qu'il aura servi.

6. Faisons défenses à tous cochers de se liguer pour quitter en même temps le loueur au service duquel ils seront, sous peine de prison; ne pourront en aucun cas les loueurs être tenus d'accepter dans la même semaine les congés de plus de moitié du nombre des cochers qu'ils emploieront, sauf aux autres cochers à faire accepter leurs congés dans la semaine suivante (1).

7. Seront tenus les cochers de visiter l'intérieur de leurs carrosses aussitôt que ceux qu'ils auront conduits en seront descendus; et dans le cas où ils y trouveroient des effets ou de l'argent, d'en faire le dépôt audit bureau de classement dans les vingt-quatre heures, conformément aux ordonnances de police, et sous les peines y portées, sauf auxdits cochers, ainsi qu'aux propriétaires desdits effets, de s'adresser à nous pour régler la récompense qui devra être accordée auxdits cochers.

8. Pourront les propriétaires du privilège des droits de carrosses de place faire avec les cochers telles conventions respectives qu'ils jugeront à propos, même obliger lesdits cochers à consigner une somme par forme de cautionnement des journées de leur maître et des dommages qu'ils pourroient leur occasioner; auquel cas la somme à consigner sera remise, à titre de dépôt, au bureau du classement, pour être rendue à qui il appartiendra, sauf aux parties, en cas de difficulté, de se pourvoir par-devant nous.

------

(1) Art. 415 C. P.

9. Tous ceux qui voudront devenir cochers de place seront tenus de se faire enregistrer audit bureau de classement avant de pouvoir obtenir notre permission, et ne pourront les apprentis monter sur le siège avec les cochers sans être munis de notre permission, qui aura été visée par l'inspecteur de police chargé dudit département, lequel en tiendra registre et prendra leur signalement. Seront tenus lesdits apprentis de représenter notredite permission à toutes réquisitions, sous peine de prison.

10. Faisons défenses aux cochers de places de laisser monter en double sur leurs sièges aucuns cochers sans occupations, ou autres, que leurs apprentis, à peine de prison contre les uns et les autres.

11. Ne pourront, sous aucun prétexte, les cochers, lorsqu'ils ne seront pas loués, se tenir ailleurs que sur les places désignées; leur défendons de s'arrêter à vide dans les rues voisines desdites places, des spectacles, des bals et assemblées publiques, pour choisir les courses et refuser celles qui ne leur conviendroient pas, et lesdits cochers pourront être contraints au service lorsqu'ils seront rencontrés marchant à vide dans les rues, comme s'ils étoient sur les places; leur enjoignons, aussitôt qu'ils seront renvoyés, d'amener leurs carrosses sur la place la plus voisine, et aux cochers des trois carrosses qui seront les premiers en tête sur une place d'être sur leur siège ou proche d'iceux, toujours prêts à servir le public, sans pouvoir refuser de marcher, sous quelque prétexte que ce soit, le tout sous peine de prison.

12. Faisons défenses, sous les mêmes peines, à tous cochers, sur quelque place que soient exposés leurs carrosses, et pour quelque quartier qu'on vienne les chercher, de refuser de marcher, sous prétexte qu'il y auroit des places plus voisines des personnes qui les envoient chercher. Pourront lesdits cochers constater et assurer l'heure à laquelle ils partiront de la place pour se faire payer, le temps devant courir à leur profit du moment où ils sortent de place.

13. Défendons à tous cochers de remise renvoyés par les maîtres qu'ils ont servis dans la journée, de faire des courses particulières à leur profit, et de se placer, pour se procurer lesdites courses, aux portes des spectacles et lieux d'assemblées publiques, sous peine de prison.

14. Faisons défenses à tous cochers de place sans occupation de rôder sur les places, de s'y assembler et d'occuper les carrosses étant sur les places, et dont les cochers seroient ab-

sents, le tout à peine de prison, et de plus grande peine s'il y échet.

15. Faisons défenses à tous gagne-deniers, commissionnaires ou porte-falots de s'entre-mêler de procurer des voitures au public sans en être requis, de s'attacher aux portières des carrosses à la porte des spectacles, de rançonner le public, sous prétexte que lesdits carrosses leur appartiennent et ont été par eux retenus. Faisons pareillement défenses aux cochers de place de laisser monter lesdits commissionnaires dans leurs carrosses, sur leurs sièges, et de leur confier leurs chevaux à mener, à peine de prison contre les uns et les autres.

16. Enjoignons à tous les loueurs de carrosses d'entretenir leurs voitures en bon état de service, de réparer sans délai les défectuosités qui auront été reconnues dans les visites qui en auront été faites; et dans le cas où leurs carrosses se trouveroient exposés sur les places, sans que les réparations ordonnées aient été faites, lesdits carrosses seront mis en fourrière.

N° 2360. — ARRÊT *du conseil portant réglement pour la pêche des huîtres dans la baie de Cancale.*

Versailles, 20 juillet 1787. (R. S. C. Mars, tom. 1, pag. 619.)

Le roi s'étant fait représenter les différents arrêts et réglements qui ont été rendus pour la pêche des huîtres dans la baie de Cancale, notamment celui donné par les officiers de l'amirauté de Saint-Malo le 16 août 1766, S. M. a reconnu qu'il étoit nécessaire d'en rassembler les différentes dispositions dans un seul réglement, qui puisse établir une police stable pour cette pêche importante, remédier aux abus qui s'y sont introduits, et empêcher le dépérissement des huîtres dans la baie de Cancale. A quoi voulant pourvoir; ouï le rapport, et tout considéré; le roi étant en son conseil, a ordonné et ordonne ce qui suit :

1. Il sera préposé à Cancale, par les officiers de l'amirauté de Saint-Malo, un inspecteur à l'effet de surveiller les gardes-jurés et autres pêcheurs fréquentant ladite baie, comme aussi de faire observer exactement les réglements de police concernant la pêche, lequel prêtera serment devant lesdits officiers de l'amirauté, sans toutefois que ledit préposé puisse être intéressé directement ni indirectement dans les bateaux pêcheurs, pour quelque cause ni sous quelque prétexte que ce puisse être, à peine de destitution.

2. Les maîtres de bateaux de Cancale s'assembleront tous les ans, le 1er octobre, au greffe de l'amirauté de Saint-Malo, en présence dudit inspecteur, à l'effet d'élire quatre jurés, lesquels prêteront ensuite serment devant les officiers de ladite amirauté, l'audience tenant, et veilleront à la police de la pêche, ainsi qu'il sera prescrit par les articles ci-après.

3. Il sera établi, dans la forme ordinaire, deux gardes de l'amirauté, pour veiller au triage des huîtres et exécuter les ordres qui leur seront donnés par l'inspecteur, relativement à la police de la pêche.

4. La pêche des huîtres demeurera interdite dans la baie de Cancale depuis le 1er avril jusqu'au 15 octobre; faisant S. M. expresses défenses à tous pêcheurs d'y draguer des huîtres pendant ledit temps, à peine de confiscation des bateaux et de 20 liv. d'amende, même de plus grande peine en cas de récidive.

5. Les gardes-jurés portés par l'art. 5 ci-dessus, accompagnés de ceux de l'année précédente (ou d'autres anciens maîtres, en cas d'empêchement desdits gardes-jurés), procéderont tous les ans, dans les derniers jours du mois de septembre, à la visite et examen de tous les bancs de la baie, et dragueront à plusieurs points sur chacun d'iceux, à l'effet de connoître l'état desdits bancs et la qualité des huîtres qui les composent.

6. Il sera tenu chaque année au greffe de l'amirauté le premier dimanche d'octobre, en présence de l'inspecteur, une assemblée générale des maîtres de bateaux; les gardes-jurés y feront le rapport de l'état des bancs; on y arrêtera, à la pluralité des suffrages, la liste des bancs sur lesquels la pêche sera permise pendant l'année, et l'état des bancs en réserve, désignés par leurs noms, amères et reconnoissances, sera publié à Cancale, ainsi que dans les paroisses voisines, et affiché à la croix de la Houle.

7. Fait S. M. expresses défenses à tous pêcheurs et autres personnes, de draguer sur d'autres bancs que sur ceux désignés, conformément à l'article ci-dessus, à peine de 60 livres d'amende pour la première fois, et de confiscation du bateau, ainsi que de ses dragues, en cas de récidive. Veut S. M. que les huîtres prises sur les bancs mis en réserve soient rapportées et rejetées aux frais et dépens des contrevenants; et dans le cas où lesdites huîtres n'existeroient plus en nature, qu'il en soit rapporté d'autres en pareille quantité et à leurs frais.

8. S'il est reconnu dans le cours de la pêche, que quelqu'un

des bancs sur lesquels la pêche aura été permise ait été trop dépeuplé, il sera convoqué au greffe une assemblée extraordinaire des maîtres de bateaux, pour, en présence de l'inspecteur, et sur le rapport des gardes-jurés, déterminer si la pêche desdits bancs doit être interdite, et s'il convient d'en substituer quelques autres; il en sera dressé procès-verbal sur le registre, lequel sera publié et affiché, ainsi qu'il est dit à l'article 6 ci-dessus.

9. S. M. fait défenses à tous propriétaires, maîtres de bateaux du havre de Cancale de faire à l'avenir aucuns marchés particuliers pour fournir des huîtres aux navires. Ordonne S. M. que lesdits marchés soient faits au greffe en présence de l'inspecteur, à profit commun, et par le ministère des gardes jurés, qui seront tenus de convoquer les autres maîtres et propriétaires de bateaux pêcheurs pour y être présents et y donner leur avis, si bon leur semble; en cas de contestations, il y sera pourvu par les officiers de l'amirauté, après avoir entendu les parties sommairement, sans écritures et sans y appeler le ministère d'avocats ni de procureurs. La convention sera en outre annoncée par un pavillon placé près la croix de la Houle, lequel sera hissé en berne une heure avant l'ouverture.

10. Les marchés portés par l'article ci-dessus seront faits au millier, rédigés par écrit et portés sur un registre pour, incontinent après la conclusion d'iceux, tous lesdits bateaux aller en pêche. Veut S. M. que lesdits marchés soient faits, et les navires expédiés selon l'ordre de leur rapport au greffe et sans prédilection, pour être, lesdits pêcheurs, payés à proportion du succès de leur pêche, à peine de 30 liv. d'amende contre les contrevenants.

11. Il sera libre à tous maîtres de bateaux des autres ports du royaume de pêcher dans ladite baie de Cancale, et d'y composer eux-mêmes leur chargement, en tout ou partie, à la charge d'en faire préalablement leur déclaration au greffe, laquelle sera enregistrée sur un registre tenu à cet effet. Il sera délivré auxdits maîtres de bateaux un bulletin faisant mention du numéro qu'ils devront porter, et contenant la liste des bancs désignés, avec défenses de pêcher sans déclaration, à peine de 60 liv. d'amende et d'être privés de la faculté de pêcher. Il sera payé au greffe de l'amirauté, par chaque déclaration portée au présent article, y compris l'enregistrement, ensemble pour ledit bulletin, la somme de 8 s., conformément

à l'article 9 du tarif de 1770 (titre des amirautés principales et particulières du ponant).

12. Les maîtres de bateaux de tous les ports du royaume pourront se présenter, à l'effet d'être inscrits sur ledit registre, après ceux de Cancale, et ils seront admis jusqu'à la concurrence du nombre fixé chaque année par les ordres particuliers qui seront donnés à cet effet par lesdits officiers de l'amirauté, sauf l'approbation du secrétaire d'état ayant le département de la marine, auquel les officiers de l'amirauté seront tenus d'envoyer une liste desdits maîtres de bateaux qui auront été enregistrés.

13. Les pêcheurs qui auront été inscrits sur le registre porté par l'article précédent, seront obligés de continuer la pêche jusqu'au 1ᵉʳ avril, et il ne pourra leur être accordé d'expéditions pour se rendre dans d'autres ports que du consentement des autres maîtres, lequel sera donné par délibération dans une assemblée générale.

14. Chacun desdits maîtres de bateaux, ainsi admis à la pêche, sera tenu d'avoir toujours des deux côtés de sa voile le numéro de son bulletin; lesdits numéros seront en caractères de dix-huit pouces de longueur, en toile noire si la voile est blanche, et en toile blanche si la voile est tanée. Les maîtres de bateaux seront également tenus d'avoir leur numéro peint en blanc, de la largeur de neuf pouces, à tribord, près l'estrave, au-dessus de la ligne d'eau, et à bas-bord, près la tête du gouvernail, à peine de 60 liv. d'amende contre ceux qui seroient trouvés pêchant sans avoir les numéros désignés au présent article. Lesdits numéros seront fournis par le greffier, auquel les maîtres de bateaux les rendront en prenant leurs congés, moyennant une rétribution de 3 liv. au profit dudit greffier par chaque numéro.

15. Les gardes-jurés détermineront les marées pendant lesquelles on pourra se mettre en pêche : le signal en sera donné par un pavillon blanc placé près de la croix de la Houle, lequel sera hissé une heure avant celle de la pleine-mer. Tous les bateaux sortiront en même temps, précédés par celui d'un des gardes-jurés, qui portera un guidon blanc au haut de son mât. Ils quitteront la pêche pour rentrer dans le port, lorsque ledit bateau y rentrera, à l'effet de quoi une demi-heure avant de quitter la pêche il amènera son guidon pour servir de signal.

16. Dans le cas où les gardes-jurés se refuseroient, sans raisons valables, à la demande de plusieurs maîtres, pour déter-

miner la pêche, il sera libre auxdits maîtres de les faire
appeler en présence de témoins par-devant l'inspecteur, lequel
pourra ordonner la sortie, si elle est jugée convenable par le
plus grand nombre d'entre eux.

17. S. M. fait très-expresses défenses à tous pêcheurs, sous
peine de 20 liv. d'amende, et de confiscation du bateau et des
dragues, de pêcher des huîtres sur les bancs pendant la nuit,
ni pendant les marées où les gardes-jurés n'auroient pas autorisé la sortie.

18. Les gardes-jurés tiendront la main à ce que tous les bateaux se tiennent sur les bancs désignés; s'ils en reconnoissent
quelqu'un qui drague sur les autres bancs, ils seront tenus d'en
faire leur rapport au greffe en présence de l'inspecteur, à
peine d'interdiction et d'amende, suivant l'exigence des cas,
pour être ledit rapport envoyé au procureur du roi de l'amirauté, à l'effet de poursuivre les contrevenants, et les faire
condamner aux peines portées par l'art. 7 ci-dessus; et seront
lesdites huîtres provisoirement reportées aux frais des délinquants sur les bancs où elles auront été prises; et faute par
les gardes-jurés d'en faire leur rapport, les autres maîtres y
seront admis.

19. Tous les maîtres de bateaux pêcheurs seront tenus de
faire le triage des huîtres à l'eau sur le lieu de la pêche, et d'y
rejeter aussitôt toutes les huîtres non formées, ainsi que les
poussiers, sables, graviers et fragments d'écailles, sans pouvoir s'en dispenser pour quelque cause ni sous quelque prétexte que ce puisse être, à peine de 20 liv. d'amende, et de
plus forte peine, même de confiscation du bateau en cas de
récidive; dérogeant S. M. à cet égard, en tant que de besoin,
à toutes ordonnances, réglements et usages à ce contraires. Les
gardes-jurés seront tenus de veiller soigneusement à l'exécution
du présent article, et, en cas de contravention, d'en faire leur
rapport au greffe en présence de l'inspecteur, et d'en rapporter
procès-verbal, ainsi qu'il est dit à l'art. 18 ci-dessus.

20. Les monceaux formés avec le produit de la pêche de
chaque bateau seront examinés à marée basse, avant d'être
mis en rayons, par un des gardes-jurés commis à cet effet,
lequel observera la qualité des huîtres, et si le triage en a été
fait conformément à l'article 19 ci-dessus. En cas de contravention, il appellera un autre garde-juré ou deux témoins non
intéressés à la chose, pour l'examiner et en faire leur rapport
au greffe en présence de l'inspecteur.

21. Il sera désigné par l'inspecteur et les gardes-jurés, à

chaque bateau qui viendra prendre un chargement d'huîtres à Cancale, un parc dont la longueur sera égale à celle de sa grande vergue.

22. Il ne pourra être établi d'étalage qu'à terre et en deçà d'une ligne qui sera tirée depuis le goulet du Tauve, vers la la maison la plus voisine du pont de Blanc et Sec, paroisse de Saint-Benoît. Veut S. M. que toutes les huîtres qui se trouve-roient au-delà de ladite ligne vers la mer, appartiennent à ceux qui les voudront prendre, sans qu'ils puissent en être empê-chés, sous prétexte de propriété, à peine de 30 liv. d'amende, même de plus grande peine en cas de récidive. Enjoint S. M. auxdits inspecteurs et aux gardes-jurés de tenir la main à l'exé-cution du présent article, à peine d'en répondre personnelle-ment, même de vendre sommairement au profit du bureau de charité établi à Cancale, toutes les huîtres qu'ils trouveront étalées au large de ladite ligne, à la charge d'être enlevées dans les vingt-quatre heures par l'acheteur, à peine d'être revendues à la perte et au profit du même bureau.

23. Fait défenses S. M. à tous pêcheurs de porter dans les étalages de petites huîtres non marchandes provenant de la pêche des bateaux en mer, à peine de 60 liv. d'amende, de pri-vation de l'étalage, et de la faculté d'en avoir d'autres.

24. Fait également défenses S. M. de vendre, pour l'expor-tation par mer, aucunes huîtres de pied ni d'étalage, à peine de confiscation desdites huîtres, et de 60 liv. d'amende, tant contre le vendeur que contre l'acheteur.

25. Tous les maîtres de bateaux seront tenus de se trouver aux délibérations de la communauté des pêcheurs, à moins d'empêchement légitime. Leur fait défenses S. M. d'y troubler l'ordre et la tranquillité, à peine d'amende.

26. Les procès-verbaux dressés par les gardes-jurés, à rai-son des contraventions au présent réglement, et qui seront af-firmés par eux par-devant l'inspecteur, feront foi en justice.

27. Enjoint S. M. à tous maîtres de bateaux, matelots et autres personnes employées à ladite pêche, au triage des huîtres, aux parcs et étalages, et autres objets qui y sont rela-tifs, de se conformer aux ordres qui leur seront donnés par ledit inspecteur ou par les gardes-jurés, à peine d'être poursui-vis extraordinairement, et punis suivant l'exigence des cas.

28. Toutes les amendes ordonnées par le présent réglement seront applicables, savoir, deux tiers à l'amiral de France, et un tiers au dénonciateur; et seront sur le présent réglement toutes lettres patentes nécessaires expédiées.

N° 2361. — DÉCLARATION *qui ordonne l'exécution de l'art. 4 de la déclaration du 9 avril 1736 concernant les actes de baptême.*

Versailles, 20 juillet 1787. Reg au parlement de Grenoble le 7 septembre.
(Arch. du parlement de Grenoble.)

N° 2362. — ÉDIT *portant création d'une assemblée provinciale dans le Dauphiné.*

Versailles, juillet 1787. Reg. au parlement de Grenoble le 11 août. (Arch. du parlement de Grenoble.)

N° 2363. — ÉDIT *portant suppression des deux vingtièmes et quatre sous par livre du premier vingtième; et établissement d'une subvention territoriale dans tout le royaume* (1).

Versailles, août 1787. Reg. en parlem. le 6, le roi tenant son lit de justice.
(R. S.)

LOUIS, etc. Les besoins de l'état exigeant une augmentation de revenus publics, nous avons dû rechercher parmi les impositions existantes, celles dont une répartition plus égale et plus juste pourroit assurer, avec les autres moyens que nous avons employés, ou dont nous nous proposons encore de faire usage, un produit suffisant pour faire disparoître la différence qui existe entre la recette et la dépense.

Nous avons en conséquence porté nos premiers regards sur l'imposition des deux vingtièmes et 4 s. pour livre du premier, dont une partie est établie pour un terme indéfini, et l'autre jusqu'à une époque déterminée.

Cette imposition a dû fixer principalement notre attention, parce que portant directement sur les revenus de la terre, et s'annonçant comme toujours proportionnée à ses véritables produits, elle offre l'idée de la moins arbitraire des impositions, et de celle dont la perception, exposée à moins de non-valeur, doit être la plus facile et la moins dispendieuse.

Mais nous avons considéré que, par des restrictions succes-

_____

(1) V. arr. du parlem. des 7, 13, 22 et 27 août, et édit de septembre même année.
V. 31 mai 1788.

sivement introduites dans la distribution de cette imposition, elle ne s'étendoit pas, dans la réalité, sur tous les revenus qu'elle annonçoit devoir comprendre ; et que, tandis qu'on y avoit assujetti l'industrie et les émoluments de différents offices et commissions, dont les produits dépendant entièrement du degré d'activité et d'intelligence de ceux qui les exercent, ne présentent aucune base certaine, plusieurs portions de revenus territoriaux s'en trouvoient dispensées à raison d'abonnements et d'exceptions d'après lesquels une grande partie de nos sujets ne satisfaisoit pas à cette imposition dans l'étendue que sa dénomination suppose, ce qui devoit produire des plaintes et des réclamations qu'il est de notre sagesse de prévenir.

La seule suppression de ces abonnements et exceptions auroit pu donner au produit de l'imposition des vingtièmes un accroissement équivalent à l'augmentation de recette que les circonstances actuelles rendent nécessaire ; mais sa distribution seroit toujours restée inégale et incertaine, tant qu'elle n'auroit d'autre base que les déclarations trop souvent incomplètes ou infidèles des propriétaires, ou des vérifications, dont les formes inquiétantes pour nos sujets ne peuvent, par ce même motif, nous inspirer une entière confiance.

Nous avons surtout considéré que l'imposition des vingtièmes auroit toujours, par sa nature, l'inconvénient réel à nos yeux, de déterminer la contribution de nos sujets par la seule proportion de leurs revenus, tandis que nous ne voulons exiger d'eux que ce qui est indispensablement nécessaire aux besoins de l'état.

Cette dernière considération nous a principalement déterminés, en laissant subsister un impôt sur les terres, à faire cesser les formes et l'incertitude du produit éventuel des vingtièmes, et à substituer à cette imposition une subvention territoriale dont la somme sera déterminée, et dont la répartition n'aura pas les mêmes inconvénients.

Cette subvention portera sur tous les revenus des biens-fonds et droits réels de notre royaume, sans aucune exception. Les domaines même de notre couronne y seront assujettis : et le premier effet de cette disposition sera que l'imposition, rappelant ainsi à elle les différents objets qui en avoient été soustraits, sera tellement distribuée sur tout notre royaume, que, malgré sa fixation à 80,000,000, exigée par les besoins actuels, nous pourrons espérer que ceux de nos sujets qui paient, sur leurs revenus, les deux vingtièmes effectifs et les 4 s. pour livre du premier vingtième, éprouveront plutôt une diminution qu'une augmentation. Cette espérance résulte naturellement de tous les calculs reconnus qui portent la totalité des revenus territoriaux de notre royaume beaucoup au-delà de 800,000,000.

Un autre avantage aussi important, et dont les effets seront par la suite de plus en plus sensibles, résultera, pour tous nos sujets, de la forme que nous avons adoptée dans l'établissement de la répartition de la subvention territoriale.

La fixation de cette imposition étant déterminée à 80,000,000, sans pouvoir jamais être augmentée que suivant la même forme dans laquelle elle est établie, la répartition qui en sera faite contradictoirement entre les différents propriétaires et entre les différentes paroisses, par les assemblées provinciales et municipales, procurera nécessairement les moyens de comparer les forces desdites généralités, d'après des bases certaines et des calculs précis, et assurera ainsi, par la suite, à chaque propriétaire cette certitude consolante, que la proportion générale par laquelle sa cotisation particulière sera réglée, ne pourra être moindre ni différente pour aucun autre propriétaire dans toute l'étendue du royaume, et que tous contribueront réellement dans la même proportion.

Dans l'état actuel des vingtièmes, nul contribuable n'a intérêt qu'un autre y satisfasse avec exactitude. Si l'un s'y soustrait, l'autre n'en souffre pas. Lorsque au contraire l'imposition sera déterminée, et que chacun profitera de la contribution des autres, l'intérêt particulier dont l'effet est si actif et si sûr lorsqu'il est sagement dirigé par l'administration, rendra les évaluations plus fidèles, donnera les moyens d'en découvrir l'erreur et d'en réparer les inexactitudes.

La division de cette imposition entre les différentes provinces et les différentes paroisses, pourra dans les premiers temps être défectueuse sous quelques rapports; mais elle le sera moins que la distribution actuelle des vingtièmes, et elle contiendra d'ailleurs en elle-même le principe assuré de sa rectification.

En effet, la répartition de la subvention entre les propriétaires de chaque paroisse, sera faite par les membres des assemblées municipales de chacune d'elles, c'est-à-dire, par leurs propres représentants. De cette répartition il naîtra dans chaque paroisse un taux commun qu'il ne sera pas permis d'excéder.

Ce taux porté aux assemblées d'élections ou de départements et assemblées provinciales, procurera le taux commun des élections ou départements et des provinces; et enfin la comparaison de ces différents taux, remise sous les yeux de notre conseil, produira avec le temps un taux commun dans toute l'étendue de nos états.

Quoique nous ayons lieu d'espérer que ce taux sera définitivement inférieur dans toutes nos provinces au dixième de tous les revenus territoriaux de notre royaume, nous avons jugé néanmoins convenable de ne point diminuer quant à présent la retenue des deux vingtièmes et des 4 s. pour livre que les débiteurs sont autorisés à faire sur les rentes qu'ils ont contractées. Les propriétaires de ces rentes n'auront point à se plaindre, puisque leur condition restera la même, et qu'elle auroit été moins favorable, si, au lieu de cette subvention, nous eussions cherché à opérer le même produit, en établissant, comme par le passé, un troisième vingtième. A ces causes, etc.

1. A compter du 1er juillet 1788, nous avons éteint et supprimé, éteignons et supprimons l'imposition des deux vingtièmes et 4 s. pour livre du premier vingtième sur tous les biens-fonds de notre royaume, l'industrie et les émoluments des offices et droits, autres que ceux compris dans les états qui s'arrêtent annuellement en notre conseil.

2. Au lieu et place desdits deux vingtièmes et 4 s. pour livre du premier vingtième des biens-fonds, de l'industrie et des offices et droits, il sera établi, à compter du même jour 1er juillet 1788, une subvention territoriale d'une somme annuellement déterminée sur les seuls biens-fonds de notre royaume, et sur tous, sans aucune exception. Voulons en conséquence que les domaines de notre couronne, non-seulement ceux tenus à titre d'engagement par aucuns de nos sujets, ou donnés à titre d'apanage à des princes de notre sang, mais même ceux étant entre nos mains, soient soumis, comme toutes les autres propriétés, au paiement de ladite subvention territoriale.

3. La somme de la subvention territoriale qui entrera en notre trésor royal, sera et demeurera fixée à *quatre-vingts millions* par chaque année. Il pourra néanmoins, sur les propositions qui nous seront faites par les assemblées provinciales, être imposé, au marc la livre de ladite subvention, la somme qui sera par nous jugée nécessaire pour les décharges et modérations que les pertes de revenus annuels pourroient exiger; et pour les taxations des collecteurs des paroisses; laquelle somme ne pourra toutefois excéder le sou pour livre de ladite subvention, ni entrer, en aucun cas, en notre trésor royal; nous réservant, à l'époque du dernier décembre 1790, terme de la prorogation du second vingtième, suivant l'édit du mois de février 1780, de vérifier si l'état de nos finances nous per-

mettra de procurer à nos sujets propriétaires, sur la fixation ci-dessus déterminée de la subvention territoriale, une diminution correspondante à celle dont ils auroient joui, la cessation du second vingtième arrivant.

4. Il sera annuellement arrêté et expédié en notre conseil un brevet général de la subvention territoriale, contenant la distribution de la somme totale de ladite subvention entre toutes les provinces, généralités, élections ou autres arrondissements. Seront des expéditions dudit brevet général déposées chaque année aux greffes de nos chambres des comptes et de nos cours des aides; et des extraits d'icelui pour chaque généralité, envoyés à nos bureaux des finances en la même forme prescrite par notre déclaration du 13 février 1780, pour le brevet général de la taille, des impositions accessoires, et de la capitation de nos pays d'élections et pays conquis.

5. Il sera pareillement expédié, annuellement, en notre conseil un second brevet des sommes dont, aux termes de l'art. 3 ci-dessus, nous avons autorisé l'imposition dans chaque province, au marc la livre de la subvention territoriale, sur les propositions des assemblées provinciales. Les expéditions dudit second brevet seront déposées, et les extraits d'icelui adressés en la même forme prescrite par l'art. précédent pour le brevet général de ladite subvention.

6. La somme fixée pour chaque généralité ou province de pays d'états, par le brevet général de la subvention, arrêté en notre conseil, sera répartie, dans chacune d'elles, par lesdits états; et quant aux autres généralités et provinces, la somme fixée par ledit brevet général, pour chaque élection ou arrondissement desdites provinces, sera répartie entre chaque paroisse ou communauté, par les assemblées supérieures ou inférieures y établies, selon les réglemens qui seront par nous arrêtés pour chaque province ou généralité; de manière que chaque paroisse, avant qu'il soit procédé à la répartition de l'imposition sur les propriétés particulières, connoisse la portion fixe et déterminée de la subvention territoriale qu'elle sera tenue d'acquitter.

7. La portion contributive de chaque paroisse étant ainsi déterminée, sera distribuée par l'assemblée municipale de cette même paroisse, sur tous les biens-fonds qui y seront situés, sans aucune distinction, au marc la livre de l'évaluation des revenus des biens-fonds.

8. Tous les fonds ou droits réels, productifs ou susceptibles de revenus annuels, seront imposés annuellement, dans les

rôles de chaque paroisse, selon l'évaluation desdits revenus, soit que lesdites propriétés soient louées, exploitées ou occupées par les propriétaires, même les châteaux, maisons d'habitation, de plaisance ou autres, et les parcs et jardins, savoir; lesdits parcs et jardins, selon l'étendue du terrain qu'ils occuperont, et qui sera réputé de la meilleure qualité des terres de la paroisse; et toutes les maisons ou autres bâtiments, d'après l'estimation de leur valeur locative; de manière toutefois que les châteaux ne puissent être imposés au-delà du double de la maison la plus considérable de la paroisse.

9. Les futaies hors des parcs et jardins, ne seront pas imposées annuellement, mais lors de leurs coupes seulement. L'imposition desdites coupes, lorsqu'elles auront lieu, sera réglée au même taux auquel seront imposés les revenus annuels de la paroisse où la futaie sera située. Ladite imposition sera acquittée dans les mêmes termes des adjudications desdites coupes, qui auront été passées par les propriétaires, ou de la durée de leur exploitation. Le produit de l'imposition appartiendra à la généralité dont les futaies seront partie, et sera placé en effets permis par l'édit d'août 1749, pour servir à acquitter, jusqu'à concurrence du revenu annuel desdits effets, une portion de la subvention territoriale fixée pour ladite généralité, dont chaque propriétaire éprouvera en conséquence une diminution annuelle, en proportion de sa cotisation.

10. La comparaison des rôles de chaque paroisse, par les assemblées supérieures et inférieures de chaque province, donnera le taux commun de chaque partie de la province et successivement de la généralité, en proportion du dixième effectif. Et, de la comparaison de ces taux communs, par chaque province ou généralité, résultera le taux général du royaume.

11. Lorsque le taux commun du royaume aura été fixé d'après une expérience suffisante, aucune généralité, élection ou paroisse ne pourra être imposée au-dessus dudit taux général; comme dès-à-présent aucun contribuable ne pourra être taxé au-dessus du taux particulier de chaque paroisse; nous réservant et à notre conseil la connoissance des réclamations des provinces, généralités, élections et paroisses, sur la fixation de leurs impositions; et d'expliquer plus amplement par la suite nos intentions sur la forme dans laquelle les réclamations des contribuables seront jugées par les juges qui en doivent connaître.

12. Dérogeons, par notre présent édit, aux dispositions de l'édit du mois de mai 1749, des lettres-patentes du 10 novembre suivant, et des édits de novembre 1771 et février 1780. N'en

tendons néanmoins rien innover, quant à présent, aux dispositions des susdits édits, en ce qui concerne la retenue des deux vingtièmes et 4 s. pour livre du premier vingtième sur les rentes par nous dues à nos sujets et soumises à ladite retenue, et celle que tous débiteurs de rentes constituées continueront de pouvoir faire comme par le passé, et qui auront également lieu à l'avenir, jusqu'à ce qu'il en soit par nous autrement ordonné, pour toutes les rentes dues par nos sujets indistinctement, si l'exemption desdites impositions n'a été stipulée par les contrats de constitution desdites rentes, en vertu des lettres patentes par nous accordées, à l'effet de permettre lesdites conventions.

N° 2364. — DÉCLARATION *concernant le timbre* (1).

Versailles, 4 août 1787. Reg. en parlement le roi tenant son lit de justice le 6 août.

LOUIS, etc. Aussitôt après que l'assemblée des notables que nous avions appelés auprès de nous a été séparée, nous avons, ainsi que nous le leur avions annoncé, porté nos premiers regards sur tout ce qui leur a paru, comme à nous, devoir rendre meilleure la condition de nos sujets et tourner à leur soulagement.

Nous avons assigné sur le produit de la taille, qui pèse principalement sur la classe la moins aisée de nos peuples, la diminution qui résultera de l'extinction successive de six millions de rentes viagères du dernier emprunt.

Nous avons converti définitivement l'obligation de la corvée en une prestation en argent plus égale, plus juste, et qui ne donnera lieu à aucun des abus que l'ancien régime ne permettoit pas d'éviter.

Nous avons autorisé dans tout notre royaume, avec les précautions convenables, la liberté du commerce des grains, reconnue également nécessaire dans l'ordre de la justice, pour assurer à chacun la libre disposition de ce qui lui appartient, et dans l'ordre de l'administration, pour prévenir les disettes, empêcher les chertés excessives et encourager l'agriculture.

Nous avons établi dans toutes les provinces de notre royaume des assemblées provinciales, qui seront le principe du rapport le plus continuel et le plus désirable entre nous et nos sujets, et dans lesquelles ils auront l'avantage et la satisfaction de

____

(1) V. arrêts du parlement des 7, 13, 22 et 27 août, et édit de septemb. même année.

procéder eux-mêmes à la répartition des charges qu'ils sont obligés de supporter.

Enfin nous avons éteint et modifié dans nos ports les droits d'ancrage et divers autres droits particuliers onéreux au commerce.

Nous avons commencé en même temps à réaliser les vues d'ordre et d'économie que nous avions précédemment résolues.

Nous jouissons déjà de la consolation de pouvoir annoncer à nos peuples des retranchements et bonifications arrêtés par nos ordres pour plus de 20,000,000.

La suite des mêmes moyens atteindra certainement et excédera peut-être, avant la fin de la présente année, les 40,000,000 auxquels nous avions résolu de les porter.

Nos vœux auroient été entièrement remplis si nous avions pu nous dispenser de recourir à des impôts; mais les notables en avoient eux-mêmes reconnu la nécessité, et soit en créant par notre édit du mois de mai dernier, 6,000,000 *de rentes viagères*, soit en les affectant depuis, par préférence, sur nos revenus actuels, nous n'avons pas dissimulé à nos peuples que la fidélité à nos engagements, le soutien de notre puissance et la gloire de la nation nous en faisoient un devoir rigoureux, mais indispensable.

Il ne nous restoit donc plus qu'à proportionner les impôts aux besoins, et entre les impôts à préférer, ceux dont la perception auroit le moins d'inconvénients, et que les précautions que nous pourrions prendre pour en adoucir le poids rendroient moins onéreux et moins sensibles.

Nous avons encore suivi dans ce choix les vues qui nous ont été proposées par les notables, et, d'après leurs observations, nous avons commencé par substituer à l'imposition actuelle des vingtièmes une subvention territoriale, fixée à une somme déterminée, dont la répartition sera faite avec plus d'égalité par les assemblées provinciales, que ne pourroit l'être l'imposition des vingtièmes.

Nous n'avons pas voulu néanmoins fixer la somme de cette subvention au-delà de 80,000,000 afin qu'elle n'excédât pas celle qu'auroient pu produire les deux vingtièmes effectifs et les quatre sous pour livre du premier vingtième, et qu'elle fût ainsi, en quelque sorte, plutôt un remplacement et une amélioration des vingtièmes actuels, qu'une véritable augmentation.

Le surplus du déficit de nos finances qui ne pourra pas être entièrement rempli dès à présent par cette seule imposition, ni par les retranchements et bonifications effectués ou actuellement possibles, sera suppléé par un nouveau droit du timbre sur plusieurs objets qui n'y avoient point encore été soumis.

Nous avons encore adopté ce nouveau moyen d'après les observations des notables, et aussi d'après l'exemple de plusieurs grandes nations commerçantes.

Nous avons considéré qu'il porteroit principalement sur des actes qui ne sont multipliés parmi nos sujets qu'en proportion de leur richesse et des avantages qu'ils retirent de ces actes sous la protection de notre autorité.

Nous avons eu soin d'ailleurs de réunir dans les dispositions de notre déclaration toutes les précautions que notre sagesse a pu prévoir, pour concilier le produit nécessaire du timbre avec la prospérité du commerce, la tranquillité de nos sujets et le maintien de leurs propriétés.

Il nous est impossible de prévoir à quelle somme se portera le produit du droit de timbre ; mais notre intention n'a jamais été et ne sera jamais d'étendre les impositions au-delà des besoins réels, et les arrangements que nous avons déjà pris depuis la fin de l'assemblée des notables, nous donnent l'assurance que, si le produit excède 20,000,000, l'excédant pourra en être utilement employé à la diminution d'impositions plus onéreuses.

Quoiqu'il nous soit également difficile de déterminer avec précision l'époque à laquelle le produit de cet impôt cessera d'être nécessaire, nous avons mieux aimé mettre un terme à sa durée que de l'établir à perpétuité. Nous ne craindrons jamais d'être dans le cas d'exposer à nos peuples les raisons qui nous forceront d'exiger d'eux des secours, et, par l'état de recette et de dépense que nous ferons publier tous les ans, ils seront à portée de connoître quel sera le produit du timbre, quel en sera l'emploi, et le moment auquel il deviendra inutile d'y avoir recours.

Au moyen de ces différentes dispositions, les sacrifices que nous sommes forcés d'exiger de nos peuples seront aussi adoucis qu'ils peuvent l'être, et en même temps la dette publique sera assurée, la gloire du nom français affermie, et le niveau si désirable établi entre la recette et la dépense. Nous pourrons alors nous livrer à des améliorations auxquelles il seroit impossible de parvenir tant que ce niveau n'existeroit pas. Et, si ces améliorations produisent l'effet que nous en attendons, il nous sera possible d'accélérer encore les soulagements que nous serons toujours occupés de procurer à nos peuples. A ces causes, etc.

1. Les ordonnances, édits, déclarations et réglements concernant la formule actuellement en usage, continueront d'être exécutés selon leur forme et teneur, et, à compter du 1er novembre prochain, les droits de timbre, réglés par le tarif ci-annexé, seront perçus jusqu'au 1er janvier 1798 sur tous les objets compris audit tarif par les préposés de l'administration de nos domaines.

2. Il ne sera rien innové à l'égard du timbre des actes par-devant notaires, ni de celui des procédures judiciaires ou expéditions de greffes, lesquels actes, procédures ou expéditions continueront d'être faits sur les mêmes papiers ou parchemins qui y sont actuellement destinés, et ne seront assujettis à autres ni plus forts droits de timbre que ceux actuellement en usage, excepté les expéditions de petites chancelleries, assujetties au nouveau timbre par le tarif ci-annéxé. En conséquence, les provinces qui jouissent actuellement de l'exemption du timbre continueront d'en jouir sur les objets qui restent, en vertu du présent article, sujets aux mêmes droits que par le passé; mais tous les autres actes ou écrits assujettis au timbre par la présente déclaration et compris audit tarif y annexé, seront sujets au timbre et en acquitteront les droits, conformément audit tarif, dans toutes les provinces de notre royaume sans aucune exception.

3. Il ne sera à l'avenir, à compter du 1er novembre prochain, délivré, soit dans notre grande chancellerie ou dans nos chancelleries établies près nos cours ou présidiaux, soit dans aucuns départements, aucunes lettres, provisions, nominations, brevets, commissions, même pour raison d'offices ou places dans notre maison ou celle de la reine, ou dans celles des princes et princesses de notre famille, dans nos conseils ou celui de la reine, ou dans ceux des princes, dans nos cours ou autres nos jurisdictions, quelles qu'elles soient, ordinaires ou extraordinaires, ou près nos chancelleries, ou dans les hôtels-de-ville ou administrations municipales, ni pour raison d'aucuns offices ou emplois militaires ou de finance, ou d'aucunes places de fermiers, régisseurs ou administrateurs de nos droits ou domaines, ou des postes et messageries, ou de trésoriers de nos deniers, brevets ou commissions de grades dans le service militaire ou dans la marine, brevets ou commissions dans les ponts et chaussées, l'école des mines, chambres de commerce, haras, écoles vétérinaires, commissions de maîtres des postes

aux chevaux, ou de directeurs des postes aux lettres ou messageries, brevets de pensions ou ordonnances de gratifications, brevets de nomination dans les différents ordres, nomination à des archevêchés, évêchés, abbayes, prieurés, canonicats et autres bénéfices, ni enfin aucunes pensions, concessions, privilèges, passe ports, sauf-conduits, lettres d'état, de répit ou de surséance ou autres expéditions, quelles qu'elles soient, dans quelque forme et de quelque nature qu'elles puissent être, par lettres, brevets ou arrêts, ni expédié aucuns brevets, commissions ou permissions dépendantes des amirautés, connoissements ou rôles d'équipages, ni pareillement accordé par aucun patron ou collateur de bénéfices, ou supérieurs ecclésiastiques, aucunes lettres de nomination, institution ou *visa*, ni expédié dans les secrétariats des archevêchés ou évêchés aucunes dispenses, permissions ou lettres, de quelque nature qu'elles soient, à l'exception néanmoins des lettres de démissoires, d'ordination et d'*exeat*, ni donné par les seigneurs ayant justices ecclésiastiques ou laïques, même par les pairs de notre royaume, aucunes provisions ni commissions de juges, procureurs fiscaux, greffiers, notaires, tabellions, procureurs, sergents ou gardes dans leurs terres, qu'en papier ou parchemin timbré du timbre déterminé par les différents articles du tarif annexé au présent édit ; et, en cas de contravention, seront tous ceux qui auront expédié ou délivré aucun desdits actes en papier ou parchemin non timbré, même nos secrétaires et autres officiers de nos chancelleries, et les seigneurs ecclésiastiques ou laïques qui auroient donné à leurs officiers des provisions ou commissions non timbrées, solidairement avec les parties impétrantes, condamnés en 500 liv. d'amende pour chaque contravention.

4. Il ne pourra être procédé à aucune réception en justice, soit en nos cours, soit par-devant tous autres juges, même dans les officialités ou autres jurisdictions ecclésiastiques, ni à aucun procès-verbal d'installation ou mise en possession par-devant aucuns notaires, soit royaux, soit apostoliques, soit seigneuriaux, dans aucunes dignités ecclésiastiques ou séculières, grades, offices, places ou commissions, ni reçu aucune prestation de serment, ni fait aucun usage en justice de permission, facultés ou graces quelconques obtenues de nous, ou des ayant droit de les octroyer, même des archevêques ou évêques, à l'exception des démissoires et des lettres d'ordination ou d'*exeat*, si les brevets, provisions, commissions ou permissions ne sont expédiés en papier ou parchemin timbré,

ayant acquitté les droits réglés par ledit tarif, à raison desdites dignités, grades, offices, places, commissions ou permissions dont sera fait mention dans les actes de réception, prestation de serment, installation ou prise de possession, à peine de 500 liv. d'amende. Défendons pareillement aux greffiers des insinuations ecclésiastiques d'insinuer aucuns actes, et aux greffiers des gens de main-morte de faire aucuns enregistrements, ni délivrer aucune expédition, si les actes dont l'insinuation, l'enregistrement ou l'expédition leur sera demandée ne sont en papier ou parchemin timbré du timbre déterminé par le tarif ci-attaché, à peine de pareille amende de 500 liv. Et seront les notaires royaux, apostoliques ou seigneuriaux, greffiers, secrétaires ou autres officiers séculiers ou ecclésiastiques, et généralement tous ceux qui auroient signé, expédié, enregistré ou insinué lesdits actes en contravention au présent article, solidairement responsables desdites amendes et du paiement des droits avec les parties qui les auront requis.

5. Il ne pourra être expédié aucun certificat d'étude ou d'inscription dans aucune des facultés dépendantes des universités, ni aucunes lettres de doctorat, licence, baccalauréat, maîtrise ès-arts, qu'en papier ou parchemin timbré, à peine de 500 liv. d'amende solidairement encourue par l'impétrant desdits certificats ou lettres, et par celui ou ceux qui les auront signés. Dispensons néanmoins de la nécessité du timbre les certificats d'études ou autres délivrés par nos avocats ou procureurs généraux.

6. A compter du 1er novembre prochain, aucun des actes sous signatures privées, énoncés ou indiqués par le tarif annexé à la présente déclaration, ne pourra être écrit que sur papier ou parchemin timbré du timbre qui lui est assigné par ledit tarif, sans que le timbre puisse y être apposé, ni les droits être reçus lorsque lesdits actes auront été écrits, sinon en exigeant en même temps l'amende encourue pour le défaut de timbre, laquelle sera de 24 livres par chaque feuille de papier ou parchemin qui n'aura pas été timbré; et seront lesdites amendes acquises de plein droit, et perçues en sus des droits de timbre, sans qu'il soit besoin qu'elles soient prononcées.

7. Les testaments et actes de dernières volontés olographes pourront néanmoins être écrits, comme par le passé, en papier non timbré; mais ils ne pourront être déposés chez les notaires après le décès des testateurs, ni être énoncés dans aucun acte public qu'ils n'aient été préalablement timbrés ou

visés par le préposé de l'administration de nos domaines du
bureau le plus prochain pour tenir lieu de timbre, et les droits
de timbre acquittés sans amende; duquel timbre lesdits testaments ou ordonnance de dernière volonté sera fait mention
dans les actes où ils seront énoncés.

8. Les actes sous signatures privées existant antérieurement
à l'époque du 1er novembre prochain, ou venant du pays
étranger, pourront être timbrés en tout temps à la réquisition
de ceux qui en seront porteurs, en payant les droits portés au
tarif, sans amende, avant néanmoins qu'ils puissent servir à
l'instruction d'aucune contestation judiciaire, soit en demandant, soit en défendant, même avant qu'il puisse en être tiré
pour quelque destination que ce soit, aucun extrait ni copie
collationnée, ni fait aucun acte de dépôt par-devant notaires,
ce qui aura lieu, même dans les provinces exemptes jusqu'à
présent de la formule, à quelque titre que ce soit. N'entendons au surplus assujettir à la formalité du timbre, en quelque
province que ce soit, même dans celles sujettes à la formule,
les actes judiciaires ou notariés antérieurs à l'établissement de
la formule actuellement en usage, qui seroient dans le cas
d'être produits en justice.

9. Tous les fermiers et régisseurs de nos droits ou autres
objets énoncés au tarif ci-annexé seront tenus de se servir pour
les commissions qu'ils délivreront à leurs employés, de papier
timbré du timbre destiné pour chaque nature d'emploi, à peine
de répondre en leur propre et privé nom du droit de timbre,
et de 100 liv. d'amende par chaque contravention; leur enjoignons de n'admettre aux emplois de leur administration
aucunes personnes, dans quelque fonction que ce soit, même
dans celle de commis aux écritures, qui ne soient commis-
sionnés. N'entendons dispenser de la nécessité de nouvelles
commissions, ni du droit du timbre en résultant, ceux qui
changeront d'emploi. Voulons en conséquence que lesdits employés ne puissent entrer en exercice de leurs fonctions, si
leurs procurations ou commissions ne sont en papier timbré
du timbre ci-dessus, dont ils seront tenus de faire mention en
tête du premier registre de leur gestion, ou de faire inscrire
ladite mention sur le premier article qui les concernera dans les
registres de leurs supérieurs auxquels ils seront comptables.

10. Il ne pourra être donné par aucuns chapitres, corps et
communautés, fabriques, syndics, administrateurs, comme
aussi par aucuns particuliers, entrepreneurs, fournisseurs,
marchands, ouvriers, propriétaires de maisons ou de fermes,

ou autres personnes quelles qu'elles soient, aucuns devis, mémoires de fournitures ou d'ouvrages, arrêtés de compte, quittances de fermages, ou arrérages de rentes, loyers, fournitures de marchandises, confection d'ouvrages ou autres, pour quelque cause que ce soit, excédant la somme de 24 liv., qu'en papier timbré du timbre fixé par le tarif ci-annexé, à peine de 24 liv. d'amende pour chaque feuille employée en contravention au présent article. Les droits de timbre des quittances de lods et ventes et droits féodaux au-dessus de 24 liv. seront perçus conformément à ce qui est fixé pour cet objet par le tarif, et seront acquittés entre les mains du receveur du centième denier en même temps que ledit droit, et ce, sur le pied des sommes capitales portées aux contrats d'acquisition. Ne seront néanmoins perçus lesdits droits sur les acquéreurs qui feront leur déclaration sur le registre du centième denier, que leurs contrats ne sont sujets à aucuns droits seigneuriaux, mais en cas de fausse déclaration, lesdits acquéreurs seront condamnés en 200 liv. d'amende.

11. Il ne pourra être porté plusieurs quittances sur une même feuille de papier, si ce n'est qu'elles fussent pour à-compte successifs concernant une même dette, ou pour raison de lods et ventes et droits féodaux résultant d'un même contrat. Et en cas que plusieurs quittances, non relatives à un même titre, se trouvent portées sur une même feuille, aucune desdites quittances ne pourra être produite en justice qu'en payant préalablement autant de droits de timbre, et en outre, autant d'amende de 24 liv. qu'il aura été réuni d'objets différents sur la même feuille.

12. Les quittances des rentes sur l'hôtel de ville de Paris et des pensions seront sujettes, à compter du 1er novembre prochain, aux mêmes droits de timbre que les autres quittances comptables. Dérogeons aux exceptions précédentes établies à l'égard des quittances desdites rentes sur la ville ou pensions; et seront au surplus les règlements actuellement existants exécutés selon leur forme et teneur, tant à l'égard desdites quittances de rentes sur la ville ou pensions, qu'à l'égard de toutes autres quittances comptables.

13. Les notaires-tabellions, greffiers et huissiers, les trésoriers-receveurs généraux et particuliers, banquiers, agents de change, courtiers, négociants et marchands, geôliers et concierges des prisons, et généralement toutes personnes assujetties par les règlements à tenir des registres ou répertoires, seront tenues, à compter du 1er novembre prochain, à les avoir

en papier timbré du timbre actuellement en usage, ou faire timbrer dudit timbre, dans trois mois, à compter du 1er novembre prochain, les parties non encore écrites audit jour 1er novembre, desdits registres ou répertoires qui se trouveront alors commencés, sans qu'il puisse être délivré aucun extrait ou expédition tiré desdits registres, ni que lesdits registres eux-mêmes puissent être en aucun cas, ni à aucun effet, présentés en justice s'ils ne sont timbrés; savoir, pour ce qui aura été écrit depuis le 1er février prochain, avant que lesdites parties soient écrites; et pour ce qui se trouvera écrit antérieurement au 1er février prochain, suivant la disposition de l'article 8 ci-dessus, le tout à peine de 500 liv. d'amende par chaque contravention. Déchargeons lesdits officiers ou autres des peines qu'ils pourroient avoir encourues jusqu'à présent pour contraventions commises aux règlements pour défaut de tenue de leurs registres en papier timbré. N'entendons dispenser de la formalité du timbre les registres de baptêmes, mariages et sépultures qui en ont été jusqu'à présent affranchis par l'article 1er de la déclaration du 9 avril 1736. Voulons qu'à compter du 1er janvier prochain, aucun desdits registres, même ceux actuellement commencés, ne puissent continuer d'être en usage qu'après avoir été timbrés sur tous les feuillets qui ne se trouveront pas écrits antérieurement audit jour. Pourront au surplus être délivrés, comme par le passé, les extraits tirés des registres antérieurs au 1er janvier prochain, sans que lesdits registres soient timbrés.

14. Toutes lettres de change, billets de quelque nature qu'ils soient, mandats et rescriptions assignées, soit sur les caisses des différents départements de nos finances, soit sur les caisses particulières des négociants et autres de nos sujets, ne pourront être écrits que sur papier timbré, conformément audit tarif, et ceux desdits effets qui viendront du pays étranger seront timbrés à la diligence et aux frais du premier de nos sujets à qui ils passeront par la voie du commerce, sans qu'aucun desdits effets puisse être timbré après qu'il sera écrit, s'il est tiré d'une place de notre royaume, ou après qu'il aura été endossé par le premier de nos sujets qui en aura été porteur, s'il vient du pays étranger, sinon en payant l'amende qui sera de 50 liv. pour chaque effet de 2000 liv. et au-dessous, et de 100 liv. pour ceux au-dessus de 2000 liv. au paiement de laquelle seront solidairement contraignables tous tireurs, accepteurs ou endosseurs desdits effets, ainsi que tous trésoriers, receveurs et caissiers qui auroient délivré les rescriptions ou

autres effets non timbrés; le tout sauf leur recours contre les tireurs ou premiers endosseurs en France qui auroient négligé de faire timbrer lesdits effets; et ne pourront lesdits effets être protestés ni présentés en justice même par-devant les juges-consuls, juges conservateurs, ou autres quelconques, sans être timbrés, à peine contre les huissiers ou procureurs d'être solidairement avec les parties responsables desdites amendes, et en outre, pour leur propre contravention, condamnés, chacun personnellement, au paiement de pareilles amendes.

15. Il ne pourra être délivré aucunes lettres de voiture, même par les fermiers de nos messageries, et généralement par quelque négociant, ou autre personne que ce soit, qu'en papier timbré, à peine contre ceux qui auront signé lesdites lettres de voiture, et les voituriers qui en seront porteurs, de 500 liv. d'amende, au paiement de laquelle ils seront solidairement contraints. Défendons, sous les mêmes peines, aux commis et préposés à la perception de nos droits et autres, de viser lesdites lettres de voiture qui seroient sur papier non timbré, et de délivrer des *laissez-passer* aux voituriers qui seroient porteurs de lettres de voiture qui ne seroient pas timbrées, sinon en acquittant par lesdits voituriers les amendes encourues, ou donnant bonne et valable caution domiciliée au lieu où la contravention aura été reconnue, pour l'acquittement desdites amendes, le tout sauf le recours desdits voituriers contre ceux qui leur auront remis lesdites lettres de voiture.

16. Défendons aux préposés de l'adjudicataire de nos fermes générales, et autres régisseurs de nos droits, et aux commis des barrières des villes, de délivrer ou recevoir aucuns certificats ou déclarations pour les privilèges d'exemption des entrées desdites villes, et pour les entrées de chaque envoi, comme aussi de procéder à l'enregistrement de déclarations pour le renouvellement des privilèges des propriétaires pour l'entrée des productions de leur cru, si lesdits certificats ou déclarations ne sont en papier timbré du timbre prescrit par le tarif ci-annexé, à peine de 100 liv. d'amende contre les préposés et commis des barrières qui recevroient lesdites déclarations ou certificats non timbrés; et de pareille amende contre les syndics, curés, marguilliers et propriétaires qui signeroient ou fourniroient lesdites déclarations ou certificats non timbrés. Enjoignons aux fermiers et régisseurs de nos droits de tenir la main, vis-à-vis de leurs employés, à l'exécution du présent article.

17. Défendons aux directeurs, commis ou préposés des monts-de-piété établis dans notre royaume de donner aucunes reconnaissances, quittances ou décharges des effets qui leur auront été remis en nantissement, le tout au-dessus de la somme de 50 liv., aux administrateurs de la loterie royale de France ou autres loteries, de distribuer aucuns billets ou coupons desdites loteries; aux buralistes de les distribuer, et aux colporteurs de les colporter, qu'ils ne soient en papier timbré, conformément au tarif ci-annexé, à peine de 500 liv. d'amende contre ceux qui auroient délivré les reconnaissances ou quittances des monts-de-piété non timbrées, distribué ou colporté lesdits billets ou coupons de loteries en contravention au présent article. Et seront les buralistes solidairement responsables des colporteurs, et les administrateurs desdites loteries solidairement responsables des buralistes.

18. Aucuns papiers publics, journaux, gazettes, mercures, almanachs de toute nature, feuilles ou cahiers périodiques, même venant de l'étranger, annonces de spectacles, ou de vente de meubles ou d'immeubles, prospectus d'ouvrages, avis, billets de mariages, de profession en religion, ou d'enterrement ne pourront être distribués dans le public sans être timbrés ou visés, pour tenir lieu de timbre; savoir, les papiers qui seront imprimés en France avant leur impression, et les papiers publics venant de l'étranger, aussitôt qu'ils entreront en France, et dans les premiers bureaux de la formule de la frontière, le tout à peine de 500 liv. d'amende pour chaque contravention solidairement encourue par les propriétaires de privilèges, directeurs de spectacles, ou autres distributeurs desdites feuilles, et par les imprimeurs; et en cas de récidive, à peine de suppression de privilèges. Et les courriers, messagers et autres qui seroient trouvés saisis desdits papiers non timbrés ou visés, passé le premier bureau de formule de la frontière, seront solidairement responsables des amendes avec les propriétaires desdits papiers, laquelle amende sera prononcée sur la représentation d'un seul exemplaire desdites feuilles non timbré.

19. Les droits de timbre établis sur les papiers de musique seront à l'avenir perçus par les préposés de l'administrateur de nos domaines, et le produit versé en notre trésor royal.

20. Il ne pourra être fait aucune signification ni production en justice d'actes quelconques ou écrits non timbrés, même des lettres missives, ou autres pièces qui, par leur nature, ne sont pas assujetties à être écrites en papier timbré, que toutes

lesdites pièces ou écrits ne soient préalablement timbrés ; savoir, ceux qui n'avoient dû être écrits qu'en papier timbré, en
acquittant avec les droits de timbre les amendes encourues ;
et les lettres missives ou autres écrits non sujets au timbre de
leur nature, en acquittant seulement les droits de timbre sans
amende ; à l'effet de quoi, voulons que tous actes, pièces ou
écrits, destinés à être employés dans l'instruction d'une contestation, soient, préalablement à la signification ou production desdits actes, présentés au bureau du timbre, et visés par
le préposé de l'administration des domaines, lequel délivrera,
sans frais, certificat du timbre de toutes lesdites pièces, faisant mention de leur nombre et qualité, sans qu'aucunes autres
que celles mentionnées et décrites dans lesdits certificats,
puissent être employées dans les significations ou productions
faites, soit par requêtes, soit par inventaires de productions.

21. Les huissiers qui feront la signification desdites pièces,
seront tenus d'y transcrire lesdits certificats de timbre ; et les
procureurs seront pareillement tenus de transcrire, dans leurs
requêtes ou inventaires de productions, lesdits certificats de
timbre, concernant les pièces par eux produites, et de joindre
lesdits certificats dans leurs productions. Et dans le cas où il
seroit employé, soit dans aucune signification, soit dans aucune
requête ou inventaire de productions, autres pièces que celles
portées auxdits certificats, tant le procureur qui aura produit
lesdites pièces, que l'huissier qui aura signifié, ou lesdites
pièces, ou lesdites requêtes ou inventaires de productions,
seront personnellement et solidairement, avec les parties, responsables des amendes encourues par le défaut de timbre desdites pièces, et en outre condamnés chacun en une amende de
500 liv. pour leur contravention personnelle par lesdites productions ou signification. Et ne pourra être procédé à aucune
taxe de dépens, si dans aucune des significations, requêtes ou
inventaires de productions, se trouvent employées quelques
pièces non comprises auxdits certificats de timbre, que préalablement ces pièces n'aient été présentées au bureau du timbre,
et expédié nouveau certificat du timbre desdites pièces, ou
perçu, si elles ne se trouvent pas timbrées, les amendes encourues ; les quittances desquelles seront représentées avant
qu'il soit procédé à la taxe des dépens, et mention faite desdites quittances en tête de ladite taxe.

22. Il ne pourra être présenté aucune requête ou mémoire
tendant à obtenir quelque jugement, ordonnance ou décision
que ce soit, soit à notre conseil, ou à nos commissaires dépar-

tis dans les différentes provinces de notre royaume, soit aux prévôts des marchands, lieutenants généraux ou particuliers de police, maires ou jurats, syndics des provinces ou autres commissaires de nous ou des états sous notre autorité, que sur papier timbré, à peine de 100 liv. d'amende solidairement encourue, par les parties et par leurs avocats ou procureurs : dérogeant, en tant que de besoin, à tous arrêts et réglements à ce contraires. N'entendons néanmoins comprendre dans la disposition du présent art., ni dans la dérogation y contenue, les contestations relatives à la taille, qui s'instruisent sans papier timbrée dans les élections et en nos cours des aides, ni celles jusqu'à présent attribuées à des commissions de notre conseil, pour y être instruites sans papier timbré.

23. Tous mémoires, précis ou consultations imprimés sous signatures d'avocats en nos conseils ou en nos cours ou autres jurisdictions, ou avec permission, même ceux qui seroient imprimés sur de simples instructions desdites affaires, et les pièces justificatives y annexées, seront timbrés du timbre prescrit, lequel sera marqué sur chaque exemplaire desdits imprimés, dont la première et la dernière feuille seulement seront timbrées, et le droit perçu à raison du nombre entier des feuilles desdits exemplaires; à l'effet de quoi les imprimeurs seront tenus, à peine de répondre personnellement et solidairement des amendes qui seroient encourues, de remettre aux parties, avec l'édition de leurs imprimés, un certificat du nombre d'exemplaires qn'ils auront tirés, et du nombre de feuilles desdits exemplaires; lequel certificat sera déposé au bureau du timbre, avant que lesdits imprimés puissent être timbrés; et demeureront lesdits imprimeurs garants du contenu en leur certificat, et tenus en cas de faux énoncé en icelui, de 500 liv. d'amende, même à plus grande peine en cas de récidive. Et pourront les mémoires ou autres imprimés qui seroient répandus dans le public, sans porter le timbre à la première et dernière feuille de chaque exemplaire, être saisis par les commis de l'administration de nos domaines; et sur la représentation d'un seul exemplaire en contravention, la partie sera condamnée en 1000 liv. d'amende.

24. Défendons à tous notaires, tabellions et greffiers royaux ou seigneuriaux, de recevoir le dépôt d'aucuns écrits non timbrés, à l'exception des testaments qui leur seroient déposés par les testateurs, à peine de répondre personnellement et solidairement avec les parties, des amendes encourues par le défaut

de timbre, et d'être en outre condamnés en 300 liv. d'amende, pour leur contravention personnelle.

25. Les commis ou préposés de l'administrateur général de nos domaines ne pourront, en aucun cas, ni sous aucun prétexte, faire aucune perquisition ni visite dans les maisons de nos sujets, même des commerçants ou marchands, pour la recherche et vérification des actes, papiers, ou registres sujets au timbre établi par les présentes, ni s'introduire ou former aucune demande à ce sujet dans les inventaires de personnes décédées ou en faillite, encore que les scellés eussent été apposés sur leurs effets, lors de la levée desquels tous écrits ou actes même non timbrés pourront être inventoriés, sans que les amendes soient encourues, sinon lorsqu'il écherra d'en déposer quelques-uns, soit chez les notaires, soit dans quelque greffe, ou de les employer en justice pour l'instruction de quelque contestation, ou lorsque aucuns des actes seroient présentés au timbre par ceux qui auroient intérêt d'en déclarer le vice, lesquels seront tenus d'acquitter les amendes encourues, sauf leur recours contre qui il appartiendra. N'entendons rien innover, quant à l'exécution des lois enregistrées en nos cours, qui auroient autorisé les visites pour la perception des droits existant antérieurement à la présente déclaration.

26. N'entendons assujettir aux 10 s. pour livre qui sont perçus en sus du droit de timbre actuellement en usage les nouveaux droits établis par la présente déclaration et par le tarif ci-annexé; mais voulons qu'en aucun cas les amendes ne puissent être remises ni modérées par aucuns juges, même par nos cours, sous quelque prétexte que ce soit.

27. Pour faciliter à nos sujets l'exécution de notre présente déclaration, il sera établi dans le chef-lieu de chaque province et généralité de notre royaume un bureau général de timbre et distribution de papiers ou parchemins timbrés, où seront déposés les timbres nécessaires pour marquer les papiers et parchemins en usage dans chaque généralité; et des bureaux particuliers de distribution dans chaque chef-lieu des bailliages, sénéchaussées ou autres sièges royaux, même en tous autres endroits où l'utilité du service et la commodité publique l'exigeront. Chaque bureau sera approvisionné, indépendamment des papiers et parchemins actuellement en usage, de ceux prescrits par le tarif ci-annexé. Pourront aussi tous particuliers faire timbrer, dans le bureau principal de chaque généralité, les papiers ou parchemins blancs dont ils voudront faire usage, en payant le droit de timbre fixé par le tarif. Et dans le cas où

nous jugerions à propos, par la suite, d'ordonner le changement des empreintes des timbres établis en vertu de la présente
déclaration, ou d'aucun d'iceux, tous les papiers et parchemins encore blancs qui se trouveront entre les mains d'officiers
publics ou de particuliers, marqués des anciennes empreintes,
pourront être par eux rapportés au bureau de leur généralité
dans les délais qui seront fixés, pour être marqués sans frais
de nouvelles empreintes, ou échangés sans frais contre des
papiers ou parchemins du même genre et format marqués des
nouvelles empreintes. N'entendons assujettir nos sujets à se
servir pour les billets à ordre, mandats, rescriptions et lettres
de voiture de papiers de la généralité où ils seront résidants
au moment où ils délivreront lesdits billets, mandats, rescriptions et lettres de voiture; voulons qu'il leur soit libre de se
servir indistinctement de papiers de toutes les généralités pour
les objets ci-dessus énoncés. Ne pourront néanmoins les lettres
de change être timbrées que du timbre de la généralité de
laquelle dépendra la place d'où elles seront tirées, ou la première place de France dans laquelle aura été fait l'endosse-
ment de celles venant du pays étranger.

28. Les peines prononcées par les réglements rendus jusqu'à
présent, concernant la formule, contre tous particuliers qui
fabriqueroient, vendroient, distribueroient, emploieroient ou
recèleroient de faux timbres ou des papiers et parchemins
marqués des faux timbres, auront lieu contre ceux qui com-
mettroient les mêmes faux à l'égard du timbre prescrit par la
présente déclaration.

29. Tous les juges saisis des contestations dans lesquelles se
trouveroient produites aucunes pièces, requêtes ou mémoires
non timbrés, prononceront d'office les amendes encourues,
mais lorsque lesdites amendes n'auront pas été prononcées,
elles pourront être poursuivies à la requête de l'administrateur
général de nos domaines, tant contre les parties que contre les
officiers ministériels; et en ce cas les contestations seront portées par-devant les juges qui ont la connoissance de celles relatives aux droits de timbre actuellement en usage, sans que les
procureurs ou autres officiers ministériels des cours ou autres
tribunaux, précédemment saisis des contestations dans lesquelles la contravention sera arrivée, puissent décliner, à raison de leur droit de *committimus*, ou sous aucun prétexte, la
juridiction du juge compétent pour connoître directement
desdites contraventions. Lorsque lesdites contestations n'auront pour objet que la perception des droits, ou la poursuite

de contraventions qui ne donneront lieu qu'à des peines civiles, elles seront jugées en première instance, sommairement et sans frais, incontinent après les délais échus, sur de simples mémoires écrits en papier timbré, sans ministère de procureurs ni d'avocats, si bon ne semble aux parties. Les sentences qui seront rendues ne seront assujetties qu'à la moitié de nos droits et de ceux attribués aux greffiers. Les parties qui voudront interjeter appel desdites sentences pourront le faire par un simple acte qui contiendra assignation dans les délais de l'ordonnance, ensemble constitution de procureur, sans qu'il soit besoin de lettres, commission ni arrêt de relief d'appel. Il n'y aura lieu, sur lesdits appels, à aucune consignation d'amende, acte de présentation, cédule, défaut pris au greffe, ni acte de voyage. Il sera statué sur lesdits appels au plus tard dans le mois qui suivra l'expiration des délais de l'assignation sur l'appel, et sur une seule requête de chaque partie, ou par défaut sur la seule requête de l'une des parties, après l'expiration des délais, et une seule sommation faite à l'autre partie de donner sa requête : trois jours après laquelle sommation l'affaire sera jugée en l'état qu'elle se trouvera. Il ne sera pris aucunes épices ni vacations pour lesdits arrêts, lesquels seront aussi exempts de la moitié de nos droits et de ceux des greffiers.

50. Dérogeons à toutes lois, ordonnances ou réglements contraires aux dispositions de notre présente déclaration, notamment à toutes exceptions ou exemptions accordées à aucunes provinces de notre royaume, même aux pays d'états, autres que celles confirmées par l'art. 5 de notre présente déclaration. Si donnons en mandement, etc. (*Suit le tarif des droits de timbre.*)

N° 2365. — PROCÈS-VERBAL *de ce qui s'est passé au lit de justice, copie du discours du roi, du garde des sceaux, du premier président du parlement et de l'avocat général Séguier sur l'édit portant subvention territoriale, autre de l'avocat général sur l'impôt du timbre.*

Versailles, 6 août 1787. (R. S. C.)

N° 2366. — REMONTRANCES *du parlement sur les concessions des terres, prétendues vaines et vagues, illégalement ordonnées et exécutées en vertu d'arrêts du conseil des 25 juin 1785, et 10 septembre 1786, et de nouveau confirmées, avec évocation par deux arrêts du conseil du 7 juin 1787.*

Rouen, 8 août 178-. (Histoire des parlements, par Dufey, tom. 2, p. 362.)

N° 2367. — RÉGLEMENT *du roi sur quelques dépenses de sa maison et de celle de la reine.*

Versailles, 9 août 1787. (R. S. C.)

S. M. a ordonné aux personnes chargées des différents départements qui ne la touchent pas personnellement de lui présenter les économies dont ils seroient susceptibles.

Plusieurs retranchements essentiels y ont déjà été opérés ou déterminés, et les autres seront successivement portés au plus haut point qu'ils puissent atteindre.

Mais S. M. s'est réservé à elle-même ce qui concerne sa propre maison; elle ne regrettera jamais ni la splendeur apparente du trône, ni le faste de la cour, ni même l'espèce d'aisance et de commodité qu'on suppose résulter du grand nombre d'officiers qui l'environnent ou qui la servent : ce qu'elle regrette, et qui est un véritable sacrifice pour son cœur, c'est la privation qu'éprouveront des personnes qu'elle honore de sa bienveillance; c'est l'éloignement de serviteurs dont elle connoît le zèle et la fidélité; c'est la cessation du bien qu'elle avoit fait aux uns et aux autres, et de graces sur la durée desquelles ils avoient en quelque sorte droit de compter.

Ces considérations ont vivement touché S. M., et en même temps qu'elle n'hésite pas à sacrifier à son amour pour ses peuples toute dépense inutile, elle se réserve de donner à ceux à qui cette réforme peut porter préjudice des preuves de sa bonté et de sa bienveillance.

Quoique S. M. ne puisse pas encore ordonner et régler tous les détails qui tiennent aux réformes qu'elle a projetées dans sa maison, elle a résolu d'en faire connoître les principaux objets, afin que ceux qui doivent les exécuter puissent lui présenter sans différer les expéditions et les réglements nécessaires pour y parvenir.

En conséquence, S. M., indépendamment de l'ordre et de l'économie qu'elle veut être suivis dans toutes les dépenses qui subsisteront, et sans préjudice d'un examen encore plus approfondi de celles qui pourroient être retranchées ou modifiées, et dont le résultat sera connu par les états de recette et de dépense qu'elle se propose de publier, a ordonné et ordonne ce qui suit :

S. M. a considéré que, si ceux qui sont attachés à son service ne peuvent tellement y être fixés toute l'année, qu'ils n'aient aucun temps pour vaquer à leurs affaires, il n'en est pas moins vrai que les services par quartier multiplient à l'excès, sans nécessité, et même sans utilité réelle pour sa personne, des places dont plusieurs sont coûteuses, tant par elles-mêmes que par les privilèges qu'elles entraînent; en conséquence, à l'exception des premiers gentilshommes de la chambre, et des premiers valets de chambre, qui resteront au nombre de quatre, S. M. a ordonné qu'à commencer du 1er janvier prochain tous les services de sa chambre, qui se faisoient par quartier, se feroient par semestre, et qu'en conséquence la moitié des places actuelles seroit supprimée. S. M. a arrêté que cette réduction tomberoit sur les moins anciens, à moins qu'elle ne jugeât à propos d'accorder une retraite à quelques-uns des plus anciens. S. M. se propose encore d'examiner si le nombre des places que cet arrangement laisse subsister ne pourra être diminué, son intention étant de ne conserver que celles qui lui sont nécessaires.

2. S. M. veut que la suppression des services par quartier ait lieu dans sa garde-robe comme dans sa chambre, et de la même manière. S. M. s'est aussi déterminée, sur la proposition du sieur duc de Liancourt, grand-maître de la garde-robe, à ordonner la suppression des vingt-huit offices privilégiés d'arts et métiers qui sont dans le casuel de sa charge.

3. S. M. ayant, par son édit du mois d'août 1780, et par son réglement du 17 août 1780, fait dans la dépense de la bouche tous les retranchements dont elle est susceptible, il ne reste qu'à y assurer dans tous les détails l'ordre et l'économie que S. M. a ordonnés. Il en est de même de la dépense des menus et du garde-meuble, laquelle dépend principalement des circonstances, et S. M. a ordonné que les dépenses y fussent restreintes, et qu'on mit le plus grand ordre dans celles qui seront nécessaires.

4. Quoique S. M. ne puisse que se louer des projets d'économie qui lui ont été présentés par son grand écuyer et son premier écuyer; quoique ces économies, et particulièrement celles qui lui ont été proposées pour la petite écurie, soient très-considérables et se portent aussi haut que le régime actuel semble le permettre, elle a cependant considéré que si les deux écuries étoient réunies sous une seule et même administration, il en résulteroit encore un bénéfice pour ses finances; en conséquence, et malgré la satisfaction qu'elle a toujours eue des services du sieur duc de Coigny, et dont elle est disposée à lui donner des preuves, elle a résolu qu'à commencer du 1er octobre prochain il n'y auroit plus qu'une seule écurie, et de di-

minuer ainsi les pages, les écuyers, les bureaux, les services doubles, et tous les frais que deux administrations différentes ne peuvent manquer de multiplier. S. M. a de plus considéré que les traitements en chevaux et voitures, accordés à certaines personnes, étoient plus dispendieux pour le trésor royal que des traitements en argent, et pouvoient donner lieu à plusieurs abus, elle a déclaré et déclare que son intention est que nul écuyer, même le grand écuyer, et généralement toutes personnes employées au service de son écurie, ne puissent, pour leur usage personnel, et si ce n'est pour accompagner S. M., se servir de chevaux, voitures, harnois, cochers, postillons, palefreniers, et généralement d'aucune chose et aucune personne attachée à son écurie. Par la même raison, S. M. a révoqué et révoque toute concession de ce genre faite jusqu'à ce jour, se réservant, s'il y a lieu, de dédommager ainsi qu'elle jugera convenable les personnes à qui elles avoient été accordées. S. M. a encore ordonné que les écuyers du roi, servant par quartier, fussent diminués de moitié, et que leur service fût réduit et par semestre. S. M. a ordonné en même temps que le nombre des chevaux, des voitures et des personnes attachées au service de l'écurie fût réduit à ce qui est absolument nécessaire pour son service et celui de la famille royale; et elle a ordonné qu'il lui fût présenté un règlement pour déterminer de la manière la plus économique, toutes les parties de dépenses qu'il n'est pas possible de retrancher.

5. S. M. a ordonné que toutes les dépenses de la vénerie fussent réduites, et en même temps elle a arrêté que la grande fauconnerie en son entier, et une grande partie du vol du cabinet; la louveterie et tout ce qui y a rapport; le vautrait et tout ce qui en fait partie, seroient supprimés, et ce, de manière que la dépense desdits équipages soit rayée des états de dépense au 1er octobre prochain.

6. Quoique S. M., depuis son avènement au trône, ait déjà infiniment réduit sa maison militaire, ne voulant cependant rien négliger de ce qui peut contribuer au soulagement de ses sujets, et ne retenir de l'éclat qui l'environne que celui qui est absolument essentiel à la dignité de sa couronne, elle a arrêté que les gendarmes et chevau-légers de la garde ordinaire du roi seroient réformés. Les officiers de ces corps ainsi réformés seront replacés, suivant leur grade, dans les troupes de S. M.; ils conserveront leur traitement jusqu'à cette époque, ou à celle de leur promotion au grade de maréchal-de-camp, et seront, dans l'un et l'autre cas, remboursés de leur

finance. S. M. a pareillement arrêté que la compagnie des gardes de la porte seroit réformée.

7. En acquérant de nouvelles habitations, S. M. a toujours eu intention de se défaire de plusieurs maisons qui avoient été la demeure des rois ses prédécesseurs, et qui en conséquence étoient à la charge des bâtiments. En conséquence elle a ordonné la démolition ou la vente des châteaux de Choisy, la Muette, Madrid, Vincennes, Blois. Et en même temps elle a ordonné que toutes les maisons qu'elle possède à Paris, et qui n'entrent pas dans les plans du Louvre, soient vendues. Outre la réduction des dépenses qui résultera de la suppression des dites maisons, S. M. a ordonné que l'état général des dépenses des bâtiments fût remis tous les ans au conseil royal des finances avant d'y être statué, comme il est dit au réglement concernant ledit conseil. S. M. a ordonné que ledit état fût réduit au nécessaire, et particulièrement aux réparations sur lesquelles la négligence seroit plutôt une dissipation qu'une économie.

8. La reine, animée des mêmes vues que le roi pour le soulagement des peuples, a porté elle-même ses recherches sur toutes les parties de sa maison : la bouche, la chambre, l'écurie, tout a éprouvé une réduction considérable. Toutes les places inutiles ont été supprimées, et quoique plusieurs de ces places exigent leur remboursement et quelques retraites indispensables, le bénéfice actuel pour le trésor royal, résultant des retranchements ordonnés par la reine, sera de plus de 900,000 liv.

9. Le roi, en conséquence du présent réglement, arrêté par lui, a ordonné que tous édits, arrêts et réglements nécessaires à l'exécution des articles y contenus, tant pour sa maison que celle de la reine, lui seroient incessamment présentés, pour que ses intentions fussent suivies de l'effet qu'elles doivent avoir.

N° 2368. — ÉDIT *qui réunit la poste aux chevaux à la poste aux lettres.*

Versailles, août 1787. Reg. au parlement le 10. (R. S.)

N° 2369. — ORDONNANCE *du bureau des finances concernant la conservation des arbres plantés sur les bords des grandes routes et chemins royaux* (1).

Paris, 10 août 1787. (R. S.)

N° 2370. — ARRÊT *du conseil concernant les contre-seings et franchises des lettres.*

Versailles, 12 août 1787. (R. S. C.)

Le roi étant dans la ferme résolution, comme il l'a annoncé, de porter sur chaque partie de la recette et de la dépense, les retranchements et bonifications, au plus haut point qu'il est possible d'atteindre, S. M. s'est fait représenter l'état des contre-seings et des franchises de ports de lettres et paquets qui avoient été accordés par elle ou ses prédécesseurs; et ayant considéré qu'il y en avoit plusieurs que le service public, seule mesure équitable de cette espèce d'exemption, n'exigeoit pas, elle s'est déterminée à les restreindre.

C'est avec peine que S. M. retire à des personnes qu'elle honore de sa bienveillance, une faveur dont elles ont joui, mais il n'en est aucune qui se permette des regrets, quand elle saura que la reine et les princes, frères du roi, ont été les premiers à renoncer à leurs contre-seings, et que les sacrifices particuliers prescrits par ce réglement, et qui sont peu sensibles à ceux qui les éprouvent, produiront par leur réunion une augmentation de plus d'un million.

A quoi voulant pourvoir, vu la soumission faite le 15 juillet dernier par les fermiers des postes, d'augmenter de 1 200,000 livres le prix annuel de leur bail, pendant la durée d'icelui, aux conditions portées en leurdite soumission : ouï le rapport, etc. Le roi étant en son conseil, a ordonné et ordonne ce qui suit :

1. A compter du 1er octobre prochain, nulle personne, à l'exception de celles dénommées ou désignées dans les états arrêtés par S. M., ne jouira du droit d'affranchir les lettres ou paquets par la voie du contre-seing, et de les recevoir par la poste, francs de port; toutes exemptions et autorisations contraires précédemment données, demeurant révoquées.

(1) V. a. d. c. 3 mai 1720, 17 juin 1721, 6 février 1776. Ord. du bureau des 29 mars 1754, 30 avril 1772, et 2 août 1774.

2. L'exemption attachée aux contre-seings, n'aura lieu, à compter dudit jour, qu'en faveur des paquets dont le poids excèdera une once. Les lettres simples ou avec enveloppe, de quelque département qu'elles soient adressées, seront soumises à la taxe ordinaire, sans qu'il soit permis, dans la vue d'en augmenter le poids, de réunir plusieurs lettres, et d'insérer d'autres objets étrangers dans le même paquet. Excepte néanmoins S. M. de la taxe les lettres simples qui seront timbrées et contre-signées de la propre main de la personne ayant droit de contre-seing.

3. Les personnes autorisées à jouir du droit de contre-seing, ne pourront en faire usage que dans les lieux de leur résidence, Paris, Versailles et autres lieux où le roi fait son séjour, à la charge par elles d'avoir autant de cachets numérotés qu'elles auront de départements ou bureaux, desquels cachets et numéros il sera donné connoissance à l'administration des postes, ainsi que de l'écriture des secrétaires et commis chargés de l'apposition de ces cachets, lesquels seront tenus de timbrer eux-mêmes les lettres ou paquets du nom auquel le contre-seing sera attaché, de les réunir ensuite en un seul paquet, ou de les renfermer dans un sac, lequel sera envoyé cacheté aux préposés de l'administration des postes.

4. A l'exception des paquets et des lettres ci-dessus désignés, tous les autres, et notamment ceux concernant le service des régies, de la loterie, des fermes et autres entreprises généralement quelconques dans lesquelles le roi pourrait être intéressé, seront assujettis aux taxes établies par le tarif de 1759 et par celui de 1787, pour les colonies, ou conformément aux traités passés à cet égard avec les puissances étrangères. Défend S. M. aux personnes jouissant de la franchise et du droit de contre-seing, à peine de la privation de ces avantages, sur le compte qui en serait rendu à S. M., d'en aider lesdites régies, et de prêter leur couvert directement ou indirectement à qui que ce soit.

5. Renouvelle S. M. les défenses précédemment faites aux administrateurs des postes, de consentir des abonnements, soit avec des particuliers, soit avec des corps ou communautés : et s'il en existoit, les déclare nuls; n'exempte S. M. que les abonnements pour les ouvrages périodiques, lesquels continueront à avoir lieu et à être traités de gré à gré entre les auteurs et les administrateurs des postes, pourvu toutefois que le transport desdits ouvrages puisse se faire sans nuire à celui des dépêches.

6. Nulle concession de droit de contre-seing et de franchise ne pourra être accordée, par la suite, que sur le compte qui en sera rendu au roi par l'intendant général des postes, chargé du travail avec S. M., et dans son conseil royal des finances, pour y être statué ainsi qu'il appartiendra.

7. Dans le cas où pendant la durée du bail actuel des postes, il seroit reconnu que la nécessité du service exige que le nombre des franchises ou des contre-seings compris dans les états annexés au présent arrêt, soit augmenté, il sera tenu compte aux administrateurs, sur le prix de leur bail, du produit desdites franchises ou contre-seings, d'après les états de taxe qu'ils auront fait dresser, et qu'ils représenteront.

8. Les arrêts, ordonnances, déclarations et autres objets relatifs à l'administration du royaume, lorsqu'ils seront déjà connus et imprimés, ne pourront être envoyés par la voie des contre-seings, que sous bandes.

9. Conformément à l'arrêt du conseil du 30 décembre 1777, il est expressément défendu aux administrateurs des postes de permettre à aucun particulier de choisir ou trier les lettres à son adresse, et d'en délivrer aucune avant que le port de celles qui avoient été d'abord refusées n'ait été acquitté.

10. Les arrêts du conseil des 18 avril 1721, 4 novembre 1727, rendus sur le fait des postes, notamment celui du 4 novembre 1739, qui permet aux administrateurs des postes, en cas de suspicion des affranchissements et contre-seings, de faire l'ouverture des paquets à Paris, en présence de l'intendant général des postes, et dans les provinces en présence des intendants ou de leurs subdélégués, continueront à être exécutés en tout ce qui n'y est pas dérogé par le présent arrêt, ainsi que celui du 30 décembre 1777, qui permet aux directeurs des postes dans les provinces, aussi en cas de suspicion, de taxer les lettres et paquets adressés aux personnes auxquelles on aura bien voulu accorder la franchise de leur correspondance, sauf auxdites personnes à en requérir l'ouverture en leur présence, pour la taxe leur être restituée, si les lettres les concernoient, ou le service dont elles sont chargées.

11. Fait S. M. défenses à tous fermiers de diligences, carrosses et messageries, de se charger d'aucunes lettres ou paquets de papiers au-dessous du poids de deux livres, même d'ouvrages périodiques, à peine de 500 livres d'amende, à l'effet de quoi ils seront tenus de souffrir toutes visites à la requête des administrateurs des postes.

N° 2371. — **LETTRES PATENTES** *qui ordonnent la translation du parlement de Paris à Troyes.*

Versailles, 15 août 1787. Reg. en parlement le 22. (R. S. C.)

N° 2372. — **LETTRES PATENTES** *qui ordonnent que les juges et consuls, autres que ceux de la ville de Paris, qui seront élus, seront tenus de prêter serment entre les mains des anciens consuls sortant de charge.*

Versailles, 18 août 1787. Reg. au parlement le 3 septembre (R. S. C.)

LOUIS, etc. Nous avons été informé que dans plusieurs villes de notre royaume où il a été établi des jurisdictions consulaires, il s'est élevé des difficultés entre les lieutenants généraux de nos bailliages, sénéchaussées et présidiaux, et les juges-consuls, relativement à la prestation de serment de ces derniers, et que par la crainte d'éprouver les désagréments qui en résultoient, des marchands et négociants distingués par leur probité et leurs lumières, évitoient autant qu'il étoit en eux d'exercer les fonctions attribuées auxdits juges. Dans la vue de remédier à cet inconvénient, nous nous sommes fait représenter les édits et déclarations donnés par les rois nos prédécesseurs, pour l'établissement des jurisdictions consulaires, et nous nous sommes convaincu que dans le plus grand nombre desdites jurisdictions, les juges et consuls nouvellement élus doivent, aux termes de ces lois, prêter le serment entre les mains des consuls sortant de charge, et que si quelques lieutenants généraux de nos bailliages, sénéchaussées et présidiaux, se sont crus fondés à exiger desdits juges et consuls que le serment fût prêté devant eux, ce n'a pu être que par une extension abusive de droits et prérogatives dont nos cours de parlement sont seules dans le cas de jouir. A ces causes et autres à ce nous mouvant, de l'avis de notre conseil, et de notre certaine science, pleine puissance et autorité royale, nous avons, par ces présentes signées de notre main, ordonné et ordonnons, voulons et nous plaît, qu'à compter de la date de l'enregistrement des présentes, les juges et consuls qui seront élus, prêtent le serment accoutumé dans les villes où il existe des cours de parlement, entre les mains d'un membre d'icelles; et dans celles où il n'y en existe pas, entre celles des anciens consuls sortant de charge, comme commissaires de nos cours de parlement; défendons aux lieutenants généraux de nos bailliages, sénéchaussées et présidiaux, de les troubler dans ladite prestation de serment; voulons que les présentes soient exécutées selon leur forme et teneur; dérogeant à tous autres édits, déclarations, arrêts et réglements qui pourroient y être contraires. Si vous mandons, etc.

N° 2373. — LETTRE *de M. de Castries pour empêcher les bâtiments des Etats-Unis de faire la pêche de la baleine aux îles du Vent de l'Amérique.*

19 août 1887. (Code de la Martinique, tom. 5, pag. 50.)

N° 2374. — REMONTRANCES *du parlement où la cour arrête qu'elle ne cessera ses très-humbles et très-respectueuses instances auprès du seigneur roi, jusqu'à ce qu'il lui ait plu de rappeler son parlement séant à Paris, pour continuer de rendre la justice à ses peuples, et d'instruire le procès commencé sur l'administration du sieur de Calonne; comme aussi arrête de supplier ledit seigneur roi d'assembler incessamment les états-généraux pour sonder les plaies profondes de l'état, et y apporter les remèdes convenables, et de lui représenter l'impossibilité où seroient les cours de procéder à la vérification et à l'enregistrement d'aucuns nouveaux impôts qu'ils n'aient été préalablement consentis par la nation* (1).

Grenoble, 21 août 1787. (Histoire des parlem. par Dufey, t. 2., p. 479.)

N° 2375. — RÉGLEMENT *concernant les auberges et cabarets, tant dans l'ancienne que dans la nouvelle ville.*

Cayenne, 22 août 1787. Reg. au conseil le 24. (Coll. m. m. Code Cayenne, tom. 7, pag. 441.)

N° 2376. — ORDONNANCE *concernant les dénombrements.*

Cayenne, 22 août 1787. Reg. au conseil le même jour. (Coll. m. m. Code Cayenne, tom. 7, pag. 449.)

N° 2377. — ARRÊT *de la chambre des comptes qui règle la forme des certificats de vie à fournir pour la perception des rentes viagères.*

Paris, 23 août 1787. (R. S. C.)

_____

(1) V. ci-après les remontrances du 26 mai 1788.

Nº 2378. — **Lettres** *par lesquelles M. Montmorin est chargé par* interim *du ministère de la marine.*

25 août 1787. (Bajot.)

Nº 2379. — **Arrêté** *du parlement contenant appel aux états-généraux contre les édits établissant des impôts* (1).

Troyes, 27 août 1787.

Nº 2380. — **Déclaration** *portant réglement sur les lettres de ratification des actes translatifs de propriété des rentes assignées sur les revenus du roi* (2).

Versailles, 28 août 1787. Reg. en l'audience de France le 6 septembre.
(R. S. C.)

Nº 2381. — **Déclaration** *réciproque de la France et de l'Angleterre pour ne mettre en activité que six vaisseaux.*

Versailles, 30 août 1787. (Koch, 2–498.)

S. M. très-chrétienne et S. M. britannique voulant consolider de plus en plus la bonne harmonie qui existe entre elles ont jugé à propos, dans la position actuelle des affaires, de convenir que l'on ne préparera de part et d'autre aucun armement de mer au-delà de l'établissement de paix, et que l'on ne fera aucune disposition pour mettre un plus grand nombre de vaisseaux de ligne que les six dont l'armement a déjà été communiqué réciproquement, et que dans le cas où l'un des deux souverains se trouveroit dans la nécessité de faire à cet égard quelque arrangement différent, il ne pourra avoir lieu qu'après un avertissement préalable.

Nº 2382. — **Convention** *explicative entre la France et l'Angleterre au sujet des établissements et du commerce français dans l'Inde.*

Versailles, 31 août 1787. (Martens, tom. 7, pag. 106.)

Des difficultés s'étant élevées dans les Indes orientales rela-

---

(1) Trois arrêtés du même jour pour le même sujet, l'un de la cour des aides, l'autre de la cour des comptes, et le troisième de la cour des monnoies.

(2) V. édit de mars 1673, d'août 1673 et décembre 1674, d'août 1720, de juin 1771, décembre 1782, d'août 1784, mars 1788; décl. 30 juin 1673, 4 février 1780, 20 juillet 1785, 23 février 1786; lett. pat. 30 octobre 1764; a. d. c. 21 mars 1679, 15 avril 1704, 12 octobre 1720, 24 août 1722, 1er avril 1774, 23 février, 14 septembre 1786.

tivement au sens et à l'étendue de l'art. 13 du traité de paix signé à Versailles le 3 septembre 1783, S. M. britannique et S. M. très-chrétienne désirant écarter tout sujet de dispute entre leurs sujets respectifs dans cette partie du monde, ont jugé à propos de faire une convention particulière explicative de l'art. 13 susmentionné : dans ce but leursdites majestés ont nommé pour leurs plénipotentiaires respectifs, savoir : de la part de S. M. très-chrétienne, le sieur Armand Marc, comte de Montmorin de Saint-Hérent, maréchal de ses camps et armées, son conseiller en tous ses conseils, chevalier de ses ordres et de la Toison-d'Or, ministre et secrétaire d'état, de ses commandements et finances, ayant le département des affaires étrangères; et de la part de S. M. britannique le sieur Guillaume Eden, membre de ses conseils privés dans la Grande-Bretagne et en Irlande, membre de son parlement britannique et son envoyé extraordinaire et ministre plénipotentiaire près S. M. très-chrétienne; lesquels après s'être communiqué leurs pleins pouvoirs respectifs, sont convenus des art. suivants.

1. S. M. britannique s'engage de nouveau à prendre telles mesures qui seront en son pouvoir, pour assurer aux sujets de la France un commerce sûr, libre et indépendant, ainsi qu'il était fait par la compagnie française des Indes orientales; et selon qu'il est expliqué dans les art. suivants, soit qu'ils l'exercent individuellement ou par compagnie, tant dans la Nababie d'Arcot, les pays de Maduré et de Tanjour, que dans les provinces de Bengale, Bahar et Orixa, les Cerkars du nord, et en général dans toutes les possessions britanniques sur les côtes d'Orixa, de Coromandel et de Malabar.

2. Afin de prévenir tous abus et toutes disputes relatives à l'importation du sel, il est convenu que les Français n'en importeront point annuellement dans le Bengale au-delà de 200,000 maunds : ledit sel sera délivré au lieu du dépôt désigné pour cet effet par le gouvernement du Bengale, et aux officiers dudit gouvernement, au prix fixé de 120 roupies par chaque 100 maunds.

3. Il sera délivré annuellement pour le commerce français, sur la demande de l'agent français dans le Bengale, 18,000 maunds de salpêtre et 300 caisses d'opium, au prix établi avant la dernière guerre.

4. Les six anciennes factoreries, c'est-à-dire Chandernagor, Cassimbuzar, Dacca, Jugdea, Balasore et Patna, avec les territoires appartenants auxdites factoreries, seront sous la pro-

tection du pavillon français, et sujettes à la jurisdiction française.

5. La France aura aussi la possession des anciennes maisons de Soopore, Keerpoy, Cannicale, Mohonpore, Serampore, et Chittagong aussi bien que des dépendances sur Soopore; savoir: Gantjurat, Allende, Chinzabad, Patorcha, Monepore, et Dalabady; elle aura de plus la faculté d'établir de nouvelles maisons de commerce; mais aucune de ces maisons n'aura juridiction, ni ne sera exempte de la justice ordinaire du pays, qui s'exerce sur les sujets britanniques.

6. S. M. britannique s'engage à prendre des mesures pour assurer aux sujets français, hors des limites des anciennes factoreries ci-dessus mentionnées, une exacte et impartiale administration de la justice, dans toutes les matières relatives à leurs personnes, à leurs propriétés et à la conduite de leur commerce, de la même manière et aussi efficacement qu'à ses propres sujets.

7. Tous les Européens ainsi que les natifs, contre qui il sera procédé en justice dans les limites des anciennes factoreries ci-dessus mentionnées, pour des offenses commises, ou des dettes contractées dans lesdites limites, et qui prendront refuge hors de cesdites limites, seront délivrés aux chefs desdites factoreries; et tous les Européens ou autres quelconques, contre qui il sera procédé en justice, hors desdites limites, et qui se réfugieront dans ces mêmes limites, seront délivrés par les chefs desdites factoreries, sur la demande qui en sera faite par le gouvernement du pays.

8. Tous les sujets des deux nations respectivement qui se réfugieront dans les factoreries de l'autre, seront délivrés des deux côtés, sur la demande qui en sera faite.

9. La factorerie d'Yanam, avec ses dépendances, ayant en exécution dudit traité de paix, été délivrée par le sieur Guillaume Hamilton, de la part de S. M. britannique, au sieur Pierre Paul Martin, de la part de S. M. très-chrétienne, la restitution en est confirmée par la présente convention, dans les termes de l'instrument, daté du 5 mars 1785, et signé par les sieurs Hamilton et Martin.

10. La présente convention sera ratifiée et confirmée dans l'espace de trois mois ou plus tôt, si faire se peut, après l'échange des signatures entre les plénipotentiaires.

N° 2383. — ORDONNANCE *de police concernant la police des ports et des quais* (1).

Paris, 31 août 1787. (Mars, 2—414.)

1. Avons ordonné que les réglements et ordonnances pour la vente, mesure et enlèvement des marchandises sur les ports et quais de cette ville, seront exécutés, et suivant iceux que les personnes commises par nous pour la vente et mesure desdites marchandises, seront tenues de se trouver exactement sur lesdits ports, quais et places, et dans les chantiers pour y faire leurs fonctions tous les jours de travail....... leur faisons défenses.... d'entreprendre sur les fonctions les unes des autres...... à peine de 100 liv. d'amende pour chacune contravention (2).

2. Faisons défenses à tous gagne-deniers, plumets et autres, de travailler à la décharge et enlèvement des marchandises sur les ports de cette ville, s'ils n'en sont requis par les marchands ou bourgeois; d'ôter auxdits marchands ou bourgeois la liberté de faire la décharge ou enlèvement de leurs marchandises, ou de se choisir telles personnes qu'ils voudront pour faire lesdites décharges et enlèvements; d'aller au-devant des acheteurs, et les contraindre d'acheter d'un marchand plutôt que d'un autre; et d'exiger desdits marchands ou bourgeois pour leur travail plus que le prix convenu, à peine de 50 liv. d'amende pour la première fois, la moitié de laquelle appartiendra au dénonciateur, et d'un mois de prison, et ensuite être bannis pour toujours de dessus lesdits ports en cas de récidive, ni même aucune marchandise pour leur profit, quand elle leur auroit été volontairement donnée par les marchands, à peine d'un mois de prison pour la première contravention et d'être chassés pour toujours desdits ports en cas de récidive (3).

3. Comme aussi faisons défenses aux voituriers par terre et charretiers, leurs femmes, filles, garçons, domestiques et autres, d'aller au-devant des bourgeois lorsqu'ils vont acheter ou enlever des marchandises, sur les ports et dans les chantiers de cette ville et faubourgs, de les attendre dans les rues, sur les ports et aux avenues des ports; de leur proposer des marchandises ou voitures, de les suivre sur les ports et dans les chantiers, et de leur ôter en quelque sorte et manière que ce soit, la liberté de se choisir telles marchandises et voituriers que bon

(1) Ord. de police 13 janvier 1812.
(2) § 3, art. 3, loi du 24 août 1790. App. C. P.
(3) *Idem.*

leur semblera, ni même d'entrer sur lesdits ports et dans lesdits chantiers avec leurs charrettes, s'ils n'y sont appelés par
les marchands ou bourgeois; le tout à peine de 50 liv. d'amende
pour chacune contravention, dont moitié appartiendra au dénonciateur, même de prison et de confiscation de leurs chevaux et charrettes, en cas de récidive; et auxdites femmes,
filles, garçons et domestiques, de se trouver sur lesdits ports
et dans lesdits chantiers, à peine de 20 liv. d'amende pour la
première contravention, dont moitié appartiendra au dénonciateur, dont les maîtres seront responsables, et d'un mois de
prison en cas de récidive : faisons aussi défenses aux voituriers
et charretiers de s'associer entre eux, et de garder aucun rang
pour faire lesdites voitures......

4. Faisons encore défenses auxdits voituriers et charretiers
de prendre ni emporter, ni de laisser prendre et emporter aucune partie de marchandises qui leur auront été données à
voiturer...... (1).

Nº 2384. — ARRÊT *du conseil qui casse les arrétés du parlement
de Paris des 7, 13, 22 et 27 août.*

Versailles, 2 septembre 1787. (R. S. C.)

Le roi est informé qu'au préjudice de l'enregistrement fait
en sa présence, et de son très-exprès commandement, S. M.
séant en son lit de justice, le 6 août dernier, d'un édit portant suppression des deux vingtièmes et quatre sous pour
livre, et établissement d'une subvention territoriale, et d'une
déclaration concernant le timbre, son parlement, séant à
Paris, auroit osé, le lendemain 7 août, déclarer, toutes les
chambres assemblées, la transcription faite, en présence de
S. M., nulle et illégale; d'où il paroîtroit résulter vis-à-vis des
peuples, que les cours peuvent réformer les actes émanés du
roi, ou leur ôter leur force par les qualifications qu'elles leur
appliquent; que non content d'une irrégularité aussi scandaleuse, son parlement, par son arrêté du 13 du même mois, a
essayé de persuader au peuple que c'était par une déférence
volontaire pour les désirs du roi, que de tout temps il s'étoit
prêté à enregistrer les impôts; qu'il n'avoit aucun pouvoir à
cet égard, et qu'il n'en pouvoit pas recevoir du roi; que cette
erreur avoit duré assez long-temps, et qu'il déclaroit que le roi
ne pourroit, à l'avenir, obtenir aucun impôt, sans au préalable

_____

(1) *Idem.* § 4, art 386 et 415. C. P.

avoir convoqué et entendu les états généraux du royaume, voulant ainsi profiter du besoin des circonstances pour forcer le roi à cette convocation qui appartient à lui seul, et que lui seul peut juger nécessaire ou inutile. Il paroîtra sans doute inouï que les officiers du roi se déterminent à attaquer ainsi sa puissance, et profitent du titre dont S. M. a bien voulu les revêtir, pour exciter les sujets à la fermentation, par un prétendu examen des bornes de l'autorité royale, pendant que, dans le même moment, ils se refusent à examiner les édits qui leur sont envoyés, et, par cette conduite, mettent en doute l'amour du roi pour la vérité, sa justice et sa bonté. S. M., persuadée que la réflexion ramèneroit le parlement à son devoir, n'a voulu prendre d'autre voie que de le rendre à lui-même, en le séparant de la fermentation qu'il excitoit et recevoit de la capitale. Sans doute il appartient au roi de déterminer le lieu où il juge à propos que la justice soit rendue dans son royaume, et de changer, par son autorité, le lieu désigné par les ordonnances pour être le siège de son parlement : S. M. est également informée que les officiers de son parlement, en enregistrant ses lettres de translation à Troyes, ont profité de la délibération sur ces lettres pour persister, le 22 août, dans leurs précédents arrêtés, et se présenter à la nation comme ayant des droits indépendants de l'autorité du roi, et le pouvoir, sans sa volonté, d'exercer leurs fonctions dans les lieux où lui plairait d'envoyer leurs personnes; que tous ces actes irréguliers ont reçu leur complément par l'arrêté du 27 août, plus attentatoire que tous les autres à l'autorité du roi, et plus indécent dans ses expressions, puisque le parlement s'y oublie au point de déclarer le gouvernement capable de réduire la monarchie française à l'état de despotisme, de disposer des personnes par lettres de chachet, des propriétés par des lits de justice, des affaires civiles et criminelles par des évocations ou cassations, et suspendre le cours de la justice par des exils particuliers ou des translations arbitraires; que non content d'inscrire dans ses registres une déclaration aussi fausse et aussi injurieuse, il en a ordonné l'envoi aux sièges inférieurs, comme si elle contenoit des dispositions qu'ils dussent faire exécuter, ou des principes qu'ils dussent suivre; qu'en même temps il a ordonné que l'arrêté sera imprimé dans le jour, et envoyé aux bailliages et sénéchaussées dans les vingt-quatre heures, précipitation qui n'accompagne jamais que le doute qui naît de l'abus du pouvoir ou du mauvais usage que l'on en fait; que cette doctrine nouvelle;

reçue par le parlement, est également contraire à sa propre constitution et attentatoire à la puissance du roi; que son parlement s'étoit permis d'affoiblir aux yeux des peuples l'obéissance due à l'autorité royale, en supposant, contre tout principe, qu'il avoit le droit de frapper de nullité deux lois enregistrées par les ordres du roi; que suivant les lois du royaume, dont les dispositions sont rappelées dans l'art. 26 de l'ordonnance du mois de novembre 1774, registrée le 12 du même mois, et contre laquelle les officiers de son parlement n'ont jamais cru devoir se permettre aucune réclamation, lorsqu'il aura plu à S. M., après avoir répondu aux remontrances de ses parlements, de faire publier et enregistrer en sa présence, dans son parlement de Paris, ou dans les parlements de province, en présence des personnes chargées de ses ordres, aucunes ordonnances, édits, déclarations et lettres patentes, rien ne peut en suspendre l'exécution, et que son procureur général est tenu de les envoyer dans tous les sièges du ressort, pour y être publiés et exécutés : que par l'article 27 de la même ordonnance, S. M. a bien voulu néanmoins permettre aux officiers de ses parlements de lui faire encore, pour le bien de son service, de nouvelles représentations après lesdits enregistrements, mais sans que pour cela l'exécution des ordonnances, édits, déclarations et lettres patentes pût être suspendue en aucune manière ni sous aucun prétexte. S. M. devoit présumer que les officiers de son parlement n'oublieroient jamais les dispositions précises d'une loi qui a accompagné leur rétablissement dans l'administration de la justice. Il est du devoir de S. M. d'arrêter une entreprise également contraire aux lois et au respect dû à ses volontés, et de faire cesser promptement le scandale d'un abus de pouvoir de la part d'un corps qui ne peut prétendre l'exercice d'une portion de l'autorité royale, que pour s'occuper plus efficacement du soin de la maintenir. A quoi voulant pourvoir : ouï le rapport; le roi étant en son conseil a cassé et annulé, casse et annule lesdits arrêtés des 7, 13, 22 et 27 août dernier, comme étant attentatoires à son autorité, contraires aux lois et au respect dû à ses volontés, tendant à détourner de l'obéissance qui lui est due les peuples auxquels les parlements doivent l'exemple de la soumission. Fait S. M. défenses aux officiers dudit parlement, sous peine de désobéissance, de donner suite auxdits arrêtés, en quelque manière que ce puisse être, et à ses baillis et sénéchaux, et à tous ses autres officiers qu'il appartiendra, d'y avoir égard : enjoint pareillement aux sieurs intendants et commissaires départis dans les provinces, de tenir la main à l'exécution du présent arrêt, qui sera par eux envoyé aux bailliages et sénéchaussées du ressort dudit parlement qui se trouveront dans leurs généralités, imprimé et affiché partout où besoin sera, et signifié au greffe du parlement en la personne du greffier en chef, et notifié à son procureur général.

N° 2385. — ARRÊT *du conseil qui ordonne l'exécution dans les lieux privilégiés, aussi bien qu'ailleurs, des réglements concernant le commerce de la librairie.*

Versailles, 4 septembre 1787. (R. S.)

N° 2386. — ARRÊT *du conseil qui rend commun à la Picardie celui du 8 août 1761, portant défenses, relativement à la Champagne, la Flandre et le Hainault, d'établir aucunes clouteries dans les deux lieues frontières de l'étranger.*

Versailles, 19 septembre 1787. (R. S.)

N° 2387. — ÉDIT *portant révocation de ceux du mois d'août sur l'impôt territorial et du timbre.*

Versailles, septembre 1787. Reg. au parlement le 19 septembre. R. S.)

Louis, etc. Pénétré de l'importance d'apporter le plus prompt remède au déficit qui s'est trouvé dans nos finances, nous avions, d'après les observations des notables de notre royaume, adopté deux moyens qui, avec les retranchements et bonifications que nous avions projetés, nous avoient paru nécessaires pour le remplir; mais par l'examen approfondi que nous faisons journellement de l'état et de la nature de nos revenus, nous avons reconnu que leur assiette et leur perception sont susceptibles de changements propres à opérer de grandes améliorations, et qu'en particulier la conversion de la gabelle dont nous ne cessons de nous occuper, le reculement des traites et plusieurs autres objets semblables, sur lesquels nous nous proposons de porter de grandes réformes, doivent amener un ordre nouveau, et produire dans nos finances la révolution désirée depuis long-temps, qui est la véritable ressource que nous ne cesserons de nous proposer, puisqu'elle peut et doit accroître nos revenus sans être à charge à nos peuples. Dans ces circonstances, nous avons pensé que si les besoins actuels exigeoient un secours pressant, il y auroit peut-être de l'inconvénient à le chercher dans un nouveau droit, qu'il pourroit être ensuite de notre sagesse de supprimer, et même à fixer à

une somme précise l'imposition sur les terres dont le montant
seroit mieux déterminé d'après l'ensemble et le produit des
autres impositions. Nous avons donc jugé à propos, provisoirement seulement, et en attendant que nous soyons en état
d'adopter un plan définitif d'après les recherches que nous
avons ordonnées, tant sur nos revenus que sur la dépense des
différents départements, de chercher principalement, et pour
un temps déterminé, dans la perception des vingtièmes, la
ressource extraordinaire qu'il est indispensable de nous procurer. Nous avons calculé que leur perception, jointe aux
économies et bonifications, et aux autres moyens que nous
avons employés et que nous emploierons, et dont le résultat
passera nos premières espérances, pourroit suffire aux besoins
actuels, et nous comptons que cette même perception bien
dirigée et confiée à la vigilance et aux soins des assemblées
provinciales, sera un moyen d'autant plus certain de nous procurer des rentrées dont la perception ne cause aucune inquiétude à nos sujets, qu'ils seront assurés qu'aucun d'eux ne
pourra payer au-delà des vingtièmes et des quatre sous pour
livre des revenus qui y sont soumis, en même temps que nul
ne pourra s'y soustraire. Si nous sommes forcé de prolonger
cette perception provisoire, c'est que la durée que nous lui as-
signerons est nécessaire pour préparer et effectuer plusieurs
des changements utiles que nous désirons, et que le plus grand
nombre même ne pourroit avoir lieu qu'autant qu'il sera suffisamment reconnu que pendant cette durée le niveau aura été
complètement rétabli entre la recette et la dépense; mais au
moyen des retranchements que nous avons déjà faits, de ceux
que nous nous proposons encore, des améliorations que nous
avons opérées, et de celles dont nous avons ordonné qu'on
s'occupât, nous conservons l'espérance que nos sujets, avant
cette époque, pourront ressentir, au moins en partie, les effets
heureux du grand ouvrage que nous nous proposons. Les états
de recette et de dépense que nous ferons publier tous les ans
feront connoître à nos peuples le résultat et les progrès de nos
soins; et il n'est pas de moyen que nous ne soyons disposé à
employer lorsqu'il pourra tendre à leur bonheur et à leur soulagement. A ces causes et autres à ce nous mouvant, de l'avis
de notre conseil, et de notre certaine science, pleine puissance
et autorité royale, nous avons, par notre présent édit perpétuel et irrévocable, révoqué et révoquons l'édit du mois d'août
dernier, portant suppressions des deux vingtièmes et quatre
sous pour livre du premier vingtième, et établissement d'une

subvention territoriale dans tout le royaume, et la déclaration du 4 du même mois concernant le timbre; voulons et ordonnons que les édits et déclarations précédemment intervenus, relativement aux vingtièmes, autres que ceux qui ont été donnés à l'occasion du troisième vingtième, soient exécutés comme avant nosdits édit et déclaration du mois d'août dernier; prorogeons néanmoins le second vingtième pour la durée des années 1791 et 1792. Voulons que lesdits vingtièmes et quatre sous pour livre du premier vingtième soient perçus dans toute l'étendue de notre royaume, pays, terres et seigneuries de notre obéissance, sur l'universalité du revenu des biens qui y sont soumis par lesdits édits et déclarations précédemment intervenus, sans aucune distinction ni exception, telle qu'elle puisse être; même sur les fonds de notre domaine, soit qu'ils soient possédés à titre d'apanage ou d'engagement, ou même qu'ils soient entre nos mains, et régis par les administrateurs de nos domaines, et ce dans la juste proportion des revenus effectifs qui doivent supporter lesdites impositions, aux déductions néanmoins que les édits et déclarations ont accordées sur les biens qui exigent des réparations plus onéreuses aux propriétaires, le tout nonobstant toutes choses à ce contraires. Si donnons en mandement, etc.

N° 2588. — DÉCLARATION *qui rétablit le parlement à Paris.*

Versailles, 20 septembre 1787. Reg. au parlement le 24 septembre. R.S.

N° 2389. — ORDRE *du roi pour faire brûler les procédures criminelles des esclaves.*

Versailles, 24 septembre 178-. (Code de la Martinique, tom. 5, pag. 513.)

N° 2590. — RÉGLEMENT *portant réforme de la compagnie des chevau-légers de la garde* (1).

Versailles, 30 septembre 178-. (R. S.)

N° 2391. — RÉGLEMENT *portant suppression de l'École Militaire de Paris.*

Versailles, 9 octobre 1787. (R. S. C.)

---

(1) Deux réglements du même jour portant réforme, l'un de la compagnie des gardes de la porte, l'autre des gendarmes de la garde.
V. ord. 15 juin, 15 juillet 1814.

Nº 2592. — RÉGLEMENT *portant établissement d'un conseil d'administration du département de la guerre, sous le titre de conseil de la guerre* (1).

Versailles, 9 octobre 1787. (R. S. C.)

S. M. ayant examiné avec la plus profonde attention, tant l'état présent du département de la guerre, que les divers changements qui se sont faits dans cette branche d'administration depuis son avènement au trône, elle a reconnu que si quelques-uns de ces changements ont intimement amélioré la constitution, la discipline et l'instruction de ses troupes, il reste beaucoup de points importants qui ont encore besoin d'être perfectionnés, beaucoup d'abus qui sont susceptibles de réformes, beaucoup d'objets de dépense ou de comptabilité qui peuvent être réduits ou éclairés; que le système politique des autres grandes puissances militaires de l'Europe étant maintenant de tenir leurs armées toujours prêtes à entrer en action, il est nécessaire pour la dignité de sa couronne, ainsi que pour l'honneur de la nation, qu'elle mette ses forces sur le même pied, qu'elle peut se livrer d'autant plus volontiers à leur donner cette nouvelle disposition que, bien loin qu'il en doive résulter une augmentation de charge pour ses peuples, ce sera aux dépens des abus seulement, et par un ordre mieux entendu, qu'elle opérera cette amélioration, et que l'excédant des économies qui en résulteront, produira encore, tant pour le moment qu'éventuellement, un grand soulagement pour ses finances. S. M. considérant en même temps que, pour parvenir dans l'administration du département de la guerre, à un double résultat aussi important et aussi avantageux, il ne suffit pas du zèle et du travail d'un seul homme, qu'il faut appeler autour du chef de ce département les idées et les secours de plusieurs militaires éclairés; qu'il n'y a qu'un conseil ainsi composé et constitué d'une manière permanente, qui puisse créer un plan, faire de bons réglements, et surtout en maintenir l'exécution, mettre de la suite dans les projets, de l'économie dans les dépenses, de l'ordre dans la comptabilité, empêcher la fluctuation continuelle des principes, opposer une digue aux prétentions et aux demandes de la faveur; et enfin donner une consistance et une base à l'administration du département de la guerre; elle a établi et arrêté ce qui suit ;

_____

(1) V. 2 octobre 1787, 1er février 1788, 14 juillet 1789.

1. S. M. crée et établit, par le présent réglement, un conseil permanent d'administration du département de la guerre, sous le titre de *conseil de la guerre*. L'administration de ce département sera ainsi à l'avenir partagée entre le secrétaire d'état de la guerre et le conseil de la guerre, de manière que le premier reste chargé de toute la partie active et exécutive de l'administration, et que le conseil de la guerre le soit de toute la partie législative et consultative. S. M. détaillera et fixera ci-après, d'une manière plus précise, les fonctions et les limites qu'elle leur assigne.

2. Le conseil de la guerre sera composé de huit officiers généraux et d'un officier général ou supérieur, qui fera les fonctions de rapporteur et de rédacteur, sous la direction immédiate du président du conseil. Entend S. M. que la présidence du conseil soit invariablement attachée à la charge de secrétaire d'état du département de la guerre, de quelque état et de quelque grade qu'il puisse être, son secrétaire d'état devant être regardé comme son organe et son représentant dans ledit conseil. Ainsi, la totalité des voix complètes du conseil de la guerre, sera de onze, y compris la voix du rapporteur et celle du président, qui sera comptée pour deux.

3. Il y aura au moins la moitié des membres du conseil qui seront lieutenants généraux. Un des huit officiers généraux sera tiré du corps du génie, et un de l'artillerie; les autres seront choisis de manière qu'ils n'aient pas tous servi dans la même arme.

4. S. M. nommera seule, cette fois, les officiers généraux qu'elle aura choisis pour la formation du conseil de la guerre; mais voulant assurer de plus en plus la parfaite composition de ce conseil, et sentant que les corps qui se régénèrent eux-mêmes par la libre nomination de leurs membres, ont un grand intérêt à se rendre sévères sur leur choix, autorise le conseil de la guerre à lui proposer, en cas de vacance, trois sujets élus par la voie du scrutin, dans le nombre de tous les officiers généraux de son armée (en se conformant aux conditions de l'article précédent), entre lesquels S. M. choisira celui des trois sujets le plus convenable.

5. S. M. regrette que les raisons supérieures qui la déterminent à affecter à jamais la présidence du conseil à la charge de secrétaire d'état du département de la guerre, l'empêchent, dans la circonstance actuelle, d'appeler dans le conseil de la guerre quelques-uns de MM. les maréchaux de France, mais elle ne compte pas pour cela se priver de leurs lumières, et

elle se réserve d'y avoir recours quand elle le jugera nécessaire, et ainsi qu'il sera indiqué ci-après.

6. Les officiers généraux employés activement, étant ceux sur l'expérience et les talents desquels S. M. doit le plus compter, elle déclare que les fonctions de membres du conseil de la guerre ne sont incompatibles avec aucune autre manière d'être employés, soit dans le commandement de ses provinces, soit près de ses troupes; et elle n'entend exclure de la possibilité d'être en même temps membres du conseil de la guerre, que ceux qui seroient en résidence permanente dans ses places, ou employés dans ses colonies.

7. Mais pour que les membres du conseil de la guerre puissent en même temps vaquer aux autres destinations qui leur seroient assignées pour le service de S. M., le conseil de la guerre ne sera en exercice que depuis le 1er novembre jusqu'au 1er mai, à moins de circonstances particulières, qui mettroient le président dans le cas de prendre les ordres de S. M. pour prolonger le temps de la session, ou pour le convoquer extraordinairement.

8. Si le conseil de la guerre avoit entamé quelque objet de travail qui lui parût essentiel à continuer pendant les six mois de vacances, sans qu'il fût besoin pour cela du concours de tout le conseil de la guerre, il pourra établir à son choix une commission intermédiaire de trois de ses membres, et la charge de poursuivre ce travail pour le mettre sous les yeux du conseil, à l'époque de sa rentrée.

9. Mais lors même qu'il n'y aura pas de commission intermédiaire, il subsistera toujours à Versailles, pendant le temps des vacances du conseil de la guerre, un bureau de renvoi chargé de recueillir tous les projets, mémoires ou plaintes qui pourroient être adressés au conseil de la guerre : ce bureau, qui sera aux ordres immédiats du rapporteur, sera en même temps le bureau d'expéditions et de service du conseil de la guerre pendant le temps qu'il sera en activité.

10. S. M. voulant d'avance annoncer, par la manière dont ce bureau sera monté, les dispositions générales de retranchements et d'économie qu'elle veut introduire dans tous les bureaux du département de la guerre, règle que tout le service du bureau du conseil de la guerre sera fait par deux secrétaires, sauf au rapporteur dudit conseil, en cas qu'il y ait pendant les six mois d'assemblée des travaux multipliés et pressants, de se pourvoir passagèrement de copistes.

11. Il sera préparé incessamment, soit à l'hôtel de la guerre,

soit dans une des maisons qui dépendent de ce département, un emplacement convenable, tant pour les assemblées du conseil de la guerre, que pour lui servir de bureau et de dépôt.

12. S. M. fixera aussi incessamment, avec les mêmes vues d'économie qu'elle s'est invariablement prescrites, la somme qu'elle affecte aux dépenses annuelles du conseil de la guerre, soit pour les honoraires des membres qui le composeront, soit pour les frais de bureau, soit pour les dépenses des voyages des membres dudit conseil, chargés, ainsi qu'il sera dit ci-après, de visiter pendant l'été les troupes et les établissements militaires, et cette somme une fois fixée, sera administrée par le conseil de la guerre lui-même, relativement aux objets que S. M. n'aura pas déterminés, et dont elle aura, pour le bien de son service, abandonné la disposition au conseil.

13. S. M. voulant que la plus parfaite harmonie règne entre le conseil de la guerre et le secrétaire d'état de ce département, et sentant que cette harmonie dépend beaucoup de la fixation la plus précise de leurs fonctions, et des limites respectives de leur ressort, elle s'est attachée avec la plus grande attention à établir cette fixation, et elle l'a déterminée de la manière suivante.

14. Le secrétaire d'état de la guerre conservera exclusivement dans sa main toute la partie active et exécutive de l'administration, et ainsi par conséquent le travail avec le roi et avec le principal ministre, les rapports à faire aux conseils actuels ou autres, que S. M. jugera à propos de former, la direction et la disposition de toutes les mesures relatives à la guerre, la correspondance avec les généraux, commandants de provinces, intendants, commandants des divisions, inspecteurs divisionnaires, et généralement tous employés militaires ou relatifs au militaire. Il conservera pareillement la proposition à tous les emplois et à toutes les graces du département, de quelque espèce qu'elles soient, en demeurant toutefois assujetti aux principes et aux règles que S. M. a dessein de se faire proposer incessamment à cet égard, par le conseil de la guerre.

15. Le conseil de la guerre sera chargé de la confection et du maintien de toutes les ordonnances, de la connoissance et de la discussion de l'emploi, ainsi que de la comptabilité de tous les fonds affectés au département, de la contractation de tous les marchés, de la surveillance de toutes les fournitures ayant rapport aux troupes; il sera également chargé de maintenir l'observation des principes et des règles que S. M. a

établir pour la dispensation des emplois, et de toutes les graces militaires; et à cet effet, pour que le conseil de la guerre puisse ne rien ignorer de ce qui sera fait à cet égard par le secrétaire d'état et éclairer S. M., si son ministre s'étoit écarté des règles et principes qu'elle aura fixés, le secrétaire d'état sera tenu de donner communication au conseil de la guerre de toutes les expéditions qui auront été faites.

16. S. M. attribue encore au conseil de la guerre la connoissance et l'examen de toutes les affaires de discipline militaire et de contravention aux ordonnances, la proposition des punitions à décerner, quand elles n'auront pas été déterminées par les ordonnances, la discussion de tous les projets d'amélioration, sur quelque partie de la constitution et du service que cela puisse être, l'examen de tous les ouvrages militaires qui paroîtront, soit pour accorder à cet égard les permissions que demanderont leurs auteurs, soit pour recueillir les idées utiles et les lumières qu'ils pourroient renfermer.

17. Enfin comme une administration éclairée doit toujours être en mouvement pour s'améliorer, le conseil de la guerre enverra tous les ans, à son choix, un ou plusieurs de ses membres pour visiter, tantôt dans une partie du royaume, tantôt dans l'autre, sans que cela soit annoncé à l'avance, les troupes, les garnisons, les camps d'instruction, les places de guerre, les hôpitaux, les établissements de vivres et autres établissements militaires de tout genre. Ces membres du conseil de la guerre porteront, pendant la durée de leur commission, le titre de visiteurs généraux, seront revêtus de lettres de service dans leur grade, auront le droit de prendre connoissance de tous les objets indiqués ci-dessus, sans pouvoir toutefois donner aucun ordre, et ils rapporteront au conseil de la guerre des mémoires détaillés sur les transgressions, négligences ou abus qu'ils auront reconnus dans leur tournée, ainsi que sur les changements qui leur paroîtront avantageux à introduire.

18. Le conseil de la guerre pourra aussi, quand il le jugera à propos, envoyer, avec la permission du roi, soit des officiers généraux choisis parmi ses membres, soit des officiers qu'il choisira dans l'armée, pour voyager dans les pays étrangers, en connaître les armées, observer leurs méthodes, leurs principes, les comparer aux nôtres, et rapporter ces connoissances au conseil de la guerre, en sorte que ce conseil soit toujours en activité d'observation et de travail, pour perfectionner de plus en plus l'art et la constitution.

19. Indépendamment des moyens établis ci-dessus, le conseil

pourra appeler momentanément à ses discussions ou délibérations, tel officier général, ou supérieur, ou particulier de l'armée, dont il jugera que les connoissances lui sont nécessaires
sur l'objet qu'il s'agira de discuter.

20. Le conseil de la guerre pourra de même appeler à ses
assemblées, soit pour se procurer les éclaircissements nécessaires, soit pour le consulter, tel chef des bureaux de la guerre
qu'il jugera à propos : et de même tel commissaire des guerres
ou autre employé militaire ou relatif au militaire, tel qu'il
puisse être.

21. L'intention de S. M. est que, vu l'instance de la multiplicité des objets de travail qui doivent être confiés cette année
au conseil de la guerre, ce conseil commence son service et
ses sessions le plus tôt qu'il sera possible, et qu'il les continue
avec la plus grande activité jusqu'à ce que les nouveaux règlements d'ordre, d'économie et d'organisation qu'elle désire établir dans le département de la guerre, et dans son armée,
soient terminés; ce sera donc dans ce moment-ci l'instance et
l'importance du travail qui déterminera le nombre des séances.
Dans les temps ordinaires, et quand toutes les parties de la
constitution et du département de la guerre auront été assises
dans l'ordre désirable, le conseil de la guerre s'assemblera
une ou deux fois la semaine seulement, à des jours déterminés
par le président du conseil.

22. Pour concourir aux vues générales d'économie de S. M.,
et pour lui faire trouver en même temps dans l'extirpation
des abus les moyens de donner à son armée la consistance,
la force réelle et l'activité qui lui manquent, la volonté expresse de S. M. est que le conseil de la guerre s'occupe d'a-
bord de la réforme des emplois inutiles et des doubles emplois
en tout genre qui multiplient trop les grades supérieurs, et par
conséquent les officiers généraux, des règles à établir pour les
promotions, pour les nominations d'emplois, de la limitation
raisonnable des pensions et des graces pécuniaires qui seront
données à l'avenir, des traités de régies ou marchés d'entreprise abusifs ou onéreux à ses finances ou à ses troupes, d'un
système général relatif à ses villes de guerre, forts et châteaux,
dont le résultat soit d'abandonner tout ce qui est inutile et de
mieux fortifier ou de mieux entretenir ce qui sera conservé,
et enfin successivement de tout ce qui peut remplir le double
but de S. M. qui est de soulager ses finances, et de mettre
son armée sur le pied le plus respectable.

23. Le conseil de la guerre ne pouvant pousser ses opéra-

tions avec activité et avec succès, qu'autant que les objets de travail qui doivent lui être soumis, seront à l'avance bien classés et bien préparés; le secrétaire d'état de la guerre s'occupera sans perte de temps, de faire sur cela un travail préliminaire dans lequel les bases des vues de S. M. soient bien établies, l'état des questions clairement posé, les limites de la discussion invariablement fixées; en sorte que, quand le conseil commencera ses séances, il connoisse parfaitement les résultats auxquels il doit tendre, et qu'un temps précieux ne s'y consume pas en discussions inutiles, et en hypothèses spéculatives, ou en propositions contraires ou étrangères aux vues de S. M.

24. Tous les plans, projets ou objets de travail présentés par le conseil de la guerre, y seront arrêtés à la pluralité des voix, les opposants à l'avis passé étant autorisés à signer qu'ils ont été d'un avis négatif, et même à le motiver par un résumé succinct, l'intention de S. M. étant de s'éclairer par là, plus mûrement, sur le parti qui lui restera à prendre, relativement aux propositions du conseil de la guerre.

25. Mais S. M. sentant combien les surprises, les erreurs, les fausses opérations sont nuisibles à son armée et au bien de son service, et qu'elle pourroit y rester exposée, si, après l'avis du conseil de la guerre, elle ne se déterminoit que sur le rapport de son seul secrétaire d'état de ce département qui pourroit lui-même avoir entraîné par sa prépondérance l'opinion du conseil de la guerre, ou s'être trouvé d'une opinion contraire à l'avis du conseil; inconvénient qui, dans l'un ou dans l'autre cas, pourroit rendre son influence presque également dangereuse, elle entend former auprès d'elle un *comité intime* de la guerre, où tous les plans, projets ou réglements proposés par le conseil, seront rapportés ou discutés en sa présence par le secrétaire d'état de la guerre, en sa qualité de président du conseil de la guerre, et où elle ne se déterminera ainsi à les adopter, rejeter ou modifier qu'avec une parfaite connoissance des objets qui seront mis sous ses yeux.

26. Afin qu'il y ait de l'ensemble et de l'harmonie dans toutes les parties de l'administration, et que ce comité intime de la guerre réunisse le concours, et en même temps la contradiction de toutes les lumières, soit générales soit particulières qui pourront fonder la confiance de S. M., il sera composé du ministre principal de S. M., du secrétaire d'état au département des affaires étrangères, d'un ou de deux ministres d'état, selon qu'il conviendra à S. M. de les y appeler, du secrétaire d'état de la guerre et de deux membres du conseil

de la guerre. Un de ces membres sera toujours le plus ancien dudit conseil, et l'autre, un membre au choix du conseil; et s'il y a un avis opposant à celui du président du conseil, ou du conseil composé d'un tiers des voix seulement, ce sera de droit un des membres qui auront formé cet avis, choisi par la totalité d'entre eux.

27. Pour que ce comité puisse, dans tout le cours de l'année, être assemblé toutes les fois qu'il conviendra à S. M., son intention est que deux membres du conseil de la guerre, autres que ceux de l'artillerie et du génie, ne s'absentent pas, même pendant le temps des vacances du conseil de la guerre; se réservant en outre S. M., dans les occasions où elle le trouvera nécessaire, d'appeler à ce comité, pour des objets importants et momentanés de discussion et de délibération, celui ou ceux de MM. les maréchaux de France qu'elle jugera à propos.

28. En cas de guerre, S. M. se proposant de faire usage de ce comité, pour y discuter et arrêter les mesures et opérations relatives à ses armées, elle y appellera ceux de ses généraux dans les talens et l'expérience desquels elle a confiance; mais alors le secrétaire d'état de la guerre n'entrera audit comité qu'avec un seul membre du conseil de la guerre, qui sera toujours le plus ancien.

Se réserve, S. M., de déterminer, par un réglement particulier, tout ce qui pourra regarder les fonctions intérieures du conseil de la guerre, et la forme de ses délibérations.

N° 2595. — ARRÊT *du conseil pour la révision des pensions.*

Versailles, 13 octobre 1787. (R.S.C.)

Le roi, en annonçant aux notables assemblés par ses ordres, que son intention étoit de porter sur les pensions l'esprit de réforme et d'économie que S. M. veut suivre dans toutes les parties de l'administration de ses finances, a bien voulu leur promettre d'établir des règles exactes et invariables que sa sagesse rendroit désormais insurmontables à sa propre bienfaisance, et qui fixeroient, pour la suite, sous le sceau de l'enregistrement et de la publicité, à une somme totale bien inférieure au montant actuel, l'état des pensions que S. M. accorderoit à l'avenir. Dans le même plan, et dans la nécessité d'accélérer l'exécution de cette réduction désirée par ses peuples, et propre à diminuer le poids des contributions qu'il seroit indispensable d'exiger d'eux, S. M. a annoncé aux notables sa résolution d'ordonner, dès-à-présent, une retenue,

pour quelques années, sur les pensions actuelles. Plus S. M.
a été libérale envers ceux de ses sujets qui les ont obtenues, plus il lui en coûte de revenir sur les effets de sa bienfaisance.

Mais S. M. a considéré que cette retenue ne pourroit être
regardée, par ceux qui sont dans le cas de la supporter, que
comme une contribution qu'elle ne peut se dispenser de leur
demander, lorsqu'elle est forcée d'en exiger de tous ses autres
sujets. Il est bien juste en effet que ceux dont le revenu total
ou partiel est prélevé sur les revenus publics, partagent aussi
de leur côté les sacrifices que commandent les circonstances,
et auxquels doit les porter, avec plus de zèle encore; leur
propre intérêt si étroitement lié à celui de l'état.

Mais en même temps que S. M. est forcée à cette résolution
par la nécessité des engagements de l'état, et par l'exécution
du plan de réforme qu'elle veut accomplir, elle est assurée
que le rétablissement successif de l'ordre dans ses finances
pourra la dispenser, avant peu d'années, d'exiger les retenues
qu'elle est aujourd'hui obligée d'établir sur cette partie. Elle
ne veut rendre perpétuels que les sacrifices qui lui seront
personnels, et elle croit pouvoir borner l'effet des retenues
qu'elle est obligée de faire, au terme de cinq ans seulement;
elle s'est attachée d'ailleurs à fixer, pour ces retenues, des
proportions relatives à la quotité des graces et aux plus grands
besoins présumés de ceux à qui elles avoient été accordées,
et à établir, pour l'avenir, des règles relatives à la dispensation de ses graces, qui concilient avec les mouvements de sa
bienfaisance les vues d'ordre et d'économie dont elle a jugé
cette partie susceptible. A quoi voulant pouvoir : ouï le rapport, etc. Le roi étant en son conseil, a ordonné et ordonne
ce qui suit :

1. Il sera dressé, dans tous les départements, des états
exacts et détaillés de toutes les pensions, gratifications annuelles, appointements conservés, ou autres graces pécuniaires annuelles, accordées pour la durée de la vie de ceux
qui les ont obtenues, ou jusqu'à ce qu'ils aient obtenu quelques places ou autres faveurs équivalentes, sous quelque dénomination que lesdites graces aient été accordées, et sur
quelque partie des revenus du roi qu'elles soient assignées;
lesquels états contiendront les noms, surnoms, qualités et
âge de ceux qui jouissent desdites graces, leur montant annuel
sur le pied de leur première fixation, les retenues dont elles
sont actuellement grevées, et l'indication des fonds sur les-

quels elles sont assignées. Veut S. M. que, par tous les ordonnateurs particuliers, qui disposent, sous ses ordres directs,
de fonds affectés à différents services, il soit incessamment
dressé de semblables états de toutes les graces pécuniaires
annuelles qui s'acquittent sur les fonds dont lesdits ordonnateurs ont la disposition; et que lesdits états soient, par eux,
incessamment remis aux secrétaires d'état chargés des divers
départemens. Ces états seront mis sous les yeux de S. M.,
dans le cours du mois de décembre prochain, par M. le garde
des sceaux, en ce qui concerne les pensions accordées pour
services rendus dans l'administration de la justice; par chacun des secrétaires d'état, et par le contrôleur général des
finances, pour ce qui concerne leurs départemens; et seront
lesdits états arrêtés par S. M. Il sera remis au contrôleur général des finances, une ampliation de chacun desdits états,
contenant l'énonciation détaillée des graces accordées par S. M.
dans chaque département, sur tous lesquels réunis sera formé
l'état général desdites graces, énonçant seulement le montant
actuel de celles appartenantes à chaque département, pour
être ensuite expédiées sur ledit état des lettres patentes qui
seront adressées, au commencement du mois de janvier prochain, à la chambre des comptes pour y être enregistrées.

2. Il sera rendu à S. M., au mois de mars prochain, et
ensuite successivement d'année en année, au mois de mars
de chaque année, tant par M. le chancelier ou garde des
sceaux de France, que par chaque secrétaire d'état, par le
contrôleur général des finances, et par chaque ordonnateur,
un compte motivé de toutes les demandes de pensions ou
autres graces pécuniaires annuelles, quelles qu'elles soient,
qui leur auront été adressées dans le cours de l'année révolue, depuis le travail de l'année précédente. Ne pourront lesdites demandes être mises sous les yeux de S. M., qu'à ladite
époque du mois de mars de chaque année. Seront toutes lesdites demandes portées, par forme d'état, sur une même
feuille de travail contenant les noms, surnoms, qualités et
âge de toutes les personnes qui les feront; sur cette feuille seront émargées, à chaque article, les décisions de S. M.; et
sera une ampliation de chacune desdites feuilles, avec mention des ordres de S. M., remise immédiatement après au
sieur contrôleur général des finances, pour qu'il soit aussitôt
expédié des lettres patentes, sous le contre-scel desquelles seront mis lesdits états, et qui seront adressées à la chambre
des comptes pour y être enregistrées, et être ensuite rendues

publiques par la voie de l'impression, ainsi que les états y annexés.

3. Dans le cas où quelque personne auroit mérité un bienfait dans le cours de l'année, qui dût anticiper l'époque déterminée pour la dispensation des graces, S. M. permet que le quart seulement des extinctions survenues dans l'année précédente, et suffisamment constatées sur le pied du net des pensions éteintes, puisse, dans le cours de ladite année, et après qu'il lui en aura été rendu compte, en son conseil royal des finances et du commerce, être employé dans chaque département, à des gratifications momentanées, pourvu que lesdites gratifications ne puissent pas monter, pour une même personne, à plus de 1,000 liv.; elles ne pourront être accordées qu'à titre de secours, ni renouvelées une seconde année, si S. M. n'avoit pas jugé à propos d'accorder la pension demandée.

4. Les ordonnateurs particuliers pourront continuer, comme par le passé, à rendre compte au roi, des pensions ou autres graces que peuvent mériter ceux qui leur seront subordonnés; mais S. M. entend que l'approbation qu'elle auroit donnée aux propositions qui lui seront faites par lesdits ordonnateurs, ne soient définitives que lorsqu'elles lui auront été présentées aux époques et dans la forme ci-dessus prescrites.

5. Toutes demandes en réversion ou assurances de pensions ou d'autres graces pécuniaires annuelles, même éventuelles, à la charge de S. M., ne pourront être accordées que dans la même forme et à la même époque.

6. Jusqu'à ce que le montant total des pensions ou autres graces pécuniaires annuelles de tous les départements réunis, soit réduit à 15,000,000, il ne sera accordé de nouvelles graces, année par année, qu'à concurrence de la moitié des extinctions connues et constatées au jour où l'état desdites graces sera arrêté par S. M., sur le pied du montant net desdites graces au jour de leur extinction; à l'effet de quoi le sieur contrôleur général dressera et présentera à S. M., en son conseil royal des finances et du commerce, dans la première semaine du mois de mars de chaque année, l'état de toutes les pensions ou autres graces dont l'extinction se trouvera constatée depuis le travail de l'année précédente; la moitié de ces extinctions sera distribuée par S. M., ainsi qu'elle le jugera à propos, entre les départements, tant de M. le chancelier ou garde des sceaux de France, que des secrétaires d'état et du contrôleur général, pour être appliquées aux pen-

sions dépendantes de leurs départements, suivant la distribution qui en sera par eux proposée à S. M., et par elle approuvée; et afin que ledit état d'extinction soit connu du public, après qu'il aura été présenté à S. M. il sera imprimé aussitôt un état contenant d'abord, en un seul article, le montant de toutes les extinctions survenues dans le cours de l'année sur celui des pensions ou autres graces accordées antérieurement à la date du présent arrêt; et ensuite, article par article, les noms de toutes les personnes dont les pensions ou autres traitements gratuits, accordés depuis la date du présent arrêt, se seront éteints, et le montant de chacune desdites graces.

7. Les pensions ou autres graces pécuniaires que se trouveront posséder ceux qui obtiendront quelque place, charge ou emploi, seront, de plein droit, éteintes du jour de l'obtention desdites places, si elles ne sont nommément renouvelées par S. M., dont sera fait mention dans les brevets, ainsi que dans les états annuels. Et, quant aux pensions ou ou autres graces dont jouissent actuellement ceux qui sont pourvus de places, charges ou emplois, ou qui seroient par la suite accordées à ceux qui seroient antérieurement pourvus d'aucunes places, charges ou emplois, ou renouvelées au moment où ils obtiendroient lesdites places, ces pensions ou autres graces ne seront réputées que gratifications annuelles, et ne pourront être conservées par lesdites personnes, soit qu'elles passent à une autre place, charge ou emploi, soit qu'elles se retirent; se réservant S. M., au premier cas, de leur accorder, s'il y a lieu, une nouvelle pension du même genre, et, en cas de retraite, de proportionner, par une seule pension, leur traitement total à leurs services.

8. Lorsqu'une personne qui jouira déjà d'une ou de plusieurs pensions ou autres traitements demandera une nouvelle grace, à quelque titre que ce soit, elle sera tenue d'énoncer dans sa demande toutes celles qu'elle aura précédemment obtenues, sous quelque dénomination qu'elles lui aient été accordées, et le nouveau brevet renfermera le total du traitement dont elle aura à jouir, l'intention de S. M. étant que ledit brevet seul puisse être acquitté, et que les gardes du trésor royal n'aient aucun égard à ceux qui auroient été précédemment obtenus.

9. Toutes les graces pécuniaires accordées par S. M., ou qu'elle jugera à propos d'accorder par la suite, pour la durée de la vie de ceux qui les obtiendront, ou jusqu'à l'obtention d'autres faveurs équivalentes, sans aucune exception, sous quelque dénomination qu'elles soient accordées, et de quelque

département qu'elles dépendent, autres néanmoins que les gages ou appointements de places ou emplois actuellement exercés, seront à l'avenir, et à compter du 1.er janvier prochain, acquittées au trésor royal à l'exclusion de toutes autres caisses. Fait S. M. très-expresses défenses à tous trésoriers, payeurs, régisseurs ou fermiers de quelque partie que ce soit de ses revenus, et généralement à tous autres que les gardes de son trésor royal, de faire aucun paiement, à raison desdites graces pécuniaires, sous quelque dénomination qu'elles soient accordées, à peine de radiation desdits paiements dans leurs comptes.

10. Aucune pension ou autre grace pécuniaire annuelle ne pourra être payée au trésor royal, sous quelque prétexte que ce soit, si elle n'est accordée antérieurement au présent arrêt, ou employée dans l'un des états annexés aux lettres patentes qui seront annuellement enregistrées en la chambre des comptes, et ensuite imprimés et publiés, à peine de nullité des paiements.

11. Toutes les graces pécuniaires annuelles dont les brevets sont actuellement expédiés, accordées avant ou depuis l'époque du 29 janvier 1770, quelle qu'en soit la dénomination, et de quelque département qu'elles dépendent, jusqu'à la somme annuelle de 2,400 liv., seront assujetties, sans aucune exception, pendant l'espace seulement des années 1788, 1789, 1790, 1791 et 1792, aux mêmes retenues qui ont été ordonnées par l'arrêt du conseil du 29 janvier 1770; celles de 2,400 liv. jusqu'à 8,000 liv. seront assujetties, pendant lesdites cinq années, à la retenue de trois dixièmes; celles de 8,000 liv. jusqu'à 20,000 liv. à celle de trois dixièmes et demi; et celles de 20,000 liv. et au-dessus, à quelque somme qu'elles montent, à la retenue de quatre dixièmes. Et seront employées toutes les différentes graces annuelles dans chacune desdites divisions, eu égard au montant de chaque brevet, pris sur le pied des sommes entières originairement accordées, et ce lors même que le brevet seroit formé de la réunion de plusieurs graces successivement obtenues. Et seront imputées, sur lesdites retenues, celles que supportent déjà les pensions ou autres graces accordées jusqu'à présent, formant la totalité ou portion desdits brevets. Seront au surplus toutes lesdites graces accordées ou à accorder, portées, pour leur montant en entier, dans les états annuels, sur lesquels les lettres patentes seront expédiées, avec mention des retenues sur celles actuellement

existantes en vertu des précédents réglements ou du présent arrêt.

12. Seront cependant exemptes des retenues portées par l'article précédent, et sujettes seulement à celle des deux vingtièmes et quatre sous pour livre du premier vingtième, les pensions créées pour acquittement d'anciens arrérages dus par le roi, convertis en pensions viagères, comprises dans les brevets expédiés pour raison des pensions principales, ainsi que les pensions ci-devant accordées par le feu roi de Pologne.

13. Demeureront pareillement exemptes des retenues résultantes du présent arrêt, sur les graces qui n'y étoient pas précédemment sujettes, les pensions portées par brevets non excédant 3,000 livres, qui appartiennent à des personnes présentement âgées de soixante-quinze ans révolus, sans que les brevets excédant 3,000 liv. profitent de ladite exemption sur aucune partie de leur montant; comme aussi celles, à quelque somme qu'elles montent, qui appartiennent à des personnes présentement âgées de quatre-vingts ans révolus ou au-dessus.

14. Déclare de nouveau S. M. qu'elle entend comprendre, dans toutes les dispositions portées aux précédents articles, toutes pensions, gratifications annuelles, appointements conservés ou de retraite, même les appointements de places sans exercice effectif, de quelque genre qu'elles soient, et à quelque département qu'elles appartiennent, et généralement tous dons et graces annuelles accordés antérieurement au présent arrêt pour la durée de la vie de ceux qui les ont obtenues, ou jusqu'à ce qu'ils soient pourvus de places ou d'autres traitements équivalents. Veut S. M. que tous lesdits dons annuels actuellement accordés soient assujettis aux mêmes retenues, et que tous ceux qui seront sollicités par la suite ne puissent être accordés qu'en observant les mêmes époques et formalités ci-dessus prescrites.

15. Les gardes du trésor royal compteront du montant des retenues qui seront faites en vertu du présent arrêt, et ce d'après le rôle qui en sera arrêté annuellement au conseil royal des finances et du commerce.

16. Seront au surplus exécutées, suivant leur forme et teneur, les lettres patentes et déclaration concernant les pensions des 8 novembre 1778, et 7 janvier 1779, en tout ce qui n'est pas contraire aux dispositions du présent arrêt, sur lequel toutes lettres patentes nécessaires seront expédiées.

N° 2394. — ARRÊT *du conseil qui autorise la ville de Paris à ouvrir un emprunt de 12,000,000, remboursables en un an par voie de loterie, au profit des hôpitaux.*

Versailles, 13 octobre 1787. (R S)

N° 2395. — LETTRES PATENTES *pour la répression de la fraude des droits d'entrée de Paris.*

Versailles, 18 octobre 1787. Reg. en la cour des aides le 11 décembre.
(R. S. C.)

LOUIS, etc. Nous sommes informé que, dans différents quartiers de notre bonne ville de Paris, la communication qui existe entre les maisons situées sur le territoire taillable et celles situées sur le territoire soumis aux droits d'entrée, donne lieu à une fraude nuisible à nos intérêts et à ceux des hôpitaux et de la municipalité de notre bonne ville de Paris, que nous avons admis au partage de nos droits, et plus nuisible encore aux intérêts des commerçants de bonne foi, qui ne peuvent soutenir, dans le prix des denrées et boissons, la concurrence des marchands approvisionnés par la fraude, et nous avons cru devoir prendre provisoirement, et jusqu'à ce que l'enceinte des murs dont nous avons ordonné la construction autour de notre bonne ville de Paris, soit entièrement terminée, les mesures les plus promptes pour remédier à ce désordre. A ces causes, etc.

1. Défendons à toutes personnes de tenir aucuns magasins ou dépôts pour la vente en gros et en détail dans les maisons situées aux extrémités de notre bonne ville de Paris qui ne seroient point séparés des maisons situées sur le territoire taillable par une rue, chemin ou terrain publics; ordonnons en conséquence la suppression de ceux qui peuvent exister actuellement.

2. Autorisons les commis des fermes à faire dans lesdites maisons toutes recherches et perquisitions nécessaires, assistés d'un contrôleur, et sans qu'il soit besoin de la présence d'aucun juge.

3. Permettons à l'adjudicataire général de nos fermes d'établir sur les passages conduisant auxdites maisons des bureaux où les voituriers qui y amèneront des vins, boissons et autres marchandises de l'intérieur de Paris seront tenus de représenter et faire viser leurs congés pour les boissons, et leurs factures ou lettres de voitures pour les marchandises, par les employés qui y seront posés, à peine de confiscation des vins,

boissons et marchandises qui seront trouvés dans lesdites maisons, et pour lesquelles il ne seroit pas représenté des congés ou factures duement visés, et de 300 liv. d'amende.

4. Faisons défenses à toutes les personnes qui habiteront lesdites maisons d'en faire sortir du vin et autres boissons en barils, bouteilles ou vessies, ainsi que des marchandises, sous les peines portées par l'article précédent. Voulons que les dispositions prescrites par les articles ci-dessus soient exécutées pour toutes les maisons des rues dont un côté est sujet à la taille et l'autre aux droits d'entrée, comme dans les rues Saint-Lazare, Coquenard et autres.

5. Permettons à l'adjudicataire de nos fermes, conformément à l'art. 557 du bail de Forceville, de faire planter ou construire telles barrières, clôtures, bureaux et fossés, et en tel lieu que bon lui semblera, pour la perception des droits, nonobstant tous arrêts à ce contraires.

6. Voulons que, si par la nouvelle disposition des barrières, il se trouve des maisons réputées intérieures qui soient mises en dehors desdites barrières, de même que pour toutes celles extérieures qui seroient dans le cas prévu par l'article 1er, les habitants desdites maisons, cabaretiers, marchands ou autres ne puissent faire entrer dans notre bonne ville de Paris aucuns vins, boissons ou marchandises, sans payer les droits ou sans justifier qu'ils l'ont été; savoir, à l'égard des boissons, par des quittances d'entrées pour celles venant du dehors, et par des congés revêtus du vu sortir des commis pour celles qu'ils prétendront avoir achetées dans notre bonne ville de Paris, et pour les marchandises ou denrées de toute nature, également par des quittances d'entrées ou des factures sur lesquelles les commis auront mis leur vu sortir.

7. En exécution de l'article 5 du titre IV de l'ordonnance des aides du mois de juin 1680, ainsi que des lettres patentes du 5 septembre 1711, et de celle du 30 mars 1719, avons fait et faisons très-expresses inhibitions et défenses à tous particuliers, habitants des maisons situées hors de notre bonne ville de Paris, d'y faire entrer aucuns vins en baril, bouteilles et autres vaisseaux prohibés, à peine de 100 liv. d'amende. Si donnons en mandement, etc.

N° 2596. — LETTRE *de M. le comte de Montmorin sur l'encouragement de la traite des nègres par les batiments nationaux.*

21 octobre 1787. (Code de la Martinique, tom. 4, pag. 52.)

Nº 2597. — RÉGLEMENT *concernant le conseil de la guerre* (1).

Versailles, 23 octobre 1787. (R. S. C.)

S. M. ayant, par son réglement du 9 de ce mois, établi un conseil d'administration du département de la guerre sous le titre de *conseil de la guerre*, elle croit devoir expliquer et fixer plus en détail tout ce qui a rapport audit conseil, et en conséquence, elle a réglé et règle ce qui suit :

1. Il sera expédié incessamment des brevets, dans la forme prescrite par S. M., à tous les membres du conseil de la guerre, à l'exception du président, qui ne recevra point pour cela de brevet particulier, l'intention de S. M. étant que cette présidence soit regardée comme annexée à la charge de secrétaire d'état du département de la guerre, et que la réunion de ces deux titres soit mentionnée dans les provisions de ladite charge.

2. Tous les officiers généraux conseillers du conseil de la guerre, ainsi que le rapporteur, seront réputés employés toute l'année dans leurs grades, et en conséquence, lors même qu'ils ne seront pas en tournée avec une commission du conseil, et un ordre du roi, ils jouiront dans toute l'étendue du royaume, et partout où il y aura des troupes de S. M., des mêmes honneurs et prérogatives que s'ils avoient effectivement des lettres de service.

3. S. M. affecte annuellement la somme de 150,000 livres aux dépenses du conseil de la guerre, et fixe sur ladite somme les honoraires de chacun des membres et du rapporteur du conseil à 6,000 liv. par an.

Les appointements du secrétaire du conseil de la guerre à 4,000 liv., et ceux du secrétaire du rapporteur à 2,000 liv.

Il sera de plus passé au rapporteur, pour les frais de bureaux, de copistes, etc., sauf les ports de lettres, la somme de 12,000 liv.

Les 78,000 liv. restans seront à la disposition du conseil de la guerre, et appliqués, d'après ses propres délibérations, aux indemnités et frais de tournées ou de voyages de ceux de ses membres ou autres officiers qu'il emploiera avec la permission du roi, ou à d'autres dépenses relatives aux connoissances que le conseil doit tendre sans cesse à se procurer sur toutes les parties de la guerre et du service.

---

(1) V. 14 juillet 1789.

4. Le secrétaire du conseil de la guerre sera à la tête d.
bureau du conseil, sous les ordres immédiats du rapporteur
et sera en même temps chargé sous lui du dépôt des archives
Il sera par conséquent en résidence fixe à Versailles, ou à la
suite de la cour quand les bureaux de la guerre se déplaceron.

Ce secrétaire sera toujours choisi parmi les quartiers-maître
les plus distingués de l'armée, ce genre d'emploi étant celu
qui suppose le plus de connoissances et de détails analogues au
fonctions dont il sera chargé près le conseil de la guerre.

5. Le conseil de la guerre étant chargé de toute la part
législative et consultative du département de la guerre,
ayant besoin, pour cet effet, d'avoir à sa disposition tous le
matériaux et renseignements qui y ont rapport, le secrétair
d'état dudit département autorisera le rapporteur à rassemble
et à réunir, dans les archives du conseil, toutes les ordonnances, décisions ou interprétations qui existent dans les bureaux de la guerre, pour ensuite y être classées et arrang:
dans l'ordre convenable.

6. Le rapporteur aura pareillement le droit de se procure
à l'usage du conseil, tous les états ou renseignement qu
jugera nécessaires relativement à la comptabilité ou aux d
penses du département, ou enfin aux autres objets qui ont e
attribués au conseil de la guerre par le règlement de sa cons
tution.

7. Le secrétaire d'état de la guerre renverra exactement
rapporteur du conseil de la guerre toutes les affaires, ainu
que tous les détails qui seront du ressort du conseil, afin qu
celui-ci en dresse le rapport, le lui communique préalable
ment en sa qualité de président du conseil, et le mette ensu
sous les yeux du conseil de la guerre, en l'accompagnant d
toutes les pièces originales ou justificatives qui y auront r
lation.

8. Le secrétaire d'état du département de la guerre assi
tera, en sa qualité de président du conseil, toutes les fois qu
les affaires du service de S. M. le lui permettront, aux séance
dudit conseil; et à son défaut, le conseil sera présidé par
plus ancien officier général, qui fera les fonctions de vice
président.

9. Les matières pourront être discutées et préparées dan
des séances auxquelles ne se trouvera pas le président, mais
n'y aura aucune délibération prise ni aucune proposition arrê
tée qu'en sa présence et avec le concours de sept membres a
sistants, non compris le président lui-même.

10. Toutes les délibérations et détermi nations se prendront à la pluralité des voix et conformément à l'article 24 du règlement de création du conseil.

11. On ira aux voix, en commençant par celle du rapporteur, qui fera le résumé de l'objet en discussion, et qui donnera le prem'er son avis, et ensuite en remontant aux membres les plus anciens jusqu'au président du conseil.

12. Tous les projets de réglements, ordonnances ou décisions proposés à S. M. par le conseil de la guerre, en vertu de ses délibérations prises comme il est dit ci-dessus, seront signés de tous les membres du conseil dans le même ordre qu'ils auront été aux voix, en observant toutefois que cela n'ôte pas aux membres opposants à l'avis de la pluralité le droit qui leur est accordé par l'article 24 du règlement de création, de faire mention qu'ils ont été d'un avis opposé, ou seulement modifié, en exprimant leur opposition ou modification par un résumé succinct.

13. S'il se trouve des voix perdues entre deux avis égaux en voix, elles seront obligées de se rallier à l'avis le plus analogue au leur, sauf à exprimer et à motiver leur avis primitif.

14. Tous les projets de réglements, ordonnances et décisions que formera le conseil de la guerre seront mis sous les yeux de S. M., et rapporté devant elle par le président du conseil dans le comité intime de la guerre, pour être de là renvoyés au conseil approuvés et signés de S. M., avec les changements ou modifications qu'elle jugera convenables.

15. Autorise toutefois S. M. le conseil de la guerre à donner en son propre nom toutes les décisions qu'il jugera nécessaires pour l'établissement, le maintien ou l'exécution des lois rendues par S. M.; ces décisions ou manuscrites ou imprimées étant signées, dans ce cas, par le président du conseil et par le plus ancien membre du conseil présent à la séance du conseil, le jour qu'elles auront été déterminées.

Si toutefois ces décisions n'étoient pas conformes à l'esprit de la loi, et tendoient à y apporter des changements essentiels, elles ne pourroient être données par le conseil sans avoir été préalablement soumises à S. M.

16. Le rapporteur du conseil de la guerre fera tenir un registre où toutes les délibérations ou déterminations du conseil seront inscrites et signées par tous les membres du conseil présents à la séance où elles auront été prises.

17. Le présent règlement, ainsi que celui du 9 octobre, portant création du conseil de la guerre, seront envoyés à tous

les commandants de provinces et des places, officiers généraux employés près des troupes, mestres-de-camp et colonels
des régiments, commissaires des guerres, etc., pour que tout ce
qui est au service de S. M., ou qui y a rapport, connoisse la cou-
stitution dudit conseil, ainsi que les prérogatives, fonctions
détails que S. M. lui a attribués, et puisse en conséquence s'a-
dresser directement à lui pour tout ce qui est de son ressort
par la voie du secrétaire d'état de la guerre, à son titre de président dudit conseil.

18. Toutes les lettres ou réponses du conseil seront minutées par le rapporteur, mais elles ne seront expédiées qu'avec
l'approbation du conseil, et la signature du président et du
plus ancien des membres présents à la séance où elles auront
été lues; elles seront contre-signées au nom du conseil de la
guerre, et cachetées du cachet dudit conseil, portant les armes
du roi, et pour légende, *conseil de la guerre.*

19. Lorsque ces lettres seront relatives à quelque objet important, ou qu'elles tendront à décider ou à éclaircir quelque
points de la législation militaire, le rapporteur veillera à ce
qu'elles soient enregistrées.

20. S. M. voulant que le conseil de la guerre donne l'exemple
de ce qu'elle veut introduire par la suite dans tous les bureaux
du département de la guerre, elle règle que toutes les lettres
et réponses du conseil de la guerre ne contiendront jamais que
l'énoncé succinct du fait ou de l'objet auquel elles auront rapport, dans la forme la plus substantielle et sans aucun de ces
accessoires de formes et de protocole, qui ne servent qu'à consumer le temps et multiplier les écritures.

21. Tout ce qui sera adressé au conseil sera conçu et rédigé
dans la même forme, c'est-à-dire en forme de mémoire, sur
grand papier plié à mi-marge, portant au haut, *au conseil de la
guerre,* et plus bas, *mémoire sur tel objet.*

Les mémoires seront renvoyés en original avec la réponse ou
décision du conseil à la marge, et si la réponse ou décision est
de quelque importance, il en sera pris note dans les bureaux
du conseil.

22. La discussion et la comptabilité des fonds du département de la guerre étant un des principaux objets confiés à la
surveillance du conseil, le chef du bureau des fonds de la
guerre travaillera directement sur cet objet avec le conseil, soit
pour tous les éclaircissements que demandera le conseil, soit
pour toutes les règles et formes auxquelles il jugera à propos de
soumettre cette comptabilité.

23. N'entend point toutefois S. M. que le conseil de la guerre prétende prendre connoissance des dépenses dénommées *secrètes*, que des mesures ou vues particulières pourroient lui faire ordonner à son secrétaire d'état du département de la guerre, au moyen d'un supplément tiré du trésor royal; ces dépenses secrètes, quand il y en aura, ne devant point faire partie des fonds ordinaires ou extraordinaires annuels du département, et ne devant être soumises à la révision du conseil que quand les circonstances qui les auront déterminées cesseront de devoir demeurer secrètes, et que S. M. le jugera à propos.

24. A cette seule réserve près, que la politique et le bien du service du roi peuvent quelquefois rendre nécessaire, S. M. pensant que la publication motivée des dépenses dans toutes les branches de l'administration est toujours un frein pour les abus et une satisfaction pour ses peuples, elle entend assimiler à cet égard le département de la guerre, qui est le plus dispendieux de tous, au système général qu'elle a adopté; et son intention est en conséquence qu'à la fin de chaque année, et au plus tard dans les six premiers mois de l'année suivante, le conseil de la guerre publie un tableau de toutes les dépenses, tant ordinaires qu'extraordinaires du département de la guerre, en énonçant, objet par objet, le prix des achats, marchés, régies et entreprises, soit particulières, soit générales. La forme de ce tableau, dont la publication ne pourra avoir lieu pour la première fois qu'en 1789, sera dressée, d'ici à cette époque, par les soins du conseil, et approuvée par S. M.

25. Les comptes des fonds de l'ordre de Saint-Louis, de l'ordre du mérite, qui étoient ci-devant arrêtés à l'hôtel des Invalides, par le secrétaire d'état des deux départements de la guerre et de la marine, et par un certain nombre de commandeurs et de chevaliers des deux services, seront à l'avenir arrêtés à Versailles par le conseil de la guerre, et S. M. fera connoître par la suite de quelle manière le corps de la marine devra prendre part à l'arrêté de ces comptes.

26. S. M. étant informée qu'il y avoit, d'après un ancien usage, des bourses de jetons affectés à chacun des commissaires nommés pour l'examen et l'arrêté de ces comptes, et que la dépense de ces jetons montoit annuellement à 10,000 liv., a réglé que cet usage seroit aboli, et que cette somme seroit employée à la création de cinquante nouvelles pensions de 200 liv. affectées aux capitaines chevaliers de Saint-Louis de tous les régiments de son armée.

27. Les comptes de l'hôtel des Invalides, et ceux des fonds affectés ci-devant à l'École-Militaire, seront de même examinés et arrêtés tous les ans à Versailles par le conseil de la guerre.

28. Le résumé de tous les comptes relatifs à ces divers établissements sera compris dans le tableau annuel des dépenses du département.

29. S'il est presque toujours utile de mettre au plus grand jour les détails de toutes les dépenses publiques; S. M. regardant au contraire le secret comme l'ame de toutes les opérations pendant qu'on les prépare, elle ordonne expressément à tous les membres du conseil le plus absolu silence sur ce qui se sera passé dans les séances, tant relativement aux délibérations ou propositions arrêtées par le conseil qu'aux discussions qu'elles auront élevées, et aux opinions particulières et personnelles des membres; et elle regarde l'exécution la plus stricte de cette loi comme si importante au bien de son service, qu'elle saura très-mauvais gré à ceux qui s'en écarteront.

N° 2398. — DÉCLARATIONS *réciproques des cours de Versailles et de Londres pour faire cesser les armements faits à l'occasion des troubles en Hollande.*

Versailles, 27 octobre 1787. (Martens, tom. 3, pag. 103.)

N° 2399. — RÉGLEMENT *pour la composition des commissions et bureaux dépendant du conseil royal des finances et du commerce* (1).

Versailles, 27 octobre 1787. (R. S.)

S. M. ayant pourvu, par les réglements du 3 juin dernier, à la formation de son conseil royal des finances et du commerce, à celle du comité contentieux des finances, ainsi qu'à la distribution des objets de travaux relatifs à l'administration générale de ses finances, elle a jugé devoir porter la même attention sur les commissions et bureaux relatifs au service du conseil royal des finances et du commerce, et qui étoient chargés soit de préparer les affaires qui devoient être ensuite rapportées avec leurs avis au conseil de S. M., soit de les juger suivant les titres de leur établissement.

Cet examen a conduit S. M. à reconnoître que plusieurs de ces commissions et bureaux avoient un service continuel qui

(1) V. 2 février 1788.

étoit essentiel de conserver; qu'il y en avoit d'autres établis,
dans le principe, pour des opérations particulières avec lesquelles ils devoient cesser, et qui pouvoient être réunis; enfin,
qu'il en existoit dont les fonctions n'avoient plus de rapport
au titre de leur établissement, qui n'étoient occupés que de
quelques affaires qui leur étoient renvoyées, et que cette considération seule en demandoit la suppression.

S. M. a vu en même temps, qu'il étoit indispensable de faire
connoître la qualité et le nombre des magistrats dont seroient
à l'avenir composés ces commissions et bureaux, la quantité
de places que chacun d'eux pourroit y remplir, l'époque à laquelle les maitres des requêtes pourroient y être admis, quels
seroient les seuls bureaux auxquels ceux de ces magistrats
pourvus d'autres places, pourroient être nommés.

Ces motifs d'un ordre nécessaire dans l'administration des
affaires publiques, et dont les magistrats sont les premiers
convaincus, sont aussi ceux qui déterminent principalement
S. M. à régler aujourd'hui la composition des commissions et
bureaux du conseil.

Le roi est instruit de l'économie qui doit en résulter. Les
circonstances l'exigent, et S. M. rend trop de justice aux magistrats de son conseil, pour n'être pas persuadée de leur zèle
à y concourir. Elle se réserve d'ailleurs de faire ressentir à ceux
des magistrats qui éprouveront les suppressions qu'elle ordonne,
tous les effets de sa satisfaction et de ses bontés.

1. Le conseil de la grande direction des finances continuera
à être composé, comme il l'est actuellement, des chancelier
et garde des sceaux de France, du chef du conseil royal des
finances et du commerce, du contrôleur général des finances,
des deux conseillers d'état ordinaires au conseil royal des
finances et du commerce;

Des conseillers d'état ordinaires dans l'ordre de la magistrature;

Et de ceux des conseillers d'état semestres qui auront séance
dans le bureau de la grande direction.

Ordonne S. M. qu'il sera fait annuellement un fonds de
10,000 liv., dans lequel entreront toutes les extinctions
opérées ou à opérer par la suite, sur les 9,360 liv. faisant
le montant des gages des huit offices des maitres des requêtes
supprimés en 1752, et dont S. M. s'étoit réservé de faire
la distribution entre les maitres des requêtes. Ordonne S. M.
que le surplus desdites extinctions sera annuellement fourni
par le trésor royal, jusqu'à concurrence de 10,000 liv., pour

être, sur ledit fonds de 10,000 liv., accordé par S. M., chaque année, et dès l'année 1788, telle gratification que S. M. jugera à propos, à ceux des maîtres des requêtes qui auront été le plus occupés, l'année précédente, de rapports d'affaires à la grande direction des finances, sur le compte qui lui en sera rendu par le contrôleur général des finances : lesquelles gratifications ne pourront être considérées comme gratifications annuelles, et seront renouvelées, année par année, à ceux à qui S. M. jugera à propos de les attribuer, et ne pourront excéder la somme de 2,000 liv. pour le même maître des requêtes.

2. Le conseil appelé *la petite direction des finances*, étant remplacé dans les fonctions de son institution, par le comité des finances établi en vertu du réglement du 5 juin 1787, sera et demeurera supprimé.

3. Les deux bureaux actuels des domaines, aides, gabelles, cinq grosses fermes, tailles, seront réunis en un seul, qui sera nommé *le bureau de la grande direction des finances*.

Il sera composé invariablement du contrôleur général des finances; des deux conseillers d'état ordinaires au conseil royal des finances et du commerce, soit qu'ils soient conseillers d'état ordinaires ou semestres;

Des conseillers d'état ordinaires, dans l'ordre de la magistrature, en activité au conseil des parties, des conseillers d'état semestres, suivant la date de leurs brevets, de manière cependant que les conseillers d'état ordinaires soient toujours membres de ce bureau, et que le nombre des conseillers d'état qui y auront séance, n'excède jamais celui de douze;

Et des quatre intendants des finances, qui auront voix délibérative audit bureau, à la suite des conseillers d'état, et opineront au conseil comme commissaires dans les affaires au rapport desquels ils auront assisté, dans leur ordre rétrograde de réception, et avant les conseillers d'état aussi commissaires.

Le contrôleur général des finances, et les conseillers d'état ordinaires au conseil royal, n'auront pas d'appointements à raison de leurs séances à ce bureau.

Les appointements des douze conseillers d'état, seront pour chacun de 2,000 liv... 24,000 liv. Ceux de chacun des quatre intendants des finances, de 1,000 liv... 4,000 liv.

Les affaires continueront à être rapportées, soit dans le conseil, soit dans le bureau de la grande direction, par ceux des maîtres des requêtes qui auront été nommés à cet effet, en vertu d'arrêts du conseil. Aucun d'entre ces magistrats n'aura de commission fixe à cet égard. Supprime S. M. celles qui étoient établies dans les bureaux des domaines et gabelles, lesquelles sont remplacées aujourd'hui par celui de la grande direction.

Veut S. M. que la dépense du bureau de la grande direction, ainsi établie à 28,000 liv., y soit invariablement fixée, sans pouvoir être à l'avenir augmentée sous aucun prétexte.

4. Le bureau des postes et messageries ayant été fixé par arrêt du conseil du 16 avril 1777, à quatre conseillers d'état qui auroient chacun 1,650 liv. d'appointements, six maîtres des requêtes qui auroient chacun un traitement de 1,100 liv., et un maître des requêtes procureur général audit bureau, qui auroit 5,000 liv. de traitement, et 1,200 liv. de frais de bureau, et la composition actuelle de ce bureau se trouvant conforme aux dispositions dudit arrêt du conseil, elle y restera invariablement fixée.

Ordonne S. M. que la somme de 17,400 liv., formant le total des traitements ci-dessus, continuera à être acquittée par l'administration générale des postes.

5. La commission établie par l'arrêt du conseil du 27 août 1777, pour l'exécution de celui du 7 mars précédent, relatif aux adjudications de domaines, demeure révoquée. Réunit S. M. les fonctions de cette commission à celle du bureau de la grande direction des finances, comme remplaçant aujourd'hui le bureau particulier des domaines, veut qu'elles soient confiées indistinctement aux conseillers d'état qui la composent, pour être par eux remplies au nombre de trois au moins, et ce, sans autres appointements que ceux du bureau de la grande direction.

Veut en conséquence S. M., que le produit du sou pour liv., que les adjudicataires des domaines sont tenus de payer, outre le montant des adjudications ; et dont la taxe a pour objet le paiement des frais relatifs aux adjudications, ne soit plus à l'avenir chargé que des objets relatifs à ces seules dépenses, suivant l'état qui en sera annuellement arrêté par S. M., en son conseil royal des finances et du commerce.

6. Les bureaux établis par arrêts du conseil des 16 octobre 1728 et 15 octobre 1757, pour connoître des contestations particulières, soit aux pensions des oblats, soit à la régie des cartes, sont également révoqués.

7. Ordonne S. M. qu'il ne sera plus fait dans le département de la finance, aucun fonds pour le traitement d'aucun des magistrats qui font partie du bureau des économats, au moyen de quoi la proposition à S. M. de tous les membres dudit

bureau, appartiendra par la suite au directeur des économats.

8. Supprime S. M. le bureau des péages, établi par l'arrêt du conseil du 29 août 1724, pour avoir lieu ladite suppression, ainsi que celle des appointements qui sont attachés audit bureau, au 1er janvier 1790, sans qu'il soit besoin de rendre alors aucun arrêt à cet effet. Ordonne S. M. que, pendant les deux années qu'il doit encore subsister, le travail dont il est chargé sera terminé, et que dans cet intervalle il ne sera nommé à aucune des places des quatre conseillers d'état et des cinq maîtres des requêtes titulaires actuels, qui viendroient à y vaquer.

Ordonne S. M. la suppression actuelle de la place de procureur général des priviléges de la ville de Paris, qui fait actuellement partie de celle du bureau des péages.

9. Ordonne également S. M. la suppression actuelle du bureau établi pour connoître des contestations concernant la reddition des comptes des traités et affaires extraordinaires de finance, les paiements en écritures et comptes en banque; de celui des vivres de terre et de mer, des étapes, fourrages, lits d'hôpitaux et de garnison; de celui pour les contestations relatives aux actions de l'ancienne compagnie des Indes, aux concessions de terres accordées à la Louisiane par ladite compagnie, et à la liquidation des dettes du Canada; de celui établi par l'arrêt du conseil du 3 mai 1723, pour connoître des contestations dans lesquelles ladite ancienne compagnie des Indes seroit partie; et de celui établi par l'arrêt du conseil du 31 décembre 1785, pour connoître des contestations relatives à la compagnie des Indes, formée par l'arrêt du conseil du 14 avril précédent.

10. Ordonne S. M. qu'il ne sera fait aucun fonds dans le département de la finance, pour le traitement des commissaires établis par l'arrêt du conseil du 21 avril 1759, pour la vérification des droits qui se perçoivent sur les quais, ports, havres, rades et rivages de la mer.

11. Le bureau établi par l'arrêt du conseil du 3 mars 1716, pour la liquidation des dettes des anciennes communautés d'arts et métiers, et celui établi par arrêt du conseil du 28 avril 1777, pour les liquidations des dettes des nouvelles communautés d'arts et métiers, seront réunis et incorporés en un seul et même bureau, sous le nom de *bureau des communautés d'arts et métiers.* Ce bureau ne sera composé à l'avenir que de quatre conseillers d'état, avec 2,000 livres de traitement chacun; de huit maîtres des requêtes, chacun avec 1,000 livres

d'appointements; d'un procureur général sans appointements qui sera toujours le lieutenant général de police de la ville de Paris.

Le commis de la police chargé du détail des liquidations, et le greffier de la commission, continueront de jouir chacun de 1,000 livres d'appointements.

En vertu de cette disposition, il ne sera, à compter de la date du présent réglement, nommé à aucune des places vacantes dans ce bureau, avant qu'il soit réduit au nombre ci-dessus fixé des commissaires qui doivent le composer à l'avenir.

Les appointements de ce bureau seront payés par le trésorier des dépenses diverses, d'après l'état qui sera arrêté annuellement par S. M. en son conseil royal des finances et du commerce.

12. Le bureau établi par l'arrêt du conseil du 13 nov. 1775, pour connoître des droits qui se perçoivent sur les grains, continuera son service, et sera composé de deux conseillers d'état qui auront chacun 2,000 livres d'appointements, de six maîtres des requêtes, avec 1,000 liv. d'appointements chacun, et d'un maître des requêtes procureur général, qui aura 2,000 liv. d'appointements et 6,000 liv. de frais de bureau.

13. Le bureau établi par les arrêts des 13 novembre 1785 et 14 janvier 1786, pour juger les demandes en décharge ou modération des impositions, formées par les habitants de la ville de Paris, continuera ses fonctions. Il sera composé à l'avenir du prévôt des marchands et du lieutenant général de police, qui n'auront aucuns appointements à raison dudit bureau, de deux conseillers d'état et de quatre maîtres des requêtes. Les appointements de chacun des conseillers d'état seront de 2,000 liv., et ceux de chacun des maîtres des requêtes de 1,000 liv.

14. A compter du 1er janvier 1788, les traitements accordés aux différents bureaux du conseil, énoncés dans les articles précédents, seront exempts de la retenue du dixième.

15. Ordonne S. M. qu'à compter du 1er janvier prochain, les appointements des bureaux du conseil compris dans le présent réglement, seront acquittés dès l'année suivante, indépendamment de ceux arriérés des années précédentes, qui continueront à être payés aux époques accoutumées.

16. Les instances qui peuvent être pendantes dans les bureaux du conseil supprimés en vertu du présent réglement, seront rapportées au comité contentieux des finances, par

ceux des maîtres des requêtes qui en étoient nommés rapporteurs dans lesdits bureaux.

17. Les maîtres des requêtes ne pourront à l'avenir être nommés à aucuns bureaux, avant trois années révolues de leurs provisions, si ce n'est sans appointements.

18. Aucun maître des requêtes ne pourra à l'avenir jouir en même temps avec appointements de plus de deux bureaux, et une commission de procureur général sera réputée l'équivalent de deux bureaux. Pourront néanmoins, sans tirer à conséquence, être nommés à un plus grand nombre de bureaux, ceux des maîtres des requêtes qui, par l'effet du présent réglement, se trouveront privés de places dans les bureaux supprimés ou réunis, jusqu'à ce qu'ils aient des traitements égaux à ceux dont ils sont privés.

19. Les intendants des finances et du commerce ne pourront, à compter du 1er janvier prochain, être membres d'aucuns des bureaux du conseil, à l'exception de celui de la grande direction, dont les intendants des finances seront toujours membres, et de celui du commerce, dans lequel sera aussi employé l'intendant du commerce.

20. Les intendants d'aucunes des généralités du royaume ne pourront également, à compter du 1er janvier prochain, être membres d'aucuns des bureaux du conseil.

21. Les magistrats du conseil qui se trouveroient à la fois membres de ceux des bureaux dont la réunion est ordonnée par le présent réglement, ne pourront jouir que du traitement accordé à l'un de ces bureaux.

22. Le roi conserve jusqu'au 1er janvier 1788, les traitements des places supprimées par le présent réglement, et ordonne qu'à cette époque il seront retranchés des différents états sur lesquels ils sont employés. Mais S. M. voulant en même temps donner aux magistrats de son conseil qui éprouveront des suppressions de bureaux, des témoignages de sa satisfaction et de l'intérêt qu'elle prendra toujours à eux; elle les autorise à lui faire remettre par le contrôleur général des finances, avant le 1er janvier prochain, un état signé d'eux, par lequel ils feront connoître les pertes qu'ils éprouvent; le même état devra comprendre les graces de S. M., dont lesdits magistrats jouissent d'ailleurs à quelque titre que ce soit.

Et S. M., sur la connoissance qu'elle prendra de l'ensemble de ces différents états, accordera auxdits magistrats les dédommagements convenables dont ils jouiront à compter du 1er janvier 1788.

Se réserve S. M. de faire connoître incessamment ses intentions sur la composition et le service du bureau du commerce.

N° 4000. — ARRÊT *du conseil qui ordonne que les charges annuelles des états du roi subsistantes au-dessus du denier vingt, seront remboursées par la caisse des amortissements à la première réquisition des propriétaires.*

Versailles, 31 octobre 1787. (R. S.)

N° 4001. — LETTRES PATENTES *qui confirment une convention passée entre le margrave de Baden et la ville de Landau, pour l'abrogation réciproque du droit d'abzug ou de détraction.*

Versailles, 3 novembre 1787. Reg. au parlement de Grenoble le 7 décemb. (Arch du parlement de Grenoble.)

N° 4002. — LETTRES PATENTES *portant privilège exclusif au profit de la compagnie des pompes antiméphitiques en concurrence avec celle du ventilateur, de faire, dans l'étendue du royaume, la vidange des fosses, puits et puisards.*

Versailles, 3 novembre 1787. Reg au parlement le 8 avril 1788. (R. S.)

N° 4003. — ARRÊT *du conseil qui autorise une compagnie d'assurance sur la vie, et contre l'incendie* (1).

Versailles, 3 novembre 1787. (R. S.)

N° 4004. — ARRÊT *du conseil qui autorise l'exécution du projet de l'Yvette* (2).

Versailles, 3 novembre 1787. (R. S. C.)

Le roi s'étant fait rendre compte en son conseil des projets proposés depuis 1762 pour amener au point le plus élevé de la ville de Paris les eaux de la rivière d'Yvette et de Bièvre; et S. M. désirant procurer à ses sujets tous les avantages dont il est possible de leur assurer la jouissance, elle a voulu soumettre à un examen plus particulier les nouvelles propositions faites par le sieur de Fer, et tendantes à amener à Paris les eaux desdites rivières, et celles de quelques ruisseaux affluents, au moyen de dépenses très-inférieures à celles qu'annonçoient les devis estimatifs précédemment faits. En conséquence, S. M. a ordonné, par un arrêt en son conseil du 21 mai 1786, que les plans et projets proposés par le sieur de Fer, et notamment

(1) V. 27 juillet 1788.
(2) V. 11 avril 1789.

ceux relatifs aux eaux de la Bièvre, seroient communiqués aux commissaires nommés par ledit arrêt, auxquels S. M. a enjoint de procéder à la vérification des projets, toisés, nivellement, estimation d'ouvrages, et des devis et états qui leur seroient remis par ledit sieur de Fer; de comparer les offres avec les dépenses qui seroient reconnues nécessaires pour l'éxécution desdits projets, et pour l'établissement des fontaines publiques; de prendre connoissance du prix auquel le pouce, la ligne d'eau, pourroient être cédés aux particuliers qui voudroient en faire l'acquisition, de constater la solvabilité du sieur de Fer, et des personnes qu'il propose d'associer à ladite entreprise; comme aussi d'entendre sur le tout les prévôt des marchands et échevins de la ville de Paris et de se transporter sur les lieux, à l'effet de constater si de l'exécution dudit projet il ne résulteroit ni inconvénient pour les habitants des campagnes, relativement à l'arrosement de leurs prés, ni la destruction des moulins utiles pour l'approvisionnement en farines de la ville de Paris, ou des villages voisins, ni rien de contraire à la sûreté des carrières, sur le ciel desquelles les canaux projetés doivent passer; et lesdits commissaires ayant rempli les différents objets de leur mission, etc., etc.

Ouï le rapport, le roi étant en son conseil, a agréé et agrée les offres que ledit sieur de Fer a faites par sa requête, d'entreprendre à ses risques, périls et fortune, et à ceux des personnes qu'il voudra s'associer, l'exécution, sous les formes et directions par lui indiquées, du projet proposé en 1762 par le sieur de Parcieux, et perfectionné en 1769, par les sieurs Perronet et de Chezi, à l'effet d'amener vers l'Observatoire, à la hauteur de sept pieds au-dessus du bouillon des eaux d'Arcueil, les eaux des rivières d'Yvette et de Bièvre, et des ruisseaux de Coubertin, de Port-Royal, de Gif, de Goutte-d'Or, de Bure, de Vauhallan, des Mathurins, de la butte des Godets, de Châtenay, de la Fontaine des Moulins, et tous autres y affluents, conformément au projet présenté par ledit sieur de Fer, et approuvé par les commissaires nommés par S. M., par arrêt du conseil du 21 mai 1786. En conséquence permet S. M. audit sieur de Fer de traiter de l'acquisition des terrains nécessaires pour la confection du canal projeté, et des travaux nécessaires, comme aussi des indemnités qui seront dues aux propriétaires des moulins, ou autres usines étant sur le cours desdites rivières, pour raison des dommages ou autres pertes qu'ils pourront éprouver; et dans le cas où le prix desdites acquisitions ou indemnités ne pourroit être convenu de gré à gré entre les parties intéressées, ordonne S. M. qu'il sera réglé par experts convenus entre elles, sinon pris et nommés d'office par le sieur intendant-commissaire départi en la généralité de Paris, que S. M. a commis à cet effet, sans que les propriétaires desdits terrains puissent être libres de se refuser à la cession des portions nécessaires, et qui sera limitée à quatre-vingt-quatre pieds dans toute la longueur du canal, et à trente-six pieds seulement dans l'étendue des rigoles, attendu l'utilité publique de l'entreprise. Ordonne toutefois S. M., qu'à l'égard des terrains enclos de murs, ledit sieur de Fer ne pourra demander la cession que de la seule largeur de vingt-quatre pieds, compris celle du canal, qu'il sera même tenu de voûter, suivant ses offres, dans la traversée desdits enclos, si les propriétaires se refusent à la jouissance du canal découvert, laissant néanmoins S. M. la liberté au sieur de Fer de porter les susdites largeurs des francs bords du canal, soit dans les terrains clos de murs, soit dans les terrains non clos, jusqu'à cent trente-deux pieds, mais aux conditions expresses que les propriétaires ne pourront, sous aucun prétexte, être forcés à la cession des portions de leurs héritages, nécessaires pour compléter la susdite largeur de cent trente-deux pieds; et pour sûreté du paiement, tant du prix desdites acquisitions ou indemnités, que des ouvrages à exécuter, ordonne S. M. qu'avant le commencement desdits ouvrages, ledit sieur de Fer sera tenu de déposer, suivant ses offres, entre les mains du receveur de la ville de Paris, une somme de 250,000 liv., en deniers comptants, et de plus, jusqu'à la concurrence de 150,000 liv., en effets d'une valeur solide; le prix, tant des acquisitions de terrains, que des indemnités et des diverses constructions qu'exige la confection du canal, sera acquitté des deniers ainsi déposés sur les ordonnances qui seront délivrées à cet effet par le sieur intendant et commissaire départi, et au moyen desdits paiements, ledit sieur de Fer, et ceux qu'il aura associés à ladite entreprise, sous telle forme qu'il aura préférée, auront la pleine propriété, non-seulement dudit canal, de ses francs bords, et autres accessoires, mais encore des eaux qu'il conduira. Ordonne néanmoins S. M., que dans le cas où par la suite les prévôt des marchands et échevins de la ville de Paris seroient autorisés à faire pour ladite ville l'acquisition des droits du sieur de Fer, ou de ses ayant-cause, sur les eaux amenées par ledit canal, elle seroit pareillement subrogée à la propriété des terrains. Permet S. M. audit sieur de Fer, après l'exécution des ouvrages à l'arrivée des eaux au point désigné par son projet, de faire, pour leur distribution, soit dans l'intérieur de la ville de Paris, soit dans les faubourgs et dehors d'icelle, les traités et conventions particulières qu'il jugera convenables, comme aussi d'établir telles fontaines pour la distribution des eaux, regards, puisards, trappes, réservoirs et tuyaux de conduite, sans néanmoins que le prix des eaux puisse être porté plus haut que celui fixé par sa requête, à 12 liv. le muid pour les maisons royales, hôpitaux et communautés religieuses, et 25 liv. le muid pour les particuliers. N'entend S. M. que pour l'exécution dudit projet, ledit sieur de Fer puisse, en aucun cas, ou par quelque motif que ce soit, prétendre ou demander aucune indemnité, délaissement de son entreprise, ou faculté de compter des dépenses qu'elle aura pu occasioner. Veut S. M. que nul recours à elle ne puisse être admis, sous quelque prétexte que ce soit. Qu'au moyen des conditions ci-dessus exprimées; et aussitôt après leur accomplissement en ce qui concerne les acquisitions de terrains ou indemnités, et le dépôt ordonné pour sûreté de leur paiement, ledit sieur de Fer demeure autorisé à ouvrir le canal par lui projeté, dans les directions et dimensions indiquées dans les plans et devis par lui remis aux commissaires nommés par S. M., ainsi que les rigoles nécessaires pour réunir au canal principal les sources et ruisseaux y affluents, et tous réservoirs qu'il croira convenables pour augmenter le volume des eaux, en les tenant en réserve dans les temps d'abondance. Ordonne S. M. que dans le cas de réunion de la fontaine dite des Moulins, le sieur de Fer sera tenu de laisser aux habitants du Bourg-la-Reine et de Fontenay-aux-Roses une quantité d'eau suffisante à leurs besoins, et conformément à la soumission qu'il en a faite au procès-verbal dressé par le subdélégué de l'intendance, et le sieur Bralle, ingénieur, le 7 août 1787; et en cas de contestation sur la quantité d'eau nécessaire, elle sera réglée par le sieur intendant-commissaire départi en la généralité de Paris. Enjoint S. M. audit sieur de Fer de diriger tellement ses travaux qu'ils ne puissent être commencés que par la rivière de Bièvre, prise au point d'Amblainvilliers, qu'il a indiqué; et de manière qu'il ne sera procédé à aucun autre ouvrage relatif à la totalité du projet de l'Yvette et de la Bièvre, que lorsque les travaux de la rivière de Bièvre, pris à Amblainvilliers, seront portés à leur point de perfection, et cependant que les ponts et ponceaux à construire sur le nouveau canal pour la communication de chemins qu'il doit traverser, soient construits promptement et sans délai, afin què les voies publiques ne puissent être interrompues. Veut S. M. que toutes les constestations qui s'élèveront au sujet de ladite entreprise, laquelle continuera d'avoir lieu et d'être exécutée sans relâche, nonobstant tout empêchement ou oppositions quelconques, ainsi que la connoissance de tous les délits ou dégradations qui pourroient se commettre sur ledit canal, ses francs-bords, clôtures et plantations adjacentes, soient portées devant ledit sieur intendant-commissaire départi en la généralité de Paris, sauf l'appel au conseil, lui attribuant toute cour, jurisdiction et connoissance, qu'elle interdit à ses autres cours et juges; défend aux parties de se pourvoir ailleurs, à peine de nullité de procédures, dépens, dommages et intérêts, et de 2,000 liv. d'amende, se réservant, S. M. de prononcer sur les autres demandes contenues dans la requête dudit sieur de Fer, et notamment sur celle de l'érection en fief du canal et de ses francs-bords, après l'arrivée des eaux de la susdite rivière de Bièvre au réservoir de distribution.

Nº 2405. — ORDONNANCE *qui défend d'inhumer dans les églises des colonies aucune personne de quelque qualité et condition qu'elle soit.*

Versailles, 3 novembre 1787. (Code de la Martinique, tom. 4, pag. 53.)

Nº 2406. — ARRÊT *de réglement du conseil supérieur de Cayenne portant défenses à toute personne de postuler, ni de se charger d'aucune procuration, pour les personnes résidantes dans la colonie, ni aux habitans particuliers de se servir de leur ministère, à l'exception des tuteurs pour la défense des intérêts de leurs mineurs* (1).

Cayenne, 8 novembre 1787. (Coll. m. m. Code Cayenne, tom. 7, p. 457.)

Nº 2407. — ORDONNANCE *de police portant prohibition de colporter dans la ville de Paris et ses faubourgs des falourdes, fagots et cotrets, et d'avoir clandestinement aucun dépôt, à peine de confiscation, et 100 liv. d'amende, et de plus grande peine et même d'emprisonnement en cas de récidive.*

Paris, 13 novembre 1787. (Mars, 2—302. Dupin, Code du commerce de bois et charbon, 1—594.)

_____

(1) En marge est écrit : *Cet arrêt est exécuté dans tout son contenu.*

N° 2408. — ORDONNANCE *de police concernant les marchandises de charbons de bois et de terre.*

Paris, 13 novembre 1787. (Mars, 2—347.

1. Seront les marchandises de charbon de bois et de terre conduites ès-ports et places à ce destinés, et les marchands tenus, à l'instant de l'arrivée d'icelles, exhiber aux jurés-mesureurs et contrôleurs de ladite marchandise, leurs lettres de voitures, dont sera fait registre par lesdits mesureurs, pour y avoir recours quand besoin sera.

3. Tous charbons amenés par rivière seront entièrement vendus dans les bateaux qui les auront voiturés, et ceux amenés par charrettes et bannes, incessamment conduits aux places à ce destinées, sans qu'il soit loisible de faire aucun entrepôt ou magasin de ladite marchandise sans permission expresse du prévôt des marchands et échevins, ni faire séjourner lesdites charrettes et bannes dans les hôtelleries et autres lieux de cette ville et faubourgs, à peine de confiscation.

5. Ne sera la marchandise de charbon vendue sur les ports et places à plus haut prix que la taxe, et pour la donner à connoître aux acheteurs, seront les jurés-mesureurs tenus d'apposer par chacun jour à chacun bateau qui sera en vente, et aux places publiques, quand il s'y fera débit de ladite marchandise, une banderolle contenant ladite taxe, à peine d'amende contre lesdits jurés-mesureurs départis pour la mesure desdits charbons, et d'être responsables en leurs noms des dommages et intérêts de l'acheteur, en cas de survente.

6. Les chandeliers, fruitiers, femmes de gagne-deniers, vulgairement appelés les garçons de la pelle, et tous autres, à l'exception des plumets, des jurés-porteurs de charbon et de leurs femmes, pourront vendre du charbon à petite mesure, à la charge qu'ils ne pourront avoir en leurs maisons plus grande quantité que de six mines à la fois, y compris leurs provisions, à l'exception des femmes desdits garçons de la pelle qui se trouveront avoir récemment vidé quelque bateau foncé chargé de charbon, qui leur aura été donné en paiement de leurs salaires, pour le débit de laquelle quantité ils auront un mois, après lequel ce qui se trouvera excéder les six mines à eux ci-dessus accordées sera rapporté sur les places publiques pour y être vendu (1).

_____

(1) V. loi du 24 août 1790, §§ 3 et 5. App. C. P.

7. Ne pourront lesdits regrattiers vendre aucuns charbons à plus grande mesure que le boisseau; à eux enjoint de se servir de mesures étalonnées.... et d'avoir en leurs boutiques et étalages une pancarte contenant le prix de chacune desdites mesures dans lesquelles ils débiteront lesdites marchandises, à peine d'amende pour la première fois, et d'être exclus de pouvoir continuer le regrat de ladite marchandise pour la seconde.

9. Quand le prix aura été mis au charbon de terre à l'ouverture de la vente, ledit prix ne pourra être augmenté, sous quelque prétexte que ce soit : et si, dans le cours de la distribution, le marchand fait rabais, il sera en ce cas tenu de continuer la vente au dernier et moindre prix, à peine de confiscation desdites marchandises et d'amende arbitraire, et les jurés-mesureurs tiendront registre du prix auquel la vente du charbon de terre aura été commencée, et aussi du rabais, pour y avoir recours quand besoin sera.

N° 2409. — Édit portant création d'emprunts graduels et successifs pendant cinq ans (1).

Versailles, novembre 1787. Reg. en parlement en séance royale le 19 (2).

N° 2410. — Ordre du roi qui fixe le poids des barriques à sucre de 1,000 à 1,600 aux îles du Vent (3).

Versailles, 24 novembre 1787. (Code de la Martinique, tom. 4, pag. 54. Coll. m. m. Code Cayenne, tom. 7, pag. 463.)

N° 2411. — Arrêt du conseil sur la police de la halle aux toiles (4).

Versailles, 27 novembre 1787. (R. S.)

Le roi étant informé que, malgré les réglements ci-devant intervenus concernant le commerce qui se fait sous la halle aux toiles de Paris, et notamment les arrêts de son conseil des 15 mars 1746, 12 mars 1779, et 2 février 1780, qui ont établi la règle et la discipline à faire observer par ceux qui fréquentent la halle à raison de leur commerce, ou des fonctions qu'ils doivent y exercer, plusieurs marchands forains refusent

(1) V. 17 décembre 1787, 3, 16 août, 24 novembre 1788.
(2) Le même jour arrêté du parlement portant qu'il n'entend prendre aucune part à la transcription ordonnée être faite sur des registres. V. Lacretelle, Histoire de France pendant le 18ᵉ siècle, tom. 6, pag. 252.
(3) V. réglement 11 février 1787.
(4) V. nᵒˢ 1050 et 1260, tom. 4 du règne, pag. 46 et 265.

de s'y conformer, notamment à l'article 6 de l'arrêt du 2 février 1780, qui enjoint auxdits marchands de remballer, le dernier jour de chaque marché, les toiles des fabriques de Louviers, Lisieux, Bernay, Vimoutiers, et autres de pareilles espèces et qualités, ce qui donne lieu à une infinité de plaintes, et trouble la tranquillité du service, et S. M. considérant que ce qui a pu donner lieu à ce désordre est que cet article ne contient aucune peine contre les contrevenants, elle a cru devoir faire connoître ses intentions. A quoi voulant pourvoir; ouï le rapport, etc.; le roi étant en son conseil, a ordonné et ordonne que tous les réglements précédemment faits concernant le commerce de la halle aux toiles de Paris, continueront à être exécutés selon leur forme et teneur, et qu'en conséquence, conformément à l'article 6 du règlement du 2 février 1780, les marchands forains qui font le commerce des toiles de Lisieux, Bernay et Vimoutiers pourront continuer à apporter leurs toiles à la halle, de quinzaine en quinzaine, les jours de marchés indiqués par un tableau qui sera formé et arrêté au commencement de chaque année par le sieur lieutenant général de police. Veut S. M. qu'ils soient tenus de remballer le dernier jour de chaque marché les toiles des fabriques ci-dessus désignées, et autres de pareilles espèces et qualités; n'entendant S. M. que lesdites toiles puissent être vendues, sous ladite halle, d'autres jours que lesdits jours de marchés indiqués, à peine de confiscation desdites toiles, de 300. liv. d'amende contre chacun des contrevenants, et en cas de récidive, d'être exclus du commerce sous ladite halle, lesquelles confiscations, amendes et exclusions seront prononcées par le sieur lieutenant général de police, sur le vu des procès-verbaux qui auront été dressés à la requête de l'inspecteur de la halle, des gardes-merciers, syndiques-lingères ou autres qu'il appartiendra. Enjoint S. M. au sieur lieutenant général de police de tenir la main à l'exécution des précédents réglements, ainsi que du présent arrêt, qui sera imprimé et affiché partout où besoin sera.

Nº 2412. — ARRÊT *du conseil portant réduction du nombre des conseillers d'état au conseil-privé à celui de trente-deux.*

Versailles, 28 novembre 1787. (R. S.)

Le roi s'étant fait représenter les divers réglements qui ont statué sur la composition de son conseil d'état privé, auroit reconnu que divers motifs ou considérations auroient produit dans la fixation du nombre des membres de ce conseil des variations qu'il est nécessaire de faire cesser, et S. M. auroit jugé convenable de reprendre l'esprit du réglement du 3 janvier 1673, et de proportionner le nombre des conseillers en son conseil d'état privé à l'extension du territoire de la monarchie, à la multiplication des affaires, et en même temps à ce qu'exigent la sûreté du secret des délibérations, et la conservation de la dignité que doivent conférer des places qui sont la récompense des services importants rendus à l'état dans les fonctions du sacerdoce, des négociations, de la magistrature et de l'administration. A quoi voulant pourvoir; ouï le rapport, le roi étant en son conseil, a ordonné et ordonne ce qui suit:

1. Le nombre des conseillers en son conseil d'état privé sera et demeurera réduit au nombre de trente-deux, sans que par la suite ledit nombre puisse être augmenté pour quelque cause et considération que ce soit, et qu'aucun autre que lesdits trente-deux conseillers puisse exercer les fonctions qui leur sont attribués audit titre, et jouir des honneurs, rang, séance, prérogatives, prééminences, droits et privilèges qui leur appartiennent, et sans qu'il puisse être accordé désormais aucun titre de conseiller d'état surnuméraire.

2. Des trente-deux conseillers d'état, quatre seront d'église, quatre seront d'épée, et vingt-quatre seront choisis dans l'ordre de la magistrature, et aucun d'eux ne pourra se dispenser d'assister audit conseil sans permission expresse de M. le chancelier ou garde des sceaux, laquelle permission ne pourra être accordée qu'à raison de maladie ou d'autres fonctions pour le service du roi.

3. Déclare S. M. que jusqu'à ce que lesdites places de conseillers d'état soient réduites au nombre ci-dessus fixé, elle attendra qu'il y ait deux places de conseillers d'état vacantes pour nommer à une, et l'autre place demeurera supprimée.

4. N'auront à l'avenir entrée au conseil d'état privé que le chancelier, le garde des sceaux, les trente-deux conseillers d'état, le chef du conseil des finances, le contrôleur général, les secrétaires d'état, les maîtres des requêtes, les deux agents généraux du clergé, et le greffier du conseil qui sera de service; supprimant S. M. tous autres droits d'entrée en son conseil d'état privé qui auroient été accordés par quelques réglements ou quelques décisions que ce soit, ou qui se seroient introduits par l'usage.

N° 2413. — **Arrêt** *du conseil qui ordonne le remboursement des parties de rentes et autres charges de 20 liv. et au-dessous, employées dans l'état des charges assignées sur les fermes* (1).

Versailles, 28 novembre 1787. (R. S.)

N° 2414. — **Arrêt** *du parlement portant réglement pour la conversion des baux conventionnels des biens saisis réellement en baux judiciaires.*

Versailles, 28 novembre 1787. (R. S.)

N° 2415. — **Édit** *concernant ceux qui ne font pas profession de la religion catholique* (2).

Versailles, novembre 1787. Reg. au parlement de Paris le 29 janvier, de Grenoble 5 mars, d'Alsace le 27 février 1788. (R. S. C.)

Louis, etc. Lorsque Louis XIV défendit solennellement dans tous les pays et terres de son obéissance, l'exercice public de toute autre religion que la religion catholique, l'espoir d'amener ses peuples à l'unité si désirable du même culte, soutenu par de trompeuses apparences de conversions, empêcha ce grand roi de suivre le plan qu'il avoit formé dans ses conseils, pour constater légalement l'état civil de ceux de ses sujets qui ne pouvoient pas être admis aux sacrements de l'église; à l'exemple de nos augustes prédécesseurs, nous favoriserons toujours de tout notre pouvoir les moyens d'instruction et de persuasion qui tendront à lier tous nos sujets par la profession commune de l'ancienne foi de notre royaume, et nous proscrirons, avec la plus sévère attention, toutes ces voies de violence, qui sont aussi contraires aux principes de la raison et de l'humanité, qu'au véritable esprit du christianisme. Mais, en attendant que la divine Providence bénisse nos efforts et opère cette heureuse révolution, notre justice et l'intérêt de notre royaume ne nous permettent pas d'exclure plus long-temps, des droits de l'état civil, ceux de nos sujets ou des étrangers domiciliés dans notre empire, qui ne professent point la religion catholique. Une assez longue expérience a démontré que ces épreuves rigoureuses étoient insuffisantes pour les convertir : nous ne devons donc plus souffrir que nos lois les punissent inutilement du malheur de

---

(1) V. a. d. c. 26 décembre 1784, 18 août 1785, n° 2100, pag. 74.
(2) Enregistré au conseil supérieur de Cayenne le 19 mars 1789. (Coll. m. m. Code Cayenne, tom. 7, pag. 563. Code de la Martinique, tom. 4, pag. 102.)

leur naissance, en les privant des droits que la nature ne cesse
de réclamer en leur faveur. Nous avons considéré que les pro-
testants, ainsi dépouillés de toute existence légale, étoient
placés dans l'alternative inévitable, ou de profaner les sacrements par des conversions simulées, ou de compromettre l'état
de leurs enfants, en contractant des mariages frappés d'avance
de nullité par la législation de notre royaume. Les ordonnances
ont même supposé qu'il n'y avoit plus que des catholiques dans
nos états; et cette fiction, aujourd'hui inadmissible, a servi de
motif au silence de la loi, qui n'auroit pu reconnoître en France
des prosélytes d'une autre croyance, sans les proscrire des
terres de notre domination, ou sans pourvoir aussitôt à leur
état civil. Des principes si contraires à la prospérité et à la
tranquillité de notre royaume, auroient multiplié les émigra-
tions, et auroient excité des troubles continuels dans les familles, si nous n'avions pas profité provisoirement de la jurisprudence de nos tribunaux, pour écarter les collatéraux avides
qui disputoient aux enfants l'héritage de leurs pères. Un pareil
ordre de choses sollicitoit depuis long-temps notre autorité de
mettre un terme à ces dangereuses contradictions entre les
droits de la nature et les dispositions de la loi. Nous avons voulu
procéder à cet examen avec toute la maturité qu'exigeoit l'importance de la décision. Notre résolution étoit déjà arrêtée
dans nos conseils, et nous nous proposions d'en méditer encore
quelque temps la forme légale; mais les circonstances nous ont
paru propres à multiplier les avantages que nous espérons de
recueillir de notre nouvelle loi, et nous ont déterminé à hâter
le moment de la publier. S'il n'est pas en notre pouvoir d'empêcher qu'il n'y ait différentes sectes dans nos états, nous ne
souffrirons jamais qu'elles puissent y être une source de discorde entre nos sujets. Nous avons pris les mesures les plus
efficaces pour prévenir de funestes associations. La religion
catholique que nous avons le bonheur de professer, jouira seule,
dans notre royaume, des droits et des honneurs du culte public, tandis que nos autres sujets non catholiques, privés de
toute influence sur l'ordre établi dans nos états, déclarés d'a-
vance et à jamais incapables de faire corps dans notre royaume,
soumis à la police ordinaire pour l'observation des fêtes, ne
tiendront de la loi que ce que le droit naturel ne nous permet
pas de leur refuser, de faire constater leurs naissances, leurs
mariages et leurs morts, afin de jouir, comme tous nos autres
sujets, des effets civils qui en résultent. A ces causes, etc.

1. La religion catholique, apostolique et romaine continuera

de jouir seule, dans notre royaume, du culte public (1), et la naissance, le mariage et la mort de ceux de nos sujets qui la professent, ne pourront, dans aucuns cas, être constatés que suivant les rits et usages de ladite religion autorisée par nos ordonnances (2).

Permettons néanmoins à ceux de nos sujets qui professent une autre religion que la religion catholique, apostolique et romaine, soit qu'ils soient actuellement domiciliés dans nos états, soit qu'ils viennent s'y établir dans la suite, d'y jouir de tous les biens et droits qui peuvent ou pourront leur appartenir à titre de propriété ou à titre successif, et d'y exercer leurs commerces, arts, métiers, et professions, sans que, sous prétexte de leur religion, ils puissent y être troublés ni inquiétés.

Exceptons néanmoins desdites professions toutes les charges de judicature, ayant provision de nous ou des seigneurs, les municipalités érigées en titre d'office, et ayant fonctions de judicature, et toutes les places qui donnent le droit d'enseignement public (3).

2. Pourront en conséquence ceux de nos sujets ou étrangers domiciliés dans notre royaume, qui ne seroient pas de la religion catholique, y contracter des mariages dans la forme qui sera ci-après prescrite; voulons que lesdits mariages puissent avoir dans l'ordre civil, à l'égard de ceux qui les auront contractés dans ladite forme, et de leurs enfants, les mêmes effets que ceux qui seront contractés et célébrés dans la forme ordinaire par nos sujets catholiques.

3. N'entendons néanmoins que ceux qui professeront une religion différente de la religion catholique, puissent se regarder comme formant dans notre royaume un corps, une communauté ou une société particulière, ni qu'ils puissent, à ce titre, former en nom collectif aucune demande, donner aucune procuration, prendre aucune délibération, faire aucune acquisition, ni aucun autre acte quelconque. Faisons très-expresses inhibitions et défenses à tous juges, greffiers, notaires, procureurs, ou autres officiers publics, de répondre, recevoir ou signer lesdites demandes, procurations, délibérations ou autres actes, à peine d'interdiction; et à tous nos sujets de se dire

---

(1) V. art. 10 de la décl. des droits; art. 5 de la Charte constit.
(2) Loi du 20 septembre 1792, art. 1er, et tit. 6, art. 5; lois 19 déc. 1792, 28 nivôse, 14 et 21 fructidor an 11, 3 ventôse an 111, 19 vendémiaire an 1v, 28 pluviôse an v11, art. 13.
(3) V. art. 1er, décl. des droits, art. 3 de la Charte.

fondés de pouvoir desdites prétendues communautés ou sociétés, à peine d'être réputés fauteurs et protecteurs d'assemblées et associations illicites, et comme tels, punis suivant la rigueur des ordonnances.

4. Ne pourront non plus ceux qui se prétendoient ministres ou pasteurs d'une autre religion que de la religion catholique, prendre ladite qualité dans aucun acte, porter en public un habit différent de celui des autres de ladite religion, ni s'attribuer aucune prérogative ni distinction; leur défendons spécialement de s'ingérer à délivrer aucuns certificats de mariages, naissances ou décès, lesquels nous déclarons dès-à-présent nuls et de nul effet, sans qu'en aucuns cas, nos juges ni autres puissent y avoir égard.

5. Faisons pareillement défenses à tous nos sujets ou étrangers demeurant ou voyageant dans nos états, de quelque religion qu'ils puissent être, de s'écarter du respect dû à la religion catholique et à ses saintes cérémonies, à peine, contre ceux qui se permettroient en public des actions ou des discours qui y seroient contraires, d'être poursuivis et jugés dans toute la rigueur des ordonnances, et comme le seroient ou devroient l'être en pareil cas ceux de nos sujets qui professent ladite religion.

6. Leur enjoignons de se conformer aux réglements de police à l'égard de l'observation des dimanches et des fêtes commandées, à l'effet de quoi ne pourront vendre ni établir à boutique ouverte lesdits jours.

7. Voulons en outre que tous particuliers, de quelque qualité et condition qu'ils soient, établis dans notre royaume, et qui ne professeroient pas la religion catholique, soient tenus de contribuer, comme nos autres sujets, et à proportion de leurs biens et facultés, aux entretiens, réparations et reconstructions des églises paroissiales, chapelles, presbytères, logements des prêtres séculiers ou religieux employés à la célébration du service divin, et généralement à toutes les charges de cette nature, dont nos sujets catholiques peuvent être tenus.

8. Ceux de nos sujets ou étrangers établis dans notre royaume depuis un temps suffisant, qui ne seront pas de la religion catholique, et qui voudront s'unir par le lien du mariage seront tenus de faire publier leurs bans dans le lieu du domicile actuel de chacune des parties contractantes, dans celui du domicile que lesdites parties, ou l'une d'elles, auroient quitté depuis six mois, si c'est dans l'étendue du même diocèse, ou depuis un an, si elles ont passé d'un diocèse à un autre, et en

outre, si elles sont mineures, dans le lieu du domicile de leurs
pères, mères, tuteurs ou curateurs.

9. Il sera au choix des parties contractantes de faire faire
lesdites publications, ou par les curés ou vicaires des lieux où
elles devront être faites, ou par les officiers de justice desdits
lieux, dans la forme ci-après prescrite.

10. Lesdits curés ou vicaires, ou ceux qu'ils choisiront pour
les remplacer en cas que les parties s'adressent à eux, feront
lesdites publications à la porte de l'église, sans faire mention
de la religion des contractants; et en cas que les parties aient
obtenu dispense d'une ou de deux publications, elles seront
tenues d'en justifier auxdits curés ou vicaires, lesquels en feront mention; seront lesdites publications, après qu'elles auront été faites, affichées à la porte des églises.

11. Seront audit cas les oppositions aux mariages signifiées
auxdits curés ou vicaires, lesquels en feront mention dans
le certificat de publication qu'ils délivreront aux parties
dans la forme ordinaire, et pour lequel, ainsi que pour ladite
publication, il leur sera payé la rétribution qui sera par nous
ci-après fixée.

12. En cas que les parties ne jugent pas à propos de s'adresser
auxdits curés ou vicaires, ou en cas de refus desdits curés ou
vicaires, les bans seront publiés les jours de dimanches ou de
fêtes commandées, à la sortie de la messe paroissiale, par le
greffier de la justice principale du lieu, en présence du juge,
ou de celui qui sera par lui commis; sera fait mention au bas
de l'écrit, qui contiendra les noms et qualités des parties, de
la date de la publication; et si c'est la première, la seconde
ou la troisième, comme aussi des dispenses, s'il en a été
accordé : le tout sera signé du juge, ou de l'officier par lui
commis, et du greffier, et copie lisible en sera de suite affichée
à la porte extérieure de l'église.

13. Dans le cas de l'article précédent, les oppositions au
mariage ne pourront être signifiées qu'au greffe du siège, en
présence duquel aura été faite la publication des bans; seront
tenus les greffiers de faire mention desdites oppositions dans
les certificats de publications de bans qu'ils délivreront aux
parties, à peine d'interdiction et des dommages-intérêts desdites parties, et ne pourra, dans tous les cas, la main-levée
desdites oppositions être demandée devant d'autres juges que
ceux de nos bailliages et sénéchaussées ressortissant nuement
en nos cours, lesquels y statueront en la forme ordinaire, et
sauf l'appel en nosdites cours.

14. Ne pourront non plus les déclarations de mariages, dont il sera ci-après parlé, lorsqu'elles ne seront pas faites par-devant les curés ou vicaires, être reçues par aucun autre juge, que par le premier officier de la justice des lieux, soit royale, soit seigneuriale, dans le ressort duquel sera situé le domicile de l'une des parties, ou par celui qui le remplacera en cas d'absence, à peine de nullité.

15. Pourra le premier officier de nos bailliages et sénéchaussées, ressortissant nuement en nos cours, et en se conformant par lui aux ordonnances du royaume, accorder dans l'étendue de son ressort, à ceux qui ne sont pas de la religion catholique, des dispenses de publication de bans, comme et ainsi que les ordinaires des lieux sont en droit et possession de les accorder à ceux qui professent ladite religion. Pourront encore lesdits juges accorder les dispenses de parenté au-delà du troisième degré, et quant aux degrés antérieurs, les dispenses seront expédiées et scellées en notre grande chancellerie, et enregistrées sans frais ès-registres des greffes desdites jurisdictions.

16. Soit que lesdites parties aient fait procéder à la publication des bans de leur mariage par les curés ou vicaires, ou par les officiers de justice, il leur sera loisible de faire par-devant lesdits curés ou vicaires, ou par-devant le premier officier de justice désigné en l'article 14 ci-dessus, la déclaration dudit mariage, en leur rapportant les certificats de ladite publication sans opposition, la main-levée des oppositions, en cas qu'il y en ait eu, l'expédition des dispenses qu'il leur aura été nécessaire d'obtenir, ensemble le consentement de leurs pères, mères, tuteurs ou curateurs, comme et ainsi qu'ils sont requis par nos ordonnances à l'égard de nos autres sujets, et sous les mêmes peines.

17. Pour faire ladite déclaration, les parties contractantes se transporteront, assistées de quatre témoins, en la maison du curé ou vicaire du lieu où l'une desdites parties aura son domicile, ou en celle dudit juge, et y déclareront qu'elles se sont prises et se prennent en légitime et indissoluble mariage, et qu'elles se promettent fidélité.

18. Ledit curé ou vicaire, ou ledit juge, déclarera aux parties, au nom de la loi, qu'elles sont unies en légitime et indissoluble mariage; inscrira lesdites déclarations sur les deux doubles du registre destiné à cet effet, et fera mention de la publication des bans sans opposition, ou de la main levée des oppositions, s'il y en a eu; des dispenses, si aucunes ont été

accordées du consentement des pères, mères, tuteurs ou curateurs; signera le tout, et fera signer par les parties contractantes, si elles savent signer, et par les témoins.

19. En cas que les parties contractantes ne soient pas domiciliées l'une et l'autre dans le même lieu, elles pourront
s'adresser à celui des curés ou des juges ci-dessus désignés,
dans la paroisse ou le ressort duquel sera situé le domicile de
l'une desdites parties qu'elles jugeront à propos de choisir,
pour recevoir leur déclaration; mais ne pourront lesdits curés
ou vicaires, ou ledit juge, recevoir ladite déclaration s'il ne
leur appert du consentement du curé ou du juge de la paroisse,
ou du domicile de l'autre partie, en forme de commission
rogatoire; et seront lesdits consentements, qui ne pourront être
refusés par ceux desdits curés, vicaires ou juges auxquels ils
seront demandés, énoncés et datés, dans l'acte de déclaration
du mariage.

20. Les curés ou vicaires auxquels les parties s'adresseront
pour recevoir leurs déclarations de mariages, les inscriront
sur les deux doubles des registres ordinaires des mariages de
leurs paroisses; les juges, sur les registres dont il sera ci-
après parlé; et sera tout ce que dessus observé sous les mêmes
peines que celles prononcées par les ordonnances, édits, déclarations et réglements au sujet des formalités à suivre dans
les mariages de nos sujets catholiques.

21. Et quant aux unions conjugales qu'auroient pu contracter
aucuns de nos sujets ou étrangers non catholiques, établis et
domiciliés dans notre royaume, sans avoir observé les formalités prescrites par nos ordonnances, voulons et entendons
qu'en se conformant par eux aux dispositions suivantes, dans
le terme et espace d'une année, à compter du jour de la publication et enregistrement de notre présent édit dans celle de
nos cours dans le ressort de laquelle ils seront domiciliés, ils
puissent acquérir pour eux et leurs enfants la jouissance de
tous les droits résultants des mariages légitimes, à compter
du jour de leur union, dont ils rapporteront la preuve, et en
déclarant le nombre, l'âge et le sexe de leurs enfants.

22. Seront tenus lesdits époux et épouses de se présenter
en personnes, et assistés de quatre témoins, devant le curé
ou le juge royal du ressort de leur domicile, auxquels ils feront
leur déclaration de mariage, qu'ils seront tenus de réitérer
dans la même forme devant le curé ou le juge du ressort du
domicile qu'ils auroient quitté depuis six mois, si c'est dans

le même diocèse; ou depuis un an, si c'est dans un diocèse différent.

23. Seront aussi tenues lesdites parties, en cas qu'elles soient encore mineures au moment de ladite déclaration, de représenter le consentement par écrit de leurs pères, mères, tuteurs ou curateurs, duquel les curés ou juges seront tenus de faire mention dans l'acte de déclaration de mariage, et sera ledit acte inscrit sur les mêmes registres que les déclarations des mariages nouvellement contractés, le tout sous les peines prononcées par l'article 20 ci-dessus.

24. En cas qu'il s'élève quelques contestations au sujet des mariages contractés ou déclarés dans les formes ci-dessus prescrites, elles seront portées en première instance devant nos baillis et sénéchaux ressortissant nuement en nos cours, à l'exclusion de tous autres juges, et par appel en nos cours de parlement et conseils supérieurs, nous réservant, au surplus, de pourvoir, ainsi qu'il appartiendra, aux effets civils des unions contractées par ceux de nos sujets ou étrangers domiciliés dans notre royaume, non catholiques, qui seroient décédés.

25. La naissance des enfants de nos sujets non catholiques, et qui auront été mariés suivant les formes prescrites par notre présent édit, sera constatée, soit par l'acte de leur baptême, s'ils y sont présentés, soit par la déclaration que feront devant le juge du lieu le père et deux témoins domiciliés, ou en son absence quatre témoins aussi domiciliés, qu'ils sont chargés par la mère de déclarer que l'enfant est né, qu'il a été baptisé et qu'il a reçu nom.

Si ce n'est que l'enfant fût né de père et mère d'une secte qui ne reconnoît pas la nécessité du baptême, auquel cas ceux qui le présenteront déclareront la naissance de l'enfant, la secte dans laquelle il est né, et justifieront que le père et la mère ont été mariés dans la forme prescrite par le présent édit.

26. Sera ladite déclaration inscrite sur les deux doubles des registres destinés à cet effet, signée du père, s'il est présent, et s'il sait signer, des témoins et du juge; et seront, au surplus, observées les formalités prescrites par nos ordonnances, édits et déclarations au sujet des actes de baptême des enfants nés de pères et mères catholiques, à peine de nullité.

27. Arrivant le décès d'un de nos sujets ou étrangers demeurant ou voyageant dans notre royaume, auquel la sépulture ecclésiastique ne devra être accordée, seront tenus les

prévôts des marchands, maires, échevins, capitouls, syndics ou autres administrateurs des villes, bourgs et villages, de destiner dans chacun desdits lieux un terrain convenable et décent pour l'inhumation; enjoignons à nos procureurs sur les lieux, et à ceux des seigneurs, de tenir la main à ce que les lieux destinés auxdites inhumations soient à l'abri de toute insulte, comme et ainsi que le sont ou doivent être ceux destinés aux sépultures de nos sujets catholiques.

28. La déclaration du décès sera faite par les deux plus proches parents ou voisins de la personne décédée, et à leur défaut, par notre procureur ou celui du seigneur haut-justicier dans la justice duquel le décès sera arrivé, lequel sera assisté de deux témoins; pourra ladite déclaration de décès être faite, soit au curé ou vicaire de la paroisse, soit aux juges, lesquels seront tenus de la recevoir et de l'inscrire, savoir; lesdits curé ou vicaire sur les registres ordinaires des sépultures, et le juge sur les registres destinés à cet effet, et dont il sera ci-après parlé; et sera ladite déclaration signée par celui qui l'aura reçue, par les parents ou voisins qui l'auront faite, ou à leur défaut, par notre procureur ou celui du seigneur, et les deux témoins qu'il aura administrés.

29. Encore que les parents ou voisins de la personne décédée préfèrent de faire insérer la déclaration de décès sur les registres de la paroisse, ils seront tenus d'en donner avis au juge du lieu, lequel nommera un commissaire pour assister à l'inhumation, en cas qu'il n'y assiste pas en personne; et sera dans tous les cas la déclaration de décès signée par le commissaire ou officier de justice qui aura assisté à l'inhumation.

30. Ne seront les corps des personnes auxquelles la sépulture ecclésiastique ne pourra être accordée, exposés au devant des maisons, comme il se pratique à l'égard de ceux qui sont décédés dans le sein de l'église. Pourront les parents et amis de la personne décédée accompagner le convoi, mais sans qu'il leur soit permis de chanter ni de réciter des prières à haute voix; comme aussi défendons à tous nos sujets de faire ou exciter aucun trouble, insulte ou scandale, lors et à l'occasion desdits convois, à peine contre les contrevenants d'être poursuivis comme perturbateurs de l'ordre public.

31. Pour l'exécution de notre présent édit, il sera tenu dans la principale justice de toutes les villes, bourgs et villages de notre royaume, où il écherra de recevoir les déclarations ci-dessus prescrites, deux registres, dont l'un en papier timbré dans les pays où il est en usage, et l'autre en papier commun,

à l'effet d'y inscrire lesdites déclarations, et en être, par le greffier desdites justices, délivré des extraits à ceux qui le requerront, comme et ainsi qu'il se pratique à l'égard des registres des baptêmes, mariages et sépultures, tenus par les curés ou vicaires des paroisses; et sera le papier desdits registres fourni par les communautés desdites villes, bourgs et villages.

32. Tous les feuillets desdits registres seront cotés et paraphés par premier et dernier, par le premier officier desdites justices, sans frais, déposés aux greffes desdites justices, et le greffier tenu de les représenter à toute réquisition. Les déclarations de naissance, mariage et décès, mentionnées au présent édit, et dans la forme qui est ci-dessus prescrite, y seront inscrites de suite, et sans aucuns blancs; et à la fin de chaque année, lesdits registres seront clos et arrêtés par le juge ensuite du dernier acte qui y aura été inscrit, et les feuilles qui seront restées en blanc, par lui barrées.

33. Un des doubles desdits registres sera, dans les six semaines qui suivront la fin de chaque année, déposé au greffe des bailliages ou sénéchaussées, ressortissant nuement en nos cours, auxquelles ressortissent lesdites justices; et à l'égard de ceux qui seront tenus au greffe desdits bailliages et sénéchaussées, les doubles en seront envoyés par nos procureurs esdits sièges à notre procureur général en la cour où ils ressortissent, lequel les déposera au greffe de ladite cour; et pourront les parties qui voudront se faire délivrer des extraits desdits registres, s'adresser, soit au greffe de la justice des lieux, soit à celui du bailliage ou de la sénéchaussée, soit à celui de la cour où aucuns desdits registes auront été déposés.

34. Seront tenus en outre les greffiers de nos bailliages et sénéchaussées ressortissant nuement en nos cours d'avoir un registre relié, coté et paraphé par premier et dernier, par le premier officier, à l'effet d'y enregistrer, de suite et sans aucun blanc, les dispenses de parenté ou de publication de bans que ledit officier aura accordées, ensemble celles qui auront été expédiées en notre grande chancellerie, et adressées auxdits juges à cet effet; pourra ledit registre servir plus d'une année; mais à la fin de chacune, et le 1ᵉʳ janvier au plus tard de l'année suivante, il sera clos et arrêté par ledit juge.

35. Seront tenues en outre les parties qui auront obtenu lesdites dispenses, de les faire contrôler dans les trois jours au plus tard, au bureau des contrôles du lieu où ledit siège sera établi, pour quoi il sera payé au contrôleur 10 sous; ne

51

pourront au surplus être perçus sur les déclarations de naissance, mariage ou décès, ni sur les extraits qui en seront délivrés, publications de bans, affiches et certificats desdites publications, aucuns droits de contrôle ni autres à notre profit; desquels nous avons expressément dispensé et dispensons, tant nos sujets, que les étrangers qui seront parties dans lesdites déclarations, ou auxquels lesdits extraits pourront être nécessaires.

36. Ne pourront, tant lesdits curés ou vicaires, que nos officiers et ceux des seigneurs, percevoir, pour raison des mêmes actes, d'autres et plus forts droits que ceux portés au tarif qui sera attaché sous le contre-scel de notre présent édit.

37. N'entendons au surplus déroger, par notre présent édit, aux concessions par nous faites, ou les rois nos prédécesseurs, aux luthériens établis en Alsace, non plus qu'à celles faites à ceux de nos autres sujets, auxquels l'exercice d'une religion différente de la religion catholique a pu être permis dans quelques provinces ou villes de notre royaume, à l'égard desquels les réglements continueront d'être exécutés. Si donnons en mandement, etc.

N° 2416.—Ordonnance *de police concernant le flottage à bûches perdues, qui fait défenses à tous marchands, etc., de faire jeter à bûches perdues les bois destinés à la capitale, sans déclaration et constatation préalables que l'état de la rivière et la saison sont favorables, à peine de 100 liv. d'amende; et qui enjoint aux garde-ports, facteurs et préposés des marchands sur les rivières d'Yonne, Seine, et autres y affluentes, de faire leur rapport des contraventions ou délits, sous les peines y portées.*

Paris, 30 novembre 1787. (Dupin, code du comm. de bois et charbon, tom. 1, pag. 595.)

N° 2417. — Édit *portant réduction des offices des maîtres des requêtes ordinaires de l'hôtel à 67 (1).*

Versailles, novembre 1787. Reg. au sceau le 12 décembre, à l'audience de France le 13. (R. S.)

_____

(1) Un autre édit à la même date enregistré à la cour des comptes le 31 décembre porte suppression des charges de trésoriers des revenus casuels du et du marc d'or et des places de contrôleur du marc d'or, de trésorier de la caisse des amortissements, et des directeurs et contrôleurs de ladite caisse.

N° 2418. — ARRÊT *du parlement portant réglement pour les réparations à faire aux biens saisis réellement* (1).

Paris, 3 décembre 1787. (R. S. C.)

N° 2419. — LETTRES PATENTES *qui, en exécution de l'art.* 16 *du traité avec la Russie du* 31 *décembre* 1786, *portent abolition du droit d'aubaine en faveur de la Russie* (2).

Versailles, 8 décembre 1787. Reg. au parlement de Paris le 22 janvier, de Grenoble le 26 février 1788. (R. S. C.)

Louis, etc. Nous avons conclu le 31 décembre 1786 (vieux style) et le 11 janvier 1787 (nouveau style), un traité de commerce et de navigation avec notre très-chère et très-amée sœur l'impératrice de toutes les Russies, traité duquel l'art. 16 est ci-après transcrit.

« 16. Les nations qui sont liées avec la France par des traités de commerce, étant affranchies du droit d'aubaine dans les états de S. M. très-chrétienne, elle consent que les sujets russes ne soient par réputés aubains en France, et conséquemment ils seront exempts du droit d'aubaine ou autre droit semblable, sous quelque dénomination qu'il puisse être; ils pourront librement disposer par testament, donation ou autrement, de leurs biens meubles et immeubles en faveur de telles personnes que bon leur semblera; et lesdits biens délaissés par la mort d'un sujet russe, seront dévolus, sans le moindre obstacle, à ses héritiers légitimes, par testament ou *ab intestat*, soit qu'ils résident en France ou ailleurs, sans qu'ils aient besoin d'obtenir de lettres de naturalité, et sans que l'effet de cette concession puisse leur être contesté ou empêché, sous quelque prétexte que ce soit; ils seront également exempts du droit de détraction, ou autre de ce genre, aussi long-temps qu'il n'en sera point établi de pareil dans les états de S. M. l'impératrice de toutes les Russies; les susdits héritiers présents, ainsi que les exécuteurs testamentaires, pourront se mettre en possession de l'héritage, dès qu'ils auront satisfait aux formalités prescrites par les lois de S. M. très-chrétienne, et ils disposeront, selon leur bon plaisir, de l'héritage qui leur sera échu, après avoir acquitté les autres droits établis par les lois, et non désignés dans le présent article.

---

(1) V. édits de 1626, 1627, 1690, 23 février 1697; décl. 1689.
(2) V. ci-dessus n° 2308.

» Mais si les héritiers étoient absents ou mineurs, et par conséquent hors d'état de faire valoir leurs droits, dans ce cas, l'inventaire de toute la succession devra être fait sous l'autorité des juges du lieu, par un notaire public, accompagné du consul ou du vice-consul de Russie, s'il y en a un dans l'endroit, et sous l'inspection du procureur du roi ou du procureur fiscal; et s'il n'y avoit pas de consul ou de vice-consul dans l'endroit, on appellera comme témoins deux personnes dignes de foi. Après ce préalable, la succession sera déposée entre les mains du consul ou vice-consul, ou à son défaut entre les mains de deux personnes désignées par le procureur du roi ou le procureur fiscal, afin que lesdits biens soient gardés pour les légitimes héritiers ou véritables propriétaires. En cas qu'il y ait des mineur et qu'il ne se présente en France aucun parent qui pût remplir par provision la tutelle ou curatelle, elle sera confiée au consul ou vice-consul de Russie, ou à son défaut à une personne désignée par le procureur du roi ou le procureur fiscal, jusqu'à ce que les parents du défunt aient nommé un tuteur ou curateur. Dans le cas où il s'éleveroit des contestations sur l'héritage d'un Russe mort en France, les tribunaux du lieu où les biens du défunt se trouveront, devront juger ce procès suivant les lois de la France.

» Quoique les Russes doivent jouir en France de tous les droits attachés à la propriété de même que les Français, et l'acquérir par les mêmes voies légitimes, sans avoir besoin de lettres de naturalité pendant le temps de leur séjour dans le royaume, ils ne pourront néanmoins, conformément aux lois établies pour les étrangers, posséder aucun office, dignité, bénéfice, ni remplir aucune fonction publique, à moins d'avoir obtenu des lettres patentes à ce nécessaires, dûement enregistrées dans les cours souveraines du royaume.

» Bien que le droit d'aubaine n'existe pas en Russie, S. M. l'impératrice de toutes les Russies, afin de prévenir tous doutes quelconques à cet égard, s'engage à faire jouir dans toute l'étendue de son empire, les sujets de S. M. très-chrétienne d'une entière et parfaite réciprocité relativement aux stipulations renfermées dans le présent article. »

Et voulant que les dispositions de cet article sortent leur plein et entier effet : à ces causes, nous vous mandons et ordonnons de le faire lire, publier et registrer, et de faire garder, observer et exécuter ponctuellement le contenu en icelui, car tel est notre bon plaisir.

N° 2420. — ARRÊT *du conseil qui rend communes aux clouteries du Soissonnais les dispositions des arrêts du conseil des 8 août 1761 et 19 septembre 1787 (1).*

Versailles, 18 décembre 1787. (R. S.)

N° 2421. — ORDONNANCE *de police concernant les charretiers et conducteurs de chevaux.*

Paris, 21 décembre 1787. (R. S. Mars, 2—498.)

Sur ce qui nous a été remontré par le procureur du roi, qu'au préjudice des arrêts du parlement, des ordonnances et réglements de police, les charretiers et voituriers qui conduisent des voitures dans Paris, continuent de monter sur leurs chevaux et se tiennent dans leurs voitures, ce qui donne lieu à beaucoup d'accidents; qu'il y a plusieurs de ces voitures qui n'ont ni écriteaux, ni numéros; que ceux qui mènent des pierres et du moellon chargent leurs charrettes au-dessus des ridelles; que les maraichers et les voituriers de plâtre ne se servent point de bannes; que les aubergistes, hôteliers, loueurs de carrosses, de chevaux et autres, conduisent et font conduire, souvent même par des enfants, dans Paris et aux abreuvoirs, plusieurs chevaux attachés ensemble, qu'ils font courir ou trotter dans les rues de Paris, et que les marchands ou loueurs de chevaux exercent ou font exercer leurs chevaux dans les rues de la ville et des faubourgs; et comme toutes ces contraventions intéressent essentiellement l'ordre et la sûreté publique, il a cru devoir requérir qu'il nous plût y pourvoir. A ces causes, et tout considéré :

Nous, faisant droit sur le réquisitoire du procureur du roi, ordonnons que les arrêts et réglements du parlement, les sentences et ordonnances de police, et notamment les ordonnances des 28 septembre 1726, 15 août, 5 septembre 1729, 21 juin 1732, 15 octobre et 4 décembre 1734, et 50 janvier 1767, seront exécutés selon leur forme et teneur; et en conséquence :

1. Faisons défenses à tous charretiers, voituriers, garçons bouchers et autres qui conduisent des charrettes et tombereaux dans les rues de cette ville et faubourgs, chargés ou non chargés, d'en conduire qui ne soient pas bonnes, bien conditionnées et d'une construction assez solide pour supporter les fardeaux dont elles seront chargées; de faire courir ni trotter les

(1) V. ci-dessus n° 2386.

chevaux, de confier leurs voitures à des enfants qui ne soient pas en état de les conduire, de s'éloigner de leurs chevaux, et de conduire lesdites voitures autrement qu'à pied, à peine de 100 liv. d'amende et de confiscation de leurs chevaux et charrettes; pourront même les contrevenants être arrêtés et constitués prisonniers, conformément aux ordonnances des 28 septembre 1726, 15 octobre 1734, et 30 janvier 1767 (1):

2. Défendons pareillement, et sous les mêmes peines, aux boulangers, plâtriers, meuniers, voituriers et tous autres, de faire trotter leurs chevaux et mulets dans les rues de la ville et faubourgs (2).

3. Enjoignons aux voituriers qui conduisent du moellon, des pierres à plâtre et de meulières, soit que lesdits matériaux entrent par les barrières, ou qu'ayant été déchargés sur les ports, ils en soient enlevés pour être conduits dans les différents ateliers, de garnir leurs voitures de ridelles, devant, derrière, et des côtés, de manière qu'il ne puisse rien tomber aux risques des passants, et de ne charger sur leursdites voitures plus de quarante-trois à quarante-quatre pieds cubes, en sorte que cinq desdites voies ne puissent former qu'une toise de deux cent seize pieds cubes; seront pareillement tenus les carriers, leurs voituriers, ceux des entrepreneurs et autres qui conduisent ou font voiturer des pierres dures d'Arcueil, Meudon, Saint-Cloud, Bombans, Pierre-de-Souche, Vaugirard, Chaillot, Passy, la vallée de Fécamp, Saint-Maur, Maisons et Lambourdes, même de celle de Saint-Leu, Trussy et Vergelet, à l'exception de ceux qui chargent sur des binards, de ne mettre et faire charger sur chacune des voitures ordinaires à deux roues que vingt-huit à trente pieds cubes de pierre. y compris les bouzins et lits tendres; et les gravatiers et voituriers de sable, ceux qui enlèvent et voiturent les décombres et démolitions des bâtiments, seront également obligés d'avoir des tombereaux de grandeur convenable, solides et bien clos, de les charger carrément et de manière qu'il ne puisse tomber aucuns gravats ni se faire d'épanchements dans les rues, le tout conformément à l'ordonnance de la juridiction royale des bâtiments, ponts et chaussées de France, du 5 décembre 1738, et à l'arrêt du conseil du 29 septembre 1747, à peine de 100 liv. d'amende, de confiscation des matériaux, voitures et chevaux, tant contre les voituriers que contre les carriers, entrepreneurs

---

(1) V. Loi 24 août 1790, art. 3, § 1er, art. 475, § 3, et art. 476, C. P.
(2) V. Art. 3, § 1er de la loi d'août précitée.

et autres qui les auront employés. Enjoignons aux commis des portes et barrières et des ports, et autres chargés de la perception des droits établis sur les matériaux, de veiller à l'exécution du présent article, de dresser des procès-verbaux des contraventions qu'ils auront constatées, et sur lesquels il sera par nous ensuite ordonné ce qu'il appartiendra (1).

4. Ne pourront les cabaretiers, hôteliers, marchands de chevaux, voituriers, loueurs de carrosses, messagers et tous autres, de quelque état et condition qu'ils soient, conduire et faire conduire, soit aux abreuvoirs ou ailleurs, dans cette ville et faubourgs, leurs chevaux et mulets en plus grand nombre de trois attachés en queue, y compris celui sur lequel le conducteur sera monté : leur défendons de les confier à leurs enfants, domestiques et autres, au-dessous de l'âge de dix-huit ans, et de faire courir ou trotter lesdits chevaux et mulets dans les rues ; le tout à peine de saisie, confiscation et de 50 livres d'amende pour chaque contravention; pourront même les conducteurs être emprisonnés sur-le-champ (2).

5. Disons que les jardiniers, charretiers, voituriers et tous autres qui enlèvent les fumiers des maisons de cette ville et faubourgs, seront tenus de mettre sur les charrettes, charriots, tombereaux et autres voitures, une banne de longueur et largeur suffisante pour les bien couvrir, de manière qu'il ne puisse tomber aucun fumier desdites voitures dans les rues, à peine de saisie et confiscation des voitures, chevaux, et de 50 livres d'amende (5).

6. Ordonnons pareillement, et sous les mêmes peines, aux voituriers et plâtriers qui amèneront du plâtre à Paris, de se servir de bannes assez longues et assez larges pour couvrir leurs voitures, et d'avoir sur leurs charrettes ou tombereaux au-dessus du plâtre et aux côtés le long des ridelles, des nattes propres à contenir leur plâtre (4).

7. Enjoignons auxdits plâtriers, aux brasseurs, gravoitiers, boyaudiers, bouchers, et généralement à tous ceux qui se servent de charrettes, haquets ou tombereaux pour l'exercice de leur commerce ou profession, de faire apposer à leurs charrettes, haquets ou tombereaux, des plaques de fer peintes en

---

(1) Art. 3, § 1er de la loi d'août précitée.
(2) Idem.
(3) Idem.
(4) Idem.

blanc, de douze pouces de long sur dix pouces de large, lesquelles seront attachées sur deux planches fermant les ouvertures des ridelles et joignant les limons desdites voitures, ou au collier de leurs chevaux pour ceux qui n'auront pas de ridelles; sur lesquelles plaques sera écrit en lettres et chiffres noirs d'un pouce de hauteur, non-seulement le numéro, mais encore les noms et surnoms des propriétaires d'icelles, le tout à peine de 100 liv. d'amende contre chacun des contrevenants, et de confiscation des charrettes, haquets et tombereaux qui seront trouvés sans plaque dans la forme ci-dessus prescrite, des chevaux et marchandises dont lesdites charrettes, haquets ou tombereaux seront chargés, et de plus grande peine en cas de récidive (1).

8. Les ordonnances et sentences de police des 30 avril 1700, 5 mars 1751, 9 février 1757, et 11 août 1758, seront exécutées selon leur forme et teneur; en conséquence, faisons très-expresses inhibitions et défenses à tous marchands, loueurs de chevaux et de carrosses, et à toutes personnes, de quelque qualité et condition qu'elles soient, de faire courir ou trotter, essayer ou faire essayer, exercer ou faire exercer aucuns chevaux dans les rues de la ville et des faubourgs de Paris, sinon dans le marché public, lieux et endroits destinés pour cet effet, à peine de 300 liv. d'amende, même de prison.

9. Seront les maîtres des voitures, des conducteurs d'icelles et des chevaux, civilement garants et responsables de toutes les peines portées par les différents articles de la présente ordonnance, et les pères et mères pour leurs enfants (2).

10. Mandons aux commissaires au châtelet, et enjoignons aux officiers de police, et tous autres qu'il appartiendra, de tenir la main à l'exécution de notre présente ordonnance, qui sera imprimée, lue, publiée et affichée partout où besoin sera, à ce que personne n'en ignore.

N° 2422. — LETTRES *en vertu desquelles M. le comte de La Luzerne est nommé ministre de la marine.*

Versailles, 23 décembre 1787. (Bajot.)

_____

(1) Art. 3, § 1er de la loi d'août précitée; loi du 3 nivôse an VI, décret 23 juin 1806.
(2) Art. 74, C. P., et 1384, C. C.

N° 2423. — RÉGLEMENT *pour déterminer le service des troupes d'infanterie à bord des vaisseaux et frégates, et ce qui doit être pratiqué à l'égard de celles passagères pour les colonies, ou employées à la garde des ports* (1).

Versailles, 24 décembre 1787. (Arch. du min. de la marine.)

N° 2424. — LETTRES PATENTES *qui interprètent la déclaration du 20 août 1784, concernant les créances que les Suisses auront à répéter sur les Français* (2).

Versailles, 27 décembre 1787. Reg. au parlement d'Alsace le 28 février, de Grenoble le 1er mars 1788. (Arch. du parl. d'Alsace et de Grenoble.)

N° 2425. — ORDRE *du roi concernant la nomination aux places de geôliers dans les colonies.*

Versailles, 28 décembre 1787. (Code de la Martinique, t. 5, pag. 54.)

N° 2426. — ARRÊT *du conseil portant révocation de tous privilèges d'exemptions de droits dus aux mutations des biens tenus dans les mouvances de S. M. · et que cette disposition aura lieu même à l'égard des princes, cardinaux, prélats, chevaliers, commandeurs et officiers du Saint-Esprit* (3).

Versailles, 29 décembre 1787. (R. S.)

N° 2427. — ARRÊT *du conseil pour l'encouragement du commerce avec les États-Unis d'Amérique* (4).

Versailles, 29 décembre 1787. (R. S. C.)

Le roi voulant encourager le commerce de ses sujets avec les États-Unis de l'Amérique, et faciliter entre les deux nations des relations réciproquement utiles : ouï le rapport, etc. , S. M. étant en son conseil; a ordonné et ordonne ce qui suit ;

1. Les huiles de baleine et le spermaceti qui proviendront de la pêche des citoyens et habitants des États-Unis de l'Amérique, et seront apportés en France directement sur vaisseaux français ou sur vaisseaux des États-Unis, continueront à n'être soumis qu'à un droit de 7 liv. 10 s. par barrique du poids de 520 livres, et les fanons de baleine ne le seront qu'à un droit de 6 liv. 13 s. 4 d. par quintal , avec les 10 s. pour livre en sus

---

(1) V. décr. du 16 pluviôse an 11.
(2) V. n° 1977, tom. 5 du règne, pag. 455.
(3) V. a. d. c. 26 mai 1771 , et 30 août 1786.
(4) V. 22 février 1788.

de l'un et l'autre droit, lesquels 10 s. pour livre cesseront au dernier décembre 1790, se réservant S. M. d'accorder de plus grandes faveurs aux produits de la pêche de la baleine exercée par les pêcheurs des États-Unis de l'Amérique qui seront apportés en France par vaisseaux français ou des États-Unis, dans le cas où d'après les renseignements que S. M. fait recueillir, elle le jugeroit convenable aux intérêts des deux nations.

2. Les autres huiles de poisson, et les poissons secs ou salés provenant de même de la pêche des citoyens et habitants des États-Unis, et apportés de même directement en France par leurs vaisseaux ou par vaisseaux français, ne paieront autres ni plus forts droits que ceux auxquels sont ou seront soumis, dans le même cas, les huiles et poissons de la même espèce provenant de la pêche des villes anséatiques ou des autres nations les plus favorisées.

3. La fabrication des chandelles ou bougies de spermaceti ou blanc de baleine sera permise en France comme celle des autres chandelles et bougies.

4. Les grains, froments, seigle, riz, pois, fèves, lentilles, graines, les farines, les arbres et arbustes, les potasses connues sous le nom de *pot-ash* et *pearl-ash*, les peaux et poils de castor, les cuirs en poil, les fourrures et pelleteries, et les bois de construction apportés des États-Unis directement en France sur vaisseaux français ou des États-Unis, ne seront soumis qu'à un droit d'un huitième pour cent de la valeur.

5. Tout navire qui ayant été construit dans les États-Unis, sera ensuite vendu en France ou acheté par des Français, sera exempt de tous droits, à la charge de justifier que ledit navire a été construit dans les États-Unis.

6. Les térébenthines, brais et goudrons provenant des États-Unis de l'Amérique, apportés directement en France par vaisseaux français ou des États-Unis, ne paieront qu'un droit de deux et demi pour cent de la valeur, et seront les droits mentionnés, tant au présent article qu'en l'article 4, exempts de toute addition de sous pour livre.

7. La sortie des armes de toute espèce et de la poudre à tirer pour les États-Unis de l'Amérique, sera toujours permise sur vaisseaux français ou des États-Unis, en payant, à l'égard des armes, un droit d'un huitième pour cent de la valeur; et la poudre, en ce cas, sera exempte de tous droits en prenant un acquit à caution,

8. Les papiers de toute espèce, même ceux destinés pour tenture et *dominoterie*, les cartons et les livres seront exempts

de tous droits à leur embarquement pour les États-Unis, sur vaisseaux français ou des États-Unis, et jouiront, en ce cas, de la restitution des droits de fabrication sur les papiers et cartons.

9. Les droits d'amirauté sur les vaisseaux des États-Unis, entrant ou sortant des ports de France, ne pourront être perçus que conformément à l'édit du mois de juin dernier pour les cas qui y sont portés, et aux lettres patentes du 10 janvier 1770 pour les objets auxquels il n'auroit pas été pourvu par ledit édit; se réservant au surplus S. M. de faire connoître ses intentions sur la manière dont lesdits droits seront perçus, soit à raison du tonnage des vaisseaux ou autrement; comme aussi de simplifier lesdits droits d'amirauté, et de les régler autant qu'il sera possible sur le principe de la réciprocité aussitôt que les travaux ordonnés par S. M., aux termes de l'article 26 dudit édit du mois de juin dernier, seront achevés.

10. L'entrepôt de toutes les productions et marchandises des États-Unis sera permis pour six mois dans tous les ports de France ouverts au commerce des colonies; et ne sera ledit entrepôt soumis qu'à un droit d'un huitième pour cent.

11. Pour favoriser l'exportation des armes, des quincailleries, des bijouteries, des bonneteries de laine et de coton, des gros lainages, des petites draperies et des étoffes de coton de toute espèce, et autres marchandises de fabrique française qui seront envoyées aux États-Unis de l'Amérique sur vaisseaux français ou des États-Unis, S. M. se réserve d'accorder des encouragements, qui seront incessamment réglés en son conseil, selon la nature de chacune desdites marchandises.

12. Quant aux autres marchandises non dénommées au présent arrêt, apportées directement en France des États-Unis sur leurs vaisseaux ou sur vaisseaux français, ou portées de France auxdits États-Unis sur vaisseaux français ou des États-Unis, et à l'égard de toutes conventions de commerce quelconques, veut et ordonne S. M. que les citoyens des États-Unis jouissent en France des mêmes droits, privilèges et exemptions que les sujets de S. M., sauf l'exécution des dispositions portées par l'art. 9 ci-dessus.

13. S. M. accorde aux citoyens et habitants des États-Unis tous les avantages dont jouissent ou pourront jouir à l'avenir les nations étrangères les plus favorisées dans ses colonies de l'Amérique, et de plus S. M. assure auxdits citoyens et habitants des États-Unis tous les privilèges et avantages dont ses propres sujets de France jouissent ou pourront jouir en Asie

et dans les échelles qui y conduisent, pourvu toutefois que leurs bâtiments aient été armés et expédiés dans un des ports des États-Unis.

N° 2428. — ÉDIT *qui fixe une finance à chacun des offices de l'ordre du Saint-Esprit, règle les gages des officiers, etc.*

Versailles, décembre 1787. (Code des ordres de la chevalerie, pag. 82.

LOUIS, etc., chef et souverain arbitre des ordres et milice de Saint-Michel et du Saint-Esprit. A tous présents et à venir : salut. En conséquence du pouvoir que nous donne en notre dite qualité l'article 35 des statuts de notre dit ordre et milice du Saint-Esprit, nous avons résolu d'y faire des changements qui ne tendent qu'à maintenir la splendeur de cette noble institution. Ainsi, considérant que l'usage établi d'accorder des brevets de retenue aux officiers de l'ordre, commandeurs ou non commandeurs, le rend responsable de finances qu'il n'a souvent point touchées, que la distribution des gages et émoluments, est faite dans une disproportion qui n'est point motivée, et que la médiocrité de quelques-uns de ces gages et émoluments, est un motif d'accorder des pensions sur les fonds dudit ordre dès la seconde année d'exercice, ce qui a été jusqu'à présent un obstacle à la prospérité de ses finances, et finirait par les absorber entièrement. Nous avons jugé convenable de fixer une finance à chacun des offices; d'en régler les gages et émoluments dans une proportion relative à cette finance, à leur dignité et à leurs fonctions; et d'employer le produit de ces finances nouvelles au remboursement des brevets de retenue existant. A ces causes et autres à ce nous mouvant, etc.

1. Nous avons fixé et fixons irrévocablement les finances des chancelier, maître des cérémonies, grand trésorier et secrétaire général, à raison de 50,000 liv. pour chacun d'eux; celle de l'intendant à 40,000 liv., et celles de chacun des généalogistes, hérauts, huissiers, gardes des archives et gardes des rôles à 20,000 liv., lesquelles sommes tous lesdits officiers, chacun en ce qui le concerne, seront tenus de payer incessamment entre les mains du trésorier particulier dudit ordre, sur les quittances dudit grand trésorier, et ledit trésorier particulier en comptera conformément à l'article 8 de notre édit.

Au moyen desdites finances, lesdits officiers commandeurs, indépendamment des 3,000 liv. de commande, revenant à chacun d'eux, suivant les statuts de l'ordre, jouiront annuellement, savoir : ledit chancelier, de la somme de 4,000 de gages, et de pareille somme pour droit d'exercice; chacun desdits maître des cérémonies, grand trésorier et secrétaire, de la somme de 3,000 liv. de gages, et de pareille somme pour droit d'exercice; et les autres officiers jouiront pareillement par chaque année, à titre de gages, de l'intérêt au denier vingt des sommes qu'ils auront payées pour les finances de leurs offices, et en outre à titre de droit d'exercice, savoir : l'intendant, de la somme de 2,800 liv.; le généalogiste, de la somme de 2,700 liv.; le héraut, de 1,512 liv. 10 s.; l'huissier, de 1,248 liv. 10 s.; le garde des archives et secrétaire du greffe, de 2,400 liv.; et le garde des rôles et secrétaire de la chancellerie, de 1,800 livres; toutes lesquelles sommes annuelles seront payées auxdits officiers commandeurs et non commandeurs, sans aucune retenue, sur les revenus dudit ordre, et par le trésorier particulier, dans la forme prescrite par l'édit de janvier 1784.

3. Lesdits nouveaux gages et enrôlements commenceront à courir du 1er janvier de l'année prochaine 1788, pour ceux des officiers qui ont des brevets de retenue, et pour ceux qui n'avoient pas encore de finances, du jour seulement qu'ils auront acquitté celle à laquelle ils sont taxés par le présent édit.

4. En conséquence des gages et attributions ci-dessus, voulons qu'il ne puisse plus être accordé de pensions aux officiers dudit ordre, sinon à ceux qui, après leur vétérance, auront obtenu nos lettres d'honneur et mérité des récompenses de leurs services. Accordons néanmoins aux officiers actuels, qui jouissent de pensions anciennes, la continuation de celles que nous leur avons accordées, tant qu'ils seront revêtus de leurs offices.

5. A l'égard du trésorier particulier dudit ordre, la finance de son office, ses gages et autres attributions, demeureront telles qu'elles sont fixées par notre édit de janvier 1784, que nous voulons être exécuté selon sa forme et teneur.

6. Le trésorier particulier, d'après les ordres du grand trésorier dudit ordre, emploiera le montant des nouvelles finances au remboursement des sommes ci-après, contenues aux brevets d'assurance ou de retenue accordés aux officiers commandeurs et non-commandeurs; savoir : à chacun des chancelier, maître des cérémonies, grand trésorier et secrétaire général, 50,000 liv., à l'intendant 65,000 liv., au hé-

raut 20,000 liv., et à l'huissier 50,000 liv.; lors desquels remboursements donneront quittance desdites sommes, et rapporteront lesdits brevets déchargés de toutes hypothèques; lesquelles sommes seront passées et allouées dans la dépense du compte que rendra ledit trésorier particulier pour l'année 1788. Si donnons, etc.

N° 2429. — Arrêt *du conseil portant attribution à l'archevêque de Paris, de l'administration supérieure du collège des Irlandais* (1).

1787.

N° 2430. — Arrêt *du conseil portant suppression du conseil des prises, avec attribution au conseil royal des finances des procès restant à juger* (2).

Versailles, 5 janvier 1788. (R. S.)

N° 2431. — Arrêt *du parlement de Paris, qui défend d'ordonner la démolition d'aucune maison, sans visite préalable et contradictoire, et d'ordonner cette démolition dans le jour si ce n'est en cas de péril imminent, et à charge de le faire constater, et qui enjoint aux officiers de voirie de donner les causes des refus qu'ils feroient d'accorder des permissions de démolir* (3).

Paris, 9 janvier 1788. (R. S.)

N° 2432. — Lettre *du ministre portant que les nègres ne pourront être retirés de la geôle que sur la représentation du recensement sur lequel ils doivent être portés.*

10 janvier 1788. (Coll. m. m. Code Cayenne, tom. 7, pag. 465.)

N° 2433. —Arrêt *du conseil concernant le canal d'Argentan* (4).

Versailles, 16 janvier 1788.

N° 2434. — Ordonnance *des administrateurs concernant les affranchissements* (5).

Cayenne, 17 janvier 1788. Reg. au conseil le même jour. (Coll. m. m. Code Cayenne, tom. 7, pag. 471.)

_____

(1) Fondé par ordonnance de janvier 1670. V. loi du 28 octobre—7 novembre 1790, 29 fructidor an ix; ord. du 17 décembre 1818.
(2) V. arr. c. 19 juillet 1778, n° 912, tom. 3 du règne, pag. 359; traité du 3 septembre 1783, n° 1842, tom. 5 du règne, pag. 326.
(3) V. décl. du 10 avril 1783, ord. de 1667, art. 6 du tit. 33.
(4) V. Isambert, traité de la voirie, 1re partie, pag. 198.
(5) V. la lettre du ministre du 4 octobre 1786, (pag. 339.)

N° 2435. — REMONTRANCES *du parlement à l'occasion de l'édit concernant les non-catholiques.*

Paris, 18 janvier 1788. (Histoire des parlements par Dufey, t. 2, p. 422.)

N° 2436. — ARRÊT *du conseil qui, d'après l'art. 97 du tarif du 29 septembre 1722, déclare exempts du contrôle les billets à ordre ou aux porteurs, des gens d'affaires et négociants.*

Versailles, 22 janvier 1788. (R. S.)

N° 2437. — DÉCLARATION *qui permet de substituer les duchés-pairies jusqu'à la somme de 30,000 liv. de rente.*

Versailles, 23 janvier 1788. Reg. au parlement le 26 février. (R. S. C.)

Louis, etc. Par l'article 6 de l'édit du mois de mai 1711, Louis XIV, l'un de nos augustes prédécesseurs, voulant régler plusieurs points concernant la dignité et l'élévation des duchés et pairies du royaume, auroit permis d'en substituer à perpétuité le chef-lieu avec une certaine partie de la glèbe, dont le revenu pourroit être porté jusqu'à 15,000 liv. de rente, auquel chef-lieu le titre et la dignité desdits duchés et pairies demeureroient annexés, sans que lesdites portions ainsi substituées pussent être sujettes à aucunes dettes ni détractions, de quelque nature qu'elles puissent être, après que l'on auroit observé les formalités prescrites par les ordonnances pour la publication des substitutions; à l'effet de quoi il auroit été dérogé à l'ordonnance d'Orléans et à celle de Moulins, et à toutes autres ordonnances, usages et coutumes qui pourroient être contraires à ladite disposition, les pairs de notre royaume nous ont représenté que ceux d'entre eux qui voudroient user de la faculté que leur donne ledit édit, ne trouveroient plus désormais dans les 15,000 liv. de rente, à quoi ledit édit borne les substitutions perpétuelles des pairies, de quoi assurer à ceux qui sont appelés au titre de la pairie une propriété et un revenu suffisant pour conserver l'éclat et la splendeur des maisons honorées de cette éminente dignité; en conséquence ils nous ont supplié de vouloir bien ordonner que la faculté de substituer à perpétuité, accordée par l'article 6 dudit édit, soit étendue jusqu'à 30,000 liv. de revenu; les mêmes vues qui avoient déterminé la disposition de l'art. 6 de l'édit de 1711 nous déterminent aujourd'hui à la dérogation que les pairs nous ont de-

mandée ; il nous a paru convenable d'accorder au temps présent
et aux circonstances actuelles la fixation de la somme à laquelle
pourra être porté désormais le revenu dont le fonds sera susceptible de la substitution perpétuelle permise par l'édit de
1711. A ces causes, etc.; voulons et nous plaît qu'à compter
du jour de l'enregistrement d'icelle, la faculté accordée par
l'art. 6 de l'édit du mois de mai 1711, à tous ceux qui ont des
duchés-pairies d'en substituer à perpétuité le chef-lieu, avec
une certaine partie de leur revenu jusqu'à 15,000 liv. de rente,
soit étendue jusqu'à 50,000 livres de rente.

N° 2438. — ARRÊT *de la cour des aides qui fait défenses à toutes
personnes de quelque qualité et condition qu'elles soient, de
prendre un juge à partie sans y être autorisées par arrêt de
la cour.*

Paris, 23 janvier 1788. (R. S.)

N° 2439. — ÉDIT *portant suppression de diverses charges de la
maison de la reine.*

Versailles, janvier 1788. Reg. en la chambre des comptes le 15 mars.
(R. S.)

N° 2440. — RÉGLEMENT *du roi pour l'école militaire.*

Versailles, 1er février 1788. (R. S. C.)

S. M. ayant, par son réglement du 9 octobre 1787, supprimé l'école royale militaire de Paris, et établi un conseil de
direction des études des écoles militaires, composé comme il
est prescrit dans le susdit réglement, elle s'est en même temps
réservé de faire connoître particulièrement ses intentions sur
ce qui pourroit concerner les fonctions dudit conseil, et tendre
à la perfection desdites écoles. A quoi voulant pourvoir, elle
a ordonné et ordonne ce qui suit :

1. Le sieur marquis de Timbrune continuera à être inspecteur général des écoles militaires, et sera président du conseil
de direction et d'éducation desdites écoles.

2. Le sieur chevalier de Rainaud, sous-inspecteur desdites
écoles, en continuera les fonctions, comme par le passé, et présidera le conseil en l'absence du sieur marquis de Timbrune, et y
siégera en sa présence, comme la seconde personne dudit conseil.

3. S. M. a jugé à propos de nommer, pour membres du
conseil de direction et d'éducation desdites écoles, les sieurs
abbé Morelet, de l'académie françoise; le Gendre, de l'aca-

démie des sciences; Bailly, de l'académie des sciences, de celle des inscriptions et belles-lettres; et l'abbé Charbonnet, ancien recteur de l'université, elle a déterminé qu'en l'absence de l'inspecteur et du sous-inspecteur, le conseil sera présidé par celui de ces membres tiré de l'académie françoise, et ainsi des autres, suivant le rang des corps auxquels ils appartiennent.

4. Les séances de ce conseil se tiendront chez le sieur marquis de Timbrune, chez lequel sera aussi établi le secrétariat desdites écoles.

5. Le secrétariat sera aux ordres de l'inspecteur-général. Il sera chargé de toute la correspondance et de la garde des archives. Il sera composé d'un secrétaire et de deux commis.

6. Le conseil ne s'assemblera pas toute l'année, mais seulement depuis le 1ᵉʳ novembre jusqu'à Pâques, régulièrement une fois au moins par semaine.

7. Depuis Pâques jusqu'au 1ᵉʳ novembre, le sieur inspecteur général ou le sieur sous-inspecteur, feront la visite des collèges, et seront, dans lesdites visites, accompagnés d'un ou deux des gens de lettres membres dudit conseil : S. M. se réservant de régler ce qui sera convenable pour les frais de leur voyage.

8. L'inspection du conseil de direction portera sur les objets suivants : 1° sur les livres élémentaires, leur composition et correction; 2° sur la tenue physique des écoliers; 3° sur leur tenue morale; 4° sur leur instruction; 5° sur leurs progrès; 6° enfin, sur le résultat de leur éducation, qui se vérifiera dans le concours et dans les examens.

9. Sur tous ces objets le conseil réunira les lumières et observations des supérieurs et maîtres des différentes maisons, et les réglements qu'ils croiront nécessaires en conséquence seront représentés au secrétaire d'état de la guerre, pour être approuvés par lui, et ensuite être envoyés et suivis dans toutes les écoles.

10. S. M. ayant réglé que le nombre des élèves réparti dans ses écoles sera porté à 700 au 1ᵉʳ avril, et que ce nombre y sera toujours maintenu, et même par la suite augmenté, ayant jugé d'ailleurs qu'en même temps que sa bienfaisance l'auroit portée à faire élever un plus grand nombre de jeunes gens de son royaume, il étoit du bien de son service de ne choisir que les meilleurs pour être placés dans ses troupes, a cru devoir établir un concours qui pût rendre tout à la fois l'inspection de l'éducation plus facile, et les progrès des études plus certains.

11. S. M. persuadée qu'il est de sa justice d'accorder aux

pères qui font élever leurs enfants dans les écoles militaires, et qui peuvent faire les mêmes preuves que ceux qui sont entretenus à ses frais, la faculté de les faire concourir avec lesdits élèves, pour être également admis dans ses régiments, a résolu en conséquence que chaque année, après avoir fixé le nombre des jeunes gens à placer, et après avoir réglé celui qui pourra être tiré de chaque école, tous les élèves entretenus à ses frais, et tous ceux entretenus aux frais de leurs parents, susceptibles de faire les preuves nécessaires, qui auroient atteint l'âge de seize ans, seroient également admis au susdit concours.

12. Le concours se fera chaque année en présence de l'inspecteur ou sous-inspecteur, et de celui des membres dudit conseil qui sera avec eux la visite desdits collèges : et S. M. se propose de faire connoître, par la voie de l'impression publique, les différents résultats de chaque concours.

13. Ce concours se fera sur tous les genres d'instruction auxquels les élèves doivent nécessairement être appliqués, et en même temps sur les notes qui seront présentées par les supérieurs et maîtres desdites écoles, de la conduite et application qu'ils auront tenue toute l'année.

14. Pour que par ce concours il soit possible de juger, non-seulement du mérite des élèves préférés, mais encore de la supériorité d'une école sur l'autre, le conseil de direction donnera des devoirs qui seront proposés dans tous les collèges. Le résultat de ceux des devoirs qui auront été préférés, comme celui des notes des élèves de chaque collège, sera rapporté au conseil de direction, pour qu'il puisse former un jugement, qu'il remettra sous les yeux du secrétaire d'état du département de la guerre.

15. Après le concours établi dans chaque école, les élèves qui auront mérité la préférence seront choisis jusqu'au nombre prescrit, pour être envoyés aux régiments, en les plaçant de préférence dans les corps dont les chefs pourroient les avoir demandés.

16. Tous ceux qui n'auront pas été admis au premier concours, pourront encore rester un an dans l'école, et concourir l'année suivante. Ceux qui ne seront pas admis au second concours seront renvoyés à leurs parents, sans être admis à concourir par la suite.

17. Ceux qui auront des dispositions et un goût décidé pour l'artillerie et le génie, seront envoyés au concours pour ces corps, de la manière qui s'est pratiquée jusqu'à ce jour.

18. Ceux qui auront des dispositions et un goût décidé pour

l'état ecclésiastique ou la magistrature, seront envoyés à la Flèche de la manière qui s'est pratiquée jusqu'à ce jour.

19. D'après le résumé fait, comme il est dit ci-dessus, du résultat des différents concours de chaque école et des notes des élèves, le grand-maître des ordres de Saint-Lazare et de Notre-Dame-du-Mont-Carmel est convenu d'accorder aux douze élèves entretenus aux frais de S. M., qui seront reconnus pour avoir le mieux profité de l'éducation qu'elle veut bien leur procurer, la croix de Notre-Dame-du-Mont-Carmel, et S. M. y ajoutera 100 liv. d'augmentation de pension sur les fonds de l'école royale militaire, qu'ils garderont, ainsi que les 200 liv. qui leur seront pareillement accordés sur les mêmes fonds, jusqu'à ce qu'ils soient capitaines-commandants dans les régiments où ils seront placés.

20. S. M. a même décidé que si parmi les douze élèves susdits, il s'en trouvoit un ou deux qui méritassent, par leur conduite et leur application, une préférence marquée, elle porteroit au double la pension de 100 livres qu'elle veut bien leur accorder avec la croix de Notre-Dame-du-Mont-Carmel, et qu'ils en jouiroient jusqu'à ce qu'ils fussent officiers supérieurs.

21. Afin d'établir une pareille émulation entre les supérieurs et maîtres des différentes écoles, l'intention de S. M. est que les supérieurs dont les élèves auront eu plus de succès, et les maîtres de langue et de science dont les élèves auront le plus profité, reçoivent une marque de sa satisfaction.

22. Cette preuve de la satisfaction de S. M. sera, pour les supérieurs du collège qui aura le plus réussi, quelque présent sur lequel sera écrit : *accordé par le roi, le.......* et pour les maîtres une gratification.

23. Tout supérieur qui, pendant le cours de vingt ans, aura obtenu deux fois un pareil présent, obtiendra une pension proportionnée à la satisfaction que S. M. aura de ses services : et tout maître ou professeur qui, pendant ce même temps, aura obtenu six fois une gratification, obtiendra au bout de ce temps la gratification en pension ; et s'il quitte après 20 ans, une pension de 600 liv. pour lui tenir lieu d'émérite.

24. S. M. croyant aussi nécessaire de donner à un collège une marque de son mécontentement, a résolu de retirer ses élèves d'une école, si, pendant trois ou quatre années, elle persistoit vis-à-vis les autres d'avoir une infériorité habituelle, qui prouveroit dans les supérieurs et les maîtres un défaut de soins et de talent.

25. S. M. fera payer, comme par le passé, à tous les élèves entretenus à ses frais, qui seront placés dans ses troupes après le concours, 200 liv. de pension annuelle, jusqu'à ce qu'ils soient pourvus d'un emploi valant 1200 liv.

26. S. M. réglera les appointements et honoraires de tous les membres composant le conseil de direction.

27. S. M. se réserve de témoigner sa satisfaction aux autres personnes employées au service de l'école militaire, en leur procurant le traitement qui sera convenable. Ledit traitement sera pris sur les fonds de l'école militaire, et employé, après son extinction, à l'augmentation du nombre des places d'élèves, comme il est dit dans l'ordonnance.

N° 2441. — RÈGLEMENT *du roi concernant les fonctions et la composition du bureau du commerce* (1).

Versailles, 2 février 1788. (R. S. C.)

Le roi, en se réservant par le règlement du 27 octobre dernier, de faire connoître particulièrement ses intentions sur le bureau du commerce, a voulu examiner auparavant les différents établissements de conseils et de bureaux du commerce, qui ont été faits depuis le commencement du siècle, la nature des affaires qui y ont été portées, la manière dont elles y ont été traitées, et les motifs qui ont toujours rendu inutiles les moyens successivement employés pour le plus grand avantage du commerce; S. M. a reconnu que leur inefficacité provenoit de ce que la nature des affaires qui devoient être suivies dans ces conseils et bureaux, n'avoit pas été assez exactement déterminée; de ce que le nombre des commissaires qui y avoient séance s'étoit toujours accru, même dans les temps où les affaires étoient le plus négligées; de ce que les différents départements relatifs au commerce, étoient mal divisés entre ces commissaires; de la confusion qui s'étoit introduite dans ces départements; de la diminution successive des assemblées du bureau et du conseil royal du commerce; enfin, de ce que les affaires générales, et même les contestations relatives à cette partie intéressante de l'administration, étant aujourd'hui suivies dans différents départements, elles y sont réglées et décidées d'après les vues particulières à chacun de ces départements, sans aucun objet général, sans aucun intérêt pour le bien collectif du commerce. S. M. con-

(1) Ord. 23 août 1819.

sidérant que ce bien ne peut néanmoins s'effectuer que par une attention suivie sur les principes du commerce, par des soins continuels pour en conserver l'ensemble, et pour leur donner la plus grande activité, elle a pris toutes les mesures nécessaires pour y parvenir : les plus importantes étoient de régler les objets qu'elle réserveroit au conseil royal des finances et du commerce; ceux qui seroient attribués au bureau du commerce; la composition des membres de ce bureau, leurs fonctions, et la disposition confiée à ce bureau des fonds accordés par le roi pour l'encouragement du commerce. S. M. a en conséquence ordonné et ordonne ce qui suit :

1. Le roi réserve à son conseil royal des finances et du commerce l'examen des traités de commerce avec les puissances étrangères : les objets relatifs au commerce maritime et à ceux de l'Inde, des colonies du Levant, de l'Afrique et du Nord; les objets relatifs aux pêches et à leur amélioration; les établissements de canaux de navigation; les plans déjà formés pour substituer aux différents tarifs des droits qui se perçoivent dans le royaume, un tarif unique; la rédaction des lois nouvelles, ou la réforme des anciennes, sur le commerce, et généralement toutes les dispositions de grande administration propres à animer le commerce, soit dans l'universalité du royaume, soit dans les provinces auxquelles leur position, leur sol, l'industrie de leurs habitants, peuvent rendre quelques genres de commerce plus particulièrement intéressants; le bureau du commerce ne pourra s'occuper de ces objets qu'autant qu'ils lui seront renvoyés par le conseil pour avoir son avis.

2. Il sera dressé incessamment un état divisé par généralités de toutes les manufactures, fabriques et établissements de commerce formés dans le royaume: des titres, des moyens et des ressources propres à chacun; de la durée de leurs privilèges; des moyens d'en augmenter l'exploitation; de l'intérêt qu'ont d'autres établissements à s'opposer auxdits privilèges. Et après la confection dudit état, S. M. donnera les ordres nécessaires pour qu'il soit communiqué au bureau du commerce, qui donnera son avis sur chaque établissement en particulier.

3. S. M. donnera également ses ordres pour recueillir le corps le plus complet qu'il sera possible d'instructions sur les rapports de commerce qu'ont entre elles, ou avec l'étranger, les provinces et les villes du royaume; sur le genre de commerce le mieux assorti à leur position et aux productions du pays; sur

les vicissitudes qu'ont pu éprouver ces relations; sur leurs
causes, et sur les moyens d'accroître ou de ramener la prospérité des entreprises de commerce qui peuvent convenir à ces
provinces ou villes. Lorsque ces instructions auront été communiquées audit bureau, et qu'elles y auront été discutées,
le tout sera mis sous les yeux de S. M. par le sieur contrôleur
général des finances.

4. Il sera dressé en même temps un état général de toutes
les foires et marchés, de leurs titres d'établissement, de leur
durée, de leurs privilèges, des objets de commerce qui s'y
traitent, des gênes que ce commerce peut éprouver. Le bureau
examinera ensuite s'il y a lieu d'en supprimer quelques-unes,
ou d'en établir de nouvelles.

5. Le bureau se fera rendre compte autant de fois qu'il le
jugera convenable, et spécialement une fois l'année, en forme
de compte général, de l'état de la balance du commerce, et
des réglements faits ou à faire pour parvenir au meilleur résultat de ce travail. Le tableau annuel de la balance du commerce, après avoir été examiné par ledit bureau, sera transcrit dans le registre de ses séances, et mis une fois par an
sous les yeux de S. M., par le sieur contrôleur général des
finances.

6. Le bureau se fera informer sans délai par les sieurs intendants des généralités, et par les chambres du commerce,
de la nature, de l'espèce et des fonctions des offices, commissions et emplois, utiles ou nuisibles au commerce et aux
fabriques, pour en demander au roi la conservation ou la
suppression. Les lettres écrites à cet effet, ainsi que les réponses
et mémoires dont elles seront accompagnées, seront transcrites
sur un registre particulier.

7. L'intention de S. M. est que, sur tous les objets relatifs
au commerce intérieur ou extérieur soumis à l'examen du
bureau du commerce, qui seront susceptibles d'instructions
particulières, le bureau écrive directement et en son nom
collectif, aux intendants des généralités, aux assemblées provinciales ou de départements, et à leurs commissions ou bureaux intermédiaires, aux chambres de commerce, aux inspecteurs du commerce et des manufactures, même lorsqu'il
le jugera nécessaire, aux consuls établis par les ordres de
S. M. dans les places de commerce des pays étrangers, comme
aux commerçants particuliers qu'il jugera à propos de
consulter, à l'effet de se procurer, par ces différentes correspondances, tous les éclaircissements qu'il jugera nécessaires.

D'après l'avis dudit bureau, les lettres seront rédigées par le secrétaire dudit bureau.

8. Les lettres du bureau du commerce seront signées au moins par trois des magistrats qui le composent, et les réponses seront adressées au bureau en la personne de son secrétaire, qui en fera lecture à la première séance, et les remettra ensuite, suivant la nature des affaires, au magistrat rapporteur au bureau. Ledit secrétaire tiendra registre desdites lettres écrites au nom du bureau, et des réponses qui y seront faites.

9. Les demandes faites à l'administration pour établissements de nouvelles manufactures et fabriques, soit avec privilège ou sans privilège, pour encouragements et secours aux manufactures déjà établies, pour établissement, rétablissement ou confirmation de foires et marchés, seront communiquées audit bureau. Et aucune demande délibérée au bureau ne sera accordée sans faire mention de la délibération dans la loi ou dans la décision à intervenir. Toutes ces demandes seront rapportées au bureau par l'intendant du commerce, et soit qu'elles aient été adoptées ou rejetées, il laissera au secrétaire dudit bureau son rapport, pour être registré à la date de la séance dudit bureau, avec la délibération écrite à la marge par ledit rapporteur, auquel le secrétaire fera remettre ensuite ledit rapport, avec une mention signée de lui, de sa transcription et de celle de la délibération. S. M. déclare nuls, à compter de la date du présent réglement, tous les établissements et privilèges dont les titres postérieurs au présent réglement ne feroient pas mention de la délibération du bureau du commerce prise à leur égard.

10. Les projets d'édits, lettres patentes, statuts et arrêts concernant les communautés d'arts et métiers seront délibérés et rédigés au bureau du commerce.

11. Toutes les contestations, instances, réclamations ou plaintes entre des négociants, marchands ou fabricants, qui intéresseront la législation du commerce ou la manutention du commerce intérieur, ne pourront être décidées et jugées sans avoir été préalablement communiquées au bureau du commerce, dont la délibération sera visée dans les arrêts et décisions, à peine de nullité desdits arrêts et décisions. Et à l'égard des contestations entre des particuliers et les fermiers généraux, régisseurs et administrateurs des droits du roi, qui n'intéresseront que le commerce desdits particuliers, elles continueront à être renvoyées, comme par le passé, à l'intendant des fi-

nances ayant le département des fermes générales, des régies ou des perceptions auxquelles lesdites contestations seront relatives, pour, après avoir été communiquées auxdits fermiers généraux, régisseurs ou administrateurs, et aux députés du commerce, recevoir leur décision sur le rapport qui sera fait du tout au sieur contrôleur général par l'intendant des finances du département.

Entend néanmoins S. M. que dans les cas où ces décisions particulières pourroient influer sur le commerce en général, et où les députés dans leurs avis auroient demandé que la matière fût discutée et délibérée au bureau du commerce, le rapport en soit préalablement fait audit bureau par l'intendant des finances du département, en présence, tant des fermiers généraux, régisseurs ou autres administrateurs qui y seront à cet effet appelés, que des députés du commerce, pour y discuter la matière sous le rapport qu'elle pourra avoir avec le commerce général. Le secrétaire du bureau remettra audit intendant des finances, une copie signée de lui de la délibération du bureau, pour être rendu compte du tout au sieur contrôleur général des finances; et ladite délibération sera visée dans la décision qui interviendra.

12. Le trésorier ou caissier des fonds de la caisse du commerce prêtera serment entre les mains du plus ancien des conseillers d'état membres du bureau, et donnera telle caution que ledit bureau jugera convenable. Les fonds de ladite caisse ne pourront être employés qu'à des dépenses utiles pour l'avantage du commerce. Aucune dépense ne pourra être ordonnée sur lesdits fonds sans avoir été délibérée par le bureau, arrêtée à la pluralité des voix et autorisée par le conseil. Ordonne S. M. qu'il sera compté tous les ans, devant ledit bureau, par le caissier, des fonds qu'il aura reçus et de ceux qu'il aura employés. Ledit compte, vu au bureau, sera annuellement présenté par le sieur contrôleur général à S. M., pour être arrêté par elle en son conseil royal des finances et du commerce, et ensuite inscrit dans le registre des séances du bureau.

13. Le principal ministre, le chef du conseil royal des finances et du commerce, les secrétaires d'état des affaires étrangères et de la marine, le contrôleur général des finances, et les deux conseillers d'état au conseil royal des finances et du commerce, seront toujours membres du bureau du commerce. Ce bureau sera composé en outre de quatre conseillers d'état, nommés par S. M. en vertu d'arrêts du conseil, du maître des requêtes intendant du commerce intérieur, du maître des re-

quêtes intendant du commerce pour le commerce maritime, de deux maîtres des requêtes adjoints aux deux autres, lesquels quatre maîtres des requêtes feront indistinctement les rapports des affaires contentieuses qui leur seront envoyées, et du secrétaire dudit bureau. Le lieutenant général de police de la ville de Paris, l'intendant de la généralité de Paris, et ceux des autres généralités, lorsqu'ils se trouveront à Paris, seront invités à ce bureau pour donner leur voix sur les affaires qui auront rapport à leur administration.

14. L'intention du roi est que les inspecteurs généraux du commerce soit extérieur, soit intérieur, et des manufactures, et les députés des villes de commerce du royaume et des colonies assistent aux séances du bureau, avec voix consultative seulement, et restent présents aux opinions, si ce n'est, à l'égard des députés des villes de commerce, qu'il fût question d'affaires qui intéressassent une desdites villes. Ils écouteront les rapports qui y seront faits, et donneront leur avis verbalement ou par écrit lorsqu'il leur sera demandé par le bureau.

15. Ordonne S. M. qu'il sera nommé par le sieur contrôleur général des finances deux fermiers généraux et deux régisseurs généraux des droits de S. M., pour être appelés audit bureau lorsque la nature des affaires le demandera.

16. Les délibérations du bureau du commerce ne seront que consultatives à l'égard du conseil. Les expéditions en seront délivrées par le secrétaire du bureau aux rapporteurs, qui les remettront aux secrétaires d'état et au sieur contrôleur général des finances, suivant le département dont elles dépendront, pour en être par eux rendu compte au conseil.

17. Autorise S. M. le bureau du commerce à lui proposer les réglements qui lui paroîtront convenables pour l'amélioration des manufactures et du commerce.

18. Le bureau du commerce, composé des six conseillers d'état et des quatre maîtres des requêtes désignés en l'art. 13, s'assemblera exactement toutes les semaines, au moins une fois, avec les autres personnes indiquées par l'art. 14, chez le plus ancien des conseillers d'état qui en seront membres, et qui alors en sera le président. Il sera dressé procès-verbal de la première séance qui aura lieu en conséquence du présent réglement, pour l'ordre et la forme de laquelle on se conformera à ce qui a été observé aux séances des 24 novembre 1700, et 2 juillet 1722. Tous les trois mois ledit bureau se réunira avec le principal ministre, le chef du conseil royal des finances et du commerce, les secrétaires d'état des affaires étrangères

et de la marine, le contrôleur général des finances et les conseillers ordinaires au conseil royal des finances et du commerce. Les rapporteurs rendront compte dans cette séance de tout ce qui aura été délibéré dans les séances ordinaires sur des objets intéressants, et de ce qui pourra être proposé dans les séances suivantes pour l'avantage du commerce. Les inspecteurs généraux et les députés du commerce n'assisteront à cette séance que lorsqu'ils seront prévenus de s'y trouver.

N° 2442. — LETTRES PATENTES *qui permettent la clôture des héritages dans le ban de la ville de Haguenau.*

Versailles, 10 février 1788. Reg. au parlement d'Alsace le 2 août. (Arch. du parlement d'Alsace.)

N° 2443. — ARRÊT *du conseil portant suppression des inspecteurs-généraux des manufactures et du commerce, et qui établit d'autres inspecteurs et règle leurs fonctions* (1).

Versailles, 10 février 1788. (R. S.)

N° 2444. — ÉDIT *qui ordonne la vente ou démolition des châteaux royaux de La Muette, Madrid, Vincennes et Blois* (2).

Versailles, février 1788. Reg. en parlement le 14 mars. (R. S.)

N° 2445. — ORDONNANCE *des administrateurs sur la culture des arbres à épiceries, et sur la défense de les exporter hors la colonie.*

Cayenne, 11 mars 1788. Reg. au conseil supérieur le même jour. (Coll. m. m. Code Cayenne, tom. 7, pag. 483.)

N° 2446. — ARRÊT *du conseil par lequel S. M. autorise les engagements, pour la durée de son règne, de ses domaines et forêts domaniaux, et règle les formalités et les conditions desdits engagements.*

Versailles, 15 mars 1788 (R.S.C.)

Le roi, sans cesse occupé des vues d'économie et de boni-

---

(1) V. a. d. c. 9 septembre 1730, 21 février 1736, 23 septembre 1742, 30 1746, 13 avril 1755, 29 juin 1765, 5 juin 1766, 27 novembre 1768, 16 décembre 1775, n° 333, tom. 1er du règne, pag. 289, 22 janvier 1777, 16 juin 1783, n° 1815, tom. 5 du règne, pag. 294, 29 mars 1785, n° 2053, pag. 17.

(2) V. a. d. c. 26 décembre 1758; décl. 1er septembre 1776, n° 523, tom. 2 du règne, pag. 90.

fications que l'intérêt de ses peuples lui suggère, et portant son attention sur toutes les parties qui peuvent lui procurer les moyens de les remplir, s'est fait rendre compte de l'administration et du produit de ses domaines, et a reconnu que leur revenu est, en grande partie, absorbé par les frais de régie, d'entretien et autres. S. M. a jugé, d'après un mûr examen des différents plans qui ont été mis sous ses yeux, qu'il lui sera plus profitable de mettre hors de ses mains ses domaines que d'en conserver la possession; la concession à titre d'engagement pour la durée de son règne, moyennant des redevances en blé qui suivront la progression de la valeur des fonds, lui paroît présenter des avantages réels, et n'entraîner aucun inconvénient. Les frais inséparables de leur administration actuelle cesseront d'être à la charge de S. M., et ses finances s'amélioreront d'ailleurs d'une augmentation de contribution aux charges publiques. L'agriculture, qu'il est si intéressant d'encourager, recevra de cette opération un nouvel accroissement : l'industrie des engagistes sera mise en activité par l'espérance d'une longue jouissance : le produit des domaines acquerra plus de consistance qu'on ne peut s'en promettre de la gestion des fermiers ou régisseurs actuels qui n'ont peut-être pas la même aptitude, et sûrement pas le même intérêt à l'exploitation dont ces domaines sont susceptibles. Enfin, S. M. bornant à la durée de son règne l'effet de ce plan d'administration, et excluant tous deniers d'entrée, ne promet et n'accorde que ce qu'elle peut maintenir; et les principes du domaine de la couronne n'en reçoivent aucune atteinte, dans quelque acception qu'ils puissent être pris. Sur quoi S. M. voulant faire connoître ses intentions : ouï le rapport, etc.; le roi étant en son conseil, a ordonné et ordonne ce qui suit :

1. Tous les domaines, terres et seigneuries, et autres fonds domaniaux qui sont affermés ou régis au nom et au profit de S. M., en quelques lieux et provinces du royaume qu'ils soient situés, à l'exception seulement des cens, rentes seigneuriales, et des droits casuels lors des mutations, ainsi que de la nomination aux offices, et des droits de greffes, que S. M. se réserve expressément, seront concédés à titre d'engagement, pour toute la durée du règne de S. M., moyennant des redevances annuelles et sans aucuns deniers d'entrée, et à la charge d'être tenus pendant la durée desdits engagements, soit à foi et hommage, soit censuellement, de S. M., suivant qu'il sera réglé par les adjudications.

2. Lesdites redevances seront stipulées en blé-froment,

payables en argent, suivant l'évaluation de l'année commune prise sur les dix antérieures à la présente, du prix du plus beau blé-froment, au marché le plus voisin, à l'époque du premier marché après la saint Martin : ladite évaluation sera renouvelée de dix ans en dix ans, même à chaque changement de possesseur, d'après l'année commune prise sur les dix antérieures, sans toutefois qu'en aucun cas la livre de blé, poids de marc, puisse être évaluée au-dessous de dix-huit deniers.

3. Lesdites redevances emporteront droits seigneuriaux casuels, de quint, requint, treizièmes, lods et ventes, rachats, reliefs et autres profits de féodalité aux mutations, suivant que la tenue des objets engagés aura été stipulée par les contrats, noble ou roturière, et suivant les coutumes des lieux : et, dans le cas où lesdites coutumes seroient muettes à cet égard, suivant la coutume de Paris.

4. Lesdits engagements ne pourront avoir lieu pour tous les domaines d'une généralité ou d'une province ensemble, mais au plus pour chaque corps de domaine; et les objets à engager seront subdivisés autant qu'il sera possible, pour multiplier le nombre des concurrents.

5. Tous particuliers, indistinctement, même les fermiers actuels, pourront se présenter pour obtenir lesdites concessions; ils adresseront à cet effet au sieur contrôleur général des finances des soumissions signées d'eux, contenant les détails des objets dont ils demanderont l'engagement, et la quotité de la redevance qui sera par eux offerte, conformément aux articles 1er et 2 ci-dessus.

6. Les offres et soumissions qui seront faites en exécution de l'article précédent, ne pourront être reçues, relativement à ceux desdits domaines et droits qui sont actuellement affermés, si elles ne s'élèvent pas au montant du prix des baux actuels, déduction faite des charges; il sera à cet effet donné communication desdits baux et du montant des charges à déduire, par l'administrateur des domaines ou son préposé sur les lieux, aux personnes qui se présenteront pour obtenir lesdits engagements.

7. Lesdites offres et soumissions seront communiquées à l'administrateur des domaines; et lorsque lesdites offres seront trouvées convenables et la solvabilité des soumissionnaires suffisamment reconnue, il sera rendu arrêt du conseil, qui, sur le vu d'icelles, comme première enchère, ordonnera qu'après trois publications sur les lieux, il sera procédé, en la forme ordinaire, par devant le sieur intendant et commissaire

départi dans la généralité de la situation du domaine ou fonds à concéder, à l'adjudication d'icelui, au plus offrant et dernier enchérisseur.

8. Le procès-verbal de ladite adjudication sera renvoyé au conseil par ledit sieur intendant et commissaire départi, à l'effet de la ratifier et déclarer définitive, s'il y a lieu; sinon il sera ordonné qu'après une seule et dernière publication il sera procédé à une adjudication définitive, soit devant ledit sieur intendant, soit au conseil, par devant les sieurs commissaires qui seront députés à cet effet.

9. Les arrêts qui auront ratifié les adjudications faites devant les sieurs intendants, ou qui auront autorisé les nouvelles adjudications définitives faites, soit devant eux, soit devant les sieurs commissaires du conseil, en exécution de l'article précédent, seront, sur la requête desdits adjudicataires, présentés aux bureaux des finances du ressort ou autres juges ayant la connoissance des droits du domaine, pour y être enregistrés, et lesdits adjudicataires mis en possession des objets à eux adjugés par tel officier qui sera à cet effet nommé par lesdits bureaux ou autres juges compétents.

10. Les adjudicataires entreront en jouissance des objets à eux engagés à compter du jour des adjudications, et en conséquence ils toucheront, à compter dudit jour, les fermages des objets actuellement affermés, desquels ils seront tenus d'entretenir les baux, si mieux ils n'aiment indemniser de gré à gré, sinon à dire d'experts, les fermiers, qu'ils ne pourront déposséder qu'après lesdites indemnités acquittées.

11. Les adjudicataires ne pourront également entrer en jouissance qu'après avoir consigné, entre les mains de l'administrateur des domaines, le montant d'une année de la redevance moyennant laquelle les adjudications leur auront été faites, laquelle année demeurera toujours en avance pour servir de cautionnement de l'acquittement exact des arrérages courants, et sera imputée sur la dernière année de jouissance de chaque engagiste.

12. Il ne pourra être exigé des adjudicataires aucuns deniers d'entrée, sous quelque prétexte que ce soit, pour raison desdites adjudications; mais ils seront tenus de payer ou rembourser à l'administrateur du domaine, s'il en a fait l'avance, les frais de publications, affiches, adjudications, mise en possession, et tous autres auxquels les adjudications pourront donner lieu, ainsi que les frais d'expéditions et significations des arrêts ou jugements d'adjudication; ils seront tenus en

outre de remettre à l'administrateur des domaines expédition desdits arrêts ou jugements, ainsi que des procès-verbaux de mise en possession et d'estimation des bâtiments.

13. Lesdits adjudicataires ne seront tenus d'aucuns droits de marc d'or, sou pour livre, centième denier, contrôle, ni autres droits quelconques, pour raison desdites adjudications; ils demeureront même exemptés du droit de franc-fief pendant leur possession personnelle seulement desdits domaines et fonds domaniaux.

14. Ils seront tenus d'entretenir à leurs frais, de toutes réparations, les bâtiments, bacs, pressoirs, fours, moulins et autres objets susceptibles d'entretien qui leur auront été adjugés, faute de quoi ils pourront y être contraints par toutes voies dues et raisonnables, à la requête du procureur de S. M. dans les bureaux des finances de la situation des lieux, ou autres juges compétents, poursuite et diligence de l'administrateur des domaines ou de ses préposés.

15. Pourront néanmoins les engagistes qui se proposeront d'améliorer lesdits domaines par des changements utiles dans l'exploitation usitée, ou dans la consistance des bâtiments actuellement subsistants, se pourvoir au conseil pour obtenir la permission de faire lesdits changements, après laquelle seulement ils seront déchargés, ainsi que leurs cautions, de l'entretien de ceux desdits bâtiments dont le conseil aura jugé convenable de permettre la suppression : l'engagement desdits adjudicataires ou de leurs cautions tenant au surplus, soit à l'égard des bâtiments restants, soit à l'égard de ceux qui seroient substitués.

16. Les frais de justice, ainsi que toutes taxes et impositions à la charge de la propriété ou de l'exploitation, seront supportés, sans aucune répétition ni recours contre S. M., par lesdits adjudicataires.

17. Les redevances imposées pour prix desdites adjudications seront servies par semestre, en janvier et juillet de chaque année, sans aucune réduction ni diminution, pour les causes ci-dessus, ni pour quelque autre que ce puisse être, et ce à compter de la date des adjudications définitives, et nonobstant la consignation d'une année prescrite par l'article 2 ci-dessus.

18. A défaut par lesdits engagistes de payer exactement et de terme en terme, conformément à l'article précédent, les redevances fixées par les adjudications, ils y seront contraints à la requête de l'administrateur des domaines, par saisie des

fruits des objets à eux adjugés, et par toutes autres voies dues et raisonnables. Enjoint S. M. audit administrateur d'y veiller exactement, et de provoquer la réunion desdits domaines aussitôt que l'engagiste se trouvera arriéré d'une année entière de la redevance, et ce à peine, par l'administrateur général des domaines, de répondre personnellement, et sans pouvoir s'en faire tenir compte par le roi, de toutes les années de redevances qui s'arriéreroient jusqu'à la dépossession de l'engagiste.

19. Les contestations qui pourroient survenir, soit lors de la mise en possession desdits adjudicataires, soit pendant leur jouissance, sur la propriété desdits domaines ou fonds, ou sur l'étendue ou quotité des droits en dépendants, seront portées en première instance devant les bureaux des finances du ressort, ou autres juges ayant la connoissance du domaine, sauf l'appel au parlement, ou devant les autres cours et jurisdictions qui ont droit d'en connoître.

20. En cas de contestation relativement à l'exécution du présent arrêt, notamment en ce qui concerne la réunion faute de paiement des deux années de redevance, S. M. s'en réserve la connoissance et à son conseil, et icelle interdit à toutes ses cours et juges. Et sera le présent arrêt, sur lequel toutes lettres patentes nécessaires seront expédiées, imprimé, publié, lu et affiché partout où besoin sera.

N° 2447. — ARRÊT *du conseil qui ordonne l'exécution de celui du 14 janvier 1781, concernant les domaines engagés.*

Versailles, 15 mars 1788. (R. S. C.)

N° 2448. — ARRÊT *du conseil portant établissement d'un comité consultatif pour la discussion des plans relatifs à l'amélioration des finances, et l'ordre du service royal.*

Versailles, 15 mars 1788. (R. S.)

N° 2449. — ORDONNANCE *portant réglement sur la hiérarchie militaire et la progression de l'avancement ainsi que des promotions* (1).

Versailles, 17 mars 1788.

_____

(1) V. lois 29 octobre 1790, 16—27 avril, 1er août 1791, 29 juin, 6 juill., 8 novembre 1792; décret du 21 février 1793, tit. 1er, sect. 2; 1er thermidor an 11, 24 germinal an 111, 15 vendémiaire an 1v; constitution de l'an v111, art. 41; ord. du 2 août 1818, loi du 10 mars 1818; ord. du 1er novem. 1820, art. 32.

N° 2450. — RÉGLEMENT *du roi portant établissement d'un conseil d'administration du département de la marine, sous le titre de Conseil de la Marine.*

Versailles, 19 mars 1785. (R. S. C.)

S. M. ayant, par son réglement du 9 octobre dernier, établi un conseil d'administration du département de la gurre, sous le titre de *conseil de la guerre;* et désirant que diverses branches de l'administration de son royaume soient soumises au même régime, afin de pouvoir en saisir facilement l'ensemble et tout apercevoir pour ainsi dire d'un coup d'œil, elle a jugé indispensable d'établir pareillement dans le département de la marine un conseil, et de le rendre aussi semblable à celui de la guerre que la différence qui existe entre les deux départements peut le permettre. A ces causes, elle a arrêté et ordonné, arrête et ordonne ce qui suit :

1. S. M. crée et établit, par le présent réglement, un conseil permanent d'administration du département de la marine, sous la dénomination de *conseil de la marine.*

L'administration de ce département sera ainsi partagée à l'avenir entre le secrétaire d'état de la marine et le conseil de la marine ; de manière que le premier reste chargé de toute la partie active et exécutive de l'administration, et que le conseil de la marine le soit de toute la partie législative et consultative ayant rapport à la marine royale et au service militaire. S. M. détaillera et fixera ci-après, d'une manière plus précise, les fonctions et les limites qu'elle leur assigne. .

2. La présidence du conseil de la marine sera invariablement attachée à la charge de secrétaire d'état du département, de quelque état et de quelque grade que puisse être celui qui en sera pourvu ; et S. M. considérant que ledit secrétaire d'état doit y être regardé comme son organe et son représentant, elle ordonne qu'en cas de partage égal dans les opinions, sa voix aura toujours la prépondérance.

3. Les autres membres composant le conseil de la marine seront deux officiers généraux de la marine ou chefs de division, l'inspecteur général des constructions, l'inspecteur général de l'artillerie du département, le directeur des ports et arsenaux, un capitaine de vaisseau en activité ou retiré, un intendant de la marine qui ait été administrateur en chef dans l'un des ports du royaume ou dans l'une des colonies, l'intendant général des colonies. Seront aussi membres dudit conseil,

l'officier général du corps royal du génie ayant la direction de ce corps à Versailles, ainsi que l'intendant général chargé de l'administration des classes, des consulats et des autres parties du département de marine non comprises dans la direction des ports ou dans l'intendance des colonies; mais ces deux derniers n'auront entrée, séance, droit de rapport et voix délibérative que lorsque le conseil s'occupera d'affaires relatives à leur travail habituel, ou dans le cas où ledit conseil jugeroit convenable de les appeler. Il sera incessamment expédié à tous ces membres des brevets dans la forme prescrite par S. M.; et elle réglera, par une décision particulière, le rang qu'ils devront prendre entre eux.

4. Les affaires de nature à être traitées au conseil de la marine seront préalablement examinées, discutées et travaillées par celui de ses membres chargé particulièrement de la partie du département à laquelle elles seront relatives. Il en fera le rapport, donnera son avis le premier, sera le rédacteur de la décision, et veillera à son enregistrement sur le registre des délibérations.

5. Celui qui sera chargé des fonds du département n'aura point entrée habituelle au conseil. S. M. veut néanmoins que lorsqu'on s'occupera d'objets relatifs à la finance, il ait le droit, dans tous les cas où il le croira utile, de présenter des mémoires écrits, d'assister aux rapports, et de demander ensuite à être entendu; mais il n'aura point voix délibérative et ne pourra même rester présent lorsque l'on commencera à recueillir les opinions. S. M. lui fera expédier à cet effet, comme aux autres membres du conseil, un brevet où elle indiquera les fonctions et les droits qu'elle lui attribue.

6. Le conseil de la marine sera en exercice toute l'année, à moins que des circonstances particulières, telles que les voyages de S. M., ne mettent le président dans le cas de prendre ses ordres pour déterminer un certain temps de vacances.

7. Le service du bureau du conseil de la marine sera fait par deux secrétaires qui seront aux ordres dudit conseil, et lorsqu'ils ne pourront pas suffire aux ouvrages, il sera pris momentanément des copistes extraordinaires.

8. Il sera incessamment préparé, soit à l'hôtel de la guerre, soit dans une des maisons dépendantes du département de la marine, un logement convenable, tant pour les assemblées du conseil de la marine que pour lui servir de bureau et de dépôt.

9. S. M. affecte annuellement la somme de 150,000 liv. aux dépenses du conseil de la marine, et fixe sur ladite somme les

honoraires de chacun des membres à 6,000 liv par an. Les appointements de l'un des secrétaires à 4,000 livres, et ceux de l'autre à 2,000 liv. Une somme de 12,000 liv. pour frais de bureaux, de copistes extraordinaires, etc. Le restant de ladite somme de 150,000 liv. sera à la disposition du conseil et employée, d'après ses délibérations, pour les missions qu'il donnera, sous le bon plaisir du roi, soit à quelques-uns de ses membres, soit à des officiers militaires, soit à des officiers d'administration, soit enfin à des artistes, pour se procurer des renseignements et des connoissances reconnus ou présumés devoir être utiles.

10. S. M. voulant que la plus parfaite harmonie règne entre le conseil de la marine et le secrétaire d'état de ce département, et sentant que cette harmonie dépend principalement de la fixation la plus précise de leurs fonctions et des limites respectives de leur ressort, elle s'est attachée avec la plus grande attention à établir cette fixation, et elle l'a déterminée de la manière suiv. :

11. Le secrétaire d'état de la marine conservera exclusivement toute la partie active et exécutive de l'administration, et par conséquent le travail avec le roi et avec le principal ministre; les rapports à faire aux conseils actuels ou autres que S. M. jugera à propos de former; la direction et la disposition de toutes les forces navales et de tous les armements, soit en paix, soit en guerre; la correspondance avec les commandants des armées navales, des escadres, des bâtiments, avec ceux des ports et des colonies, avec les intendants ou ordonnateurs, et généralement avec tous officiers ou employés au service de la marine ou des colonies. Il conservera pareillement la proposition à tous les emplois et à toutes les graces du département, de quelque espèce qu'elles soient, en demeurant toutefois assujetti aux principes et aux règles déjà établis, ou qui le seront dans la suite par S. M.

12. Le conseil de la marine sera chargé de la discussion, de l'interprétation et du maintien de toutes les ordonnances militaires; de l'examen de la comptabilité de tous les fonds affectés au département; de la vérification de tous les marchés, baux, régies, adjudications et entreprises; de la surveillance de toutes les fournitures. Il sera également chargé de maintenir l'observation des principes et des règles établis par S. M. pour la dispensation des emplois et des graces militaires, et afin que le conseil ne puisse rien ignorer à cet égard de ce qui sera fait par le secrétaire d'état et éclairer S. M., si son ministre s'était écarté des règles et principes qu'elle aura fixés, le secrétaire d'état sera tenu de donner communication

au conseil de toutes les expéditions qui auront été faites.

13. S. M. attribue encore au conseil de la marine la connoissance et l'examen de toutes les affaires de discipline et de contravention aux ordonnances ; la proposition des punitions à décerner, quand elles n'auront pas été déterminées par les ordonnances ; la discussion de tous les projets d'amélioration, sur quelque partie que ce soit de la constitution et du service ; l'examen de tous les ouvrages qui paroîtront sur la marine, soit pour accorder les permissions que demanderoient les auteurs, soit pour recueillir les idées utiles et les lumières qu'ils pourroient renfermer.

14. Enfin, comme une administration éclairée doit toujours être en mouvement pour s'améliorer, le conseil de la marine sera autorisé à envoyer, tous les ans, à son choix, un ou plusieurs de ses membres, soit dans les ports, soit dans tout autre lieu du royaume, pour visiter les chantiers, les ateliers, les manufactures, les magasins, les hôpitaux, les établissements des vivres, et généralement toutes les parties du service. Il pourra également choisir pour remplir ces missions tels officiers militaires ou d'administration qu'il jugera à propos, même des personnes d'art pour des parties où leurs talents rendroient leurs observations utiles ; et les ordres nécessaires à cet effet seront, d'après le vœu du conseil, expédiés par le secrétaire d'état.

15. Les membres du conseil de la marine, ou autres ainsi députés par lui, recevront dudit conseil une instruction détaillée sur l'objet de leur mission et sur la conduite qu'ils devront tenir en la remplissant. Ils prendront connoissance de tous les objets qui leur seront indiqués, sans pouvoir toutefois donner aucun ordre ; et ils rapporteront au conseil de la marine des mémoires détaillés sur les transgressions, négligences ou abus qu'ils auront reconnus dans leur tournée, ainsi que sur les changements qui leur paroîtront avantageux à introduire.

16. Le conseil de la marine pourra appeler momentanément à ses discussions ou délibérations tel officier général, ou supérieur, ou particulier, ou militaire, ou d'administration, dont il jugera que les connoissances lui sont nécessaires sur l'objet qu'il s'agira de discuter. Il pourra de même appeler à ses séances tout chef ou commis des bureaux de la marine, soit pour le consulter, soit pour lui demander les éclaircissements dont il jugeroit avoir besoin.

17. Le conseil de la marine s'assemblera une ou deux fois

par semaine, même plus souvent si besoin est, aux jours qui seront indiqués par le secrétaire d'état.

18. Le conseil de la marine étant chargé de la partie législative et consultative relative à la marine royale et au service militaire, et ayant besoin pour cet effet d'avoir à sa disposition tous les matériaux et renseignements qui y ont rapport, le secrétaire d'état du département autorisera un des membres du conseil à rassembler et à réunir dans ses archives toutes les ordonnances, décisions ou interprétations qui existent dans les bureaux de la marine, pour ensuite y être classées et arrangées dans l'ordre convenable. Il l'autorisera également à se procurer à l'usage du conseil tous les états ou renseignements qu'il jugera nécessaires relativement à la comptabilité ou aux dépenses du département, ou enfin aux autres objets à lui attribués.

19. Le secrétaire d'état de la marine renverra exactement, suivant la matière, toutes les affaires ainsi que tous les détails qui devront être portés au conseil, à chacun des membres devant être chargé du rapport, afin que celui-ci en fasse l'examen et la vérification, en dresse le travail, le lui communique préalablement en sa qualité de président, et le mette ensuite sous les yeux du conseil, appuyé de toutes les pièces originales ou justificatives qui y auront relation.

20. Le secrétaire d'état de la marine assistera, en sa qualité de président, aux séances du conseil toutes les fois que les affaires du service de S. M. le lui permettront; et, à son défaut, le conseil sera présidé par le plus ancien officier général, qui fera les fonctions de vice-président.

21. L'absence du président n'empêchera pas la préparation et la discussion des matières; mais il ne sera pris aucune délibération ni arrêté aucune proposition qu'en sa présence, et avec le concours au moins de sept membres, y compris le président lui-même.

22. Tous les plans, projets ou objets de travail portés au conseil de la marine y seront arrêtés à la pluralité des voix, les opposants à l'avis passé étant autorisés à consigner sur les registres qu'ils ont été d'un avis négatif, et même à le motiver par un résumé succinct.

23. On ira aux voix en commençant par celui des membres qui aura fait le rapport, lequel, après avoir résumé l'objet en discussion, donnera le premier son avis; on continuera ensuite en remontant aux membres les plus anciens jusqu'au président.

24. S'il se trouve des voix perdues, entre deux avis égaux

en voix, elles seront obligées de se rallier à l'avis le plus analogue au leur, sauf à exprimer et à motiver leur avis primitif.

25. Le conseil de la marine ne pouvant pousser ses opérations avec activité et succès qu'autant que les objets de travail qui doivent lui être soumis seront à l'avance bien classés et bien préparés, le secrétaire d'état de la marine s'occupera, sans perte de temps, de faire sur cela un travail préliminaire dans lequel les bases des vues de S. M. soient bien établies, l'état des questions clairement posé, les limites des discussions invariablement fixées; en sorte que quand le conseil commencera ses séances, il connoisse parfaitement les résultats auxquels il doit tendre, et qu'un temps précieux ne s'y consume pas en discussions inutiles et en hypothèses spéculatives ou en propositions contraires ou étrangères aux intentions de S. M.

26. Tous les plans, projets ou décisions proposés à S. M. par le conseil de la marine, en vertu de ses délibérations prises comme il est dit ci-dessus, seront signés de tous les membres du conseil dans le même ordre qu'ils auront été aux voix, en observant toutefois de ne pas priver les membres dont l'avis aura été contraire à celui de la pluralité, du droit à eux accordé de faire mention qu'ils ont été d'un avis opposé ou seulement modifié, en exprimant leur opposition ou modification par un résumé succinct; l'intention de S. M. étant de s'éclairer par là plus amplement sur le parti qui lui restera à prendre relativement aux propositions du conseil.

27. Mais S. M. sentant combien les surprises, les erreurs, les fausses opérations, sont nuisibles au bien de son service, et qu'elle pourroit y rester exposée, si, après l'avis du conseil de la marine, elle ne se déterminoit que sur le rapport de son seul secrétaire d'état de ce département qui pourroit lui-même avoir entraîné par sa prépondérance l'opinion du conseil, ou s'être trouvé d'un avis contraire, inconvénient qui, dans l'un et l'autre cas, pourroit rendre son influence presque également dangereuse, elle entend former auprès d'elle un comité intime de la marine, où tous les plans, projets ou réglemens proposés par le conseil seront rapportés et discutés en sa présence par le secrétaire d'état de la marine, en sa qualité de président du conseil, et où, ainsi, elle ne se déterminera à les adopter, rejeter ou modifier qu'avec une parfaite connoissance des objets qui seront mis sous ses yeux.

28. Afin qu'il y ait de l'ensemble et de l'harmonie dans toutes les parties de l'administration, et que ce comité intime de la marine réunisse le concours et en même temps la contradiction

de toutes les lumières, soit générales, soit particulières, qui pourront fonder la confiance de S. M., il sera composé du ministre principal de S. M., du secrétaire d'état au département des affaires étrangères, d'un ou de deux ministres d'état, selon qu'il conviendra à S. M. de les y appeler; du secrétaire d'état de la marine et de deux membres du conseil de la marine; un de ces membres sera toujours le plus ancien dudit conseil, et l'autre un membre au choix du conseil; et s'il y a un avis opposant à celui du président du conseil ou du conseil, composé d'un tiers des voix seulement, ce sera de droit un des membres qui auront formé cet avis, choisi par la totalité d'entre eux. S. M. se réserve encore d'appeler à ce comité tels des vice-amiraux ou des officiers généraux de sa marine qu'elle jugera à propos de consulter.

29. Tous les projets de réglements, ordonnances et décisions que pourroit former le conseil de la marine seront mis sous les yeux de S. M. par le secrétaire d'état, ou rapportés par lui devant elle dans le comité intime de la marine, pour de là être renvoyés au conseil, approuvés et signés de S. M., avec les changements ou modifications qu'elle jugera convenables.

30. Autorise toutefois S. M. le conseil de la marine à donner en son propre nom toutes les décisions qu'il jugera nécessaires pour le maintien ou l'exécution des lois militaires rendues par S. M.; ces décisions, ou manuscrites, ou imprimées, étant signées, dans ce cas, par le président et le plus ancien membre présent à la séance, le jour qu'elles auront été déterminées. Si toutefois ces décisions n'étoient pas conformes à l'esprit de la loi, et tendoient à y apporter des changements, elles ne pourroient être données par le conseil sans avoir préalablement été soumises à S. M.

31. Il sera tenu un registre où toutes les délibérations ou déterminations du conseil seront inscrites et signées par tous les membres présents à la séance où elles auront été prises, et ce à la diligence et sous l'inspection de celui des membres qui en aura fait le rapport.

32. Le présent réglement sera envoyé à tous les commandants des ports, aux gouverneurs généraux des colonies, aux commandants de l'artillerie, à l'inspecteur général et aux inspecteurs particuliers des classes, à l'inspecteur général des canonniers-matelots, aux intendants, aux commissaires généraux et ordonnateurs, et à tous autres qu'il appartiendra, afin que tout ce qui est au service de S. M. dans sa marine, et tout ce qui y a rapport, connoisse la constitution dudit conseil ainsi

que les prérogatives, fonctions et détails que S. M. lui a attribués, et puisse en conséquence s'adresser directement à lui, pour tout ce qui est de son ressort, par la voie du secrétaire d'état de la marine, à son titre de président du conseil.

33. Toutes les lettres ou réponses du conseil seront minutées par celui de ses membres qui aura rapporté l'affaire y donnant lieu; mais elles ne seront expédiées qu'avec l'approbation du conseil et la signature du président, et du plus ancien des membres présents à la séance où elles auront été lues. Elles seront contresignées au nom du conseil de la marine, et cachetées du cachet dudit conseil, portant les armes du roi, et pour légende : *conseil de la marine.*

34. Lorsque ces lettres seront relatives à quelque objet important, ou qu'elles tendront à décider ou à éclaircir quelque point concernant le service de la marine, le membre du conseil qui aura fait le rapport qui les aura occasionées veillera à ce qu'elles soient enregistrées.

35. S. M. voulant que le conseil de la marine donne l'exemple de ce qu'elle veut introduire par la suite dans tous les bureaux du département, elle règle que toutes les lettres et réponses du conseil ne contiendront jamais que l'énoncé succinct du fait ou de l'objet auquel elles auront rapport, dans la forme la plus substantielle, et sans aucun de ces accessoires de forme et de protocole qui ne servent qu'à consumer le temps et à multiplier les écritures.

36. Tout ce qui sera adressé au conseil sera conçu et rédigé dans la même forme, c'est-à-dire en forme de mémoire, sur grand papier, plié à mi-marge, portant au haut, *au conseil de la marine*, et plus bas, *mémoire sur*, etc. Les mémoires seront renvoyés en original avec la réponse ou décision du conseil à la marge; et si la réponse ou décision est de quelque importance, il en sera pris note au bureau du conseil.

37. La discussion et la comptabilité des fonds du département de la marine étant un des principaux objets confiés à la surveillance du conseil, il est autorisé à se faire fournir par le bureau des fonds toutes les pièces, états et renseignements qu'il jugera nécessaires, soit pour se procurer des éclaircissements, soit pour faire observer les règles et formes auxquelles aura été soumise cette comptabilité.

38. N'entend point toutefois S. M. que le conseil de la marine prétende prendre connoissance des dépenses dénommées secrètes, que des mesures ou vues particulières pourroient lui faire ordonner à son secrétaire d'état du département de la

marine, au moyen d'un supplément tiré du trésor royal; ces
dépenses secrètes, quand il y en aura, ne devant point faire
partie des fonds ordinaires ou extraordinaires annuels du département, et ne devant être soumises à la révision du conseil que quand les circonstances qui les auront déterminées
cesseront de devoir demeurer secrètes, et que S. M. le jugera
à propos.

39. A cette seule réserve près, que la politique et le bien
du service du roi peuvent quelquefois rendre nécessaire, S. M.
pensant que la publication motivée des dépenses dans toutes
les branches de l'administration est toujours un frein pour les
abus et une satisfaction pour ses peuples, elle entend assimiler
à cet égard le département de la marine au système général
qu'elle a adopté; en conséquence, son intention est qu'à la fin
de chaque année, et au plus tard dans les six premiers mois
de l'année suivante, le conseil de la marine publie un tableau
de toutes les dépenses tant ordinaires qu'extraordinaires du
département de la marine, en énonçant objet par objet le prix
des achats, marchés, régies et entreprises, soit particulières,
soit générales. La forme de ce tableau, dont la publication
aura lieu pour la première fois en 1789, s'il est possible, sera
dressée d'ici à cette époque par les soins du conseil, et approuvée par S. M.

40. Lorsque le conseil de la guerre arrêtera les comptes des
fonds de l'ordre de Saint-Louis, S. M. accordera entrée, séance
et voix délibérative à son secrétaire d'état de la marine comme
président du conseil de ce département, et à des officiers généraux de la marine, lesquels elle se propose de choisir, soit entre
ceux qui seront membres du conseil, soit entre les grands-croix
et commandeurs de l'ordre de Saint-Louis, et ce en observant
d'un département à l'autre la proportion accoutumée.

41. Les comptes des invalides de la marine seront, tous les
ans, examinés et arrêtés à Versailles par le conseil de la marine,
et le résumé de ce compte sera compris dans le tableau annuel
des dépenses du département.

42. S'il est presque toujours utile de mettre au plus grand
jour le détail de toutes les dépenses publiques, S. M. regardant au contaire le secret comme l'ame de toutes les opérations
pendant qu'on les prépare, elle ordonne expressément à tous
les membres du conseil le plus absolu silence sur ce qui se sera
passé dans les séances, tant relativement aux délibérations ou
propositions arrêtées par le conseil qu'aux discussions qu'elles
auront élevées, et aux opinions particulières et personnelles

des membres; et elle regarde l'exécution la plus stricte de cette loi comme si importante au bien de son service, qu'elle saura très-mauvais gré à ceux qui s'en écarteront.

N° 2451.—Arrêt *du conseil qui accorde une prime d'encouragement aux armateurs qui feront préparer et porter dans les ports du royaume les rogues provenant de leur pêche.*

Versailles, 29 mars 1788. (R. S. C.)

N° 2452. — Réglement *général du roi pour la manutention du trésor royal.*

Versailles, 30 mars 1788. (R. S. C.)

Le roi ayant, par son édit du présent mois, donné une nouvelle constitution au service de son trésor royal, en y réunissant le service des différentes caisses que S. M. a jugé à propos de supprimer; et le succès de cette opération si importante pour le bien des finances, dépendant en grande partie de la disposition du régime intérieur des différentes parties qui doivent composer dorénavant le département du trésor royal, S. M. a résolu d'y pourvoir par un réglement qu'elle a jugé propre à y établir l'ordre, l'harmonie et l'activité nécessaires. En conséquence, S. M. a ordonné et ordonne ce qui suit :

1. Conformément aux dispositions de l'édit du présent mois, le trésor royal sera chargé généralement de toutes les recettes et dépenses, dont les différents départements seront remplis par cinq administrateurs.

2. Les cinq administrateurs auront chacun la direction d'un des départements suivants; savoir : un de la caisse générale, pour toutes les recettes et l'acquit de toutes les dépenses; un des pensions, intérêts et remboursements d'effets royaux provenants d'emprunts, reconstitutions, amortissements, coupons et actions de l'ancienne compagnie des Indes, et généralement de toutes les dépenses qui ne seront pas attribuées à l'un des trois départements ci-après; un des dépenses de la guerre; un de celles de la marine et des colonies; et un de celles de la maison du roi et de la reine, de celles des bâtiments, des ponts et chaussées, et de toutes celles dont étoit chargé, par les lettres patentes du 31 octobre 1784, le trésorier général des dépenses diverses.

3. Le département de la caisse générale sera composé d'un premier commis, chargé de la comptabilité; d'un commis du grand comptant, qui sera chargé du portefeuille des effets, de la direction des livres, et de la surveillance de la caisse générale et des caisses auxiliaires, et d'un caissier en chef.

Chacun des quatre autres départements sera composé d'un premier commis et d'un chef pour la comptabilité, et il sera en outre attaché à chacun des cinq départements le nombre d'employés nécessaires pour le service.

4. La caisse générale fera toutes les recettes, et acquittera toutes les dépenses; mais, attendu l'impossibilité de faire payer toutes les dépenses par une seule et même caisse, la caisse générale aura quatre caisses auxiliaires pour le service des quatre autres départements, et dans lesquelles elle versera les fonds nécessaires, dont il lui sera rendu compte tous les soirs.

5. Toutes les dépenses desdits départements seront acquittées par les caisses auxiliaires, sur des mandats timbrés du nom du département; ces mandats seront expédiés d'après les états de distribution préalablement arrêtés par le contrôleur général : ils seront numérotés et motivés, avec les sommes en toutes lettres, et ils seront signés par l'administrateur ou le premier commis du département.

6. Les parties prenantes devront, en conformité de l'article précédent, s'adresser aux bureaux respectifs de chaque département, pour échanger leurs titres en mandats sur lesdites caisses, qui les acquitteront à présentation. Quant aux pensions, coupons, remboursements d'effets royaux, coupons ou actions de l'ancienne compagnie des Indes, ou effets semblables, ils seront acquittés à la caisse auxiliaire chargée desdits paiements, soit sur les mandats, soit sur les pièces mêmes, visées par l'administrateur ou le premier commis dudit département, d'après les états de distribution arrêtés en la manière ordinaire.

7. Le premier commis de chaque département remettra tous les soirs au caissier de la caisse générale, un état certifié de tous les mandats qu'il aura délivrés dans la journée, ou pièces qu'il aura visées. Le caissier de chaque caisse auxiliaire lui remettra pareillement le bordereau des paiements qu'il aura faits dans le jour, avec les mandats du premier commis, et les coupons ou autres effets publics qu'il aura payés, dont il lui sera donné décharge par le caissier de la caisse générale, qui sera par là en état de vérifier tous les paiements qui auront été faits dans le jour, et de rendre lui-même son compte en recette et en dépense, au commis du grand comptant, à qui il remettra tous les mandats et effets acquittés.

8. Le commis du grand comptant fera inscrire chaque jour, sur un registre, l'état de la caisse, qui lui aura été remis par

le caissier, et il y joindra le bordereau des effets en porte-feuille, qu'il classera en masse, mois par mois; il signera ledit état, et le fera viser par l'administrateur, pour en constater l'exactitude.

9. Pour l'ordre de la comptabilité, le commis du grand comptant remettra la totalité des mandats et effets acquittés dans la semaine, au premier commis du département de la caisse générale, qui lui en donnera des décharges distinctes pour chacun des départements.

10. Le premier commis du département de la caisse géné-rale remettra à chacun des administrateurs les mandats ou pièces visées relatifs à leurs départements, et retirera de cha-cun d'eux une reconnoissance de la valeur totale, portant pro-messe de lui rapporter des ordonnances à mettre en dépenses.

11. La vérification des caisses et du porte-feuille sera faite deux fois dans chaque mois, à volonté, par l'un des conseillers au conseil royal des finances et du commerce, et par le sieur Magon de la Balue ou le sieur le Normand, membre du comité établi par l'arrêt du conseil du 15 mars dernier, ensemble par le premier commis des finances au département du trésor royal, lesquels en signeront conjointement le procès-verbal sur un registre à ce destiné, et remettront une expédition dudit procès-verbal au contrôleur général des finances.

12. La caisse générale sera ouverte pour le public tous les jours, depuis neuf heures du matin jusqu'à deux heures; et l'après midi, depuis cinq heures, sera employée aux opéra-tions intérieures.

13. Les livres de la caisse générale seront tenus en parties doubles, et au 31 décembre de chaque année tous les comptes seront additionnés et arrêtés pour procéder à la balance des livres, qui devra être faite dans le terme de trois mois au plus tard : il sera fait trois copies de ladite balance, certifiées par le teneur de livres, et signées par l'administrateur de la caisse générale, dont une restera dans le bureau du département, une autre sera présentée au contrôleur général des finances, et la troisième sera remise, avec les journaux et le grand-livre, au bureau de comptabilité, pour les comptes y être dressés suivant les formes établies, auxquelles il ne sera rien changé.

14. Attendu que les deux gardes actuels du trésor royal sont comptables à la chambre des comptes de plusieurs exercices sur lesquels il se fait encore des recettes et des dépenses, et que l'ordre constamment établi de présenter à ladite chambre l'ensemble de chaque exercice ne doit point être interverti, il

sera procédé à la reddition de ces comptes, savoir, de tous ceux antérieurs au 1er janvier 1788 dans la forme ordinaire, et de celui de l'année 1788, en deux parties : la première, composée des recettes et dépenses faites jusqu'à l'époque du 30 juin 1788, dont le compte sera rendu par chacun desdits deux gardes actuels, et à cet effet, tous leurs registres et journaux des exercices arriérés seront additionnés et arrêtés ledit jour 30 juin; la seconde, composée des recettes et dépenses faites sur chacun de ces mêmes exercices par le seul et unique trésor royal, dont le compte sera rendu par l'administrateur de la caisse générale, moyennant quoi la chambre des comptes aura sous les yeux l'ensemble de chaque exercice.

15. Les appointements des commis et tous les frais de bureau du trésor royal et de correspondance dans les provinces seront, quant à présent, à la charge de S. M., et passés en dépense dans les états qui seront présentés tous les ans au conseil royal des finances par le contrôleur général, et ils seront arrêtés audit conseil.

16. Pour procéder avec pleine connoissance à l'établissement des bureaux nécessaires à chaque département, et fixer le nombre des commis qui devront y être employés, ainsi que leurs appointements, chaque administrateur présentera, dans le mois qui suivra la publication du présent réglement, un état de ce qu'il jugera nécessaire pour le service de son département, et le tout sera arrêté au comité établi par l'arrêt du conseil du 15 mars dernier.

17. Il sera pourvu, par des réglements particuliers, à la manutention du trésor royal, qui sera établi dans un lieu que S. M. destinera à cet effet, et dans lequel il ne sera accordé aucun logement, sous quelque prétexte que ce soit.

18. Chacun des cinq administrateurs se conformera au réglement particulier qui lui sera remis pour la manutention intérieure de son département, auquel réglement seront joints des modèles des mandats à fournir, ainsi que des bordereaux journaliers, et de l'état qui devra être arrêté tous les jours par le commis du grand comptant.

Les administrateurs veilleront, chacun en droit soi, à la pleine et exacte exécution du présent réglement.

N° 2453. — ÉDIT *portant réunion aux officiers conservateurs des hypothèques, des fonctions des conservateurs des opposi- tions formées au trésor royal* (1).

Versailles, mars 1788. Reg. en l'audience de France le 7 avril. (R. S. C.)

N° 2454. — ÉDIT *portant suppression de tous les offices de gardes du trésor royal, de trésorier de la guerre, de la marine, de la maison du roi et de la reine, etc.; et création des admi- nistrations pour gérer conjointement tout ce qui concerne les recettes et dépenses du trésor royal* (2).

Versailles, mars 1788. Reg. à la chambre des comptes le 28 avril. (R. S. C.)

N° 2455. — ARRÊT *du conseil qui ordonne que le port de Grave- lines sera ouvert au commerce privilégié des colonies et des pêches* (3).

Versailles, 7 avril 1788. (R. S.)

N° 2456. — ÉDIT *sur les offices des commissaires des guerres.*

Versailles, avril 1788. Reg. en la chambre des comptes le 15 avril.

N° 2457. — LETTRE *des administrateurs au ministre, relative au code de lois demandé pour la Guyanne française.*

Cayenne, 20 avril 1788. (Coll. m. m. Code Cayenne, tom. 7, pag. 493.)

N° 2458. — ÉDIT *portant suppression de l'arsenal de Paris, de son gouvernement et de la jurisdiction.*

Versailles, avril 1788. Reg. en parlement le 22 avril. (R. S. C.)

N° 2459. — ORDONNANCE *de l'intendant de... sur les dégradations des digues* (4).

22 avril 1788.

N° 2460. — DÉCLARATION *sur les vacances.*

Versailles, 1ᵉʳ mai 1788. Reg. au parlement de Paris, le roi tenant son lit de justice, le 8 mai; d'Alsace le 9 (R. S.)

LOUIS, etc. Le désir de simplifier l'administration de la jus-

_____

(1) V. édit de mai 1706, janvier 1751, mars 1673; décembre 1674; décl. 20 juillet 1785, n° 2090, tom. 5 du règne, pag. 68; 28 août 1787.
(2) V. 29 juin 1789.
(3) V. a. d. c. 31 décembre 1784.
(4) V. arrêt de cassation 18 novembre 1823.

tice, de rapprocher les juges des justiciables, et de rendre moins onéreuse la poursuite des procès, nous ayant déterminé à distraire de la jurisdiction de nos cours un grand nombre de causes, et de les distribuer, selon le degré de leur importance, à nos tribunaux inférieurs, pour y être jugées définitivement, l'exécution de ce nouveau plan exige que nous réglions maintenant l'étendue et les limites de ces différents tribunaux dans toutes les provinces de notre royaume. Nous allons procéder sans aucun délai à cette distribution, et nous avons lieu d'espérer qu'elle sera incessamment arrêtée dans nos conseils. Mais nos cours se trouvant actuellement saisies d'un grand nombre d'affaires qui, en vertu de notre nouvelle ordonnance, doivent être renvoyées aux tribunaux du second ordre, nous avons jugé nécessaire de suspendre l'activité de nos cours pour éviter toute confusion dans la division des districts et le partage des procès. Cette interruption momentanée de leurs fonctions sera d'autant moins nuisible à l'ordre public, que nos cours souveraines n'étant plus chargées désormais que des grandes causes, conformément à l'esprit de leur ancienne institution, la célérité avec laquelle ces affaires majeures pourront y être expédiées dédommagera pleinement les parties intéressées du court délai qu'elles auront souffert.

A ces causes et autres, à ce nous mouvant, de l'avis de notre conseil, et de notre certaine science, pleine puissance et autorité royale, avons dit, déclaré et ordonné, et par ces présentes signées de notre main, disons, déclarons et ordonnons, voulons et nous plaît, qu'à compter du jour de la publication et enregistrement de notre présente déclaration, notre cour de parlement à Paris soit et demeure en vacance jusqu'à ce qu'après l'établissement de nos grands bailliages et autres sièges, et l'entière exécution du nouvel ordre que nous voulons établir dans les tribunaux inférieurs de notre royaume, il en soit par nous autrement ordonné. Défendons à ladite cour, et à chacun des membres qui la composent, de s'assembler ni délibérer sur aucune affaire particulière ou publique, sous peine de nullité desdites délibérations et de désobéissance.

Si donnons en mandement, etc.

N° 2461. — DÉCLARATION *relative à l'ordonnance criminelle*

Versailles, 1er mai 1788. Reg. au parlement de Paris, le roi tenant son lit de justice, le 8; d'Alsace le 9. (R. S. C.)

LOUIS, etc. Les grands objets d'administration dont nous

sommes occupé ne nous font pas perdre de vue les autres genres
de bien que peut opérer notre amour pour nos peuples. La législation de notre royaume sollicite particulièrement notre vigilance. Nos lois criminelles surtout, cette portion si importante
de l'ordre public, méritent d'autant plus de fixer notre attention, qu'elles intéressent à la fois notre humanité et notre justice. Lorsque Louis XIV, de glorieuse mémoire, voulut donner
à ses tribunaux le code qui règle encore aujourd'hui leurs jugements en matière criminelle, il fit précéder cet acte mémorable
de sa sagesse par des conférences solennelles, et après s'être
éclairé par les conseils des magistrats les plus recommandables
de la nation, il publia son ordonnance de 1670. Malgré des précautions si dignes de concilier à cette loi le suffrage universel,
nous ne saurions nous dissimuler qu'en conservant le plus grand
nombre de ses dispositions, nous pouvons en changer avanta-
geusement plusieurs articles principaux, et la réformer sans
l'abolir. Nous avons donc considéré que ces commissaires eux-
mêmes n'ont pu tout prévoir en débrouillant le chaos de la jurisprudence criminelle, que les procès-verbaux de leurs conférences attestent qu'ils furent souvent divisés sur des points
importants, et que la décision ne parut pas confirmer toujours
les avis les plus sages; que depuis la rédaction de cette ordonnance, le seul progrès des lumières suffiroit pour nous
inviter à en revoir attentivement les dispositions, et à les rapprocher de cette raison publique, au niveau de laquelle nous
voulons mettre nos lois; enfin, que le temps lui-même a pu
introduire ou dévoiler dans l'exécution de l'ordonnance criminelle des abus essentiels à réformer; et à l'exemple des législateurs de l'antiquité, dont la sagesse bornoit l'autorité de leur
code à un période de cent années, afin qu'après cette épreuve
la nation pût juger les lois, nous avons observé que ce terme
étant maintenant expiré, nous devions soumettre à une révision
générale cette même ordonnance criminelle qui a subi le jugement d'un siècle révolu. Pour procéder à ce grand ouvrage
avec l'ordre et la sagesse qu'il exige, nous nous proposons de
nous environner de toutes les lumières que nous pourrons réunir
autour du trône où la divine Providence nous a placé. Tous nos
sujets auront la faculté de concourir à l'exécution du projet
qui nous occupe, en adressant à notre garde des sceaux les observations et mémoires qu'ils jugeront propres à nous éclairer.
Nous élèverons ainsi au rang des lois les résultats de l'opinion
publique, après qu'ils auront été soumis à l'épreuve d'un mûr
et profond examen, et nous chercherons tous les moyens d'a-

doucir la sévérité des peines sans compromettre le bon ordre et la sûreté générale. L'esprit systématique n'excitera jamais que notre défiance. Nous voulons éviter tout excès dans la réforme de nos lois criminelles, celui même de la clémence, auquel il seroit si doux de se livrer, s'il n'enhardissoit au crime par l'espoir de l'impunité. Notre objet invariable, dans la révision de nos lois criminelles, est de prévenir les délits par la certitude et l'exemple des supplices; de rassurer l'innocence en la protégeant par les formes les plus propres à la manifester; de rendre les châtiments inévitables, en écartant de la peine un excès de rigueur qui porteroit à tolérer le crime plutôt qu'à le dénoncer à nos tribunaux, et de punir les malfaiteurs avec toute la modération que l'humanité réclame, et que l'intérêt de la société peut permettre à la loi. Mais en attendant que notre sagesse ait opéré une si utile révolution, dont nous espérons que nos sujets éprouveront incessamment les heureux effets, nous voulons, en annonçant nos intentions à nos peuples, abroger dès à présent plusieurs abus auxquels il nous a paru instant de remédier. Le principal abus qui rendroit en ce genre tous les autres irremédiables jusqu'à la parfaite réforme de nos lois criminelles, a pour principe la disposition de l'article 21 du titre XXV de l'ordonnance de 1670, qui, en ordonnant que les jugements seront exécutés le même jour qu'ils auront été prononcés aux condamnés, laisse aux juges la faculté de les mettre à exécution aussitôt qu'ils sont rendus. Cette promptitude peut être utile dans des cas particuliers où il importe de rétablir le bon ordre par la terreur d'un exemple qui ne souffre point de délai; et nous l'avons autorisée dans ces circonstances. Mais dans la punition des autres délits, une pareille forme rend illusoire l'espoir de recourir à notre clémence ou d'éclairer notre justice. Notre humanité n'est point effrayée de mettre un intervalle entre la signification des arrêts de mort et leur exécution. Nous avons reconnu que les condamnés étoient presque toujours instruits d'avance de leurs jugements dans les prisons, et que cette notification étoit d'autant plus nécessaire, qu'elle ne seroit encore qu'insuffisamment suppléée par le conseil que nous nous proposons de leur donner pour les diriger dans leurs défenses. Un autre abus que nous pouvons supprimer dès à présent, c'est l'interrogatoire sur la sellette. Cette formalité flétrissante n'entra jamais dans la classe des peines imposées par nos lois, elle blesse d'ailleurs ouvertement le premier de tous les principes en matière criminelle, qui veut qu'un accusé, fût-il condamné à mort en première instance, soit toujours réputé innocent aux yeux de la loi jusqu'à ce que sa sentence soit confirmée en dernier ressort. Il n'est donc pas juste que le supplice de l'ignominie précède cet arrêt définitif, qui peut seul constater irrévocablement son crime, et l'expose à perdre la tranquillité d'esprit dont il a besoin pour se défendre devant ses juges. Attentif à nous défendre de toute précipitation dans l'amour même du bien, nous avions déjà porté nos regards sur ce genre de peines que la loi avoit autorisé dans l'enceinte des tribunaux. Nous avions pensé que la question, toujours injuste pour compléter la preuve des délits, pouvoit être nécessaire pour obtenir la révélation des complices; et en conséquence, par notre déclaration du 24 août 1780, nous avions proscrit la question préparatoire sans abolir encore la question préalable. De nouvelles réflexions nous ont convaincu de l'illusion et des inconvénients de ce genre d'épreuve, qui ne conduit jamais sûrement à la connoissance de la vérité, prolonge ordinairement sans fruit le supplice des condamnés, et peut plus souvent égarer nos juges que les éclairer. Cette épreuve devient presque toujours équivoque par les aveux absurdes, les contradictions et les rétractations des criminels. Elle est embarrassante pour les juges, qui ne peuvent plus démêler la vérité au milieu des cris de la douleur. Enfin elle est dangereuse pour l'innocence, en ce que la torture pousse les patients à des déclarations fausses, qu'ils n'osent plus rétracter, de peur de voir renouveler leurs tourments. Ces considérations nous ont déterminé à tenter un moyen plus doux, sans être moins sûr, pour forcer les malfaiteurs de nommer leurs complices. Nous avons pensé que la loi ayant confié à la religion du serment les plus grands intérêts de la société, puisqu'elle en fait dépendre la vie des hommes, elle pouvoit l'adopter aussi pour garant de la sûreté publique dans les dernières déclarations des coupables. Nous nous sommes donc décidé à essayer, du moins provisoirement, de ce moyen, nous réservant, quoique à regret, de rétablir la question préalable, si, d'après quelques années d'expérience, les rapports de nos juges nous apprenoient qu'elle fût d'une indispensable nécessité. La sage institution de faire imprimer et afficher les arrêts en matière criminelle nous a paru d'autant plus précieuse au maintien de l'ordre public, qu'elle multiplie en quelque sorte l'exemple des supplices, qu'elle contribue à prévenir les crimes par la crainte des châtiments, qu'elle reproduit sans cesse sous les yeux des peuples l'action des lois qui les protègent, et qu'elle sert à exciter la vigilance des juges par la seule publicité de leurs jugements. Mais plusieurs de nos cours ont restreint l'influence d'un usage si salutaire, en adoptant dans leurs arrêts une formule vague, qui, sans articuler expressément le crime, ne motive les jugements portant peine de mort que sur les seuls *cas résultants du procès*. D'où il suit que nos peuples peuvent quelquefois ignorer les causes de ces condamnations solennelles, qui, en mettant la peine à la suite du délit, doivent toujours montrer le délit à côté de la peine. Cette formule, si évidemment contraire à l'objet et à l'esprit des lois pénales, nous exposant d'ailleurs nous-même tous les jours à demander des éclaircissements sur les arrêts qui nous sont déférés, nous avons cru devoir enjoindre à nos cours, soit qu'elles prononcent en première ou en dernière instance, d'indiquer à l'avenir, en termes exprès et formels, dans leurs jugements, les crimes pour lesquels elles infligeront des peines afflictives ou infamantes. Enfin nous avons considéré que les précautions qu'exige la sûreté publique obligeoient quelquefois nos tribunaux de suivre, dans la recherche des crimes, des indices trompeurs, et les exposoient à confondre d'abord les innocents avec les coupables. Cependant après que, sur de fausses apparences, nos sujets ainsi traduits en justice ont subi toutes les rigueurs d'une poursuite criminelle, s'il n'y a point de partie civile au procès, sur laquelle tombent les dépens, nos cours les déchargent il est vrai de toute accusation et les renvoient absous, mais elles ne font point imprimer et afficher, au nom de la loi, ces arrêts d'absolution qui doivent les réintégrer dans l'opinion publique. Nous désirons et nous espérons de pouvoir leur procurer dans la suite les dédommagements auxquels ils ont alors droit de prétendre, et nous nous réduisons avec peine aujourd'hui à n'accorder pour indemnité à leur innocence que la certitude d'être solennellement reconnue et manifestée; mais du moins, en attendant que nous puissions compenser pleinement les dommages qu'elle aura soufferts, nous voulons lui assurer dès ce moment, dans toute son intégrité, cette réparation qui laisse encore à notre justice de si légitimes regrets. L'honneur de tous nos sujets étant sous notre protection spéciale, comme la plus précieuse de leurs propriétés, c'est à nous à fournir aux frais de l'impression et de l'affiche de ces jugements d'absolution, et nous ne balançons pas à en imposer la charge à notre domaine, comme une portion essentielle de la justice que nous devons à nos peuples. A ces causes, etc.

1. Abolissons l'usage de la sellette; seront les accusés, ainsi que les impétrants nos lettres d'abolition, rémission et autres

en matière criminelle, interrogés lors du jugement, derrière le barreau, encore qu'il y ait contre eux des condamnations ou conclusions à des peines afflictives ou infamantes; ordonnons à cet effet qu'il sera placé dans nos cours et jurisdictions, derrière le barreau, un siège ou banc de bois, assez élevé pour que les accusés puissent être vus de tous leurs juges; laissons au choix desdits accusés de rester debout ou assis, ce dont les présidents de nos cours et les juges qui présideront au jugement dans les jurisdictions seront tenus de les avertir.

2. Défendons de dépouiller les accusés des vêtements distinctifs de leur état, même des marques extérieures de leurs dignités, s'ils en sont revêtus; pourront néanmoins être obligés de quitter leurs armes.

3. Ne pourront nos juges, même nos cours, prononcer en matière criminelle, *pour les cas résultants du procès;* voulons que tout arrêt ou jugement énonce et qualifie expressément les crimes et délits dont l'accusé aura été convaincu, et pour lesquels il sera condamné; exceptons les arrêts purement confirmatifs de sentence des premiers juges, dans lesquelles lesdits crimes et délits seroient expressément énoncés; à la charge par nos cours de faire transcrire, dans le vu de leurs arrêts, lesdites sentences des premiers juges, le tout à peine de nullité.

4. La disposition de nos ordonnances par laquelle il suffit, pour que les arrêts en matière criminelle passent à l'avis le plus sévère, que cet avis prévaille de deux voix, n'aura lieu qu'à l'égard de toutes autres peines qu'à celles de mort; voulons qu'aucune condamnation à la peine de mort ne puisse être prononcée en dernier ressort, si l'avis ne prévaut de trois voix.

5. Aucun jugement portant peine de mort naturelle, ne pourra être exécuté qu'un mois après qu'il aura été prononcé au condamné: ordonnons à nos procureurs généraux, ainsi qu'à nos procureurs ès grands bailliages, d'instruire notre chancelier ou garde des sceaux, par le premier courrier qui suivra la date desdits jugements, de la nature des délits sur lesquels ils seront intervenus, de la date du jour où ils auront été rendus, et de celle du procès-verbal de leur prononciation au condamné; leur défendons de faire en aucun cas procéder à l'exécution avant l'expiration dudit délai, si ce n'est qu'il en soit par nous autrement ordonné.

6. Exceptons de la disposition de l'art. précédent les jugements rendus pour des cas de sédition ou émotion populaire; seront lesdits jugements exécutés le jour qu'ils auront été prononcés aux condamnés.

7. Nos cours et juges ordonneront que tout arrêt ou jugement d'absolution, rendu en dernier ressort, ou dont il n'y aura appel, sera imprimé et affiché aux frais de la partie civile, s'il y en a, sinon aux frais de notre domaine; les autorisons à décerner, pour lesdits frais, exécutoire sur notre domaine, en la forme ordinaire, jusqu'à concurrence de deux cents exemplaires en notre cour de parlement et cour des aides de Paris, cent cinquante exemplaires en nos autres cours supérieures, et cent exemplaires en nos grands bailliages; sauf aux accusés renvoyés absous, d'en faire imprimer et afficher un plus grand nombre à leurs frais.

8. Notre déclaration du 24 août 1780 sera exécutée, et y ajoutant, abrogeons la question préalable.

9. Voulons néanmoins que le jour de l'exécution, il soit procédé par le juge-commissaire, en la forme prescrite par nos ordonnances, à l'interrogatoire des condamnés à mort; et seront lesdits condamnés, interrogés, encore qu'ils aient constamment dénié dans le cours de l'instruction, et qu'il paroisse, par la nature du crime et par la qualité des preuves, qu'il n'y a lieu à révélation d'aucuns complices.

10. Voulons aussi qu'encore que lesdits condamnés aient persisté à dénier dans leurdit interrogatoire, ils soient récolés sur icelui, et qu'il ne soit procédé au récolement qu'au moment de l'exécution; à l'effet de quoi sera tout condamné préalablement conduit à la salle destinée au juge ou au commissaire.

11. Dans le cas où le condamné auroit chargé des complices, il sera procédé à la confrontation en la forme ordinaire, de la seule ordonnance du commissaire.

12. Laissons néanmoins à la prudence dudit commissaire d'ordonner qu'il sera procédé sur-le-champ au récolement, dans les cas où il y auroit nécessité urgente constatée par le rapport de médecins ou gens à ce connoissant, lequel rapport sera joint au procès; et sera tout ce qui est prescrit par le présent article et par les deux articles précédents, observé, à peine de nullité de l'interrogatoire et récolement, qui ne pourront faire charge et ne serviront que de simple mémoire. Si donnons en mandement, etc.

N° 2462. — ARRÊTÉ *du parlement, les pairs y séant, concernant les édits projetés.*

Paris, 3 mai 1788. (Histoire des parlements par Dufey, tom. 2, pag. 425.)

La cour, toutes les chambres assemblées, les pairs y séant,

avertie, par la notoriété publique et par un concours de circonstances qui sont suffisamment connues, des coups qui menacent la nation et frappent la magistrature;

Considérant que les entreprises des ministres sur la magistrature ont évidemment pour cause le parti qu'a pris la cour de résister à deux impôts désastreux, de se reconnaître incompétente en matière de subsides, de solliciter la convocation des états-généraux, et de réclamer la liberté individuelle des citoyens;

Que ces mêmes entreprises ne pouvant, par conséquent, avoir d'autre objet que de couvrir, s'il est possible, sans recourir aux états-généraux, les anciennes dissipations, par des moyens dont la cour ne seroit pas témoin sans en être l'obstacle, son devoir l'obligeoit d'opposer, avec une constance inébranlable, l'autorité des lois, les paroles du roi, la foi publique et l'hypothèque assignée sur les impôts, à tous les plans qui pourroient compromettre les droits et les engagements de la nation;

Considérant enfin que le système de *la seule volonté*, clairement exprimé dans les différentes réponses surprises audit seigneur roi, annonce de la part des ministres le funeste projet d'anéantir les principes de la monarchie, et ne laisse à la nation d'autres ressources qu'une déclaration précise, par la cour, des maximes qu'elle est chargée de maintenir, et des sentiments qu'elle ne cessera de professer;

Déclare que la France est une monarchie gouvernée par le roi suivant les lois; que, de ces lois, plusieurs sont fondamentales, embrassent et consacrent le droit de la maison régnante au trône, de mâle en mâle, par ordre de primogéniture, à l'exclusion de leurs filles et de leurs descendants; le droit de la nation d'accorder librement les subsides par l'organe des états-généraux régulièrement convoqués et composés; les coutumes et capitulations des provinces, l'inamovibilité des magistrats; le droit des cours de vérifier, dans chaque province, les volontés du roi, et n'en ordonner l'enregistrement qu'autant qu'elles sont conformes aux lois constitutives de la province, ainsi qu'aux lois fondamentales;

Le droit de chaque citoyen de n'être traduit, en même matière, par devant d'autres que les juges naturels, qui sont ceux que la loi désigne; et le droit sans lequel tous les autres sont inutiles, celui de n'être arrêté, par quelque ordre que ce soit, que pour être remis sans délai entre les mains des juges compétents;

Proteste ladite cour contre toutes atteintes qui seroient portées aux principes ci-dessus exprimés;

Déclare unanimement qu'elle ne peut, en aucun cas, s'en écarter; que ces principes, également certains, obligent tous les membres de la cour et sont compris dans leur serment; en conséquence, qu'aucun des membres qui la composent ne doit ni n'entend autoriser, par sa conduite, la moindre innovation à cet égard, ni prendre place dans aucune compagnie qui ne seroit pas la cour elle-même, composée des mêmes personnages, et revêtue des mêmes droits; et dans le cas où la force, en dispersant la cour, la réduiroit à l'impuissance de maintenir par elle-même les principes contenus au même arrêté, ladite cour déclare qu'elle en remet dès à présent le dépôt inviolable entre les mains du roi, de son auguste famille, des pairs du royaume, des états-généraux, et de chacun des ordres réunis ou séparés qui forment la nation.

Le procureur général a été chargé d'envoyer le présent arrêté aux bailliages et sénéchaussées du ressort, pour y être lu, publié, registré, et rendu compte à la cour, lundi, de cet envoi.

N° 2463. — ABRÊT du conseil qui casse deux arrêtés du parlement de Paris, des 29 avril et 5 mai 1788.

Versailles, 4 mai 1788. (R. S.)

N° 2464. — ABRÊT du conseil qui casse un arrêté de la cour des aides de Paris, du 5 mai 1788.

Versailles, 6 mai 1788. (R. S.)

N° 2465. — ORDONNANCE des administrateurs qui fait défenses aux habitants de Sinnamary, quartier de la Guyane, dans la partie du nord, de laisser errer les porcs sans gardien, et ordonne de les enfermer pendant la nuit.

Cayenne, 6 mai 1788. Reg. au conseil le même jour. (Coll. m. m. Code Cayenne, tom. 7, pag. 511.)

N° 2466. — ORDONNANCE sur l'administration de la justice.

Versailles, mai 1788. Reg. au parlement de Paris le roi tenant son lit de justice, le 8; d'Alsace, le 9. (R. S.)

LOUIS, etc. Depuis que nous avons porté nos regards sur l'administration de la justice de notre royaume, nous avons été frappé de la nécessité de soumettre à une révision générale nos lois civiles et notre ordonnance criminelle; et la régénération de nos tribunaux s'est d'abord présentée à nous, comme une partie essentielle et un préliminaire indispensable de cette double réforme. Nous avons reconnu dès lors que s'il étoit de notre justice d'accorder à nos sujets la faculté d'avoir dans la discussion de leurs droits deux degrés de jurisdiction, il étoit aussi de notre bonté de ne pas les forcer d'en reconnoître un plus grand nombre. Nous avons reconnu qu'en matière civile des contestations peu importantes avoient eu quelquefois cinq ou six jugements à subir; qu'il résultoit de ces appels multipliés une prolongation inévitable dans les procès, des frais immenses, des déplacements ruineux, et enfin une continuelle affluence des plaideurs, du fond de leurs provinces, dans les villes où résident nos cours, pour y solliciter un jugement définitif. Nous avons reconnu que cet inconvénient, si préjudiciable à nos sujets en matière civile, ne l'étoit pas moins en matière criminelle. Le premier remède qui s'offroit à notre autorité pour obvier à tant d'abus, c'étoit de diminuer l'étendue de la jurisdiction assignée à nos cours; mais de grandes et importantes considérations ne nous permettant pas de restreindre les ressorts de nos parlements, nous avons cherché dans notre sagesse d'autres moyens de rapprocher les justiciables de leurs juges. Ce grand objet de législation avoit souvent attiré l'attention des rois nos prédécesseurs; ce fut dans le même esprit qui nous anime, et dans la vue de simplifier l'administration de la justice, que fut rendue l'ordonnance de Louis XII en 1498, l'ordonnance de François Ier en 1535, l'ordonnance du même prince, donnée à Villers-Cotterets en 1539, pour l'abréviation des procès, l'ordonnance d'Orléans en 1560, l'ordonnance du château de Roussillon en 1563, l'ordonnance de Moulins en 1566, l'ordonnance de Blois en 1579; enfin, l'ordonnance de Louis XIV en 1667, et son ordonnance criminelle en 1670. Mais la plus sage de toutes les lois de nos prédécesseurs sur cette matière, c'est l'édit de création des présidiaux donné par Henri II en 1551. Le principe de cette loi est que *nos cours souveraines ont été principalement établies pour juger de grandes affaires dont il y avoit appel interjeté*; et sa disposition veut que les présidiaux décident sans appel toutes les contestations dont le fonds n'excèdera pas la valeur de deux cent cinquante livres. Immédiatement après notre avénement au trône, nous crûmes nous-même ne pouvoir donner à nos peuples une preuve plus signalée de notre amour, qu'en augmentant cette justice en dernier ressort, qu'ils étoient obligés d'aller chercher loin de leur domicile, sur des objets de médiocre importance. Nous donnâmes en conséquence, dès le mois de novembre 1774, une extension aux pouvoirs des présidiaux. L'expérience nous a fait connoitre depuis, et l'insuffisance de cette nouvelle ampliation que le prix progressif de l'argent laissoit encore au-dessous de l'attribution primitive, et l'abus des formalités prescrites pour décider préalablement la compétence présidiale, abus qui a multiplié les délais, les contestations et les frais que nous avions eu l'intention de diminuer. Ces considérations nous ont déterminé à établir dans l'administration de la justice un ordre et une distribution plus conforme à l'esprit de l'édit de Henri II; et nous avons jugé que le moyen le plus simple et le plus sûr d'y parvenir, étoit d'augmenter dans toute l'étendue de notre royaume les pouvoirs des tribunaux du second ordre, tant en matière civile qu'en matière criminelle. Nous n'avons cependant pas oublié que les justices seigneuriales font partie du droit des fiefs; et la protection que nous devons à toutes les propriétés de nos sujets écartera toujours de nos conseils l'intention d'y porter atteinte. Ainsi, loin de rien retrancher des justices des seigneurs, nous les maintenons dans l'exercice d'une justice immédiate et locale, et nous les déchargeons en même temps de tous les frais des poursuites criminelles, pourvu que leurs officiers soient exacts à les commencer et à les déférer à nos tribunaux. Nous n'interdisons d'ailleurs à aucuns de leurs justiciables le recours à leurs jurisdictions, quand les deux parties jugeront à propos de s'y soumettre. Mais en laissant à tous ceux de nos sujets domiciliés dans le district de ces justices inférieures, la liberté d'y défendre leurs droits, à la charge de l'appel, nous leur donnons en même temps la faculté de franchir ce premier degré de jurisdiction, et nous autorisons chacune des parties à traduire l'autre immédiatement aux tribunaux de la justice royale. Ces tribunaux de première instance seront nos présidiaux, que nous composons d'une manière proportionnée à l'accroissement de leurs pouvoirs, et nous leur attribuons le droit de juger en dernier ressort jusqu'à la concurrence de la somme de 4,000 liv. Mais au-dessus de ces premiers présidiaux, nous avons senti la nécessité d'en établir de supérieurs dans les ressorts de toutes nos cours, pour tenir le milieu entre les procès qui peuvent être terminés au premier degré de la jurisdiction royale, et les ▇▇▇▇▇ dont la décision doit être réservée à nos cours; te▇ ▇▇▇▇▇ destination des grands bailliages que nous instituons. En ▇▇▇▇▇ence nous avons soin de les former de la manière la plus propre à inspirer une confiance universelle à nos peuples, et nous les autorisons à juger en dernier ressort toutes les contestations dont le fonds n'excèdera pas 20,000 liv. En réglant ainsi les limites de chaque degré de jurisdiction, nous avons eu soin d'excepter, dans les dispositions de notre ordonnance, toutes les causes qui, par leur nature, doivent être réservées à la décision de nos cours, indépendamment de la valeur du fonds contesté. Moyennant cette nouvelle distribution, nos cours rempliront l'objet essentiel et primitif de leur établissement, et ne seront plus occupées que d'affaires importantes qu'elles pourront examiner avec attention, et expédier avec célérité. Il n'y aura donc plus désormais dans notre royaume que deux degrés de jurisdiction, forcés en matière civile pour les plus grands intérêts, quand les parties voudront s'y restreindre. Telle doit être la marche d'une législation sage; et si les parties consentent respectivement à subir un plus grand nombre de décisions judiciaires sujettes à l'appel, ce sera de leur part un assujettissement volontaire qu'elles ne pourront plus imputer à la loi. La même simplicité et le même ordre qui borneront ainsi à deux jugements toutes les contestations civiles, maintiendront également à deux degrés inévitables de jurisdiction toutes les poursuites criminelles. Les procès de cette dernière classe commencés d'abord, quand il y aura lieu, par les juges des seigneurs, pour constater les délits, recueillir les preuves et s'assurer des coupables, pourront être aussitôt déférés à nos présidiaux, qui les jugeront en première instance, et ils seront portés ensuite par appel à nos grands bailliages, qui prononceront en dernier ressort, à moins qu'ils ne concernent des ecclésiastiques, des gentilshommes ou autres privilégiés, que nous maintenons dans le droit de n'être jugés en dernier ressort qu'en nos cours, en matière criminelle. Cet ordre que nous introduisons dans l'administration de notre justice criminelle, aura l'avantage, pour les accusés qui seront innocents, ou qui ne seront coupables que de légers délits, de diminuer la peine et le danger d'être long-temps détenus dans des prisons qui ne sont trop souvent pour eux qu'une école du crime. Le soin principal qui doit maintenant occuper notre sagesse, c'est de donner aux tribunaux inférieurs une composition qui réponde à l'importance des fonctions que nous allons leur confier. Nous nous y préparons d'avance par l'exécution graduelle et générale d'un plan de législation dont toutes les parties se correspondent, et singulièrement en donnant l'attention la plus sérieuse à l'amélioration des études, que nous ferons surveiller de plus près dans

nos universités, et qui seront constatées par des examens et
des épreuves plus sévères. La réforme de nos facultés de droit
est arrêtée, et elle sera bientôt mise en exécution dans toute
sa vigueur. Mais en attendant que ces précautions et les prérogatives que nous attachons dès-à-présent aux magistratures
du second ordre, aient excité une émulation universelle parmi
ceux qui aspireront à occuper des charges de judicature, nous
trouverons dans la suppression des tribunaux extraordinaires,
dans la réduction d'un grand nombre d'offices et dans la réunion de plusieurs sièges inférieurs, assez de sujets instruits
et intègres pour remplir dans nos présidiaux, ainsi que dans
nos grands bailliages, les vues de notre sagesse et l'attente de
nos peuples. A ces causes, etc.

1. Avons érigé et érigeons en grands bailliages, dans toute
l'étendue de notre royaume, les bailliages et sénéchaussées
dénommés dans l'état annexé sous le contre-scel de la présente
ordonnance, auxquels attribuons provisoirement pour ressort
et arrondissement les juridictions énoncées audit état, ainsi
que celles situées dans l'arrondissement formé par lesdites
juridictions, encore que ledit état n'en contienne une énonciation expresse.

2. Voulons que tous les autres bailliages et sénéchaussées de
notre royaume soient érigés en présidiaux, en sorte qu'il n'y ait
dans nos États d'autres juridictions nuement ressortissantes en
nos cours que des présidiaux et des grands bailliages; nous
réservons en conséquence de supprimer et réunir à des présidiaux voisins les bailliages et sénéchaussées dans lesquels la
présidialité ne pourroit être établie ou maintenue, d'en créer
de nouveaux où besoin sera, même d'ordonner les augmentations et distractions de ressort nécessaires, le tout d'après les
procès-verbaux auxquels nous ordonnons, par l'article 60 de
la présente ordonnance, être incessamment procédé, sauf à
établir dans les lieux où les suppressions seront effectuées, des
prévôts ou autres officiers pour y maintenir la tranquillité publique en la forme qui sera ci-après prescrite.

3. Révoquons l'attribution en dernier ressort, ci-devant
donnée à nos présidiaux, en matière criminelle, par nos édits
et ordonnances : en conséquence, ne pourront nosdits présidiaux connoître d'aucuns crimes et délits qu'à la charge de
appel.

Augmentons l'attribution présidiale en matière civile
la somme de quatre mille livres : voulons que nos

présidiaux jugent en dernier ressort jusqu'à concurrence de ladite somme.

5. Attribuons à nos grands baïlliages le droit de connoître en dernier ressort, par appel des juridictions y ressortissantes, jusqu'à concurrence de vingt mille livres.

6. Chacun de nos présidiaux et de nos grands baïlliages sera composé d'un lieutenant général, un lieutenant criminel, un lieutenant particulier civil et un lieutenant particulier criminel. Seront, au surplus, composés nos présidiaux de huit conseillers, un notre avocat et un notre procureur seulement; et nos grands baïlliages, de vingt conseillers, deux nos avocats et un notre procureur.

7. Avons créé et établi, créons et établissons dans chacun de nos présidiaux et grands baïlliages où il n'y auroit des offices créés dans le nombre prescrit par l'article précédent, les offices nécessaires pour compléter ce nombre; nous réservant de l'augmenter où le demanderont la multitude et l'importance des affaires.

8. Continueront nos présidiaux à ne former qu'une chambre, tant pour les causes du dernier ressort que pour celles à la charge de l'appel. A l'égard des grands baïlliages, le service y sera distribué en deux chambres; la première, qui sera la chambre du dernier ressort, sera composée du lieutenant général, du lieutenant criminel et de quatorze conseillers; et la seconde chambre, laquelle ne pourra juger qu'à la charge de l'appel, sera composée du lieutenant particulier civil, du lieutenant particulier criminel et de six conseillers.

9. Les doyen et sous-doyen des conseillers aux grands baïlliages demeureront fixés à la première chambre; seront les autres dix-huit conseillers distribués en trois colonnes formées de la manière usitée en notre Châtelet de Paris, deux desquelles serviront à la première chambre pendant que la troisième sera de service à la seconde; tourneront lesdites colonnes et changeront de service tous les ans à la rentrée de la Saint-Martin.

10. Les affaires criminelles dont la connoissance appartenait aux baïlliages et sénéchaussées érigés en présidiaux, seront portés auxdits présidiaux pour y être jugées à la charge de l'appel : à l'égard des affaires civiles, celles excédantes la somme de quatre mille livres y seront pareillement jugées à la charge de l'appel, et celles non excédantes ladite somme en dernier ressort.

11. Les affaires criminelles dont la connoissance appartenoit aux baïlliages et sénéchaussées érigés en grands baïlliages, se-

ront portées aux secondes chambres desdits grands bailliages,
pour y être pareillement jugées à la charge de l'appel : à l'égard
des affaires civiles, il n'y aura que celles excédantes la somme
de quatre mille livres qui soient portées auxdites secondes
chambres pour être jugées à la charge de l'appel; celles non
excédantes ladite somme seront portées aux premières chambres, et y jugées en dernier ressort.

12. Les appels des jugements rendus en matière criminelle,
tant par les secondes chambres de nos grands bailliages que
par les présidiaux de leur ressort et arrondissement, ainsi que
par les justices y situées, seront portés aux premières chambres
desdits grands bailliages pour y être, les accusés, jugés en
dernier ressort.

13. Ne seront compris dans la disposition de l'article précédent les privilégiés auxquels le droit appartient de ne pouvoir
être poursuivis ni jugés en matière criminelle, que les chambres de nos parlements assemblées ou qu'ès grand'chambres
desdites cours; les ecclésiastiques, gentilshommes, officiers de
justice et autres accusés autorisés à requérir le renvoi auxdites
grand'chambres, non plus que ceux à qui le droit a été accordé de ne pouvoir être jugés que dans les cours où ils sont
pourvus d'offices.

14. Voulons néanmoins que les lieutenants généraux et particuliers, nos avocats et procureurs aux présidiaux et grands
bailliages, lesquels ont le droit de requérir le renvoi auxdites
grand'chambres, puissent, s'ils sont accusés de prévarications
ou fautes commises dans l'exercice des fonctions en dernier
ressort attribuées à leurs sièges, demander d'être jugés, les
deux chambres du grand bailliage assemblées, sans que le
renvoi puisse leur être refusé, ni qu'après ladite demande
aucune poursuite puisse être continuée contre eux en aucune
chambre de nos parlements.

15. Les appels des sentences rendues en matière civile par
nos présidiaux et par les secondes chambres des grands bailliages, seront portés aux premières chambres desdits grands
bailliages lorsque l'affaire n'excédera la somme de vingt mille
livres, pour y être lesdits appels jugés en dernier ressort; et
ès affaires excédantes ladite somme, les appels seront directement portés en nos cours.

16. Nos présidiaux et grands bailliages connoîtront, exclusivement à nos prévôts, châtelains et autres nos juges inférieurs aux juges des seigneurs, de tous les cas royaux et de
toutes les autres matières dont la connoissance était spéciale-

ment attribuée aux bailliages et sénéchaussées auxquels ils sont subrogés.

17. Les prévôts, châtelains et autres nos juges inférieurs ne pourront rendre, en matière criminelle, aucun jugement définitif; leur interdisons, à cet égard, l'exercice de la juridiction criminelle.

18. Enjoignons aux seigneurs haut-justiciers, conformément aux ordonnances des rois nos prédécesseurs, d'avoir auditoire, greffe, et prisons saines et sûres; voulons qu'ils aient, dans le chef-lieu de leur justice, un juge gradué, un procureur fiscal, un greffier et un geôlier y résidents et domiciliés, reçus au présidial ou grand bailliage, après information de vie et mœurs et examen de leur capacité, si ce n'est qu'il suffira au geôlier, pour être approuvé d'après l'examen, de faire preuve qu'il sait lire et écrire; tous lesquels officiers seront en outre tenus de faire au greffe soumission, dont l'acte sera visé dans le jugement de réception, de continuer leur résidence et domicile tant qu'ils conserveront leurs offices.

19. Dans le cas où lesdits seigneurs haut-justiciers n'auroient rempli tout ce qui leur est enjoint par l'article précédent, ou faute par eux d'avoir dans la suite des juges reçus et résidents, ainsi, et de la manière y prescrite, l'exercice de leur justice criminelle demeurera de plein droit suspendu, et sera la connoissance des crimes et délits commis dans l'étendue de leur justice, dévolue à nos présidiaux et grands bailliages.

22. Permettons néanmoins, et même enjoignons à nos prévôts et autres nos juges inférieurs, ainsi qu'aux juges des seigneurs, encore qu'ils n'aient la qualité et la résidence portées en l'article 18 ci-dessus, ou que les justices où ils seroient établis manquent de prisons ou d'auditoire, dans les termes prescrits par ledit article, d'informer et décréter, même arrêter les accusés en flagrant délit ou à la clameur publique, ainsi que tous vagabonds et gens sans aveu; à la charge, par nosdits juges inférieurs, de renvoyer à nos présidiaux et grands bailliages la procédure et les accusés après l'interrogatoire; et par les juges des seigneurs, de faire le renvoi de la procédure dans les vingt-quatre heures après le décret, et le renvoi des accusés, s'ils sont arrêtés, immédiatement après leur capture; même à la charge par le procureur fiscal, dans le cas où la capture en flagrant délit ou autrement auroit précédé l'information, d'envoyer à notre procureur une liste de lui signée, indicative des témoins qu'il conviendroit faire ouïr.

21. En satisfaisant, par les officiers des seigneurs, à tout ce qui est prescrit par l'article précédent, tous les frais nécessaires pour l'instruction, le jugement et son exécution, seront à la charge de notre domaine, sans aucune répétition contre les seigneurs.

22. Voulons aussi que lors même que les seigneurs auront rempli tout ce qui leur est ci dessus prescrit pour l'exercice de leur justice, leurs juges puissent renvoyer les procès et les accusés, après l'interrogatoire, à nos présidiaux et grands bailliages; après lequel renvoi tous les frais seront à notre charge.

23. Maintenons nos présidiaux et grands bailliages dans le droit de prévention et concurrence en matière criminelle, tant sur les juges des seigneurs que sur nos juges inférieurs; et lorsqu'ils auront prévenu les juges des seigneurs, soit que ceux-ci n'aient que le droit d'informer et décréter, ou qu'ils aient le droit de juger, tous les frais seront à la charge des seigneurs.

24. Auront aussi nosdits présidiaux et grands bailliages la prévention et concurrence en matière civile sur nos juges inférieurs, même sur ceux des seigneurs, si ce n'est dans les coutumes qui interdisent expressément à nos juges la prévention sur les juges des seigneurs, dans lesquels nos présidiaux et grands bailliages ne connoîtront par prévention sur lesdits juges que jusqu'à la revendication des seigneurs.

25. Nos présidiaux et grands bailliages auront prévenu, lorsque le demandeur aura fait assigner devant lesdits sièges, ou que le défendeur aura déclaré dans ses défenses leur porter la connoissance de l'affaire.

26. Voulons aussi qu'où les parties auroient laissé rendre des jugements par nos juges inférieurs ou ceux des seigneurs, il soit libre à l'une ou à l'autre de porter directement la cause d'appel, suivant la valeur de l'objet contesté, à nos présidiaux, à nos grands bailliages ou en nos cours, sans qu'aucune desdites parties soit tenue de suivre aucun degré intermédiaire de juridiction; et à cet effet pourra l'intimé, si l'appel a été porté à quelque juridiction intermédiaire, en demander l'évocation, encore qu'il ne puisse y être statué à l'audience et sur-le-champ, le tout sauf la revendication des seigneurs, dans les coutumes qui leur en accordent expressément le droit.

27. Réservons toutefois à nos prévôts, châtelains et autres nos juges inférieurs, et à ceux des seigneurs, l'exercice de la police, les appositions de scellés, les actes de tutelle, même

les confections d'inventaire, dans les cas où nos ordonnances autorisent les juges à y procéder, sans que nos présidiaux et grands bailliages puissent les troubler dans aucune de ces fonctions, par prévention ou autrement, même à la réquisition des parties, si ce n'est dans les cas spécialement attribués par nos ordonnances aux bailliages et sénéchaussées dont ils excercent les droits.

28. Toute compétence en dernier ressort présidiale ou de grand bailliage sera réglée par la somme demandée, ou par la valeur de l'objet contesté, ou par la restriction du demandeur; et ne seront compris dans ladite somme, valeur et restriction, les intérêts, arrérages et fruits échus avant ou après la demande, ni les dommages et intérêts, et dépens.

29. Pourra le demandeur, pour obtenir d'être jugé en dernier ressort, déclarer en tout état de cause, avant le jugement définitif, qu'il restreint et évalue sa demande à la somme fixée pour la compétence présidiale ou de grand bailliage, encore qu'elle ait pour objet un fonds ou un droit incorporel; et seront, audit cas, les juges tenus de donner au défendeur, par le jugement définitif, l'option de délaisser l'objet contesté, ou de payer la somme portée en la restriction.

30. Ne pourra ladite restriction être faite par aucune personne qui n'auroit la libre disposition de ses biens, qu'elle n'y soit duement autorisée, ni par les gens de main-morte, qu'avec les formalités prescrites pour l'aliénation de leurs biens.

31. Pourra le défendeur qui voudra être jugé en dernier ressort, prouver par les mercuriales, baux à ferme et autres documents, que l'objet contesté n'excède la somme fixée pour la compétence présidiale ou de grand bailliage, sans qu'audit cas le demandeur, si la demande lui est adjugée, puisse être obligé de se contenter du montant de l'estimation.

32. Ne seront tenus nos présidiaux et grands-bailliages de rendre aucun jugement de rétention, ni de statuer sur la compétence, qu'elle ne soit contestée.

33. Tout jugement de compétence sera rendu sur les conclusions de nos avocats et procureurs, à l'audience ou sur délibéré, sans qu'il puisse être prononcé aucun appointement.

34. Autorisons nos procureurs à requérir d'office, que les affaires de la compétence présidiale ou de grand-bailliage, soient jugées en dernier ressort par lesdits sièges, même à les revendiquer, devant quelques cours qu'elles soient portées, à l'effet de faire prononcer par lesdits sièges sur la compétence; à obtenir en conséquence un jugement pour assigner

les parties, avec défenses de procéder ailleurs avant que ladite compétence soit jugée, à peine de nullité, cassation et amende; et ce, en offrant par nosdits procureurs, d'établir la valeur de l'objet contesté par l'une des voies ci-dessus prescrites.

35. Ne pourront nos présidiaux et grands-bailliages connoître en dernier ressort de la régale et autres droits de notre couronne, des affaires de notre domaine, de celles des pairies, des séparations d'habitation ou de biens, des interdictions, de l'état des personnes, ni des appels comme d'abus, excepté dans les cas où ils seroient incidents à une affaire de leur compétence.

36. Voulons aussi qu'ils ne puissent connoître en dernier ressort des appositions de scellés et confections d'inventaire, si ce n'est que la valeur des effets mis sous les scellés, ou celle de la succession comprise dans l'inventaire, soit convenue par toutes les parties; et à l'égard des qualités d'héritier, associé, femme commune ou séparée, ainsi qu'à l'égard des partages, mouvances, droits et devoirs seigneuriaux, retraits seigneuriaux et lignagers, ils pourront en connoître lorque les qualités d'héritier et autres ne seront contestées que par voie d'exception et incidemment à une demande principale, ou que la valeur de la part réclamée dans la masse à partager, celle de la mouvance, droit ou devoir seigneurial, le prix et les loyaux coûts de la vente qui aura donné lieu au retrait, n'excèderont la somme fixée pour leur compétence.

37. Dans tous les cas où les sentences consulaires sont sujettes à l'appel, il sera porté en nos présidiaux et grands bailliages, encore que la condamnation soit par corps, pour y être jugé en dernier ressort, jusqu'à concurrence de la somme fixée pour leur compétence; et à l'égard desdites sentences non sujettes à l'appel, ils connoîtront en dernier ressort de leur exécution.

38. Pourront les premières chambres de nos grands bailliages, prononcer en dernier ressort des injonctions et peines, même des amendes, jusqu'à concurrence de ladite somme fixée pour leur compétence, contre nos juges inférieurs, ceux des seigneurs, et autres leurs justiciables, excepté les privilégiés désignés en l'art. 13 ci-dessus; n'entendons néanmoins qu'ils puissent faire aucuns réglements entre nosdits juges inférieurs et ceux des seigneurs.

39. Les réglements faits par nos cours sur les droits et fonctions de nosdits présidiaux et grands bailliages, n'auront effet et exécution que relativement à la juridiction de première in-

stance ; ressortissante esdites cours : à l'égard de la jurisdiction en dernier ressort, réservons à nous et à notre conseil le
droit de faire les réglements qu'il appartiendra.

40. Nos lettres en forme de déclaration et lettres patentes
seront par nous adressées aux grands bailliages, pour les vérification et enregistrement d'icelles, soit que lesdites lettres
soient données sur requête de partie, ou de notre propre mouvement, pourvu toutefois qu'elles n'intéressent que l'arrondissement particulier desdits grands bailliages, ou qu'elles ne
portent que sur le bien et l'accélération de la justice dans leur
ressort.

41. Ne pourra être rendu en dernier ressort aucun jugement
présidial qu'au nombre de sept juges, ni aucun jugement de
grand bailliage qu'au nombre de dix ; auquel effet autorisons
nos grands bailliages à emprunter à l'une des chambres pour
le service de l'autre ; et nos présidiaux, même nos grands bailliages, jusqu'à ce que les offices nouvellement créés y soient
remplis, à appeler, si besoin est, des gradués.

42. Aucun jugement préparatoire, interlocutoire ou définitif,
même de compétence, ne sera sans appel, s'il ne porte expressément dans le dispositif qu'il est donné en dernier ressort ; et
il suffira dans les grands bailliages, qu'il soit signé par l'officier
qui aura présidé, et par le rapporteur.

43. Ne pourra aucun jugement portant dans le dispositif
qu'il est donné en dernier ressort, être attaqué que par opposition, s'il n'est contradictoire, par requête civile, par révision
en matière criminelle, et par cassation en notre conseil ; défendons à toutes les parties, notamment à nos procureurs généraux, d'en interjeter appel, pour quelque cause que ce
puisse être, même d'incompétence ou autrement ; aux maîtres
des requêtes ordinaires de notre hôtel, d'en expédier ou sceller
aucunes lettres ; à tous huissiers, de les signifier ni mettre à
exécution ; à tous procureurs, de se présenter ni occuper, et
à nos cours, de recevoir ledit appel, ni connoître, soit par évocation, soit sous prétexte d'inspection de police, ou pour toute
autre cause, de ce qui aura été prononcé par lesdits jugements ;
leur défendons aussi d'ordonner l'apport du procès au greffe,
à l'effet de vérifier s'il étoit dans le cas d'être jugé en dernier
ressort, ou de décerner des amendes et autres peines contre les
parties qui feroient exécuter ou contre ceux qui exécuteroient
lesdits jugements ; le tout à peine de nullité et de cassation des
procédures, et encore contre les parties, procureurs et huissiers, à peine de tous dépens, dommages et intérêts, et de

35

3,000 liv. d'amende, encourue par chacun des contrevenants et à chaque contravention; lesquelles nullité, restitutions et amendes seront prononcées en notre conseil.

44. Autorisons nos procureurs ès présidiaux et grands bailliages à se pourvoir en notre conseil, pour y faire statuer sur la nullité des appels, procédures et arrêts en contravention à l'article précédent; et seront les contrevenants condamnés aux amendes y portées, encore qu'il n'y ait sur ce chef des conclusions de nosdits procureurs; nous réservant d'annuler et casser lesdits appels, procédures et arrêts, par des arrêts rendus en notre conseil, de notre propre mouvement et sans requête de partie.

45. Dans tous les cas où il aura été rendu, tant auxdits présidiaux et grands bailliages qu'en nos cours, des jugements et des arrêts de décharge des assignations, défenses de procéder ailleurs et autres semblables, il sera expédié des lettres ou arrêt de réglement de juges; et sera ledit réglement sommairement jugé en notre conseil, sur une seule requête de chacune des parties.

46. Il sera libre aux lieutenants généraux et aux lieutenants criminels de nos grands bailliages, d'entrer et présider à la seconde chambre, pour le jugement des affaires civiles ou criminelles, même de s'en réserver l'instruction; à la charge, par eux, de ne pouvoir juger en la première chambre les affaires où ils auront fait en première instance quelque partie de ladite instruction, donné quelque ordonnance, ou assisté à quelque jugement; sans que de la permission d'assigner, de celle d'informer, ou d'aucun appointement simple sur requête, il puisse résulter contre eux aucune récusation, ni autre empêchement.

47. Lorsque le lieutenant général ou le lieutenant criminel d'un grand bailliage sera récusable, absent ou empêché, sera tenu le lieutenant particulier civil, ou le lieutenant particulier criminel, de passer de la seconde chambre à la première, pour y présider au jugement des affaires; et sera, audit cas, l'instruction en la première chambre dévolue au lieutenant particulier chargé de présider.

48. Enjoignons au surplus aux lieutenants particuliers desdits grands bailliages, dans tous les cas où ils ne seront pas occupés au service de la seconde chambre, d'assister à tous les jugements en la première; et aux lieutenants généraux et particuliers des présidiaux d'assister à tous les jugements rendus par lesdits présidiaux.

49. Les lieutenants généraux et particuliers, nos avocats et

procureurs des présidiaux et grands bailliages, seront tenus de se faire recevoir et de prêter serment ès grand'chambre de nos parlements, si ce n'est qu'ils en soient par nous dispensés; voulons qu'audit cas ils soient reçus et prêtent serment aux présidiaux et grands bailliages. À l'égard de tous les autres officiers, ils se feront recevoir et prêteront serment auxdits présidiaux et grands bailliages.

50. En cas d'absence ou autre légitime empêchement de nos procureurs ès présidiaux et grands bailliages, leurs fonctions dans les affaires en dernier ressort seront dévolues à nos avocats, préférablement à leurs substituts, dans les lieux où il y en a d'établis.

51. Seront tenus nos procureurs ès présidiaux d'envoyer, tous les trois mois, à nos procureurs ès grands bailliages, l'état des prisons du présidial et de celles de son ressort, contenant le nom des prisonniers qui y sont écroués, la date et la cause de leur écrou, et à cet effet seront tenus nos procureurs, ceux des seigneurs et les geôliers des prisons de nos jurisdictions inférieures et des justices des seigneurs ressortissantes esdits présidiaux, d'envoyer tous les trois mois à nos procureurs esdits sièges, un état en la forme ci-dessus desdites prisons et des prisonniers y écroués.

52. Il sera tenu en chaque présidial des séances différentes pour les causes en dernier ressort et pour celles à la charge de l'appel; sans qu'il soit nécessaire de sentence de renvoi d'une séance à l'autre, mais seulement d'une sentence de remise à la séance du dernier ressort, signifiée, si besoin est, comme sentence d'instruction, et sans que pour saisir le dernier ressort, tant au grand bailliage qu'au présidial, il soit besoin de commission, ni que les amendes et droits du greffe pour les défauts faute de comparoir, puissent y être perçus que sur le même pied qu'ils l'ont été jusqu'à présent ès bailliages et sénéchaussées; voulons au surplus que les jugements de compétence, de revendication et autres interlocutoires ne soient expédiées en parchemin, scellés ni signés en chef.

53. Éteignons et supprimons dans nos grands bailliages les offices de présidents dont la réunion à ceux de lieutenants généraux et de lieutenants criminels ne seroit effectuée; en conséquence ne pourront les pourvus desdits offices en exercer à l'avenir aucunes fonctions; voulons qu'ils soient tenus de remettre dans trois mois, ès-mains du contrôleur général de nos finances, leurs titres de propriétés, quittances de finance et autres pièces, pour par eux recevoir leur remboursement des

deniers qui seront par nous à ce destinés, nous réservant de reprendre et faire payer ladite finance par ceux qui, à la première vacance des offices de lieutenant général et de lieutenant criminel, en seront par nous pourvus; jouiront néanmoins lesdits présidents, pendant leur vie, des privilèges attachés à leurs offices, avec entrée, rang, séance après l'officier qui présidera, et voix délibérative.

54. Accordons aux lieutenants généraux et particuliers, civils et criminels, conseillers, nos avocats et procureurs en nos grands bailliages seulement, la noblesse personnelle; voulons qu'elle soit transmise à leur postérité par lesdits lieutenants généraux et particuliers, nos avocats et procureurs, lorsque le père et le fils auront successivement rempli un desdits offices, chacun pendant vingt-cinq ans révolus, ou seront décédés dans l'exercice dudit office; et par les conseillers, lorsque l'aïeul, le père et le fils auront successivement rempli un desdits offices chacun pendant trente ans révolus, ou y seront pareillement décédés.

55. Accordons auxdits lieutenants généraux et particuliers, nos avocats et procureurs en nos grands bailliages seulement, le droit de porter la robe rouge dans les cérémonies publiques et à l'audience de la rentrée de la saint Martin.

56. Les offices de lieutenants généraux et particuliers, civils et criminels, nos avocats et procureurs en nos grands bailliages, ne pourront dorénavant être résignés; mais vacation avenant par décès, démission ou autrement, il y sera par nous pourvu, et la finance, sur le pied de l'évaluation de l'office, remboursée dans les six mois par nous ou par celui à qui nous en accorderons des provisions; dispensons en conséquence les pourvus desdits offices du centième denier, sans qu'ils puissent, ni leurs héritiers, être recherchés pour les années non payées, ni que la finance, pour raison de ce, puisse être diminuée lors du remboursement.

57. Avons évoqué et évoquons à nous et à notre conseil les affaires civiles et criminelles qui n'excèdent l'attribution donnée aux présidiaux et grands bailliages par la présente ordonnance, et qui sont pendantes et indécises dans nos cours : renvoyons lesdites affaires auxdits présidiaux et grands bailliages pour y être jugées en dernier ressort, suivant les derniers errements; et dans le cas où le présidial ou grand bailliage, auquel la connoissance en appartiendroit, ne pourroit en connoître, soit pour les avoir jugées en première instance, ou pour toute autre cause de récusation ou empêchement, les

renvoyons au présidial ou grand bailliage le plus voisin non suspect; voulons que les accusés écroués dans les prisons près nos cours soient renvoyés et leurs procès auxdits présidiaux et grands bailliages; et quant aux affaires civiles, défendons à tous greffiers de retenir les actes et pièces que les parties voudront retirer de leurs greffes; à tous procureurs d'occuper et procéder devant lesdites cours; aux parties de se pourvoir ailleurs qu'esdits présidiaux et grands bailliages, à peine de nullité, cassation, dépens, dommages et intérêts, et de 3,000 liv. d'amende contre les greffiers, les parties et leurs procureurs, encourue par chacun des contrevenants, et pour chaque contravention; et seront lesdites peines prononcées en notre conseil.

58. Notre châtelet de Paris, compris dans le nombre des sièges auxquels nous avons accordé l'attribution donnée aux grands bailliages par la présente ordonnance, continuera néanmoins de porter le nom et titre de châtelet; voulons que jusqu'à ce qu'il en soit par nous autrement ordonné, d'après les mémoires qui seront incessamment remis à notre garde des sceaux par les officiers dudit châtelet, les appels des sentences en matière criminelle, ainsi que les appels des sentences dans les affaires civiles non excédantes la somme de 20,000 liv., rendues tant par ledit châtelet que par les juges de son ressort et arrondissement, soient portés à la séance du présidial pour y être jugées en dernier ressort; pourront en conséquence, tant le lieutenant civil que le lieutenant criminel dudit châtelet, entrer et présider à ladite séance du présidial pour le jugement, tant à l'audience qu'au conseil, de toutes les affaires civiles et criminelles, même s'en réserver l'instruction, ainsi et de la manière qu'il a été par nous ci-dessus statué à l'égard des lieutenants généraux et lieutenants criminels des autres grands bailliages.

59. Augmentons jusqu'à la somme de 20,000 liv. l'attribution accordée au conseil provincial d'Artois pour juger en dernier ressort en matière civile, sans rien innover quant à la jurisdiction criminelle dudit conseil.

60. Incontinent après la publication et enregistrement de la présente ordonnance, des commissaires seront par nous députés à l'effet d'examiner si l'arrondissement provisoirement donné aux grands bailliages ci-dessus établis, doit être rendu définitif, ou s'il convient d'y porter quelque changement; s'il est nécessaire d'y créer de nouveaux présidiaux, d'en supprimer et d'en réunir d'anciens; de laisser à chacun des prési-

diaux qui seront conservés leur territoire et ressort, de l'augmenter ou diminuer; entendront, pour raison de ce, lesdits commissaires, les officiers des différentes jurisdictions, ainsi que les officiers municipaux, et généralement prendront tous les éclaircissements convenables pour procurer sur les lieux une plus prompte et meilleure justice; seront en même temps chargés de vérifier par eux-mêmes ou par les personnes qu'ils commettront, et, si besoin est, de constater par estimation d'experts, l'état des auditoires, greffes et prisons, la qualité des juges et autres officiers des seigneurs, et si lesdits juges et officiers sont domiciliés et résidents, pour, sur les procès-verbaux desdits commissaires, être par nous ordonné ce qu'il appartiendra; et jusqu'à ce qu'il ait été par nous statué, défendons à toutes nos cours et juges de connoître d'aucunes contestations qui pourroient s'élever à ce sujet, lesquelles évoquons à nous et à notre conseil.

61. Voulons au surplus que la présente ordonnance soit gardée et observée dans tout notre royaume, à compter du jour de la publication qui en sera faite : abrogeons toutes ordonnances, lois, coutumes et usages différents, ou qui seroient contraires aux dispositions y contenues.

Si donnons en mandement, etc.

N° 2467. — Édit *portant suppression des tribunaux d'exception* (1).

Versailles, mai 1788. Reg. au lit de justice le 8. (R. S. C.)

LOUIS, etc. Le nombre excessif d'offices de judicature a toujours été considéré comme préjudiciable à la justice, et onéreux à nos peuples. Les états généraux de notre royaume tenus à Orléans et à Blois, demandèrent aux rois Charles IX et Henri III, nos prédécesseurs, la réduction des offices dans nos cours supérieures, même dans nos parlements, et la suppression ou la réduction de tribunaux extraordinaires. Quoique les lois données sur les doléances de ces états généraux aient ordonné ces réductions et suppressions, néanmoins les conditions apposées par ces lois à l'exécution des dispositions qu'elles contiennent, et les délais qui en sont résultés, non-seulement ont empêché que les suppressions et réductions ordonnées fussent effectuées, mais ont encore facilité l'accroissement des abus, soit par des créations successives de nouveaux of-

(1) V. 27 mai, 13 août 1788.

fices, soit par l'établissement encore plus nuisible de plusieurs tribunaux. Il s'en est ensuivi entre les jurisdictions des conflits continuels, et entre les justiciables des procès dispendieux, avant même de pouvoir demander justice pour faire décider devant quels juges leurs affaires seroient portées. Les gages et droits attribués à la plupart de ces officiers, les exemptions qui leur sont accordées, l'entretien même des bâtimens où ils tiennent leur séance, ont formé sur notre domaine une charge excédant l'intérêt de la finance de leurs offices, et le produit des droits casuels qu'ils peuvent nous procurer. Les tribunaux ordinaires, seuls chargés de veiller au maintien de la tranquillité publique, ont presque été abandonnés; nos sujets, capables de rendre la justice, se sont répandus et distribués dans un plus grand nombre de tribunaux, et la plupart ont préféré les offices qui donnoient moins de travail et plus de profit. Nous avons résolu de prévenir les conflits de compétence en réunissant autant qu'il est possible les jurisdictions d'exception à la jurisdiction principale et universelle, d'améliorer nos finances, de venir même au secours de nos peuples en nous déchargeant de gages, droits, frais d'entretien, et en diminuant les exemptions onéreuses aux contribuables qui supportent les charges publiques; enfin, de rendre aux offices de judicature que nous laisserons subsister la considération qui leur est due, et que leur grande multiplicité ne peut qu'altérer. Mais en réunissant à nos jurisdictions ordinaires l'exercice de la jurisdiction contentieuse dont les tribunaux d'exception étoient chargés, nous avons conservé aux officiers qui composent ces tribunaux les fonctions de pure administration, nécessaires au bien de notre service, et dont nos juges ordinaires n'auroient pas le temps de s'acquitter. A ces causes, etc.

1. Avons éteint et supprimé, éteignons et supprimons les bureaux des finances, élections et jurisdictions des traites dans tout notre royaume, ainsi que la chambre du domaine et trésor, établie en notre bonne ville de Paris; ensemble les offices de présidents, trésoriers de France, conseillers, juges, nos avocats et procureurs, greffiers, procureurs et huissiers esdits bureaux des finances, élections, jurisdictions et chambre du domaine.

2. Séparons la jurisdiction contentieuse appartenante auxdits tribunaux, de la partie d'administration qui pourroit leur avoir été accordée : nous réservant de statuer incessamment sur le renvoi de ladite partie d'administration, tant à notre

conseil qu'aux états provinciaux et assemblées provinciales de notre royaume.

3. Séparons pareillement de l'administration appartenant aux maîtrises des eaux et forêts et aux greniers à sel la jurisdiction contentieuse; maintenons les officiers desdites maîtrises et greniers à sel, dans l'administration, aménagement, inspection et visite des eaux et forêts, et dans le droit de veiller à l'emmagasinement et distribution du sel, ainsi que dans celui de faire tous procès-verbaux, tant pour délits commis qu'autrement, même les grands maîtres dans le droit de donner en réformation les ordonnances qu'ils jugeront nécessaires; ne pourront néanmoins aucunes affaires dépendant desdites jurisdictions des eaux et forêts et greniers à sel, être jugées par lesdits officiers.

4. Attribuons la connoissance des affaires dépendant desdites maîtrises des eaux et forêts et greniers à sel, ainsi que de celles dépendant de la jurisdiction des bureaux des finances et chambre du domaine, des élections et jurisdictions des traites, à nos présidiaux et grands bailliages, pour y être jugées en dernier ressort ou à la charge de l'appel en nos cours de parlement ou en nos cours des aides, suivant les différents cas portés par notre ordonnance du présent mois, sur l'administration de la justice.

5. Exceptons de la disposition de l'article précédent les affaires de notre domaine ci-devant portées esdits bureaux des finances et chambre du domaine, et les affaires de nos eaux et forêts, lorsque le droit de propriété à nous appartenant sera contesté; lesquelles ne pourront être jugées par nosdits présidiaux et grands bailliages, qu'à la charge de l'appel en nos cours de parlement.

6. N'entendons au surplus empêcher les juges-gruyers des seigneurs ayant droit de grurie dans leurs justices, de juger les affaires d'eaux et forêts qui sont de leur compétence : seront toutefois les appels de leurs jugements, portés ès-présidiaux, grands bailliages, ou en nos cours de parlements, ainsi et suivant les cas ci-dessus énoncés.

7. Lorsque aucunes affaires d'eaux et forêts seront portées ès-présidiaux ou grands bailliages, pour y être jugées en dernier ressort, pourront les grands maîtres y prendre, pour le jugement desdites affaires, la séance qu'ils ont dans les tables de marbre, et y auront audit cas voix délibérative.

8. Avons évoqué et évoquons, en tant que besoin seroit, à nous et à notre conseil, les affaires civiles et criminelles, ac-

tuellement pendantes et indécises ès-bureaux des finances et
chambre du domaine et trésor, maîtrises des eaux et forêts,
élections, jurisdictions des greniers à sel et traites; les renvoyons à nos présidiaux et grands bailliages pour y être jugées
en dernier ressort, ou à la charge de l'appel, suivant les différents cas réglés par les précédents articles. Évoquons pareillement les affaires concernant la voirie, eaux et forêts,
tailles, nos droits, gabelles et traites, non excédant la compétence en dernier ressort, présidiale ou de grand bailliage,
et actuellement pendantes en nos cours de parlement, conseils
supérieurs et cours des aides; les renvoyons à nos présidiaux
et grands bailliages pour être lesdites affaires jugées en dernier
ressort; ordonnons que les accusés écroués dans les prisons
près lesdites jurisdictions et cours, seront renvoyés esdits
présidiaux et grands bailliages; défendons aux parties et à
leurs procureurs de se pourvoir ni procéder ailleurs, et à tous
greffiers de retenir les actes des procès, le tout aux peines
portées par l'art. 57 de notre ordonnance sur l'administration
de la justice.

9. Les titulaires et propriétaires des offices supprimés par
le présent édit, seront tenus de remettre dans trois mois, leurs
titres de propriété, quittances de finance et autres pièces, ès-
mains du contrôleur général de nos finances, pour, par eux,
recevoir leur remboursement, des deniers qui seront par nous
à ce successivement destinés.

10. Maintenons néanmoins les officiers supprimés dans les
privilèges attribués à leurs offices, desquels voulons qu'ils
jouissent pendant leur vie, excepté toutefois l'exemption de
la taille et autres charges publiques, qui ne sera conservée
qu'à ceux desdits officiers qui auroient exercé leurs offices
pendant vingt ans.

11. Les titulaires des offices ci-dessus supprimés, qui seront
par nous pourvus d'un autre office de judicature, retiendront
sur les droits à nous dus à cause des nouvelles provisions qui
leur seront données, les droits qu'ils nous auront payés pour
les provisions de l'office supprimé; et le temps qu'ils auront
exercé ledit office leur sera compté pour la vétérance et les
lettres d'honoraire de l'office dont ils seront nouvellement
pourvus.

N° 2468. — Édit *portant réduction d'offices dans la cour de parlement de Paris* (1).

Versailles, mai 1788. Reg. au parlement de Paris, le roi tenant son lit de justice, le 8; d'Alsace le 9. (R. S.)

Louis, etc. Quoique, dans des temps difficiles, les rois nos prédécesseurs se soient déterminés souvent à augmenter le nombre des offices de judicature, le vœu constant des ordonnances a toujours été de réduire au besoin réel du service public cette multitude de juges qui, par la finance de leurs charges, par la progression des degrés de juridictions, par leurs exemptions et leurs privilèges, devenoient nécessairement onéreux à nos peuples; de sages réductions des tribunaux ont été tentées à diverses reprises, et des exemples assez fréquents ont montré que l'autorité souveraine tendoit toujours au même but pour le soulagement de l'État; attachés aux mêmes principes, et pénétrés des mêmes vues d'utilité publique, nous avons considéré que l'accroissement de juridiction que nous venons d'accorder à nos présidiaux, et les pouvoirs encore plus étendus dont seront investis les grands bailliages que nous érigeons dans tout le ressort de notre parlement, devant terminer dans nos tribunaux du second ordre la majeure partie des procès, nous n'avons plus besoin d'entretenir dans notre parlement le même nombre de juges. En même temps que nous restreignons la juridiction de notre parlement aux grandes causes, pour le jugement desquelles il a été principalement établi, nous limitons les attributions souvent arbitraires que lui donnoit en première instance le droit de *committimus*, comme une exception d'autant plus contraire au cours ordinaire de la justice, qu'elle ôteroit à nos tribunaux inférieurs la connoissance de plusieurs contestations qui y seront jugées en dernier ressort. Pour attacher plus particulièrement encore les membres de notre parlement aux fonctions importantes auxquelles nous venons de les ramener par notre ordonnance du présent mois sur l'administration de la justice, nous avons statué que nous n'accorderions à l'avenir des lettres d'honoraire qu'après de longs services dignes de cette récompense, et avec

(1) Des édits furent expédiés en même temps portant réduction d'offices dans les parlements de Toulouse, Grenoble, Bordeaux, Dijon, Rouen, Aix, Pau, Rennes, Metz, Besançon, Douai, Nancy, et dans les conseils supérieurs de Roussillon et d'Alsace. V. ci-dessus protestation du parlement du 5. — Lacretelle, t. 6, p. 242.

des limitations proportionnées au travail qui les auroit méritées. Plus nous diminuons le nombre des offices dans notre
parlement, plus nous pouvons mettre d'attention dans nos
choix; et nous voulons les faire précéder en effet par des
épreuves qui inspireront une plus grande confiance à nos
peuples. Il résultera encore de cette réduction que notre parlement étant moins nombreux, et plusieurs des sujets qui se
destinoient à y entrer refluant désormais dans nos provinces,
nos grands bailliages seront mieux composés; que nous n'aurons plus besoin d'accorder aucune dispense pour déroger à la
règle commune, ni pour les études, ni pour l'âge; que nous
réduirons dans une juste proportion le nombre des officiers
subalternes de la justice; que les présidents de notre parlement pouvant à l'avenir suffire au service journalier des chambres, ils rentreront naturellement dans le droit primitif qui
leur appartient, d'en présider tous les bureaux; enfin, que la
chambre des vacations n'étant établie que pour juger provisoirement les contestations civiles et pour expédier plus promptement les procès criminels, nous pouvons la supprimer sans
aucun inconvénient, attendu qu'il y aura continuellement dans
le ressort de notre parlement des tribunaux inférieurs en activité pour remplir les mêmes fonctions. Mais malgré la suppression d'offices que nous avons ordonnée dans notre parlement
de Paris, cette compagnie sera encore composée d'un assez
grand nombre de magistrats pour que la réduction actuelle ne
porte aucune atteinte à la dignité que nous voulons toujours
maintenir dans la première cour de justice de notre royaume.
A ces causes, etc.

1. Notre cour de parlement sera composée à l'avenir de la
grand'chambre, de la tournelle et d'une chambre des enquêtes :
avons éteint et supprimé, éteignons et supprimons les deuxième
et troisième chambres des enquêtes et la chambre des requêtes
du palais; ensemble les offices de greffiers, huissiers et buve-
tiers servants près lesdites chambres.

2. Avons pareillement éteint et supprimé, éteignons et supprimons les commissions pour présider établies par la déclara-
ration du 50 août 1757, même les offices de présidents des
enquêtes qui peuvent subsister; ordonnons que la chambre des
enquêtes sera présidée par deux présidents de notre parlement;
autorisons à cet effet les neuf présidents de notre parlement à
faire tous les ans, de concert avec le premier président, la distribution de leurs services dans lesdites grand'chambre, tournelle et chambre des enquêtes, n'entendons aucunement pré-

judicier au droit appartenant à notre premier président, de présider, quand bon lui semble, celle des chambres de notre parlement qu'il estime convenable.

3. La grand'chambre sera et demeurera composée, ainsi qu'elle l'est à présent, du premier président, des neuf présidents du parlement, de vingt-cinq conseillers laïcs, outre les six conseillers d'honneur, et de douze conseillers-clercs; et la chambre des enquêtes sera composée à l'avenir de vingt-six conseillers laïcs et quatre conseillers-clercs.

4. La chambre de la tournelle sera composée de dix-huit conseillers, dont douze fournis tous les six mois par la grand'-chambre et six fournis tous les trois mois par la chambre des enquêtes : pourront, au surplus, les présidents et conseillers de service à la chambre de la tournelle entrer, siéger et rap-porter à la grand'chambre et à la chambre des enquêtes lors-qu'ils ne seront pas occupés audit service de la tournelle.

5. Voulons que les présidents des enquêtes dont la suppres-sion seroit effectuée par le présent édit aient une séance hono-raire à la grand'chambre, et que les conseillers dont les com-missions pour présider sont pareillement supprimées y aient, en vertu de leur office de conseiller qui leur est conservé, séance et voix délibérative, même le droit de rapporter toutes instances et procès : en conséquence le nombre de conseillers laïcs de service en ladite grand'chambre sera, quant à présent, augmenté de celui desdits conseillers ci-devant commis pour présider : subsistera seulement ladite augmentation jusqu'à ce que par la vacance des offices, soit desdits conseillers ou des autres conseillers laïcs de la grand'chambre, le nombre en soit réduit à celui de vingt-cinq ci-dessus fixé; et ne pourront les conseillers de service à la chambre des enquêtes monter à la grand'chambre que ladite réduction ne soit effectuée.

6. Avons éteint et supprimé, éteignons et supprimons les offices de conseillers en notre cour de parlement, excédant le nombre de soixante-sept ci-dessus fixé pour le service tant de la grand'chambre que de la chambre des enquêtes. Ladite suppression tombera d'abord sur les offices vacants, ensuite sur les offices dont sont pourvus les conseillers derniers reçus.

7. Les suppressions ordonnées par le précédent article et par les articles 1 et 2 ci-dessus seront effectuées en vertu du présent édit, et auront lieu à compter du jour de la publication et enregistrement.

8. Attendu les attributions en dernier ressort données par notre ordonnance du présent mois, sur l'administration de la

justice, aux grands bailliages établis dans le ressort de notredite cour, supprimons la chambre des vacations.

9. Continuera néanmoins la chambre de la tournelle à faire, les jours accoutumés, hors celui des vacations, la visite des prisons dans notre bonne ville de Paris, à y remplir toutes les fonctions qu'elle y a jusqu'à présent exercées, même à tenir lesdits jours la séance en notre châtelet, et y juger les causes des prisonniers pour dettes, encore que par leurs sommes elles fussent comprises dans les attributions données audit châtelet, sans que les causes que ladite chambre de la tournelle n'aura pas jugées puissent être par elle retenues ni renvoyées ailleurs.

10. Les conseillers honoraires aux enquêtes et requêtes auront, dans la chambre des enquêtes conservée, le rang et séance qu'ils avoient dans les chambres supprimées, jusqu'à ce qu'ils soient en tour de monter à la grand'chambre.

11. Dans le cas que les chambres des enquêtes et chambre des requêtes supprimées aient contracté quelques dettes par constitution ou autre emprunt, déclarons nous en charger; à l'effet de quoi sera dressé par notre premier président, de concert avec notre procureur général, un état contenant la qualité et la quotité des dettes de chacune desdites chambres, pour sur ledit état être fait fonds ès mains du payeur des gages de notre parlement du montant annuel des arrérages desdites dettes, jusqu'à ce que nous ayons pourvu au remboursement; sans que les créanciers puissent faire aucune demande ni poursuite contre les officiers qui étoient de service auxdites chambres.

12. Les titulaires et propriétaires des offices de conseillers, greffiers et autres officiers quelconques supprimés par le présent édit seront tenus de remettre, dans trois mois, leurs titres de propriété, quittances de finance et autres pièces, ès mains du contrôleur général de nos finances, pour par eux recevoir leur remboursement des deniers qui seront par nous à ce destinés, si ce n'est que lesdits conseillers préfèrent de conserver leurs offices pour être remplacés lors des vacances qui pourront survenir; les autorisons audit cas à garder leurs quittances de finance, dont l'intérêt leur sera payé à cinq pour cent jusqu'à ce que leur remplacement puisse s'effectuer.

13. Maintenons néanmoins tous lesdits officiers supprimés, notamment les conseillers, dans les privilèges attribués à leurs offices, desquels voulons qu'ils jouissent pendant leur vie, sans qu'à raison de ladite disposition lesdits conseillers puissent pré-

tendre entrée , séance ni voix délibérative en notredite cour de
parlement.

14. Autorisons notre premier président à déterminer, de
concert avec notre procureur général , le nombre auquel devront être fixés pour le bien du service les offices de greffiers ,
procureurs et huissiers en notredite cour de parlement; nous
réservant, d'après les mémoires qui nous seront remis, de réduire à un certain nombre lesdits offices, et de supprimer ceux
qui excéderont ledit nombre.

15. La grand'chambre continuera d'être la chambre du
plaidoyer; autorisons le premier président et les présidents de
notre parlement à régler, de concert avec nos avocats et
procureurs généraux, le nombre et les heures des différentes
audiences.

16. Continuera la chambre des enquêtes à juger les procès
qui sont de nature à y être portés; pourra même connoître de
toutes les affaires particulières attribuées à aucunes des deux
chambres des enquêtes supprimées.

17. Attribuons , en tant que de besoin est , aux requêtes de
notre hôtel la connoissance de toutes les causes qui y seront
portées en vertu de lettres de *committimus* du grand sceau, et
à notre châtelet de Paris la connoissance de celles qui y seront
portées en vertu de lettres de *committimus* du petit sceau; le
tout sauf l'appel en notre cour de parlement, si ce n'est pour
les causes qui seront jugées en dernier ressort par ledit châtelet , en vertu des attributions que nous lui avons données par
notredite ordonnance du présent mois, sur l'administration de
la justice.

18. Le droit de *committimus* n'aura lieu que pour les causes
pures personnelles; et ne pourront ceux qui jouissent de ce
droit à raison de charges , états et offices qu'ils tiennent près
de nous, près de la reine notre très-chère et très-honorée com-
pagne, ou des enfants de France, princes et princesses de
notre maison, obtenir des lettres de *committimus* qu'ils ne
rapportent un certificat en due forme, donné par le chef où
commandant, lequel sera visé dans lesdites lettres et attaché
sous le contre-scel, à peine de nullité, portant que les fonctions de leurs offices sont continuelles, et qu'ils les exercent
actuellement : ne jouiront dudit droit de *committimus* ceux
dont le service ne seroit que par quartier ou par semestre :
voulons seulement qu'il ne puisse être obtenu contre eux , pendant le temps de leur service , aucun jugement définitif, et

qu'il y soit sursis sur la seule représentation du certificat de leur service actuel et la réquisition de leurs procureurs.

19. Les dispositions portées en l'article précédent auront pareillement lieu à l'égard de tous autres, dont les fonctions ne seroient continuelles ni actuelles, notamment à l'égard des suppôts et officiers des chapitres, saintes-chapelles, universités et autres corps jouissant dn droit de *committimus* au grand ou au petit sceau; et seront, au surplus, exécutées les ordonnances, déclarations et lettres patentes données sur le droit de *committimus*, en tout ce qui n'est pas contraire au présent article, et aux deux articles précédents.

20. Nul ne pourra être reçu en l'office de conseiller en notre parlement, ni obtenir notre agrément, qu'il n'ait l'âge de vingt-cinq ans accomplis, si ce n'est qu'il soit fils ou petit-fils de président, conseiller, notre avocat ou procureur général, lequel pourra être reçu à l'âge complet de vingt-trois ans; ne pourra néanmoins aucun conseiller en ladite cour, avoir, à l'assemblée des chambres, voix délibérative, ni même entrée et séance qu'il n'ait trente ans révolus.

21. Voulons aussi que nul ne puisse être admis auxdits offices de conseillers, encore qu'il ait l'âge ci-dessus requis, qu'il n'ait servi l'espace de quatre ans dans un des offices de lieutenant, conseiller, notre avocat ou procureur au châtelet de Paris, ou autre grand bailliage de notre royaume, ou dans l'office de substitut de notre procureur général, ou suivi pendant le même nombre d'années les audiences, et exercé la profession d'avocat dans notre parlement, ce qu'il sera tenu de justifier par un certificat en bonne forme, donné par celui qui présidera le tribunal où il aura servi, ou par notre procureur général, ou par le bâtonnier de l'ordre des avocats; et sera ledit certificat visé dans les provisions et attaché sous le controscel, à peine de nullité.

22. Lorsque ceux qui auront servi pendant le temps ci-dessus requis dans quelque grand bailliage, dans quelque office de substitut de notre procureur général, seront pourvus d'offices de conseiller en notre parlement, il leur sera tenu compte, sur les droits à nous dus pour les provisions desdits offices, du montant des droits qu'ils nous auront payés pour les provisions des offices des grands bailliages, ou de substitut de notre procureur général.

23. Ne seront à l'avenir accordées des lettres d'honoraire aux présidents et conseillers de notre parlement, que les présidents n'aient exercé leurs offices pendant seize ans, et les

conseillers pendant vingt ans accomplis; nous réservant, suivant l'ancien usage, de fixer par lesdites lettres le genre de séances dans notre parlement, auxquelles nous permettrons aux pourvus desdites lettres d'honoraire d'assister.

N° 2469. — Édit *portant rétablissement de la cour plénière* (1).

Versailles, mai 1788. Reg. au parlement de Paris, le roi tenant son lit de justice, le 8; d'Alsace le 9. (R. S. C.)

Louis, etc. Par notre nouvelle ordonnance sur l'administration de la justice, nous avons changé la composition et augmenté les pouvoirs de nos tribunaux du second ordre; mais, après avoir ainsi établi dans toutes les provinces des juges qui puissent terminer définitivement le plus grand nombre des procès sur lieu, ou près des lieux qui les voient naître, la législation générale demande encore que nous fassions connoître nos intentions sur le dépôt universel de nos lois et sur leur enregistrement. Les lois qui intéressent uniquement un ressort ou une partie de notre royaume, doivent incontestablement être publiées et vérifiées dans les cours supérieures qui sont chargées d'y rendre la justice à nos peuples; mais si les lois qui doivent être communes à toutes nos provinces continuoient d'être adressées à chacun de nos parlements, nous ne saurions nous promettre, dans leur enregistrement, la promptitude et l'uniformité qu'exige leur exécution. Cet inconvénient devient de jour en jour plus sensible depuis une année. Notre édit concernant les assemblées provinciales, désirées par les notables, éprouve encore, dans quelques-uns de nos parlements, une résistance que l'utilité de ces assemblées et le vœu de la nation ne permettoient pas de présumer. Plusieurs de nos provinces sont également privées des avantages qui doivent résulter pour elles de la liberté du commerce des grains et de la conversion de la corvée en une prestation pécuniaire. La prorogation du second vingtième, enregistrée en notre parlement de Paris, déjà adoptée par les états provinciaux et par plusieurs assemblées provinciales, est aussi rejetée par plusieurs de nos cours. La loi même qui fixe l'état civil de nos sujets non catholiques est devenue l'objet des remontrances de deux de nos cours; et ces remontrances n'ont pu être arrêtées par notre volonté bien connue de n'y point déférer. Cette résistance peut sans doute être vaincue par notre autorité, et en la déployant dans toute

_____

(1) V. ci-dessus protestation du parlement du 5.

sa force, nous ramènerions nos cours à l'uniformité et à la soumission dont elles n'auroient pas dû s'écarter; mais ces actes multipliés et continuels de rigueur, quelque nécessaires qu'ils puissent être, répugnent à notre bonté paternelle : pendant que nous sommes obligés d'y avoir recours, l'inquiétude et l'alarme se répandent; le crédit s'altère, les meilleures opérations restent problématiques ou imparfaites, et il nous devient impossible de suivre dans son universalité le plan d'administration que nous avons arrêté dans nos conseils. Ces considérations ont long-temps occupé notre sagesse; elles doivent convaincre nos peuples, comme elles nous ont convaincu nous-même, qu'il est nécessaire que les lois communes à tout le royaume soient enregistrées dans une cour qui soit aussi commune à tout le royaume. La nécessité de cette cour unique, est devenue encore plus urgente par la déclaration que nous ont faite presque tous les parlements, qu'ils étoient incompétents pour procéder à l'enregistrement de l'accroissement ou de l'établissement d'aucun impôt. Quoique les mesures que nous avons prises par nos bonifications et nos économies nous donnent toute espérance de rétablir l'ordre dans nos finances sans recourir à de nouvelles impositions, il n'est pas possible que, dans des circonstances extraordinaires, des besoins pressants ne nous obligent d'établir des impôts passagers. La loi de l'enregistrement nous paroît trop conforme à nos intérêts et à ceux de nos peuples pour n'être pas invariablement maintenue; et il est par conséquent indispensable qu'il y ait habituellement dans nos états une cour toujours subsistante pour vérifier immédiatement nos volontés et les transmettre à nos peuples. Malgré tous ces motifs qui nécessitent l'établissement d'une cour unique, nous aurions eu de la peine à nous y déterminer, si cette institution n'eût pas été fondée sur l'ancienne constitution de nos états. Nous avons reconnu que deux sortes d'assemblées font partie de la constitution française : les assemblées momentanées des représentants de la nation pour délibérer sur les besoins publics et nous offrir des doléances; et les assemblées permanentes d'un certain nombre de personnes préposées pour vérifier et publier nos lois. Déjà nous avons solennellement annoncé que nous convoquerions la nation avant 1792, et nous n'hésiterons jamais de l'assembler toutes les fois que l'intérêt de l'état l'exigera. Les autres assemblées n'ont jamais cessé d'avoir lieu dans notre royaume; antérieures à nos parlements, elles subsistoient encore au moment où notre parlement de Paris est devenu sédentaire. Insensible-

36

ment les rois nos prédécesseurs ont diminué le ressort de cette cour plénière et suprême, en créant de nouveaux parlements par des actes de leur autorité. Mais quand ils ont établi ces tribunaux, dont ils ont successivement augmenté les membres, ils n'ont jamais entendu changer la constitution primitive de la monarchie, qui est restée toujours la même. Nos parlements ont donc été plus ou moins multipliés : chacune de ces cours a été composée d'un plus grand ou d'un moindre nombre d'officiers : les formes accidentelles ont varié, mais le principe fondamental n'a subi aucun changement. Une cour unique étoit originairement dépositaire des lois ; et la rétablir ce n'est pas altérer, c'est faire revivre la constitution de la monarchie. Le projet de ce rétablissement n'est pas nouveau dans nos conseils. Lorsque, par notre ordonnance du mois de novembre 1774, nous rappelâmes à leurs fonctions les anciens officiers de nos parlements, l'expérience du passé nous avertit qu'il pourroit arriver encore qu'en s'écartant de l'objet de leur institution, ils prissent des délibérations contraires au bien de notre service ; en conséquence, pour soumettre le jugement des cas de forfaiture à un tribunal juridique, nous en attribuâmes d'avance la connoissance exclusive à notre cour plénière, et nous annonçâmes dès lors formellement, dans une loi enregistrée, l'intention de la rétablir. C'est donc pour enregistrer les lois communes à tout le royaume, et en cas de contravention des tribunaux à nos ordonnances, pour leur donner à eux-mêmes des juges, que nous exécutons aujourd'hui le projet annoncé dès notre avénement au trône, de rétablir notre cour plénière, et que nous réglons les objets et la forme de ses délibérations, ainsi que la tenue et l'ordre de ses séances. Nous révoquons en conséquence le droit que nous avions accordé à nos parlements de vérifier toutes nos lettres en forme d'ordonnances, édits, déclarations ou lettres patentes, tant en matière de législation que d'administration générale ; mais une marque particulière de distinction et de confiance que nous nous plaisons à donner à notre parlement de Paris, c'est d'admettre successivement à notre cour plénière tous les membres qui le composent à mesure que, par ordre d'ancienneté, ils siégeront à la grand'chambre, laquelle en son entier fera partie de la cour plénière. En même temps nous y admettons un député de chacun des parlements de notre royaume, pour y représenter les intérêts ainsi que les priviléges des provinces de leur ressort. Nous n'avons négligé d'ailleurs aucune précaution pour nous assurer du zèle éclairé de ce conseil, que nous chargeons expressément de nous faire connoître la vérité. Dans la vue de composer notre cour plénière de la manière la plus propre à inspirer à nos peuples une confiance universelle, nous y appelons des membres choisis dans les premiers ordres de l'état. Moyennant ce rétablissement légal et perpétuel de notre cour plénière, il n'y aura désormais pour tous nos états qu'un enregistrement unique et solennel de toutes nos lois générales, et ces lois, ainsi promulguées par une seule cour, ne seront plus exposées à perdre, tantôt par défaut de vérification, tantôt par des modifications particulières qui en rendent l'exécution incertaine et variable, le caractère d'universalité et d'uniformité qu'elles doivent avoir dans toute l'étendue de notre royaume. A ces causes, etc.

1. Avons rétabli et rétablissons notre cour plénière.

2. La cour plénière sera composée de notre chancelier ou de notre garde des sceaux, de la grand'chambre de notre cour de parlement de Paris, dans laquelle prendront séance les princes de notre sang, les pairs de notre royaume, les deux conseillers d'honneur nés, et les six conseillers d'honneur, sans qu'aucun pourvu de lettre d'honoraire puisse y être admis. Ladite cour sera aussi composée de notre grand-aumônier, grand-maître de notre maison, grand-chambellan et grand-écuyer, de deux archevêques et deux évêques, deux maréchaux de France, deux gouverneurs et deux lieutenants-généraux de nos provinces, deux chevaliers de nos ordres, quatre autres personnages qualifiés de notre royaume, six conseillers d'état, dont un d'église et un d'épée, quatre maîtres des requêtes, un président ou conseiller de chacun des autres parlements, deux de la chambre des comptes, et deux de la cour des aides de Paris. Le capitaine de nos gardes y aura entrée et séance avec voix délibérative toutes les fois qu'il nous y accompagnera.

3. Notre grand-aumônier, grand-maître de notre maison, grand-chambellan et grand-écuyer, les archevêques et évêques, maréchaux de France, gouverneurs et lieutenants-généraux de nos provinces, chevaliers de nos ordres et autres personnages, conseillers d'état, maîtres des requêtes, présidents ou conseillers des autres parlements, chambre des comptes et cour des aides, seront par nous nommés aux places à eux destinées en ladite cour plénière, et auront de nous des provisions à ladite cour adressantes, pour y être enregistrées. Voulons que pour cette fois seulement, ceux qui ont prêté serment pour leurs charges, places et offices y soient reçus sans autre serment; et quant à ceux qui n'en auroient prêté aucun, se-

ront tenus de le prêter à leur réception en notre cour plénière, en la forme par nous prescrite; voulons au surplus qu'à l'avenir tous les membres de ladite cour soient tenus de s'y faire recevoir en la forme accoutumée, sans néanmoins examen, et d'y prêter serment.

4. Les membres de la cour plénière seront irrévocables et à vie.

5. Ladite cour sera présidée par nous, et en notre absence par notre chancelier, et à son défaut par notre garde des sceaux, auquel sera expédié des provisions à cet effet, et à leur défaut, par le premier président et autres présidents de notre parlement de Paris; y exerceront nos avocats et procureurs généraux audit parlement les fonctions du ministère public.

6. Le greffier en chef de notre cour de parlement de Paris, assistera seul à toutes les délibérations de la cour plénière, y exercera toutes les fonctions du greffe, tiendra pour les arrêts et autres actes de cette cour, un registre séparé dont il aura seul la garde, et dont toutes les expéditions seront collationnées et signées de lui seul; sera néanmoins, en cas d'absence ou autre empêchement, suppléé par les greffiers de la grand'chambre.

7. Ladite cour sera suffisamment garnie et en état de rendre arrêt, encore que plusieurs classes tout entières des membres qui la composeront, n'assistent à la délibération; et dans le cas où plus de la moitié des magistrats admis dans ladite cour viendroit à s'en absenter, nous appellerons pour les remplacer des membres de notre conseil, pris parmi les conseillers d'état, et à leur défaut, parmi les maîtres des requêtes, suivant l'ordre de leur réception en notre conseil; et ce dans un nombre suffisant, pour qu'il y ait toujours dans ladite cour la moitié au moins du nombre des magistrats qui doivent la composer.

8. La cour plénière tiendra ses séances habituelles en la grand'chambre de notre parlement de Paris, et dans les maisons de notre séjour, lorsque nous le jugerons convenable; et lors même que nous ne tiendrons pas en ladite cour plénière notre lit de justice, les places y seront occupées dans le même rang et dans le même ordre qu'en ce genre de séance, excepté que notre grand-aumônier, les archevêques et évêques seront placés à la suite des pairs ecclésiastiques; les personnes qualifiées à la suite des pairs laïques; les présidents ou conseillers des autres parlements à la suite de la grand'chambre du par-

lement de Paris; et ceux des chambres des comptes et cour
des aides à la suite des présidents ou conseillers des autres
parlements; voulons aussi qu'en ladite cour plénière et dans
ses séances ordinaires, les avis soient demandés et donnés à
haute voix.

9. Ladite cour tiendra tous les ans ses séances depuis le
1er décembre jusqu'au 1er avril, nous réservant de donner des
lettres patentes pour la continuation de son service, même de
l'assembler extraordinairement, lorsque l'importance des affaires nous paroîtra l'exiger.

10. Les assemblées extraordinaires se feront en vertu de nos
ordres, qui seront adressés à chacun des membres qui composeront ladite cour; contiendront au surplus lesdits ordres
le jour où lesdites assemblées devront commencer.

11. A compter du jour de la publication et enregistrement
du présent édit, notre cour plénière procèdera seule, exclusivement à toutes nos cours, à la vérification, enregistrement
et publication de toutes nos lettres en forme d'ordonnances,
édits, déclarations et lettres patentes en matière d'administration et de législation générale et commune à tout le
royaume.

12. Voulons néanmoins que dans le cas de guerre ou
d'autres circonstances extraordinaires où nous serions obligé,
pour satisfaire aux besoins pressants de l'état ou aux intérêts et
remboursements d'emprunts, d'établir de nouveaux impôts sur
tous nos sujets, avant d'assembler les états généraux de notre
royaume, l'enregistrement desdits impôts en notre cour plénière n'ait qu'un effet provisoire, et jusqu'à l'assemblée desdits
états que nous convoquerons, pour sur leurs délibérations être
par nous statué définitivement; ledit enregistrement sans préjudice aux droits, privilèges et usages des différents états particuliers établis dans quelques-unes de nos provinces.

13. Voulons au surplus que tous emprunts dont les intérêts
et le remboursement pourront être affectés et s'acquitter sur
nos revenus actuels, et par l'effet de leur administration, soient
ordonnés et ouverts de notre autorité, et enregistrés seulement
en notre chambre des comptes, pour ce qui concerne la comptabilité.

14. Lorsque plusieurs lois par nous adressées à notredite
cour plénière pour y être publiées et enregistrées, seront par
elles renvoyées à des commissaires pour en faire préalablement
l'examen, il sera formé autant de bureaux de commissaires
qu'il y aura de lois, et chacun de ces bureaux sera composé

d'un président de notre parlement, des princes de notre sang qui voudront y assister, et de douze commissaires pris dans les différentes classes qui forment ladite cour; savoir : trois parmi les pairs du royaume, trois parmi les grands officiers de la couronne, archevêques et évêques, maréchaux de France, gouverneurs et lieutenants-généraux de nos provinces, chevaliers de nos ordres et autres personnes qualifiées; deux parmi les conseillers d'état, maîtres des requêtes et présidents ou conseillers des différentes cours, et quatre parmi les membres de la grand'chambre du parlement de Paris; pourront au surplus notre chancelier, notre garde des sceaux et notre premier président, entrer et présider le bureau qu'ils estimeront convenable.

15. Pourra notre cour plénière nous faire, avant d'enregistrer, toutes remontrances et représentations qu'elle estimera, à la charge de nous les adresser dans deux mois, à compter du jour où nos ordonnances, édits, déclarations et lettres patentes lui auront été présentés par nos avocats et procureurs généraux; et pour que notre détermination sur lesdites remontrances soit prise avec une plus grande connoissance de cause, voulons qu'après la présentation qui nous en aura été faite, quatre des douze commissaires qui auront formé le bureau où lesdites remontrances auront été rédigées, soient appelés en notre conseil, pour avec lesdits membres, et en notre présence, être faite la lecture et la discussion desdites remontrances.

16. L'enregistrement fait en la cour plénière vaudra dans tout notre royaume, pays et terres de notre obéissance : sera tenu notre procureur général en ladite cour, d'envoyer dans huitaine, tant à nos procureurs généraux de nos parlements et autres cours, qu'à nos procureurs ès-présidiaux et grands bailliages de tout notre royaume, copies collationnées des édits, déclarations ou lettres patentes, qui auront été registrés en notre cour plénière, et de l'arrêt d'enregistrement. Lesdites cours et juges seront tenus d'en ordonner incontinent la transcription et publication, sauf à envoyer ensuite à notre cour plénière les remontrances ou représentations qui pourront être arrêtées sur les inconvénients locaux des différents ressorts; lesquelles remontrances ou représentations nous seront présentées par notredite cour plénière, s'il en est ainsi par elle délibéré.

17. Les lettres en forme de déclarations et lettres patentes, qui n'intéresseront que le ressort ou l'arrondissement d'une

cour ou d'un des grands bailliages, seront enregistrées par nos cours ou par nos grands bailliages, suivant qu'il nous plaira de leur adresser directement ces lois, conformément à ce qui est prescrit par notre ordonnance du présent mois sur l'administration de la justice.—

18. Pourront nos cours, avant de procéder à l'enregistrement des lettres qui leur seront par nous adressées sur des objets qui n'intéresseront que leurs ressorts, nous faire telles remontrances, et nos juges adresser à notre chancelier ou garde des sceaux telles représentations que lesdites cours et autres juges estimeront nécessaires.

19. La cour plénière ne jugera aucuns procès civils ou criminels, si ce n'est ceux concernant les forfaitures énoncées notamment dans notre ordonnance du mois de nov. 1774, et celles encourues par les contraventions à notre présent édit, ou par le défaut de soumission aux arrêts de ladite cour plénière; connoîtra ladite cour desdites forfaitures directement et en dernier ressort, contre toutes nos cours et juges supérieurs ou inférieurs, sans aucune exception, et prononcera sur icelles les peines portées par nos ordonnances.

20. Dans le cas où, indépendamment de la forfaiture, l'officier seroit accusé de quelque autre délit, il sera renvoyé aux cours et juges qui en doivent connoitre, pour être jugé sur ledit délit en la forme ordinaire, même, si besoin est, les chambres assemblées, sauf après le jugement du délit être ledit accusé jugé, s'il y a lieu, en la cour plénière, pour la forfaiture.

21. Ne pourront néanmoins aucuns membres d'une cour accusée de forfaiture, encore qu'ils soient membres de la cour plénière, et qu'ils ne soient personnellement accusés, assister ni opiner au jugement sur l'accusation portée contre ladite cour; mais ledit jugement sera rendu par les autres membres de la cour plénière, et les absents seront suppléés ainsi qu'il est porté en l'article 7 ci-dessus.

Nº 2470. — PROCÈS-VERBAL *du lit de justice où se trouvent les discours du roi, du garde des sceaux et de l'avocat général.*

Versailles, 8 mai 1788. (R. S.)

Nº 2471. — PROTESTATION *du parlement contre l'édit portant établissement de la cour plénière.*

Versailles, 8 mai 1788. (Histoire des parlements par Dufey, t. 2, p. 455.)

Nº 2472. — ORDONNANCE de MM. les général et intendant concernant les boulangers.

8 mai 1788. (Code de la Martinique, tom. 4, pag. 78.)

Nº 2473. — ARRÊT du conseil souverain qui déclare que les commis greffiers ne pourront être élus s'ils ne sont âgés de 25 ans au moins.

9 mai 1788. (Code de la Martinique, tom. 4, pag. 82.)

Nº 2474. — ARRÊTÉ du parlement à l'occasion des lettres du 1er mai adressées à chacun des membres en vertu desquelles le duc de Clermont-Tonnerre devoit faire connoître le 10, les ordres du roi, toutes les chambres assemblées.

Grenoble, 9 mai 1788 (Histoire des parlements par Dufey, t. 2, p. 184.)

La cour, se reposant avec confiance sur la pureté de ses vœux, a unanimement déclaré tenir pour maxime constitutionnelle qu'il ne peut être levé d'impôts que de l'octroi et consentement de la nation, représentée par ses députés librement élus et légalement convoqués; qu'aucun citoyen ne peut ni ne doit être jugé que par juges compétents, et suivant les formes prescrites par les ordonnances, sans qu'on puisse provisoirement lui ravir la liberté qu'à la charge de le remettre dans un bref délai entre les mains et au pouvoir desdits juges, et qu'aucune loi ne doit être mise à exécution qu'après la vérification, enregistrement et publication d'icelle en la manière accoutumée : proteste en conséquence et déclare tout ce qui pourroit être fait de contraire dans la transcription qui pourra être faite sur ses registres d'aucun édit, ordonnance, déclaration, lettres patentes ou arrêts contre les formes reçues, nul et illégal, ne pouvant produire aucun effet; fait inhibition et défense à toutes personnes de les mettre à jour qu'ils n'aient été préalablement vérifiés et enregistrés aux formes ordinaires, à peine d'être poursuivies extraordinairement; au surplus, déclare qu'aucun des officiers de ladite cour ne doit ni ne peut, sans trahir son serment, remplir aucune place de magistrature dans tout tribunal qui pourroit être substitué à ladite cour et qui ne sera pas composé de tous lesdits mêmes officiers avec les mêmes prérogatives, et que tous ceux qui prendroient leur place ou aucune partie de leurs fonctions, *seront réputés traîtres à la patrie;* ordonne que le présent sera lu, publié, etc.

Nº 2475. — LIT *de justice tenu au nom et par ordre du roi par le comte de Thiard, commandant de la province de Bretagne.*

Rennes, 10 mai 1788. (Histoire des parlements par Dufey, t. 2, p. 456.)

Nº 2476. — RÉGLEMENT *du roi portant établissement d'un directoire d'administration et d'un conseil de santé pour les hôpitaux militaires* (1).

Versailles, 18 mai 1788. (R. S. C.)

S. M. ayant, de l'avis du conseil de la guerre, reconnu combien il étoit avantageux, tant pour l'économie de ses finances que pour le bien de ses troupes, de changer la forme actuelle de l'administration des hôpitaux militaires de son royaume et celle de leur service, s'est déterminée à confier tous les détails qui y sont relatifs à deux commissions séparées ; l'une, sous le nom de *directoire des hôpitaux militaires,* sera chargée de toute la partie exécutive et d'administration ; l'autre, sous le nom de *conseil de santé,* sera chargée de la partie consultative pour tout ce qui pourra être relatif à l'objet médical ; de manière qu'agissant séparément en ce qui les concerne, ces deux commissions puissent au besoin réunir leurs lumières et leurs soins dans les objets qui leur seront communs ; et voulant, S. M., expliquer plus particulièrement son intention, tant sur la composition que sur les fonctions desdits directoire et conseil de santé, elle a ordonné et réglé ce qui suit :

TITRE Iᵉʳ. — *Du directoire des hôpitaux militaires.*

1. Le directoire des hôpitaux militaires sera composé de deux membres, toujours choisis parmi les anciens médecins et chirurgiens des armées, distingués par leurs connoissances dans leur art et dans la partie administrative de ces hôpitaux, d'un commissaire des guerres et de deux officiers généraux, membres du conseil de la guerre, choisis par ledit conseil. Ces deux officiers généraux présideront le directoire et rendront compte de toutes ses opérations, tant au secrétaire d'état ayant le département de la guerre qu'au conseil.

2. Des deux médecins et chirurgiens, le premier fera les fonctions de rapporteur du directoire ; et son travail étant nécessairement lié aux objets de consultation à soumettre au conseil de santé, il remplira les mêmes fonctions dans ce con-

(1) En vigueur. Ord. 10 janvier 1816.

seil. En son absence, il sera suppléé dans cette double fonction par le second membre, sous le nom de *vice-rapporteur*.

3. Le rapporteur du directoire y rapportera les délibérations du conseil de santé, et il mettra sous les yeux dudit conseil tous les objets sur lesquels le directoire voudra avoir son avis. Il tiendra un registre exact de tous les officiers de santé employés, soit dans les hôpitaux, soit dans les régimens, avec des notes sur leurs talents et leurs services, pour mettre le directoire à portée de prendre à leur égard le parti qu'il jugera convenable. Il ouvrira chaque séance du directoire par la lecture des rapports dont il aura été chargé, et il mettra en délibération tant les objets traités dans lesdits rapports, que tous autres qu'il croira nécessaires pour le bien de l'administration et l'avantage du service.

4. Le commissaire des guerres sera chargé, sous les ordres des officiers généraux, commissaires du conseil; de la correspondance relative à l'administration; il tiendra à cet effet tous les registres nécessaires. Tous les objets de correspondance seront signés par le premier commissaire du conseil; en son absence par le second, et en l'absence de tous deux par le commissaire des guerres et par le premier membre du directoire. Le commissaire des guerres sera pareillement chargé, sous la révision du directoire, de la vérification et examen de tous les comptes et des états de dépense, de quelque espèce qu'elles soient, relativement à l'administration desdits hôpitaux, pour lesdits comptes et états, ayant été arrêtés et visés par le directoire, être ensuite envoyés au conseil de la guerre avec les observations dont le directoire les jugera susceptibles.

5. Les fonctions qu'auront à remplir les directoires des divers services de la guerre ayant été déterminées par un réglement particulier du conseil, celui des hôpitaux militaires sera tenu de se conformer aux mêmes règles pour ses assemblées, ses délibérations, l'expédition des objets dont il traitera sous l'autorité des officiers généraux membres du conseil qui président le directoire des hôpitaux, ainsi que pour les renvois à faire au commissaire ordonnateur employé près ledit conseil, lequel fera de ces renvois l'usage qui lui sera ordonné, tant envers le secrétaire d'état de la guerre qu'envers le conseil.

6. Toutes les dépenses relatives à l'administration confiée au directoire des hôpitaux militaires, ne pourront être allouées qu'autant qu'elles auront été approuvées par les commissaires du conseil audit directoire.

7. Les traitemens des membres du directoire, ainsi que

eux de toutes les personnes employées dans l'administration
es hôpitaux-militaires, seront arrêtés par le secrétaire d'état
e la guerre.

TITRE II. — *Du conseil de santé.*

1. Le conseil de santé sera composé de huit membres en
ctivité, et de quatre membres honoraires, tous médecins et
hirurgiens choisis parmi ceux qui se seront distingués dans
ur art, et particulièrement dans le service des hôpitaux.

2. Les fonctions du conseil de santé auront pour objet toutes
s parties de l'art de guérir qui peuvent avoir rapport aux
ôpitaux militaires. Il sera chargé d'éclairer l'administration
ur les moyens de perfectionner l'instruction des officiers de
anté à placer dans lesdits hôpitaux ou à attacher aux régi-
ents, et sur l'avancement de ceux qui y sont employés. Il
roposera les moyens qu'il jugera les plus convenables à l'a-
élioration du service de santé, et les plus propres à étendre
s progrès de l'art. Lorsque la présence de l'un ou de plusieurs
e ses membres sera jugée nécessaire par le directoire des
ôpitaux militaires, soit pour la visite des hôpitaux de S. M.,
it pour y porter des lumières, le conseil de santé sera
hargé de proposer, sur la demande qui lui en sera faite par
directoire, celui ou ceux de ses membres qu'il jugera le
us propre à remplir l'objet indiqué. Il répondra à tous les
émoires et consultations qui lui seront adressés par le direc-
ire, et il s'établira de cette manière une correspondance
ctive et utile entre les médecins et chirurgiens attachés aux
ôpitaux militaires, et le conseil de santé qui doit connoître
mettre à profit leurs observations.

3. Tous les membres dudit conseil de santé, soit hono-
ires, soit en activité, auront les mêmes droits et préroga-
ves, sans qu'aucun d'eux puisse prétendre à une préséance
rticulière.

4. S. M. ayant jugé nécessaire, par la connexion des objets,
même temps que pour simplifier et pour accélérer le travail,
réunir par l'*article 2 du titre précédent*, dans la même per-
nne les fonctions de rapporteur des deux commissions, ledit
pporteur présentera au conseil de santé les différents objets
il aura été chargé par le directoire de lui communiquer, et
rapportera à ce dernier ce qui aura été délibéré audit con-
il. Le rapporteur sera suppléé en son absence par le vice-
pporteur.

5. Le conseil de santé s'assemblera une fois par semaine,

et plus souvent si le cas le requiert. Chaque séance s'ouvrira par la lecture que fera le rapporteur de la feuille contenant les objets qui auront été traités dans la précédente séance. Après cette lecture, le rapporteur communiquera à l'assemblée les lettres, mémoires ou autres objets qu'il aura été chargé par le directoire des hôpitaux militaires de mettre sous les yeux du conseil de santé. S'il est urgent de délibérer sur ces objets ou sur le choix des commissaires à nommer pour en faire le rapport, on ira aux voix sans distinction de préséance; le rapporteur écrira les voix, qui seront ensuite comptées, pour l'avis qui aura passé à la pluralité, être porté sur le registre des délibérations; dans le cas où il y aura égalité de voix, les deux avis seront portés au directoire. On lira ensuite les rapports, et la séance sera terminée par l'examen des questions et propositions que chacun des membres dudit conseil de santé jugera utile de faire concernant les objets qui seront de sa compétence.

6. Toutes les délibérations seront inscrites sur un registre particulier par le secrétaire du rapporteur. Lesdites délibérations seront rédigées par le rapporteur, conformément à la feuille, qui sera toujours signée par trois membres au moins; et aucune délibération ne pourra être rapportée au directoire des hôpitaux militaires que sa rédaction n'ait été approuvée dans la même séance ou dans la subséquente. Le secrétaire du rapporteur inscrira sur un autre registre les noms des commissaires auxquels il aura été remis des mémoires et lettres, avec la date du jour auquel cette remise de pièces leur aura été faite.

7. Le commissaire des guerres du directoire des hôpitaux militaires assistera à toutes les séances du conseil de santé, sans voix délibérative.

8. S. M. voulant reconnoître d'une manière honorable l'assiduité que les membres du conseil de santé apporteront aux séances, a réglé qu'il seroit délivré à chacun des membres présents deux jetons d'argent, portant d'un côté l'effigie du roi, et de l'autre un emblème relatif à l'établissement, avec la légende : *Conseil de santé des hôpitaux militaires.*

9. Le commissaire des guerres signera la feuille de présence sur laquelle devront s'inscrire les membres qui seront présents à chaque séance, et en conséquence de laquelle les jetons leur seront distribués.

10. En cas de vacance d'une place de membre du conseil de santé, soit honoraire, soit en activité, il sera procédé, dans l'une des séances qui se tiendront, dans l'espace d'un mois au

lus, au choix de trois sujets à présenter au directoire des hôpitaux militaires, à l'effet de le mettre à portée de les proposer
au secrétaire d'état de la guerre et au conseil.

N° 2477. — PROTESTATION *des officiers du parlement de*
Besançon.

Besançon, 26 mai 1788. (Histoire des parlements par Dufey, t. 2, p. 486.)

N° 2478. — ARRÊT *du conseil suivi de lettres patentes qui or-*
donnent une fabrication de 50,000 *marcs d'espèces de cuivre,*
en la monnoie de Nantes (1).

Versailles, 28 mai 1788. Reg. en la cour des monnoies le 12 novembre.
(R. S.)

N° 2479. — RÉGLEMENT *du roi concernant la société royale*
d'agriculture (2).

Saint-Cloud, 30 mai 1788. (R. S. C.)

Le roi s'étant fait représenter l'arrêt de son conseil du 1er
mars 1761, portant établissement d'une société d'agriculture
dans la généralité de Paris, s'est fait rendre compte des nouvelles dispositions qui ont perfectionné depuis quelques années
le régime intérieur de cette société, des travaux utiles auxquels
elle s'est livrée, de la correspondance qu'elle a établie avec des
propriétaires et cultivateurs distingués des différentes provinces
du royaume, et avec des savants étrangers, enfin des différents prix qu'elle a proposés et décernés pour l'encouragement
de l'agriculture. S. M. a vu avec satisfaction tout le bien que
cette réunion intéressante de cultivateurs éclairés, de savants
utiles et de riches propriétaires avoit déjà opéré et devoit produire encore pour améliorer les divers genres de culture, en
perfectionner les procédés, répandre partout l'instruction et
l'exemple, et enfin mettre de plus en plus en honneur l'agriculture, le premier des arts et la source de la félicité et de la
prospérité publiques; en conséquence S. M., pour donner à la
société d'agriculture de la généralité de Paris de nouvelles
preuves de sa protection et de sa bienveillance, a jugé à propos
d'en former le centre commun et le lien de correspondance
des différentes sociétés d'agriculture du royaume, et de procurer à cet établissement le développement, la stabilité, et

(1) V. édit d'août 1768; a. d. c. du 5 avril 1769; décl. 14 mars 1777.
(2) En vigueur. Ord. 4 juillet 1814, 28 janvier 1819.
V. 11 mars 1789.

que le jeudi sera un jour de fête, la séance se tiendra le demain.

10. Chaque associé ordinaire, en entrant dans la salle d'assemblée, écrira son nom sur un registre composé d'autant de feuillets qu'il y aura de jours de séance dans l'année : à ci heures et demie précises en hiver, et à six heures en été, l'agent général présentera le registre au président de l'assemblée, qui tirera une barre au-dessous des signatures, et il ne sera distribué de jetons, à la fin de la séance, qu'aux seuls membres dont les noms se trouveront inscrits au-dessus de la barre. Les associés étrangers qui, pendant leur séjour à Paris, assisteront aux séances de la société, seront, sous tous les rapports, assimilés aux associés ordinaires.

11. Les correspondants pourront assister aux séances de la société, mais ils n'y auront point voix délibérative, et ne participeront point à la distribution des jetons, à moins qu'ils ne soient correspondants étrangers.

12. Les intendants des différentes provinces et les présidents des assemblées provinciales qui se trouveront à Paris seront invités à assister aux séances de la société, lorsqu'il devra y être discuté quelques objets intéressant leur province.

13. Chaque séance commencera par la lecture qui sera faite par le secrétaire perpétuel du plumitif de l'assemblée précédente, lequel plumitif sera signé par l'officier président, et contre-signé par ledit secrétaire perpétuel. Il rapportera les lettres qui auront été adressées à la société, et rendra compte des différents envois. Il sera ensuite fait lecture des rapports, mémoires et observations dont la société jugera à propos de s'occuper. Nul membre ne pourra lire un mémoire, un rapport, ou des observations, sans en avoir prévenu, avant la séance, l'officier présidant l'assemblée, et lui en avoir donné communication.

14. Les seuls écrits des associés ordinaires seront discutés dans les séances : à l'égard des mémoires des associés étrangers, des correspondants et des savants étrangers, il sera nommé par le directeur deux commissaires au moins pour en faire l'examen dans un des comités mentionnés en l'article ci-après, et ensuite le rapport ou la lecture à l'assemblée. Les ouvrages des associés ordinaires seront immédiatement après la lecture, et ceux des associés étrangers, correspondants et autres, aussitôt leur présentation, remis au secrétaire, pour être par lui paraphés et inscrits sur le plumitif; les auteurs compteront de cette époque la date de leurs découvertes.

15. Les objets qui exigeront une attention particulière seront préalablement traités dans ces comités qui se tiendront extraordinairement aux jours et heures qui auront été convenus. Il en sera formé deux chaque année, l'un pour examiner et arrêter tout ce qui devra être lu dans les séances publiques, et l'autre pour l'examen des pièces destinées à concourir pour les divers prix proposés, et dont le rapport sera ensuite soumis à toute la société réunie avant que les prix soient décernés. Les membres qui devront composer ces deux comités, auxquels les officiers de la société pourront toujours assister, seront proposés par le directeur à la société, dans la première séance de chaque année.

16. Il sera aussi formé dans la société un comité composé de huit membres, pour l'examen des objets d'agriculture ou économie rurale intéressant l'administration, sur lesquels le gouvernement jugera à propos de consulter ce comité. Le choix des membres dont il sera composé sera à la nomination du sieur contrôleur général des finances.

17. La société tiendra chaque année, avant le 1er juin, une séance publique où les prix seront distribués et les programmes annoncés, et dans laquelle le secrétaire perpétuel lira l'exposé des travaux de la société pendant le courant de l'année précédente. Ces objets, ainsi que les mémoires que quelques membres voudroient y porter, seront lus auparavant dans une séance particulière du comité désigné en l'article 15.

18. Les associés ordinaires qui seront obligés de s'absenter pendant plus d'un an, en préviendront la société; et s'ils sont deux ans sans assister aux séances ou entretenir quelque relation avec la société, leurs places seront déclarées vacantes et leurs noms inscrits sur la liste des associés vétérans.

19. Toutes les élections aux places vacantes des officiers seront faites au scrutin, à la pluralité des voix. L'on procédera, pour remplir les places d'associés ordinaires étrangers, de la manière suivante : pour chaque place vacante, les officiers présenteront à l'assemblée une liste des sujets éligibles, d'après les dispositions de l'article 20 ci-après; il sera ensuite nommé deux vérificateurs au scrutin, et il sera procédé à la nomination du membre à élire entre les sujets indiqués à l'assemblée. Les concurrents ne feront pas de visites aux membres pour demander leurs suffrages; mais il sera nécessaire qu'ils aient témoigné leur désir à un des officiers de la société, qui certifiera à l'assemblée, et que d'ailleurs ils aient composé quelques ouvrages ou mémoires d'agriculture, ou aient, soit

de grandes possessions, soit une exploitation considérable, dans lesquelles ils justifient avoir fait avec succès des essais et expériences reconnus utiles.

20. Aucune personne ne pourra aspirer à être correspondant de la société qu'elle ne se soit d'abord fait connoître par deux mémoires au moins relatifs à l'agriculture ou économie rurale. Les sujets pour les places de correspondance seront proposés par les différents membres de la société; mais il ne sera procédé à aucune nomination qu'un mois au moins après que les propositions auront été admises, et huit jours avant la séance indiquée pour l'élection, le secrétaire lira la liste des personnes proposées, entre lesquelles le choix se fera au scrutin.

21. Aucun membre ne pourra prendre, en tête des ouvrages qu'il publiera, le titre d'associé ou correspondant de la société, à moins que ses écrits n'aient été auparavant approuvés par elle, d'après le rapport des commissaires nommés pour en faire l'examen.

22. Pour encourager les cultivateurs qui auront rempli les vues de la société, et donner une marque de distinction aux propriétaires qui auront favorisé d'une manière spéciale l'agriculture, il leur sera décerné une médaille d'or aux séances publiques. Le nom de la personne à qui la médaille aura été décernée sera inscrit autour de cette médaille.

23. Il sera publié tous les trois mois un volume renfermant l'histoire de la société, les observations et les faits isolés recueillis dans les séances, les mémoires des associés et correspondants, ainsi que ceux des étrangers, en ajoutant après le nom de l'auteur, celui du membre de la société qui l'aura communiqué. L'histoire et les extraits des séances seront mis en ordre par le secrétaire perpétuel.

Nº 2480. — ARRÊT *du parlement sur les moyens de pourvoir à la sûreté publique.*

Rennes, 31 mai 1788. (Histoire des parlements par Dufey, t 2, p. 469.)

Vu, par la cour, l'opposition du procureur général syndic des états, et ouï le procureur général du roi dans ses conclusions, qu'il a laissées par écrit sur le bureau;

La cour, extraordinairement assemblée, considérant que, par son arrêté du 29 de ce mois, elle avait fixé une assemblée générale de ses membres au lundi 2 juin, pour aviser au parti à prendre dans les malheureuses circonstances où se trouvent la province de Bretagne et la France entière;

Que l'arrivée subite de plusieurs régiments dans la ville de Rennes est un présage de nouveaux coups d'autorité, de calamités pour les citoyens et de violence personnelle contre les magistrats;

Que, menacée de la dispersion prochaine de ses membres, ladite cour ne pourra peut-être exécuter ce qu'elle se proposoit de faire pour le bien public et l'intérêt du monarque;

Qu'en quelque lieu que les magistrats se trouvent réunis, la force seule peut les empêcher d'user du droit qu'ils tiennent de la nation même d'être les défenseurs des lois et l'organe immédiat des peuples auprès du souverain;

Que les édits transcrits militairement sur les registres de la cour, le 10 de ce mois, anéantissent les lois les plus anciennes et les plus sacrées de la monarchie;

Que les magistrats ne sont que les dépositaires de ces lois, qu'elles appartiennent en propriété à la nation, et qu'aucune puissance n'a le droit de l'en dépouiller;

Que les états-généraux du royaume, assemblés à Blois en 1579, ayant chargé les parlements, dans leurs ressorts respectifs, de *suspendre*, *refuser* ou *modifier* les lois et particulièrement les *impôts*, il s'ensuit que si le droit d'enregistrement n'étoit pas lié aussi intimement à la constitution française, que si les cours du royaume pouvoient jamais en être dépouillées, un pareil changement ne pourroit être opéré que par la nation assemblée légalement, et dans les formes anciennes, en états-généraux;

Que si les prétendues réformes dans l'administration de la justice avoient réellement le bien public pour objet, on eût attendu, pour les proposer, une assemblée d'états-généraux dont le seigneur roi lui-même a reconnu la nécessité, mais qu'on a cherché à en éluder les effets salutaires en les fixant à une époque beaucoup trop éloignée;

Que c'est là seulement que de pareilles lois pourroient être proposées;

Que l'état des personnes, la liberté, la propriété, les droits de la noblesse, des citoyens, du peuple, les droits même de nos princes, sont enveloppés dans la ruine des lois et des tribunaux;

Que la stabilité des tribunaux de cette province, l'enregistrement dans les cours souveraines et l'inamovibilité des magistrats étant des clauses expresses du *contrat d'union de la*

Bretagne à la France, il s'ensuit qu'on ne peut y porter atteinte sans le concours des états de cette province;

Que si, dans un temps où les ames seroient avilies par le despotisme, il arrivoit que des magistrats fussent assez foibles pour consentir à l'anéantissement des lois, leur consentement ne pourroit porter atteinte aux dispositions d'un contrat également obligatoire pour toutes les parties contractantes, aux droits d'une nation à qui il appartient d'avoir des lois et des magistrats avoués par elle;

Considérant, ladite cour, que les événements funestes qu'elle avoit prévus lors de sa protestation du 5 de ce mois ne se sont que trop réalisés;

Que les magistrats, enchaînés dans l'exercice de leurs fonctions, ne peuvent pas rendre, à la décharge du souverain, la justice qu'il doit à ses peuples;

Qu'en vain auroit-on voulu persuader au seigneur roi qu'il s'acquitteroit de ce devoir sacré en créant des tribunaux dont les membres, voués d'avance à l'opprobre, n'auroient jamais la confiance publique; des tribunaux dont l'existence, si l'on pouvoit réussir à les former, seroit une infraction toujours subsistante aux lois du royaume et de la province;

Qu'au moment où des gens sans caractère légal sont venus violer le sanctuaire des lois, les citoyens ont frémi en voyant le palais investi et rempli de soldats; que depuis cette époque funeste le temple de la justice a été transformé en caserne, en magasin d'armes et de munitions de guerre, au danger le plus imminent pour les titres de famille et de propriété, dont le dépôt sacré est entièrement livré à la soldatesque;

Considérant enfin que le royaume et la province de Bretagne vont être accablés des plus grands malheurs; que la ville de Rennes, en particulier, les éprouvera d'une manière plus sensible; que cette ville, très-peuplée, et privée, par sa situation, des ressources du commerce, ne subsiste que par le parlement et les autres tribunaux, qui y attirent des consommateurs; qu'au moment où on lui enlève son parlement et ses tribunaux, elle se trouve surchargée d'un grand nombre de troupes qu'on n'y fait entrer que pour son oppression;

Par toutes ces considérations, la cour, persistant dans ses précédents arrêts, arrêtés et protestations, a décerné acte au procureur général syndic des états de la répétition de sa protestation contre tout ce qui a été fait d'illégal et de contraire aux droits, franchises et libertés de la province, dans la séance du 10 de ce mois; lui a pareillement décerné acte de sa réquisition formelle, que les articles 22 et 23 des contrats renouvelés à chaque tenue des états soient observés selon leur forme et teneur; et, faisant droit sur icelle, ensemble sur l'opposition du procureur du roi et sur ses conclusions, les a reçus opposants à l'exécution des actes militairement transcrits sur les registres de la cour, dans la séance du 10 de ce mois; en conséquence, a déclaré et déclare nulle et illégale la transcription des édits, ordonnances et déclarations portés sur les registres de la cour; fait défenses à toutes personnes d'y obéir, et à tous juges d'y avoir égard, sous les peines qui y échéent;

En faisant pareillement droit sur les conclusions du procureur général syndic des états, ensemble sur le réquisitoire du procureur général du roi, attendu le refus dudit de Thiard de retirer de l'enceinte du palais les troupes qui y ont été introduites, malgré les risques auxquels elles exposent continuellement les dépôts précieux qui y sont conservés;

Après avoir sommé ledit de Thiard de retirer lesdites troupes, le déclare personnellement responsable envers le roi, la province et toutes les parties qui y auroient intérêt, de tous les événements auxquels le séjour des gens de guerre, ainsi que la suppression et altération d'aucunes pièces du greffe, pourroient donner lieu;

Déclare, ladite cour, itérativement dénoncer au roi et à la nation, comme coupables de lèse-majesté et de lèse-patrie, ceux qui dans la perversité de leur cœur ont osé concevoir, proposer et faire exécuter des projets qui tendent à la subversion totale de l'ordre social, et dont les entreprises sacrilèges sont portées jusqu'à diriger contre la nation même les forces qu'elle entretient pour sa propre défense;

Déclare, enfin ladite cour, que, si elle ne peut se rassembler, en exécution de son arrêté du 29 mai, aucune crainte, aucune violence ne pourront jamais l'empêcher de professer, de publier et de maintenir individuellement les maximes fondamentales de la constitution du royaume et de la province;

Heureuse encore, ladite cour, de pouvoir donner au seigneur roi, à l'état et à tous les ordres de la province cette preuve de son zèle, de son dévouement et de son inviolable fidélité;

Ordonne que le présent arrêté, ensemble le discours du procureur syndic des états, les délibérations des commissaires intermédiaires et de la navigation intérieure, et le réquisitoire du procureur général du roi, seront, à sa diligence, imprimés sur-le-champ et envoyés à tous les tribunaux du ressort, pour y être lus, publiés et enregistrés, et que copie conforme du présent arrêt sera délivrée au procureur général syndic des états.

Les gens du roi, entrés à la cour, il leur a été donné lecture du présent arrêt, et ils ont déclaré y adhérer.

N° 2481. — ÉDIT *portant suppression des bureaux des finances et attribution aux grands bailliages et présidiaux des affaires dont connoissoient lesdits bureaux des finances* (1).

Versailles, mai 1788.

N° 2482. — ARRÊT *du conseil qui supprime les exemptions des droits d'entrées à Paris, pour les établissements militaires et hôpitaux, et convertit lesdites exemptions en une somme annuelle d'argent.*

Saint-Cloud, 3 juin 1788. (R. S.)

N° 2483. — ARRÊT *du conseil qui ordonne que les juges-consuls sortant ou étant sortis de charge dans les jurisdictions consulaires, continueront d'exercer leurs fonctions, sans qu'il soit besoin de nouveau serment, jusqu'à ce qu'il en soit, par S. M., autrement ordonné* (2).

Saint-Cloud, 6 juin 1788. (R. S. C.)

N° 2484. — ARRÊT *du conseil suivi de lettres patentes qui ordonnent une fabrication de 100,000 marcs d'espèce de cuivre dans chacune des Monnoies de Toulouse et de Mont-pellier* (3).

Versailles, 8 juin 1788. Reg. en la cour des monnoies le 12 novembre. (R. S.)

N° 2485. — LETTRE *adressée au roi par le parlement du Dauphiné.*

Grenoble, 9 juin 1788. (Histoire des parlements par Dufey, t. 2, p. 501.)

Sire, nous élevons vers votre trône nos voix gémissantes, au sein d'une ville consternée qui a vu avec effroi le moment où elle alloit devenir le tombeau de tous ses habitants.

_____

(1) V. 13 juin 1788.
(2) V. 20 décembre 1788.
(3) V. a. d. c. 4 octobre 1782, n° 1706, t. 4 du règne, p. 232.

V. M. ne pourra pas apprendre sans attendrissement que l'effervescence des esprits a son principe dans la publication des lois nouvelles, qu'on vous a représentées comme un bienfait pour vos sujets, tandis qu'elles en consommeroient la ruine.

Nous ne retracerons pas, Sire, aux yeux de V. M., les inconvénients et les dangers de ces lois funestes. Nous ne pourrions qu'affaiblir l'idée que doivent vous en donner les protestations de toutes vos cours, la réclamation générale de vos provinces, l'opposition unanime de tous les ordres, les alarmes de chaque citoyen. Une nation qui ne respire que pour la gloire et le bonheur de ses rois, et pour la prospérité de l'état, ne peut se tromper tout entière sur les causes qui assurent ou qui compromettent de si grands intérêts.

Vous ne tarderez pas, Sire, de reconnoître que vos intentions bienfaisantes ont été trompées. Si l'on vous disoit d'employer la force, V. M. rejetteroit ces conseils pernicieux. Vous ne voulez pas régner par la terreur; vous êtes le roi de vos peuples, et votre ame généreuse frémiroit d'en prononcer la proscription.

Daignez, Sire, considérer par vous-même la situation déplorable de votre royaume; un seul de vos regards ramènera le calme et la tranquillité.

Vos peuples sont effrayés des actes d'autorité qui se multiplient; ils vous conjurent de les garantir de l'oppression : vos provinces vous demandent le maintien de leurs lois et de leurs immunités; toute la nation se réunit pour solliciter de votre justice la convocation des états généraux.

Que V. M., Sire, daigne se rendre aux prières de tous les ordres de l'état. Que ne doit-elle pas attendre de sujets fidèles, dont elle assurera le bonheur? de ses provinces, dont elle conservera les privilèges? de la nation entière, dont elle remplira le cœur?

Les abus seront recherchés et connus jusque dans leur source. La dette nationale sera liquidée; les moyens de l'acquitter seront discutés et mis sous les yeux de V. M., pour embrasser les moins onéreux à ses peuples. Est-il un citoyen qui ne soit impatient de se distinguer par la grandeur de ses sacrifices? L'étendue des ressources que trouvera la France dans son amour et sa fidélité pour son roi, étonnera ses ennemis, dont la jalousie et l'ambition se sont déjà peut-être réveillées au bruit de nos désastres.

Les officiers de votre parlement, en continuant de défendre les lois au péril de leur liberté et de leur vie, ne cesseront,

Sire, de donner en même temps à vos sujets l'exemple de la soumission. La satisfaction qu'ils éprouvent d'avoir contribué par leur présence et par leurs soins à sauver la capitale de la province des plus grands malheurs, et peut-être d'une entière destruction (1), peut les consoler de l'impossibilité passagère où la contrainte les a mis d'obéir à vos ordres, dont il espéroit que votre justice hâteroit la révocation.

N° 2486. — ÉDIT portant création d'un papier monnoie aux îles de France et de Bourbon (2).

Versailles, 10 juin 1788. (R. S. C.)

N° 2487. — ARRÊT du conseil qui attribue aux intendants et commissaires départis dans les provinces, les fonctions ci-devant exercées par les trésoriers de France, pour raison des alignements, périls imminents, refaction et adjudication de pavés dans les villes et autres lieux situés dans l'étendue des justices royales, autres néanmoins que les villes et faubourgs de Paris (3).

Versailles, 13 juin 1788. (R. S. C.)

N° 2488. — LETTRE du ministre qui ordonne de faire exécuter les dispositions de la déclaration du 9 août 1777, et de la dépêche du 28 mars 1783, relatives aux gens de couleur qu'il a été permis aux maîtres d'emmener avec eux pour les servir pendant la traversée.

13 juin 1788. (Coll. m. m. Code Cayenne (4), tom. 7, pag. 505.)

N° 2489. — ARRÊT du conseil portant suppression des délibérations et protestations des cours et autres corps et communautés faites depuis la publication des lois portées au lit de justice du 8 mai dernier.

Versailles, 20 juin 1788. (R. S. C.)

Le roi s'étant fait représenter plusieurs écrits clandestinement publiés, S. M. a reconnu qu'elle n'avoit consulté jusqu'à ce

---

(1) A cette époque il fut proposé dans les états de Dauphiné, de Béarn et de Bretagne, de se déclarer provinces indépendantes.
(2) V. édit de 1781.
(3) V. édit de mai précédent, n° 2409.
(4) Il n'y a point de texte; seulement est inscrit : V. Sainte-Lucie.

moment que son indulgence en les livrant à l'oubli dont ils sont dignes. La publication affectée qu'on leur a donnée, les signatures multipliées, par lesquelles on a cherché à les accréditer, déterminent sa sagesse à les proscrire, après en avoir fait sentir à ses peuples l'illusion et le danger. Ces écrits répandus sous le nom d'arrêtés ou de protestations de plusieurs cours, corps ou communautés, ne portent avec eux qu'un caractère de désobéissance et de révolte, contraire au devoir de tous ses sujets, et surtout des officiers qui composent ces corps, dont l'exercice n'a pas toujours été continuel, que le roi avoit le droit de faire vaquer suivant sa volonté, même d'interdire de leurs fonctions, et auxquels il vient de défendre de former aucune assemblée, de prendre aucune délibération sans de nouveaux ordres de S. M., de laquelle seule ils tiennent leurs pouvoirs et la faculté de les exercer. Dans la forme, ces écrits sont donc illicites; dans l'effet que l'on cherche à leur faire produire, ils sont illusoires. Dans leur contenu ils ne sont pas moins condamnables. Les officiers et autres sujets qui y parlent, s'élèvent au-dessus de l'autorité royale, osent juger et proscrire les actes émanés du roi, les déclarer *absurdes dans leurs combinaisons, despotiques dans leurs principes, tyranniques dans leurs effets, destructifs de la monarchie, des droits et des capitulations des provinces;* comme si le roi n'avoit pas déclaré, par ses lois enregistrées au lit de justice du 8 mai dernier, qu'il n'entendoit porter aucune atteinte aux droits et privilèges des provinces; comme s'il pouvoit jamais appartenir à des sujets, d'élever des actes d'une autorité particulière, contre les actes de l'autorité légitime; comme si la nation pouvoit jamais croire que le monarque voulût détruire la monarchie; que le roi qui est venu au secours de ses peuples, qui leur a confié la répartition des impôts pour en alléger le poids, veut changer la monarchie en despotisme. Comme si la nation pouvoit jamais croire qu'il existe entre les mains de quelques officiers du roi un pouvoir national et un droit de contrarier l'autorité dont ils émanent, et d'en déterminer le caractère. Les uns osent passer de l'examen des actes à celui du pouvoir qui les a ordonnés. Ils voudroient persuader que le roi a ignoré et ignore encore ce qui s'est passé par ses ordres dans toutes les cours du royaume. De là ils annoncent aux peuples que le roi a été surpris et est trompé, que toutes les avenues du trône sont fermées à la vérité; comme s'il étoit possible que le roi ignorât ce qui s'est passé sous ses yeux et en son lit de justice; comme si tout ce qui s'est fait

dans les provinces n'étoit pas une suite de ce premier enre
gistrement; comme si les édits portés au lit de justice du 8 ma
ne prouvoient pas à la nation entière que les vérités les plu
intéressantes pour les peuples ont environné le trône. Que l
roi a entendu la vérité lorsqu'il a statué sur les plaintes de tou
les justiciables, ruinés par le déplacement et par les frais de l
justice; lorsqu'il a écouté les cris des accusés renfermés dan
les prisons, souvent sans secours, sans moyens de se justifier,
et exposés à des peines contre lesquelles ils ne pouvoient ré
réclamer l'indulgence du roi ou sa justice; lorsqu'il a été sen
sible aux plaintes du peuple, gémissant de l'oppression qu'i
éprouvoit par la multitude des privilèges qu'a occasionée l
multitude des charges et des tribunaux; lorsqu'il a mis un frein
à la résistance des cours contre toutes les opérations bienfai
santes du gouvernement pour empêcher les charges publique
de peser d'une manière plus forte sur le pauvre que sur les
autres sujets du roi; résistance fondée sur des motifs qui s'é
loignent de l'intérêt général, et dont l'effet reconnu est une
inégalité de répartition au préjudice du peuple. D'autres ont
prétendu que les nouveaux édits changeoient la monarchie e
aristocratie; comme si une cour unique, composée d'officier
du roi, soumise à son autorité et circonscrite dans ses facul
tés, n'étoit pas analogue à la monarchie et au pouvoir du mo
narque. D'autres ont considéré cette cour comme le moyen l
plus sûr du despotisme. La vérité sur ces grands objets est en
core parvenue au trône. Il n'y a point de despotisme où l
nation exerce tous ses droits, et le roi a déclaré qu'il vouloi
la rétablir dans tous ceux qui lui appartiennent, en la conv
quant toujours pour les subsides qui pourront être nécessaire
à l'état, en écoutant ses plaintes et ses doléances, en ne se ré
servant de pouvoir que celui qui a toujours été en France dan
les mains du monarque, et qui ne peut être partagé dans une
monarchie sans entraîner le malheur du peuple. D'autres, e
reprenant le système proscrit dans tous les temps, que les par
lements ne sont qu'un corps dont tous les membres sont dis
tribués dans les différentes provinces du royaume, mais tou
indivisibles, prétendent qu'ils forment un corps national;
comme si ce n'étoient pas des officiers du roi qui composoien
tous ces corps, et que les officiers du roi pussent être les re
présentants de la nation. Ainsi on veut attribuer aux parlement
une autorité personnelle, comme s'ils pouvoient en exercer un
autre que celle du roi. Passant des principes aux conséquences
des cours, des corps se sont érigés en législateurs pour leur

intérêts particuliers. Ils ont essayé d'arrêter le cours de la justice dans le royaume, en faisant signifier, par toutes sortes de voies, leurs arrêtés et protestations à des tribunaux du second ordre, dont la plus grande partie des membres connoissent leurs devoirs, comme S. M. connoît leur fidélité. Ils ont cherché à ébranler l'attachement de ces tribunaux au roi, et leur devoir envers les peuples, en déclarant traîtres à la patrie et notés d'infamie ceux d'entre eux qui obéiroient à l'autorité légitime, qui recevroient ou qui exerceroient l'augmentation du pouvoir que le roi leur a confié; comme s'il dépendoit d'officiers des cours, ou de tous autres corps, de faire des lois, et de les approprier aux circonstances qui les intéressent; comme si la patrie résidoit en eux et dans leurs vaines prétentions; comme s'il leur appartenoit de retenir dans leurs mains un pouvoir dont le roi seul est dispensateur, et que S. M. est forcée de restreindre pour l'intérêt de ses peuples. Quelques-uns ont osé faire craindre au peuple de nouveaux impôts, tandis que S. M. a solennellement déclaré qu'elle n'en demanderoit aucun nouveau avant l'assemblée des états; tandis que les mesures qu'elle a annoncées prouvent que, jusqu'à cette époque, de nouveaux impôts ne lui sont pas nécessaires; tandis qu'il n'est aucune réforme, aucun sacrifice auxquels S. M. ne se soit livrée pour épargner de nouvelles charges à ses peuples, et qu'elle vient de leur remettre l'augmentation qu'elle auroit pu se promettre pour cette année d'un impôt déjà établi, et dont l'accroissement ne provenoit que d'une plus entière et égale répartition. Il est de la justice de S. M. d'éclairer la nation sur ses véritables intérêts, comme de la rappeler à ses véritables droits. Il est de sa bonté d'attendre que la réflexion et le repentir viennent effacer des écarts dont elle voudroit perdre le souvenir. S. M. doit à son autorité, elle doit à ses fidèles sujets, elle doit à ses peuples de prévenir pour l'avenir de pareils actes, qui, dénués des formes les plus simples, rendus sans pouvoir, hors des lieux des séances ordinaires, contre les ordres exprès de S. M., échappent à la cassation par le vice même de leurs formes, puisque les casser seroit leur supposer une existence régulière; mais qui, répandus avec profusion pour alarmer les peuples sur les véritables intentions de S. M., n'en méritent pas moins toute son animadversion, puisqu'ils sont capables de troubler la tranquillité publique par l'esprit d'indépendance et de révolte qu'ils respirent. A quoi voulant pourvoir; ouï le rapport, le roi étant en son conseil, a ordonné et ordonne que les délibérations et protestations de ses cours et autres corps et communautés, faites depuis la publication des lois portées au lit de justice du 8 mai dernier, pour en empêcher l'exécution ou en dénaturer les objets, seront et demeureront supprimées comme séditieuses, attentatoires à l'autorité royale, faites sans pouvoir, et tendantes à tromper les peuples sur les véritables intentions de S. M. ; fait défenses à toutes personnes, notamment à tous les officiers de ses cours ou autres juges, et à tous corps ou communautés, de prendre de semblables délibérations, et de faire de semblables protestations, aux peines portées par les ordonnances, et notamment à peine de forfaiture et de perte de tout état, charge, commission et emploi militaire ou civil, contre tous ceux qui les auroient délibérées ou signées; fait aussi défenses S. M., sous les mêmes peines, à tous et chacun ses officiers, dans les différents tribunaux de son royaume, d'avoir égard auxdits arrêtés et protestations, et aux significations qui auroient pu leur en être faites; déclare en conséquence S. M. prendre spécialement sous sa protection, pour le présent et pour l'avenir, ceux de ses tribunaux et autres sujets qui, soumis auxdites lois, s'empressent de les exécuter, et en conséquence vouloir et entendre les garantir par la suite et en toute occasion, des menaces impuissantes et séditieuses qui auroient pu ou pourroient alarmer leur fidélité; comme aussi déclare lesdits tribunaux et autres ses sujets, fidèles au roi, à la nation et à l'état; ordonne aux commandants pour S. M. et aux commissaires départis dans les provinces, de tenir la main à l'exécution du présent arrêt, lequel sera imprimé, publié et affiché partout où besoin sera, et notifié de l'ordre exprès de S. M. à tous les grands bailliages et présidiaux de son royaume.

N° 2490. — Ordonnance *concernant l'habillement des militaires* (1).

20 juin 1788.

N° 2491. — Instruction *du roi concernant les rapports et la correspondance des commandants et intendants des provinces, commandants de division, etc.; et généralement tous membres ou employés de l'administration militaire.*

Versailles, 21 juin 1788. (R. S. C.)

_____

(1) V. décret du 29 mars — 4 avril 1792, art. 8.

N° 2492. — Ordonnance *de MM. les général et intendant concernant l'hivernage* (1).

22 juin 1788. (Code de la Martinique, pag. 87.)

N° 2493. — Réglement *concernant les pensions de retraite du département de la marine.*

Versailles, 24 juin 1788. (R. S. C.)

Le roi ayant déterminé par son arrêt du 13 octobre dernier, qu'il ne seroit accordé annuellement de pensions sur le trésor royal, que jusqu'à concurrence de la moitié des extinctions, jusqu'à ce que le montant total de toutes les pensions fût réduit à quinze millions, S. M. a reconnu que les besoins de l'état l'obligeant à mettre ainsi des bornes à sa bienfaisance, les fonds actuellement destinés aux pensions de retraite du département de la marine deviendroient insuffisants, s'ils n'étoient employés avec une sage économie, et qu'une juste et exacte répartition de ces fonds, pouvoit seule donner les moyens de pourvoir aux besoins réels de ceux que leurs longs services mettent dans le cas de prétendre à ces graces; et voulant faire connoître les principes d'après lesquels elle se propose de régler à l'avenir la distribution desdites pensions, et déterminer celles qui pourront être accordées aux officiers et autres personnes employées dans le département de la marine, S. M., de l'avis du conseil de la marine, a arrêté le présent réglement qu'elle veut et entend être exécuté, suivant sa forme et teneur.

1. Il ne sera désormais accordé de pensions de retraite aux officiers militaires, à ceux d'administration et autres personnes attachées au service de la marine et des colonies, que lorsque leur âge ou leurs infirmités les obligeront à se retirer après qu'ils se seront rendus susceptibles de cette grace, par la nature et la durée de leurs services, conformément aux articles ci-après.

2. Il ne pourra être donné de pensions de retraite qu'après vingt ans de service, dont la durée sera comptée en la manière qui sera déterminée ci-après : tout officier militaire, d'administration ou autre, qui se retireroit avant que d'avoir complété ce temps de service, pour quelque cause que ce soit, ne pouvant jamais prétendre auxdites pensions.

(1) Renouvelée le 28 mai 1789 (pag. 150.)

3. Dans le cas néanmoins où des blessures reçues au service mettroient un officier dans l'impossibilité absolue et bien constatée de continuer à servir, et l'obligeroient à se retirer avant le temps prescrit par l'article précédent, S. M. se réserve d'accorder audit officier, comme récompense extraordinaire, une pension, laquelle sera déterminée suivant les circonstances particulières.

4. Les pensions de retraite seront réglées sur la durée des services et sur les appointements dont se trouvera jouir celui auquel la retraite sera accordée, suivant son grade, pourvu néanmoins qu'il soit revêtu dudit grade, et jouisse des susdits appointements depuis deux ans au moins, à défaut de quoi la pension sera réglée sur les appointements dont il jouissoit précédemment.

5. Veut et entend S. M. que le réglement et calcul desdites pensions de retraite, soit fait sur les appointements, tels qu'ils sont fixés et déterminés par les ordonnances, sans avoir égard aux traitements ou suppléments quelconques attribués à raison de fonctions particulières ou pour frais de bureau, non plus qu'aux suppléments personnels, pensions et autres graces pécuniaires précédemment accordées.

6. Les pensions de retraite qui seront accordées aux officiers militaires et d'administration de la marine, lesquels n'auront que vingt ans de service révolus, ne pourront jamais excéder le quart effectif de leurs appointements, et ces pensions seront augmentées d'une somme égale au quarantième desdits appointements pour chaque année révolue de service excédant vingt ans, sans néanmoins que lesdites pensions puissent jamais être plus fortes que la totalité des appointements, sous quelque prétexte que ce soit.

7. La durée des services des officiers du corps de la marine sera comptée pour la fixation des pensions de retraite, de la même manière qu'elle l'est pour la croix de Saint-Louis; savoir : chaque année de service de mer, pendant la guerre, sera comptée pour deux ans; chaque année de mer pendant la paix, pour dix-huit mois; et le service dans le port où à terre, sera compté pour sa durée effective.

8. Les services des sous-lieutenants de vaisseau sur les bâtiments de S. M., ou dans les ports, depuis la date de leurs brevets, seront comptés comme ceux de tous les autres officiers de la marine, et conformément à l'article précédent; et les navigations que lesdits sous-lieutenants auront faites avec congé sur les bâtiments du commerce, ou armés en course

depuis la même date, seront comptés pour leur durée effective; quant à leurs services antérieurs à la date du brevet, ils seront comptés; savoir : ceux sur les vaisseaux du roi et dans les ports, pour leur durée effective, et les navigations sur les bâtiments du commerce, ou armés en course, pour moitié de la durée réelle, sans que lesdits sous-lieutenants puissent dans aucun cas faire compter comme service le temps qu'ils n'auroient employé ni à la mer ni dans les ports, soit avant, soit depuis la date du brevet.

9. Les services des officiers attachés aux directions du port, de l'artillerie et des constructions, seront comptés pour leur durée effective; et dans le cas où lesdits officiers seroient employés sur les vaisseaux de S. M., chaque année de service à la mer pendant la guerre, sera comptée pour deux ans, et pendant la paix, pour dix-huit mois.

10. Les services des officiers d'administration des ports et des classes, seront aussi comptés pour leur durée réelle, quant à la fixation des pensions de retraite, et commenceront à dater du jour où lesdits officiers auront été employés aux appointements de S. M., et inscrits en conséquence sur un des états de la marine; et dans le cas où lesdits officiers d'administration auroient été employés à la mer, ces services leur seront comptés à raison de dix-huit mois pour chaque année de service, soit en paix, soit en guerre.

11. Les retraites des officiers de santé entretenus seront réglées conformément à ce qui est prescrit par l'article précédent pour les officiers d'administration; leurs services commenceront à dater du jour où ils auront été admis à appointements fixes, et portés sur un des états de la marine, et leurs services de mer seront aussi comptés à raison de dix-huit mois pour chaque année de durée réelle, soit en paix, soit en guerre.

12. Les maîtres entretenus et autres personnes employées dans les ports, et non brevetées, ne seront pas susceptibles de pension de retraite sur le trésor royal, et il continuera à leur être accordé des soldes de retraite sur la caisse des invalides de la marine, lorsqu'ils en seront susceptibles, et suivant la durée et la nature de leurs services.

13. Les pensions de retraite des officiers des troupes coloniales seront déterminées conformément à ce qui est prescrit par les articles 2, 4, 5 et 6 du présent réglement. Elles ne seront fixées que proportionnellement aux appointements attribués par les ordonnances aux officiers de l'infanterie fran-

çaise des grades correspondants à ceux desdits officiers de troupes coloniales.

14. Les services desdits officiers des troupes coloniales seront comptés pour la fixation des pensions de retraite, comme ils le sont pour la croix de Saint-Louis, à raison de leur durée réelle, sauf les campagnes de guerre effectives, lesquelles seront comptées à raison de deux années pour une de campagne.

15. Les pensions de retraite des officiers d'administration des colonies seront fixées conformément à ce qui est prescrit par l'article 10, pour celles des officiers de l'administration des ports et des classes, mais elles ne seront calculées qu'à raison des deux tiers des appointements qui sont attribués dans les colonies auxdits officiers d'administration.

16. Les officiers militaires et d'administration de la marine et des colonies ne pourront compter comme service de mer, pour la fixation des pensions de retraite, la durée des navigations qu'ils auront faites comme passagers pour se rendre dans les colonies, ou d'un port à un autre.

17. Les consuls de France résidants en pays étrangers, les personnes employées dans les places principales d'administration, ainsi que dans les états-majors des colonies, et toutes celles qui sont attachées au département de la marine, sans tenir à des corps, et dont les appointements ne sont pas déterminés d'une manière générale par les ordonnances, mais qui n'ont que des traitements particuliers, ne pourront ainsi se trouver dans le cas des règles établies par les articles ci-dessus pour les pensions de retraite. S. M. se réserve de déterminer particulièrement celles qui pourront leur être accordées suivant la nature et la durée de leurs services.

18. Les officiers militaires et autres auxquels il auroit été accordé avant leur retraite des pensions de grace comme récompenses particulières d'actions et de services distingués, ou à raison de leurs blessures, continueront à en jouir sans que lesdites pensions leur soient imputées comme faisant partie de celles de retraite : mais celles desdites pensions de grace qui étoient acquittées par le trésor royal seront énoncées et comprises dans le brevet de pension de retraite, conformément à l'article 8 de l'arrêt du conseil du 15 octobre dernier.

19. Il ne sera accordé en retraite aucun brevet de grade ni grace honorifique quelconque, S. M. réservant ces récompenses pour ceux qui les mériteront pendant leur activité de service.

20. Il ne pourra, dans aucun cas, être accordé de survivance ni de réversion de la totalité ou partie des pensions de retraite en faveur des femmes, enfants ou autres personnes quelconques.

21. Il ne sera donné de pension aux veuves et enfants des officiers militaires et d'administration qu'à titre de grace, et lorsqu'il sera constaté que ces secours sont nécessaires pour le soutien et la subsistance des familles, sans que lesdites pensions puissent jamais être réclamées à titre de droit.

22. Lesdites pensions de grace seront principalement réservées aux veuves et enfants des officiers tués au service de S. M. ou morts des suites de leurs blessures, et il n'en sera accordé aux familles des officiers retirés que très-rarement et dans des circonstances particulières.

23. Il ne pourra, dans aucun cas, être donné de pension de grace aux parents en ligne collatérale, ni en ligne directe ascendante, non plus qu'aux veuves des officiers retirés, si elles n'étoient mariées avant la retraite desdits officiers, ce qu'elles seront tenues de prouver en joignant à leur mémoire de demande un extrait de l'acte de célébration du mariage.

24. Les pensions de grace qui pourront être accordées aux veuves et enfants seront proportionnelles aux pensions de retraite dont les officiers, en considération des services desquels elles seront accordées, auroient été susceptibles à l'époque de leur mort, ou à celles dont ils jouissoient, s'ils étoient déjà retirés; lesdites pensions ne pourront jamais excéder les proportions suivantes : savoir, celles données aux familles des officiers et autres qui jouissoient ou auroient pu jouir de pensions de retraite de mille livres et au-dessous ne seront au plus que la moitié desdites retraites; et si la pension de retraite excédoit la somme de mille livres, la pension de grace pourra être portée à la moitié des premières mille livres et au quart de l'excédant.

25. Dans le cas où la pension de grace donnée à une famille ne seroit pas accordée en totalité à une seule personne, mais divisée sur plusieurs têtes, la somme de toutes lesdites pensions n'excédera point celle qui auroit pu être donnée sur une seule tête, suivant les proportions réglées par l'article précédent; et il ne sera accordé aucune réversion, la portion de l'un desdits pensionnaires ne pouvant accroître aux autres ni à aucun d'eux après sa mort, de quelque manière que ce puisse être.

26. Lesdites pensions de grace accordées pour service d'autrui s'éteindront irrévocablement et en totalité après la mort

des pensionnaires, et ne pourront être continuées en tout n
en partie à d'autres personnes, passer des veuves aux enfan..
ou d'une tête quelconque sur une autre, sous quelque prétexte
que ce soit.

N° 2494. — ARRÊT *du conseil concernant les greffes des tribunaux d'exception supprimés et les poursuites en matière criminelle, relativement au recouvrement des impôts.*

Versailles, 28 juin 1788. (R. S. C.)

N° 2495. — RÈGLEMENT *du roi concernant l'admission des élè..
de la marine et leur instruction dans le port.*

Versailles, 20 juin 1788 (R. S. C.)

S. M. voulant énoncer d'une manière plus particulière qu'elle
ne l'a fait dans son ordonnance du 1ᵉʳ janvier 1786, les différents objets sur lesquels seront examinés les jeunes gens qu
se présenteront pour être reçus élèves de la marine, comme
aussi fixer l'âge où ils pourront être reçus et l'époque des
examens; voulant en même temps, pour favoriser et entretenir l'étude des sciences mathématiques parmi les élèves de l
marine des trois classes, accorder des avantages à ceux d'entre
eux qui se distingueront dans ce genre de connoissances,
S. M., de l'avis du conseil de la marine, a réglé et règle c
qui suit :

1. Les sujets qui se présenteront pour être reçus élèves de
la marine seront tenus de répondre aux examens sur les deu
premiers volumes entiers du cours de mathématiques ci-devan..
à l'usage des gardes du pavillon et de la marine, sur les troi
premières sections du Traité de navigation du même cours, e
sur le Traité de mécanique statique nouvellement composé
pour les élèves de la marine.

2. Nul ne pourra se présenter à un examen pour être reçu
élève de la marine si, à l'époque du 1ᵉʳ mai de l'année qui a
précédé celle dudit examen, il avoit plus de quinze ans révolus. Les sujets non élevés dans les collèges, auxquels il aur..
été accordé la permission de se faire examiner, pourront se
présenter au même âge que ceux des collèges, et seront exclu..
pareillement au même âge qu'eux.

3. Le secrétaire d'état ayant le département de la marine
fixera tous les ans, avant les examens, le nombre d'élèves à
recevoir, d'après les besoins actuels du corps de la marine;
et il ne pourra jamais en être reçu un plus grand nombre que
celui qui aura été fixé.

4. Les places d'élèves seront données au concours à ceux qui auront le mieux répondu aux examens, sans aucune distinction entre les jeunes gens élevés dans les collèges et les sujets externes qui auront été admis pour concourir; mais s'il ne se trouvoit pas assez de sujets instruits pour remplir le nombre fixé par le secrétaire d'état, il ne seroit reçu que ceux qui auroient répondu d'une manière satisfaisante sur tous les objets de l'examen.

5. L'examinateur des élèves de la marine sera envoyé chaque année dans les trois ports pour y examiner ceux des élèves des trois classes qui se présenteront pour répondre sur les volumes du cours de mathématiques non exigés dans les collèges; et il sera donné au concours, à un certain nombre de ceux qui auront le mieux satisfait aux examens, des exemptions de partie du temps de navigation prescrit par l'ordonnance pour parvenir au grade de lieutenant de vaisseau : savoir : une exemption de six mois de navigation à cinq des élèves qui auront le mieux répondu sur le troisième volume du cours, comprenant l'algèbre et l'application de l'algèbre à la géométrie, une exemption de douze mois de navigation à quatre des élèves qui auront pareillement le mieux répondu sur le troisième volume et sur le quatrième, comprenant le calcul infinitésimal; bien entendu que si quelqu'un desdits élèves avoit déjà obtenu une exemption de six mois dans un précédent concours, les deux exemptions seroient confondues en une seule qui ne seroit que d'un an; et enfin une exemption de deux ans de navigation à trois des élèves qui auront le mieux répondu sur le cours entier, en observant toujours que les exemptions qui auroient été précédemment acquises seront imputées sur la dernière. Tous les élèves des trois ports et ceux des trois classes dans chaque port concourront pour obtenir lesdites exemptions, lesquelles leur seront comptées comme navigation réelle pour l'avancement au grade de lieutenant, mais non pour l'avancement aux autres grades, ni pour la croix de Saint-Louis ou autres graces accordées à la quantité de services.

6. Dans le cas où il ne se présenteroit pas assez de sujets au concours dans les trois ports pour obtenir le nombre d'exemptions accordées par l'article précédent, ou qu'il ne s'en trouveroit pas un assez grand nombre qui fussent suffisamment instruits, il ne seroit accordé d'exemptions qu'à ceux qui auroient répondu d'une manière satisfaisante aux examens.

7. Les examens se feront en présence du commandant du

port, des commandants des escadres, du directeur et des professeurs de l'école, et des officiers que le commandant jugera à propos d'y appeler.

8. L'examinateur commencera ses examens de chaque année par le port de Toulon, où il se rendra dans les premiers jours du mois de janvier; il se trouvera ensuite vers le 1ᵉʳ février au collège d'Alais, pour les examens de réception des élèves; et de là successivement au port de Rochefort, au collège de Vannes, et enfin au port de Brest.

Nº 2496. — ÉDIT *établissant dans les différentes généralités et provinces qui ne sont point pays d'état, des assemblées provinciales, secondaires, et des communautés; et attribution auxdites assemblées de la répartition et assiette de toutes les impositions foncières ou personnelles* (1).

Versailles, juin 1788.

Nº 2497. — ORDONNANCE *concernant une nouvelle organisation des deux compagnies des gardes-du-corps de Monsieur et de monseigneur comte d'Artois, leurs rang et prérogatives.*

Versailles, 1ᵉʳ juillet 1788. (R. S. C.)

Nº 2498. — RÉGLEMENT *qui fait défenses aux militaires de se marier sans la permission du roi* (2).

Versailles, 1ᵉʳ juillet 1788.

Nº 2499. — RÉGLEMENT *concernant les contre-seings et franchises de l'administration militaire* (3).

Versailles, 1ᵉʳ juillet 1788. (R. S. C.)

S. M. voulant prévenir les réclamations qui pourroient avoir lieu, tant sur les moyens que sur les frais de la correspondance relative à la nouvelle organisation qu'elle a donnée à son armée, et assurer la promptitude et la régularité qu'elle entend qu'on observe dans toutes les formes de rapport et de comptabilité qu'elle a établies, elle a jugé nécessaire de déterminer à cet égard l'arrangement général exposé ci-après, lequel fera connoître à son armée et à tous ceux qui composent l'administration militaire la manière dont il sera pourvu à ces frais, en même temps que par cet arrangement la ferme des postes

---

(1) V. 28 octobre 1788.
(2) Abrogé par la loi du 8 mars 1793, renouvelé par les déc. des 16 juin, 3 et 23 août, 22 novembre 1808. V. Merlin, vº mariage, sect. 3, § 1.
(3) V. 14 juillet 1789, mars 1793.

sera préservée des abus qui tendroient au détriment de cette branche des revenus du roi; se proposant au surplus S. M. de le confirmer incessamment dans la forme nécessaire par un arrêt de son conseil; et voulant aussi que l'exécution dudit réglement ait son effet à compter du 1er août prochain.

1. Le secrétaire d'état ayant le département de la guerre sera conservé dans le droit de contre-seing et de franchise pour toutes les lettres et paquets relatifs à son département, sans aucune exception. Il en sera de même du conseil de la guerre, conformément à ce qui lui a été accordé par le réglement de sa création du 9 octobre 1787.

2. Les intendants des généralités ne pourront plus à l'avenir prêter leur contre-seing ni leur couvert pour donner la franchise à aucuns objets relatifs à l'administration militaire, excepté la correspondance relative au service des maréchaussées, des trésoriers, et du commissaire des guerres spécialement attaché à chaque généralité.

3. Tout commandant dans une province continuera d'avoir le droit de contre-signer les lettres qu'il écrira pour le service de S. M. dans l'intérieur de son commandement, et d'avoir la franchise de celles qu'il y recevra pour le même objet. Le département de la guerre pourvoira au remboursement du montant annuel des taxes des lettres et paquets contre-signés par ledit commandant ou à lui adressés dans la forme prescrite par l'art. 10 de l'arrêt du conseil du 30 décembre 1777, concernant la franchise et le contre-seing des lettres.

4. Les lieutenants généraux commandant les divisions, les officiers généraux qui y sont employés, ne jouiront pas de la franchise des lettres qu'ils écriront ou qui leur seront adressées au sujet des détails de leurs divisions; et S. M. entend que le port de ces dernières demeure à leur charge.

5. Mais tous les états, rapports et autres pièces qui seront adressés, tant aux lieutenants généraux commandants les divisions qu'aux officiers généraux inspecteurs ou commandants des brigades, leur parviendront francs de port, lorsque lesdits états, rapports ou autres pièces seront ou imprimés, ou sur des blancs d'impression remplis à la main : à condition toutefois que lesdites pièces seront mises sous bandes de papier croisées, d'un pouce à un pouce et demi de large, en sorte qu'on puisse juger au simple coup d'œil si ce sont réellement des impressions relatives à l'administration militaire que renferme le paquet. Sur l'une des bandes seront marqués, outre l'adresse de l'officier général à qui le paquet devra parvenir, le nom

de la division d'où il partira, et celui du régiment ou corps qui en fera l'envoi.

6. Les lieutenants généraux commandants, et les officiers généraux des divisions en useront de même pour les paquets du même genre qu'ils seront dans le cas d'adresser aux régiments et aux officiers supérieurs, ou autres officiers employés dans leurs divisions.

7. La correspondance des commissaires-ordonnateurs et commissaires des guerres, soit entre eux, soit avec les lieutenants généraux commandant les divisions et officiers généraux, sera sujette à la même distinction; en conséquence ils paieront le port des lettres et des paquets qui ne renfermeront pas uniquement des imprimés ou des blancs d'impression remplis à la main, relatifs au service du département de la guerre; mais S. M. ne voulant pas que ces frais restent à leur charge, les commissaires des guerres formeront tous les ans, à l'époque de l'inspection des lieutenants généraux commandant les divisions, un état des ports des lettres qu'ils auront payés pendant l'année précédente, et le remettront aux commissaires-ordonnateurs, lesquels, après y avoir ajouté les leurs, et avoir vérifié si lesdites lettres ne contiennent en effet que des détails militaires, en formeront un seul état, et avec l'approbation des lieutenants généraux, rendront une ordonnance sur le trésorier de la guerre, qui en fera le remboursement; mais pour pouvoir justifier de ces ports de lettres, il faudra représenter le timbre tenant aux lettres : l'usage des enveloppes devant être dans ce cas entièrement supprimé.

A l'égard des états, pièces de comptabilité, et autres paquets de cette nature, que les commissaires-ordonnateurs feront passer aux commissaires ordinaires, et ceux-ci aux ordonnateurs, et qui seront imprimés en totalité ou en partie, ils observeront de les mettre sous bandes, ainsi qu'il est dit dans l'article 5, et d'y inscrire le nom de la division, au moyen de quoi ces paquets leur seront rendus francs de port.

8. Les directoires que S. M. a établis pour conduire les diverses parties de l'administration militaire continueront à se servir du contre-seing du ministre ou de celui du conseil de la guerre pour tous les objets de correspondance des services relatifs à leur administration. A l'égard des lettres et paquets qui seront adressés à leurs préposés dans les provinces, soit par les chefs des divisions, officiers généraux divisionnaires, commissaires-ordonnateurs, commissaires des guerres et autres personnes avec lesquelles ils auront des rapports relatifs à leur

service, les frais desdites lettres et paquets leur seront remboursés, ainsi qu'il est expliqué ci-dessus par l'art. 7, ensuite des vérifications qui seront faites par les commissaires-ordonnateurs, et sur les ordonnances de remboursement qu'ils rendront, d'après l'approbation des officiers généraux commandant les divisions.

9. Quant aux régiments d'infanterie et de cavalerie qui recevront des lettres ou des paquets qui ne renfermeront pas des imprimés ou des blancs en impressions remplis à la main, ils continueront d'être autorisés à en porter le montant dans l'état des frais de bureau, à la charge de la masse générale; au moyen de quoi il ne leur en sera dû aucun remboursement ni indemnité.

10. Lorsque les directeurs des postes suspecteront quelques-uns des paquets sous bandes ci-dessus énoncés de contenir d'autres objets que des impressions ou blancs d'impressions ayant rapport à la correspondance militaire, et qu'il leur apparoîtra que lesdits paquets ne renferment pas en totalité des imprimés de l'espèce susdite, ils les taxeront conformément à la déclaration du roi du 8 juillet 1759; et si celui à qui le paquet sera adressé croit que le paquet est mal à propos taxé, et a quelque réclamation à faire à cet'égard, il se rendra ou enverra quelqu'un de sa part au bureau des postes pour y faire l'ouverture du paquet taxé comme suspect, et justifier de son contenu au directeur, qui, dans le cas où il y aura eu effectivement erreur, fera le remboursement du port et renverra, pour sa décharge, à l'administration des postes la bande timbrée et taxée.

Nº 2500. — ARRÊT du conseil qui maintient le clergé et les hôpitaux dans leurs droits, franchises et immunités.

Versailles, 5 juillet 1788. (R. S.)

Sur la requête présentée au roi, étant en son conseil, par les archevêques, évêques, et autres bénéficiers, composant l'assemblée générale du clergé de France, tenue par sa permission en sa bonne ville de Paris, en la présente année 1788, lui ayant très-humblement remontré : Qu'ils sont forcés de réclamer la conservation de leurs droits, franchises et immunités, conformément à leur ancienne possession, depuis l'origine de la monarchie, et aux lois solennelles par lesquelles les rois prédécesseurs de S. M., les y ont maintenus, notamment aux déclarations du 27 octobre 1711 et du 8 octobre 1726. Que leurs alarmes ont pour cause l'injuste interprétation qu'on a prétendu donner aux dispositions générales de l'édit du mois de septembre 1787, pour l'imposition des deux vingtièmes, comme si les biens du clergé et des hôpitaux, non expressément dénommés audit édit, eussent jamais pu être compris en ladite imposition. Que les termes de l'instruction adressée au nom de S. M. à quelques pays d'états et à toutes les assemblées provinciales, et la teneur de différents ordres donnés pour faire vérifier et considérer comme imposables les biens du clergé et des hôpitaux, ont excité et justifié ces alarmes. Requéroient à ces causes les suppliants, qu'il plût à S. M. les rassurer pleinement sur les droits, franchises et immunités du clergé, la liberté de ses dons et la stabilité de son administration, en leur accordant une loi pareille à celles que le clergé a obtenues sous les deux derniers règnes. A quoi voulant pourvoir : ouï le rapport, etc. Le roi étant en son conseil, ayant égard auxdites remontrances et requête, a bien voulu dissiper les alarmes du clergé, tant pour le présent que pour l'avenir, en déclarant que puisqu'il n'étoit pas nommé dans la loi des vingtièmes, ce silence seul ne permettroit pas qu'on pût l'y regarder comme compris. Que les instructions adressées aux assemblées provinciales énoncent expressément la gratuité des dons du clergé, et avoient pour objet d'ôter aux contribuables tout prétexte de jalousie sur les biens ecclésiastiques. Que si quelques expressions desdites instructions paroissent susceptibles d'une interprétation moins favorable; si depuis, sans aucune intention de les imposer, les biens du clergé ont été dénommés avec les biens nouvellement imposables; si même quelques déclarations ont été demandées, mais non exigées, les inductions qu'on pourroit tirer de ces expressions, ou de ces démarches, ne peuvent entrer en comparaison avec le silence de la loi des vingtièmes, avec la recommandation expresse aux assemblées provinciales de ne point y comprendre les biens du clergé, avec ce que S. M. a dit elle-même à l'assemblée, et à ce qu'elle lui a fait dire par ses commissaires, lors de la demande d'un don gratuit qu'ils ont demandé suivant les formes anciennes. Que la liberté des dons du clergé, et celle de son administration, n'ont donc souffert et ne souffriront aucune atteinte. Que les lois que le clergé réclame n'ayant éprouvé aucune dérogation, S. M. regarde comme inutile d'en donner de nouvelles qui les confirment. Qu'à l'égard des hôpitaux, S. M. n'a pas besoin d'être sollicitée en leur faveur; qu'il sera toujours dans les principes de sa bienfaisance et de sa justice d'assimiler leurs biens à ceux qui sont le plus efficacement protégés, et qu'elle donnera des ordres pour qu'ils ne soient imposés qu'ainsi qu'ils l'ont été jusqu'à présent. Ordonne S. M. que le présent arrêt sera exécuté nonobstant toutes oppositions ou empêchements quelconques, et toutes choses à ce contraires : enjoint aux sieurs intendants et commissaires départis de tenir la main à son exécution.

N° 2501. — ARRÊT *du conseil portant suppression des paquebots établis pour la correspondance avec les colonies, et portant, art. 5, que les capitaines des vaisseaux marchands sont tenus de les transporter gratuitement* (1).

Versailles, 5 juillet 1788. (R. S.)

N° 2502. — ARRÊT *du conseil concernant la convocation des états généraux du royaume* (2).

Versailles, 5 juillet 1788. (R. S. C. Coll. du Louvre, tom. 1er, pag. 1re; Duvergier, t. 1, pag. 1re.)

Le roi ayant fait connoître, au mois de novembre dernier, son intention de convoquer les états généraux du royaume; S. M. a ordonné aussitôt toutes les recherches qui peuvent en rendre la convocation régulière et utile à ses peuples. Il résulte du compte que S. M. s'est fait rendre des recherches faites jusqu'à ce jour, que les anciens procès-verbaux des états présentent assez de détails sur leur police, leurs séances, et leurs fonctions; mais qu'il n'en est pas de même sur les formes qui doivent précéder et accompagner leur convocation. Que les lettres de convocation ont été adressées tantôt aux baillis et sénéchaux, tantôt aux gouverneurs des provinces. Que les derniers états tenus en 1614, ont été convoqués par bailliages; mais qu'il paroît aussi que cette méthode n'a pas été commune à toutes les provinces; que depuis il est arrivé de grands changements dans le nombre et l'arrondissement des bailliages; que plusieurs provinces ont été réunies à la France, et qu'ainsi on ne peut rien déterminer par l'usage à leur égard; qu'enfin rien ne constate d'une façon positive la forme des élections, non plus que le nombre et la qualité des électeurs et des élus. S. M. a cependant considéré que si ces préliminaires n'étoient pas fixés avant la convocation des états généraux, on ne pourroit recueillir l'effet salutaire qu'on en doit attendre; que le

(1) V. ord. 4 juillet 1770; a. d. c. 28 juin 1783; 14 et 20 décembre 1786, 20 décembre 1787, 14 août 1777; ord. 1er mars 1773.
(2) V. 8 août 1788.

choix des députés pourroit être sujet à des contestations; que leur nombre pourroit n'être pas proportionné aux richesses et à la population de chaque province; que les droits de certaines provinces et de certaines villes pourroient être compromis; que l'influence de différents ordres pourroit n'être pas suffisamment balancée; qu'enfin le nombre des députés pourroit être trop ou trop peu nombreux, ce qui pourroit mettre du trouble et de la confusion, ou empêcher la nation d'être suffisamment représentée. S. M. cherchera toujours à se rapprocher des formes anciennement usitées; mais lorsqu'elles ne pourront être constatées, elle ne veut suppléer au silence des anciens monuments, qu'en demandant avant toute détermination le vœu de ses sujets, afin que leur confiance soit plus entière, dans une assemblée vraiment nationale, par sa composition, comme par ses effets. En conséquence le roi a résolu d'ordonner que toutes les recherches possibles soient faites dans tous les dépôts de chaque province, sur tous les objets qui viennent d'être énoncés. Que le produit de ces recherches soit remis aux états provinciaux et assemblées provinciales et de district de chaque province, qui feront connoître à S. M. leurs vœux par des mémoires ou observations qu'ils pourront lui adresser. S. M. recueille avec satisfaction un des plus grands avantages qu'elle s'est promis des assemblées provinciales: quoiqu'elles ne puissent pas, comme les états provinciaux, députer aux états généraux, elles offrent cependant à S. M. un moyen facile de communiquer avec ses peuples, et de connoître leur vœu sur ce qui les intéresse. Le roi espère ainsi procurer à la nation la tenue d'états la plus régulière et la plus convenable; prévenir les contestations qui pourroient en prolonger inutilement la durée; établir dans la composition de chacun des trois ordres, la proportion et l'harmonie qu'il est si nécessaire d'y entretenir; assurer à cette assemblée la confiance des peuples, d'après le vœu desquels elle aura été formée; enfin la rendre ce qu'elle doit être, l'assemblée d'une grande famille, ayant pour chef le père commun. A quoi voulant pourvoir, ouï le rapport, le roi étant en son conseil, a ordonné et ordonne ce qui suit:

1. Tous les officiers municipaux des villes et communautés du royaume, dans lesquelles il peut s'être fait quelques élections aux états-généraux, seront tenus de rechercher incessamment dans les greffes desdites villes et communautés tous les procès-verbaux et pièces concernant la convocation des états, et les élections faites en conséquence, et d'envoyer sans délai

lesdits procès-verbaux et pièces, savoir : aux syndics des états provinciaux et assemblées provinciales dans les provinces où il n'y a pas d'assemblées subordonnées auxdits états provinciaux ou aux assemblées provinciales ; et dans celles où il y a des assemblées subordonnées, aux syndics desdites assemblées subordonnées, ou à leurs commissions intermédiaires.

2. Seront tenus les officiers des jurisdictions de faire la même recherche dans les greffes de leur jurisdiction, et d'en envoyer le résultat à M. le garde des sceaux, que S. M. a chargé de communiquer ledit résultat auxdits syndics et commissions intermédiaires.

3. S. M. invite, dans chacune des provinces de son royaume, tous ceux qui auront connoissance desdits procès-verbaux, pièces ou renseignemens relatifs à ladite convocation, à les envoyer pareillement auxdits syndics.

4. L'intention de S. M. est que de leur côté lesdits syndics et commissions intermédiaires fassent à ce sujet des recherches nécessaires, et seront lesdites recherches mises sous les yeux desdits états et assemblées, pour être par elles formé un vœu commun, et être adressé un mémoire sur les objets contenus auxdites recherches, lequel sera envoyé par lesdits syndics à M. le garde des sceaux.

5. Dans les provinces où il y a des assemblées subordonnées, le vœu desdites assemblées sera remis, avec toutes les pièces qui y seront jointes, à l'assemblée supérieure, qui remettra pareillement son vœu et l'enverra, comme il est dit, à M. le garde des sceaux, avec le vœu, les mémoires et les pièces qui lui auront été remises par les assemblées subordonnées.

6. Au cas où toutes lesdites recherches ne seroient pas parvenues auxdits syndics avant la tenue prochaine des états et assemblées, S. M., voulant que les résultats qu'elle demande lui parviennent au plus tard dans les deux premiers mois de l'année prochaine, entend qu'à raison du défaut desdites pièces et renseignemens, lesdites assemblées, tant subordonnées que supérieures, ne puissent se dispenser de former un vœu, et de dresser un mémoire sur les objets relatifs au présent arrêt, sauf aux syndics et commissions intermédiaires à envoyer, après la séparation desdites assemblées, les pièces nouvelles et intéressantes qui pourroient leur parvenir.

7. Si dans quelques-unes desdites assemblées, il y avoit diversité d'avis, l'intention de S. M. est que les avis différens soient énoncés avec les raisons sur lesquelles chacun pourroit être appuyé ; autorise même S. M. tout député desdites assem

blées de joindre au mémoire général de l'assemblée tous mé
moires particuliers en faveur de l'avis qu'il aura adopté.

8. S. M. invite en même temps tous les savants et personne
instruites de son royaume, et particulièrement ceux qui com
posent l'académie des inscriptions et belles lettres de sa bonne
ville de Paris, à adresser à M. le garde des sceaux tous les
renseignements et mémoires sur les objets contenus au pré
sent arrêt.

9. Aussitôt que lesdits mémoires, renseignements et éclair
cissements seront parvenus à M. le garde des sceaux, S. M.
s'en fera rendre compte, et se mettra à portée de déterminer
d'une manière précise, ce qui doit être observé pour la pro
chaine convocation des états généraux, et pour rendre leur
assemblée aussi nationale et aussi régulière qu'elle doit l'être.

No 2503. — ORDONNANCE *des administrateurs sur la chasse du*
ligre.

Cayenne, 9 juillet 1788. Reg. au conseil le même jour. (Coll. m. m. Code
Cayenne, tom. 7, pag. 531.)

No 2504. — RÉGLEMENT *concernant les élèves du corps royal*
de l'artillerie des colonies.

Versailles, 13 juillet 1788. (R. S. C.)

No 2505. — ARRÊT *du conseil portant création d'une loterie de*
12,000,000 *en faveur des provinces ravagées par la grêle* (1).

Versailles, 26 juillet 1788. (R. S.)

No 2506. — ARRÊT *du conseil confirmatif du privilège exclusif*
de la compagnie royale d'assurance sur la vie (2).

Versailles, 27 juillet 1788. (R. S. C.)

No 2507. — ARRÊT *du conseil portant réglement pour les assem-*
blées provinciales de département, et municipales, sur les for-
mes de la répartition et assiette de la taille, capitation et
autres impositions, et celles de la nomination à la collecte.

Versailles, 8 août 1788. (R. S. C.)

Le roi, en créant par son édit du mois de juin 1787, dans
les différentes généralités et provinces du royaume, qui ne
sont point pays d'états, des assemblées provinciales, des as-

_____

(1) V. 28 septembre 1788.
(2) V. a. d. c. 3 novembre 1787, no 4003 ci-dessus, pag. 463.

semblées secondaires et des assemblées des communautés, a ordonné qu'elles seroient chargées, sous son autorité et celle de son conseil, de la répartition et assiette des différentes impositions; S. M. a reconnu qu'il étoit nécessaire de régler, dans ce moment, les formes à observer respectivement par chacune de ces assemblées, pour concourir aux opérations de la répartition, et de prescrire en même temps celles de la nomination à la collecte, en déterminant les fonctions des collecteurs, qui se borneront désormais à faire le recouvrement des rôles qui leur auront été confiés : à quoi voulant pourvoir, ouï le rapport, etc. ; le roi étant en son conseil, a ordonné et ordonne ce qui suit.

Ire SECTION. — *Des formes du département.*

1. Aussitôt que le *brevet général* de la taille, impositions accessoires et capitation, aura été arrêté au conseil, en la forme prescrite par la déclaration du 13 février 1780, il en sera adressé annuellement à chacune des assemblées provinciales ou à leur commission intermédiaire, un *extrait* contenant le total des sommes à acquitter par la province ou généralité.

2. A la réception de cet extrait, la commission intermédiaire s'occupera de dresser un *projet de répartition* des sommes y contenues, entre les départements formant la division de la province; et dans le cas où un département seroit composé de deux ou trois recettes particulières, la commission intermédiaire fera entre lesdites recettes la subdivision des sommes par elle proposées pour ledit département. Le susdit projet de répartition, ainsi formé par la commission intermédiaire, sera sur-le-champ adressé par elle au conseil.

3. D'après les propositions contenues audit état de répartition, et l'examen qui en sera fait au conseil, S. M., pour fixer la portion contributive des différents départements, fera expédier une *commission* particulière pour chacun desdits départements, laquelle sera scellée du grand sceau, et enregistrée au contrôle général des finances.

4. Ces commissions seront expédiées doubles; et aussitôt qu'elles auront été revêtues de toutes les formalités nécessaires, les expéditions et les duplicata en seront adressés aux sieurs intendants et commissaires départis pour l'exécution des ordres de S. M.

5. Les sieurs intendants, à la réception des doubles expéditions desdites commissions, y apposeront leur *ordonnance*

d'attache, et en adresseront ensuite, dans le délai de trois jours au plus, y compris celui de la date de ladite ordonnance d'attache, les premières expéditions à la commission intermédiaire provinciale, qui les distribuera sur-le-champ entre les bureaux intermédiaires de département.

6. Les bureaux intermédiaires s'occuperont, aussitôt que lesdites expéditions leur seront parvenues, de procéder au *département* et répartition des sommes y contenues, entre les villes et autres municipalités qui leur seront subordonnées. Ils appelleront à cette opération les receveurs particuliers des finances, qui y auront seulement voix consultative; et seront les opérations du département consommées par les susdits bureaux intermédiaires, dans le délai de deux mois au plus tard, à compter de la date de l'ordonnance d'attache du sieur intendant et commissaire départi.

7. Il sera fait quatre expéditions du département, lesquelles seront signées de tous les membres du bureau intermédiaire, ainsi que des receveurs particuliers des finances, et contre-signées du secrétaire; l'une restera déposée dans le greffe de l'assemblée de département, l'autre sera remise au receveur particulier des finances en exercice; les deux dernières enfin seront adressées par le bureau intermédiaire à la commission intermédiaire provinciale.

8. La commission intermédiaire provinciale fera remettre sans délai une de ces expéditions au sieur intendant et commissaire départi, et avant le délai de deux mois prescrit par l'article 6 précédent; sinon, et ledit délai expiré, enjoint S. M. aux intendants et commissaires départis de se transporter sous huit jours au plus tard, dans les chefs-lieux des départements dont les bureaux intermédiaires auroient négligé de faire le département des impositions, et sur les expéditions par duplicata des commissions restées entre leurs mains, d'y procéder seuls audit département, en y appelant leurs subdélégués et les receveurs particuliers des finances, afin que pour quelque cause, et sous quelque prétexte que ce soit, il ne puisse y avoir difficulté ni retard dans la répartition et levée des tailles et impositions.

9. En procédant au département, les bureaux intermédiaires, ou à leur défaut, dans le seul cas mentionné en l'article 8 précédent, les intendants et commissaires départis formeront et arrêteront un *département particulier* pour les rejets et réimpositions ordonnés sur aucunes des villes et communautés; et il sera fait pareillement quatre expéditions dudit dépar-

tement particulier, pour lesdites expéditions être distribuées, ainsi qu'il est expliqué en l'article 7 précédent.

10. D'après les sommes fixées et spécifiées auxdits départements, les bureaux intermédiaires délivreront, sans aucune perte de temps, et adresseront aux assemblées municipales les *mandements* signés d'eux, et contre-signés par le secrétaire.

11. Dans les provinces où les assemblées provinciales ne seroient point encore en activité, le département sera fait par les intendants et commissaires départis, avec leurs subdélégués et les receveurs particuliers des finances; et dans les provinces du Berri et de Haute-Guienne, où il n'y a point d'assemblées de département, par la commission intermédiaire provinciale et les receveurs particuliers des finances.

IIe SECTION. — *Des formes de l'assiette et répartition par les assemblées municipales, et de celles de la nomination à la collecte.*

1. L'assemblée paroissiale, dans les pays de taille personnelle seulement, et dans les provinces où l'imposition représentative de la taille est également personnelle, nommera chaque année, le 1er *dimanche de septembre*, trois habitants taillables, lesquels, sous le titre d'*adjoints*, coopéreront avec les membres taillables de l'assemblée municipale, à la répartition pour l'année suivante de la taille et des impositions accessoires d'icelle, ainsi qu'il sera expliqué par l'article suivant; ces *adjoints*, élus chaque année, ne pourront être réélus qu'après un intervalle au moins d'une année, après celle de leur précédente nomination.

2. Dans les pays de taille personnelle, et ceux où l'imposition représentative est également personnelle, la répartition de la taille et des impositions accessoires d'icelle sera faite par les seuls membres taillables de l'assemblée municipale, et les trois *adjoints* désignés en l'article précédent. De même, dans les pays de taille réelle, la répartition de la capitation roturière sera faite par les seuls membres roturiers de l'assemblée municipale, et trois *adjoints* qui seront nommés à cet effet dans la forme et au jour prescrits par l'article 1er. Mais dans les mêmes pays de taille réelle, la répartition de la taille sera faite par tous les membres composant l'assemblée municipale. Enfin, la répartition des impositions foncières et territoriales, sera faite dans toutes les provinces indistinctement, par toute l'assemblée municipale réunie.

3. Ordonne S. M. que les municipalités des villes à la constitution desquelles il n'a été encore apporté aucun changement, continueront comme par le passé, et conformément aux réglements antérieurs, de procéder à la répartition des impositions desdites villes, et qu'elles se conformeront d'ailleurs aux instructions qui leur seront données par les assemblées provinciales ou de département, tant sur les formes à observer pour la répartition des impositions, que sur tous les autres objets d'administration que S. M. a confiés auxdites assemblées.

4. Chaque assemblée municipale sera tenue de former le rôle de la taille ou autre imposition représentative, avant le 15 octobre au plus tard, et aussitôt que ledit rôle sera formé, ladite assemblée en fera parvenir deux expéditions aux procureurs-syndics du département, lesquels, après que lesdites expéditions auront été *visées* par le bureau intermédiaire, les adresseront sur-le-champ aux procureurs-syndics provinciaux, pour être *vérifiées* par la commission intermédiaire provinciale, et ceux-ci au sieur intendant et commissaire départi, qui les rendra *exécutoires*; après quoi une des deux expéditions restera déposée comme minute dans les archives de l'intendance, et l'autre sera remise aux procureurs-syndics provinciaux, pour être renvoyée aux procureurs-syndics du département, lesquels la feront passer sans aucun délai au syndic de l'assemblée municipale, ou officiers municipaux des villes.

5. Ordonne expressément S. M. que le premier dimanche qui suivra la réception du rôle, la lecture et publication en sera faite conformément aux réglements, à l'issue de la messe paroissiale, par le syndic, ou à sa diligence, par le greffier ou tout autre membre de l'assemblée municipale. A la fin dudit rôle et sur le registre des délibérations de l'assemblée municipale, il sera fait mention desdites lecture et publication, ainsi que de la remise qui aura été faite, au même instant, dudit rôle aux collecteurs; et ladite mention sera signée des membres composant la municipalité, et desdits collecteurs, s'ils savent signer, ainsi que du greffier de ladite municipalité.

6. Le rôle de capitation des nobles et des privilégiés, qui doit être arrêté au conseil, sera fait par le bureau intermédiaire de chaque département pour tous les contribuables de cette classe domiciliés dans ledit département, en le divisant toutefois par municipalités, et en autant de chapitres qu'il y aura de classes de privilégiés. Il sera fait de ce rôle deux expé-

ditions qui seront adressées par les procureurs syndics du département aux procureurs syndics provinciaux, lesquels les feront parvenir au conseil par la voie du sieur intendant. Lorsque ce rôle y aura été arrêté pour chaque département, l'expédition en forme en sera renvoyée au sieur intendant, pour être déposée dans les archives de l'intendance, et ledit sieur intendant rendra exécutoires les extraits de ce rôle qui auront été formés pour chaque municipalité, et qui seront remis aux collecteurs desdites municipalités.

7. Chaque assemblée municipale sera tenue de former annuellement, avant le 15 septembre, à commencer de la présente année, un tableau contenant cinq divisions, dans chacune desquelles seront distribués tous les propriétaires domiciliés et autres habitants de la municipalité, sans aucune espèce d'exception, à raison de la quotité de leurs impositions; savoir : dans la première division, tous ceux payant 30 livres et plus d'imposition foncière et personnelle; dans la seconde, ceux payant 12 livres et plus; dans la troisième, ceux payant 9 livres et au-dessus; dans la quatrième, ceux payant 5 livres et plus; et enfin dans la cinquième, ceux payant moins de 5 livres. Dans une colonne d'observations seront portées les notes nécessaires à côté des noms de ceux des contribuables qui seroient exempts de collecte, ou qui auroient déjà rempli cette fonction. Ce tableau sera renouvelé chaque année, et il en sera fait deux expéditions, dont l'une sera envoyée aux procureurs syndics du département, et la seconde sera et demeurera affichée dans le lieu des assemblées de la municipalité jusqu'à ce qu'elle soit remplacée par le tableau de l'année suivante.

8. Ce tableau servira à faire connoître ceux des propriétaires et habitants qui auront droit de voter à l'assemblée paroissiale, ou seront éligibles pour l'assemblée municipale, conformément à ce que S. M. prescrira à ce sujet par un réglement particulier, et enfin ceux des habitants taillables qui devront passer à leur tour à la collecte, suivant l'article 10 ci-après.

9. Les sujets choisis par l'assemblée paroissiale pour être syndic, membres ou greffiers de l'assemblée municipale, ne pourront, tant qu'ils seront attachés à la municipalité, être assujettis à la collecte, ni chargés d'aucune autre espèce de recouvrement, que de celui des revenus communaux et autres deniers appartenants à la communauté; lesquels seront déposés dans un coffre fermant à trois clefs différentes, dont une sera entre les mains du syndic; une autre dans celles du curé, et la troisième dans celles du greffier.

10. Les habitants taillables seront nommés tour à tour à la collecte; il ne sera jamais nommé, pour chaque année, plus de deux collecteurs; et ces collecteurs ne pourront être choisis que dans les trois premières divisions du tableau énoncé en l'art. 7 précédent. Ces deux collecteurs seront choisis chacun dans une division différente, en suivant toujours l'ordre du tableau. Veut au surplus, S. M. qu'il ne puisse jamais être nommé de collecteurs dans la quatrième ou cinquième division.

11. Dans le cas où l'assemblée municipale estimeroit suffisant pour 1790 et années suivantes, de ne nommer qu'un seul collecteur, elle soumettra la délibération qu'elle aura prise à ce sujet à la commission intermédiaire provinciale qui l'autorisera, s'il y a lieu, après avoir consulté le bureau intermédiaire de département; et dans ce cas, le collecteur sera tiré de la première des divisions du tableau énoncé en l'art. 7 précédent; de la seconde, quand la première sera épuisée, et de même de la troisième, après l'épuisement des deux premières.

12. Il sera procédé le *dernier dimanche du mois de septembre*, par toute l'assemblée municipale, assistée des trois adjoints qui devront coopérer à l'assiette de la taille, en pays de taille personnelle, ou de la capitation roturière, en pays de taille réelle, à la susdite *nomination* des collecteurs, avec *désignation* de celui ou de ceux qui devront, l'année d'après, remplir les mêmes fonctions. Lecture de la délibération portant ladite nomination et désignation de collecteurs, sera faite le dimanche suivant à l'issue de la messe paroissiale, par le syndic, ou, à sa diligence, par le greffier ou autre membre de l'assemblée municipale; et un extrait de ladite délibération, signé du syndic et du curé, ou à défaut de l'un des deux, par deux autres membres de l'assemblée municipale, ainsi que du greffier, sera affiché à la porte de l'église. Il sera adressé avec le tableau énoncé en l'art. 7 précédent, aux procureurs syndics du département, une expédition de cette délibération, pour être déposée au greffe de l'assemblée de département, dont les procureurs syndics veilleront à ce qu'une copie de cette même délibération, contresignée par le secrétaire, soit envoyée sans délai au receveur particulier des finances.

13. Tous les membres de l'assemblée municipale, ainsi que les trois adjoints, seront tenus d'assister à l'assemblée pour la nomination et désignation des collecteurs. Les délibérations qui seront prises pour lesdites nomination et désignation de collecteurs, seront signées de ceux qui seront présents, s'ils savent signer, et du greffier, avec mention de ceux qui ne

sauroient pas signer, et elles indiqueront le nom des absents.

14. Dans le cas où l'assemblée municipale n'auroit pas procédé, le *dernier dimanche de septembre*, aux susdites nomination et désignation de collecteurs, ou n'auroit pas, le *dimanche suivant*, fait lire à l'issue de la messe paroissiale, et afficher à la porte de l'église, la délibération portant lesdites nomination et désignation, le syndic et les deux membres les plus anciens de l'assemblée municipale seront tenus solidairement de faire la levée de la taille et autres impositions, sans toutefois pouvoir prétendre à aucunes taxations, lesquelles tourneront alors au profit de la communauté, et seront employées aux dépenses qui pourront la concerner. Le receveur particulier des finances sera informé, par le bureau du département, de la négligence de ladite municipalité, et du nom du syndic et des deux plus anciens membres, pour qu'il puisse, en cas de retard de paiement, faire ses diligences contre eux personnellement.

15. Les droits de collecte continueront d'être imposés, à compter du 1er janvier 1789, en sus de la taille principale. A l'égard des impositions accessoires de la taille, et de la capitation, comprises dans le brevet général, les taxations des collecteurs seront de même imposées en sus desdites impositions. Veut S. M. qu'à cet effet il soit fait distraction, à compter de 1789 pour les pays de taille personnelle ou réelle, sur le montant actuel des second et troisième articles du brevet général, contenant les impositions accessoires de la taille et la capitation, du montant des quatre deniers de taxations qui y étoient compris; au moyen de quoi, lesdits second et troisième articles du brevet général seront d'autant diminués. Et à l'égard des impositions des pays conquis, également comprises dans le brevet général, elles seront de même diminuées de l'objet des taxations destinées aux collecteurs, à raison du taux et des usages particuliers à chacune desdites provinces. Enjoint S. M. aux assemblées provinciales, ou à leurs commissions intermédiaires, de veiller, et aux sieurs intendants et commissaires départis, de tenir la main à l'exécution du présent arrêt.

N° 2508. — ABRÊT *du conseil qui fixe au 1er mai suivant la tenue des Etats Généraux du royaume, et suspend jusqu'à cette époque le rétablissement de la cour plénière.*

Versailles, 8 août 1788. (R. S. C. coll. du Louvre, 1—6; Duvergier, 1—3.)

Nº 2509. — Arrêt *du conseil concernant les contestations relative*
à la collecte et les règles générales de la perception.

Versailles, 10 août 1788. (R. S. C.

Nº 2510. — Arrêt *du conseil concernant l'ordre et la forme*
des paiements du trésor royal (1).

Versailles, 16 août 1788. (R. S. C.)

Nº 2511. — Arrêt *du conseil concernant la circulation des*
billets de la caisse d'escompte (2).

Versailles, 18 août 1788. (R. S. C.)

Nº 2512. — Réglement *du roi pour la composition d'un comité*
pour la distribution des fonds affectés au soulagement des com-
munautés de filles religieuses, ainsi que de ceux destinés à la
restauration des églises et édifices sacrés (3).

Versailles, 28 août 1788. (R. S. C.)

Nº 2513. — Arrêt *du conseil souverain sur les boucheries* (4).

3 septembre 1788. (Code de la Martinique, tom. 4, pag. 91.)

Nº 2514. — Réglement *concernant l'école dite des orphelins*
militaires, destinée à l'éducation des fils d'anciens officiers et
militaires de tous grades.

Versailles, 7 septembre 1788. (R. S. C.)

Nº 2515. — Arrêt *du conseil qui autorise toutes opérations*
préalables à l'ouverture d'un canal à Paris, pour joindre les
rivières d'Ourcq et de Marne.

Versailles, 13 septembre 1788. (R. S. C.)

Nº 2516. — Déclaration *qui ordonne que l'assemblée des États*
Généraux aura lieu dans le courant de janvier 1789, et que
les officiers des cours reprendront l'exercice de leurs fonctions.

Versailles, 23 septembre 1788. Reg. en la cour des aides le 24, au parlem.
de Paris, les pairs y séant, le 25; de Grenoble le 21 octobre. (R. S. C.
Coll. du Louvre, 1—9; Duvergier, 1—3.)

_____

(1) V. 16, 18 août, 14 septembre 1788.
(2) V. 18 août 1788.
(3) V. 5 juillet 1789.
(4) Renouvelé le 1er mai 1789. (pag. 126.)

N° 2517. — ARRÊT *du parlement rendu les chambres assemblées,
les pairs y séant, qui condamne un imprimé ayant pour titre :
Annales politiques, civiles et littéraires, par M. Linguet,
tom. 15, n° 116, à être lacéré et brûlé par l'exécuteur de la
haute justice* (1).

Paris, 27 septembre 1788. (R. S.)

N° 2518. — ARRÊT *du conseil qui règle provisoirement les formes
de la répartition des impositions par les municipalités des
villes.*

Versailles, 30 septembre 1788. (R. S. C.)

N° 2519. — ARRÊT *du conseil d'état portant convocation de
l'assemblée des notables pour le 5 novembre 1788, à l'effet de
délibérer sur la convocation des États Généraux.*

Versailles, 5 octobre 1788. (R. S. C. coll. du Louvre, 1—13; Duvergier,
1 — 3.)

Le roi, occupé de la composition des états-généraux, que
S. M. se propose d'assembler dans le cours du mois de janvier
prochain, s'est fait rendre compte des diverses formes qui ont
été adoptées à plusieurs époques de la monarchie, et S. M. a
vu que ces formes avoient souvent différé les unes des autres
d'une manière essentielle. Le roi auroit désiré que celles suivies pour la dernière tenue des états-généraux eussent pu servir
de modèle en tous les points; mais S. M. a reconnu que plusieurs se concilieroient difficilement avec l'état présent des
choses, et que d'autres avoient excité des réclamations dignes
au moins d'un examen attentif; que les élections du tiers-état
avoient été concentrées dans les villes principales du royaume,
connues alors sous le nom de *bonnes villes*, en sorte que les
autres villes de France en très-grand nombre, et dont plusieurs
sont devenues considérables depuis l'époque des derniers états-
généraux, n'eurent aucun représentant; que les habitants des
campagnes, excepté dans un petit nombre de districts, ne paroissent pas avoir été appelés à concourir par leurs suffrages à
l'élection des députés aux états-généraux; que les municipalités
des villes furent principalement chargées des élections du tiers-
état; mais dans la plus grande partie du royaume les membres
de ces municipalités, choisis autrefois par la commune, doivent

_____

(1) Un arrêt du conseil du 17 juillet avoit ordonné la suppression de trois
précédents n°⁵ des mêmes annales.

aujourd'hui l'exercice de leurs fonctions à la propriété d'un office acquis à prix d'argent; que l'ordre du tiers fut presque entièrement composé de personnes qualifiées nobles dans les procès-verbaux de la dernière tenue en 1614; que les élections étoient faites par bailliages, et chaque bailliage avoit à peu près le même nombre de députés, quoiqu'ils différassent considérablement les uns des autres en étendue, en richesse et en population; que les états-généraux se divisèrent à la vérité en douze gouvernements, dont chacun n'avoit qu'une voix; mais cette forme n'établissoit point une égalité proportionnelle, puisque les voix dans chacune de ces sections étoient recueillies par bailliage, et qu'ainsi le plus petit et le plus grand avoient une même influence; qu'il n'y avoit même aucune parité entre les gouvernements, plusieurs étant de moitié au-dessous des autres, soit en étendue, soit en population; que les inégalités entre les bailliages et les sénéchaussées sont devenues beaucoup plus grandes qu'elles ne l'étoient en 1614, parce que dans les changements faits depuis cette époque on a perdu de vue les dispositions appropriées aux états-généraux, et l'on s'est principalement occupé des convenances relatives à l'administration de la justice; que le nombre des bailliages ou sénéchaussées, dans la seule partie du royaume soumise, en 1614, à la domination française, est aujourd'hui considérablement augmenté; que les provinces réunies au royaume depuis cette époque, en y comprenant les trois évêchés qui n'eurent point de députés aux états-généraux, représentent aujourd'hui près de la septième partie du royaume; qu'ainsi la manière dont ces provinces doivent concourir aux élections pour les états-généraux, ne peut être réglée par aucun exemple; et la forme usitée pour les autres provinces peut d'autant moins y être applicable, que dans la seule province de Lorraine il y a trente-cinq bailliages, division qui n'a aucune parité avec le petit nombre de bailliages ou sénéchaussées dont plusieurs généralités du royaume sont composées; que les élections du clergé eurent lieu d'une manière très-différente, selon les districts et selon les diverses prétentions auxquelles ces élections donnèrent naissance; que le nombre respectif des députés des différents ordres ne fut pas déterminé d'une manière uniforme dans chaque bailliage, en sorte que la proportion entre les membres du clergé, de la noblesse et du tiers-état ne fut pas la même pour tous; qu'enfin, une multitude de contestations relatives aux élections consumèrent une grande partie de la tenue des derniers états-généraux, et qu'on se plaignit fré-

quemment de la disproportion établie pour la répartition des
suffrages ; S. M., frappée de ces diverses considérations et de
plusieurs autres moins importantes, mais qui, réunies ensemble, méritent une sérieuse attention, a cru ne devoir pas
resserrer dans son conseil l'examen d'une des plus grandes
dispositions dont le gouvernement ait jamais été appelé à s'occuper. Le roi veut que les états-généraux soient composés
d'une manière constitutionnelle, et que les anciens usages
soient respectés dans tous les réglements applicables au temps
présent, et dans toutes les dispositions conformes à la raison et
aux vœux légitimes de la plus grande partie de la nation. Le
roi attend avec confiance des états-généraux de son royaume
la régénération du bonheur public et l'affermissement de la
puissance de l'empire français. L'on doit donc être persuadé
que son unique désir est de préparer à l'avance les voies qui
peuvent conduire à cette harmonie, sans laquelle toutes les
lumières et toutes les bonnes intentions deviennent inutiles.
S. M. a donc pensé qu'après cent soixante et quinze ans d'interruption des états-généraux, et après de grands changements
survenus dans plusieurs parties essentielles de l'ordre public,
elle ne pouvait prendre trop de précautions non-seulement pour
éclairer sûrement ses déterminations, mais encore pour donner
au plan qu'elle adoptera la sanction la plus imposante. Animé
d'un pareil esprit, et cédant uniquement à cet amour du bien
qui dirige tous les sentiments de son cœur, S. M. a considéré
comme le parti le plus sage d'appeler auprès d'elle, pour être
aidée de leurs conseils, les mêmes notables assemblés par ses
ordres au mois de janvier 1787, et dont le zèle et les travaux
ont mérité son approbation et obtenu la confiance publique.
Ces notables ayant été convoqués la première fois pour des
affaires absolument étrangères à la grande question sur laquelle
le roi veut aujourd'hui les consulter, le choix de S. M. manifeste encore davantage cet esprit d'impartialité qui s'allie si
bien à la pureté de ses vues. Le nombre des personnes qui
composeront cette assemblée ne retardera pas leurs délibérations, puisque ce nombre même affermira leur opinion par la
confiance qui naît du rapprochement des lumières, et sans
doute qu'elles donneront leur avis avec la noble franchise que
l'on doit naturellement attendre d'une réunion d'hommes distingués et comptables uniquement de leur zèle pour le bien
public. S. M. aperçoit plus que jamais le prix inestimable du
concours général des sentiments et des opinions, elle veut y
mettre sa force, elle veut y chercher son bonheur, et elle se-

condera de sa puissance les efforts de tous ceux qui, dirigés par un véritable esprit de patriotisme, seront dignes d'être associés à ses intentions bienfaisantes.

A quoi voulant pourvoir, ouï le rapport, le roi étant en son conseil, a ordonné et ordonne que toutes les personnes qui ont formé en 1787 l'assemblée des notables seront de nouveau convoquées pour se trouver réunies en sa ville de Versailles, le 3 du mois de novembre prochain, suivant les lettres particulières qui seront adressées à chacune d'elles, pour y délibérer uniquement sur la manière la plus régulière et la plus convenable de procéder à la formation des états-généraux de 1789, à l'effet de quoi S. M. leur fera communiquer les différents renseignements qu'il aura été possible de se procurer sur la constitution des précédents états-généraux, et sur les formes qui ont été suivies pour la convocation et l'élection des membres de ces assemblées nationales, de manière qu'elles puissent présenter un avis dans le cours dudit mois de novembre; et S. M. se réserve de remplacer par des personnes de même qualité et condition ceux d'entre les notables de l'assemblée de 1787 qui sont décédés, ou qui se trouveroient valablement empêchés.

N° 2520. — ARRÊT *du conseil qui attache à la chancellerie de France une bibliothèque de législation, administration, histoire et droit public, règle la destination, pourvoit à l'entretien et aux accroissements de ladite bibliothèque, et en assure la communication à tous les ministres de S. M.*

Versailles, 10 octobre 1788. (R. S. C.)

Le roi s'étant fait représenter dans son conseil les arrêts rendus en icelui les 31 octobre 1759, 8 décembre 1765, 18 janvier 1764 et 5 mars 1781, dont l'objet fut de mettre à portée de ses ministres, et dans un seul dépôt accessible à quiconque voudroit le consulter, non-seulement les lois qui doivent éclairer toutes les parties de leur administration, mais encore l'enchaînement des faits qui ont, dans tous les temps, servi de base au droit public, et de motifs à la législation, S. M. a reconnu qu'après avoir, par son arrêt du 5 mars 1781, assigné à un établissement de cette nature la seule place qui convînt à sa destination, elle devoit encore fixer d'une manière particulière, et assurer à perpétuité l'emploi, l'usage et la communication des lumières qu'il doit répandre, et des secours dont il doit être la source. S. M., en effet, n'a point perdu de vue les motifs qui engagèrent le feu roi à jeter, en 1759, le premier fondement d'une bibliothèque ministérielle, d'un côté, en faisant placer à Versailles même une collection complette de toutes nos lois anciennes et modernes, et d'un autre côté, en y réunissant, en 1762, un cabinet qui pût contenir un jour, et tous les matériaux de l'histoire, et tous les monuments du droit public de France. Si la diversité des travaux qu'exigeoient ces deux dépôts les ont tenus quelque temps séparés, si différentes circonstances en ont changé le local, et ont varié les soins qui ont pu être donnés à l'un et à l'autre, il n'en étoit pas moins conforme au vœu de leur auguste fondateur, qu'ils vinssent enfin se réunir sous la garde du chef de la justice, obligé par son titre et ses fontions d'appeler sans cesse au secours du gouvernement, et l'autorité des lois et le flambeau de l'histoire. C'est donc pour remplir les intentions du feu roi que S. M. s'étant fait rendre compte des accroissements successifs qu'a reçus, pendant près de trente ans, un des plus utiles établissements du dernier règne, a voulu, pour lui donner sa dernière et invariable forme, attacher irrévocablement à sa chancellerie une bibliothèque destinée à devenir celle de tous ses ministres, et qui leur présentant, et tous les textes des lois qu'ils ont toujours intérêt de consulter, et tous les monuments des faits qu'il leur est souvent nécessaire de connoître, fournira dès-à-présent au chancelier ou garde des sceaux de France les moyens et les secours les plus efficaces pour hâter les progrès des recherches relatives à la législation, à l'histoire et au droit public, et deviendra dans la suite le centre de tous les travaux ordonnés par S. M. pour perfectionner successivement toute espèce de bien, et réformer peu à peu toute espèce d'abus. A quoi voulant pourvoir : ouï le rapport; le roi étant en son conseil, a ordonné et ordonne ce qui suit :

1. Veut et entend S. M. que les deux dépôts qui, par l'art. 1er de l'arrêt du conseil du 5 mars 1781, ont été attachés à la chancellerie de France, et dont celui qui a pour objet la législation et l'administration royales, placé en 1764 dans un local particulier de sa bibliothèque royale, a été depuis réuni à celui qui a pour objet l'histoire et le droit public, soient désormais et à perpétuité irrévocablement unis, et que l'un et l'autre cabinet ne forment plus avec les autres objets dont il sera fait mention dans les articles suivants, qu'une seule bibliothèque, qui sous le nom de *bibliothèque de législation, administration, histoire et droit public*, sera et demeurera irré-

vocablement attachée à la chancellerie de France, comme une propriété royale dont la garde, l'administration et la direction sera confiée au seul chancelier ou garde des sceaux de France, pour en faire usage, ainsi et de la manière dont il sera dit ci-après.

2. Indépendamment des recueils d'ordonnances, édits, déclarations, lettres patentes, arrêts du conseil, qui composent la collection achetée par S. M. en 1759, ainsi que de la nombreuse collection de tous les matériaux historiques qui, depuis 1762, sont le produit des recherches ordonnées par le feu roi dans toutes les archives du royaume, ladite bibliothèque contiendra; 1° toutes les chartes, pièces et monuments qui y sont envoyés par les savants et gens de lettres, chargés sous la direction du chancelier ou garde des sceaux de France, et en vertu des ordres du feu roi, de continuer et d'achever dans les provinces le dépouillement des archives, et d'y copier ceux des matériaux de notre histoire qui jusqu'ici n'auroient point encore été découverts. 2° Les livres et manuscrits achetés par le roi du feu sieur de Sainte-Palaye, et contenant la partie historique de sa bibliothèque, parmi lesquels livres et manuscrits on classera les matériaux du glossaire françois, commencé par ledit sieur de Sainte-Palaye, qui ont fait partie de ladite acquisition. 3° Tous les livres d'histoire et de droit public, faisant partie de la bibliothèque du sieur Moreau, conseiller honoraire en la cour des comptes, aides et finances de Provence, et historiographe de France, dont il a supplié S. M. d'accepter la donation, et dont il sera dressé un catalogue particulier pour compléter la collection achetée du sieur de Sainte-Palaye. 4° Tous les livres d'histoire et de droit public, que le chancelier ou garde des sceaux de France jugera à propos de faire acheter sur les fonds destinés à l'entretien de ladite bibliothèque. 5° Tous les manuscrits, titres anciens et monuments historiques transcrits en Angleterre par le sieur de Bréquigny, et qui, conformément aux ordres du roi donnés par écrit en 1767, doivent être placés dans ladite bibliothèque après la fin des inventaires dont le sieur de Bréquigny a été chargé. 6° Les copies des registres du parlement intitulés *olim et judicata*, ainsi que celles qui se font encore aujourd'hui aux frais de S. M., des plus anciens monuments de notre jurisprudence, et notamment celle que le roi entend se procurer de la plus ample collection des registres de Philippe-Auguste, que le sieur Bertin, ministre de S. M., a fait faire à ses frais, et dont il lui a offert copie. 7° Enfin, les copies de tous les arrêtés

et remontran███████es parlements présentés au roi, ou envoyés à son chancelier ou garde des sceaux, desquelles remontrances et arrêtés il sera fait des tables chronologiques et des tables par matières, pour rendre plus facile, par la suite, l'examen de toutes les questions qui peuvent intéresser la législation et le droit public.

3. Celui qui sera préposé en chef à la garde de ladite bibliothèque de la chancellerie, et à la direction des travaux qui doivent l'enrichir, pourra s'adresser au bibliothécaire de S. M. toutes les fois qu'il aura besoin de faire copier, d'après les livres ou manuscrits de sa bibliothèque royale, quelques monuments utiles à l'histoire et au droit public; et lesdits livres et manuscrits lui seront prêtés sur son récépissé, sous la condition néanmoins qu'ils ne pourront être gardés que pendant trois mois, et seront ensuite fidèlement restitués.

4. Pour enrichir et perfectionner ladite bibliothèque de la chancellerie, veut et ordonne S. M., 1° qu'il y soit placé l'un des exemplaires de tous les livres qu'elle aura honorés de sa souscription, pour l'encouragement des sciences ou la récompense des talents. 2° Que le directeur de son imprimerie royale y fasse remettre un exemplaire de tous les édits, déclarations, arrêts du conseil, réglements et ordonnances, et en général de tous les ouvrages qui seront imprimés au Louvre pour le compte et par les ordres de S. M. 3° Que par les imprimeurs de tous les parlements, chambres des comptes, cours des aides et des monnoies, ainsi que par ceux des bureaux des finances, hôtels-de-ville, et autres corps et compagnies, il soit envoyé à ladite bibliothèque de législation, administration, histoire et droit public, un exemplaire de tous les arrêts, sentences, réglements et autres actes qui seront imprimés par les ordres desdits corps et compagnies.

5. Ladite bibliothèque sera ouverte, non-seulement aux ministres de S. M. et à ceux qui, sous leurs ordres, seront chargés de quelque partie d'administration générale, ou de quelques opérations ministerielles et particulières, mais à tous les savants et jurisconsultes qui, chargés par le chancelier ou garde des sceaux de France, de travaux ou d'ouvrages utiles à la législation, à l'histoire et au droit public, seront payés aux frais de S. M., et des fonds par elle destinés auxdits travaux; et seront les préposés à la direction et à la garde de ladite bibliothèque, tenus de leur en communiquer toutes les collections, et de leur laisser prendre copie de toutes les pièces qui pourront aider la composition de leurs ouvrages.

6. Veut en conséquence, et entend S. M. ⬛⬛⬛ladite bibliothèque de sa chancellerie soit en même temps et le centre de tous les travaux littéraires, dont le chancelier ou garde des sceaux a la surveillance et la direction, et un magasin utile des matériaux qui pourront leur être fournis, et enfin le dépôt où seront réunis les exemplaires appartenants à S. M., de tous les ouvrages qui seront le résultat desdits travaux.

7. Et attendu que l'une des principales destinations de ladite bibliothèque est de fournir aux ministres de S. M. des éclaircissements et des renseignements sur tous les faits anciens dont la connoissance peut leur être nécessaire; veut et ordonne S. M. que la garde de ladite bibliothèque soit confiée à l'un des deux historiographes de France, qui, obligé de veiller à la conservation des monuments historiques que ladite bibliothèque renferme, continuera sous les ordres du chancelier ou garde des sceaux de France, l'Histoire de la Législation et du Droit public de la monarchie française, et sera chargé de rédiger ou de faire rédiger les mémoires historiques dont la législation pourra avoir besoin. Veut à cet effet S. M. que celui des deux titres d'historiographes de France, dont est pourvu le sieur Moreau, son conseiller honoraire en sa cour des comptes, aides et finances de Provence, soit et demeure attaché à la chancellerie de France, et que la nomination en appartienne au chancelier ou garde des sceaux.

8. Conformément à l'article 5 de l'arrêt du conseil du 5 mars 1781, les salaires des copistes, les frais de recherches, de voyage et d'achats de manuscrits ou de livres, ainsi que le loyer de la maison destinée à ladite bibliothèque, et généralement toutes les dépenses nécessaires à son entretien et aux travaux qu'elle exige, continueront d'être pris sur les fonds que S. M. a destinés audit établissement; et il en sera tous les ans dressé un état qui sera visé et approuvé par le chancelier ou garde des sceaux de France.

9. La bibliothèque de la chancellerie étant destinée à mettre en mouvement tous les travaux relatifs à la législation, à l'histoire et au droit public, et, sous ce rapport, exigeant une activité continuelle de la part de ceux qui y seront employés, S. M. a destiné et attaché à cet établissement trois commisgardes, qui, sous les ordres du chancelier ou garde des sceaux de France, et subordonnément au magistrat historiographe de France, qu'il a préposé en chef à la direction du travail, seront chargés de la confection des catalogues, de la recherche des pièces demandées et des détails de la correspondance; et

continueront lesdits trois commis-gardes, de jouir des appointements qui leur ont déjà été assignés dans les dépôts que S. M. vient de réunir.

10. L'un des catalogues ordonnés par S. M. sera celui des chartes manuscrites et autres monuments historiques qui ne sont point encore connus. Il sera fait par ordre chronologique, et servira de supplément à celui des chartes imprimées, dont les exemplaires, ainsi que ceux de la collection générale des chartes, pour lesquels S. M. a souscrit, seront déposés dans ladite bibliothèque pour en être l'emploi et la distribution confiés au chancelier ou garde des sceaux de France.

11. Pour rendre plus facile la recherche de toutes les matières qui intéressent la législation et l'administration, il sera dressé sous les ordres du chancelier ou garde des sceaux de France, et dans ladite bibliothèque, des tables chronologiques et par ordre de matières, à l'aide desquelles il sera facile aux ministres de S. M. de se procurer les pièces et les éclaircissements dont ils auront besoin sur chaque objet de législation et d'administration; et pourront les ministres et secrétaires d'état, faire transcrire des doubles desdites tables et catalogues pour le service de leurs départements.

12. Indépendamment de ceux qui, ayant un traitement de S. M., se trouveront occupés aux travaux intérieurs de ladite bibliothèque, S. M. veut que son chancelier ou garde des sceaux y attache par des fonctions d'autant plus honorables qu'elles seront libres et gratuites, un comité de dix jurisconsultes ou gens de lettres dont il aura le choix, et qu'il rassemblera tous les quinze jours pour conférer avec eux sur tous les travaux utiles destinés à aider la législation, à épurer l'histoire, à maintenir et conserver les principes essentiels de la monarchie. Ce comité portera le titre de *Comité d'histoire et de droit public*, et pourra, lorsque les occupations du chancelier ou garde des sceaux ne lui permettront pas de l'assembler en sa présence, tenir ses conférences, dont il lui indiquera les objets, dans la bibliothèque même de la chancellerie; et les registres desdites conférences seront tenus par l'un des commis-gardes de ladite bibliothèque qui, nommé par M. le chancelier ou garde des sceaux, portera le titre de crétaire dudit comité.

13. Ceux des jurisconsultes ou gens de lettres qui sont chargés de quelque ouvrage commandé par S. M., et soumis à la surveillance de son chancelier, seront dès là membres de e comité; et dans le cas où le nombre de ceux qui le com-

posent seroit déjà rempli, ils auront droit d'y venir prendre séance pour rendre compte de leurs ouvrages, et d'y réclamer la première place vacante.

14. Toutes les communications demandées par ceux qui auront intérêt d'avoir recours à ladite bibliothèque, se feront sans déplacer, à moins qu'un ordre exprès et par écrit du chancelier ou garde des sceaux de France, ne permette de transporter hors de ladite bibliothèque quelques pièces, livres ou manuscrits qui y seront renfermés, auquel cas les personnes en faveur desquelles ce déplacement sera permis, seront tenues d'en donner leur reconnoissance aux gardes de ladite bibliothèque, qui seront chargés de veiller à leur conservation et à leur prompte rentrée.

15. Veut au surplus S. M. que toutes les dispositions de l'arrêt de son conseil du 3 mars 1781, auxquelles il n'a point été formellement dérogé par le présent arrêt, soient exécutées selon leur forme et teneur.

N° 2521. — DÉCLARATION *concernant les formes de la réparti- tion et levée des tailles, et les contestations y relatives.*

Versailles, 28 octobre 1788. Reg. en la cour des aides le 13 novembre. (R. S. C.)

N° 2522. — LETTRES PATENTES *qui confirment et homologuent les délibérations de l'assemblée générale du clergé de France, des 2 et 15 juillet 1788, au sujet de la somme de 1,800,000 liv. de don gratuit accordé à S. M.*

Versailles, 28 octobre 1788. Reg. en parlement le 30 décembre. (R. S.)

N° 2523. — ÉDIT *qui ordonne la réformation en la Monnoie de Paris, de 300,000 liv. espèces de billon, pour être transpor- tées en l'île de Cayenne, où elles auront cours seulement.*

Versailles, octobre 1788. Reg. en la cour des monnoies le 13 décembre. (R. S. Coll. m. m. Code Cayenne, t. 7, pag. 559.)

N° 2524. — ARRÊT *du conseil portant convocation des anciens états de Franche-Comté.*

Versailles, 1er novembre 1788. (R. S. Coll. du Louvre, 1—18; Duvergier, 1—5.)

N° 2525. — ORDONNANCE *de police concernant la sûreté publique* (1).

Paris, 4 novembre 1788. (Mars, t. 2, p. 431.)

12. Enjoignons aux maîtres en chirurgie et à tous autres exerçant la chirurgie à Paris, d'écrire les noms, surnoms, qualités et demeures des personnes qui seront blessées, soit de nuit, soit de jour, et qui auront été conduites chez eux pour y être pansées, ou qu'ils auront été panser ailleurs, et d'en informer incontinent le commissaire du quartier, ainsi que de la qualité et des circonstances de leurs blessures, sous peine de 500 livres d'amende, d'interdiction, et même de punition corporelle; le tout conformément aux réglements.

N° 2526. — DISCOURS *du roi, du garde des sceaux, du directeur général des finances, de Monsieur frère du roi, de M. l'archevêque de Narbonne, et de M. le premier président du parlement de Paris, à l'ouverture de l'assemblée des notables.*

Versailles, 6 novembre 1788. (R. S. C.)

N° 2527. — CONVENTION *entre la France et les états unis d'Amérique, à l'effet de déterminer les fonctions et prérogatives des consuls et vice-consuls respectifs* (2).

Versailles, 14 novembre 1788. (Martens, tom. 7, pag. 109.)

S. M. le roi T. C. et les États-Unis de l'Amérique s'étant accordés mutuellement, par l'article 29 du traité d'amitié et de commerce conclu entre eux, la liberté de tenir dans leurs états et ports respectifs, des consuls et vice-consuls, agents et commissaires, et voulant en conséquence déterminer et fixer d'une manière réciproque et permanente les fonctions et prérogatives des consuls et vice-consuls qu'ils ont jugé convenable d'établir de préférence, S. M. T. C. a nommé le sieur comte de Montmorin de Saint-Hérent, maréchal de ses camps et armées, chevalier de ses ordres et de la Toison-d'Or, son conseiller en tous ses conseils, ministre et secrétaire d'état et de ses commandements et finances, ayant le département des affaires étrangères; et les États-Unis ont nommé le sieur Thomas Jefferson, citoyen des États-Unis de l'Amérique, et leur ministre plénipotentiaire auprès du roi, lesquels, après s'être

_____

(1) V. édit décembre 1666, ord. pol. 4 novembre 1778, 21 mai 1784; déc. 2 nivôse an XIV; ord. de pol. 17 ventôse an IX, art. 1er, 5 février 1806, 1er août 1820.

(2) V. Merlin, v° étranger, § 2.

communiqué leurs pleins-pouvoirs respectifs, sont convenus de ce qui suit;

1. Les consuls et vice-consuls, nommés par le roi T. C. et les États-Unis, seront tenus de présenter leurs provisions selon la forme qui se trouvera établie respectivement par le roi T. C. dans ses états, et par le congrès dans les États-Unis. On leur délivrera, sans aucuns frais, l'*exequatur* nécessaire à l'exercice de leurs fonctions, et sur l'exhibition qu'ils feront dudit *exequatur*, les gouverneurs, commandants, chefs de justice, les corps, tribunaux et autres officiers ayant autorité dans les ports et lieux de leurs consulats, les y feront jouir aussitôt et sans difficulté des prééminences, autorité et privilèges accordés réciproquement, sans qu'ils puissent exiger desdits consuls et vice-consuls aucun droit sous aucun prétexte quelconque.

2. Les consuls et vice-consuls, et les personnes attachées à leurs fonctions, savoir, leurs chanceliers et secrétaires, jouiront d'une pleine et entière immunité pour leur chancellerie et les papiers qui y seront renfermés. Ils seront exempts de tout service personnel, logement des gens de guerre, milice, guet, garde, tutelle, curatelle, ainsi que de tous droits, taxes, impositions et charges quelconques, à l'exception seulement des biens, meubles et immeubles, dont ils seroient propriétaires ou possesseurs, lesquels seront assujettis aux taxes imposées sur ceux de tous autres particuliers, et à tous égards ils demeureront sujets aux lois du pays comme les nationaux. Ceux desdits consuls et vice-consuls qui feront le commerce seront respectivement assujettis à toutes les taxes, charges et impositions établies sur les autres négociants. Ils placeront sur la porte extérieure de leurs maisons les armes de leur souverain, sans que cette marque distinctive puisse donner auxdites maisons le droit d'asile, soit pour des personnes, soit pour des effets quelconques.

3. Les consuls et vice-consuls respectifs pourront établir des agents dans les différents ports et lieux de leurs départements où le besoin l'exigera; ces agents pourront être choisis parmi les négociants nationaux ou étrangers, et munis de la commission de l'un desdits consuls. Ils se renfermeront respectivement à rendre aux commerçants, navigateurs et bâtiments respectifs tous les services possibles, et à informer le consul le plus proche des besoins desdits commerçants, navigateurs et bâtiments, sans que lesdits agents puissent autrement participer aux immunités, droits et privilèges attribués aux con-

suls et vice-consuls, et sans pouvoir, sous aucun prétexte que ce soit, exiger aucun droit ou émolument quelconque desdits commerçants.

4. Les consuls et vice-consuls respectifs pourront établir une chancellerie où seront déposés les délibérations, actes et procédures consulaires, ainsi que les testaments, obligations, contrats et autres actes faits par les nationaux ou entre eux, et les effets délaissés par mort ou sauvés des naufrages. Ils pourront, en conséquence, commettre à l'exercice de ladite chancellerie des personnes capables, les recevoir, leur faire prêter serment, leur donner la garde du sceau, et le droit de sceller les commissions, jugements et autres actes consulaires, ainsi que d'y remplir les fonctions de notaires et greffiers du consulat.

5. Les consuls et vice-consuls respectifs auront le droit exclusif de recevoir dans leur chancellerie ou à bord des bâtiments les déclarations et tous les autres actes que les capitaines, patrons, équipages, passagers et négociants de leur nation voudront y passer, même leur testament et autres dispositions de dernière volonté; et les dispositions desdits actes duement légalisés par lesdits consuls ou vice-consuls, et munis du sceau de leur consulat, feront foi en justice comme le feroient les originaux dans tous les tribunaux des états du roi T. C. et des États-Unis. Ils auront aussi, et exclusivement, en cas d'absence d'exécuteur testamentaire, curateur ou héritiers légitimes, le droit de faire l'inventaire, la liquidation, et de procéder à la vente des effets mobiliers de la succession des sujets ou citoyens de leur nation qui viendront à mourir dans l'étendue de leur consulat. Ils y procéderont avec l'assistance de deux négociants de leur nation, ou, à leur défaut, de tout autre à leur choix, et feront déposer dans leur chancellerie les effets et papiers desdites successions, sans qu'aucuns officiers militaires, de justice ou de police du pays puissent les y troubler ni y intervenir de quelque manière que ce soit; mais lesdits consuls et vice-consuls ne pourront faire la délivrance des successions et de leur produit aux héritiers légitimes, ou à leurs mandataires, qu'après avoir fait acquitter toutes les dettes que les défunts auront pu avoir contractées dans le pays, à l'effet de quoi les créanciers auront le droit de saisir lesdits effets dans leurs mains, de même que dans celles de tout autre individu quelconque, et en poursuivre la vente jusqu'au paiement de ce qui leur sera légitimement dû, lorsque les dettes n'auront été contractées par jugement, par acte ou par billet

40

dont la signature sera reconnue. Le paiement ne pourra en être ordonné qu'en fournissant, par le créancier, caution suffisante et domiciliée de rendre les sommes indûment perçues, principal, intérêts et frais; lesquelles cautions cependant demeureront duement déchargées après une année en temps de paix, et deux en temps de guerre, si la demande en décharge né peut être formée avant ces délais contre les héritiers qui se présenteront. Et afin de ne pas faire injustement attendre aux héritiers les effets du défunt, les consuls et vice-consuls feront annoncer sa mort dans quelqu'une des gazettes qui se publient dans l'étendue de leur consulat, et qu'ils retiendront lesdits effets sous leurs mains pendant quatre mois, pour répondre à toutes les demandes qui se présenteront; et ils seront tenus, après ce délai, de délivrer aux héritiers l'excédant du montant des demandes qui auront été formées.

6. Les consuls et vice-consuls respectifs recevront les déclarations, protestations et rapports de tous capitaines et patrons de leur nation respective, pour raison d'avaries essuyées à la mer; et ces capitaines et patrons remettront dans la chancellerie desdits consuls et vice-consuls les actes qu'ils auront faits dans d'autres ports, pour accidents qui leur seront arrivés pendant leur voyage. Si un sujet du roi T. C. et un habitant des États-Unis, ou un étranger, sont intéressés dans ladite cargaison, l'avarie sera réglée par les tribunaux du pays, et non par les consuls et vice-consuls. Mais lorsqu'il n'y aura d'intéressés que les sujets ou citoyens de leur propre nation, les consuls ou les vice-consuls respectifs nommeront des experts pour régler les dommages et avaries.

7. Dans le cas où, par tempête ou autres accidents, des vaisseaux ou bâtiments français échoueront sur les côtes des États-Unis, et des vaisseaux et bâtiments des États-Unis échoueront sur les côtes de S. M. T. C., le consul ou le vice-consul le plus proche du lieu du naufrage pourra faire tout ce qu'il jugera convenable, tant pour sauver ledit vaisseau ou bâtiment, son chargement et appartenances, que pour le magasinage et la sûreté des effets sauvés et marchandises. Il pourra en faire l'inventaire sans qu'aucuns officiers militaires, des douanes, de justice ou de police du pays puissent s'y immiscer autrement que pour faciliter aux consuls et vice-consuls, capitaine et équipage du vaisseau naufragé ou échoué tous les secours et faveurs qu'ils lui demanderont, soit pour la célérité et la sûreté du sauvetage et des effets sauvés, soit pour éviter tous désordres. Pour prévenir même toute espèce de conflit et de discussion

dans lesdits cas de naufrage, il a été convenu que lorsqu'il ne se trouvera pas de consul ou vice-consul pour faire travailler au sauvetage, ou que la résidence dudit consul ou vice-consul, qui ne se trouvera pas sur le lieu du naufrage, sera plus éloignée dudit lieu que celle du juge territorial compétent, ce dernier fera procéder sur-le-champ avec toute la célérité, la sûreté et les précautions prescrites par les lois respectives, sauf audit juge territorial à se retirer, le consul ou vice-consul survenant, et à lui remettre l'expédition des procédures par lui faites; et le consul ou vice-consul lui fera rembourser les frais, ainsi que ceux du sauvetage. Les marchandises et effets sauvés devront être déposés à la douane ou autre lieu de sûreté le plus prochain, avec l'inventaire qui en aura été dressé par le consul ou vice-consul, ou, en leur absence, par le juge qui en aura connu, pour lesdits effets et marchandises être ensuite délivrés, après le prélèvement des frais, et sans forme de procès, aux propriétaires qui, munis de la main-levée du consul ou vice-consul le plus proche, les réclameront par eux-mêmes ou par leurs mandataires, soit pour réexporter les marchandises, et dans ce cas elles ne paieront aucune espèce de droits de sortie, soit pour les vendre dans le pays, si elles n'y sont pas prohibées; et, dans ce dernier cas, lesdites marchandises se trouvant avariées, on leur accordera une modération sur les droits d'entrée, proportionnée au dommage souffert, lequel sera constaté par le procès-verbal dressé lors du naufrage ou de l'échouement.

8. Les consuls ou vice-consuls exerceront la police sur tous les bâtiments de leur nation respective, et auront à bord desdits bâtiments tout pouvoir et jurisdiction en matière civile dans toutes les discussions qui pourront y survenir; ils auront une entière inspection sur lesdits bâtiments, leurs équipages, et les changements et remplacements à y faire; pour quel effet ils pourront se transporter à bord desdits bâtiments toutes les fois qu'ils le jugeront nécessaire: bien entendu que les fonctions ci-dessus énoncées seront concentrées dans l'intérieur des bâtiments, et qu'elles ne pourront avoir lieu dans aucun cas qui aura quelque rapport avec la police des ports où lesdits bâtiments se trouveront.

9. Les consuls ou vice-consuls pourront faire arrêter les capitaines, officiers mariniers, matelots, et toutes autres personnes faisant partie des équipages des bâtiments de leur nation respective, qui auroient déserté desdits bâtiments, pour les renvoyer et faire transporter hors du pays; auquel effet lesdits consuls ou vice-consuls s'adresseront aux tribunaux, juges et

officiers compétents, et leur feront par écrit la demande desdits déserteurs, en justifiant, par l'exhibition des registres du bâtiment ou rôle d'équipage, que ces hommes faisoient partie des susdits équipages ; et sur cette demande ainsi justifiée, sauf toutefois la preuve contraire, l'extradition ne pourra être refusée, et il sera donné toute aide et assistance auxdits consuls ou vice-consuls pour la recherche, saisie et arrestation des susdits déserteurs, lesquels seront même détenus et gardés dans les prisons du pays, à leur réquisition et à leurs frais, jusqu'à ce qu'ils aient trouvé occasion de les renvoyer. Mais s'ils n'étoient renvoyés dans le délai de trois mois, à compter du jour de leur arrêt, ils seront élargis, et ne pourront plus être arrêtés pour la même cause.

10. Dans le cas où les sujets ou citoyens respectifs auront commis quelque crime ou infraction de la tranquillité publique, ils seront justiciables des juges du pays.

11. Lorsque lesdits coupables feront partie de l'équipage de l'un des bâtiments de leur nation, et se seront retirés à bord de l'un desdits navires, ils pourront y être saisis et arrêtés par ordre des juges territoriaux : ceux-ci en préviendront le consul ou le vice-consul, lequel pourra se rendre à bord s'il le juge à propos ; mais cette prévenance ne pourra en aucun cas retarder l'exécution de l'ordre dont il est question. Les personnes arrêtées ne pourront ensuite être mises en liberté qu'après que le consul ou vice-consul en aura été prévenu, et elles lui seront remises s'il le requiert, pour être reconduites sur les bâtiments où elles auront été arrêtées ou autres de leur nation, et être renvoyées hors du pays.

12. Tous différends et procès entre les sujets du roi T. C. dans les Etats-Unis, ou entre les citoyens des Etats-Unis dans les états du roi T. C., et notamment toutes les discussions relatives aux salaires et conditions des engagements des équipages des bâtiments respectifs, et tous différends de quelque nature qu'ils soient qui pourroient s'élever entre les hommes desdits équipages, ou entre quelques-uns d'eux et leurs capitaines, ou entre les capitaines de divers bâtiments nationaux, seront terminés par les consuls et vice-consuls respectifs, soit par un renvoi par-devant des arbitres, soit par un jugement sommaire et sans frais. Aucun officier territorial, civil ou militaire, ne pourra y intervenir, ou prendre une part quelconque à l'affaire, et les appels desdits jugements consulaires seront portés devant les tribunaux de France ou des Etats-Unis qui doivent en connoître.

13. L'utilité générale du commerce ayant fait établir dans les états du roi T. C. des tribunaux et des formes particulières pour accélérer la décision des affaires du commerce, les négociants des Etats-Unis jouiront du bénéfice de ces établissements, et le congrès des Etats-Unis pourvoira, de la manière la plus conforme à ses lois, à l'établissement des avantages équivalents en faveur des négociants français pour la prompte expédition et décision des affaires de la même nature.

14. Les sujets du roi T. C. et les citoyens des Etats-Unis qui justifieront authentiquement être du corps de la nation respective, jouiront en conséquence de l'exemption de tout service personnel dans le lieu de leur établissement.

15. Si quelque autre nation acquiert, en vertu d'une convention quelconque, un traitement plus favorable relativement aux prééminences, pouvoirs, autorité et privilèges consulaires, les consuls et vice-consuls du roi T. C. ou des Etats-Unis réciproquement y participeront aux termes stipulés par les articles 2, 3 et 4 du traité d'amitié et de commerce conclu entre le roi T. C. et les Etats-Unis.

16. La présente convention aura son plein effet pendant l'espace de douze ans, à compter du jour de l'échange des ratifications, lesquelles seront données en bonne forme, et échangées de part et d'autre dans l'espace d'un an, ou plus tôt, si faire se peut.

N° 2528. — ARRÊT *du conseil concernant le commerce de grains* (1).

Versailles, 23 novembre 1788. (R. S. C.)

Le roi s'étant fait rendre compte du prix des grains et des différentes circonstances qui influent sur sa cherté, a appris avec peine que les gerbes n'avoient pas rendu la quantité de grains ordinaire, et que les cultivateurs avoient été généralement trompés dans leur attente. Il est de plus universellement connu qu'une grêle désastreuse a ravagé une vaste étendue de terrains, et plusieurs causes malheureuses ont ainsi concouru à la médiocrité des récoltes dans la plus nombreuse partie des provinces du royaume. S. M. néanmoins est informée qu'aucune disette ne paroît à craindre, mais il manque peut-être la quantité de superflu nécessaire pour entretenir le prix dans la juste mesure qui seroit désirable. Il n'est pas au pouvoir de

---

(1) V. 20 avril 1789.

S. M. de dominer les lois de la nature, mais attentive à tout ce qui est soumis à l'influence de ses soins et de son autorité, elle a d'abord défendu strictement l'exportation des grains, et en même temps elle a maintenu la plus parfaite liberté dans la circulation intérieure, afin que toutes les provinces de son royaume puissent s'entr'aider mutuellement : S. M., par une suite de son inquiétude paternelle, et sur des plaintes qui lui ont été adressées, croit devoir aujourd'hui mettre obstacle à un genre de spéculations qui n'est point utile aux propriétaires, et qui nuit essentiellement aux consommateurs; ce sont les achats et les accaparements entrepris uniquement dans la vue de profiter de la hausse des prix, et qui inspirent ensuite le désir dangereux de voir arriver ce renchérissement. De telles spéculations, qui ont leur avantage dans les années abondantes, excitent des alarmes, et peuvent avoir des conséquences fâcheuses lorsque le prix des subsistances est déjà fort élevé. S. M. ne voulant cependant autoriser aucune des inquisitions dont il est si facile d'abuser, a cru devoir se borner à rétablir, pour cette année, l'ancienne obligation de ne vendre et de n'acheter que dans les marchés, afin de mettre ainsi les officiers de police à portée d'éclairer la conduite de ceux qui se livreroient à un trafic déshonnête; elle a cru devoir en même temps renouveler les anciennes ordonnances en interdisant toute espèce de commerce de grains aux personnes chargées de veiller sur la police et le bon ordre, et en étendant cette défense à tous ceux qui ont le maniement des deniers royaux, ou qui sont attachés de quelque manière à l'administration. Elle promet en même temps sa protection la plus particulière aux négociants qui introduisent en France des blés achetés dans les pays étrangers, ou qui s'occupent de faire passer des grains d'une province à l'autre, et d'égaliser ainsi entre ses sujets les ressources et les moyens de subsistance. S. M. ne peut garantir que malgré ces précautions et toutes celles qu'elle prendra, par voie d'administration, pour exciter l'importation des blés étrangers dans le royaume, le prix de cette denrée ne soit constamment cher cette année; mais nonobstant l'état pénible de ses finances, elle accordera des secours plus considérables que dans d'autres temps à la partie la plus indigente de ses peuples, et elle ne cessera de faire tout ce qu'on peut raisonnablement attendre de sa bienfaisance et de ses moyens. A quoi voulant pourvoir : ouï le rapport, le roi étant en son conseil, a ordonné et ordonne ce qui suit.

1. Veut et ordonne S. M. que, sous les peines établies par

les anciens réglements, les grains et les farines ne puissent être vendus, ni achetés ailleurs que dans les halles, marchés, ou sur les ports ordinaires des villes, bourgs et lieux du royaume où il y en a d'établis.

2. Fait S. M. défenses aux marchands et à tous autres particuliers de quelque qualité et condition qu'ils soient, d'aller au-devant de ceux qui amèneront des grains au marché, soit pour les arrher, soit pour faire aucune convention particulière avec eux.

3. Défend S. M. à ses officiers de justice et de police, à tout minageur, mesureur et autres personnes préposées pour le service des marchés, ainsi qu'aux fermiers et receveurs de ses droits, commis de ses recettes, caissiers et autres personnes chargées du recouvrement de ses deniers, ou attachées de quelque autre manière à l'administration de ses finances, de s'immiscer directement ou indirectement dans le commerce des grains.

4. Veut expressément S. M. que nul empêchement ne soit apporté à la libre circulation des grains dans tout son royaume, et ordonne aux juges de police et aux officiers de maréchaussée de tenir la main à l'exécution de ses ordres.

5. Les dispositions du présent réglement n'auront lieu que pour une année, se réservant S. M. de les renouveler à l'expiration de ce terme, si les circonstances l'exigeoient.

6. Confirme S. M., en tant que besoin peut être, les anciens réglements qui ordonnent que les habitants des lieux où les grains ont été mis en vente, se pourvoient avant les marchands, des quantités nécessaires à leur consommation.

7. N'entend S. M. rien innover aux règles de police suivies jusqu'à ce jour pour l'approvisionnement de la ville de Paris, qui continueront à être observées comme par le passé.

8. Exhorte paternellement S. M. les propriétaires et les fermiers de concourir à ses vues de sagesse et de bienfaisance, et de suppléer, en garnissant suffisamment les marchés, aux dispositions qu'elle ne juge pas encore à propos de prescrire. Et seront, si besoin est, sur le présent arrêt, toutes lettres patentes nécessaires expédiées.

Nᵒ 2529. — ÉDIT *qui ordonne une fabrication de* 80,000 *marcs d'espèces de billon pour l'usage des îles du Vent et sous le Vent, où elles auront cours pour* 2 s. 6 d.

Versailles, novembre 1788. Reg. en la cour des monnoies le 13 décembre.
(R. S. Code de la Martinique, tom. 4, pag. 101.)

N° 2530. — ORDONNANCE *de police qui règle les dispositions préliminaires relatives à l'établissement des ateliers de charité accordés par le roi, pour procurer du travail et des secours pendant l'hiver de 1788 à 1789.*

Paris, 2 décembre 1788. (R. S.)

N° 2531. — ORDONNANCE *de police qui défend de passer la glace, d'y glisser et patiner* (1).

Paris, 9 décembre 1788. (Mars, tom. 2, pag. 416.)

Défendons de passer la rivière sur la glace, d'y glisser ou patiner, à peine de 6 livres d'amende, et de 50 livres en cas de récidive.

N° 2532. — DISCOURS *du roi, du garde des sceaux, de Monsieur frère du roi, de l'archevêque de Narbonne, du premier président du parlement de Paris, du premier président de la cour des comptes, du premier président de la cour des aides de Paris, de M. l'évêque de Châlons-sur-Saône, député des états de Bourgogne, du lieutenant civil du Châtelet de Paris, et du prévôt des marchands, à la clôture de l'assemblée des notables.*

Versailles, 12 décembre 1788. (R. S.)

N° 2533. — ARRÊT *du parlement rendu, les chambres assemblées, les pairs y séant, qui condamne un imprimé ayant pour titre :* Délibération à prendre par le tiers-état dans toutes les municipalités du royaume de France, *à être lacéré et brûlé par l'exécuteur de la haute justice.*

Paris, 17 décembre 1788. (R. S.)

N° 2534. — RAPPORT *fait au roi, dans son conseil, par le ministre des finances, touchant les états généraux.*

27 décembre 1788. (R. S. C. Coll. du Louvre, 1—21 ; Duvergier, 1—5.)

N° 2535. — RÉSULTAT *du conseil touchant les états-généraux.*

Versailles, 27 décembre 1788. (R. S. C. Coll. du Louvre, 1—20 ; Duvergier, 1—15.)

Le roi ayant entendu le rapport qui a été fait dans son

_____

(1) V. ord. de police 22 pluviôse an xi.

conseil par le ministre de ses finances; relativement à la convocation prochaine des états-généraux, S. M. en a adopté les principes et les vues, et elle a ordonné ce qui suit : 1° Que les députés aux prochains états-généraux seront au moins au nombre de mille. 2° Que ce nombre sera formé, autant qu'il sera possible, en raison composée de la population et des contributions de chaque bailliage. 3° Que le nombre des députés du tiers-état sera égal à celui des deux autres ordres réunis, et que cette proportion sera établie par les lettres de convocation. 4° Que ces décisions préliminaires serviront de base aux travaux nécessaires pour préparer sans délai les lettres de convocation, ainsi que les autres dispositions qui doivent les accompagner. 5° Que le rapport fait à S. M. sera imprimé à la suite du présent résultat.

N° 2536. — ARRÊT *du conseil portant nomination de commissaires pour régler, en conséquence du résultat du conseil du 27 décembre dernier, ce qui a rapport à la convocation des états-généraux.*

Versailles, 4 janvier 1789. (R. S. C. Coll. Louvre, 1—45; Duvergier, 1—15)

N° 2537. — LETTRES PATENTES *qui nomment différents magistrats à l'effet de s'occuper des moyens d'abréger les longueurs, et diminuer les frais des procédures civiles et criminelles.*

Versailles, 6 janvier 1789. Reg. au parlement le 16 janvier. (R. S. C)

N° 2538. — ARRÊT *du conseil souverain portant défenses aux sénéchaux d'enregistrer sous aucun prétexte les ordonnances de MM. les administrateurs sans mandement préalable de la cour.*

7 janvier 1789. (Code de la Martinique, tom. 4, pag. 119)

Nᵒ 2539. — ARRÊT *du parlement, les chambres assemblées et les pairs y séant, qui ordonne que la déclaration du 1ᵉʳ mars 1781 sera exécutée dans toutes ses dispositions ; enjoint aux commissaires du Châtelet de Paris ; et aux officiers de police dans les autres villes et bourgs du ressort du département, de veiller exactement sur les maisons où il pourroit être tenu des assemblées de jeux prohibés ; ordonne qu'ils seront tenus, dans les procès-verbaux qu'ils pourront dresser, de mentionner toutes les circonstances qui pourroient tendre à constater la nature et la qualité des jeux de hasard ou autres prohibés, et les noms et qualités des joueurs* (1).

Paris, 9 janvier 1789. (R. S. C.)

Nᵒ 2540. — ARRÊT *du conseil pour encourager par des primes l'importation en France des blés et des farines venant des différents ports de l'Europe* (2).

Versailles, 11 janvier 1789. (R. S. C.)

Nᵒ 2541. — ORDONNANCE *du bureau des finances qui déclare qu'on ne pourra autoriser à bâtir à moins de 50 toises de distance du mur de clôture de Paris* (3).

Paris, 16 janvier 1789.

Nᵒ 2542. — DÉCLARATION *concernant les non-catholiques, qui proroge jusqu'au 1ᵉʳ janvier 1790 le délai prescrit par l'art. 21 de l'édit de novembre 1787.*

Versailles, 21 janvier 1789. Reg. au parlement le 10 février. (R. S. C.

Nᵒ 2543. — LETTRE *du roi pour la convocation des états-généraux.*

24 janvier 1789. (Coll. Louvre, t. 1, p. 47 ; Duvergier, t. 1, pag. 23.)

Nᵒ 2544. — RÉGLEMENT *arrêté par le roi pour l'exécution des lettres de convocation pour les états-généraux à Versailles, pour le 27 avril 1789* (4).

Versailles, 24 janvier 1789. (R. S. C. Coll. Louvre, t. 1, p. 49 ; Duvergier, t. 1, p. 15.)

Le roi, en adressant aux diverses provinces soumises à son

---

(1) V. décl. 30 mai 1611 ; édit de décembre 1666.
(2) V. a. d. c. 23 novembre 1788, nᵒ 2528, pag. 629; 20 avril 1789.
(3) V. décret du 11 janvier 1808, ord. du 1ᵉʳ mai 1822.
V. 10 avril 1783, nᵒ 1777, tom. 5 du règne, pag. 270.
(4) V. régl. particuliers 15, 19, 28 février, 2, 8, 10, 12, 15, 16, 22, 28, mars, 4, 6, 7, 13, 26 avril, 2 mai, 18 juin 1789.

obéissance, des lettres de convocation pour les états-généraux, a voulu que ses sujets fussent tous appelés à concourir aux élections des députés qui doivent former cette grande et solennelle assemblée; S. M. a désiré que des extrémités de son royaume et des habitations les moins connues, chacun fût assuré de faire parvenir jusqu'à elle ses vœux et ses réclamations; S. M. ne peut souvent atteindre que par son amour à cette partie de ses peuples, que l'étendue de son royaume et l'appareil du trône semblent éloigner d'elle, et qui, hors de la portée de ses regards, se fie néanmoins à la protection de sa justice et aux soins prévoyants de sa bonté. S. M. a donc reconnu avec une véritable satisfaction qu'au moyen des assemblées graduelles ordonnées dans toute la France pour la représentation du tiers-état, elle auroit ainsi une sorte de communication avec tous les habitants de son royaume, et qu'elle se rapprocheroit de leurs besoins et de leurs vœux d'une manière plus sûre et plus immédiate. S. M. a tâché de remplir encore cet objet particulier de son inquiétude, en appelant aux assemblées du clergé tous les bons et utiles pasteurs qui s'occupent de près et journellement de l'indigence et de l'assistance du peuple, et qui connoissent plus intimement ses maux et ses appréhensions. Le roi a pris soin néanmoins que dans aucun moment les paroisses ne fussent privées de la présence de leurs curés ou d'un ecclésiastique capable de les remplacer; et dans ce but, S. M. a permis aux curés qui n'ont point de vicaires, de donner leur suffrage par procuration. Le roi appelle au droit d'être élus pour députés de la noblesse, tous les membres de cet ordre indistinctement, propriétaires ou non propriétaires; c'est par leurs qualités personnelles, c'est par les vertus dont ils sont comptables envers leurs ancêtres, qu'ils ont servi l'état dans tous les temps, et qu'ils le serviront encore; et le plus estimable d'entre eux sera toujours celui qui méritera le mieux de les représenter. Le roi, en réglant l'ordre des convocations et la forme des assemblées, a voulu suivre les anciens usages autant qu'il étoit possible. S. M., guidée par ce principe, a conservé à tous les bailliages qui avoient député directement aux états-généraux en 1614, un privilège consacré par le temps, pourvu du moins qu'ils n'eussent pas perdu les caractères auxquels cette distinction avoit été accordée; et S. M., afin d'établir une règle uniforme, a étendu la même prérogative au petit nombre de bailliages qui ont acquis des titres pareils depuis l'époque des derniers états-généraux. Il est résulté de cette disposition que de petits bailliages auront un nombre de députés supérieur à celui qui leur auroit appartenu dans une division exactement proportionnée à leur population ; mais S. M. a diminué l'inconvénient de cette inégalité, en assurant aux autres bailliages une députation relative à leur population et à leur importance; et ces nouvelles combinaisons n'auront d'autre conséquence que d'augmenter un peu le nombre général des députés. Cependant le respect pour les anciens usages, et la nécessité de les concilier avec les circonstances présentes, sans blesser les principes de la justice, ont rendu l'ensemble de l'organisation des prochains états-généraux, et toutes les dispositions préalables très-difficiles, et souvent imparfaites. Cet inconvénient n'eût pas existé si l'on eût suivi une marche entièrement libre, et tracée seulement par la raison et par l'équité; mais S. M. a cru mieux répondre aux vœux de ses peuples, en réservant à l'assemblée des états-généraux le soin de remédier aux inégalités qu'on n'a pu éviter, et de préparer pour l'avenir un système plus parfait. S. M. a pris toutes les précautions que son esprit de sagesse lui a inspirées, afin de prévenir les difficultés et de fixer toutes les incertitudes; elle attend des différents officiers chargés de l'exécution de ses volontés, qu'ils veilleront assidûment au maintien si désirable de l'ordre et de l'harmonie; elle attend surtout que la voix de la conscience sera seule écoutée dans le choix des députés aux états-généraux. S. M. exhorte les électeurs à se rappeler que les hommes d'un esprit sage méritent la préférence, et que par un heureux accord de la morale et de la politique, il est rare que dans les affaires publiques et nationales les plus honnêtes gens ne soient aussi les plus habiles. S. M. est persuadée que la confiance due à une assemblée représentative de la nation entière, empêchera qu'on ne donne aux députés aucune instruction propre à arrêter ou à troubler le cours des délibérations. Elle espère que tous ses sujets auront sans cesse devant leurs yeux, et comme présent à leur sentiment, le bien inappréciable que les états-généraux peuvent opérer, et qu'une si haute considération les détournera de se livrer prématurément à un esprit de défiance qui rend si facilement injuste, et qui empêcheroit de faire servir à la gloire et à la prospérité de l'état la plus grande de toutes les forces, l'union des intérêts et des volontés. Enfin, S. M. selon l'usage observé par les rois ses prédécesseurs, s'est déterminée à rassembler autour de sa demeure les états-généraux du royaume, non pour gêner en aucune manière la liberté de leurs délibérations, mais pour leur conserver le caractère le plus cher à son cœur, celui de conseil et d'ami. En conséquence, S. M. a ordonné et ordonne ce qui suit :

1. Les lettres de convocation seront envoyées aux gouverneurs des différentes provinces du royaume, pour les faire parvenir, dans l'étendue de leurs gouvernements, aux baillis et sénéchaux d'épée, à qui elles seront adressées, ou à leurs lieutenants.

2. Dans la vue de faciliter et de simplifier les opérations qui seront ordonnées par le présent réglement, il sera distingué deux classes de baillages et de sénéchaussées. Dans la première classe seront compris tous les bailliages et sénéchaussées auxquels S. M. a jugé que ses lettres de convocation devoient être adressées, conformément à ce qui s'est pratiqué en 1614. Dans la seconde classe seront compris ceux des bailliages et sénéchaussées qui, n'ayant pas député directement en 1614, ont été jugés par S. M. devoir encore ne députer que secondairement et conjointement avec les bailliages ou sénéchaussées de la première classe; et dans l'une et l'autre classe, l'on entendra par bailliages et sénéchaussées, tous les sièges auxquels la connoissance des cas royaux est attribuée.

3. Les bailliages ou sénéchaussées de la première classe seront désignés sous le titre de *bailliages principaux* ou de *sénéchaussées principales*. Ceux de la seconde classe le seront sous celui de *bailliages* ou *sénéchaussées secondaires*.

4. Les bailliages principaux ou sénéchaussées principales, formant la première classe, auront un arrondissement dans lequel les bailliages ou sénéchaussées secondaires, composant la seconde classe, seront compris et répartis, soit à raison de leur proximité des bailliages principaux ou des sénéchaussées principales, soit à raison de leur démembrement de l'ancien ressort desdits bailliages ou sénéchaussées.

5. Lesdits bailliages ou sénéchaussées de la seconde classe seront désignés à la suite des bailliages et des sénéchaussées de la première classe dont ils formeront l'arrondissement, dans l'état mentionné ci-après, et qui sera annexé au présent réglement.

6. En conséquence des distinctions établies par les articles précédents, les lettres de convocation seront adressées aux baillis et sénéchaux des bailliages principaux et des sénéchaussées principales; et lesdits baillis et sénéchaux principaux, ou leurs lieutenants, en enverront des copies ainsi collationnées, ainsi que du présent réglement, aux bailliages et sénéchaussées secondaires.

7. Aussitôt après la réception des lettres de convocation, les baillis et sénéchaux principaux, ou leurs lieutenants, les feront, sur la réquisition du procureur du roi, publier à l'audience, et enregistrer au greffe de leur siège; et ils feront remplir les formes accoutumées, pour leur donner la plus grande publicité.

8. Les officiers du siège pourront assister à la publication, qui se fera à l'audience, des lettres de convocation; mais ils ne prendront aucune part à tous les actes, jugements et ordonnances que le bailli ou le sénéchal, ou son lieutenant, ou en leur absence, le premier officier du siège, sera dans le cas de faire et de rendre pour l'exécution desdites lettres. Le procureur du roi aura seul le droit d'assister le bailli ou sénéchal, ou son lieutenant; et il sera tenu, ou l'avocat du roi en son absence, de faire toutes les réquisitions ou diligences nécessaires pour procurer ladite exécution.

9. Lesdits baillis et sénéchaux principaux, ou leurs lieutenants, feront assigner, à la requête du procureur du roi, les évêques et les abbés, tous les chapitres, corps et communautés ecclésiastiques rentés, réguliers et séculiers, des deux sexes, et généralement tous les ecclésiastiques possédant bénéfice ou commanderie, et tous les nobles possédant fief dans toute l'étendue du ressort ordinaire de leur bailliage ou sénéchaussée principal, à l'effet de comparoître à l'assemblée générale du bailliage ou sénéchaussée principal, au jour qui sera indiqué par l'assignation, lequel jour ne pourra être plus tard que le 16 mars prochain.

10. En conséquence, il sera tenu dans chaque chapitre séculier d'hommes une assemblée qui se séparera en deux parties, l'une desquelles, composée de chanoines, nommera un député à raison de dix chanoines présents et au-dessous; deux au-dessus de dix jusqu'à vingt, et ainsi de suite; et l'autre partie, composée de tous les ecclésiastiques engagés dans les ordres, attachés par quelque fonction au service du chapitre, nommera un député à raison de vingt desdits ecclésiastiques présents, et au-dessous; deux au-dessus de vingt jusqu'à quarante, et ainsi de suite.

11. Tous les autres corps et communautés ecclésiastiques rentés et réguliers, des deux sexes, ainsi que les chapitres et communautés de filles, ne pourront être représentés que par un seul député ou procureur fondé, pris dans l'ordre ecclésiastique séculier ou régulier Les séminaires, collèges et hôpitaux étant des établissements publics, à la conservation desquels

tous les ordres ont un égal intérêt, ne seront point admis à se faire représenter.

12. Tous les autres ecclésiastiques possédant bénéfice, et tous les nobles possédant fief, seront tenus de se rendre en personne à l'assemblée, ou de se faire représenter par un procureur fondé, pris dans leur ordre. Dans le cas où quelques-uns desdits ecclésiastiques ou nobles n'auroient point été assignés, ou n'auroient pas reçu l'assignation qui doit leur être donnée au principal manoir de leur bénéfice ou fief, ils pourront néanmoins se rendre en personne à l'assemblée, ou se faire représenter par des procureurs fondés, en justifiant de leurs titres.

13. Les assignations qui seront données aux pairs de France, le seront au chef-lieu de leurs pairies, sans que la comparution desdits pairs à la suite des assignations puisse, en aucun cas, ni d'aucune manière, porter préjudice aux droits et privilèges de leurs pairies.

14. Les curés des paroisses, bourgs et communautés des campagnes, éloignés de plus de deux lieues de la ville où se tiendra l'assemblée du bailliage ou sénéchaussée à laquelle ils auront été assignés, ne pourront y comparoître que par des procureurs pris dans l'ordre ecclésiastique, à moins qu'ils n'aient dans leurs cures un vicaire ou desservant résidant, en état de remplir leurs fonctions; lequel vicaire ou desservant ne pourra quitter la paroisse pendant l'absence du curé.

15. Dans chaque ville, tous les ecclésiastiques engagés dans les ordres et non possédant bénéfice, seront tenus de se réunir chez le curé de la paroisse sur laquelle ils se trouveront habitués ou domiciliés; et là, de choisir des députés à raison d'un sur vingt ecclésiastiques présents et au-dessous; deux au-dessus de vingt jusqu'à quarante, et ainsi de suite, non compris le curé, à qui le droit de venir à l'assemblée générale appartient à raison de son bénéfice.

16. Tous les autres ecclésiastiques engagés dans les ordres, non résidants dans les villes, et tous les nobles non possédant fief, ayant la noblesse acquise et transmissible, âgés de vingt-cinq ans, nés Français ou naturalisés, domiciliés dans le ressort du bailliage, seront tenus, en vertu des publications et affiches des lettres de convocation, de se rendre en personne à l'assemblée des trois états du bailliage ou sénéchaussée, sans pouvoir se faire représenter par procureur.

17. Ceux des ecclésiastiques ou des nobles qui posséderont des bénéfices ou des fiefs situés dans plusieurs bailliages ou

sénéchaussées, pourront se faire représenter à l'assemblée des trois états de chacun de ces bailliages ou sénéchaussées par un procureur fondé, pris dans leur ordre; mais ils ne pourront avoir qu'un suffrage dans la même assemblée générale de bailliage ou sénéchaussée, quel que soit le nombre des bénéfices ou fiefs qu'ils y possèdent.

18. Les ecclésiastiques engagés dans les ordres, possédant des fiefs non dépendants de bénéfices, se rangeront dans l'ordre ecclésiastique, s'ils comparoissent en personne; mais s'ils donnent une procuration, ils seront tenus de la donner à un noble, qui se rangera dans l'ordre de la noblesse.

19. Les baillis et commandeurs de l'ordre de Malte seront compris dans l'ordre ecclésiastique. Les novices sans bénéfices seront compris dans l'ordre de la noblesse; et les servants qui n'ont point fait de vœux, dans l'ordre du tiers-état.

20. Les femmes possédant divisément, les filles et les veuves, ainsi que les mineurs, jouissant de la noblesse, pourvu que lesdites femmes, filles, veuves et mineurs possèdent des fiefs, pourront se faire représenter par des procureurs pris dans l'ordre de la noblesse.

21. Tous les députés et procureurs fondés seront tenus d'apporter tous les mémoires et instructions qui leur auront été remis par leurs commettants, et de les présenter lors de la rédaction des cahiers, pour y avoir tel égard que de raison. Lesdits députés et procureurs fondés ne pourront avoir, lors de ladite rédaction, et dans toute autre délibération, que leur suffrage personnel; mais pour l'élection des députés aux états-généraux, les fondés de procuration des ecclésiastiques possédant bénéfices, et des nobles possédant fiefs, pourront, indépendamment de leur suffrage personnel, avoir deux voix, et ne pourront en avoir davantage, quel que soit le nombre de leurs commettants.

22. Les baillis et sénéchaux principaux, ou leurs lieutenants, feront, à la réquisition du procureur du roi, notifier les lettres de convocation, ainsi que le présent réglement, par un huissier royal, aux officiers municipaux des villes, maires, consuls, syndics, préposés, ou autres officiers des paroisses et communautés de campagne situées dans l'étendue de leur juridiction pour les cas royaux, avec sommation de faire publier lesdites lettres et ledit réglement au prône des messes paroissiales; et à l'issue desdites messes, à la porte de l'église, dans une assemblée convoquée en la forme accoutumée.

23. Les copies des lettres de convocation, du présent réglement, ainsi que de la sentence du bailli ou sénéchal, seront imprimées et notifiées sur papier non timbré. Tous les procès-verbaux et autres actes relatifs aux assemblées et aux élections, qu'ils soient ou non dans le cas d'être signifiés, seront pareillement rédigés sur papier libre; le prix de chaque exploit sera fixé à douze sous.

24. Huitaine au plus tard après la notification et publication des lettres de convocation, tous les habitants composant le tiers-état des villes, ainsi que ceux des bourgs, paroisses et communautés de campagne, ayant un rôle séparé d'impositions, seront tenus de s'assembler dans la forme ci-après prescrite, à l'effet de rédiger le cahier de leurs plaintes et doléances, et de nommer des députés pour porter ledit cahier aux lieu et jour qui leur auront été indiqués par l'acte de notification et sommation qu'ils auront reçu.

25. Les paroisses et communautés, les bourgs, ainsi que les villes non comprises dans l'état annexé au présent réglement, s'assembleront dans le lieu ordinaire des assemblées et devant le juge du lieu, où, en son absence, devant tout autre officier public, à laquelle assemblée auront droit d'assister tous les habitants composant le tiers-état, nés français ou naturalisés, âgés de vingt-cinq ans, domiciliés et compris au rôle des impositions, pour concourir à la rédaction des cahiers et à la nomination des députés.

26. Dans les villes dénommées en l'état annexé au présent réglement, les habitants s'assembleront d'abord par corporations, à l'effet de quoi les officiers municipaux seront tenus de faire avertir, sans ministère d'huissier, les syndics ou autres officiers principaux de chacune desdites corporations, pour qu'ils aient à convoquer une assemblée générale de tous les membres de leur corporation. Les corporations d'arts et métiers choisiront un député à raison de cent individus et au dessous, présents à l'assemblée; deux au-dessus de cent, trois au-dessus de deux cents, et ainsi de suite. Les corporations d'arts libéraux, celles des négocians, armateurs, et généralement tous les autres citoyens réunis par l'exercice des mêmes fonctions, et formant des assemblées ou des corps autorisés, nommeront deux députés, à raison de cent et au-dessous; quatre au dessus de cent; six au-dessus de deux cents, et ainsi de suite. En cas de difficulté sur l'exécution du présent article, les officiers municipaux en décideront provisoirement, et leur décision sera exécutée, nonobstant opposition ou appel.

27. Les habitants composant le tiers-état desdites villes qui ne se trouveront compris dans aucuns corps, communautés ou corporations, s'assembleront à l'hôtel-de-ville au jour qui sera indiqué par les officiers municipaux, et il y sera élu des députés dans la proportion de deux députés pour cent individus et au-dessous présents à ladite assemblée, quatre au-dessus de cent, six au-dessus de deux cents, et toujours en augmentant ainsi dans la même proportion.

28. Les députés choisis dans ces différentes assemblées particulières formeront à l'hôtel-de-ville, et sous la présidence des officiers municipaux, l'assemblée du tiers-état de la ville, dans laquelle assemblée ils rédigeront le cahier des plaintes et doléances de ladite ville, et nommeront des députés pour le porter aux lieu et jour qui leur auront été indiqués.

29. Nulle autre ville que celle de Paris n'enverra de députés particuliers aux états-généraux, les grandes villes devant en être dédommagées, soit par le plus grand nombre de députés accordé à leur bailliage ou sénéchaussée, à raison de la population desdites villes, soit par l'influence qu'elles seront dans le cas d'avoir sur le choix de ces députés.

30. Ceux des officiers municipaux qui ne seront pas du tiers-état n'auront, dans l'assemblée qu'ils présideront, aucune voix, soit pour la rédaction des cahiers, soit pour l'élection des députés; ils pourront néanmoins être élus; et il en sera usé de même à l'égard des juges des lieux ou autres officiers publics qui présideront les assemblées des paroisses ou communautés dans lesquelles ils ne seront pas domiciliés.

31. Le nombre des députés qui seront choisis par les paroisses et communautés de campagne, pour porter leurs cahiers, sera de deux, à raison de deux cents feux et au-dessous; de trois au-dessus de deux cents feux; de quatre au-dessus de trois cents feux, et ainsi de suite. Les villes enverront le nombre de députés fixé par l'état général annexé au présent réglement; et à l'égard de toutes celles qui ne s'y trouvent pas comprises, le nombre de leurs députés sera fixé à quatre.

32. Les actes que le procureur du roi fera notifier aux officiers municipaux des villes et aux syndics, fabriciens ou autres officiers des bourgs, paroisses et communautés des campagnes, contiendront sommation de se conformer aux dispositions du réglement et de l'ordonnance du bailli ou sénéchal, soit pour la forme de leurs assemblées, soit pour le nombre de députés que lesdites villes et communautés auront à envoyer, suivant

l'état annexé au présent réglement, ou d'après ce qui est porté par l'article précédent.

53. Dans les bailliages principaux ou sénéchaussées principales auxquels doivent être envoyés des députés du tiers-état des bailliages ou sénéchaussées secondaires, les baillis ou sénéchaux, ou leurs lieutenants en leur absence, seront tenus de convoquer, avant le jour indiqué pour l'assemblée générale, une assemblée préliminaire des députés du tiers-état des villes, bourgs, paroisses et communautés de leur ressort, à l'effet, par lesdits députés, d'y réduire leurs cahiers en un seul, et de nommer le quart d'entre eux pour porter ledit cahier à l'assemblée générale des trois états du bailliage ou sénéchaussée, et pour concourir avec les députés des autres bailliages secondaires, tant à la réduction en un seul de tous les cahiers desdits bailliages ou sénéchaussées, qu'à l'élection du nombre de députés aux états-généraux, fixé par la lettre du roi. La réduction au quart ci-dessus ordonnée dans lesdits bailliages principaux et secondaires ne s'opérera pas d'après le nombre des députés présents, mais d'après le nombre de ceux qui auroient dû se rendre à ladite assemblée, afin que l'influence que chaque bailliage doit avoir sur la rédaction des cahiers, et l'élection des députés aux états-généraux, à raison de sa population et du nombre des communautés qui en dépendent, ne soit pas diminuée par l'absence de ceux des députés qui ne se seroient pas rendus à l'assemblée.

54. La réduction au quart des députés des villes et communautés pour l'élection des députés aux états-généraux, ordonnée par S. M. dans les bailliages principaux auxquels doivent se réunir les députés d'autres bailliages secondaires, ayant été déterminée par la réunion de deux motifs : l'un, de prévenir des assemblées trop nombreuses dans ces bailliages principaux, l'autre de diminuer les peines et les frais de voyages plus longs et plus multipliés d'un grand nombre de députés ; et ce dernier motif n'existant pas dans les bailliages principaux qui n'ont pas de bailliages secondaires, S. M. a ordonné que dans lesdits bailliages principaux n'ayant point de bailliages secondaires, l'élection des députés du tiers-état aux états-généraux sera faite, immédiatement après la réunion des cahiers de toutes les villes et communautés en un seul, par tous les députés desdites villes et communautés qui s'y seront rendus, à moins que le nombre desdits députés n'excédât celui de deux cents, auquel cas seulement lesdits députés seront tenus de se réduire audit

nombre de deux cents pour l'élection des députés aux états-généraux.

35. Les baillis et sénéchaux principaux auxquels S. M. aura adressé ses lettres de convocation, ou leurs lieutenants, en feront remettre des copies collationnées, ainsi que du réglement y annexé, aux lieutenants des bailliages et sénéchaussées secondaires, compris dans l'arrondissement fixé par l'état annexé au présent réglement, pour être procédé par les lieutenants desdits bailliages et sénéchaussées secondaires, tant à l'enregistrement et à la publication desdites lettres de convocation et dudit réglement qu'à la convocation des membres du clergé, de la noblesse, par devant le bailli ou sénéchal principal ou son lieutenant, et du tiers-état par devant eux.

36. Les lieutenants des bailliages et sénéchaussées secondaires, auxquels les lettres de convocation auront été adressées par les baillis ou sénéchaux principaux, seront tenus de rendre une ordonnance conforme aux dispositions du présent réglement, en y rappelant le jour fixé par l'ordonnance des baillis ou sénéchaux principaux pour la tenue de l'assemblée des trois états.

37. En conséquence, lesdits lieutenants des bailliages ou sénéchaussées secondaires feront assigner les évêques, abbés, chapitres, corps et communautés ecclésiastiques rentés, réguliers et séculiers des deux sexes, les prieurs, les curés, les commandeurs, et généralement tous les bénéficiers et tous les nobles possédant fiefs dans l'étendue desdits bailliages ou sénéchaussées secondaires, à l'effet de se rendre à l'assemblée générale des trois états du bailliage ou de la sénéchaussée principale, aux jour et lieu fixés par les baillis ou sénéchaux principaux.

38. Lesdits lieutenants des bailliages ou sénéchaussées secondaires feront également notifier les lettres de convocation, le réglement et leur ordonnance, aux villes, bourgs, paroisses et communautés situés dans l'étendue de leur juridiction. Les assemblées de ces villes et communautés s'y tiendront dans l'ordre et la forme portés au présent réglement, et il se tiendra devant les lieutenants desdits bailliages ou sénéchaussées secondaires, et au jour par eux fixé, quinzaine au moins avant le jour déterminé pour l'assemblée générale des trois états du bailliage ou sénéchaussée principal, une assemblée préliminaire de tous les députés des villes et communautés de leur ressort, à l'effet de réduire tous leurs cahiers en un seul, et de nommer le quart d'entre eux pour porter ledit cahier à

l'assemblée des trois états du bailliage ou sénéchaussée principal, conformément aux lettres de convocation.

39. L'assemblée des trois états du bailliage ou de la sénéchaussée principale, sera composée des membres du clergé et de ceux de la noblesse qui s'y seront rendus, soit en conséquence des assignations qui leur auront été particulièrement données, soit en vertu de la connoissance générale acquise par les publications et affiches des lettres de convocation, et des différents députés du tiers-état qui auront été choisis pour assister à ladite assemblée. Dans les séances l'ordre du clergé aura la droite, l'ordre de la noblesse occupera la gauche, et celui du tiers sera placé en face. Entend S. M. que la place que chacun prendra en particulier dans son ordre, ne puisse tirer à conséquence dans aucun cas, ne doutant pas que tous ceux qui composeront ces assemblées n'aient les égards et les déférences que l'usage a consacrés pour les rangs, les dignités et l'âge.

40. L'assemblée des trois ordres réunis sera présidée par le bailli ou sénéchal, ou son lieutenant; il y sera donné acte aux comparants de leur comparution, et il sera donné défaut contre les non comparants; après quoi il sera passé à la réception du serment que feront les membres de l'assemblée, de procéder fidèlement à la rédaction du cahier général et à la nomination des députés. Les ecclésiastiques et les nobles se retireront ensuite dans le lieu qui leur sera indiqué pour tenir leurs assemblées particulières.

41. L'assemblée du clergé sera présidée par celui auquel l'ordre de la hiérarchie défère la présidence; celle de la noblesse sera présidée par le bailli ou sénéchal, et en son absence par le président qu'elle aura élu; auquel cas l'assemblée qui se tiendra pour cette élection, sera présidée par le plus avancé en âge. L'assemblée du tiers-état sera présidée par le lieutenant du bailliage ou de la sénéchaussée, et à son défaut, par celui qui doit le remplacer. Le clergé et la noblesse nommeront leurs secrétaires; le greffier du bailliage sera secrétaire du tiers.

42. S'il s'élève quelques difficultés sur la justification des titres et qualités de quelques-uns de ceux qui se présenteront pour être admis dans l'ordre du clergé ou dans celui de la noblesse, les difficultés seront décidées provisoirement par le bailli ou sénéchal, et en son absence par son lieutenant, assisté de quatre ecclésiastiques pour le clergé, et de quatre gentilshommes pour la noblesse, sans que la décision qui in-

terviendra puisse servir ou préjudicier dans aucun autre cas.

43. Chaque ordre rédigera ses cahiers, et nommera ses députés séparément, à moins qu'ils ne préfèrent d'y procéder en commun, auquel cas le consentement des trois ordres, pris séparément, sera nécessaire.

44. Pour procéder à la rédaction des cahiers, il sera nommé des commissaires qui y vaqueront sans interruption et sans délai; et aussitôt que leur travail sera fini, les cahiers de chaque ordre seront définitivement arrêtés dans l'assemblée de l'ordre.

45. Les cahiers seront dressés et rédigés avec le plus de précision et de clarté qu'il sera possible; et les pouvoirs dont les députés seront munis devront être généraux et suffisants pour proposer, remontrer, aviser et consentir, ainsi qu'il est porté aux lettres de convocation.

46. Les élections des députés qui seront successivement choisis pour former les assemblées graduelles ordonnées par le présent règlement, seront faites à haute voix; les députés aux états-généraux seront seuls élus par la voie du scrutin.

47. Pour parvenir à cette dernière élection, il sera d'abord fait choix au scrutin de trois membres de l'assemblée qui seront chargés d'ouvrir les billets, d'en vérifier le nombre, de compter les voix et de déclarer le choix de l'assemblée. Les billets de ce premier scrutin seront déposés par tous les députés successivement dans un vase placé sur une table, au-devant du secrétaire de l'assemblée, et la vérification en sera faite par ledit secrétaire, assisté des trois plus anciens d'âge. Les trois membres de l'assemblée qui auront eu le plus de voix seront les trois scrutateurs. Les scrutateurs prendront place devant le bureau, au milieu de la salle de l'assemblée, et ils déposeront d'abord dans le vase à ce préparé, leur billet d'élection; après quoi tous les électeurs viendront pareillement l'un après l'autre déposer ostensiblement leurs billets dans ledit vase. Les électeurs ayant repris leurs places, les scruta-teurs procéderont d'abord au compte et recensement des bil-lets; et si le nombre s'en trouvoit supérieur à celui des suffrages existants dans l'assemblée, en comptant ceux qui résultent des procurations, il seroit, sur la déclaration des scrutateurs, procédé à l'instant à un nouveau scrutin, et les billets du premier scrutin seroient incontinent brûlés. Si le même billet portoit plusieurs noms, il seroit rejeté sans recommencer le scrutin; il en seroit usé de même dans le cas où il se trouveroit un ou plusieurs billets qui fussent en blanc. Le nombre des

billets étant ainsi constaté, ils seront ouverts, et les voix seront vérifiées par lesdits scrutateurs à voix basse. La pluralité sera censée acquise par une seule voix au-dessus de la moitié des suffrages de l'assemblée. Tous ceux qui auront obtenu cette pluralité seront déclarés élus. Au défaut de ladite pluralité on ira une seconde fois au scrutin, dans la forme qui vient d'être prescrite; et si le choix de l'assemblée n'est pas encore déterminé par la pluralité, les scrutateurs déclareront les deux sujets qui auront réuni le plus de voix, et ce seront ceux-là seuls qui pourront concourir à l'élection qui sera déterminée par le troisième tour de scrutin, en sorte qu'il ne sera dans aucun cas nécessaire de recourir plus de trois fois au scrutin. En cas d'égalité parfaite de suffrages entre les concurrents dans le troisième tour de scrutin, le plus ancien d'âge sera élu. Tous les billets, ainsi que les notes des scrutateurs, seront soigneusement brûlés après chaque tour de scrutin. Il sera procédé au scrutin autant de fois qu'il y aura de députés à nommer.

Dans le cas où la même personne auroit été nommée député aux états-généraux par plus d'un bailliage dans l'ordre du clergé, de la noblesse ou du tiers-état, elle sera obligée d'opter. S'il arrive que le choix du bailliage tombe sur une personne absente, il sera sur-le-champ procédé dans la même forme à l'élection d'un suppléant, pour remplacer ledit député absent, si, à raison de l'option ou de quelque autre empêchement, il ne pouvoit point accepter la députation.

49. Toutes les élections graduelles des députés, y compris celles des députés aux états-généraux, ainsi que la remise qui leur sera faite, tant des cahiers particuliers que du cahier général, seront constatées par des procès-verbaux qui contiendront leurs pouvoirs.

50. Mande et ordonne S. M. à tous les baillis et sénéchaux, et à l'officier principal de chacun des bailliages et sénéchaussées, compris dans l'état annexé au présent réglement, de procéder à toutes les opérations et à tous les actes prescrits pour parvenir à la nomination des députés, tant aux assemblées particulières qu'aux états-généraux, selon l'ordre desdits bailliages et sénéchaussées, tel qu'il se trouve fixé par ledit état, sans que desdits actes et opérations, ni en général d'aucune des dispositions faites par S. M., à l'occasion de la convocation des états-généraux, ni d'aucune des expressions employées dans le présent réglement ou dans les sentences et ordonnances des baillis et sénéchaux principaux, qui auront fait passer les

lettres de convocation aux officiers des bailliages ou sénéchaussées secondaires, il puisse être induit ni résulter en aucun autre cas aucun changement ou novation dans l'ordre accoutumé de supériorité, infériorité ou égalité desdits bailliages.

51. S. M. voulant prévenir tout ce qui pourroit arrêter ou retarder le cours des opérations prescrites pour la convocation des états-généraux, ordonne que toutes les sentences, ordonnances et décisions qui interviendront sur les citations, les assemblées, les élections, et généralement sur toutes les opérations qui y seront relatives, seront exécutées par provision, nonobstant toutes appellations et oppositions en forme judiciaire, que S. M. a interdites, sauf aux parties intéressées à se pourvoir par-devers elle, par voie de représentations et par simples mémoires.

Suit l'état par ordre alphabétique des bailliages royaux et des sénéchaussées royales des pays d'élections qui devoient directement ou indirectement députer aux états-généraux, avec le nombre de leurs députations, chacune étant d'un député du clergé, d'un de la noblesse et de deux du tiers-état.

N° 2545. — INSTRUCTION *pour les baillis ou sénéchaux d'épée ou leurs lieutenants, et pour les lieutenants des bailliages et sénéchaussées secondaires* (1).

Versailles, 24 janvier 1789. (R. S. C.)

N° 2546. — ARRÊT *du parlement concernant les formes à suivre dans la vente des biens dépendants des successions bénéficiaires et vacantes, dans le ressort de la coutume d'Orléans.*

Paris, 26 janvier 1789. (R. S. C.)

N° 2547. — LETTRE *du ministre qui décide qu'à l'avenir on n'accordera ni pension ni gratification sur les émoluments des geôliers.*

5 février 1789. (Coll. m. m. Code Cayenne, t. 7, p. 577.)

N° 2548. — ARRÊT *du parlement rendu les chambres assemblées, les pairs y séant, qui condamne un imprimé ayant pour titre:* Histoire secrète de la cour de Berlin, ou Correspondance d'un voyageur français, *à être lacéré et brûlé par l'exécuteur de la haute justice.*

Paris, 10 février 1789. (R. S.)

(1) V. 7 février, 10, 12, 15, 16 mars 1789.

N° 2549.—Arrêt *du conseil qui supprime un imprimé ayant pour titre :* Détail de ce qui s'est passé à Rennes le 26 janvier 1789.

Versailles, 14 février 1789. (R.S.)

N° 2550. — Arrêt *du conseil portant que les régisseurs des poudres ne pourront être choisis que dans la classe des employés supérieurs.*

Versailles, 19 février 1789. (R.S.)

N° 2551. — Arrêt *du conseil contenant des mesures pour assurer la liberté des suffrages dans les assemblées de bailliage.*

Versailles, 25 février 1789. (R.S.C. Coll. Louvre, t. 1, p 69; Duvergier, t. 1, p. 23.)

Le roi informé que dans plusieurs provinces on a cherché et l'on cherche encore à gêner le libre suffrage de ses sujets, en les engageant à adhérer, par leurs signatures, à des écrits où l'on manifeste différents vœux et diverses opinions sur les instructions qu'il faudroit donner aux représentants de la nation aux états-généraux, et S. M. considérant que ces instructions ne doivent être discutées et déterminées que dans les assemblées de bailliages où se fera la réduction des cahiers de toutes les communautés, elle ne sauroit tolérer des démarches qui intervertiroient l'ordre établi, et qui, apportant des obstacles à ses vues bienfaisantes, contrarieroient en même temps le vœu général de la nation. A quoi voulant pourvoir; ouï le rapport, le roi étant en son conseil, a ordonné et ordonne ce qui suit :

1. S. M. casse et annulle toutes les délibérations qui ont été ou qui pourroient être prises relativement aux états-généraux ailleurs que dans les communautés et dans les bailliages assemblés selon les formes établies par S. M.

2. Défend S. M., sous peine de désobéissance, à tous ses sujets indistinctement, de solliciter des signatures et d'engager d'une ou d'autre manière à adhérer à aucune délibération relative aux états-généraux, laquelle auroit été ou seroit concertée avant les assemblées de bailliages ou communautés déterminées par le réglement de S. M. du 24 janvier dernier.

N° 2552. — Arrêt *du parlement rendu les chambres assemblées, les pairs y séant, qui condamne un imprimé ayant pour titre:* Lettre de M. C. F. de Volney à M. le comte de S...t, *et onze autres imprimés sans nom d'auteur, à être lacérés et brûlés par l'exécuteur de la haute justice, comme séditieux et calomnieux.*

Paris, 6 mars 1789. (R. S.)

N° 2553. — Lettres patentes *qui suppriment les offices de conservateurs des saisies et oppositions formées au trésor royal, et en réunissent les fonctions aux quatre offices de conservateurs des hypothèques sur la rente.*

Versailles, 7 mars 1789. Reg. en la chambre des comptes le 18 mai. (R. S. C.)

N° 2554. — Règlement *portant établissement d'une société d'agriculture à Poitiers* (1).

Versailles, 11 mars 1789. (R. S.)

N° 2555. — Arrêt *du parlement rendu les chambres assemblées, les pairs y séant, qui condamne un imprimé ayant pour titre:* La Passion, la Mort et la Résurrection du peuple, *à être lacéré et brûlé par l'exécuteur de la haute justice, comme impie, sacrilège, blasphématoire et séditieux.*

Paris, 13 mars 1789. (R. S.)

N° 2556. — Procès-verbaux *des assemblées des habitants et négociants de Cayenne, sur la fixation du prix des marchandises* (2).

Cayenne, 10, 13, 14 mars 1789. (Coll. m. m. Code Cayenne, t. 7, p. 581 à 599.)

N° 2557. — Convention *sur la prolongation du traité de commerce entre la France et la ville de Hambourg.*

Hambourg, 17 mars 1789. (Martens, t. 3, p. 158.)

Le traité de commerce subsistant entre la France et la ville de Hambourg étant au moment d'expirer, et les bourgmestres

---

(1) A. d. c. 30 mai 1788.
(2) Le 17 intervint un arrêt du conseil supérieur qui fixa le prix des marchandises.

et le sénat de ladite ville ayant fait parvenir au roi le désir d'en obtenir le renouvellement, S. M. a d'autant plus volontiers accueilli cette demande, qu'elle prend un intérêt véritable à la prospérité de la ville de Hambourg. En conséquence S. M. a nommé le sieur Chevalier de Bourgoing, chevalier des ordres de Saint-Louis et de Saint-Lazarre, son ministre plénipotentiaire près les princes et états du cercle de la Basse-Saxe, pour conférer avec les sieurs G. Sillem, syndic, et J. P. de Sprekelsen, J. S. Westphalen, C. W. Poppe, sénateurs députés de la ville de Hambourg, et pour convenir du renouvellement du traité dont il s'agit; et lesdits ministres plénipotentiaires et députés s'étant réciproquement communiqué leurs pouvoirs, sont convenus des articles suivants:

1. Le traité de commerce signé le 1er avril 1769 est renouvelé en tous ses points et articles, sauf les dérogations consignées dans les articles suivants; et il continuera à être en vigueur durant l'espace de vingt années à compter du 1er avril de la présente année.

2. Le roi voulant donner une marque particulière de sa bienveillance à la ville de Hambourg, promet de faire jouir le pavillon hambourgeois, en temps de guerre, à l'égard des marchandises ennemies, de la même liberté dont jouissent les pavillons des nations les plus favorisées du nord, et de faire, à l'égard de la navigation hambourgeoise, les réglements qui sont stipulés avec ces mêmes nations, et nommément avec l'empire de Russie, S. M. T. C. déclarant en outre que toutes les faveurs qu'elle pourra accorder dans la suite à cet égard à aucunes de ces nations, seront communes à la ville de Hambourg.

3. En échange, le sénat de Hambourg s'engage de remplir de son côté les stipulations du traité de 1769 qui sont à sa charge, et nommément de veiller à la fidèle exécution des tarifs y annexés.

4. Dans le cas où il s'éleveroit des contestations au sujet de la vente, de connoissements des marchandises venant de France pratiquée à Hambourg, il est convenu que ces ventes ne seront reconnues valables en justice qu'autant que l'acheteur, sur la réquisition faite par le ministre de S. M. au sénat de Hambourg, aura déclaré, par un serment solennel, qu'il a fourni réellement et effectivement le prix desdites marchandises, et qu'ainsi non-seulement la vente n'est pas simulée, mais aussi que le vendeur en a touché la valeur.

5. La présente convention sera ratifiée par S. M. T. C. et

par le sénat de Hambourg dans l'espace de quatre semaines, ou plus tôt si faire se peut (1).

N° 2558. — Arrêt *du conseil suivi de lettres patentes qui défend à tous libraires et imprimeurs de Paris ou des provinces autres que ceux choisis et avoués par le directeur de l'imprimerie royale, d'imprimer, vendre ni débiter sous quelque prétexte que ce soit, aucuns ouvrages, édits, déclarations, arrêts, ordonnances militaires et réglements de son conseil, qui auront été remis de l'ordre de S. M. à ladite imprimerie royale, pour y être imprimés; le tout à peine d'amende et de confiscation et autres plus grandes peines s'il y écheoit (2).*

Versailles, 26 mars 1789. (R. S. C.)

N° 2559. — Arrêt *du conseil portant nouveau réglement pour l'académie royale de musique (3).*

Versailles, 25 mars 1789. (R. S. C.)

Le roi s'étant fait représenter l'arrêt de son conseil d'état concernant l'Opéra, du 3 janvier 1784, par lequel, entre autres dispositions, S. M., pour contribuer le plus efficacement possible à donner à un spectacle aussi intéressant pour le public que l'est celui de l'Opéra, un nouveau degré de perfection, en excitant et encourageant le zèle des principaux sujets de l'académie royale de musique par l'augmentation de près du double du sort des premiers acteurs, actrices, danseurs et danseuses, et en portant les appointements des premiers acteurs et actrices à 9,000 liv., ceux des premiers danseurs et danseuses à 7,000 liv., les acteurs, actrices, danseurs et danseuses en remplacement dans les mêmes proportions; S. M. a vu avec peine que le but qu'elle s'étoit proposé en améliorant ainsi le traitement des sujets de l'Opéra, loin de les engager à un travail qui pût satisfaire le public, n'avoit au contraire servi qu'à ralentir leur zèle, puisque, d'après le relevé du travail de chacun desdits premiers sujets pendant les années théâtrales 1-8- et 1788, il a été reconnu qu'à peine avoient-ils servi le public un tiers des représentations, ce qui a occasioné de justes plaintes. A quoi voulant pourvoir; ouï le rapport, le roi étant en son conseil, a ordonné et ordonne ce qui suit:

1. A compter du 1er avril prochain, les appointements des

---

(1) Ratification de la part du roi, le 6 avril; de la ville de Hambourg, le 20 avril 1789.
(2) V. ord. 28 décembre 1814.
(3) V. a. d. c. 3 janvier 1784, n° 1872, t. 5 du règne, p. 358.

premiers acteurs et actrices seront fixés, savoir, à 3,000 liv. sur le premier état, afin de ne point déranger l'ordre établi pour les pensions, et à 2,000 liv. sur le second état, ainsi que cela se pratiquoit anciennement; plus 50 liv. à titre de feux par représentation, ce qui, pour quatre-vingts représentations, faisant à peu près la moitié des représentations annuelles données sur le théâtre de l'Opéra, formera la somme de 9,000 liv. dont lesdits premiers sujets ont joui depuis l'année 1784, et qu'ils peuvent même faire monter à 10,000 liv., en chantant vingt fois de plus que les quatre-vingts représentations fixées ci-dessus.

2. Les appointements des premiers danseurs et danseuses seront fixés, savoir, à 3,000 liv. sur le premier état, 1,400 liv. sur le second état, 32 liv. 10 s., à titre de feux, par représentation, ce qui formera, pour quatre-vingts représentations, la somme de 2,600 liv., faisant celle de 7,000 liv. dont jouissent les premiers danseurs et danseuses depuis 1784; lesdits premiers sujets de la danse peuvent de même porter leur traitement à 7,630 liv., en dansant vingt fois au-dessus desdites quatre-vingts représentations.

3. Les appointements des acteurs et actrices, des danseurs et danseuses remplaçant les premiers, ainsi que des premiers doubles, resteront sur le même pied qu'ils ont été fixés par les articles 5, 6 et 9 de l'arrêt du 3 janvier 1784, lesdits remplacements étant, par ces mêmes appointements, obligés de se tenir prêts à doubler les premiers sujets sans aucune rétribution particulière.

4. Pour prévenir dans les premiers sujets l'abus qu'entraînoient autrefois les feux, en nuisant aux talents et à l'avancement des remplacements des troisièmes sujets par l'appât du gain de trop grand nombre de feux, 1° le comité nommera à la distribution des rôles, et donnera la préférence aux premiers sujets, en observant toutefois de ne point leur donner aucun rôle accessoire ou de peu de valeur; de même pour les premiers sujets de la danse. 2° Le directeur aura seul le droit (lorsqu'il sera jugé convenable) de dispenser de son service un premier sujet, soit pour faire jouer son remplacement, soit pour un début; mais dans ce cas il faudra remettre audit sujet dispensé par lui du service (s'il n'est malade) un mandat du prix et valeur du feu qu'il auroit eu s'il avoit chanté ou dansé; lequel mandat sera payé à vue par le caissier de l'académie, et visé ensuite dans l'assemblée du comité prochain. L'état desdits feux, ainsi visé par le comité, sera remis chaque

semaine au représentant du secrétaire d'état du département de Paris pour lui en rendre compte; et lesdits feux seront compris dans l'état général des dépenses de chaque mois, arrêté au comité.

5. Les retenues établies par les articles 4, 5, 8 et 9 de l'arrêt du conseil du 3 janvier 1784, pour former aux premiers sujets, tant du chant que de la danse, ainsi qu'à leurs remplacements, un fonds assuré lors de leur retraite, continueront d'avoir lieu par chaque mois sur la partie provenant de la gratification annuelle, aux mêmes clauses et conditions énoncées auxdits articles 4, 5, 8 et 9 dudit arrêt.

6. L'intention du roi étant d'exciter davantage le zèle des principaux sujets, et de faire jouir le public plus souvent de leurs talents, S. M. veut, conformément à l'article 12 de l'arrêt du conseil du 3 janvier 1784, que tout sujet qui quittera un rôle, sous prétexte d'indisposition non prouvée, et sans une permission expresse du directeur général de l'Opéra soit imposé à une amende de 48 liv., retenue sur ses appointements du mois, indépendamment de la perte de son feu, et que l'amende soit de 100 liv. dans le cas où le sujet qui aura prétexté une indisposition sera vu dans quelques spectacles ou lieux publics. S. M. entend que la même amende de 100 livres soit imposée sur le sujet qui ne se présentera pas au théâtre pour y remplir ses devoirs. En conséquence, tous les sujets en remplacement et en double, soit du chant, soit de la danse, seront tenus, sous peine de 24 liv. d'amende, de se trouver au théâtre les jours d'opéra, pour être en état de prendre la place d'un premier sujet qui, par quelque indisposition subite, se trouveroit hors d'état de jouer, S. M. ne voulant pas que, dans aucun cas, le service du public puisse manquer ou être retardé.

7. Tout acteur ou actrice en chef qui refusera de jouer avec tel remplacement ou tel double, sera de même imposé à une amende de 100 liv. : il en sera ainsi des premiers sujets de la danse qui refuseroient de danser avec des doubles.

8. Le public, ainsi que les auteurs, ayant avec raison témoigné leur mécontentement, en voyant les rôles des ouvrages nouveaux ou les pas de danse souvent abandonnés par les premiers sujets après quelques représentations, et que souvent les ouvrages anciens étoient livrés entièrement aux remplacements, et même aux doubles; S. M., pour détruire un pareil abus si nuisible à l'amusement du public, et même aux intérêts pécuniaires de l'académie royale, fait défenses, sous

les peines ci-dessus énoncées, à tous sujets de quitter son rôle ou son pas sans une permission expresse du directeur général de l'académie, qui en rendra compte sur-le-champ au représentant du ministre. Ces différentes amendes seront retenues par le caissier de l'académie royale de musique.

9. Le directeur général de l'académie royale de musique tiendra la main, lors du répertoire fait au comité chaque semaine, à ce que les rôles des ouvrages anciens soient joués au moins par la moitié des acteurs ou actrices en chef; de même pour les pas de danse, par la moitié des premiers danseurs ou premières danseuses; et pour l'assurance de l'exécution du présent article, l'état de distribution des ouvrages à jouer dans la semaine sera envoyé, signé du comité, au représentant du ministre. Il sera de même envoyé audit représentant l'état des sujets qui doivent danser, soit en premier, soit en remplacement, dans les ouvrages à donner dans le cours de la semaine. Le comité veillera, conjointement avec le maître des ballets, à ce que les ballets ne soient point surchargés d'une trop grande quantité de sujets, dont un nombre suffisant sera réservé pour pouvoir remplacer ceux qui seroient malades.

10. Il ne sera fait aucune dépense, soit pour les ouvrages courants, soit pour ceux à mettre au théâtre, que les programmes, projets et devis n'en aient été arrêtés par le comité, lequel jugera des habits nécessaires à faire, et du costume convenable, soit pour le chant, soit pour la danse, sans qu'aucun sujet puisse donner d'ordre à cet égard, ni même faire faire à ses dépens aucun habit, pour ne pas nuire, soit à l'uniformité, soit au caractère que doivent avoir les habits d'après l'indication qu'en auroient pu donner les auteurs, le tout à peine de 200 liv. d'amende. Le comité se conformera au surplus aux différents réglements donnés précédemment à cet égard.

11. Le public s'étant trouvé privé des talents des premiers sujets, par des congés qui ont été très-fréquemment accordés, S. M. croit devoir suspendre toute permission pour pouvoir aller jouer ou danser en province, jusqu'à ce qu'elle en ordonne autrement.

12. S. M., pour assurer et varier le plus qu'il sera possible les plaisirs du public, ordonne qu'à compter de la prochaine rentrée du théâtre, il soit entendu toutes les six semaines un des ouvrages nouveaux en répétition, à tour de rôle, suivant le droit d'ancienneté, lequel ne sera enregistré avec sa date, que d'après la remise de la copie de la musique entière de l'ou-

vrage, conformément aux anciens réglements. Il ne sera admis auxdites répétitions que le nombre de personnes jugé nécessaire par le directeur général, pour décider de la réception ou du refus de l'ouvrage répété.

13. Aucun ouvrage ne sera à l'avenir admis par l'académie royale de musique, quoique la musique en soit faite, qu'au préalable le poëme n'en ait été lu et reçu au comité de l'Opéra, cette condition étant essentielle pour ne point engager légèrement les compositeurs à sacrifier leur temps et leurs travaux pour les ouvrages dont le genre ne se trouveroit point propre au théâtre de l'Opéra. Lorsqu'un poëme lyrique sera reçu, il en sera donné un certificat à l'auteur, signé du directeur et du comité, afin que le musicien qu'il choisira puisse travailler avec confiance.

14. Lorsqu'un ouvrage sera admis, le comité choisira seul, et indépendamment de l'auteur, le temps qu'il jugera le plus favorable aux intérêts de l'académie royale de musique pour le mettre au théâtre, en diversifiant les genres le plus possible, de manière qu'un trop grand nombre de tragédies ne se succèdent pas.

15. Tous les ouvrages nouveaux à présenter par la suite ne pourront être reçus qu'autant qu'ils rempliront la durée entière et d'usage du temps du spectacle, à moins que ce ne soient des actes détachés. Ils doivent en outre être composés de manière à amener des fêtes et ballets, surtout pour terminer le spectacle, puisque c'est un des principaux buts de l'Opéra.

16. Pour contribuer à rétablir le fonds du répertoire de l'académie, S. M. autorise le comité de l'académie royale de musique à encourager par des récompenses les habiles compositeurs à remettre en musique les meilleurs anciens poëmes de l'Opéra qui leur seront indiqués par ledit comité.

17. Aucun des acteurs ou actrices, soit en premier, soit en remplacement, ne pourra refuser le rôle qui lui sera remis pour la répétition d'un ouvrage, à peine de 100 liv. d'amende, et ne pourra se dispenser de répéter pour le jour indiqué sous les mêmes peines; et lesdits remplacements se tiendront également prêts pour répéter dans le cas où le directeur général jugeroit à propos de dispenser un acteur en chef de répéter, soit pour cause de maladie, soit pour le bien du service, à peine de 100 liv. d'amende.

18. S. M. confirme au surplus, par le présent arrêt, tous ceux précédemment rendus pour la police et les réglements de

l'académie royale de musique, et notamment ceux des 5 janvier et 15 mars 1784, dont il sera fait lecture, ainsi que du présent, à la rentrée prochaine du théâtre, tant dans une assemblée générale de tous les sujets du chant et de la danse qu'à tous les acteurs et actrices des chœurs et symphonistes de l'orchestre, en présence du directeur général de l'académie royale de musique, afin que personne n'en ignore.

19. Enjoint S. M. au directeur général et au comité de tenir la main à la pleine et entière exécution du présent arrêt, et aux dispositions des anciens réglemens, auxquels il n'est point dérogé par le présent; comme aussi ordonne à tous les sujets de l'académie royale de musique de s'y conformer de point en point, sous les peines y portées.

Nº 2560. — Édit *portant suppression de différentes charges dans la maison du roi.*

Versailles, mars 1789. Reg. en la cour des aides le 10 juillet. (R. S. C.)

Nº 2561. — Lettres patentes *qui autorisent les orfèvres à travailler au titre de 18 karats les menus ouvrages d'or* (1).

Versailles, 4 avril 1789. Reg. en la cour des monnoies le 6 mai. (R. S. C.)

Nº 2562. — Arrêt *du parlement rendu, les chambres assemblées, les pairs y séant, qui condamne un imprimé ayant pour titre :* Mémoire au roi, *des députés de l'ordre des avocats au parlement de Bretagne, à être lacéré et brûlé par l'exécuteur de haute justice.*

Paris, 6 avril 1789. (R. S.)

Nº 2563. — Réglement *fait par le roi, pour la convocation et la tenue des trois états à Paris.*

Versailles, 13 avril 1789. (R. S. Coll. Louvre, t. 1, p. 76; Duvergier, t. 1, pag. 23.)

Le prévôt de Paris et le lieutenant civil, ainsi que les prévôt des marchands et échevins; ayant présenté au roi, en exécution du réglement du 28 mars dernier, des projets de distribution de différentes assemblées préliminaires, tant pour l'ordre du clergé et pour celui de la noblesse que pour l'ordre du tiers, S. M. a reconnu que malgré les soins qui ont été donnés à la division exacte des différens quartiers de Paris, entre lesquels les premières assemblées de la noblesse et du tiers-état doivent être partagées, il étoit impossible d'acquérir avec certitude la

_____
(1) V. décl. 23 novembre 1781.

connoissance du nombre de personnes qui composeront chacune de ces assemblées, et qu'ainsi en assignant le nombre fixe de représentants que chaque assemblée auroit à choisir, on s'exposeroit à une répartition très-inégale; S. M. a donc pensé qu'il étoit plus convenable de proportionner le nombre des représentants à celui des personnes qui séroient convoquées, et que s'il résultoit de cette disposition une obligation de renoncer à une proportion égale pour le nombre respectif des représentants des trois ordres à l'assemblée de la prévôté, proportion qui n'a existé dans aucun bailliage, cet inconvénient seroit compensé par l'accroissement du nombre de ceux qui concouroient à l'élection des députés aux états-généraux, accroissement qui paroît également désiré dans les trois ordres. Le roi a vu avec satisfaction toutes les précautions prises par le prévôt de Paris et le lieutenant civil, et par les prévôt des marchands et échevins, pour établir l'ordre dans une opération aussi nouvelle et aussi étendue; et S. M. espère que les citoyens de sa bonne ville de Paris, apportant dans cette circonstance un esprit sage et de bonnes intentions, faciliteront et accéléreront la dernière des dispositions destinées à préparer l'ouverture des états-généraux, et que leur conduite sera l'augure de cet esprit de conciliation qu'il est si intéressant de voir régner dans une assemblée dont les délibérations doivent assurer le bonheur de la nation, la prospérité de l'état et la gloire du roi.

1. Le réglement du 24 janvier dernier sera exécuté suivant sa forme et teneur pour la convocation de l'ordre du clergé dans l'intérieur des murs de la ville de Paris; en conséquence tous les curés de Paris tiendront, dans le lieu qu'ils croiront le plus convenable, le mardi 21 avril, l'assemblée de tous les ecclésiastiques engagés dans les ordres, nés français ou naturalisés, âgés de vingt-cinq ans et domiciliés sur leurs paroisses, qui ne possèdent point de bénéfices dans l'enceinte des murs. Cette assemblée procédera à la nomination d'un secrétaire et au choix de ses représentants, à raison d'un sur vingt présents, deux au-dessus de vingt jusqu'à quarante, et ainsi de suite, non compris le curé à qui le droit de se rendre à l'assemblée des trois états de la ville de Paris appartient à raison de son bénéfice.

2. Les chapitres séculiers d'hommes tiendront, au plus tard le même jour 21 avril, l'assemblée ordonnée par l'article 10 du réglement du 24 janvier, et procéderont aux choix de leurs représentants, dans le nombre déterminé audit article. Tous les autres corps et communautés ecclésiastiques mentionnés en

l'article 11 dudit réglement feront choix, au plus tard le même jour, de leurs fondés de pouvoirs.

3. Les procès-verbaux de nomination des représentants choisis dans les paroisses, ainsi que les actes capitulaires des chapitres et des corps et communautés ecclésiastiques, seront remis le même jour au prévôt de Paris, et par lui déposés au greffe du châtelet, après qu'ils auront servi à l'appel qui sera fait dans l'assemblée des trois états.

4. L'assemblée générale de l'ordre de la noblesse se tiendra le lundi 20 avril; elle sera divisée en vingt parties suivant les quartiers, dont les limites, ainsi que le lieu de l'assemblée, seront déterminés par l'état qui sera annexé à l'ordonnance du prévôt de Paris ou lieutenant civil.

5. A chacune des assemblées assistera un magistrat du châtelet, qui aura son suffrage s'il a la noblesse acquise et transmissible. Dès que l'assemblée sera formée, elle se choisira un président; elle pourra aussi nommer un secrésaire, à moins qu'elle ne préfère de se servir, pour la rédaction de son procès-verbal, du ministère du greffier dont le magistrat du châtelet sera assisté.

6. Tous les nobles possédant fiefs dans l'enceinte des murs seront assignés pour comparoître, ou en personne ou par leurs fondés de pouvoirs, à celle de ces assemblées partielles que présidera le prévôt de Paris, assisté du lieutenant civil et du procureur du roi.

7. Tous les nobles ayant la noblesse acquise et transmissible, nés français ou naturalisés, âgés de vingt-cinq ans, justifiant de leur domicile à Paris (s'ils sont requis de le faire), par la quittance ou l'avertissement de leur capitation, auront le droit d'être admis dans l'assemblée déterminée pour le quartier dans lequel ils résident actuellement, et nul ne pourra s'y faire représenter par procureur.

8. S'il s'élève quelque difficulté à raison de la qualité de noble, l'assemblée nommera quatre gentilshommes pour, avec le président qu'elle se sera choisi, assister le magistrat du châtelet qui remplacera le lieutenant civil; la décision qui interviendra sera exécutée par provision, sans pouvoir servir ni préjudicier dans aucun autre cas.

9. En se présentant pour entrer dans l'assemblée, chacun remettra à la personne préposée à cet effet un carré de papier contenant son nom, sa qualité, le nom de la rue dans laquelle il a son domicile actuel. Ces papiers seront remis au greffier,

réunis par lui, et serviront à faire l'appel à haute voix de tous les membres de l'assemblée.

10. Le nombre des présents déterminera celui des représen-tants à nommer, et quand le nombre aura été constaté, on pro-cédera au choix des représentans dans la proportion d'un sur dix, de deux au-dessus de dix jusqu'à vingt, et ainsi de suite. Ils seront choisis parmi les membres de l'assemblée ou parmi ceux qui, à raison de leur domicile actuel dans le quartier, auroient eu le droit de s'y trouver.

11. Le procès-verbal de l'assemblée contiendra les noms, qualités et demeures des représentants qui auront été choisis; il sera signé par le président, le magistrat du châtelet, et le secrétaire ou le greffier, et remis au prévôt de Paris, et par lui déposé au greffe du châtelet quand il aura servi à faire l'appel des représentants de la noblesse de Paris à l'assemblée des trois états.

12. L'assemblée du tiers-état de la ville de Paris se tiendra le mardi 21 avril; elle sera divisée en soixante arrondissements ou quartiers, dont les limites, ainsi que le lieu de l'assemblée, seront déterminés par l'état qui sera annexé au *mandement* des prévôt des marchands et échevins. Les habitants composant le tiers-états, nés français ou naturalisés, âgés de vingt-cinq ans, domiciliés, auront droit d'assister à l'assemblée déterminée pour le quartier dans lequel ils résident actuellement, en rem-plissant les conditions suivantes, et nul ne pourra s'y faire re-présenter par procureur.

13. Pour être admis dans l'assemblée de son quartier, il faudra pouvoir justifier d'un titre d'office, de grades dans une faculté, d'une commission ou emploi, de lettres de maîtrise, ou enfin de sa quittance ou avertissement de capitation, mon-tant au moins à la somme de six livres en principal.

14. Avant d'entrer dans ladite assemblée, chacun sera tenu de remettre à celui qui aura été préposé à cet effet un carré de papier sur lequel il aura écrit ou fait écrire lisiblement son nom, sa qualité, son état ou profession, et le nom de la rue où il a son domicile actuel; il recevra en échange le billet qui lui servira pour l'élection dont il sera ci-après parlé.

15. Tous les carrés de papier seront réunis par centaine, et remis au fur et mesure au greffier; ils serviront à faire l'appel à haute voix de toutes les personnes présentes rassemblées, ainsi que de leurs qualités, état et profession.

16. Chaque assemblée sera tenue et présidée par un des officiers du corps municipal, anciens ou actuels, et délégués

expressément à cet effet par le mandement des prévôt des marchands et échevins ; chaque officier sera accompagné d'un greffier ou secrétaire, qui fera les fonctions de secrétaire de l'assemblée.

17. L'assemblée commencera ledit jour 21 avril, à sept heures du matin, et on y sera admis jusqu'à neuf heures précises que les portes seront fermées. Dès qu'il y aura cent personnes réunies, le président, assisté de quatre notables bourgeois domiciliés depuis plusieurs années dans le quartier, et qu'il aura invités à cet effet, se fera représenter les titres ou la quittance de capitation de ceux qui ne leur seront pas connus ; et la décision qui interviendra sera exécutée par provision, sans pouvoir servir ni préjudicier en autre cas.

18. Lorsque la vérification ci-dessus prescrite aura été achevée, et que les portes auront été fermées, il sera procédé à haute voix à l'appel de tous les membres de l'assemblée, par leurs nom, qualité, état et profession ; on comptera le nombre des assistants, et il servira à déterminer le nombre de représentants qui sera choisi dans ladite assemblée ; ce nombre sera d'un sur cent présents, de deux au-dessus de cent, de trois au-dessus de deux cents, et ainsi de suite.

19. Quand le nombre des représentants à élire aura été déterminé, le président le fera connoître, et annoncera que le choix doit être fait parmi les personnes présentes, ou parmi celles qui, à raison de leur domicile actuel dans le quartier, auraient eu le droit de se trouver à l'assemblée.

20. Chacun écrira sur le billet qui lui aura été remis en entrant dans l'assemblée autant de noms qu'il doit être choisi de représentants. Le greffier fera l'appel de tous les présents à haute voix ; celui qui aura été appelé se présentera au président, et lui remettra son billet ; et quand tous les billets auront été recueillis, le président en fera faire lecture à haute voix ; tous les noms compris dans les billets seront écrits aussitôt qu'ils seront proclamés, et ceux qui auront réuni le plus de suffrages seront élus.

21. Le procès-verbal de l'assemblée contiendra les noms, qualité, état et profession des représentants qui auront été choisis ; il sera signé par le président et le greffier, et remis dans le jour aux prévôt des marchands et échevins.

22. Tous les représentants du tiers-état de la ville de Paris se rendront à l'assemblée du corps municipal, qui sera convoquée pour le mercredi 22 avril ; les procès-verbaux faits dans les soixante divisions serviront à en faire l'appel ; il y sera formé

une liste de tous lesdits représentants, laquelle sera arrêtée et signée dans la forme usitée à l'hôtel-de-ville, et l'expédition en sera remise aux représentants qui la déposeront dans le jour au greffe du châtelet, pour servir à l'appel desdits représentants à l'assemblée des trois états.

23. Quoique l'assemblée des trois états de la ville de Paris, composée d'un grand nombre de représentants qui auront obtenu la confiance de leur ordre, donne l'assurance que les cahiers y seront rédigés avec le soin qu'on doit attendre de la réunion des talents, des lumières et du zèle, il sera libre néanmoins à tous ceux qui voudroient présenter des observations ou instructions de les déposer au châtelet ou à l'hôtel-de-ville dans le lieu préparé pour les recevoir, et ils seront remis aux commissaires chargés de la rédaction des cahiers.

24. L'assemblée des trois états de la ville de Paris se tiendra le jeudi 23 avril, à huit heures du matin, dans la forme portée au réglement du 24 janvier dernier, et il y sera procédé aux différentes opérations prescrites par ledit réglement.

25. L'université de Paris ayant joui long-temps de la prérogative d'envoyer des députés aux états-généraux, aura le droit de nommer des représentants qui iront directement à l'assemblée des trois états de la ville de Paris; permet en conséquence S. M. aux quatre facultés qui composent ladite université de s'assembler dans la forme accoutumée, et de choisir quatre de ses membres, un du clergé, un de la noblesse et deux du tiers-état, qui se rangeront à l'assemblée générale dans leur ordre respectif, et concourront à la rédaction des cahiers et à l'élection des députés aux états-généraux, sans préjudice du droit individuel des membres de ladite université d'assister à la première assemblée de leur ordre.

26. Entend S. M. que la place que chacun prendra en particulier dans les assemblées ne puisse tirer à conséquence dans aucun cas, ne doutant pas que ceux qui les composeront n'aient les égards et les déférences que l'usage a consacrés pour les rangs, les dignités et l'âge.

27. Le réglement du 24 janvier et celui du 28 mars dernier seront exécutés dans toutes les dispositions auxquelles il n'est pas dérogé par le présent réglement, qui sera adressé au prévôt de Paris ou au lieutenant civil, et aux prévôt des marchands et échevins de Paris, pour être enregistré sur-le-champ aux greffes du châtelet et de l'hôtel-de-ville, et être exécuté suivant sa forme et teneur.

N° 2564. — ORDONNANCE *du lieutenant civil pour la convocation des trois états de la ville et faubourgs de Paris, et leur distribution en vingt départements* (1).

Paris, 15 avril 1789. (R. S. C.)

N° 2565. — LETTRE *du ministre qui détermine les mesures à prendre dans les colonies pour assurer la comptabilité des consignations relatives aux gens de couleur et faire surveiller exactement la marche de ceux qui passeront en France.*

23 avril 1789. (Col. m. m. code Cayenne, t. 7, p. 629.)

N° 2566. — ARRÊT *du conseil concernant les grains et l'approvisionnement des marchés.*

Versailles, 22 avril 1789. (R. S. C.)

S. M., du moment où elle a pu concevoir des inquiétudes sur le produit de la récolte de cette année, n'a cessé de prendre toutes les précautions que sa prudence lui a suggérées; elle a défendu dès les commencements de septembre la sortie des grains de la manière la plus absolue; elle a ensuite accordé des primes pour encourager l'importation des secours étrangers; et dans la crainte que les efforts du commerce ne fussent pas suffisants, elle a ordonné qu'on fît au dehors du royaume, et à ses périls et risques, des approvisionnements qui sont arrivés et qui arrivent encore journellement dans les ports; et les fonds qu'elle a destinés à ces opérations, le crédit dont elle a été obligée de faire usage, et les secours pécuniaires qu'elle a répandus dans plusieurs provinces, s'élèvent à des sommes considérables. Le roi a de plus obtenu, par sa puissante intervention, des permissions de sortie de plusieurs pays où l'extraction des grains étoit défendue d'une manière générale. S. M. fixant en même temps son attention sur la police intérieure du royaume, et voulant décourager les spéculateurs toujours dangereux dans un temps de cherté, a défendu les achats de blés hors des marchés, et elle a pris soin que dans ces mêmes lieux les approvisionnements journaliers des consommateurs eussent rang avant toute autre transaction. Enfin, S. M. a invité avec la plus grande bonté, et au nom du bien de l'état, les propriétaires, les fermiers et tous les dépositaires de grains, à garnir les marchés et à ne pas abuser de la difficulté des circonstances.

_____

(1) V. l. 28 mars 1789.

Il est de la justice du roi de reconnoître que ces recommanda-
tions ont eu dans plusieurs districts l'effet qu'on avoit droit
d'attendre. Cependant S. M. s'est déterminée à aller plus loin
encore ; et pour rassurer les esprits contre les inquiétudes que
la cherté des grains rend naturelles, elle a résolu d'autoriser
ses commissaires départis dans les provinces et les magistrats
de police, à user du pouvoir qui leur est confié pour faire approvisionner les marchés par ceux qui auroient des blés en
grenier, et pour acquérir même des informations sur les approvisionnements auxquels on pourroit avoir recours dans les moments où la liberté du commerce ne suffiroit pas pour assurer
dans chaque lieu la subsistance du peuple. S. M., indépendamment de ces ordres, invite les propriétaires et les fermiers à
user de modération dans leurs prétentions ; et comme dans un
si vaste royaume, la surveillance du gouvernement ne peut pas
tout faire, S. M. exhorte les chefs des municipalités et toutes
les personnes généreuses et bien intentionnées, à concourir de
leur pouvoir au succès de ses soins paternels. Le roi ne se porte
qu'à regret à prescrire des mesures qui peuvent gêner en quelque chose la parfaite liberté dont chaque propriétaire d'une
denrée doit naturellement jouir ; mais ces mesures, dictées
par des circonstances particulières, cesseront à l'époque de la
récolte prochaine ; elle s'annonce partout favorablement, et
S. M. se livre à l'espérance que la divine Providence daignera
combler le premier de ses vœux, en faisant renaître au milieu
de son royaume la tranquillité, l'abondance et le bonheur.

En conséquence, le roi étant en son conseil ; ouï le rapport,
a ordonné et ordonne ce qui suit :

1. Veut S. M. que tous les propriétaires, fermiers, marchands ou autres dépositaires de grains puissent être contraints
par les juges et officiers de police à garnir suffisamment les
marchés du ressort dans lequel ils sont domiciliés, toutes les
fois que la liberté du commerce n'effectueroit pas cette disposition.

2. Autorise S. M. lesdits juges et officiers de police à prendre connoissance, s'ils le jugent indispensable, soit à l'amiable
et par préférence, soit par voie judiciaire, mais sans frais, des
quantités de grains qui peuvent exister dans les greniers ou
autres dépôts situés dans l'arrondissement de leur ressort.

3. S. M., qui veille du même amour sur tous ses sujets,
ordonne expressément, qu'à l'exception des précautions locales ordonnées dans les articles ci-dessus, aucune espèce

d'obstacle ne soit apportée à la libre circulation de district à district, et de province à province.

4. Défend de nouveau S. M., sous les peines portées par les ordonnances, tout attroupement, toute clameur tendant à exciter le désordre dans les marchés ou dans leurs routes, et à inspirer des craintes aux propriétaires, fermiers et marchands, dont la parfaite sécurité est indispensable pour l'approvisionnement de ces mêmes marchés.

5. Ordonne S. M. à ses commissaires départis dans les provinces, aux juges de police, aux chefs des municipalités et autres officiers de maréchaussée, de tenir la main à l'exécution du présent arrêt, lequel sera publié et affiché partout où besoin sera.

N° 2567. — ORDRE *du roi pour différer l'ouverture des états-généraux.*

Versailles, 26 avril 1789. (R. S.)

Le roi étant informé que plusieurs des députés aux états-généraux ne sont point encore rendus à Versailles, qu'il y a même quelques élections, notamment celles de sa bonne ville de Paris, qui ne sont point consommées, S. M. a pris la résolution de différer jusqu'au *lundi 4 mai* l'ouverture des états-généraux, et elle a déterminé qu'il seroit célébré une messe solennelle, précédée d'une procession générale, pour implorer l'assistance divine dans une si grande et si importante circonstance.

S. M. voulant admettre, dans l'intervalle, ceux des députés qui se trouvent réunis à Versailles à l'honneur de lui être présentés, lesdits députés sont avertis de remettre chez M. le marquis de Brézé, grand-maître des cérémonies de France, dans les journées des 27, 28 et 29, une note contenant leurs noms, qualités et demeures à Versailles; tous les députés des mêmes bailliage, sénéchaussée ou pays arrivés à Versailles, seront inscrits ensemble sur la même note qui sera signée de l'un d'eux; il en sera formé une liste générale qui sera mise immédiatement sous les yeux de S. M., et le grand-maître des cérémonies de France leur fera connoître le jour et l'heure auxquels ils seront présentés au roi.

N° 2568. — COSTUME *de cérémonie des députés des trois ordres aux États-Généraux.* (R. S.)

Clergé. — MM. les cardinaux en chape rouge; MM. les archevêques et évêques en rochet, camail, soutane violette et bonnet carré; MM. les abbés, doyens, chanoines, curés et députés du second ordre du clergé, en soutane, manteau long et bonnet carré.

Noblesse. — Tous MM. les députés de l'ordre de la noblesse porteront l'habit à manteau d'étoffe noire de la saison, un parement d'étoffe d'or sur le manteau, une veste analogue au parement du manteau, culotte noire, bas blancs, cravate de dentelle, chapeau à plumes blanches retroussé à la Henri IV, comme celui des chevaliers de l'ordre. Il n'est pas nécessaire que les boutons de l'habit soient d'or.

Tiers-état. — MM. les députés du tiers-état porteront habit, veste et culotte de drap noir, bas noirs, avec un manteau court de soie ou de voile, tel que les personnes de robe sont dans l'usage de le porter à la cour, une cravate de mousseline, un chapeau retroussé de trois côtés, sans ganses ni boutons, tel que les ecclésiastiques le portent lorsqu'ils sont en habit cour.

Deuil du clergé. — Si quelques-uns de MM. les archevêques et évêques députés se trouvent en deuil de famille, ils porteront la soutane et le camail noirs; MM. les abbés, doyens, chanoines, curés et autres députés du second ordre du clergé qui se trouveroient être en deuil drapé, porteront le rabat blanc et la ceinture de crêpe.

Deuil de la noblesse. — MM. les députés de la noblesse porteront l'habit de drap noir, avec le manteau à revers de drap, bas noirs, cravate de mousseline, boucle et épée d'argent, chapeau à plumes blanches, retroussé à la Henri IV. S'ils sont en deuil de laine, ils porteront également habit, veste, culotte et manteau de drap noir, boucles et épée noires, cravate de batiste, chapeau à la Henri IV, sans plumes.

Deuil du tiers-état. — L'habit de MM. les députés du tiers-état sera le même, à l'exception que le manteau ne pourra être de soie, mais de voile, et qu'ils porteront les manchettes effilées, avec les boucles blanches, s'ils sont en deuil ordinaire; et les boucles noires, manchettes et cravate de batiste, s'ils sont en deuil de laine.

Nº 2569. — DÉCLARATION *portant que les faits relatifs aux attroupements seront jugés par le prévôt de la maréchaussée* (1).

Versailles, 28 avril 1789. Reg. au parlement le 29 (R. S. C.

_____

(1) V. 21 mai 1789.

N° 2570. — RÈGLEMENTS *concernant les suppléants aux États-Généraux.*

Versailles, 3 mai 1789 (R. S. C. Coll. du Louvre, t. 1, p. 85; Duvergier, t. 1, p. 23.)

Le roi a été informé que dans les assemblées de plusieurs bailliages et sénéchaussées, il a été nommé des suppléants autres que ceux dont la nomination étoit autorisée par l'article 48 du réglement général du 24 janvier dernier. S. M. a remarqué en même temps que dans quelques assemblées ces nominations ont été faites tantôt par un seul ordre, tantôt par deux, quelquefois par chacun des trois ordres; que dans d'autres assemblées, un des ordres a nommé un seul suppléant pour les députés de son ordre; qu'ailleurs on en a nommé autant qu'il y avoit de députés, tandis que dans beaucoup d'assemblées les ordres se sont exactement conformés aux dispositions du réglement, et n'ont point nommé de suppléants. S. M. a encore remarqué la même variété dans la mission qui a été donnée aux suppléants; quelques-uns ne doivent remplacer les députés de leur ordre que dans le cas de mort seulement; plusieurs peuvent le faire en cas d'absence, de maladie, ou même d'empêchement quelconque; les uns ont des pouvoirs unis avec les députés qu'ils doivent suppléer, les autres ont des pouvoirs séparés; enfin plusieurs assemblées ont supplié S. M. de faire connoître ses intentions à cet égard. S. M. considérant que le peu d'uniformité que l'on a suivi dans ces différentes nominations établiroit nécessairement une inégalité de représentation et d'influence entre les différents ordres et les différents bailliages, et que la mutation continuelle de députés dans chaque ordre résultant de la faculté qu'auroient les suppléants d'être admis dans le cas de maladie, d'absence, ou même d'un simple empêchement d'un député, pourroit d'un instant à l'autre troubler l'harmonie des délibérations, en retarder la marche, et auroit l'inconvénient d'en faire varier sans cesse l'objet et les résultats, S. M. a résolu de déterminer la seule circonstance dans laquelle les suppléants pourroient être admis à remplacer aux états-généraux les députés de leur ordre, et elle a pensé qu'il étoit en même temps de sa justice de pourvoir dans la même circonstance au remplacement des députés qui n'ont point de suppléants, afin que tous les bailliages et sénéchaussées jouissent de l'avantage d'être également représentés; en conséquence le roi a ordonné et ordonne ce qui suit :

1. Les suppléants qui auront été nommés dans aucun des trois ordres pour remplacer les députés de leur ordre aux états-généraux, en cas de mort, de maladie, d'absence, ou même d'empêchement quelconque, ne pourront être admis en qualité de députés que dans le cas où le député dont ils ont été nommés suppléants viendroit à décéder.

2. En cas de mort d'un des députés auxquels il n'auroit pas été nommé de suppléants, il sera procédé sans délai, dans le bailliage dont le député décédé étoit l'un des représentants, à la nomination d'un nouveau député, suivant la forme prescrite par le réglement du 24 janvier dernier; à l'effet de quoi tous les électeurs de l'ordre auquel appartenoit ledit député, et qui avoient concouru immédiatement à son élection. seront rappelés et convoqués pour élire celui qui devra le remplacer.

N° 2571. — OUVERTURE *des états-généraux, discours du roi, du garde des sceaux, rapport du directeur général des finances.*

Versailles, 5 mai 1789. (R. S. C.)

FIN DU TOME SIXIÈME ET DERNIER DU RÈGNE.